汉译世界学术名著丛书

拜占庭帝国史

(324—1453)

第一卷

〔美〕A.A.瓦西列夫 著

徐家玲 译

A. A. Vasiliev
HISTORY OF THE BYZANTINE EMPIRE
324 — 1453

Published by the University of Wisconsin Press
First English edition(in two volumes),1928
Second English edition(in one volume),1952
(in two volumes),1958,1961,1964
据威斯康星大学出版社 1952 年版译出

A.A.瓦西列夫

(1867—1953)

汉译世界学术名著丛书
出 版 说 明

我馆历来重视移译世界各国学术名著。从20世纪50年代起，更致力于翻译出版马克思主义诞生以前的古典学术著作，同时适当介绍当代具有定评的各派代表作品。我们确信只有用人类创造的全部知识财富来丰富自己的头脑，才能够建成现代化的社会主义社会。这些书籍所蕴藏的思想财富和学术价值，为学人所熟悉，毋需赘述。这些译本过去以单行本印行，难见系统，汇编为丛书，才能相得益彰，蔚为大观，既便于研读查考，又利于文化积累。为此，我们从1981年着手分辑刊行，至2018年年底已先后分十七辑印行名著750种。现继续编印第十八辑，到2019年年底出版至800种。今后在积累单本著作的基础上仍将陆续以名著版印行。希望海内外读书界、著译界给我们批评、建议，帮助我们把这套丛书出得更好。

商务印书馆编辑部
2019年7月

中译者序

本书作者亚历山大·亚历山德罗维奇·瓦西列夫（Alexander Alexandrovich Vasiliev，俄文名：Алекса́ндр Алекса́ндровичВаси́льев，1867—1953）是国际历史学界公认的、20世纪中期以来最权威的拜占庭历史和文化研究者之一。他所著的《拜占庭帝国史》(*History of the Byzantine Empire*，1928年初版)至今仍然是与爱德华·吉本（Edward Gibbon）和弗奥多尔·乌斯宾斯基（Fyodor Uspensky）、奥斯特洛戈尔斯基（Ostrogorsky）的作品齐名的，对拜占庭帝国史最具综合性的、详尽的论述。

瓦西列夫曾于彼得堡大学师从职业拜占庭学者瓦西里·瓦西列夫斯基（Vasily Vasilievsky）学习，后来在该大学教授阿拉伯语，于1897—1900年间，他转赴巴黎求学。1902年，他曾随同尼古拉·马尔（Nicholas Marr）考察了西奈山的圣卡特琳修道院。他在一篇回忆录中，谈到自己致力于研究近东（巴尔干半岛、希腊、君士坦丁堡、小亚细亚、叙利亚、巴勒斯坦、埃及和阿拉伯半岛）的原因，"不仅仅是由于它本身的魅力，而是由于它在亚历山大征伐之后，在东方传播希腊化文化和给予我们19世纪和20世纪的文明以丰富的希腊文化遗产的重要性"[①]。

[①] Sirarpie der Nersessian, Alexander Alexandrovich Vasiliev (1867 - 1953);

当他驻留于塔尔图大学（Tartu University，1904—1912）之时，瓦西列夫写作并出版了其影响力巨大的专著《拜占庭与阿拉伯人》(*Byzantium and the Arabs*,1907)。他还进入了乌斯宾斯基在君士坦丁堡所建立的俄罗斯考古研究所从事研究工作。1912年，他回到圣彼得堡大学，担任教授(1917—1925年)。十月革命之后，他于1919年被选聘为俄罗斯科学院院士。1925年，在他访问巴黎期间，瓦西列夫受到米哈伊尔·罗斯托夫采夫邀请，决定移居美国。经罗斯托夫采夫介绍他前往威斯康星大学就职（1925—1939年），后转至哈佛大学的顿巴登橡树园研究中心工作(1944—1948年)。在其生命的最后几年，他在布拉格被选为尼科季姆·康达可夫(Nikodim Kondakov)研究院的院长及国际拜占庭研究会(Association Internationale des Études Byzantines)的会长。

他的主要作品有：《斯拉夫人在希腊》（*Slavs in Greece*，1898）；《利凡特的拉丁统治者》(*The Latin Sway in the Levant*,1923)；《拜占庭帝国史》第一卷《自君士坦丁至十字军时期》(*History of the Byzantine Empire*: Vol. 1: *Constantine to the Crusades*,1925年俄文版,1929年以后多种语版)；《拜占庭帝国史》第二卷《自十字军至拜占庭的衰亡》(1935年之后多次再版)；《拜占庭与阿拉伯人》第一卷《阿莫里亚王朝时期拜占庭与阿拉伯人的政治关系》(*Byzantium and the Arabs*, Vol. 1: *Political Relations between Byzantines and Arabs during the Amorian Dynasty*,1900

Source: Dumbarton Oaks Papers, Vol. 9/10 (1956), pp. ii + 1 + 3 - 21。Published by: Dumbarton Oaks, Trustees for Harvard University. Stable URL: http://www.jstor.org/stable/1291090 Accessed: 09/06/2014.(JESTOR).

年俄文版,1935 年和 1950 年法文版);《拜占庭和阿拉伯》第二卷《马其顿王朝时期拜占庭人与阿拉伯人的政治关系》(1900 年俄文版,1935 年和 1950/1968 年法文版,两部);《克里米亚的哥特人》(*The Goths in the Crimea*,1936);"11 世纪盎格鲁-撒克逊人迁徙拜占庭之开放的舞台"("The Opening Stages of the Anglo-Saxon Immigration to Byzantium in the Eleventh Century", Seminarium Kondakovianum,1937);《俄罗斯人于 860 年对君士坦丁堡的进攻》(*The Russian Attack on Constantinople in 860*,1946);《阿尔戈斯的圣彼得"生平"及其对历史研究的重要意义》(*The "Life" of St. Peter of Argos and Its Historical Significance*,1947);《君士坦丁堡竞技场的波菲利乌斯纪念碑》(*The Monument of Porphyrius in the Hippodrome at Constantinople*,1948,1967);《君士坦丁堡的皇帝紫棺》(*Imperial Porphyry Sarcophagi in Constantinople*,1949);"萨索菲拉托的圣迪米特里镶嵌画的历史意义"("The Historical Significance of the Mosaic of Saint Demetrius at Sassoferrato", *Dumbarton Oaks Papers*,V.,1950,29-39);《查士丁一世:查士丁尼时代的前奏》(*Justin, the First: An Introduction to the Epoch of Justinian the Great*,1950);《俄罗斯人第二次攻打君士坦丁堡》(*The Second Russian Attack on Constantinople*,1951,1967);《法兰西的休·加佩与拜占庭》(*Hugh Capet of France and Byzantium*,1951);《721 年哈里发叶齐德二世的破坏圣像敕令》(*The Iconoclastic Edict of the Caliph Yazid II, A.D. 721*,1956,1967);《拜占庭历史作品概览》(*A Survey of Works on Byzantine History*);《埃德萨的圣迪奥多勒生平》(*The*

Life of St. Theodore of Edessa);《世界两端,西方和东方的中世纪思想》(*Medieval Ideas of the End of the World: West and East*);《祭司王约翰和俄罗斯》(*Prester John and Russia*, 1996, ed. W. F. Ryan),后四种作品出版时间不详。①

瓦西列夫的《拜占庭帝国史》,较完整地记载了自324年到1453年间的拜占庭帝国的兴衰发展,是现代从事拜占庭研究不可缺少的重要参考书。该书的俄文版本早自1917—1925年间就已经先后问世,是作为瓦西列夫在大学任教期间的基础教材。以后,又陆续出版了英文(1928—1929年)、法文(1932年)、土耳其文(1943年)、西班牙文(1948年)等各种语言的版本。上述版本都在原有基础上作了修订、增补,早在20世纪50年代,这些版本均已经绝版。

目前这个译作,是根据1952年发行的第二版翻译。该版本以原作者的法文版著作(1932年)为蓝本,补充吸收了20世纪30—50年代拜占庭研究领域的新的研究成果。同时,增设了一节专门论及拜占庭封建化的问题,探讨拜占庭土地制度与古罗马时代及中世纪西方土地制度的关系,显而易见,作者并不认同"拜占庭不存在封建"的西方传统观念,在同类著作中占有特殊地位。由于本书作者于1953年去世,该书在1958、1961年重印时没有进行修订,只改正了一些印刷上的错误,另附有作者为1952年版本写的简短前言。

---

① 关于瓦西列夫的生平和著作,参照维基百科:https://en.wikipedia.org/wiki/Alexander_Vasiliev_(historian)(2018.1.4);和《顿巴登橡树园研究文集》,Vol. 9/10 (1956), pp. ii + 1 + 3 - 21, Dumbarton Oaks, Trustees for Harvard University)。

原书分上下两卷（正文计846页），共九章，附有拜占庭王朝世系表和皇帝年表，六幅地图及重要参考文献、索引等。第一章是对拜占庭史学研究的概述，回顾了16世纪以来西欧及世界各国研究拜占庭史的基本状况，介绍了有关史家和史学著作，是"二战"以来到20世纪50年代，对各个时代的拜占庭研究状况总结概括较为全面的综述。随后的八章，完全是按照拜占庭主要王朝生存的历史顺序排列的，依次为：第二章，君士坦丁到查士丁尼时代（324—518年）；第三章，查士丁尼及6世纪的拜占庭（518—610年）；第四章，希拉克略时代（610—717年）；第五章，伊苏里亚和破坏圣像时代（717—867年）；第六章，马其顿王朝（867—1081年）；第七章，科穆宁朝和十字军时代（1081—1204年）；第八章，拉丁帝国和希腊流亡王朝的复国斗争（1204—1261年）；第九章，拜占庭的灭亡（1261—1453年）。

然而，本书又不完全是按照编年体例写作的。编年只是以大的历史时期为框架，在此大框架下，作者对每一时期有代表性的专题进行了详尽的讨论。因此，每一章之下，通常是以王朝各代继承者在位的时间顺序为基本线索，对各特定时期拜占庭帝国的对内对外政策倾向予以概述，然后是对各个历史时期的重要问题进行深入讨论，最后是一个特定时期的文化、文学、教育和艺术成就。有些特别重要的问题，则跳出时间的断限，加以全面综合性的论述。

值得特别注意的是，本书的第二章跨越了两个历史时期，即从君士坦丁时代到查士丁尼之前，这体现了迄今为止，世界拜占庭学者的一致意见，从君士坦丁时代到查士丁尼时代的前奏时期，是地中海世界从"古代的罗马"向"中世纪的拜占庭"过渡的重要时期。这一时期，罗马-地中海世界发生的重要变化包括：基督教被罗马统治者所认可，并奉其为国教；罗马皇帝君士坦丁将首都迁离古城罗马，在君士坦丁堡（希腊化古城拜占庭）建立新都。在帝国内部，是集约化的奴隶制向以小农和隶农为主的自由农业经济的过渡；在帝国外部，是来自北方和东方的诸日耳曼部族在罗马帝国的广大地区定居、建"国"，与"罗马人"在各个地区交汇和融合。在语言文化上，以拉丁文化为主体的"罗马化"文化与拥有深厚历史底蕴的希腊化文化长期对抗和共生的结果，是罗马帝国东部的日益"斯拉夫-希腊化"，罗马帝国西部的"日耳曼-拉丁化"。罗马帝国基督教会的"统一"也势必因此而接受在11世纪中期分化为"拉丁大公教会"和"希腊正教会"的最后结局。在这一历史时期，昔日罗马世界的立法、行政组织和管理模式、军队建构和战略战术、贵族和元老的身份等级制度、社会各层级间流动的规则和方式，也都发生了重大的变化，以至于到查士丁尼时代，他必须面临着所有这些变化带来的机遇和挑战。

鉴于此，作者对于第二章的整体把握不同于后面的几章，并不以君士坦丁大帝和他的继承者们的王谱世系为主要脉络，而只描述这一历史时期对后世的变化有重大影响的问题，一是君士坦丁的政迹（包括接受基督教为合法宗教，主持尼西亚大公会议，在君士坦丁堡建立新都）；二是戴克里先与君士坦丁的改革（戴克里先的"四头政治"之源起，其对帝国后世政治的影响；戴克里先与君士坦丁的军事改革、行政体系改革和货币-赋税改革等）；三是君士坦丁之后续统治者（特别是狄奥多西王朝的各代统治者）在解决4—

6世纪的蛮族问题(从战胜蛮族到雇佣蛮族、建立蛮族军团)方面,在致力于解决基督教内部争论,确立基督教正统信仰体系和基督教教纲方面,在维修和完善君士坦丁堡防务(城墙)和供水系统方面,在搜集、整理罗马古法、颁布《狄奥多西法典》方面,做出的引人瞩目的成就。在所有这些对"主流"问题的描述中,作者还情有独钟地以浓墨重彩描述了"背教者朱利安"企图放弃基督教信仰,恢复传统罗马多神崇拜的失败,从而向读者昭示:基督教的胜利与传统多神教退出历史舞台,是时代发展的必然,不以任何精英的个人喜好为转移。无疑,4—6世纪的所有这些成就,为查士丁尼时代完成晚期罗马帝国的历史进程,开创中世纪拜占庭帝国的政治法律模式奠定了坚实的基础。

本书的一大特点是,在每一章的最后一部分,都专设栏目介绍本章所述同一时代的学术、文化及艺术成就,相对于涉及拜占庭历史研究的同类学术著作,这种处理方式显示了作者对于各个时期拜占庭文化-文学-史学和艺术等的特别关注和全面把握。读者只须阅读每章的这一部分,就会很明晰地掌握拜占庭文学-史学-艺术发展的基本脉络。作者对各个历史时期的主要历史学家和历史作品特别做了系统的介绍和理性的分析阐释,有助于读者把握这一脉络,寻找和搜集更多更好的第一手文献资料。

本书详细论述了4—15世纪地中海世界的政治、经济和军事、外交斗争、东正教文化圈的形成,其中包括斯拉夫和小亚细亚地区各族群和欧亚草原民族不断融进东地中海希腊化文化圈的历史,也涉及阿拉伯伊斯兰文化、东正教文化及西方基督教文化在东地中海地区交往(贸易、宗教传播和战争)中的对抗和冲突。作者特别强调了以君士坦丁堡为核心的中世纪拜占庭帝国是基督教世界的东方前哨,在整个中世纪世界起到了维护基督教的希腊化文明、抵制外来军事和宗教文化介入—渗透欧洲世界的重要作用。作者特别强调利奥三世(717—741年在位)时期对阿拉伯人进攻的胜利,"拯救了拜占庭帝国和东方基督教世界","拯救了整个欧洲文明"[①]。

与此同时,作者也并没有忽视古代的、草原民族的、基督教的及伊斯兰教的诸多文明元素在巴尔干半岛、爱琴海及东地中海诸岛、海岸和小亚细亚高原的相互交融及相互吸纳的进程。对于自古以来东西方交往的重要通道,即陆上丝绸贸易的传输通道和海上的香料通道,对于东西方生产技术和建筑艺术、绘画艺术的交流,对于中世纪地中海商业中经常遇到的商路争夺问题[②]、海盗问题和海上法权问题等,作者都有专门的阐述。而且,由于本书作者运用了不少阿拉伯作家和叙利亚作家的史料,有助于我们从另一个角度探究这一时期的战争、和平、贸易交往和宗教斗争的程度和各时代的演进,更提供了深入了解和探究这一时期阿拉伯世界、中亚世界、黑海地区及欧亚草原突厥人的文明化进程及各族群历史发展主要脉络的重要资料。

该书的译出,将丰富我国汉译世界名著翻译中涉及拜占庭史的学术珍藏,且有助于我国从事世界史,特别是欧洲、西亚历史的学者们深入了解和研究中世纪的东欧、巴尔干地区史、地中海政治

---

① 瓦西列夫原书,第一卷,第236页。
② 这方面内容在原书第七章"拜占庭与十字军"与第九章"拜占庭的灭亡"中都有极好的案例。

史及小亚、阿拉伯伊斯兰教发展的早期历史，以及东西方在宗教文化交流、贸易往来和战争冲突方面的历史脉络和个别细节问题，也有助于法学家和政治史学者们对晚期罗马帝国和拜占庭的政治、法律制度史作深入的研究；同时对那些有志于研究东正教及阿拉伯文化区各民族的交往和军事、外交斗争的人们也有很好的借鉴作用。

徐家玲

2018 年 8 月

目 录

前言 ………………………………………………………… 1

第一卷

第一章　拜占庭历史研究的回顾 …………………………… 7
　西欧学者 …………………………………………………… 7
　俄罗斯的拜占庭研究 ……………………………………… 52
　期刊、主要参考资料和草纸文献 ………………………… 64
第二章　自君士坦丁大帝至查士丁尼时代的帝国 ………… 70
　君士坦丁和基督教 ………………………………………… 70
　戴克里先和君士坦丁的改革 ……………………………… 99
　自君士坦丁大帝到6世纪早期的皇帝和社会 …………… 106
　文学、学术、教育和艺术 ………………………………… 183
第三章　查士丁尼大帝及其直接继承者(518—610年) …… 202
　查士丁一世 ………………………………………………… 205
　查士丁尼与狄奥多拉的统治 ……………………………… 207
　查士丁尼的直接继承者 …………………………………… 263
　文献、学术和艺术 ………………………………………… 280
第四章　希拉克略时代(610—717年) …………………… 301

对外问题 ……………………………………………………… 303
　　希拉克略王朝的宗教政策 …………………………………… 346
　　军区制的起源和发展 ………………………………………… 352
　　混乱时期(711—717年) ……………………………………… 357
　　文献、学术和艺术 …………………………………………… 358

第五章　破坏圣像时代(717—867年) ……………………… 364
　　伊苏里亚或叙利亚王朝 ……………………………………… 364
　　伊苏里亚王朝的继承者和阿莫里亚或弗里吉亚王朝
　　　(820—867年) ……………………………………………… 421
　　文献、学术和艺术 …………………………………………… 451

第六章　马其顿王朝(867—1081年) ………………………… 467
　　王朝的起源 …………………………………………………… 468
　　马其顿王朝的外交 …………………………………………… 472
　　社会与政治的发展 …………………………………………… 512
　　混乱时期(1056—1081年) …………………………………… 543
　　教育、学术、文学和艺术 …………………………………… 558

第二卷

第七章　拜占庭与十字军 ……………………………………… 581
　　科穆宁诸皇帝及其对外政策 ………………………………… 581
　　安吉列王朝的对外政策 ……………………………………… 670
　　科穆宁和安吉列王朝的内部事务 …………………………… 714
　　教育、学术、文学和艺术 …………………………………… 741

第八章　尼西亚帝国(1204—1261年) ………………………… 768

拜占庭领土上形成的新国家 ·············· 768
拉斯卡利斯朝的对外政策和拜占庭帝国的光复 ·········· 781
基督教会与尼西亚帝国和拉丁帝国的关系 ·········· 822
尼西亚帝国的社会和经济状况 ·············· 831
教育、学术、文学和艺术 ················ 836
拜占庭的封建制 ···················· 859

第九章 拜占庭的灭亡 884

巴列奥洛格王朝的对外政策 ··············· 884
巴列奥洛格王朝统治下的教会问题 ············ 1005
学术、文献、科学和艺术 ················ 1052
拜占庭和意大利文艺复兴 ················ 1096

附 录

拜占庭帝国皇帝年表(324—1453年) ············ 1113
拜占庭王朝世系表 ··················· 1117

参考文献 ······················· 1126
索引 ·························· 1188
后记 ·························· 1294

地图目录

第一卷
拜占庭世界 …………………………………………… 164 页后
565 年的拜占庭帝国 ………………………………… 256

第二卷
1025—1402 年的拜占庭帝国 ………………………… 728 页后
14—15 世纪的保加利亚人和塞尔维亚人 …………… 932
土耳其帝国的扩张 …………………………………… 932
15 世纪拜占庭帝国的属地 …………………………… 933

前　言

我的这本以新的英文版问世的《拜占庭帝国史》已经有很长一段历史了。它最早是以俄文写成,在俄国出版。第一卷印刷于俄罗斯帝国的末日和第一次革命的早年,出版于1917年,标题是"拜占庭历史讲义"(十字军之前),没有注释。第二卷,分为三个部分:"拜占庭与十字军","拉丁人在利凡特地位的动摇"以及"拜占庭的衰落",印于1923—1925年,附以第一手和第二手资料的参考文献。俄文版现在已完全过时。

英文版首印于25年前(1928—1929年),分为两卷,由威斯康星大学研究所出版。该书以俄文原版为基础,我做了完整的校对、补充、更新。这一版本已经绝版很久了。

1932年,我重新修订并扩展了原文,同年在巴黎出版了本书的法文版,目前也已绝版。后来,我略作修改出版了本书的西班牙文版(1948年,巴塞罗那)。本书第一卷的土耳其文版本于1943年出版于安卡拉,是根据法文版翻译的。令人惊讶的是,这一版本同样很快绝版,甚至作为作者的我,也没有该版的原书了,只是在国会图书馆看到了一本。

英文第二版是以法文版为基础的。但是,自1932年法文版出版以来,已经度过了19个年头,在此期间,许多具有重要价值的著作问世,必须将其吸收到新的版本中来。1945年,在威斯康星大学的期望下,我为重新出版该书而修订了原文,并添加了关于拜占庭封建制的一节。但在1945—1951年,其他更重要的出版物问世。我曾试图尽自己所能进行必要的补充和修正;但是,这种修订是个别的、不系统的,我仍然担心最近还可能发现一些基本的漏洞。

在此前两年,我原来的学生,现在于鲁特格尔大学任教的一位著名教授彼得·卡拉尼斯对我帮助甚大,在整理参考书目方面尤其使我受益,因此,我必须,也十分欣慰地向他表示诚挚的谢意。但是,如同我在本书的英文第一版的前言中所说,我的目的并不是列出一个全面的参考文献目录,因此,在正文和参考文献中我只列出了最重要的或最近出版的作品。

尽管我完全意识到我的作品之按年代叙述的体系有时会导致严重的不便,但我在这一新版本中并没有改变它;否则,我必须写一部全新的著作。

我衷心感谢威斯康星大学历史系和地理系的教授罗伯特·L.雷诺德先生,他在参与本书的地图编辑方面提供了友好的合作。我也向埃德娜·谢泼德·托马斯女士表示衷心感谢,她以极其细致的态度校订了我的手稿,并改正了我在英文文字方面的不足。最后,我还应该感谢基蒙·T.乔卡利尼斯为本书做了最为困难的索引编制工作。

A.A.瓦西列夫
顿巴登橡树园
哈佛大学
华盛顿特区

出版说明

现在,在瓦西列夫教授写了上述文字,追溯了他这套著作的各种版本出版过程的历史,六年以后,我们愉快地奉献了这一新的版本,该版本是平装两卷本,其文字和所有参考文献保持了1952年版本的原样,但改正了一些印刷方面的错误。

英文版出版者
1958年2月

第一卷

第一章

第一章 拜占庭历史研究的回顾

西欧学者

意大利文艺复兴时期是与希腊、罗马的古典文学紧密相连的。而拜占庭文献在意大利几乎无人知晓,人们也似乎没有发现有乐于了解它的明显迹象。这种忽视中世纪希腊文学的态度,由于人们为寻找希腊文手稿对东方的频繁访问,以及对希腊语言的全面研究而逐渐地发生了变化。但是,在14、15世纪,对于拜占庭文献的兴趣还仅仅是偶然的,比起对古典世界的兴趣来,则相形见绌了。

然而,到了16世纪,对拜占庭的历史和文献的兴趣,有了较显著的改变。在这个世纪里,拜占庭作家的许多著作(尽管重要性不尽相同,也未经精心选择)在欧洲的各个地区出版了:在德意志由希罗尼姆斯·沃尔夫(Hieronymus Wolf)、在荷兰由慕尔西乌斯(Meursius)、在意大利是由两名希腊人——阿莱曼努斯(Alemannus)和阿拉提乌斯(Allatius)出版的。

法兰西的贡献

对拜占庭时期的真正科学的研究是17世纪于法兰西开始的。

在路易十四的光辉时期（这一时期法兰西文学成了全欧洲的典范），拜占庭学识在法兰西得到了高度重视，国王、大臣、主教和民间的个人，竞相建立图书馆和收集原稿，学者们得到各种优待，受到重视。

17世纪早期，路易十三就将教会助祭阿迦佩图斯（Deacon Agapetus）给查士丁尼的教言由希腊原文译成法文。红衣主教马扎林（Mazarin）是一个书籍爱好者和孜孜不倦的史料原稿的收集者，他建立了一个收藏了许多希腊著作的丰富的图书馆。他死后，这一收藏转归巴黎的王室图书馆（今天的国家图书馆），该图书馆是16世纪由弗兰西斯一世建立的；路易十四的著名大臣科尔贝（Colbert）也是王室图书馆的馆长，他不仅持续为图书馆增添文学宝藏，而且去国外收集手稿。18世纪，法兰西国王将科尔贝个人的丰富藏品收在王室图书馆中，其中有大量希腊文原稿。红衣主教黎塞留为了以令人满意的式样出版著名作者的著作而在巴黎创建了王室印刷所（卢弗尔印刷所）。这个印刷所使用的所谓的"王室希腊文"字体，以美观著称。1648年，在路易十四和科尔贝庇护下的这家王室印刷所，出版了第一部拜占庭历史学家著作集。到1711年，已出版了这一套选集的对开本共34卷。这一编辑工作在当时是一个伟大的成就，即使在今天也没有哪一版本能完全替代它。当第一卷在法兰西出版时，法国的编辑兼学者莱比（Labbé，Labbaeus）对所有的拜占庭史爱好者发出了倡议，他强调了拜占庭这个东方希腊帝国历史的重要性，指出，它的"历史事件之多是这样令人惊讶，它的多样性是这样有吸引力，持续时间之长是这样值得关注"。他要求欧洲学者们搜寻并发表湮没在图书馆尘埃中的历史文献，并承诺，这些人将得到"比金石更不

第一章 拜占庭历史研究的回顾

朽的声望",①以此来鼓舞所有的合作者。

杜康之。——著名的杜康之（Du Cange，1610—1688 年）是法国 17 世纪第一流的学者，他的为数众多的各类著作，至今还保持着活力和重要意义。杜康之是历史学家、语言学家、考古学家、古钱学家和艺术编辑，是这些领域的精通者，是永不疲倦的、严格的学者。他于 1610 年生于法国的亚眠，后来被父亲送到耶稣会士学院。在奥尔良和巴黎做了若干年律师之后，他回到了自己出生的城市，结了婚，成了 10 个孩子的父亲。1668 年，由于黑死病蔓延，他离开亚眠，定居巴黎，直至 1688 年 10 月 23 日去世。令人惊奇的是，他在 45 岁之前没有发表过任何东西，在亚眠以外几乎无人知道他的名字。但在其一生的后 33 年，他却完成了自己的巨著。他的学术著作之多，若非他亲手写的原稿仍然保留至今，是难以令人置信的。他的传记作者写道："18 世纪的这位学者是在一条前所未有的全神贯注的道路上撰述的：'他结婚 50 年，又是多子女家庭的父亲。为何竟能如此读书、如此思考、如此著述呢？'"②杜康之在拜占庭史方面的杰作是《法兰克诸王统治下的君士坦丁堡》(*Histoire de l'empire de Constantinople sous les empereurs français*)，该书在杜康之去世前经过修订，但该修订版直到 19 世纪才出版；《拜占庭家族》(*De familes byzantinis*)，包括了丰富的家谱资料；以及《基督教的君士坦丁堡》(*Constantinopolis Chris-*

---

① Ph. 莱比(Ph. Labbé)：《为学界使用的拜占庭历史手稿全集，倡议》(*De Byzantinae histoirae scriptoribus ad omnes per orbem eruditos, προτρεπτικόν*)，5—6。

② L. 富热尔(L. Feugère)：《杜康之的生活和工作研究》(*Étude sur la vie et les ouvrages de Du Cange*)（以下简称《杜康之研究》。——译者），9。

tiana),含有至 1453 年为止的详细而精确的君士坦丁堡方志资料。后两部著作,后在同一部书《拜占庭历史的注解与补证》(*Historia Byzantina duplici commentario illustrata*)中出版。在杜康之去世前三个月,他发表了两卷本(对开本)《中世纪希腊文词典》(*Glossarium ad scriptores mediae et infimae graecitatis*),按照俄罗斯拜占庭学者 V. G. 瓦西列夫斯基(V. G. Vasilievsky)所说:"这部著作是无可比拟的巨著,编辑这样一部书说不定需要动用一群专业学者。"③直到今天,这部词典仍然是所有从事拜占庭史及一般中世纪研究的学者们必不可少的资料。除了这些创造性的著作之外,杜康之还发表了许多著名拜占庭历史学家著作的标准版本。这些版本因为有了地道的专业注释而特别重要。杜康之的另一部巨著《中世纪拉丁文词典》(*Glossarium ad scriptores mediae et infimae latinitatis*)对于拜占庭学研究者来说也是很重要的。杜康之健康状况一直良好,但 1688 年 6 月突然病倒,同年 10 月去世,终年 79 岁。临终之际,家属及朋友都在身边。他被葬在圣热万教堂。他的墓穴已无踪迹,但现在巴黎的一条狭窄而偏僻的街道仍叫"杜康之街"④。

---

③ V. G. 瓦西列夫斯基:《拜占庭历史著作概述》(*A Survey of Works on Byzantine History*),139。见 H. 奥蒙(H. Omomy)所写的,关于出版者让·阿米西翁(Jean Amisson)致杜康之的书信的文章:"杜康之的希腊语词典。阿米西翁就该词典的出版致杜康之的信(1682—1688 年)"("Le Glossaire grec du Du Cange. Lettres d'Amisson à du Cange relatifs à l'impression du Glossaire, 1682—1688"),《希腊研究杂志》(*Revue desétudes grecque*),v(1892),212—249。

④ 见富热尔《杜康之研究》,67—71。一位与杜康之同时代的作者写了关于杜康之患病到他去世时情况的特别重要的信,被收在波恩版的《复活节编年史》(*Chronicon Paschale*),II,67—71。但是,还没有一部令人满意的杜康之传记。

其他法国著作家。——杜康之不是法国拜占庭研究领域的唯一著作家。就在同一时代,马比荣(Mabillon,1632—1707年)写下了他不朽的著作《古文书学》(*De re diplomatica*),创立了全新的资料文献及敕书的学问。18 世纪早期,蒙弗孔(Montfaucon,1655—1741年)所写的最重要的一部著作《希腊古文书学》(*Greek Paleography*)问世,至今仍然不失其价值。这一时期也出版了在巴黎居住和写作的拉古萨的本笃派修士班都里(Banduri,1670—1743)的多卷本著作。他于 1711 年发表了《东方帝国》(*Imperium Orientale*)一书,其中包含拜占庭时期的历史地理学、历史地志学和考古学方面的丰富资料。几乎与此著作同时,是多明我派修士勒坤(Le Quien,1661—1733年)所进行的深入研究,他的《基督教东方》(*Oriens christianus*)一书,是特别着重于研究基督教东派教会的丰富的历史资料集。⑤ 因而,直到 18 世纪中叶,法国毋庸置疑地成了研究拜占庭的领导中心,这一时期的许多法文著作一直颇有价值。

18 世纪和拿破仑一世的时代

18 世纪,法国的情况有了变化。"理性时代"的特征,表现为

---

⑤ 见 J.U.伯格坎普(J.U. Bergkamp)《让·马比荣修士和圣毛勒的本笃会历史学派》(*Dom Jean Mabillon and the Benedictine Historical School of Saint-Maur*);该书有丰富的参考书目,116—119。亦见 S.萨拉维亚(S. Salaville)"纪念迈克尔·勒坤诞辰 200 周年(1733—1933)"("Le second centenaire de Michel le Quien,1733—1933"),《东方之声》(*Echos d'Orient*),XXXII(1933),257—266。詹姆斯·威斯特弗尔·汤普逊(James Westfall Thompson):"马比荣和蒙弗孔的时代"("The Age of Mabillon and Montfaucon"),《美国历史评论》(*American Historical Review*),XLVII(1942),225—244。

对过去的否定,对宗教的怀疑,对教权与君主专制的激烈批评。这时再也找不到对拜占庭帝国感兴趣的事物了。中世纪的历史,被人们想象为"野蛮的、不文明"时期的历史,是黑暗和愚昧的根源。18世纪一些最先进的思想家没有对这一时期进行任何研究,就对中世纪希腊史进行了严厉的批评。伏尔泰批评了罗马历史上的帝政时代后,进一步指出:"这里有另一部历史,比塔西佗时代以来的罗马历史更为荒谬;这就是拜占庭的历史。这是一部毫无价值的集合,除了雄辩术和神迹奇事外,它一无所有。它是人类智慧的一大耻辱。"⑥严肃的历史学家孟德斯鸠写道,从7世纪早期"开始的希腊帝国的历史,只有一系列的造反、暴动、背叛,余者一无所有"⑦。英国历史学家吉本的著作,也受到18世纪思潮的极大影响。这种对拜占庭历史否定和贬抑的态度在18世纪后半期发展起来,中经法国大革命时期,一直延续到19世纪早期。例如,著名的德国哲学家黑格尔(1770—1831年),在他的《历史哲学讲义》中写道:"拜占庭帝国在内部被各种欲望弄得昏天黑地,在外部则受到野蛮人的压迫,而对这些野蛮人,皇帝只能进行软弱无力的抵抗。这片领土总是处于不安全的情况下。整个帝国呈现出一幅愚蠢的令人作呕的面貌;可耻的,甚至疯狂的贪欲压抑着一切高尚的思想,皇帝因将军们的策划或廷臣们的阴谋而被废黜;皇帝被他们自己的妻子或儿子暗杀、毒害;女人们沉溺于贪欲及各种可憎的行为。这就是历史给我们描述的一幅情景;直到大约15世纪中叶

---

⑥ 《历史的批判》(*Le pyrrhonisme de l'histoire*),chap.15。
⑦ 《罗马盛衰原因论》(*Considérations sur les causes de la grandeur des Romains et de leur décadence*),J.巴克尔(J.Baker)译本,chap.21,437。

第一章　拜占庭历史研究的回顾

(1453年),这个东方帝国的腐朽大厦才终于被强大的土耳其人大军摧毁。"⑧政治家们把拜占庭作为一个无能的样板来引证。例如,拿破仑一世在"百日王朝"时,于1815年6月对议会的讲话中说道:"帮助我挽救我们的国家吧,……我们不要仿效拜占庭帝国的模式,它受各处的野蛮人所压迫,成了后代的笑柄,因为在攻城槌击破城门时,它却沉湎于无谓的内争。"⑨

到19世纪中叶,这种对中世纪学的态度在学术界才发生了变化。在革命时期的风暴和拿破仑战争之后,欧洲人对中世纪有了不同程度的重视,恢复了研究这一"野蛮的、不文明"时期的兴趣。拜占庭历史又一次成为热心学者们研究的对象。

孟德斯鸠。——18世纪前半期"理性时代"著名的代表人物孟德斯鸠(Montersquieu,1689—1755年),写了他的《罗马盛衰原因论》,于1743年出版。这部作品的第一部分,简洁、风趣和生动地叙述了始自罗马建城时期的罗马帝国的发展,最后四章专门叙述拜占庭时期,到1453年土耳其占领君士坦丁堡为止。这部作品,当然是在18世纪思想的影响下写的,显而易见,孟德斯鸠坚持了对这一时期历史的正确认识;他认为拜占庭历史是罗马历史的延续。正如他所说,他只是从6世纪后半期开始,方称罗马帝国为"希腊帝国"。他对这个帝国的历史,抱着很苛刻的态度。他坚持

---

⑧ 《历史哲学讲义》(*Vordesungen über die Philosophie der Geschichte*),III,part 3,"标题"(Kapitel)。见J.西布里(J. Sibree)译《历史哲学讲义》(*Lectures on the Philosophy of History*),353。

⑨ 1815年6月13日《国会通报》(*Moniteur*)。见H.霍赛伊(H. Houssaye)《1815年》(*1815*),I,622—623。

认为,拜占庭帝国的社会结构、宗教生活以及作战方法,是有相当多的组织上的缺陷的;他还认为,令人难以理解的是,这样腐败的制度,怎么能够一直延续到15世纪中叶。这个问题看来对作者有相当的重要性,在最后一章他专门说明了帝国延续生存的原因,解释了诸多因素。他指出,在与后来胜利的阿拉伯人的斗争中,"希腊火"的发明,君士坦丁堡的商业繁荣,野蛮人在多瑙河地区的定居(他们保护着帝国反抗新的侵略),这些就是这一东方帝国得以长期生存的主要原因。他写道:"就这样,当帝国由于贫弱的政权机构而衰败下来时,都得到了不寻常的外因的帮助。"受到土耳其人威胁的最后的帕列奥洛格王朝使孟德斯鸠想起了莱茵河,"像小溪一样流入大洋就消失了"。

尽管孟德斯鸠的主要兴趣不在拜占庭的历史上,尽管他完全像他的同代人一样不屑于研究中世纪学,但他确实留下了发人深省的记录,甚至人们今天读起它来,还会感到颇有兴味。现代的一个研究孟德斯鸠的学者、法国的 A. 索雷尔(A. Sorel),称孟德斯鸠撰写的拜占庭史的各章是"大师级的叙述和标准的解释"⑩。

吉本。——18世纪也产生了英国的历史学家爱德华·吉本(Edward Gibon, 1737—1794年),他是名著《罗马帝国衰亡史》的作者。吉本出生于1737年4月27日,曾在威斯敏斯特及家庭教师的关怀下,接受了初级教育。1752年,他考取了牛津的马德林学院。不久以后,他到了瑞士的洛桑,受到一个加尔文教徒*的指

---

⑩ 孟德斯鸠:《罗马盛衰原因论》(第2版,1889年),64。
* 此人就是著名的加尔文教牧师巴维利奥。——译者

导。在这里居住的五年中,他用大多数时间来学习法语,读古典文学作品和重要的历史学及哲学著作。这次长期侨居生活,在年轻的吉本思想深处打下了深刻的烙印。瑞士成了他的第二故乡。正如他后来所写的:"当时,我已不再是英国人,从16岁至21岁这一多变的青年时期,我的思想感情、生活习惯、主观见解,都带上了外国人的特色;对英国的淡漠不清的记忆几乎全部从记忆中抹掉了;我对自己的民族语言也很不熟悉,而且,在离乡背井的情况下我似乎已经心甘情愿地接受了无法改变的命运安排。"在洛桑,吉本"满意地见到了这一时期最非凡的人物——诗人、历史学家、哲学家"伏尔泰。[11]

回到伦敦,吉本发表了他于1761年用法文写的第一部著作《文献研究随笔》(*Essai sur l'étude de la litérature*),该书在法国和荷兰受到了热烈欢迎,但在英国则受到冷遇。此后的两年半时间,吉本是同在英法七年战争中组织起来的汉普郡民兵一起度过的。1763年,他途经巴黎回到他热爱的洛桑。就在这年,他周游了整个意大利,访问了佛罗伦萨、罗马、那不勒斯、威尼斯和其他意大利城市。吉本在罗马的访问,对于他以后的生活特别重要,因为这次访问唤起了他写一部"不朽之城"的历史的想法。"就是在罗马,"他写道,"在1764年10月15日,当我置身于卡皮托丘的废墟中,独自冥想,听到托钵僧们在朱庇特神殿上唱着晚祷词时,编写罗马城衰亡史的想法,首次涌上了我的心头。"[12]吉本

---

[11] 《爱德华·吉本自传》(*The Autobiographies of Edward Gibbon*),J.穆莱(Murray)编,148,152。

[12] 同上书,302。

的原计划只是写罗马这座城市;后来,这一计划发展为写一部完整的罗马帝国史,包括西方帝国和东方帝国,写至1453年君士坦丁堡的陷落。

第二次回到伦敦后,吉本开始积极为预期工作收集材料。这部历史的第一卷,由奥古斯都时期开始,出版于1776年。它即刻获得了成功。几天之内第一版就销售一空。据吉本说,他的"书被放在每张书桌,甚至每一张梳妆台上"[13]。在继此之后的各卷中,可以清楚地看到,吉本自己的宗教观点与18世纪的精神是颇为一致的。这就引起了一阵猛烈的、主要是来自意大利天主教徒的抗议。

吉本一直有一个心愿,要在洛桑,他青年时代的学校度过他的晚年;终于,在第二次访问洛桑以后20年,吉本拥有了足以独立生活的财产。他回到了他喜爱的城市,在这里完成了他计划中的历史著作。他是这样描述完成这部多年著作的时刻的:

> 1787年6月27日这一天,或更确切地说,在这天夜里,11时到12时之间,我在花园中的避暑室里写了最后一页的最后几行。我搁下笔,在树冠遮盖的阳台回廊上漫步,从这里可以眺望到村野田园,湖光山色。空气是温馨的,天空是宁静的,月亮的银辉洒在湖面上,整个大自然万籁俱寂。我掩饰不住首次如释重负的喜悦之情,也许从此我还会一举成名。但是这种自豪感很快消失了,一种很自然的忧虑,在我的头脑蔓

---

[13] 《爱德华·吉本自传》,311。

延。我想,我已经永久地与一个多年惬意的伴侣告别了,并且,无论我的这部历史作品将来的命运如何,作为历史学家的生命却一定是短促而不安定的。⑭

法国革命事变的冲击,迫使吉本回到英国,1794年1月,他在英国去世。

吉本是少数在文学界和历史学界同时享有显著地位的作家之一。他的文风优雅华美,使得同时代一位历史学家把他与修昔底德和塔西佗相比。* 吉本留下了一本出色的自传,英国出版家伯克贝克·希尔(Birkbeck Hill)评介说:"它是这样简洁,以至于燃两支蜡烛的工夫就可读完;它的内容是这样有趣,而且在思想的转折及写作风格上是这样引人入胜,以至于可以读两遍三遍,仍与读头一遍一样兴味无穷。"

由于吉本受所处时代的思想影响,他在自己写作的历史中坚持这一观点:"我叙述了野蛮状态和宗教信仰的胜利。"换句话说,吉本认为,人类历史的发展从第二世纪开始就是倒退运动。当然,今天看来,吉本描述基督教的章节也几乎没有什么历史的重要性。

许多因素影响到现代人对吉本的评价。因为自他的时代,历史资料更加丰富了,历史的疑难问题也发生了变化,对历史资料的考证更有批判性,对各类史料的相互关系也有了更清楚的解释,并

---

⑭ 《爱德华·吉本自传》,333—334。

* 当时著名史家佛格生在给吉本的信中说:"您已经为英国典籍增添了一笔巨大的财富,如同修昔底德对他的同胞所做的那样。您为我们留下了一部不朽的宝籍。"——译者

且新的学科,例如古钱学、铭文学、印章学和纸草学,都已被全部纳入历史学的研究范围。此外,吉本对希腊语并不精通。关于518年以前,即到阿那斯塔修斯一世去世以前的史料,吉本在很大程度上使用的是他的一个优秀的前辈、法国学者提耶蒙特(Tillemont)于1692年出版于布鲁塞尔的驰名一时的著作《帝政史》(*Histoire des Empereurs*)的资料。因此,吉本对这一时期历史的研究比他的历史著作中描述的其他各个时期的部分更为详细而准确。

对于以后的时期,即东罗马或拜占庭时期的叙述,吉本并不十分成功。这一方面是归因于这样的事实,即他没有机会接触到最基本的资料;另一方面,则归因于他受到他那个时代思潮的强烈影响,这种思潮对于研究拜占庭史是不利的。对于这一点,英国史学家弗里曼(Freeman)写道:

> 现在,尽管吉本在他的涉及拜占庭历史的各章中比别处表现出更卓越的分类和概括的才能,尽管他运用了生动的描写和更引人入胜的含蓄的写作手法,但是他的写作手法显然不能唤起人们对于他所描述的人群或时代的重视,或是吸引许多人更细致地研究它们。他的无与伦比的讽刺和贬抑的才能始终在起作用;他是那样乐于表现任何时代或任何个人的可笑而脆弱方面的逸事,他也不能热情地赞扬任何人或事。几乎这样写的任何历史,都最先在读者的想象中留下可轻视的一面。也许任何历史都不能毫无损害地通过这样严峻的检

验；在所有历史中，拜占庭史是最无力经受这样的检验的。⑮

拜占庭历史被这样处理，显而易见是不正确的。所有皇帝的个人历史和家庭事件，从希拉克略的儿子到伊萨克·安吉列时期的历史都被压缩在一章中。J. B. 柏里评论道："这种叙述主题的方法，是与作者对拜占庭即东罗马帝国的轻视态度相一致的。"⑯吉本对希拉克略帝国之后的内政史的解释，不仅是肤浅的，而且也是完全不符合事实的。无论如何，吉本受到了他的时代资料条件的限制，当时，拜占庭破坏圣像时期或 10—11 世纪时期的社会史还没有得到研究和解释。尽管吉本的著作有这些公认的缺点和空白，但它仍是很重要的，值得花费时间一读。

《罗马帝国衰亡史》一书的第一版六卷本，于 1776—1788 年在伦敦出版，以后又多次再版。19 世纪末，英国拜占庭学家 J. B. 柏里出版了这部作品的新版，补充了极有价值的注释，对许多问题做了新的重要的补充，并且加了一个很好的索引。柏里的补充材料中，包含有吉本之后历史研究的成果。吉本的著作被翻译成几乎所有欧洲国家的语言。在柏里的新版问世之前，著名历史学家、政治家基佐（Guizot）的法文译本于 1828 年在巴黎出版（13 卷），该书因其批判性的和史实性的注释而具有特别的价值。涅维多姆斯基（Nevedomsky）的俄文译本于 1883—1886 年亦在莫斯科出版。⑰

---

⑮ 弗里曼：《史学论文集》(*Historical Essays*)（第 3 版，1879 年），234—235。

⑯ 爱德华·吉本：《罗马帝国衰亡史》，J. B. 柏里编，I, liii。

⑰ 威廉·张伯伦（William Chamberlain）："再读吉本"（"On Rereading Gibbon"），《大西洋月刊》(*The Atlantic Monthly*)，CLXXIV(1944.10)，65—70，它反映了当代学者对吉本著作的态度。

勒博。——18世纪法国著作家们表现出来的对拜占庭的轻视态度,并没有阻止法国人夏尔·勒博(Charles Lebeau)极其详细地记录拜占庭的历史事件。[18] 他不大懂希腊语,因此不得不依赖基本史料的拉丁文译本,而未能有鉴别地使用它们。他给自己的这部汇编命名为《始于君士坦丁大帝的晚期帝国史》(*Histoire du Bas-Empire en commençant à Constantin le Grand*)[19],长期以来,这一名称被认为是对拜占庭帝国普遍轻视态度的象征。尽管该书在1757—1786年出版了21卷,却仍没有完成。后来补充了六卷,但这部完成的著作在今天并不太重要。19世纪有两个研究东方文化的学者修订和补充了这部著作,一个是亚美尼亚的历史专家M.德·圣-马丁,另一个是格鲁吉亚历史专家M.布罗塞特。圣-马丁写道:"这不仅是我们发表的勒博著作的新版,而且是一部新书,它的重要性是任何一个关心历史研究进步的人都无可非议的。"[20] 这一新版(1824—1836年巴黎)《拜占庭帝国史》(*Histoire du Bas-Empire*)现代可能还有一些价值,因为它从东方,主要是亚

---

[18] 在关于勒博的各种传记中,可见"迪布伊对勒博的赞美"("Eloge de Lebeau par Dupuy"),见《作品集》(*Works*),M.德圣马丁(M. de Saint Martin)和M.布罗塞特(M. Brosset)编,I,xiii—xxvii。

[19] 此处,作者用的是Bas-Empire来称呼拜占庭。在法文中,Bas有双重含义,"低下的"指位置,"晚的",指时间。勒博此处用的是"时间"的意义。

[20] 《晚期罗马帝国史》(*Histoire du Bas-Empire*),I,xi;1847年,一部勒博著作的5卷本的缩略本,由F.德拉鲁(Delarue)编辑出版,标题是《勒博晚期罗马帝国史缩略本》(*Abrégé de l'histoire de Bas-Empire de Lebeau*)。其第1版的前22卷由J.A.席勒(Hiller)译为德文。见E.格兰(E. Gerland)《自人文主义时期至今的拜占庭历史研究》(*Das Studium der byzantinischen Geschichte vom Humanismus bis zur Jeztseit*),9。据N.约尔加(N. Iorga)说,勒博的著作也被译成了意大利文,见《东南欧历史杂志》(*Revue historique du sud-est européen*),IX(1932),428页注3。

美尼亚的史料中得到了大量的充实。

努加来。——1799年,一个法国作家努加来(P. J. B. Nougaret)出版了书名相当长的五卷本历史著作,它的缩略标题是《君士坦丁堡或拜占庭帝国的奇闻逸事,从它的建立者君士坦丁统治起,到穆罕默德二世对君士坦丁堡的占领,至我们今天的时代……;有命运变迁的最惊人的史实和最特别的变革》*。这部书仅仅是从许多著作中摘录的汇编,特别是从李博的《拜占庭帝国史》中摘录的,并没有什么历史价值。在序言中,努加来表达了那个时代的政治忧虑;他预见,"一个大的灾祸将出现在我们的眼前,它会使第二罗马落到鞑靼人……它们现在叫俄罗斯人……手中……自土耳其人和俄罗斯人可怕的反法联盟建立以来,人们现在经常这样谈论君士坦丁堡。"㉑

1811年努加来把这五卷书压缩为单卷本出版,标题是《拜占庭帝国史的优势,从君士坦丁大帝到穆罕默德二世占领君士坦丁堡期间最奇妙而有趣的叙述》,他把这本书献给对青年的教育。作者写道:"这些灾难性的流血情景,这些如此值得追忆的事件,将引起我们的青年读者最有益的思索。看到堕落和犯罪经常给人们带来灾难,他们将认识到道德的宝贵,他们将为生活在一个极乐时代而祈福——这一时代只是通过历史知道'革命'的概念;他们将能够珍惜在一个宽宏大量的君主(他的臣民的恩主)统治下的国家所安享的幸福。"㉒

---

* 以下简称为《奇闻逸事》。——译者
㉑ 《奇闻逸事》(第2版,1814年),I,xiv—xv。
㉒ 同上书,6。

鲁瓦约。——J.C.鲁瓦约(Royou)在拿破仑时期是一个新闻工作者,在五人执政内阁时期,成为一名律师,复辟时期是一个戏剧检查官。他写了一部九卷本的《君士坦丁时代到1453年君士坦丁堡陷落的晚期帝国史》(*Histoire du Bas-Empire depuis Constantin jusqu'à prise de Constantinople en* 1453)(简称《晚期帝国史》)。鲁瓦约认为,许多法文版的现存历史著作都需要修订,特别是那些有关"拜占庭帝国"的作品,包括勒博的著作,虽然有较高的质量,但难以阅读。在他看来,勒博忘记了"历史绝不是描述世界上发生的所有事情,而是要记录那些重要的事件;那些没有教益或没有趣味的必须毫不犹豫地舍去"。他相信"通过研究各帝国衰落的原因,可以找出制止或至少延缓它们将来衰落的手段。……最后,我们可以有幸观察到君士坦丁堡在某种程度上是罗马帝国的影子。直到它存在的最后一刻,其景象仍是迷人的。"[23]鲁瓦约颇多奇闻逸事的历史,既不依靠原始史料,也不附以任何参考文献。上述引文清楚地暗示了这部作品的价值。

鲁瓦约的著作之后不久,出现了惊人的多产的法国著作家塞居尔伯爵(M. le Comte de Segur)的《晚期帝国史》(*The History of the Bas-Empire*)。他对拜占庭历史的整个时期的研究并没有历史价值,但是,它在法国读者中颇孚众望,并发行了好几版。[24]

19世纪中叶迄今

直到19世纪中叶,关于拜占庭历史的重要的综合性著作才开

---

[23] 鲁瓦约:《晚期帝国史》,前言。
[24] 同上书,见各版本所附的书目。本书使用的是第7版。

第一章 拜占庭历史研究的回顾

始出现。

芬利。——英国历史学家乔治·芬利（George Finlay）的著作《罗马人征服至现代的希腊史（公元前146—公元1864年）》（*A History of Greece from the Conquest by the Romans to the Present Time, B. C. 146—A. D. 1864*）（简称《希腊史》），极大地推动了对拜占庭史的研究。像吉本一样，芬利留下了一部自传，非常清楚地表现出他的有趣的生活中影响到他创作的因素。1799年，他出生于英格兰，并在这里接受了初级教育。后来，他选择律师作为他将来的职业，遂去德国的哥廷根完成了罗马法的学习。当年轻的芬利离开他的叔父时，叔父对他说："好吧，乔治，我希望你将努力学习罗马法，但我想，我们再见面之前你会访问希腊人。"㉕这一预言被证实了。

这一时期爆发的希腊革命引起了整个欧洲的注意。芬利不再孜孜不倦地研习罗马法，而是开始广泛地阅读希腊史，学习希腊的语言。1823年他决定访问希腊，了解希腊人民的生活。他也希望亲自去判断希腊人革命成功的希望如何。1823—1824年，他在希腊访问期间，多次见到参加希腊民族解放运动，后来在那里过早去世的拜伦勋爵。1827年，在短期赴英之后，芬利又回到希腊，参加了由戈登将军组成的远征队，去解雅典城之围。芬利认为，凯波第斯特利亚伯爵做希腊总统，欧洲三个大国对希腊的保护，保证了希腊人民进入和平进步的时期。芬利是一个"亲希腊者"，他毫不怀疑地深信这个新国家的未来。这种热爱希腊的激

㉕ 见作者自传，收于他的著作《希腊史》第一卷的前面，H. F. 托泽（H. F. Tozer）编，I, xxxix—xlvi。

情，使他决心永远以希腊作为自己的家乡，并倾其所有购买和经营了一块地产。也就在这时，他开始考虑写一部希腊革命史；为此，他开始研究这个国家的历史。不久，他写出了一套关于希腊历史的丛书，1844年，他的《罗马人统治下的希腊》(*Greece under the Romans*)出版，涵盖公元前146年到公元717年的历史。十年以后，他出版了《716—1453年拜占庭及希腊帝国史》(*History of the Byzantine and Greek Empires from 716 to 1453*)。紧接着，又出版了两部近代和现代希腊史著作。后来，他仔细校对了所有的著作，准备出一个新版本，但未及完成，他就于1875年1月在雅典去世。他的综合性著作《罗马人征服至现代的希腊史（公元前146—1864年）》由H.F.托泽于1877年出版，共七卷，编者在第一卷开头添加了芬利的自传。这一版本在今天仍有价值。

芬利认为，外国征服希腊20个世纪的历史，记录了这个达到古代世界文明顶点的国家的堕落和灾难。但是，它的民族特征却没有消亡，其民族的雄心壮志也没有灭绝。它的人民经历了许多变迁以后仍保有建立独立国家的生命力，历史学家对此绝不能忽视。芬利注意到，长时期受奴役的希腊，其国势并不是一贯地走向衰退。在罗马人及后来的土耳其人统治下，希腊人只是一个庞大帝国的无关紧要的一部分。他们并不好战的特点使得他们在政治上没有多少重要性，在皇帝或苏丹的领土内发生的多次重大变革，在希腊没有发生直接的影响。所以罗马通史也好，奥斯曼帝国史也好，都不是希腊史的一部分。在拜占庭皇帝统治下，情况则不同了，此时希腊人与帝国的政府是一致的。在这些不同的时期，这个

国家的政治状况的不同,要求历史学家有区别地解释它的特征。㉖

芬利把希腊人的历史作为一个独立民族的历史分成六个时期:(1)罗马统治时期,断限到8世纪早期伊苏里亚王朝利奥即位,他的统治赋予君士坦丁堡以新的特征。(2)第二时期,是新体制下的东罗马帝国的历史,习惯上被称为拜占庭帝国。这个由反对圣像派皇帝恢复、改造和活跃起来的专制主义帝国的记录,成为君主政体的历史中最值得注意的有益的教训。在这一时期希腊人的历史与拜占庭帝国的编年史是一致的,于是,拜占庭帝国史构成了希腊国家史的一部分,即自716年伊苏里亚王朝的利奥即位到1204年十字军占领君士坦丁堡这一时期,是拜占庭历史时期。(3)东罗马帝国被十字军毁灭以后,希腊史分成了几条渠道分别发展。流亡的罗马-希腊人从君士坦丁堡逃到亚洲,在尼西亚建立了他们的首都;他们用原来的名字和原来的形式,在一些行省中延续着帝国的统治。不到六十年时间,他们就重新占领了君士坦丁堡;虽然他们建立的政府保留了罗马帝国的骄傲称号,但它只不过是拜占庭国家的可怜的摹拟。芬利称第三个时期为君士坦丁堡的希腊帝国时期,它残存到奥斯曼土耳其人于1453年攻下君士坦丁堡为止。(4)与上述帝国存在的同时,十字军攻占了拜占庭帝国的大部分,与威尼斯人划分了他们的占领区,建立了罗马的拉丁帝国,并在希腊建立了诸封建公国。拉丁人的统治标志着希腊在东方的影响将结束,使希腊民族的财富和人数迅速减少。这一时期自1204年君士坦丁堡被攻占,至1566年奥斯曼土耳其人占领纳克索斯(Naxos)

㉖ 见托泽编《希腊史》,I,xv—xvii。

为止。(5)1204年君士坦丁堡被占领,使新希腊国家在拜占庭帝国的东部行省得以建立,称为特拉布松(Trebizond)帝国。它代表着希腊历史中一段奇怪的插曲。这一帝国的政府酷似格鲁吉亚和亚美尼亚的君主制,更带有亚洲习俗而不是欧洲习俗的印记。然而,在两个半世纪中,它的重要性是建立在帝国地位和财富资源的基础上,而不是建立在其政治力量和希腊文明的基础上。它对希腊的命运没有多大影响。1461年它的被征服也没有引起同情。(6)第六个时期,是在外国统治下的希腊的最后一个时期,自1453年至1821年,包括奥斯曼人的统治及1685—1715年威尼斯共和国对伯罗奔尼撒半岛的短期占领。㉗

芬利对拜占庭历史研究做出了重大贡献,虽然他所划分的希腊历史的各个时期,像任何框架式的分期一样,是容易引起争论的处理方式。但他的划分仍无可非议地最先注意到拜占庭国家内政史的法律、社会、经济方面。当然,这还算不上是系统深刻且有独创性的研究,但在许多问题上,这种研究还是相当必要的。芬利对内政史的描写,大部分是从全面观察出发,并与最近发生的历史事件做类比。他的非凡的贡献就是提出了有关拜占庭帝国内政史的许多重要问题。尽管芬利研究拜占庭史只是作为撰写现代希腊历史的准备,他的著作在如今还是值得注意的。

英国历史学家弗里曼1855年对芬利的著作做了评价。他谈到,芬利的深入而有独创精神的研究,对专业知识的综合全面了解,首先是他的独立大胆的探索精神,使他的著作能够在他那个时

㉗ 见托泽编《希腊史》,I, xvii—xix。

代伟大的历史学学者中占有一席之地。以其著作的广阔及写作的难度来看,芬利的著述可以被视为吉本以来英国出现的最伟大的历史著作。芬利在他所记叙的这个国家的领土上和它的人民中间度过了他的一生。大概没有一部伟大的历史著作曾这样直接地以当代世界的事件作为其材料的来源。与其说芬利是一个职业学者,莫如说他更是观察力敏锐的政治经济和法律的研究者,他深刻地考察了他所居住的这块土地上的状况,并将他所看到事物的原因追溯到两千年以前。㉘ 他的作品之优点及其缺陷都归因于作者从事创作的环境。弗里曼断定,无论是一般的学者还是一般的政治家所写的著作,都不及这个唯一的思想家所写的著作这样富有天才和独创性;为了解释他在自己的时代所看到的问题,他学习、运用、记录了两千年的历史。弗里曼确实明确地提出了芬利的特点:试图用遗存至今的古代资料来解释与过去类似的现象。㉙

佩帕里哥普洛。——大约19世纪中叶,对拜占庭史感兴趣的人们把注意力转到K.佩帕里哥普洛(Paparrigopoulo)的著作上。他是一个严肃的希腊学者,雅典大学的教授,一生致力于研究希腊历史。早在19世纪30年代和40年代,他就发表了一些简明有趣的历史作品,例如,1843年在雅典出版的《几个斯拉夫部落在伯罗

㉘ 弗里曼:《史学论文集》(第1版,1871年),III,241—243。

㉙ 关于芬利,见 W.米勒(W. Mille)"芬利图书馆"("The Finlay Library"),《雅典不列颠学院年报》(*Annual of the British School at Athens*),XXVI(1923—1925),46—66;W.米勒:"芬利的手稿,新闻记者乔治·芬利和芬利及雅维斯的笔记"("The Finlay Papers, George Finlay as a Journalist and The Journals of Finlay and Jarvis"),《英国历史评论》(*English Historical Review*),XXXIX(1924),386—398,552—567;LXI(1926),514—525。托泽出版的芬利传记记载的芬利去世的日期是错误的(1876年,正确的日期是1875年),见《英国国家人物传》(*English National Biography*)。

奔尼撒半岛的定居》(*On the Settlement of Some Slav Tribes in the Peloponnesus*)。但这仅仅是他的更庞大的著作的预演。他一生的主要事业就是为他的人民撰写历史。1860—1877 年在雅典出版的五卷本《从远古到当代的希腊人民史》(*History of the Greek People from the Most Ancient Times to Recent Years*),是他 30 年努力工作的成果。这部书发行了许多版,最近的版本是卡罗里兹(Karolides)编校的,于 1925 年在雅典出版。这部书记载了 1832 年以前的希腊人民史。这一相当庞大的著作是用现代希腊文撰写的,但它未能广泛发行。后来,佩帕里哥普洛决定把他的最重要的研究成果概括在一卷书里,即 1879 年出版于巴黎的法文著作《希腊文明史》(*Histoire de la civilisation hellénique*)。在去世前,佩帕里哥普洛还想用希腊文写一部同样性质的著作,但未能如愿。他去世后,该书以《希腊人民史的最有教益的成果》为标题出版(雅典,1899 年)。它列出了在五卷本历史中经过部分修订的详细阐述的史料摘要和提纲。这一著作的最后四卷是有关拜占庭历史的。

尽管佩帕里哥普洛的著作带有极强烈的偏见,但他的著作仍然值得重视。作者从一个强烈的希腊爱国者的纯民族主义的观点出发看待历史。对于一切重要的现象,他都注意到希腊的根源,而认为罗马的影响只是偶然的、表面的。他尤其关注他特别钟爱的时期,即反对圣像崇拜者的皇帝们统治的时期。他并不把自己的注意力限制在这一时期的宗教外衣上,而是从这个运动中看见了一个来自希腊精神最深处的实现真正社会改革的尝试。他极力主张:"除了基本的宗教教义之外,从社会变革的立场来看,8 世纪的希腊改革比近期的西欧改革更深远,更成体系。使我们感到惊讶的是,他们所提倡的原则和理论竟创立于 8 世纪。"㉚但是,这些改革对于拜占庭社会来说,则太激进、太大胆了;因此破坏圣像时期之后出现了一个反动时期。这就解释了马其顿王朝遵循一种保守政策的原因。在整个中世纪,希腊精神保持了它的重要性。1204 年君士坦丁堡的陷落不是内因引起的,帝国首都只是在十字军人的野蛮攻击下才遭到沦陷。即使 1204 年的悲惨事件给了"拜占庭的希腊主义"以沉重打击,但"现代希腊主义"却从此迅速发挥了主导作用,再直接传到 19 世纪的近代希腊人。因而,佩帕里哥普洛认为,希腊文化以一种形式或另一种形式连续兴旺于整个拜占庭时期。这位希腊学者的著作当然反映了一个希腊爱国者的热情,尽管如此,他的大作《希腊人民史》和法文版的《希腊文明史》仍是很有价值的著作。佩帕里哥普洛的主要贡献是,指出了"破坏圣像"运动的重要地位和复杂性。他的著作因为缺少索引和参考材料不容易被引用,考证史实和结论非常困难而且不便。

霍普夫。——德国教授卡尔·霍普夫(Carl Hopf,1832—1873 年)是 19 世纪献身于拜占庭史研究领域的不知疲倦的严肃学者。霍普夫出生于威斯特伐里亚,是一个中学教师的儿子。幼年时,他就在外语学习方面表现出惊人的接受能力和记忆力。在波恩大学毕业后,他留校做了助教,热心致力于研究他所关切的主要学术问题,即 1204 年以后"法兰克人"统治下的希腊历史。1853 年和 1854 年,霍普夫第一次旅行,途经维也纳到达北意大利,当时意大利还在奥地利控制下。在意大利,他用大部分时间细致地研

㉚ 《希腊文明史》,194。

究一些私家档案。他的工作成果就是,出版了专门研究希腊的各法兰克王国史及爱琴海诸岛史的档案文献及专题文章。在格赖夫斯瓦尔德任教授和以后在柯尼斯堡任教授及图书馆主任期间,霍普夫继续从事中世纪研究。此时,他进行了第二次旅行(1851—1893年),先后到达热那亚、那不勒斯、巴勒莫、马耳他、科孚、桑特(Zante)、锡罗(Syra)、纳克索斯和希腊,并收集了大量的手稿史料。回到家乡,霍普夫即着手组织这些材料,但他的身体垮下来,1873年于威斯巴登(Wiesbaden)去世,这恰是他的壮年以及学术创作生涯的盛期。他发表了不少专著和论文以及许多关于"法兰克人"时期的资料集。

霍普夫的最重要、最有价值的著作是他的《从中世纪开端至当代的希腊史》(*Geschichte griechenlands vom Beginne des Mittlelalters bis auf die neuere Zeit*,1867—1868),其中,特别是以霍普夫亲自收集的手稿资料为基础的部分,显示出作者对原始资料使用的广博知识。他的著作的大量篇幅专门写"法兰克人"在东方的统治,他以大量档案材料为依据,详细地叙述了在重要的政治中心及爱琴海诸岛上的外来统治的历史。霍普夫收集的手稿未全部发表;因此,在他的书中以这些材料为根据的部分,当然可以作为真正的原始材料。霍普夫所写的历史详细地分析了定居希腊的斯拉夫人的问题。他提出了反对当时著名的法尔梅赖耶(Fallmerayer)*理论的事实和论据,该理论认为现代希腊人与古代希腊人没

---

* 法尔梅赖耶,德国的拜占庭学家(1790—1861年)。主要著作为《中世纪莫里亚半岛史》两卷(1830、1836年)。他根据6世纪教会历史学家埃瓦格留斯的著作断言,希腊人早已完全斯拉夫化。他认为,19世纪20年代的人们称颂反土耳其统治的希腊人为古希腊英雄的优秀后代是对历史的误解。——译者

有血缘关系,今天的希腊人是中世纪侵入希腊的斯拉夫人和阿尔巴尼亚人的后裔。㉛ 令人遗憾的是,霍普夫的这一重要著作被收在销量很有限的旧版《科学与艺术百科全书》(Erisch-Gruber, *Allgemeine Encyklopädie der Wissen-schaften und Künste*, Vols. LXXXV,LXXXVI)中,这一版本缺乏索引目录之类必不可少的工具,很不能令人满意。同时,作者并没有最后完成这本书,史料的整理无计划,笔法枯燥而繁琐。但是它的大量新鲜的从未出现过的史料,却翻开了希腊中世纪史上法兰克人统治时期历史的全新篇章。至今,霍普夫的手稿珍品还保存在柏林国家图书馆内。它们为历史学家们提供了丰富的资料来源。

在以后数年,一些法国学者参考霍普夫的著作写了较通俗的关于中世纪希腊或拜占庭史的概述,其中,至少应提到赫兹伯格和格雷戈罗维乌斯这两个人。

赫兹伯格。——G. F. 赫兹伯格(G. F. Hertzberg)是研究古罗马古希腊的学者。后来,他逐渐对中世纪有了兴趣,撰写了两部通史性质的著作《古典时期结束至当代的希腊史》(*Geschichte Griechenlands seit dem Absterben des antiken Lebens bis zum Gegenwart*),共四卷,于 1876—1879 年出版于哥达(Gotha);《迄至 16 世纪末的拜占庭及奥斯曼帝国史》(*Geschichte der Byzantiner und des Osmanischen Reiches bis gegen Ende des sechzehuten Jahrhunderts*),1883 年出版于柏林。尽管这两部书事实上不具有首创价值,但却由于它们出色的流畅的文笔,把霍普夫著作的许多

㉛ 关于这个问题,将在下文 176—179 页深入讨论。

成果介绍给了较广泛的读者。后一部分由 P. V. 贝佐布拉佐夫(Bezobrazov)译成俄文出版(1896 年,莫斯科)。这一译本比德文原书更有价值,因为贝佐布拉佐夫不仅简要地说明了这一学科可用的文献,而且增补了许多附录,介绍了俄罗斯学者在拜占庭内政史领域研究的主要成果。这些补充材料涉及被赫兹伯格忽视的那些方面,诸如宏伟的建筑物、宫廷仪式、手工业和商人公会、农民、农民公社和农业法,保护农民土地所有权和保护农奴制的措施,农奴的地位、农民份地、税册、纳税制度及征税者的弊端等。该书对于粗略了解拜占庭史是非常有价值的。

  格雷戈罗维乌斯。——另一位以霍普夫的研究成果作为自己写作基础的是 F. 格雷戈罗维乌斯(F. Gregorovius)。他因著有大部头的中世纪罗马史而闻名。这一著作使作者产生了研究另一个古典文明中心雅典的中世纪史的念头,这一研究的成果就是他的两卷本《中世纪雅典城史》,1889 年于斯图加特出版。这部著作是以霍普夫的著作为基础史料的,如格雷戈罗维乌斯所说,霍普夫的著作开创了从事这一领域研究工作的先河,为之奠定了稳固基础,也为后来可能开始的这类工作奠定了基础。[22] 但是,作者也描述了这个国家的精神生活,这是霍普夫所忽视的方面。他巧妙地处理了这个问题。他搜集了自霍普夫以来发现的新材料,以拜占庭

---

[22] 《自查士丁尼时期到土耳其时期的中世纪雅典城史》(*Geschichte der Stadt Athen im Mittelalter von der Zeit Justinian's bis zur türkischen Eroberung*)(简称《中世纪雅典城史》),I, xviii—xix。

通史为背景,出色地描述了雅典的中世纪史。他的记叙到19世纪希腊王国的建立为止。

柏里。——J.B.柏里(J.B.Bury,1861—1927年)是剑桥大学的教授。除了拜占庭研究领域的其他著作,他还写了三卷拜占庭帝国通史,叙述了自395年到867年的大事。头两卷出版于1889年,书名是《从阿卡第到伊琳娜时代的晚期罗马帝国史》(*A History of the Later Roman Empire from Arcadius to Irene*),这部两卷本作品研究的事件至800年,即教皇利奥三世在罗马为查理大帝加冕为止。N.H.贝恩斯(N.H.Baynes)曾说过:"1889年柏里的《晚期帝国史》出版时,未曾有一个人能够想到他竟对拜占庭帝国史做了这样深入广泛的研究。这是一部惊人的拓荒者的著作,它的出版,确定了柏里作为一个历史学家的地位。"㉝该书的第三卷出版于23年以后,题目是《从伊琳娜的倒台到瓦西里一世即位的东罗马帝国史》(*A History of the Eastern Roman Empire from the Fall of Irene to the Accession of Basil I*)(伦敦,1912年)。该卷叙述了从802年至867年的历史。1923年出版了前两卷的第二版。它只记载到查士丁尼大帝统治结束(565年)。它不只是个增补修订版,而几乎是一部拜占庭帝国早期历史的新作。用作者的话说,这两卷书的第1卷可以用"日耳曼人对西欧的征服"为题,第2卷用"查士丁尼时代"㉞为题。但是,565年至800年的

㉝ N.H.贝恩斯(N.H.Baynes)编:《柏里著作的参考书》(*A Bibliography of the works of J.B.Bury*),5—6。这是一部极出色的作品。其中柏里引用的著作目录出现于1—124;作者去世讣告,124;柏里著作的完整参考书目,125—175。

㉞ 柏里:《晚期罗马帝国史》,前言,vii。

历史却未能再度出版。显然柏里打算写一部完整的拜占庭史，但是令人遗憾的是，未及实现这一规划他就于 1927 年 6 月 1 日在罗马去世。

柏里在他的著作中，支持了一种对于罗马帝国的正确的看法，即它的存在自公元 1 世纪*延续到 15 世纪。柏里在他的第一版序言中说道：没有任何历史时期，像"晚期罗马帝国"之类的错误名称那般会引起人们的误解和混乱的了。由于不正确的术语超出了人们在开始时可能的设想，就使分期的意义经常被误解，分期的原本特征经常被歪曲。理解古代转变为近代这几个世纪的历史，第一步就是理解古罗马帝国不间断地始终存在至 1453 年这一事实，罗马皇帝世系从屋大维·奥古斯都到拜占庭的末帝帕列奥洛格朝的君士坦丁是无间断的连续的世系。这一基本事实由于现在用"拜占庭"及"希腊"这些名称来称呼这一帝国的后期阶段而混乱不堪。用"拜占庭帝国"这一词汇的史家们通常由于何时是"罗马帝国"的结束以及"拜占庭帝国"的开始而争执。有时，这一断限被划到君士坦丁大帝建立君士坦丁堡，有时候划到狄奥多西大帝去世，有时候划到查士丁尼统治时期，有时候（例如芬利的划分）划到伊苏里王朝的利奥即位，而且，采用其中任一种分期的历史学家并不能断言采用另一种不同分期的历史学家是错误的，因为所有这些划分纯属专断。罗马帝国到 1453 年前并没有结束，因而如"拜占庭""希腊""古罗马人的"或"希腊-罗马帝国"之类的措辞都

---

* 原文如此。实际上，应该是公元前 1 世纪，即从屋大维称帝（公元前 27 年）开始进入罗马的帝国时代。——译者

只能搞乱重要的历史现象,且一直难以纠正。然而,柏里在1923年断言,习惯上称为拜占庭历史的新开端应该由君士坦丁大帝统治开始,柏里在他的《晚期帝国史》第1卷的开头有这样的声明:"历史的延续,意味着由过去支配现在和将来,这已是毫无疑义的了,曾被看作是重要的年代断限,除了在全面论述通史中作为便利的标记之外,已被公认为意义不大了。然而,我们可以称有些年代为某一时代的顶点,在这时,往日积聚的趋势已达到了这样一点:它能迅速地导致一个明显的变革,使世界向新的方向发展。这样一个时代的顶点,出现在4世纪初的罗马帝国中。君士坦丁大帝的统治比帝国创建者奥古斯都的统治更为全面地开创了一个新时期。"⑤

由于这些原因,柏里为他所写的这两卷关于公元800年以前这段时期的历史著作第一版命名为《晚期罗马帝国史》。公元800年,查理大帝在罗马加冕称帝。从此,在两个互相匹敌的帝国名称前加上形容词"西方的"和"东方的"就是十分正确的了。但是不适当的是,"东罗马帝国"这一名称并没有限于这一合理的用法。我们听到过5世纪有一个东罗马帝国和一个西罗马帝国,提到西罗马帝国在476年的陷落的说法。这种说法虽然有权威人士的赞许,但仍是错误的,并导致了更大的混乱。它的错误是,罗马帝国只有一个,在5世纪时并没有分裂,虽然通常它出现过不止一个皇帝,但并不是两个帝国。说5世纪有两个帝国就是最明显地歪曲了帝国结构的理论。在君士坦提乌斯和康斯坦斯(君士坦丁皇帝

---

⑤ 柏里:《晚期罗马帝国史》,I,i。见G. 奥斯特洛戈尔斯基(G. Ostrogorskey)"拜占庭历史的分期问题"("Die Perioden der byzantinischen Geschichte"),《历史杂志》(*Historische Zeitschrift*),CLXIII(1941),235页注1。

的两个继承者)的时代,无人能说这是两个罗马帝国;同样,在东西方皇帝阿卡第与霍诺留之间,狄奥多西二世与瓦伦提尼安三世之间,利奥一世与安提密阿之间,其政治关系与在君士坦丁的二子之间一样,只有两个皇帝,没有两个帝国。尽管他们各自为政,有时甚至互相敌对,但理论上,他们统治的帝国并未受影响。罗马帝国并不是在 476 年灭亡的;这一年仅仅标志着一个阶段,甚至在帝国崩溃的长达整整一个世纪的进程中,它也不是一个最重要的阶段。罗穆洛·奥古斯都被废黜甚至没有动摇罗马帝国,更不能导致一个帝国灭亡。然而,令人遗憾的是,吉本却提出了所谓"西方帝国的灭亡"论,许多现代著作家也对这一提法予以赞许。

这样,罗马帝国的存在实际是自公元前 1 世纪延续到公元 15 世纪。只有从公元 800 年以后,由于西方建立了另一个罗马帝国,它方可以称为东罗马帝国以示区别。㊱ 因此,柏里为他 1912 年出版的记载公元 800 年以后重大事件的第三卷书命名为《东罗马帝国史》(*A History of the Eastern Roman Empire*),以此与头两卷相区分。

柏里提出,18 世纪的哲学家和著作家们论述拜占庭史的方法是肤浅的,并指出,这些名家忽视了在西欧文明发展中最重要最基本的因素,即晚期罗马帝国及新罗马的影响。㊲ 当然,柏里的观点并不新鲜,这种罗马帝国历史并没有中断的认识,在他之前,已有

㊱ 柏里:《晚期罗马帝国史》,I,v—vii;这一前言在第 2 版出版时被舍去,但它对我们进行历史研究仍有借鉴作用。见 F. 多尔格(F. Dölger)"评论:柏里"("Review: Bury"),《拜占庭杂志》(*Byzantinische Zeitchrifte*),XXVI,1—2(1926),97。

㊲ 柏里:《晚期罗马帝国史》,I,v—vii。

一些著作家认识到了。例如孟德斯鸠的《罗马盛衰原因论》一书就体现了这一点。但是,柏里却以与众不同的能力发展了这一论题并使它更有说服力。

柏里所写的"历史"应该受到密切的关注。他在叙述公元800年以前的帝国东部历史时,都会相应叙述帝国西部的事件。当然,这体现了他认为罗马帝国是统一的观点。柏里并不把自己局限于描述政治史,他书中各章都专门论述了行政管理、文化、社会生活、地理学和艺术等问题。第2版的头两章专门论述君主制和管理机构,被一位罗马帝国史的著名专家认为是对于晚期罗马帝国占主导地位的总体情况的最简洁的叙述。⑧ 柏里懂得俄语和其他斯拉夫语,因而,他使用并评价了所有俄罗斯及保加利亚关于拜占庭史的著作。

兰普罗斯。——斯彼里登·兰普罗斯(Spiridon Lampros)是一个希腊学者,雅典大学的教授,他积极出版历史文献及手稿,也为阿索斯山的希腊文手稿做了一个目录。他的主要贡献是自1886年开始,到1908年(即他去世前九年)完成的六卷本著作《从古代到君士坦丁堡陷落的希腊插图史》('Iστορια τῆς 'Ελλάδος μετ' εἰκόνων ἀπό τῶν ἀρχαιοτάτων χρόνων μέχρι τῆς ἁλώσεως τῆς κωνσταντινονπόλεως)。这一著作是面向广大读者的普及读物,而不是专为学者使用的,它广泛地、清楚地叙述了拜占庭帝国灭亡之前的历史,但作者没有说明他使用的材料之出处。该著

---

⑧ M.罗斯托夫采夫(M. Rostovtzeff):《罗马帝国社会经济史》(*The Social and Economic History of the Roman Empire*),628。

作附有许多图片加以说明。[39]

格尔泽。——新近故去的格尔泽(H. Gelzer)是耶拿大学的教授,他为克伦巴赫的《拜占庭文献史》(History of Byzantine Literature)第二版写了一篇《拜占庭帝国史概要》(Abriss der byzantinischen Kaisergeschichte)(慕尼黑,1897年)。这一概要主要涉及对外关系史部分,是直接以赫兹伯格(Hertzberg)的著作为依据的。作为一个政党的成员,格尔泽有时以自己的好恶支配自己对拜占庭时期历史事件的评价。他的概要作为基本参考资料或许是有价值的。

读一读这位德国学者在他的概要的结尾部分的声明是很有趣的。

> 俄国沙皇与巴列奥洛格王室的公主结婚,君士坦丁·摩诺马赫的皇冠落到了克里姆林宫的全俄罗斯独裁者手里,俄国代表了拜占庭帝国的直接延续。而且,只有俄国沙皇才能够使圣索菲亚教堂永远恢复真正的信仰,使小亚细亚永远挣脱土耳其人的魔掌。英国的干涉是违反自然和历史的,因此一定会破产——尽管这一过程也许是缓慢的。只要希腊正教的保护者俄国沙皇能够深刻地理解他的这一伟大责任,他就

---

[39] 见希腊文编写的纪念兰普罗斯文集《斯彼里登·兰普罗斯(1851—1919年)》,A. N. 斯基阿斯(Skias)主编,5—29;兰普罗斯的著作参考文献,35—85;一些在他去世后发表的手稿文件,86—138。亦见 E. 斯台法努(E. Stephanu):"斯彼里登·兰普罗斯(1851—1919年);赛诺封·西德里台(1851—1929年)"(Xénophon Sidéridés, 1851—1929),《东方之声》(Échos d'Orient), XXIX(1930), 73—79。关于兰普罗斯在拜占庭研究领域的作品还没有得到充分的研究。

第一章 拜占庭历史研究的回顾

能够完成其伟大历史使命,成为君士坦丁堡的皇帝。[40]

赫瑟林。——1902 年,荷兰莱登大学的教授赫瑟林(D. C. Hesseling)发表了他所著的《拜占庭:自君士坦丁堡建城时期以来的我们的文明的研究》(*Byzantium: Studien over onze beschaving na de stichting van Konstantinopel*)*(哈莱姆,1902 年)。由于荷兰语不是广泛通用的语言,这部书直到 1907 年,其法文译本《赫瑟林论拜占庭文明》(*Essai sur la civilisation byzantine par D. C. Hesseling*)出版时,才为多数人所接触阅读。这个译本是著名的法国拜占庭学家、研究院院士 G. 施伦伯格(G. Schlumberger)翻译的,他有点隐约地暗示:"这个译本是为适应懂法文的读者们之兴趣而作。"

赫瑟林的著作严密简洁,从广义的方面描写了拜占庭文明,并涉及东方帝国的丰富多彩生活的各个方面。在政治事件中,作者仅仅选择那些有助于说明拜占庭文明的事件;在涉及历史人物及个别事件时,只选择那些能体现他的基本理论者。赫瑟林把注意力多放在文学和艺术上。这部《论拜占庭文明》虽然对于专业学者来说有点浅显,然而对于想通过有充分理论根据的通俗易懂的叙述来了解拜占庭时期的一般重要性的人来说还是很有价值的。

布塞尔。——F. W. 布塞尔(F. W. Bussell)的两卷本英文著作《罗马帝国:从多米提安即位(81 年)到尼斯福鲁斯三世退位(1081 年)的政体史论》(*The Roman Empire: Essay on the Con-*

---

[40] 《拜占庭帝国史概要》,1067。

* 以下简称《拜占庭》。——译者

stitutional History from the Accession of Domitian[81A.D.] to the Retirement of Nicephorus III [1081A.D.])于 1910 年在伦敦出版,虽然这部书并不缺乏有趣的想象和比拟,但由于叙述含糊不清,文字重复,缺乏明晰的轮廓,因而,使这些有价值的意见有时变得难于理解。虽然作者努力为自己的研究寻找根据(如 I,1—2、13—17),但这一研究著作的资料却没有严格按照年代排序,读者们会意外地在第 2 卷中看到 520—1120 年拜占庭帝国与亚美尼亚的简要关系史。布塞尔的著作因没有注明参考材料的出处而不易阅读。作者的主要观点是:罗马帝国的共和政体在较早的时期非常显明,并持续存在了很长时期,到科穆宁朝,即 1081 年,这一共和制完全被拜占庭独裁和专制的政体所取代了。

《剑桥中世纪史》。——《剑桥中世纪史》中有一部附有出色文献目录的拜占庭帝国的全史,该书第 1 卷涵括了从君士坦丁大帝到 518 年阿那斯塔修斯去世期间的历史,第 2 卷中的几章则写了从 518 年查士丁尼即位到破坏圣像者的历史,第 4 卷专写 717—1453 年的拜占庭历史与古代斯拉夫人、亚美尼亚、蒙古人和巴尔干国家历史的联系,但没有记载帕列奥洛格王朝的专章。这一中世纪的通史是在已故的 J.B.柏里指导下出版的,代表了著名的西欧学者们的协同工作。

罗美因。——1928 年,让·罗美因(Jan Romein)用荷兰文发表了一部相当成功的拜占庭史概要,名为《拜占庭:东罗马帝国政治和文明史评论》(Byzantium. Geschiedkundig Overzicht van Staat en Beschaving in het Oost-Romeinsche Rijk)。这是一部以原始史料为基础的很可靠的著作,尽管没有注明材料出处。它不仅记述了政治史,而且论述了帝国的社会、经济、文化的发展,而且

第一章 拜占庭历史研究的回顾

有35幅精美插图。

瓦西列夫。——A.A.瓦西列夫(A. A. Vasiliev)著的《拜占庭帝国史》(*The History of the Byzantine Empire*)于1928年和1929年出版于威斯康星的麦迪逊。这一著作记载了从4世纪到1453年灭亡的帝国的全部历史。1932年此书以法文出版了增订版,并附以插图和令人略感不足的地图。这一法文版由著名的法国拜占庭学家、已故的夏尔·迪尔(Charles Diehl)写了一篇内容丰富的前言。[41]

任西曼。——斯蒂芬·任西曼(Stephen Runciman)的很有价值的《拜占庭文明》(*Byzantine Civilization*)一书出版于1933年。任西曼的著作之开端,讨论了君士坦丁堡的建城问题;在以后各章中,他简洁而清楚扼要地介绍了政治史、帝国组织、行政管理、宗教和教会、陆军和舰队、外交事务、商业、城市和农村生活、教育和学术、文学和艺术,最后,还论及了"拜占庭与其周边世界"。这是一部极为重要而且写得相当出色的作品。[42]

约尔加。——已故的罗马尼亚历史学家N.约尔加(N. Iorga)于1934年用法文发表了他所写的《拜占庭生活史:帝国和文明》(*Histoire de la vie byzantine. Empire et civilisation*)(简称《拜占庭生活史》)。作者把拜占庭帝国史分为三个时期:(1)从查士丁尼到希拉克略之死的"世界帝国";(2)从希拉克略时期到科穆

---

[41] A.A.瓦西列夫:《拜占庭帝国史》(法文版),法译者 P. 布罗丹(Brodin)和 A. 布尔吉纳(Bourguina),由 A. 皮卡尔(Picard)主编,夏尔·迪尔撰写了前言。该版本扉页上说明该书译自俄文是不准确的;它是自英文版译出的。但是,翻译者很可能也使用了俄文的唯一版本。见各种版本上的参考书目。

[42] 见夏尔·迪尔对任西曼所写《拜占庭文明》的评论,载《拜占庭杂志》,XXXIV(1934),127—130。迪尔指出了一些错误,但是其结论部分仍然宣布此书是一部优秀作品。

宁朝即"希腊文明的中期帝国";(3)科穆宁朝和帕列奥洛格时期即"拉丁人渗透的帝国"。这部书包括拜占庭历史的多方面的大量资料和许多敏锐的意见,有一些颇有独创性的,有时会引起争论的想法。它有一个丰富广泛的文献目录。

迪尔和马尔赛。——夏尔·迪尔和乔治·马尔赛(George Marçais)所著的《从365年到1081年的东方世界》(*Le Monde oriental de 365 à 1081*)(简称《东方世界》)是作为《世界通史》(*Histoire générale*)丛书中的一卷于1936年在巴黎出版的,这是在古斯塔夫·格洛茨(Gustave Glotz)的指导下出版的。在研究拜占庭的过程中,其命运与这个东方帝国有不可分割联系的穆斯林世界的历史第一次被纳入一部论述拜占庭的著作中。这两位著名的作者,的确奉献了一部优秀作品。当然,迪尔全部依靠了他过去的著作。为符合这套丛书的计划,迪尔以395年为其著作的上限,因此对拜占庭研究十分重要的整个4世纪没有被包括在该书中。迪尔所叙述的拜占庭史以1081年,即十字军开始时期,为其下限,这一时期,是近东历史全新时期的开始。该书不仅对帝国政治史,而且对它的内部生活、社会和经济结构、立法及形形色色别具风格的文化都进行了精彩的描述。此外,该书有另一个极好的基本史料与现代著作的文献目录。[43]

---

[43] 在 E.施泰因(E. Stein)的一篇评论中指出:"各种严肃的评论都认为,夏尔·迪尔的《拜占庭史》被列于格罗齐的丛书中是十分遗憾的。"载《比利时历史和文献杂志》(*Revue belge de philologie et l' histoire*),XVII(1938),1024—1044。这一评价不仅不公正,而且不准确。见亨利·格雷古瓦(Henri Gregoire)的强有力的辩护词,载《拜占庭》(*Byzantion*),VIII,2(1938),749—757,该文提到了 G.奥斯特洛戈尔斯基用塞尔维亚-克罗地亚语所写的赞扬性的书评,该文被格雷古瓦译为法语。亦见 A. A. 瓦西列夫发表于《拜占庭与当代希腊年鉴》(*Byzantinisch-Neugriechiche Jahrbücher*),XI-II,1(1937),114—119 的评论。

《东方世界》的第2卷是夏尔·迪尔、鲁道夫·居兰德(Rodolphe Guilland)、利西麦克·厄科诺摩(Lysimaque Oeconomos)和勒内·格鲁塞(René Grousset)合写的,书名是《1081年至1453年的东欧》(*L'Europe Orientale de 1081 à 1453*)。这部著作出版于1945年。迪尔与厄科诺摩合写1081—1204年的历史,居兰德负责1204—1453年的拜占庭史,格鲁塞写东方拉丁国家史。该书包括了拜占庭邻国的民族和保加利亚人、塞尔维亚人、奥斯曼土耳其人的历史概要,并涉及了威尼斯、热那亚文明、特拉布松帝国、塞浦路斯王国、乞里奇亚的亚美尼亚王国和拉丁人在希腊海岛的领地。这是一个非常有用而重要的贡献。㊹

海歇尔海姆。——1938年弗里茨·海歇尔海姆(Fritz Heichelherm)用德语写作并出版了两卷本巨著《从旧石器时代到日耳曼人、斯拉夫人、阿拉伯人迁移时代的古代经济史》(*Wirtschaftsgeschichte des Altertums von Paläolitickum bis zur Völkerwanderung der Germanen, Slaven und Arabes*)。今天特别值得注意的两章是第八章"从奥古斯都到戴克里先时期"和第九章"近古时代,从戴克里先到为后代保护古典文明宝藏的希拉克略时期"。这部书收入了大量4、5、6、7世纪的帝国社会经济状况的各种材料,然而这些资料的处理比较混乱。因此很难用作参考书。该书以浓重的德语风格写成,但是拜占庭部分还是值得研究的,也

㊹ 夏尔·迪尔于1944年11月4日死于巴黎。关于迪尔的著作及其重要意义,见V.劳伦特(V. Laurent)"夏尔·迪尔,拜占庭历史学家"("Charles Diehl, historien de byzance")及G.布拉提亚努(Bràtianu)"夏尔·迪尔和罗马史"("Charles Diehl et la Roumanie"),《东南欧历史杂志》,XXII(1945),5—36。

应该得到拜占庭学家的详细评论。

阿曼托斯。——希腊学者康斯坦丁·阿曼托斯(Constantine Amantos)于1939年出版了他的《拜占庭帝国史》(*History of the Byzantine Empire*)第一卷。这卷的时间上限为395年下限为867年,即马其顿王朝开始统治时期。在这本书的开头,阿曼托斯对4世纪的帝国状况做了精彩的描述,重点描述了基督教的胜利、君士坦丁堡的建立和日耳曼人的入侵。这是一部包括许多重要评论的可靠著作。它表现出现代希腊人不仅非常重视近东的古代研究和现代政治,而且极度重视近东的中世纪史,这对希腊历史是非常重要的阶段。阿曼托斯著作的第二卷包含了867—1204年的历史,于1947年出版。

奥斯特洛戈尔斯基。——1940年一个居住在贝尔格莱德的俄国学者,即乔治·奥斯特洛戈尔斯基(*George Ostrogorsky*),用德文发表了《拜占庭国家史》(*Geschichte des byzantinischen staates*)。㊺ 这是第一流的著作。它记载了至灭亡为止的整个拜占庭历史时期。奥斯特洛戈尔斯基出色地描述了16世纪以来对拜占庭历史研究的发展。帝国的早期,即324—610年的历史,按照后来写作手册中的计划,仅仅简略地一带而过。该书提供了特别实用的、经过精心选择的注释和参考材料,非常可靠地描写了东方帝国的历史。如书名所表明,作者主要的意图是,展示出内部及外

㊺ 奥斯特洛戈尔斯基的作品被收入《古代科学手册第2卷〈拜占庭手册〉》(*Byzantinisches Handbuch im Rahmen des Handbuchs der Altertumwissenschaft*)第1部分,该书由瓦尔特·奥托(Walter Otto)主编。但该手册第一卷和第二卷的第二部分却从来没有出现过。

部政治变化影响下的拜占庭国家的发展。因此,书中虽然也注意社会、经济、文化现象,但却以政治史为主。作为对本卷的补充,奥斯特洛戈尔斯基在《剑桥欧洲经济史——罗马帝国衰落之后》一书中,写得极为出色的一章"中世纪拜占庭帝国土地所有制状况"是值得推荐的。奥斯特洛戈尔斯基的著作是一部出色的学术著作,是研究拜占庭历史的学者所必需的。[46] 1947年到1950年,法国著名拜占庭学家路易·布莱耶尔(Louis Brehier,死于1950年10月)出版了三卷著作,其标题是:《拜占庭世界》(*Le Monde Byzantin*):第一卷《拜占庭兴衰史》(*I. Vie et mort de Byzance*),第二卷《拜占庭帝国的制度》(*II. Les Institutions de l' Empire Byzantin*),第三卷《拜占庭文明》(*III. La Civilisation Byzantine*)。

简明通史。——其他一些简要介绍拜占庭历史的著作是为适应广大读者需要而写的。其中多数没有什么科学价值。但是,这些普及读物,虽然基本上不使用第一手资料,但毕竟有助于唤起一些读者欲深入研究拜占庭帝国历史的愿望。这类读物中大多数是用英语写的。

C. W. 欧曼(C. W. Oman)的《拜占庭帝国》(*Byzantine Empire*,第3版,伦敦,1892年)生动而形象。F. 哈里森写了一部仅

---

[46] 见 H. 格雷古瓦的一篇对于奥斯特洛戈尔斯基所作的相当出色的评论,《拜占庭》,XVI, 2(1944),545—555。亦见哲尔曼·茹亚尔(Gemaine Rouillard)对此书的重要评论:"近期关于拜占庭国家历史研究的著作评论"("A propos d'un ouvrage récent sur l'histoire de l'État byzantin"),《文献学杂志》(*Revue de philologie*),III, 14(1942),169—180。

63 页的简明《中世纪早期拜占庭》(*Byzantine History in the Early Middle Ages*,伦敦,1900 年),试图以柏里和芬利的研究成果为借鉴,从发展西欧文明的角度来确定拜占庭的重要地位。[47] 法国人皮埃尔·格莱尼耶(Pierre Grenier),从来不是一位严肃的拜占庭历史学者,他莫名其妙地企图描绘一幅关于拜占庭社会和政治变革的图景。他的著作以两卷本出版,标题是《拜占庭帝国:其社会和政治变革》(*L'Empire byzantin: son évolution sociale et politique*,巴黎,1904 年)。格莱尼耶的综合性论述并不都是那么令人满意,而且他犯了或大或小的一些错误,但其可原谅之处就是因为他并非专业学者。不过,他所写的拜占庭历史比较有趣,因为它提供了大量的各方面信息。另一部结合拜占庭帝国的整个历史研究君士坦丁堡城的简明而精练的著作是 W.N.胡顿(W.N. Hutton)的《君士坦丁堡:帝国的古都的故事》(*Constantinople: The Story of the Old Capital of the Empire*),1904 年于伦敦出版。

K.罗思(K. Roth)写了一部简明而枯燥的拜占庭历史《拜占庭帝国史》(*Geschichte des Byzantinischen Reiches*,莱比锡,1904 年),他还于 1917 年出版了一部简明的《拜占庭帝国社会和文化史》(*Sozial und Kulturgeschichte des Byzantinischen Reiches*)。R.冯·斯卡拉(R. von Scala)教授以其对拜占庭的原始资料和文献材料的透彻了解为基础,为赫尔莫霍特(Helmoholt)编写的《世界通史》写了一部十分精练的拜占庭简史。他把这部简史命名为

---

[47] 后来此书在 F.哈里森的《我的著作集:百岁纪念、书评、回忆录等》(*My books: Centenaries, Reviews, Memoirs*)一书中重印,180—231。

《亚历山大大帝以后的希腊化问题》(*Das Griechentum seit Alexander dem Grossen*)。在此简史中,斯卡拉将他的注意力集中于分析和确定拜占庭文明的重要意义。此外,还有另一部英文版著作,虽简明扼要但其学术风格很严谨、作品质量很好,它是由罗马尼亚作家 N. 约尔加所写,标题是《拜占庭帝国》,1907 年在伦敦出版。E. 福尔德的插图精美、文笔生动的著作《拜占庭帝国——欧洲文明的后卫》(*The Byzantine Empire— the Rearguard of European Civilization*),于 1911 年出版。遗憾的是,这本书只是极其简明地记载了拜占庭帝国自 1204 年以后不断衰落的历史。

另一部简明的拜占庭史被收入 E. 拉维斯(E. Laviss)和 A. 兰鲍德(A. Lambaud)主编的多卷本通史中,书名是《自 4 世纪到当代的世界历史》(*Histoire générale du IVe siècle à nos Jours*)。N. 图尔基(N. Turchi)的意大利文著作《拜占庭文明》(*La civiltà bizantina*,都灵,1915 年),也是一部极有价值的拜占庭文化史综述。

1919 年,夏尔·迪尔出版了他的著作《拜占庭帝国史》(*Histoire de l'Empire Byzantin*)。在此书中,迪尔试图并不单纯地简明叙述拜占庭帝国的政治史,他记载了更为重要的内部发展进程,并对拜占庭文明的重要地位加以阐述。这本书包括一个简明的参考书目,还附有许多地图和插图。它在法国曾多次再版。它的一部英文译本于 1925 年于英国出版,是由 G. 艾夫斯(G. Ives)自法文版翻译的。

夏尔·迪尔在其《拜占庭帝国史》中,描绘了一幅生动明晰的拜占庭内部生活的图景。他讨论了帝国兴旺和衰落的多方面原因,拜占庭文明对其周边邻国的影响和土耳其、俄罗斯和巴尔干半岛所继承的拜占庭遗产。⑱ 奥古斯特·海森伯格（August Neisenberg）在他所写的《拜占庭帝国：国家和社会》（*Staat und Gesellschaft des Byzantinischen Reiches*）一书中，对拜占庭的生活及其文明特点进行了严肃而详尽的探讨，写得很成功。该书是 P. 辛内伯格（P. Hinneberg）所编的《当代文化》（*Die Kultur der Gegenwart*）丛书的一部分。N. H. 贝恩斯（Norman H. Baynes）在其《拜占庭帝国》（伦敦，1926 年）一书中描述了同样的一幅拜占庭生活和文明的图景，他的这本书上限起自 4 世纪下限至十字军于 1204 年攻克君士坦丁堡。至于拜占庭帝国在 11 世纪时的历史，则有 L. 哈尔芬（L. Halphen）的《蛮族世界：自大规模入侵到 11 世纪突厥征服》（*Les Barbares：des grandes invasions aux conquêtes turques du XIe siècle*，巴黎，1926 年）；其中列出了一些参考书。此外，还有一部近期出版的带有通史性质的著作《拜占庭的成就：历史的回顾（330—1453 年）》（*The Byzantine Achievement. An Historical Perspective. A. D. 330—345*），是由罗伯特·拜伦（Robert Byron）所写 1929 年于伦敦出版。有一部法文版的小书，由奥古斯特·贝利（Auguste Bailly）所写，书名为《拜占庭》（巴黎，1939 年），它以群众喜闻乐见的形式描述了整个拜占庭帝国的历史，此书不仅十分有用，而且可读性甚强。《拜占庭帝国》（*Imperial Byzantium*）是一部德文原版作品的英译本，作者为贝尔塔·迪

---

⑱ 此书的主要部分构成了迪尔在《剑桥中世纪史》第 4 卷第 23、24 章内容的主要基础。在《拜占庭历史重大问题》（*Les grands problèmes de l'histoire byzantine*）一书中，他的观点阐述得更为严谨，见该书 178 页。

第一章 拜占庭历史研究的回顾

纳(Bertha Diener),该书于1938年出版。[49] 作者使用了她所能接触到的当代拜占庭学者的研究成果,以一种生动形象的笔法记载了帝国的历史,这反映在各章的标题上。其第三章的标题是:"天使和宦臣",而她的最后一章,即记载了第四次十字军征服之后的拜占庭概貌的那章,其标题是:"仲夏夜之梦"。由保罗·勒梅勒(Paul Lemerle)所写的,虽然简明但十分精辟的《拜占庭史》也于1943年在巴黎出版。[50] 此外,关于拜占庭历史的十分简明的杰作,可见收于《天主教百科全书》中的 E. 格兰德(E. Gerland)所写的词条和在《大不列颠百科全书》中 J. B. 柏里所写的词条。

在拜占庭历史研究方面最优秀的先导性作品,是 O. 希克(O. Seeck)所作的《古典世界的衰亡》(*Geschichte des Untergangs der antiken Welt*)。该书于1895年到1920年出版,记载了476年之前的历史事件。还有另外两部十分有用的研究拜占庭历史的先导性著作是 E. 施泰因(E. Stein)所写的《晚期罗马帝国史》(*Geschichte des spätrömischn Reiches*)和 F. 洛特(F. Lot)所写的《古典世界的终结和中世纪的开端》(*La Fin du monde antique et le debut du moyen âge*,巴黎,1927年),它包括了查士丁尼大帝时代的历史。施泰因的著作的第二卷,是用法文写的,其标题是《晚期帝国史》(*Histoire du Bas-Empire*),它记载了476—565年这一时

---

[49] 1937年出版的该书德文原版书名是《拜占庭。皇帝、天使和宦臣》(*Byzanz. Von Kaisern, Engeln und Eunuchen*),作者先是用"迦拉哈得爵士(Sir Galahad)"的化名出版此书的,其法文版亦于同年出版。

[50] 见 V. 格鲁梅尔(V. Grumel)所写的十分推崇赞扬此书的书评,载于法文《拜占庭研究》(*Études byzantines*),II(1945),275。

期的历史。该书于1949年出版。

拜占庭文献史。——拜占庭文献研究不可缺少的参考书是慕尼黑大学的已故教授卡尔·克伦巴赫(Karl Krumbacher)所编的《拜占庭文献史,自查士丁尼到东罗马帝国的结束》(*Geschichte der byzantinischen Litteratur von Justinian bis zum Ends des ostrümischen Reiches*,慕尼黑,1897年)*的第二版,这一版本中所提及的神学著作部分由A.埃尔哈德(A. Ehrhard)所撰写,同一版本内亦包括了H.格尔泽的《拜占庭帝国政治史纲》(*Survey of Byzantine Political History*)。克伦巴赫教授的这一著作是现存的研究拜占庭文献资料的最重要的参考著作。它收集了对于严格的学者们来说十分可信的巨量资料,也反映出作者付出了非同寻常的艰苦努力。由于克伦巴赫精通俄语和其他斯拉夫语言,因此使用了俄语和其他斯拉夫语的资料文献。当然,他的著作是为专家而写,并不是为一般读者所读的。但是,他为更多的读者写了一卷特别简明扼要的拜占庭文献历史的小册子,即仅有50页的《中世纪希腊文学》(*Die Griechisch Literatur des Mittelalters*),被收入P.辛内伯格的《当代文化》丛书中。此外,K.迪特里奇(K. Dieterich)的著作《拜占庭史和中世纪希腊文学》(*Geschichte der byzantinischen und neugriechischen Literatur*,莱比锡,1902年)一书也比较重要。还有一些重要的资料被收入意大利作者G.蒙特拉蒂奇(G. Montelatici)的著作《拜占庭文献史(324—1453年)》(*Storia della letteratura bizantina*, 324—1453)中,该书又被收

---

* 以下简称《拜占庭文献史》。——译者

入《马努埃里·霍埃普利的科学丛书》(*Manuali Hoepli, serie scientifica*),1916 年于米兰出版。这本书并不是克伦巴赫著作的简单重复;它出版于克伦巴赫著作问世的 19 年之后,含有许多新的信息。S. 梅尔卡第(S. Mercati)为此写了一部很详细的评论,并指出了许多错误(《罗马与东方》杂志,VIII[1918],171—183)。在波兰出版的拜占庭文献简史是由扬·塞达克(Jan Saidak)所写的《拜占庭文献学》(*Littratura Byzantynska*,华沙,1933 年),但它并不十分可靠。对于拜占庭文学发展早期的研究,即自 4 世纪以来的文献史,W. 克里斯特(W. Christ)写的《希腊文学史》(*Geschichte der Griechischen Litteratur*,第二卷,慕尼黑,1924 年)是一部十分有用的书。另外还有三部书十分有价值,它们是:F. A. 瑞特(F. A. Wright)所写的《晚期希腊文学史,自公元前 323 年亚历山大大帝去世,至公元 565 年查士丁尼皇帝去世》(1932 年,纽约);奥托·巴登维尔(Otto Bardenhewer)的《教父著作全集》(*Patrologie*,第三版,1910 年,弗赖堡)和巴登维尔的《古代希腊文学史》(*Geschichte der altkirchlichen Literatur*,五卷本,弗赖堡,1910 年)。最后一部著作的后三卷,即涵盖 4—8 世纪这一时期历史的部分,是特别重要的。N. 约尔加在其论文"拜占庭文学。它的思想、它的分枝及它的倾向"中简明地分析了拜占庭文学发展的特点,该文章收于《东南欧历史研究》,II(1925),370—397。

俄罗斯的拜占庭研究

19 世纪

19世纪后半期,俄罗斯学者对于拜占庭史表现出了浓厚的兴趣。

德国籍院士。——19世纪前半期,德国学者在俄罗斯开辟了对拜占庭的研究领域,他们是一些被选为俄罗斯科学院院士、永久留在彼得格勒的学者。这些德国学者特别关注于确定拜占庭及拜占庭史料在俄国历史上的重要性。在这些院士中间,Ph. 克鲁格(Ph. Krug,1764—1844年)和 A. 库尼克(A. Kunik,1814—1899年)是应该提到的。

西方派和斯拉夫派。——对于19世纪上半期俄罗斯思想家的著名代表来说,拜占庭历史时常成为支持某一特定的社会运动的资料。例如:一些斯拉夫派学者[51],以拜占庭帝国的事件为他们的理论提供根据并做辩护。西方派的学者则从已被引用的同样史料中找根据,试图说明拜占庭历史的消极影响,并指出,如果俄罗斯决定仿效已亡帝国的传统,就可能面临极大的危险。在赫尔岑(Herzen)的一部著作中,他写道:

---

[51] 斯拉夫派学者羡慕彼得大帝之前的俄罗斯正教会和古罗斯的政治社会结构,他们认为,彼得大帝的改革将俄罗斯引入歧途。西方派学者们则相反,认为俄罗斯人应该生活在西欧的完全影响下,俄罗斯只是在彼得大帝改革之后才成为一个文明国家。

> 罗马的统治结束了古代希腊的存在，并同时保留了它，正如熔岩和灰尘保留了庞贝和赫尔库拉内一样。拜占庭时期已揭开了棺盖，但是死去的东西仍然不能复活；像任何其他墓穴一样，它被教士、修士或阉人们这些不能生育的真正代表们所掌管……拜占庭帝国能够生存，但是它的功能已经终止。大体说来，历史只关注那些正处于舞台上，即那些正在有所作为的民族。(52)

另一位西方派的 P. Y. 查达耶夫（P. Y. Tchaadayev）在他的第一封哲学信札中写道："按照我们倒霉命运的安排，我们向不幸的使人深恶痛绝的拜占庭帝国寻求一个道德准则，这曾是我们教育的基础。"(53)但是，这种论调没有任何历史价值。这些思想家无疑是天才的、受过高等教育的人，但他们绝不是真正的拜占庭历史学家。

19 世纪中叶，人们对于研究拜占庭历史的重要性有了明确的 33
认识。一个热情的斯拉夫派学者 A. S. 霍米亚可夫（A. S. Khomiakov）在 19 世纪 50 年代写道："我们以为，用蔑视的态度谈论拜占庭帝国意味着暴露他自己的无知。"(54)1850 年，著名的莫斯科大学

---

(52) 见"往事与沉思"（"The Past and Thoughts"），《钟声》（*Venezia la bella*），X，53—54。

(53) 《著作与信札》（*Works and Letters*），赫申索恩（Herschensohn）编，II，118；法文版，I，85。另一封将此思想表现得更为强烈的论述，见于这封信的另一个版本中，II，13（赫申索恩编）。

(54) "一个希腊人为拜占庭辩护的呼声"（"The Voice of a Greek in Defense of Byzantium"），《作品集》（第 4 版，1914 年），III，366 页页注。

教授 T.N.格拉诺夫斯基(T.N.Granovsky)写道：

> 我们有必要提起拜占庭历史对我们俄罗斯人的重要性吗？从君士坦丁堡（帝都）[55]，我们接受了我们民族文化最优秀的部分，即我们的宗教信仰和文明的开端。东方帝国把俄罗斯引进了基督教各民族的家庭。但是，除此之外，仅仅由于我们是斯拉夫人这一事实，就使我们与拜占庭帝国的命运紧紧联系在一起。在这方面，外国学者们还没有认识到，也不可能充分地认识到。[56]

按照格拉诺夫斯基的意见，在他的那个时代，只有俄罗斯学者或斯拉夫学者，才能对拜占庭历史的主要问题给予恰当的解释，他说："对于我们受到许多恩惠的这些现象进行研究，是我们的职责。"[57]

瓦西列夫斯基。——V.G.瓦西列夫斯基（V.G.Vasilievsky,1838—1899年）是一位全面从事拜占庭历史科学研究的真正奠基者，他是彼得格勒大学的教授，俄罗斯科学院的院士。他发表了大量关于拜占庭史的专门问题（内部的和外部的历史）的杰作，并以他的大部分精力和敏锐的分析能力，致力于研究拜占庭和

---

[55] 俄罗斯人称君士坦丁堡为 Tsargrad，即"皇帝之都"。

[56] "拉丁帝国：评梅多威克夫的著作"（"The Latin Empire : A Review of Medovikov's Work"），载《T.N.格拉诺夫斯基著作全集》（*Complete Works of T.N. Granovsky*）（第4版，1900年），378。

[57] "拉丁帝国：评梅多威克夫的著作"，《T.N.格拉诺夫斯基著作全集》，379。

第一章 拜占庭历史研究的回顾

俄罗斯的关系。瓦西列夫斯基的一些著作在通史领域中是十分重要的。例如,许多著名欧洲学者承认瓦西列夫斯基的著作《拜占庭和佩切涅洛人》(*Byzantium and the Patzinaks*)是研究第一次十字军东征的学者们所必读的。[38] 1925年故去的教授康达可夫(N. P. Kodakov)及院士 Th. I. 乌斯宾斯基(Th. I. Uspensky)也都是著名的学者,前者在拜占庭艺术研究方面,后者在拜占庭社会历史研究领域都很著名。此处对这三位历史家的著作不拟进行更深入的讨论,因为瓦西列夫斯基仅仅出版过一些专题著作,而康达可夫的著作则侧重拜占庭艺术[39],而这里我们所要概略回顾的是只限于拜占庭历史方面的一般著作。乌斯宾斯基有点例外,后面将较多地介绍他的两卷本的拜占庭帝国通史,这一著作出版于1914年和1927年。

总之,到20世纪初,俄罗斯学者们对于拜占庭研究的主要贡献是他们详细地调查研究并阐明了许多专门的、有时是极其重要的问题。

叶尔托夫。——1837年,I. 叶尔托夫(I. Ertov)以俄文发表了

---

[38] 1938年是纪念瓦西列夫斯基百岁诞辰的年份。见 A. A. 瓦西列夫所写"我对 V. G. 瓦西列夫斯基的回忆"("My Reminiscences of V. G. Vasilievsky")和 G 奥斯特洛戈尔斯基所写"V. G. 瓦西列夫斯基,拜占庭学者和现代俄罗斯拜占庭学的奠基者"("V. G. Vasilievsky, as Byzantinologist and Creator of Modern Russain Byzantology"),两篇文章都发在《康达可夫研究院年鉴》(*Annales de l'Institut Kondakov*),XI(1940),207—214、227—235。在苏维埃俄国,N. S. 列别德夫(N. S. Lebeder)也写了一篇相当好的文章,评说瓦西列夫斯基和他的著作的重要性,见《历史杂志》(*Istoričesky Journal*),1944年。

[39] 见康达可夫去世后出版的《中世纪艺术和文化史概览及注释》(*Sketches and Notes on the History of Medieval Art and Culture*),III,455。

两卷本著作《选自通史的东罗马或君士坦丁堡帝国史》(*History of the Eastern Roman or Constantinopolitan Empire, Selected from the General History*)。从标题"选自通史"可看出,这一著作仅仅是作者的 15 卷本《由俄罗斯国家形成,到东罗马帝国的灭亡期间的民族迁徙和欧、亚、非三洲新国家的建立,世界通史及其续篇》(1830—1834 年出版)的选录。叶尔托夫是一个商人的儿子,依靠自学成才。他写这部拜占庭帝国史的指导思想是:"首先是俄罗斯读者需要一部记叙体的历史。"[60]他表明,他用作史料的资料"除了选自许多书本和期刊外,还有鲁瓦约的历史、勒博的《东罗马帝国史略》及亚当(Adam)对吉本的《罗马帝国衰亡史》所作的节译"。[61]自然,叶尔托夫这一包括君士坦丁堡陷落为止的历史事件汇编并没有什么科学价值,但是,在他所生活的那个时代,这却是个意外的尝试。

20 世纪

库拉科夫斯基。——最早试图写一部严格的拜占庭通史的俄罗斯学者是已故的基辅大学教授 J. A. 库拉科夫斯基(J. A. Kulakovsky)。他的专业是罗马文学,但他在大学教授罗马史,因此,在罗马古文物及帝国时代的罗马制度史方面做了许多工作。1890

---

[60] 在 1926 年,英国历史学者诺曼 H. 贝恩斯写道:"所有的关于土地占有制度和租税制度的历史文献是经过高度科学地处理的,而且其中多数最好的著作是俄语著作。"见《拜占庭帝国》,248。

[61] 《东罗马或君士坦丁堡的帝国史》(*History of the Eastern Roman or Constantinopolitan Empire*),前言。

年以后,他花费了部分时间研究基督教考古学和拜占庭历史。在20世纪早期(1906—1908年),他翻译了4世纪时著名的罗马异教历史学家阿米亚努斯·马尔切利努斯(Ammianus Marcellinus)的著作,这一译本成了他此后研究拜占庭史的入门作品。1910年他发表了《拜占庭帝国史》第一卷,记载了395年至518年的史实。第二卷出版于1912年,第三卷出版于1915年,这两卷包括了由518年到717年的拜占庭历史,即到破坏圣像时期。第一卷的修订本于1913年已出版。作者以不寻常的勤奋和不倦的精力深入研究了希腊文的、拉丁文的和东方的(译本)拜占庭历史资料。他以这些文献为基础,凭借自己对于这一时期文献的广泛了解,撰写了至717年为止的详尽的拜占庭历史。库拉科夫斯基教授论述了拜占庭帝国内部生活的一些方面,但在大量涉及外部政治生活的细节中,内部生活有时却显得模糊不清了。第三卷特别有价值并值得重视。按照作者在第一卷前言中的声明,他企图以生动逼真的描写,使读者能领会那些古代精神的实质。库拉科夫斯基说道:"我们俄罗斯的过去以不可分割的纽带与拜占庭帝国紧密联系在一起,在此基础上,我们俄罗斯的民族精神显示出了它自己的本质。"对于在俄罗斯中学教育中取消希腊文的学习,他深感遗憾:"也许有一天,我们俄国人会像西欧的那些人一样地了解到,不是'现代'这最后一个词,而是'希腊'这第一个词,意味着欧洲文化的创造性的开端。"在第三卷的前言中,作者又一次解释他写作这部拜占庭史的计划:"我的目的是根据对史料的直接研究,根据对拜占庭历史的各种期刊中大量出现的、当代研究者就这一时期的历史对各种个别问题的资料进行的研究,介绍一个连续的、年代准确的、尽可能完善的帝国生活图景。"库拉科夫斯基教授的著作,就其对拜占庭历史事实的描写及一些原始史料的内容来说,是有很大价值的。它也包含了现代历史学科在拜占庭历史的主要社会政治问题上的重要意见和推论。库拉科夫斯基对历史事件的描述相当详细,这就解释了这一事实,即这一近 1400 页的三卷著作,只记载了拜占庭帝国 8 世纪初之前的历史。

Th.I.乌斯宾斯基。——1914 年,君士坦丁堡的考古研究所前任所长,俄国科学院士 Th.I.乌斯宾斯基(Th.I.Uspensky),出版了《拜占庭帝国史》第一卷。这一优秀的著作附有许多地图、插图和画片,描述了由 4 世纪至 8 世纪初(即破坏圣像时期)的历史事件。这本书代表了拜占庭历史领域内的一个专家试图写一部拜占庭帝国通史的最初尝试。从事这项工作的是拜占庭历史及文学领域内最著名的一位学者。他勤奋的一生,几乎全献给了对拜占庭帝国不同时期、不同方面的复杂历史的研究。他于 1928 年在列宁格勒去世,终年 83 岁。乌斯宾斯基希望为广大读者提供一部通俗易懂的叙述体的历史,他并没有在脚注和尾注中纳入诸多参考资料,只是介绍了他使用的主要资料和第二手论著。该书的第二卷第一部出版于 1927 年,其中讨论了破坏圣像时期的历史以及斯拉夫语传教者西里尔(君士坦丁)和美多德(Methodius)的问题。

乌斯宾斯基著作的第一卷的问世,是对"拜占庭文明"的主要因素正在出现,复杂的拜占庭文化正在形成时期的拜占庭史的广泛介绍。作者不可避免地要从拜占庭历史的过去事件中为现代生活寻找一些"教训"。他谈到拜占庭东方行省统治的重要性时指出,的确是在小亚细亚,即在尼西亚帝国内,13 世纪恢复拜占庭帝国的计划就已成熟了。他断定,"历史的教训是要受到严格检验的",而且要由那些等着瓜分拜占庭这个博斯普鲁斯垂危病人遗产的同时代人来评价。[62] 他进一步指出:

> 如果我们认为自己有权力避免积极参与处理与拜占庭遗产有关的事情,我们就会犯极大的错误。尽管,按常规,继承人有权接受或拒绝留给他的遗产,而俄罗斯在东方问题上的作用是历史遗留下来的,不是主观意志所能改变的,除非一些意想不到的冲击能使我们忘掉或在记忆中清除那些使我们生存、斗争和历经磨难的事件的回忆。[63]

纵观全部著作,乌斯宾斯基都试图解释斯拉夫和拜占庭的关系问题,他在1912年10月序言的结尾中,要读者去翻阅关于南斯拉夫历史的几章,以解释"巴尔干半岛今天的悲惨事件",即第二次巴尔干战争的问题。[64] 乌斯宾斯基解释道,他的目的是为俄罗斯读者提供重要的材料,这些材料会帮助他清楚地认识一个仔细衡量并深思熟虑的体系。另外,他希望他的读者认识到,深入研究拜占庭史以及它与过去俄罗斯的关系,不仅对俄罗斯学者是必不可少的,而且对于形成并正确指引俄罗斯的政治与民族意识,也是同样必要的。

作为"拜占庭化"(Byzantinism)这一名词的坚定信奉者,乌斯

---

[62] 《拜占庭帝国史》(*History of the Byzantine Empire*),I,xii。
[63] 同上书,46—47。
[64] 同上书,xiv。

宾斯基特别注意为这一名词下定义。按他的想法,构成"拜占庭化"的基本特征是蛮族对帝国的入侵及3、4世纪的文化、宗教危机。⑥⑤"拜占庭化是历史的法则,它的影响表现在东南欧人民的历史中。这一法则甚至在当代仍在支配着许许多多的国家的发展;它表现在一整套特别的信仰及政治制度中,人们也可以说,它表现在阶级结构和土地关系的特有形式中。"⑥⑥"拜占庭化"——所谓拜占庭化是罗马精神与较古老的文化,诸如犹太的、波斯的和希腊的古老文化,相融合的结果——这一术语的使用主要是指"影响5—8世纪罗马帝国逐渐被改造成拜占庭帝国所有因素的综合。"⑥⑦"日耳曼人和斯拉夫人的迁移引起许多变化,导致了帝国在社会经济结构和军事制度方面的变革。新的因素对东方的罗马帝国的改革施加了巨大的影响,使它逐渐带有拜占庭化的特征。"⑥⑧拜占庭化通过以下几种现象表现出来:(1)"不断地清除通行的拉丁语而逐渐代之以希腊语,或确切地说,代之以拜占庭语。(2)各民族争取政治上的优势的斗争;(3)新的艺术发展,新的创作动机的出现,导致新的历史丰碑以及在文学领域中出现的独具风格的作品,于是,在东方文化的模式和传统影响下渐渐发展起了新的、有独创性的方法。"⑥⑨

乌斯宾斯基认为东方的罗马帝国在大约8世纪时就获得拜占

---

⑥⑤ 《拜占庭帝国史》,47—48。
⑥⑥ 同上书,16。
⑥⑦ 同上书,39。
⑥⑧ 同上书,39—40。
⑥⑨ 同上书,40。

庭化的显著特点,这一观点是与英国拜占庭学家芬利的观点相一致的。乌斯宾斯基的总体思想在其《拜占庭帝国史》第一卷中没有得到证明;可能只有在他的拜占庭帝国史全部问世时,或至少到拉丁人进犯时期,才有可能恰当地做出判断。

第一卷里提出的主要问题是:(1)斯拉夫人迁居到巴尔干半岛及其对拜占庭生活的影响;(2)拜占庭帝国的土地所有制;(3)军区制度,即帝国行省的管理制度。尽管这些问题在乌斯宾斯基的著作中没有最终的答案,但他所进行的解释提出了进一步研究这些复杂问题的必要。

乌斯宾斯基的这一著作,在它出版之前至少酝酿了25年,并且其写作周期也相当长,该书的不同部分其重要价值大不相同。其中一些章节写得新颖、生动、有趣,反之,其他一些根据过时的资料所写的章节,远远低于他的同时代学者达到的水平。关于阿拉伯人和伊斯兰教徒的论述是这方面的实例。乌斯宾斯基用了相当的篇幅专论帝国的社会生活,这是本书的主要成就之一。这一著作能够使读者了解早期的拜占庭史;这位把自己的学者生涯几乎全部献给拜占庭时期的专家对这段历史做了清楚的说明。1948年他的《拜占庭帝国史》第三卷(1081—1453年)出版,第二卷的后半部却未能出版。

谢斯塔可夫。——谢斯塔可夫(S. P. Shestakov)是喀山大学的教授。1913年他发表了《拜占庭帝国史讲义》(*Lectures on the History of the Byzantine Empire*)。该书的第二次增订本于1915年出版。这部书叙述了由3、4、5世纪野蛮人迁入东、西罗马帝国境内开始到公元800年查理大帝的加冕典礼为止的历史。作者叙述了有关帝国外交的政治事件和帝国社会生活的面貌,并列出了有关这一历史学科的编史工作和文献资料。这些资料不十分精确,记载也很粗糙。

C. N. 乌斯宾斯基。——俄罗斯学者 C. N. 乌斯宾斯基(C. N. Uspensky)[70]于 1917 年在莫斯科出版的《拜占庭史纲要》(Outlines in Byzantine History)一书,留给我们一个很清新、生动的印象。这本书仅有 268 页,却包含一个很值得重视的综合性前言和罗马帝国社会经济发展的概况。它使读者接触到拜占庭时期的重要内政问题。本书的叙述至破坏圣像后期与 843 年恢复圣像崇拜,即狄奥多拉统治时期为止。这本纲要的特点是,把重点放在帝国的内部组织、宗教和社会发展问题上;只是在作者认为有助于解释社会的某些现象时才叙述一些政治事件。乌斯宾斯基慎重地发展了他的主要的、十分正确的观点,即罗马帝国和拜占庭帝国具有希腊化的性质。他的兴趣是试图在世俗的和教会的土地占有制方面调查拜占庭生活中封建化的过程。乌斯宾斯基尤其对破坏圣像时期有兴趣。他的《纲要》最后几章值得特殊注意。他分析了第一批蛮族王国在帝国境内的建立,查士丁尼统治下的行政改革和财政管理、军区的组织、6—8 世纪农民和所谓的《农业法》、土地占有以及特免权问题。这本书分量不大,但内容丰富,很有价值。

瓦西列夫。——瓦西列夫(A. A. Vasiliev)的《拜占庭帝国史》(History of the Byzantine Empire)最初是在俄国出版的俄文著作。全书两卷包括拜占庭帝国的全部历史。第一卷出版于

---

[70] 他于 1917 年死于莫斯科。

1917年,书名是《拜占庭历史讲义;第一卷,到十字军开始时期(1081年)》。第二卷包括由十字军至君士坦丁堡陷落这一历史时期,分三册出版:(1)《拜占庭和十字军人》(彼得格勒,1923年);(2)《拉丁人在东方的统治》(彼得格勒,1923年);(3)《拜占庭帝国的衰亡》(列宁格勒,1925年)。这部书的多次翻译和增订版的资料都收在本书的参考文献部分。

贝佐布拉佐夫。——《拜占庭文化概要》(Sketches in Byzantine culture)是 P. V. 贝佐布拉佐夫(P. V. Bezobrazov)去世后发表的研究成果。他死于1918年10月,此书于1919年在彼得格勒出版。这本叙述生动的著作,含有作者对拜占庭生活中很多东西的反感情绪,因而,他以相当暗淡的色彩描写拜占庭的生活。他论述了皇帝、皇后、教士、政府官员、地主、工匠、文学、人文景观、消遣方式和诉讼事件等。贝佐布拉佐夫是个很有才华的学者,他的著作是有价值的,令人满意的。

列夫臣柯。——列夫臣柯(M. V. Levchenko)著的《拜占庭简史》(History of Byzantium,莫斯科和列宁格勒,1940年)是1940年出现于苏维埃俄国的第一部试图用马克思主义观点概述拜占庭历史的著作。且不谈作者对"资产阶级拜占庭学家"的例行攻击(显然这在苏维埃俄国是强制性的),这本书还是显示出作者有很好的史料知识的修养。虽然作者在选择史料方面有些偏见,但它还是描述了许多有关内政史,特别是政治经济方面的重要问题。列夫臣柯把这些问题与民众的利益相联系。他写道:"俄罗斯从拜占庭接受了基督教。与此同时,斯拉夫人接受了文字和较高的拜占庭文化的某些因素,显而易见,我们国家的劳动大众有理由关心拜占庭的历史,苏联的历史学家必须满足这一要求,并在马克思列宁主义方法论的基础上,写出博学的拜占庭历史。"(俄文版,第4页)

期刊、主要参考资料和草纸文献

第一种拜占庭研究的专业期刊是《拜占庭杂志》(*Byzantinische Zeitchrift*),于1892年于德国创刊。该期刊除了刊登大量文章和书评外,还包括一个关于拜占庭历史出版物的详细书目。其中俄罗斯和斯拉夫出版物占很大篇幅。卡尔·克伦巴赫教授是这一期刊的创建者和第一位主编。到1914年,该刊已经出版了24卷,1909年还出版了该刊前12卷的详细分类索引。在第一次世界大战期间,《拜占庭杂志》停刊,战后复刊。该刊目前的主编是弗朗茨·多尔格(Franz Dölger)。*

1894年,俄罗斯社会科学院开始出版《拜占庭年鉴》(*Vizantiysky Vremennik*),由 V.G. 瓦西列夫斯基和 V.E. 莱格尔(V.E. Regel)主编。该杂志在其内容编排方面可谓效仿了德国前辈。在其参考书目中,与斯拉夫人民的历史和近东基督教国家有关的作品占很大篇幅。该期刊是以俄文出版的,但是偶然也发表用法文和现代希腊文所写的文章。它也在第一次世界大战期间停刊,战后复刊。到1917年该刊已经发行了22卷,但第23卷直到

---

* 此书(即瓦西列夫的《拜占庭帝国史》)所依据的英文版本出版年代是1964年,因此,作者所说的"目前"已经是半个世纪之前的事了。——译者

1923 年才问世,第 25 卷于 1928 年发行。在该刊第 16 卷中含有前 15 卷的分类索引,该索引是由 P.V.贝佐布拉佐夫做的。Th.I.乌斯宾斯基也曾主编《拜占庭年鉴》,直到他去世。1947 年以后,在苏维埃俄国,一套新的《拜占庭年鉴》开始出版;1951 年,该年鉴出版到第四卷。

另一种拜占庭杂志是《拜占庭》*(Βυζαντίς),1909 年由雅典拜占庭学会创刊。但该期刊只出现了两卷。1915 年以后,一部新的俄文期刊《拜占庭评论》(*Vyzantiyskoe Obozrenie*)发行了三卷,是由多尔巴特(Dorpat)大学历史和文学院编辑的,主编者是 V.E.莱格尔。其第三卷出版于 1917 年。

N.A.比斯(N.A.Bees)1920 年在柏林出版了《拜占庭与当代希腊年鉴》(*Byzantinisch-neugriechische Jahrbücher*),其出版宗旨与《拜占庭杂志》相同。该期刊的前五卷是在希腊的雅典出版的,当时比斯在这里担任一所大学的教授。该刊的第 17 卷发行于 1944 年。

1923 年,在布鲁塞尔举行的第五届国际历史学会上,拜占庭研究部表达了创建一个新的国际性拜占庭杂志的愿望。1924 年,在布加勒斯特举行的第一届国际拜占庭学者大会上,出版这样一种杂志的最后计划定型,1925 年,第一卷出版。标题是《拜占庭。国际拜占庭研究评论》(*Byzantion. Revue Internationale des Etudes Byzantines*)**,其主编是保罗·格兰多尔(Paul Graindor)

---

* 以下译文作《拜占庭杂志》(希腊版)。——译者
** 以下译文作《拜占庭》(布鲁塞尔)。——译者

和亨利·格雷古瓦(Henri Grégoire)。这一卷是纪念著名的俄罗斯拜占庭学者 N.P. 康达可夫 80 周岁诞辰的专辑,但是,该卷正式出版的那一天,人们得到了康达可夫去世的消息(1925 年 2 月 16 日)。

在 1924 年至 1950 年,一种新的希腊文出版物、20 卷的《拜占庭研究学会年鉴》(Ἐπετηρὶς Ἑταιρείας Βυζαντινῶν Σπουδῶν)在雅典问世。其中刊登的许多文章是十分有价值,十分重要的。

除了这些杂志提供的资料外,许多涉及拜占庭时期研究的重要资料也可见于其他的与拜占庭学者没有直接关系的杂志中。对于拜占庭研究特别有意义的是希腊语杂志《当代希腊的记忆》(Νέος Ἑλληνομνήμων),1904 年起由 S.兰普罗斯(S. Lompros)主编,在他去世后则由其他一些希腊学者主编;还有《东方之声》(Echos d'Orent)杂志和《东方基督教杂志》(Revue de l'Orient Chrétien)。

关于拜占庭法律的基本著作是《希腊-罗马法制史》(Geschichte des greichisch-rümischen Rechts),该书的编者是著名的德国法学家卡尔·爱德华·扎哈利亚·冯·林根塔尔(Karl Eduard Zachariä von Lingenthal)。其第三版于 1892 年在柏林出版。关于早期的法典,有雅克·哥德弗洛瓦(Jacques Godfroy)编的《狄奥多西法典》(Codex Theodosianus)。哥德弗洛瓦(又称哥特弗勒德[Gothofredus,1587—1652])是生于日内瓦的法学家,后赴法国学习法律和历史。在工作了 30 年以后,他出版了自己编辑的《狄奥多西法典》,附有他所做的重要注释和评论,这些注释和评论至今对于研究早期拜占庭立法仍然十分有价值。他的著作的第一版发行于他去世13年以后。另一部重要的著作是莫特罗伊（Mortreuil）的法文版《拜占庭法律史》（*Histoire du droit Byzantin*），该书共三卷，于1843—1847年在巴黎出版；还有E.海姆巴赫（E. Heimbach）用德文为《埃尔斯克和格鲁伯百科全书》（*Ersch und Gruber Encyclopedia*）写的"拜占庭法律概要"（LXXXVI, 191—471）；奥古斯特·恩格尔曼（August Engelman）所写的俄文评述《希腊罗马法的学术研究，对最近的论述文章的评述》，该书的目的在于"介绍拜占庭的立法史"，出版于1857年。由于人们很少提及它，也难以找到该书的版本，这部作品几乎绝迹了。但是，它的内容提要很可能使学者们感兴趣，它包括拜占庭与希腊-罗马法的重要性，希腊-罗马法文献史概要、希腊-罗马法的概念和规模'法律发展的各个时期及其特点。现代人研究希腊-罗马法的主要目的，以及1824年以来发表的关于希腊罗马法的研究文献等。另一部俄罗斯著作是由阿扎勒维奇（Azarevitch）所写的《拜占庭法律史》（*A History of Byzantine Law*）（两卷本，雅罗斯拉夫，1876—1877年）。意大利学者L.西西里亚诺（L. Siciliano）于1906年写了一部相当全面的希腊罗马法概要，并附有非常有价值的书目注释，发表于《意大利法律百科全书》（*Enciclopedia Giuridica Italiana*, Vol IV, part 5, fasc. 451、460）中。这一概要于1906年在米兰出版了单行本。另一些有用的作品有阿尔多·阿尔伯托尼（Aldo Albertoni）所写的《有关意大利对拜占庭法律的研究综述》（*Per una esposizione del diritto byzantino con riguardo all' Italia*, 伊莫拉, 1927年），以及诺曼·贝恩斯在《拜占庭杂志》（XXVIII

[1928]，第 474—476 页)中的补充意见和 H.V.威特肯(Wittken)所写《拜占庭时期对查士丁尼法典的发展》(*Die Entwicklung des Rechts nach Justinian in Byzanz*)(哈雷,1928 年)。

关于拜占庭艺术的最重要的著作有：N.P.康达可夫《从希腊手稿中的微型画看拜占庭艺术和圣像的历史》(敖德萨*,1876 年；阿特拉斯,1877 年；法文修订版,巴黎,1886—1891 年,此版分为两卷)；巴耶特(Bayet)《拜占庭艺术》(其法文版 *L'Art byzantin* 发表在 A.迈克尔主编的法文版《艺术史》,第一卷和第三卷,巴黎,1905 年和 1908 年)；夏尔·迪尔《拜占庭艺术手册》(*Manuel d'art byzantin*,巴黎,1910 年；增补和修订版,两卷本,1925—1926 年)；O.M.多尔顿(O.M. Dalton)《拜占庭艺术和建筑》(*Byzantine Art and Archeology*,牛津,1911 年)和《东方基督教艺术历史遗迹概览》(*East Christian Art：A Survey of the Monuments*,牛津,1925 年；这部由多尔顿所写的书有一部分是论述建筑的)；L.布莱耶尔(L.Bréhier)《拜占庭艺术》(*L'Art Byzantin*,巴黎,1924 年)；H.佩尔斯(H.Peirce)和 R.蒂勒(R.Tyler)《拜占庭艺术》(*L'Art Byzantin*),两卷本(巴黎,1934 年)。

在拜占庭编年史中比较重要的有：H.L.克林顿(Clinton)《罗马记事》(*Fasti Romani*,英文版,两卷本,牛津,1845—1850 年),其中记载了 641 年希拉克略皇帝去世以前的历史；穆拉尔特(Muralt)《拜占庭编年史纪要》(*Essai de chronographie byzantine*,两卷本,圣彼得堡和巴塞尔,1855 年和 1873 年),该书囊括了至 1453

---

* 此处的敖德萨是俄国黑海岸的城市,而不是美国的奥德萨。——译者

年止的全部拜占庭历史,但是使用它时要特别谨慎;奥托·希克(Otto Seeck)《自311年至476年,即基督教帝国准备时期的皇帝和教宗年表》(*Regesten der Kaiser und Päpste für die Jahr 311 bis 476 N. Chr. Vorarbeit zu einer Prosopographie der christlichen Kaiserzeit*)是十分重要的著作;同样重要的有弗朗兹·多尔格(Franze Dölger)的《东罗马帝国皇帝年表》(*Regesten der Kaiserurkunden des oströmischen Reiches*,慕尼黑和柏林,1924—1932年),该著作被收入《中世纪和当代希腊文献大全》(*Corpus der griechischen Urkunden des Mittelalters und der neueren Zeit* 慕尼黑和维也纳研究所);亦见 V. 格吕梅尔(V. Grumel)《君士坦丁堡牧首法令敕令集》(*Les Régestes des Actes du Patriarcat de Constantinople*,伊斯坦布尔,1932年和1936年),它包括了自381年到1043年的历史。对于拜占庭编年史进行新的科学的研究还是当代拜占庭学研究中的重要问题。

对于拜占庭研究的其他领域的有关资料,例如,货币学、印章学和草纸学方面的信息,可见克伦巴赫的《拜占庭文献史》,也可见各种拜占庭专业期刊的文献目录。

只是在最近三四十年间,学者们在纸草研究领域开始意识到拜占庭时代的特别重要的意义。如这一领域最好的当代学者 H. I. 贝尔(H. I. Bell)所说,早期的草纸学家们,只是以继母的眼光看待拜占庭时期,而且把注意力只集中于托勒密时期和罗马时期。[⑦]

---

⑦ 贝尔:"文明的衰落"("The Decay of a Civilization"),《埃及考古杂志》(*Journal of Egyptian Archaeology*),X(1924)。

第二章 自君士坦丁大帝至查士丁尼时代的帝国

君士坦丁和基督教

罗马帝国在4世纪经历的文化和宗教危机是世界历史上最重要的事件之一。古代异教文化*同基督教(它在4世纪初君士坦丁统治时期得到了官方承认,并在4世纪末由狄奥多西大帝宣布为国教)发生了冲突。看起来,上述两个处于冲突中的、代表着完全对立观念的因素,似乎永远不会有调和的基础。但是,基督教和异教希腊文化确实逐渐交融,形成了基督教-希腊-东方文化,后被称为拜占庭文化,它的中心就在罗马帝国的新都——君士坦丁堡。

在帝国发生的诸多变化中起重要作用的人物是君士坦丁大帝。在他统治时期,基督教第一次取得官方认可而且为其此后的发展奠定了坚实基础;从此以后,古老的异教帝国逐渐变成基督教帝国。

---

* 西方学者一向把前基督教时期的古典文化称为异教文化,中译者只是遵照作者的语境翻译,不含任何个人偏见。——译者

第二章　自君士坦丁大帝至查士丁尼时代的帝国

一些在其历史发展早期皈依基督教的民族或国家,鉴于它们过去的历史还没有形成牢固的传统,仅有一些模糊的、原始的习俗和管理形式,宗教的改变在人民生活中因而不曾引起巨大危机。但在4世纪的罗马帝国则不是这种情况。它已具有一种古典的世界性的文化,发展了当时颇为完善的政府机构。它有伟大的历史和深邃的思想体系——这一思想已与人民结为一体。然而这个帝国在4世纪变成了基督教国家,进入了一个新的时期。在这一时期内,帝国的过去被否定了,有时是完全的否定,这势必会引起特别尖锐且难以渡过的危机。显然,古老的异教世界,至少是在其宗教领域内,已不再能适应罗马国家的需要。新的需要和新的愿望出现了,只有基督教能满足这种需要。

当一个非常重要的历史时刻与恰在此时充当领袖角色的某个历史人物相联系时,就会出现记载此人功绩的完整的文学作品,以颂扬他在此特定时期的重要贡献,并试图深入其精神生活的深处。4世纪的这样一个重要人物就是君士坦丁大帝。

君士坦丁生于纳伊苏斯城(Naissus,今尼什[Nish])。从其父亲康斯坦提乌斯·克洛卢斯家系(Constantine Chlorus)看,君士坦丁可能属于伊利里亚的家族。其母亲海伦(Helena)是基督徒,后被奉为圣海伦。她曾经去巴勒斯坦朝圣。据传说,她此行发现了基督殉难的真十字架。[①] 305年,戴克里先(Diocletian)和马克西米安(Maximian)根据原订的协议放弃帝位,退隐为民。迦勒里

---

① 见 H. 樊尚(H. Vincent)和 F. M. 阿贝尔(F. M. Abel)在《耶路撒冷。地志、考古和历史研究》(*Jérusalem. Recherches de topographie, d'archéologie et d'histoire*)(以下简称《耶路撒冷》),II,202—203。

乌斯（Galerius）成为东方的奥古斯都，君士坦丁之父康斯坦提乌斯（Constantius）则领西方奥古斯都头衔。次年，康斯坦提乌斯逝于不列颠，他的军团拥立其子君士坦丁继任奥古斯都。这时，罗马帝国发生了叛乱。起义群众和军队驱逐了迦勒里乌斯，拥立已放弃帝位的马克西米安的儿子马克森提乌斯（Maxentius）为奥古斯都。年迈的马克西米安与其子恢复帝号并共同治理国家。随后是一个时期的内战。其间，马克西米安与迦勒里乌斯皆故世。这时，君士坦丁与一个新的奥古斯都利基尼乌斯（Licinius）结盟，于312年在罗马城附近的一次决战中打败马克森提乌斯。马克森提乌斯企图逃离敌军追击时，溺死于台伯河（在台伯河上的米尔维安桥［Milvian］附近的萨克拉布拉［Saxa Rubra］）。两位得胜的皇帝——君士坦丁和利基尼乌斯于米兰会晤，据历史传说，他们在此颁布了著名的《米兰敕令》。两位皇帝间的和平关系没有维持多久，斗争迅速开始，最后以君士坦丁的全面胜利而告终。324年，利基尼乌斯被杀，君士坦丁成为罗马帝国的唯一统治者。

君士坦丁统治时期，对后来的历史进程有着最大影响的两件事是官方承认基督教及把首都从台伯河岸迁到博斯普鲁斯海峡，即从古罗马迁至"新罗马"君士坦丁堡。学者们在研究基督教在君士坦丁时期的地位时，特别注意到两个问题，即君士坦丁之"皈依"基督教和《米兰敕令》。⑱

---

⑱ 关于迄今为止与君士坦丁大帝的研究有关的基本情况，见 A. 皮加尼奥尔（A. Piganiol）的极有价值的文章"关于君士坦丁问题研究的现状（1930—1949年）"（"L'état actuel de la question contantinienne, 1930/1949"），《历史》（*Historia*），I（1950），82—96。

君士坦丁之改宗基督教

历史学家和神学家们主要对君士坦丁之"皈依"基督教的原因深感兴趣:君士坦丁为什么偏爱基督教?他的态度,是否应被视为其政治上远见卓识的一种表现?他是仅把基督教视为其实现政治目标的手段,还是由于其内心信仰而采纳了基督教?或者,归根结底,他的"改宗"是否既由于政治野心的影响,也有其对基督教的心灵上的理解?

解决这一问题的主要困难在于历史资料中提供的情况互相矛盾。基督教主教尤西比乌斯(Eusibius)所描写的君士坦丁同异教作家佐西姆斯(Zosimus)笔下的君士坦丁没有丝毫共同之处。历史学家们因此有充分理由根据他们自己的成见来回答这一错综复杂的问题。法国历史学家布瓦西耶(Boissier)在其《异教的衰落》一书中写道:

> 遗憾的是,当我们研究那些在历史中充当了领导角色的大人物,并试图研究其生活和记载他们的行为时,我们很少满足于最自然的解释。因为这些人物有着非凡人物的名望,我们就不打算相信他们的行为与其他凡夫俗子相同。我们去探究他们最简单的行为背后的隐秘原因;我们认为他们有周密的考虑、深邃的思想和他们从未梦想过的背信弃义。所有这些在对君士坦丁其人的研究上都应验了。一种偏见成为流行看法,即这位精明的政治家企图愚弄我们;他越是热衷于宗教事务,并宣称他本人是真正的信仰者,我们就越是企图证明他

完全不关心宗教事务,他是怀疑基督真理的人。他在事实上并不关心任何宗教而只是偏爱那种最有助于他自己的宗教。②

长期以来,著名的德国历史学家雅各布·布克哈特*(Jacob Burkhardt)在其天才著作《君士坦丁大帝时代》(*The Time of Constanfine the Great*)一书中所表达的观点,即关于君士坦丁是不信基督教者这一断言对史学界有很大影响。他笔下的君士坦丁是为野心和强烈的权势欲所左右的天才政治家,是为了实现其世界目标而不惜牺牲一切的人。布克哈特写道:"人们时常企图深入君士坦丁的宗教观念中,然后描绘在其宗教信仰中可能发现的变化。所有这些都是徒劳的。因为,论及这位天才人物(其野心和对权力的渴望无时不在困扰着他的生活),不可能存在他是基督徒还是异教徒,是信教还是不信教者这样的疑问。这种人就其本质来说是不信教者(unreligiös)……即便他曾有瞬息时间停下来考虑他自己的真正宗教信仰,也一定是迫不得已的。"这位"极端的利己主义者"在认识到基督教势必成为世界性势力之后,即由此观念出发而恰当地利用了它。按布克哈特的说法,君士坦丁伟大业绩的成功恰恰基于这一认识。而且,君士坦丁给予基督教的特权也同给予异教的特权完全一样。要从这位捉摸不定的人物的行为中寻找任何规律性完全是徒劳的,这里只有偶然性。君士坦丁"这个身

---

② 《异教的衰落》(*Fall of Paganism*),I,24—25。
* 布克哈特生于瑞士巴塞尔,兰克门生,此处原文有误。——译者

着皇袍的利己主义者,只做那些,或允许做那些可以增加他个人权力的事情"。布克哈特以尤西比乌斯的《君士坦丁传》为其主要资料,却忽视了一个事实,即此书的记载并不可靠。③ 这里所简要介绍的布克哈特的论断,不承认君士坦丁皇帝有任何宗教感情。

德国神学家阿道夫·哈纳克(Adolph Harnack)以不同的资料为依据,在其《基督教在1—3世纪的发展》(*The Expansion of Christianity in the First Three Centuries*)④一书中,得出了同样的结论。他在研究了帝国各行省的基督教状况后,认为当时基督徒的实际数量不能确定,并得出结论:尽管在4世纪初,基督徒在帝国的实际数量很多且具有很大影响,但他们在群众中并不占优势。然而他又进一步指明:

> 人数的多少与其实际影响并不总是成正比;一个小团体往往产生很大的影响——如果它的成员大部分来自领导阶层;而一大群人也可能只产生小的影响——如果其成员来自下等阶级,或主要来自农村。基督教是一个城镇的宗教;城镇越大,基督徒的数量越大(即使是相对而言)。这就使基督教有着特别的优势。而且,基督教在当时已深入农村,遍及许多行省;如同我们在小亚细亚大多数行省所见,而在亚美尼亚、

---

③ 布克哈特:《君士坦丁大帝时代》(*Die Zeit Constantin's des Grossen*)(第3版,1898年),326、369—370、387、407。

④ 该书由J.莫法特(J. Moffatt)译为英文,1904年;德文第4版(增订版),1925年。

叙利亚、巴勒斯坦和北非(包括其乡镇)也不例外。

哈纳克依据基督教传播的广泛程度把帝国所有行省分为四类。据此,他分析了各类地区基督教的状况,指出,4世纪初,基督教会的中心在小亚细亚。众所周知,在历史上著名的君士坦丁"逃往"高卢事件发生之前数年,他曾作为人质居留在戴克里先设于尼科米底(Nicomedia)的行宫中。他对于亚洲的印象在高卢变得深刻了,体现为他在政治上的深思熟虑,这使他做出了决定性的结论:他可以通过支持强有力的教会和主教而受益。如果有人问,若没有君士坦丁,基督教会是否能够取得胜利? 这样提问是愚蠢的。因为,还会有另一个君士坦丁或其他某人出现。况且,早在君士坦丁出现之前,基督教已在小亚细亚取得胜利,在其他行省也必将如此。历史并不需要特别的启示,也不需要天国的神圣大军带来业已存在的事实。它只需要一位敏锐而有力、对宗教状况又有极大兴趣的政治家。此人就是君士坦丁。他只是在清楚地认识到并牢牢地抓住必然出现的机遇这一点上是一个天才。⑤

显然,哈纳克只把君士坦丁视为天才的政治家。事实上,即使人们只是粗略地估计一下当时基督徒的数量也是不可能的。然而,许多近代最优秀的学者都承认,在当时的帝国与社会,异教思想仍是主导的因素,基督徒则必定处于少数。根据 V.博洛托夫(V. Bolotov)教授的统计:"至君士坦丁时期,基督徒有可能只占

---

⑤ A.哈纳克(A. Harnack):《基督教在1—3世纪的发展》(*Die Mission und Ausbreitung des Christentums in den ersten drei jahrhunderten*)(第2版,1906年),II,276—285;莫法特译本,452—466。

帝国全部人口的 1/10;甚至不足 1/10。任何认为当时基督徒数量超过全部人口 1/10 的说法都是不可靠的。"⑥他的这一统计,与其他一些学者的估计是一致的。目前,学者们似乎一致同意,君士坦丁时期基督徒仍然处于少数。如果这一点成立,那么,关于君士坦丁对基督教的态度出于纯政治目的的这一看法就必须放弃了。因为,一个伟大的政治家绝不可能依赖于那些只占帝国人口 1/10,又没有参与当时政治事务的群众来实现自己广泛的政治谋略。

《罗马和罗马人史》(*History of Rome and of the Roman People*)的作者迪律伊(Duruy)在夸大君士坦丁的作用这一点上多少受到了布克哈特的影响。他认为,在宗教上,"君士坦丁是虔诚而冷静的有神论者"。根据他的意见,君士坦丁"很早就意识到基督教在其基本教义方面是同他的一神教信仰相一致的"。⑦但是,尽管如此,迪律伊继续写道,政治的考虑对于君士坦丁来说还是最为重要的:

> 同波拿巴企图使教会与法国革命相妥协一样,君士坦丁也力图使古老的宗教同新的宗教和平共处,同时偏爱后者。他理解世界发展的方式,助其发展而不急于求成。由于这位皇帝的荣耀,他无愧于在他自己的凯旋门上嵌刻的、自诩的称号"和平的保卫者"(*quietis custos*)……我们已努力深入到君士坦丁的思想深处,并在此发现他之所以接受基督教是由于

---

⑥ 《古代教会史讲义》(*Lectures on the History of the Ancient Church*),III,29。
⑦ 《罗马人史》(*Histoire des Romains*),VII,102;M. M. 里普利(Ripley)译本,VII,517。

统治策略而非宗教信仰。⑧

然而,迪律伊在其他方面强调:"尤西比乌斯所描写的君士坦丁常在天地万物之间看到他人所不曾注意的事物。"⑨

1913年,在纪念所谓《米兰敕令》颁布16个世纪的活动中出版了大批著作,其中有 E. 施瓦茨(E. Schwatz)所写的《君士坦丁大帝与基督教会》(*Kaiser Constantin und die Christliche Kirche*)和 F. 多尔格(F. Dölger)所编的《论文集》(*Gesammelte Studien*)。施瓦茨指出:"君士坦丁具有一个世界主宰者的非凡洞察力。他很清楚,为了建立自己计划中的世界帝国,与教会结盟是至关重要的。他也有勇气有能力违背一切皇权主义的传统来实现这一联合。"⑩在多尔格主编的《论文集》中,E. 克雷布斯(E. Krebs)写道,君士坦丁对于基督教所采取的一切步骤,仅仅是促使教会胜利的第二位因素;其主要原因还是在于基督教会本身的超自然的力量。⑪

许多学者对这一问题的意见是大相径庭的。P. 巴蒂福尔(P. Batiffol)为君士坦丁辩解,认为他的改宗是虔诚的,⑫而在研究君

---

⑧ 《罗马人史》,VII,86、88、519—520。
⑨ 《罗马人史》,VI,602。
⑩ 《君士坦丁大帝与基督教会》,2。
⑪ "君士坦丁大帝及其时代"("Konstantin der Grosse und seine Zeit"),见 F. 多尔格主编《论文集》,2。
⑫ 《君士坦丁与天主教会的和解》(*La Paix Constantinienne et le Catholicisme*),256—259(见 O. 希克在此问题上的讨论)。

第二章　自君士坦丁大帝至查士丁尼时代的帝国

士坦丁时期的钱币学领域享有盛名的学者 J.莫里斯(J. Maurice)则在近期试图证实君士坦丁皈依基督教时神迹的存在。[13] 布瓦西耶指出,对于政治家君士坦丁来说,把他自己交给当时占帝国人口少数且毫无政治影响的基督徒,无疑会是一种冒险。因此,既然君士坦丁没有因政治理由改变自己的信仰,那么,必须承认,他这样做是出于信仰。[14] F.洛特倾向于赞成君士坦丁改宗是出于信仰。[15] S.施泰因则坚持这是出于政治理由。他说,君士坦丁的宗教政策最重要的一条,是他把基督教会引进国家机构中。他还推断,君士坦丁在某种程度上受到了波斯的琐罗亚斯德教国教会的影响。[16] H.格雷古瓦写道,政策,尤其是对外政策,总是优先于宗教。[17] A.皮加尼奥尔(A. Piganiol)说,君士坦丁是不懂基督教的基督徒。[18]

但是,通常来说,与君士坦丁在 312 年战胜马克森提乌斯有关的君士坦丁"皈依"基督教事件,不能被认为是他真的改宗基督教;他实际上是在去世那一年才接受基督教信仰。在他统治的整个时

---

[13] 《君士坦丁大帝。基督教文明的起源》(*Constantin le Grand. L'Origine de la civilisation chrétienne*),30—36。

[14] G.布瓦西耶:《异教的末日,关于 4 世纪西方最后的宗教斗争的研究》(*La Fin du paganisme; étude sur les dernières luttes religieuses en Occident au quatrième siècle*),I,28;并见 H.勒克莱尔(H. Leclercq):"君士坦丁"("Constantin"),《基督教考古和礼仪辞典》(*Dictionnaire d'archéologie chrétienne et de liturgie*),III(2),col, 2669。

[15] 《古代世界的末日》(*La Fin du monde antique*),32—38。

[16] 《晚期罗马帝国史》(*Geschichte des spätrömischen Reiches*),I,146—147。关于洛特和施泰因的作品,见 N.贝恩斯的重要评论,刊于《罗马研究杂志》(*Journal of Roman Studies*),XVIII(1928),220。

[17] "论君士坦丁之'改宗'基督教"("La 'convension' de Constantin"),《布鲁塞尔大学学报》(*Revue de l'Université de Bruxelles*),XXXVI(1930—1931),264。

[18] 《君士坦丁大帝》(*L'Empereur Constantin*),75。

期,君士坦丁一直保有"大祭师"(pontifex maximus)的称呼;他一直称星期日为太阳日(dies solis);而"战无不胜的太阳"(sol invictus)在当时通常是指波斯的神密特拉,对密特拉神的崇拜遍及整个罗马帝国的东西方。有一段时期,这种对太阳神的崇拜是对基督教的严重挑战。显然,君士坦丁是太阳神崇拜的支持者,这种崇拜在他自己的家族中传世。从各方面的可能性来看,他的"战无不胜的太阳"是阿波罗神。莫里斯曾注意到,这种太阳宗教使君士坦丁在帝国赢得了大批群众。[19]

近来,一些历史学家进行了一次有意义的尝试以说明君士坦丁只是延续了其他罗马皇帝所实行的政策,而不是唯一的基督教斗士。据格雷古瓦说,利基尼乌斯在君士坦丁之前即开始对基督教实行容忍政策。德国史学家舍内贝克对格雷古瓦的论点表示怀疑:他认为马克森提乌斯在他所管辖的那部分帝国是基督教的斗士,而且为君士坦丁树立了可仿效的榜样。[20]

即使君士坦丁确实对基督教颇为了解,他的政治谋略也必然地影响到他对基督教的态度,而基督教在许多方面会有助于他。他明白,基督教必将成为帝国各民族间的主要联系因素。"他需要通过教会的统一而巩固帝国的统一。"[21]

关于君士坦丁之改宗基督教的事件,通常与君士坦丁和马克

---

[19] 《君士坦丁时代的古钱》(*Numismatique constantinienne*),II,viii、xii、xx—xlviii。

[20] 格雷古瓦:"论君士坦丁之'改宗'基督教",《布鲁塞尔大学学报》,XXXVI(1930—1931),231—232。汉斯·冯·舍内贝克(Hans von Schoenebeck):《论马克森提乌斯及君士坦丁的宗教政策》(*Beiträge zur Religionspolitik des Maxentius und Constantin*),1—5、14、22、27。

[21] E.特鲁贝茨库(E. Trubezkoy):《5世纪西方基督教的宗教和社会观念》(*Religious and Social Ideals of Western Christianity in the Fifth Century*),I,2。

森提乌斯交战期间,天空中出现一枚闪光十字架这一著名故事相联系;于是一次神迹即构成了君士坦丁"皈依"的一个原因。然而,叙述这一神迹的史料在历史学家中引起了许多争议。关于这次神迹的记载最早见于君士坦丁同时代的基督教徒拉克坦提乌斯(Lactantius)的作品,他在其著作《基督教迫害者之覆灭》(*De mortibus persecutorum*)中谈到了君士坦丁在梦中接到一个警告,要他在其护甲上刻上基督圣符(*coeles te signum Dei*)的标记[22]。但拉克坦提乌斯并没有提到传说中君士坦丁所看到的天象。

君士坦丁的另一个同时代人恺撒里亚的尤西比乌斯在两部著作中写到君士坦丁对马克森提乌斯的胜利。在其早期作品《基督教会史》中,尤西比乌斯只提到,当君士坦丁出发去解罗马之围时,"向上帝及圣子耶稣基督、人类的救世主祈祷",[23]显然,他在此处未提及君士坦丁的梦或其护甲上的圣符。另一部著作《君士坦丁传》写于君士坦丁战胜马克森提乌斯的二十五年之后,且通常被认为(也许是错误地认为)是尤西比乌斯所写的。该书提到,君士坦丁大帝本人讲到,当他向马克森提乌斯进攻当中,看到在落日之上有一闪光的十字架,上有"以此致胜"(τούτω νίκα)的字样,并发誓这是千真万确的。他和他的军团战士都被这一天象所震惊。次日夜,基督在梦中来到君士坦丁面前,带着同样的圣物,并让君士

---

[22] 见《基督徒迫害者之覆灭》,44。
[23] 《基督教会史》(*Historia ecclesiastica*),IX.9.2。见《尼西亚和后尼西亚基督教会教父文选》(*A Select Library of Nicene and Post-Nicene Fathers of the Christian Church*)(以下简称《尼西亚和后尼西亚教父》),P.沙夫(Schaff)、H.韦斯(Wace)等编,2nd ser.,I,363。

坦丁制作一枚同样的十字架,带着它向他的敌人进攻。天刚破晓,君士坦丁即向他的亲兵们宣布了这一奇妙的梦境,然后,召集工匠艺人,向他们描述了自己所见之物的轮廓,令匠人们着手制造军旗,㉔此即著名的拉巴鲁(*labarum*)。㉕拉巴鲁是一形如长枪的长柄十字架,其横轴上是一条丝绸,上面以金缕刺绣并以宝石嵌就君士坦丁及其二子的肖像;在十字架顶端有一个金环,环内为基督名字的缩写字母。㉖自君士坦丁以后,拉巴鲁成为拜占庭帝国的旗帜。至于君士坦丁进军途中幽灵的出现和上帝派来援助君士坦丁的天兵天将的叙述则可见于其他作者的作品。在这方面的资料记载甚为混杂而且互相矛盾,不可能从历史角度予以恰当评论。有的作者走得更远,以至于说,神迹的发生并非在君士坦丁对马克森提乌斯的进军途中,而是发生于君士坦丁自高卢出发以前。

所谓《米兰敕令》

在君士坦丁统治时期,基督教的存在和发展得到了官方的许可。第一个有利于基督教的法令是311年由迦勒里乌斯颁布的,他也曾经是最残忍的基督教迫害者之一。这一敕令宽恕了基督徒过去对于政府欲使他们回到异教传统中的诸项指令的顽强反抗,

---

㉔ 尤西比乌斯(Eusebius):《君士坦丁传》(*Vita Constantini*),I,38—40。

㉕ Labarum 词源之谜后来由 H. 格雷古瓦解决,见"Labarum 的词源",《拜占庭》(布鲁塞尔),IV(1929),477—482;这是取拉丁语 Laureum 中的军旗(signum)或旗帜(vexillum)之义。也见《拜占庭》,XI(1937),XIII(1939),583。格雷古瓦之前,对于"labarum"之词源研究的先驱是17世纪的瓦勒西乌斯(Valesius,or H. Valois)。

㉖ Labarum 的形状可见于君士坦丁时期的钱币。见莫里斯《君士坦丁时期古钱研究》I,2 及插图 IX。

第二章　自君士坦丁大帝至查士丁尼时代的帝国

宣布他们存在的合法性。敕令宣布:"基督徒仍可以存在,也可以设立他们的集会场所,但不得因此而做有悖于良好秩序的事情。因此,为了报答朕的这一恩惠,他们必将为朕的国家,即他们自己国家的长治久安向他们的上帝祈祷。"㉗

两年以后,当君士坦丁战胜了马克森提乌斯并与利基尼乌斯媾和之后,与利基尼乌斯在米兰会晤,在此地,他们颁发了十分重要的,但被错误地称为是《米兰敕令》的文件。该文件的原文已经失传,但利基尼乌斯发给尼科米底政区长的拉丁文复件却被拉克坦提乌斯保留在其著作中。另一拉丁原文的希腊文译本由尤西比乌斯在其《基督教会史》一书中引用。

依照这一文件,基督徒和信仰其他宗教的人被给予充分的自由去追随他们所选择的任何信仰。所有针对基督徒的迫害手段也被废止。

> 从现在起,那些希望履行基督的崇拜仪式的每一个人,皆可以自由地、无条件地去履行该崇拜而不受任何干扰。对于这些决定,我们*认为最好是以充分的方式向尔卿(即比西尼亚的省长)解释清楚,即尔卿应该知道,我们已经慷慨地、毫无保留地给予了所谓基督徒实行其崇拜的权利。而且,当尔卿

㉗ 拉克坦提乌斯:《基督徒迫害者之覆灭》,34,4—5;尤西比乌斯:《基督教会史》,viii,17,9—10。

* 此处用的是第一人称的复数形式,相当于中国帝王的自称"朕",但由于此处是两个皇帝的联合声明,也可译为"我们"。——译者

> 留意到,我们已给予所谓的基督徒该项恩准时,尔卿亦应理解我们同样公开慷慨地恩准其他人自由实行他们自己的崇拜,这于我们时代之平和是相适宜的;每个人都有自由实行他所选择的崇拜仪式,因为我们并不愿意贬抑任何一种崇拜仪式的荣耀。㉘

该文件亦命令,原来从基督徒手中没收的私人房舍和教堂必须无保留地全部归还原主。

1891年,德国学者O.希克提出了没有人颁发过所谓《米兰敕令》的观点。他指出,唯一出现过的敕令是311年由迦勒里乌斯颁布的《容忍敕令》。㉙ 但多数历史学家长期以来不承认这一观点。1913年,竟有许多国家隆重地举行纪念《米兰敕令》颁布1600周年的庆祝活动,并有大量论及此问题的著作问世。然而,事实上,以上引述的利基尼乌斯于313年在尼科米底颁布的敕令,是对迦勒里乌斯311年敕令的认可,而迦勒里乌斯的文件显然没有得到令人满意的贯彻。313年3月,由君士坦丁和利基尼乌斯在米兰颁布的文件并不是敕令,而是致小亚细亚及整个东方各行省省督

㉘ 拉克坦提乌斯:《基督徒迫害者之覆灭》,48,4—8;尤西比乌斯:《基督教会史》,X,5,6—9。(亦见企鹅古典丛书中尤西比乌斯著作的英译本。该译本中同段文字与瓦西列夫书中译文出入甚大。——译者)

㉙ "所谓'米兰敕令'"("Das sogenannte Edikt von Mailand"),《基督教会史杂志》(*Zeitschrift für Kirchengeschichte*),VII(1891),381—386。亦见希克《古典世界衰亡史》(*Geschichte des Untergangs der antiken Welt*)(第2版,1897年),495。

的信,用以解释并指教他们应如何对待基督徒。㉚

根据这一敕令,我们的结论是,君士坦丁和利基尼乌斯给予基督教与其他宗教,包括异教信仰者,以同样权利。但若认为基督教在君士坦丁时期就获得了胜利,却属为时过早。对于君士坦丁来说,基督教似乎是可以与异教共存的。他所采取措施的重要意义在于,他不仅允许基督教存在而且事实上将它置于政府的保护之下。这在早期基督教的历史上是特别重要的一刻。然而,尼科米底敕谕并没有为某些史学家制造如下理论提供论据,㉛该理论认为,在君士坦丁时期,基督教已被置于其他宗教之上,其他宗教则只是得到宽容,因此《米兰敕令》宣布的不仅是对基督教的容忍,而是基督教的至高无上。㉜但是,如果论及《米兰敕令》究竟是使基督教取得了至尊权利还是获得了与其他宗教平等的权利这一问题时,结论一定更倾向于后者。然而,尼科米底敕谕的意义是重大的。如一位历史学家所说:"事实上,不需要任何不必要的夸张,

---

㉚ 我将介绍一些学者的论断。J.尼普芬格(J. Knipfing):在"所谓313年的米兰敕令之问世背景的最新探索"("Das Angebliche 'Mailänder Edikt'")《基督教会史杂志》,XL[1922年].218)一文中说:"所谓的'米兰敕令'之存在应该否定。"N.贝恩斯在《罗马研究杂志》。XVIII(1928年),228中写道:"我们现在知道了,根本没有什么'米兰敕令'。"E.卡斯帕尔(Caspar)在其《教皇制度史》(*Geschchichte des Papsttum*)I,105注3中写道:"'米兰敕令'的提法必须从历史上取消。"格雷古瓦在"论君士坦丁之改宗基督教"(《布鲁塞尔大学学报》,XXXVI[1930—1931],263)一文中说:"君士坦丁于米兰颁布的313年的(容忍敕令)并非敕令,而是致亚洲和东方各省督的敕答或信件。"

㉛ A.列别德夫:《基督徒受迫害的时代》(*The Epoch of Christian Persecutions*)(第3版,1904年),300—301。

㉜ N.格罗苏(Grossu):"米兰敕令"("The Edict of Milan"),《基辅神学研究院公报》(*Publications of the Spiritual Academy of Kiev*)(1913),29—30。

'米兰敕令'无疑有极大的重要性。因为这则敕谕结束了基督教在帝国统治范围内的非法地位,并颁布了完全的宗教信仰自由,如是,就使异教从其唯一国家宗教的地位降至与其他宗教同等的地位。"③

君士坦丁对教会的态度

君士坦丁不仅使基督教作为一种特定的宗教学说与其他宗教享有同等权利,而且也使基督教教士们得到了与异教祭师们同样的全部特权。他们被免于纳国税,免于公务,而且免于担任可能影响他们行使宗教义务的公职(即享有豁免权)。任何人都可以向教会捐献财产,因而教会取得了遗产权。如是,随着宗教自由宣言的颁行,基督教社团被承认为合法社团;从法制观念上看,基督教被置于一个全新的位置上。

主教法庭得到了极为重要的特权。任何人都有权在被诉讼方同意的条件下,把民事讼案提交主教法庭,即使对于该讼案的审理过程已由民事法庭开始进行。到君士坦丁统治末期,主教法庭的权限更为扩大:(1)主教的判决应视为终审判决,讼案中所涉及的任何年龄的人必须接受;(2)任何民事诉讼案件在审理的任何阶段

---

③ A.布里连托夫(A. Brilliantov):《君士坦丁大帝与米兰敕令》(*Emperor Constantine the Great and the Edict of Milan*),157,参见 M.A.胡特曼(Huttman):《基督教地位的确定和异教之被摒弃》(*The Establishment of Christianity and the Proscription of Paganism*),其中写道:"虽然我们可以视君士坦丁为第一位基督教皇帝,而且首先使基督教和异教处于分庭抗礼的地位,但他并不是第一个使基督教成为合法宗教的皇帝,因为迦列里乌斯早在311年已这样做了。"(123)关于基督教与异教自由地共存之典型表现,亦可见诸于古钱,参见莫里斯《君士坦丁时代的古钱》,II,iv.

都可转交主教法庭审理,而无视被诉讼方是否反对;(3)主教法庭的判决世俗法庭必须执行。这些司法特权提高了主教们在社会上的威信,但同时,也加重了他们的负担,出现了许多矛盾纠纷。由于对主教的判决进行上诉被视为非法,而主教的判决却并不总是正确的,因而,败诉一方总是抱怨,愤慨不已。此外,这一附加的职责,又给主教们的生活带来过多的世俗利益。

教会也由于从国家资源中获得地产、钱财及谷物的馈赠而在物质上日益富有,基督徒不可能再被迫参与异教的节日。同时,基督教的影响使国家在对罪犯的惩罚上有所缓和。

君士坦丁的名字还与那些在他的广阔帝国各处建立的无数教堂联系在一起。据说罗马的圣彼得教堂和拉特兰教堂是他所建。他对巴勒斯坦特别有兴趣。据说他的母亲海伦就是在那里发现了真十字架。在耶路撒冷,基督安葬之处,圣墓教堂巍然耸立;在奥利弗山上,君士坦丁建立了耶稣升天教堂;在伯利恒城,建立了圣诞教堂。在新都君士坦丁堡及其城郊,也建立了许多教堂,其中最著名的是使徒教堂和圣伊琳娜教堂。圣索菲亚教堂亦可能是在君士坦丁时期奠基,在他的后继者康斯坦提乌斯(Constantius)时期完成。在君士坦丁统治时期的其他地区,如安条克、尼科米底和北非,也兴建了许多教堂。[34]

---

[34] 例如,关于尼科米底的教堂,见 J. 索尔赫(J. Sölch)的"比提尼亚移民区历史地理研究。尼科米底、尼撒、普鲁萨"("Historisch-geographische Studien über bithynische Siedlungen. Nikomedia, Nizäa, Prusa"),《拜占庭和当代希腊年鉴》(*Byzantinisch-neugriechische Jahrbücher*),I(1920),267—268;关于非洲教堂,见 D. 格塞尔(D. Gsell)《阿尔及利亚古代遗址》(*Les Monuments antiques de l'Algérie*),II,239。

自君士坦丁之后,在帝国内发展起了三个重要的基督教中心:早期基督教的罗马,位于意大利,但仍存在对异教的同情并在一定时期内持续着异教的传统;基督教的君士坦丁堡,在东方基督徒心目中迅速成为第二罗马;最后,是基督教的耶路撒冷。自皇帝提图斯于公元70年摧毁了耶路撒冷并在其领土上建立罗马的殖民地(埃利亚-卡匹多利纳城)以后,到2世纪皇帝哈德良统治时期,古老的耶路撒冷已失去其重要性,尽管它曾是基督教会的诞生地和最早的使徒传道中心。在君士坦丁时期,基督教的耶路撒冷获得了新生。在行政上,该省的首府是恺撒里亚而不是埃利亚。这一时期在此三个中心兴建的教堂成为基督教会在尘世间获得胜利的标志。这个教会迅速成为国家教会。尘世王国的新思想和基督教之"彼世"王国及世界末日即将到来的概念形成直接对立。㉟

阿利乌斯派教义和尼西亚会议

由于4世纪早期出现的新形势,基督教会经历了一个十分活跃的时期,特别表现在教义领域。在4世纪,教义问题不是像3世纪那样只涉及个别人,如德尔图良和奥利金*等,而是涉及了整个派别,即由大群的、组织严密的个人组成的团体。

在4世纪,宗教会议的召集成为常事,而且,这些会议被认为

㉟ V.巴托尔德(V.Barthold)文章,见《东方学院通报》(*Transactions of the Orient College*),I,463。

* 德尔图良(Tertullian,约155或160—220年)和奥利金(Origen,185?—254年)皆为早期基督教著作家。——译者

是解决宗教争端的唯一有效手段。但在这一运动中,在教会与国家关系中出现了一种新的要素,这对后来的教权与俗权之关系极其重要。自君士坦丁大帝以来,国家介入了宗教争端并按自己的意愿支配它们。显然,在许多时候,国家的利益并不总是与教会利益相一致的。

许多世纪以来,东方的文化中心是埃及城市亚历山大,在这里,知识活动如一股巨流倾泻而下。自然,新的教义运动也源于亚历山大城。按照 A. 斯帕斯基(A. Spassky)教授的说法:"成为东方神学发展的中心,并在基督教世界里获得了哲学教会这一声望"的亚历山大教会,"从不厌倦于研究高深的宗教和科学问题"㊱。虽然亚历山大的地方教会监督阿利乌斯(Arius)的名字成为君士坦丁时期最重要的"异端"教义的称呼,但这一派教义却是 3 世纪后半期源自叙利亚的安条克,当时最有学问的人卢西安(Lucian)曾在此地建立了一个神学注释学校。该学校如 A. 哈纳克所说:"是阿利乌斯教义的温床,其领袖卢西安是阿利乌斯以前的阿利乌斯。"㊲

阿利乌斯提出了上帝之子是被造者(created being)的理论。这一理论构成阿利乌斯异端的基础。在远离埃及的地方,恺撒里亚的主教尤西比乌斯和尼科米底主教尤西比乌斯,都支持阿利乌

㊱ 《基督教主教全盛时期的教理运动史》(*The History of the Dogmatic Movements During the Period of the Ecumenical Councils*),137。

㊲ 《教会史手册》(*Lehrbuch der Dogmengeschichte*)(第 4 版,1919 年),II,187。

斯的观点。敌对情绪日益高涨。尽管阿利乌斯的弟子们竭尽全力保护他,阿利乌斯仍被亚历山大主教亚历山大逐出教会。地方当局欲安抚教会内部人士这一骚乱的努力也没有成功。

君士坦丁打败利基尼乌斯并成为唯一的皇帝后,立即于324年到达尼科米底,在此地,他听取了阿利乌斯的弟子们和他的反对者两方的抱怨意见。由于君士坦丁首先考虑到的是在帝国内部维持宗教和平,而没有意识到该教义争端的全部重要性,于是,他写信给大主教亚历山大和阿利乌斯,敦促他们达成谅解。他还举例说明,哲学家们也曾有过争论,但他们都能和平共处。他在信中还指示道,对于亚历山大和阿利乌斯来说,达成谅解不应该有困难,因为他们双方都相信上帝和耶稣基督。"因此,让我重新享有平静的、不受烦扰的日日夜夜,那么,永远的欢愉和恢复平静的喜悦,将成为我日后生活的一部分。"君士坦丁在信中如是说。⑱

科尔多瓦(西班牙)主教奥西乌斯(Hosius)(君士坦丁对他十分尊敬)前往亚历山大城送这封信。他送交了这封信后,彻底地调查了这一事件始末,回到皇帝身边时向皇帝解释了阿利乌斯运动的全部意义。只到此时,君士坦丁才决定召集一次宗教会议。

第一次基督教主教公会议在皇帝诏令下于比提尼亚城市尼西亚召开。与会者的准确数字不详,尼西亚派的教父们时常被估计

---

⑱ 尤西比乌斯:《君士坦丁传》,II,72。I. 冯·海克尔(I. von Heikel)编《尤西比乌斯著作集》(*Eusebius Werke*),71;《尼西亚与后尼西亚教父》(*Nicene and Post-Nicene Fathers*),1st ser.,I,518。

第二章 自君士坦丁大帝至查士丁尼时代的帝国

为318人。㊴其中多数是东方的主教。年迈的罗马主教派了两个地方教会监督作为他的代表出席会议。在会议上的诸项议程中,最为重要的是阿利乌斯派的争论。皇帝主持会议,有时甚至领导会议的讨论。

尼西亚会议的决议未保留下来。至于会议进程中是否有任何文字记录也值得怀疑。关于该次会议的情况,人们主要是从那些与会者的作品及历史学家的记载中得知。㊵阿利乌斯的最激烈最干练的对手是亚历山大教会的副主教亚大纳西(Athanasius)。经过激烈的辩论之后,会议摒弃了阿利乌斯派异端,在接受了一些修改和补充意见后,采纳了与阿利乌斯派教义相对的信条,即耶稣基督被承认是上帝之子。不是被造的,与圣父同体。* 许多阿利乌斯派主教签字表示认同。他们中间最顽固者,包括阿利乌斯本人,被判流刑和监禁。一个研究阿利乌斯教派的最权威人士写道:"阿利乌斯教派曾以勃勃生机开始了它的伟业,而且几年之内它在东方的优势似乎无可匹敌。但是,它的势力在尼西亚会议召开之际

㊴ 与此不同的数目,见巴蒂福尔《君士坦丁的和平》(*La Paix constantinienne*)(第3版,1914年),321—322。参见 E. 霍尼格曼(E. Honigmann)"出席尼西亚会议教父名单原本",《拜占庭》(布鲁塞尔),XIV(1939),17—76。亦见霍尼格曼"尼西亚会议、强盗会议及卡尔西顿会议出席者原始名单"("The Original List of the Members of the Council of Nicaea, the Rober-Synod and the Council of Chalcedon"),《拜占庭》(布鲁塞尔),XVI,1(1944),20—80。(强盗会议即449年的宗教会议,其详细过程见本书第三章。——译者)

㊵ S. A. 韦尔肯豪瑟(Wilkenhauser):"关于尼西亚宗教会议记录保留问题"("Zur Frage der Existenz von Nizänischen Synodalprotocolen"),载 F. 多尔格编《研究文集》,122—142。

* 尼西亚信经的中文译文全文可见中国基督教协会编《要道问答》(1983年7月)。——译者

衰竭了,在基督教世界的一致责难下萎靡不振……当会议闭幕时,阿利乌斯教派看来已被无望地粉碎了。"㊶会议的庄严宣言向所有的基督教团体通告了教会内部的和谐与一致。君士坦丁写道:"恶魔将不再有任何力量来对抗我们,因为所有那些他曾心怀叵测地设计出来毁灭我们的伎俩已从根本上被铲除了。圣灵的光辉在上帝的指令下驱散了所有那些纷争、分裂和骚乱,即造成不和谐的致命毒剂。"㊷

但现实并没有实践君士坦丁的愿望。尼西亚会议通过摒弃阿利乌斯教的举动,不仅未能使阿利乌斯派争端终止,反而引起了许多新的类似的运动和混乱。君士坦丁本人对阿利乌斯派的态度也逐渐出现了明显的转变,开始倾向于它。在尼西亚会议几年之后,阿利乌斯及其最坚定的弟子从流放地被召回。㊸但阿利乌斯的突然辞世使他未能恢复其活动。那些支持尼西亚信条的领袖则取代了阿利乌斯派人士而被判刑;并且尼西亚信经从未被正式重申或被正式摒弃,它逐渐被有意忘却或部分被其他教义所取代。

人们很难解释强烈反对尼西亚会议的缘起及君士坦丁态度发生改变的原因。也许在诸如宫廷影响,家庭的密切关系等各种解释中,下述观点应引起重视。当君士坦丁最初试图解决阿利乌斯

㊶ H.格沃特金(H. Gwatkin):《阿利乌斯教派研究》(*Studies on Arianism*),(第2版,1900年),I,1—2。

㊷ 索克拉蒂斯(Socratis):《基督教会史》(*Histoira ecclesiastica*),I,9。见《尼西亚和后尼西亚教父》,2nd. ser.,II,13。

㊸ 见 N.贝恩斯的两篇论文"亚大纳西",《埃及考古杂志》(*Journal of Egyptian Archaeology*),XI(1925),58—69;"亚历山大里亚与君士坦丁堡:基督教会的权术研究"("Alexandria and Constantinople: A Study in Ecclesiastical Diplomacy"),XII(1926),149。

问题时，他并不了解东方的宗教状况，在东方，对阿利乌斯派的同情占优势；君士坦丁皇帝曾在西方接受教育，受到其西方导师们，如科尔多瓦主教奥西乌斯之类的影响，因此，他决定支持尼西亚信经。这是符合当时他自己的观点的，但并不符合东方状况。后来，当君士坦丁意识到尼西亚决议是与大多数教会的精神相左并与东方大众的愿望相冲突时，遂采取了对阿利乌斯教义更有利的态度。在君士坦丁统治的晚年，阿利乌斯教派甚至深入宫廷，在帝国东部逐年稳固。尼西亚信经的追随者被剥夺其教职并判流放。但由于资料状况不尽人意，阿利乌斯派在这一历史时期的优势还不够清晰。㊹

君士坦丁直到晚年仍是一位异教徒。只是在临终前，他才接受了尼科米底主教、一个阿利乌斯派信徒尤西比乌斯施予的洗礼；但 A. 斯帕斯基指出，君士坦丁在临死时指示，把著名的阿利乌斯的反对者亚大纳西从流放地召回。㊺ 君士坦丁还使他的诸子成为基督徒。

君士坦丁堡的奠基

君士坦丁统治时期仅次于承认基督教的第二件大事，就是在博斯普鲁斯海峡的欧洲一岸，即进入普罗蓬蒂斯海（马尔马拉海）的入口处，原麦加拉人*殖民地拜占庭（Βυζάντιον）的旧址，建立

㊹ 例如格沃特金试图解君士坦丁对于阿利乌斯派的不同态度是考虑到保住亚洲的问题，见《阿利乌斯派研究》(Studies on Arianism)（第 2 版，1900 年），57、96。

㊺ 《教义运动史》(Dogmatic Movements)，258。

* 麦加拉(Megara)，古希腊城邦国家，位于伯罗奔尼撒半岛。——译者

了首都。

早在君士坦丁以前,古代人就已完全意识到坐落于欧洲交界处、控制着两海(黑海和地中海)通路的拜占庭在战略上和商业上的优势。它也接近光辉的古典文化的主要发源地。根据史料判断,早在公元前 7 世纪前半期,麦加拉人就在博斯普鲁斯海峡南端的亚洲一岸,即与后来建立的君士坦丁堡相对的地方,建立了一个殖民地,叫卡尔西顿。几年后,另一部分麦加拉人在博斯普鲁斯海峡南端的欧洲一岸建立了另一个殖民地拜占庭,其名称源自麦加拉远征军的司令拜扎斯(Βύζας)。拜占庭较于卡尔西顿的优势,古人也十分了解。公元前 5 世纪的希腊历史学家希罗多德(iv,144)写道,波斯将军迈加比佐斯*在到达拜占庭时,称卡尔西顿的居民是瞎子。因为他们在为自己的城市选择城址时,选择了两个之间较差的一个,却忽视了后来拜占庭奠基于其上的那个较好的地点。后来的作家及其作品,包括斯特拉波(vii,6,约 320 年)及罗马历史学家塔西佗(《编年史》xii,63),把迈加比佐斯的这一断言略为改头换面地归于希腊德尔斐的阿波罗神谕**,神谕在答复麦加拉人所提出的在哪里建城的问题时,回答道,他们应在"瞎子"的土地对面定居。在希波战争期间和马其顿的腓利普时代,拜占庭曾发挥了重要作用。公元前 2 世纪的希腊历史学家波利比阿透彻地分析了拜占庭的政治和经济地位。他在论述希腊和黑海沿岸诸城贸易关系的重要性时写道,没有拜占庭居民的许可,任何一只

---

* 此处原文为 Megabazus,与通常所见的 Megabyzus 有异。——译者

** Pythian Apollo 庇西亚阿波罗,即希腊德尔斐的太阳神庙,相传这里是阿波罗的神示所,常回答人们的问题,预言将来的事件。——译者

商船也不可能进入或离开黑海,因此,拜占庭人控制了黑海沿岸所有那些不可缺少的产品。㊻

自罗马取消共和后,皇帝们不止一次想把首都由共和意识控制下的罗马迁至东方。据罗马历史学家苏埃托尼乌斯(I,79)记载,朱利乌斯·恺撒企图从罗马迁都到亚历山大城或伊利翁(原特洛伊)。在基督教纪元的前几个世纪,皇帝们也时常在对外扩张的军事行动中或巡游整个帝国时长期离开罗马。2世纪末,拜占庭曾受到一次沉重的打击:塞普提米乌斯·塞维鲁(Septimius Severus)在打败了他的对手,即拜占庭支持的佩塞尼乌斯·尼格尔(Pescennius Niger)后,对该城进行了可怕的劫掠,几乎使之彻底毁灭。与此同时,东方吸引着皇帝们。戴克里先(284—305年在位)更乐于住在小亚细亚城市尼科米底,并以许多辉煌的新建筑美化了这个城市。

当君士坦丁决定创建一个新的首都时,并没有立即选择君士坦丁堡。至少,他一度考虑过他的出生地纳伊苏斯(尼什)、萨迪卡(索菲亚)和塞萨洛尼卡(今萨洛尼卡)。他的注意力曾特别地转向埃涅阿斯*的城市特洛伊。据传说,是埃涅阿斯曾在意大利的拉丁姆为罗马国家奠基。君士坦丁大帝曾亲自出发去历史名城特洛伊,亲自划定了拟建城市的城区疆界。据5世纪的基督教作家索佐门(Sozomen)记载,当特洛伊城门竣工之际,上帝在一天夜里向

㊻ 波利比阿(Polybius):《历史》(*Historia*),iv,38、44。

* 罗马神话中所传特洛伊和罗马的英雄,古罗马诗人维吉尔的《埃涅阿斯纪》中的主人公:他率领在特洛伊战争劫后余生的众人历尽艰难,百折不回,终于到达台伯河口。——译者

君士坦丁托梦，要他为自己的首都另选城址。此后，君士坦丁选定了拜占庭。甚至在一个世纪之后，当旅行者航行至特洛伊近海时，还可以见到君士坦丁开始进行的未完成建筑。㊼

当时的拜占庭尚未完全从塞普提米乌斯·塞维鲁造成的严重打击中恢复元气，仅仅还是一个村庄，只占有伸入马尔马拉海的岬角之一部分。323年，君士坦丁决定兴建新都，325年，主要建筑的营建工程开始进行。㊽据基督教传说，当君士坦丁皇帝手持长矛圈定城界时，其廷臣为预期划定的首都范围而震惊，遂问："我们的主啊，您还要走多久？"皇帝答："我将继续前行，直至在我前面的引路者停止。"㊾这就是说有某种神力在引导着他。为了建都，皇帝从各地征调劳力与建筑材料。罗马、雅典、亚历山大、以弗所及安条克的异教遗物皆用于美化新都。有40 000名哥特士兵，即所谓"同盟军"(*foederati*)，参加了营建工程。为了吸引大批居民，皇帝赐予新都以许多商业和金融特权。330年春，新都的营建工作进

㊼ 索佐门(Sozomenis):《基督教会史》(*Historia ecclesiastica*), II, 3。

㊽ 见J. 莫甲斯《君士坦丁堡的起源》(*Les Origines de Constantinople*), 289—292; L. 布莱耶尔:"君士坦丁和君士坦丁堡的奠基"("Constantin et la fondation de Constantinople"),《历史杂志》(*Revue historique*), CXIX (1915), 248; D. 拉图(Lathoud):"君士坦丁堡的建都及启用"("La Consécration et la dédicace de Constantinople"),《东方之声》, XXIII(1924), 289—294。C. 埃莫罗(Emereau):"关于君士坦丁堡之起源及奠基的记载"("Notes sur les origines et la fondation de Constantinople"),《考古杂志》(*Revue archéologique*), XXI(1925), 1—25。E. 格兰德(Gerland):"拜占庭与君士坦丁堡城的建立"("Byzantion und die Gründung der Stadt Konstantinopel"),《拜占庭与当代希腊年鉴》, X(1933), 93—105。R. 雅南(Janin):《拜占庭的君士坦丁堡》(*Constantinople Byzantine*)(巴黎, 1950年), 27—37。

㊾ 菲罗斯托尔吉(Philostorgii):《基督教会史》(*Historia ecclesiastica*), II, 9; J. 比德(Bidez)编, 20—21, 并见其他资料。

展顺利,君士坦丁认为已可以正式启用为新都了。330年5月11日,新都正式启用,随之而来的是持续40天的庆祝活动。是年,基督教的君士坦丁堡于异教的拜占庭城址上屹立。[50]

虽然人们难以估计君士坦丁时期这一新都的规模,但肯定远远大于原拜占庭城的范围。关于4世纪君士坦丁堡的人口,人们也没有准确的记载,仅能估计到它可能多于20万人。[51]为了抵抗来自陆地的敌人,君士坦丁修建了由金角湾到马尔马拉海的城墙。

几年之后,古代的拜占庭已成为一个世界帝国的都城,被称为"君士坦丁之城",即"君士坦丁堡"。首都采用了罗马的市政体制,被划为14个区(即政区),其中的两个区位于城墙之外。但君士坦丁时期的遗迹几乎无一留存至今。然而,可上溯至君士坦丁时期的圣伊林娜教堂(它在查士丁尼大帝及利奥三世时期曾两次重建)仍然存在。著名的取自德尔斐*(公元前5世纪)的小蛇柱——原为纪念普拉提亚战役而建——被君士坦丁移至新都,置于竞技场内,现虽有破损,但依然存在。

君士坦丁以其天才的洞察力认识到君士坦丁堡的地理位置在政治、经济及文化上的优势。在政治上,君士坦丁堡或通常所称的"新罗马",在抵御外敌方面有特别的优势。海上进攻是不可能的,在陆地上则有城墙防卫。在经济上,君士坦丁堡控制了与爱琴海

---

[50] N.贝恩斯:《拜占庭帝国》,18。

[51] 施泰因:《晚期罗马帝国史》,I,196。洛特:《古代世界的末日》,81。A.安德列亚德倾向于承认该市人口达70万—80万,见"拜占庭诸帝时期君士坦丁堡的人口"("De la population de Constantinople sous les empereurs byzantins"),《计量》(*Metron*),I(1920),80;也见J.B.柏里《晚期罗马帝国史》,第2版(1931年),I,88。

* 古希腊宗教中心。——译者

和地中海的全部贸易,因而必然会成为欧洲与亚洲的贸易中介地。最后,在文化上,君士坦丁堡的最大优势是靠近希腊化文化的最重要的中心,这种希腊化的文化在基督教的影响下,发展成为新的"基督教-希腊-罗马"或"拜占庭"的文化。Th. I. 乌斯宾斯基写道:

> 为新都选择城址、建设君士坦丁堡,并创建了一个世界历史名城,是君士坦丁的政治和统治天才的不可磨灭的成就之一。君士坦丁对世界的贡献并不在于他的宗教容忍敕令,即使他没有那样做,他的直接继承者也会被迫承认基督教的胜利地位,而这种历史的延缓对基督教毫无损害。但是,由于君士坦丁永久地把世界的首都迁至君士坦丁堡,他就拯救了古代文化并为基督教的传播创造了一个有利的环境。[52]

君士坦丁大帝时期之后,君士坦丁堡即成为帝国的政治、宗教、经济和文化中心。[53]

---

[52] 《拜占庭帝国史》,I,60—62。

[53] 我们有时注意到一种低估君士坦丁堡奠基的重要性的倾向。见希克《古典世界衰亡史》(第2版,1921年),III,426—428。施泰因追随他的观点,见《晚期罗马帝国史》,I,2—3、193页注6;也见《守护神》(*Gnomon*),IV(1928),411—412;还见 E. 施泰因"一个拜占庭国家的永久都城"("Ein Kapital vom persischen und von byzantinischen staate"),《拜占庭与当代希腊年鉴》,I(1920),86。洛特宣称,无论从哪方面看,君士坦丁堡的奠基都是一件十分重大的历史事件,但他又称之为"一个谜",并补充道,该城市之诞生是由于一个君主因狂热的宗教情绪,异想天开的结果。见《古代世界的末日》,39—40、43。

戴克里先和君士坦丁的改革

君士坦丁与戴克里先的改革是以建立严格的中央集权制,采用庞杂的官僚政治,行政与军事权力明确分离为特征的。这些改革并非是别出心裁的新东西,早在奥古斯都时期,罗马帝国就倾向于中央集权。随着罗马逐渐吞并了在数个世纪内发展起高度发达的文化和古老统治形式的希腊化东方(在托勒密的埃及尤其如此)为新的领地,罗马人遂逐渐从这些新征服地吸取了现存的传统及希腊化的观念。在马其顿的亚历山大的帝国废墟上建立起来的那些国家:阿塔利斯的波加蒙,塞琉古朝的叙利亚和托勒密朝的埃及,以其无限的神权君主制为典型特点。这种制度在埃及表现出更稳定、更绝对的形式。对于埃及的民众来说,这块土地的征服者奥古斯都和他的继承者与此前的托勒密诸王一样,仍然是绝对的神佑君主。这同罗马的元首制*概念截然对立,这种元首制是罗马共和政治和新发展起来的统治形式之间采取妥协的一种尝试。然而,希腊化东方的政治影响逐渐改变了罗马元首们最初的权力范围,这些元首很快表现出他们更偏爱东方及东方关于皇权的概念。苏埃托尼乌斯曾提到第一世纪的皇帝卡利古拉准备接受皇冠(*diadem*)。[54] 据史料记载,3世纪前半期的皇帝埃拉加巴卢斯(Elagabalus)已经秘密地戴上了皇冠;[55] 而众所周知的是,3世纪

---

* 也叫"第一公民"(The First Principe),是罗马帝国早期皇帝的称号,始于奥古斯都时期。——译者

[54] 《卡利古拉》(*Caligula*),22: *nec multum afuit quin statim diadema sumeret*.

[55] 见兰普利迪乌斯(Lampridius)《安东尼·埃拉加巴卢斯的生平》("*Antonini Heliogabali Vita*"),23,5: *quo (diademate gemmato) et usus est domi*.

后半期的奥勒良是第一个公开戴上皇冠的皇帝,同时,铭文和货币上均称他为"神"和"主"(*Dues Aurelianus, Imperator Deus et Dominus Aurelianus Augustus*)。㊶ 正是奥勒良在罗马帝国确立了专制的统治形式。

在托勒密埃及的基础上,后来又在萨珊波斯的影响下,罗马皇权发展到4世纪时几乎臻于完善。戴克里先和君士坦丁都希望对帝国的专制组织施加影响,为达此目的,他们只是简单地以罗马(尤其是自奥勒良以后)已经了解的在希腊化的东方占主导地位的习俗和做法为模式改变了罗马的体制。

3世纪的危机和军事混乱极大地干扰和瓦解了帝国的内部结构。奥勒良曾经一度恢复了帝国统一,而且,由于这一成功,当时的文献和铭文都赋予奥勒良以"帝国光复者"(*Restitutor Orbis*)的称号。但是,在他去世之后又是一段动荡时期。随后是戴克里先为他自己树立了以正式的规范的途径指导整个帝国组织结构的目标。但事实上,他只完成了一次伟大的行政改革。无论如何,戴克里先和君士坦丁使帝国的内部结构发生了如此重大的变化,因此,他们可以被视为在东方的强烈影响下创建新型君主制的真正奠基人。

曾在尼科米底度过许多时光并从总体来说更偏爱东方的戴克里先吸纳了东方君主政体中的许多特质。他是真正的专制者,皇帝-神君(emperor-god)。东方的奢华和繁琐宫廷礼仪被引入他的宫廷。他的臣仆在被允准面圣时,必须先跪拜于地,然后才敢抬

㊶ L.奥莫(L. Homo):《论奥勒良皇帝的统治》(*Essai sur le règne de l'empereur Aurelien*),191—193。

眼看他们的君主。与皇帝有关的一切均被视为神圣——他的话语、他的宫廷及他的财富;他本人则是一位圣人。他的宫廷(后来被君士坦丁迁至君士坦丁堡)聚敛了大量金钱,成为无数阴谋诡计的中心,这些阴谋诡计在拜占庭后来的生活中导致严重的混乱。于是,与东方君主制密切相关的专制政体由戴克里先明确地建立起来并成为拜占庭帝国统治结构最显著的标志之一。

为了把这一容纳了诸多民族的庞大帝国组织起来,戴克里先采用了由四人权力构成的"四头"体制(即四帝共治)。国家的统治权力由两个拥有同等权力的奥古斯都分担。其中一个在帝国东部,一个在帝国西部;但是,两个人都必须为一个罗马国家的利益工作。帝国仍保持统一;然而,两个奥古斯都的任命,却表明即使在那个时代,政府也已意识到希腊东方和拉丁西方之间的区别,因此,对于这两个部分的统治不可能由一人承担。每个奥古斯都由一位恺撒辅佐,这位恺撒在奥古斯都去世或退位之后,升为奥古斯都,并选一位新的恺撒。这样,就创造了一种人为的王朝体系,以避免因各种竞争者的野心而导致阴谋和冲突。这一制度也意味着,罗马军团在选举新皇帝时的决定性作用被剥夺了。最早的两个奥古斯都是戴克里先和马克西米安,他们的恺撒是迦勒里乌斯和康斯坦提乌斯·克洛卢斯(君士坦丁大帝之父)。戴克里先统治亚洲各行省和埃及,首府设在尼科米底;马克西米安管辖意大利、非洲和西班牙,首府设在米兰(Mediolanum);迦勒里乌斯治理巴尔干半岛及临近的多瑙河诸省,其中心在萨瓦河上的西尔米乌姆(Sirmium,靠近现米特罗维察[Mitrovitz])*;而康斯坦提乌斯·

---

* 今科索沃米特罗维察(Mitrovoca)。——译者

克洛卢斯管理高卢和不列颠,中心地在奥古斯塔·特里维洛卢姆(Augusta Trevirorum,今特里尔或特里夫斯)和埃布拉库姆(Eburacum 今约克)。这四位统治者被视为一个唯一帝国的统治者,一切政令皆以四个人名义签发。尽管从原则上讲,两个奥古斯都有同等权力,但戴克里先作为皇帝有绝对的优势。恺撒们则是两个奥古斯都的臣属。经过一段时期后,奥古斯都必须放弃其头衔并将其传给恺撒们。事实上,戴克里先和马克西米安也的确于305年放弃了奥古斯都头衔,隐退为民,迦勒里乌斯和康斯坦提乌斯·克洛卢斯则成为奥古斯都。但是随之而来的骚乱结束了人为的四头政治,到4世纪初期,四头政治已不复存在。

帝国行省统治的巨大变化也始于戴克里先。在他统治时期,元老院行省与帝国行省之间的区别消失了,所有行省都直接依附于皇帝。以前,行省数量较少,而其管辖地则很大,行省总督们手中握有极大的权力。这种情况曾给中央政府制造了许多危机,暴乱时常发生。这些大省的总督在其军团支持下,常常是危险的皇位觊觎者。戴克里先为摆脱这些大行省的政治威胁,决定把它们划为较小的单位。在他继位时存在的57个省被划为96个新省,也许更多。而且,这些行省皆由那些只拥有行政权力的省督管辖。由于史料中提供的信息有限,戴克里先创建的较小行省的确切数字不详。对于这一时期帝国行省结构的主要资料是所谓《职衔录》(*Notitia dignitatum*),这是一部关于宫廷、行政及军事官员的官名录,也含有各行省的名称。据学者们的研究,这份未标明日期的文件应是5世纪前半期的文件,因此含有戴克里先的继承者在各行省统治中引进的一些变化。《职衔录》中列出了120个行省。其他的行省名录——毫无疑问在更早些的文献中——列出的行省数量较少。㊲在戴克里先时期也有相当一些小的邻近新省组合为一个叫作州(diocese)的单位,同样由一位只拥有单纯行政权力的官员管辖。帝国当时有13个州,其管辖范围接近旧时的行省。4世纪时,所有的州又进而组合为四个(有时三个)大的联合体(大区,prefectures),置于大区长官(praetorian prefects,此乃当时最为重要的官职)的管辖下。自君士坦丁剥夺了他们的军事职权*后,他们就成为整个行政统治机构的首脑,不仅控制着州长,也控制着省督们。到了4世纪末,为了行政统治的目的,整个帝国分为四个大部分(大区):(1)高卢:包括不列颠、高卢、西班牙和非洲西北角;(2)意大利:含非洲、意大利、阿尔卑斯山及多瑙河之间各行省以及巴尔干半岛的西北角;(3)伊利里亚:为最小的大区,含达契亚、马其顿及希腊诸省;㊳(4)东方政区:包括亚洲领土,及其北方位于欧洲大陆的色雷斯和其南部的埃及。

㊲ 该《职衔录》为426—437年的文献。见J.B.柏里"论《职衔录》"("The Notitia Dignitatum"),《罗马研究杂志》,X(1920),153;柏里"维罗纳的省名录"("The Provincial list of Verona"),《罗马研究杂志》,XIII(1923),127—151。

* Prae luriam pertect一职,在君士坦丁改革之前称"近卫军长官",有军权。——译者

㊳ 关于4世纪末,即当伊利里亚省有时与意大利及非洲大区合并时期伊利里亚的复杂历史,见E.施泰因"晚期罗马帝国政治史研究"("Untersuchungen zur spätrömischen Verwaltungsgeschichte"),《莱茵语言学博物馆》(*Rheinisches Museum für Philologie*),N.S.LXXIV(1925),347—354。也见施泰因《晚期罗马帝国史》,I:"390年以前的罗马帝国"("Imperium Romanum anno 390 P.Ch.N.")中的地图(划有三个大政区),以及J.R.帕朗克(Palanque)"论晚期帝国的大政区"("Essai sur la préfecture du prétoire du Bas-Empire");E.施泰因于《拜占庭》(布鲁塞尔),9,(1934) 327—353的长篇评论;帕朗克的答复"论4世纪大政区名录——答M.埃内斯特·施泰因"("Sur la liste des préfets du prétoire du IVe siècle. Réponse à M. Ernest Stein"),《拜占庭》(布鲁塞尔),IX(1934),703—713。

由于这方面资料的匮乏，戴克里先改革的许多细节尚不得而知。然而，应该强调的是，戴克里先为了保证他的权力足以应付行省可能出现的复杂情况，而把军事和行政权力严格分割；从他的时代以后，各行省的省督只拥有司法和行政权。戴克里先的行省改革对意大利有特别的影响，她由帝国的首要地区降为普通行省。这一行政改革导致大量新官员的产生和下级官员严格服从上级的复杂的官僚制度。君士坦丁大帝则在某些方面进一步发展和扩大了自戴克里先开始的重组帝国的措施。

因此，戴克里先和君士坦丁改革的主要特征是，确立了绝对的君主权力和严格的军政分权制，而后者导致一个庞杂的官僚体系的产生。在拜占庭时期，前者，即由此出现的君主专制体系得以保持；而后者，则由于军政权力不断合并的倾向，经历了极大的变化。在拜占庭帝国，保持了大量的官员及各种头衔。这种官僚体系延续到拜占庭帝国的最后时期，但在高官显贵的名称及职能方面则发生了许多变化，其中许多名称由拉丁文变为希腊文；许多官员被
65 贬抑至徒有虚名或仅表示其身份等级；大量新的官员和显贵则在随之而来的时期内出现。

4 世纪，帝国历史中一则极为重要的事件是蛮族，即日耳曼人（哥特人）的逐渐移入。关于这一问题的详细考察见于本书对 4 世纪的综合情况的讨论之后。

君士坦丁大帝于 337 年去世。他得到了少有的、深刻的、来自许多不同方面的赞扬。据 4 世纪的历史学家欧特罗庇厄斯（Eutropius）记载，罗马元老院把君士坦丁列于众神榜中；[59]历史尊其

(59) 见其《罗马简史》（*Breviarium historiae Romanae*），X，8。

为"伟大者",教会宣称他是圣者,等同于早期基督教的使徒(*Isoapostolic*)。近代历史学家们则愿意把他与俄罗斯的彼得大帝[50]和法国的拿破仑相比。[51]

恺撒里亚的尤西比乌斯写了他的"君士坦丁颂"以赞美基督教在击溃了撒旦的造物(邪恶的诸神)、摧毁了异教国家的斗争中的凯旋:

> 唯一上帝的概念已经诏示于全人类了。与此同时,唯一的世界帝国即罗马帝国,兴起并繁荣昌盛。在此同一时期,由于上帝的指令,两株受上帝护佑的幼苗,即罗马帝国和基督徒的虔诚教义一同萌发出来以利人类……两股强大的力量出于同一个起点,由唯一的统治者和唯一的基督教信仰所支配,征服并降顺了所有那些敌对势力。[52]

---

[50] 《基督教人物传记辞典》(*A Dictionary of Christian Biography*)中,"君士坦丁一世"(Constantine I)一条(644)说:"如果我们要把君士坦丁与任何近代伟人相比的话,更应该与俄罗斯的彼得大帝而不是与拿破仑相比较。"见迪律伊《罗马史》,VII,88;里普利译,VII,2,519。

[51] 格雷古瓦:"论君士坦丁的'皈依'",《布鲁塞尔大学学报》,XXXVI(1930—1931),270:"以君士坦丁的军事天才确切做一比较,他是4世纪伟大宗教革命时期的拿破仑。"

[52] 《君士坦丁颂》(*De laudibus Constantini*),XVI,3—5;海克尔编,I,249;《尼西亚及后尼西亚的教父》,2nd ser.,I,606。

自君士坦丁大帝到6世纪早期的皇帝和社会

君士坦丁大帝去世后,他的三个儿子君士坦丁(Constantine)、康斯坦提乌斯(Constantius)和康斯坦斯(Constans)同领奥古斯都衔,分割了帝国的统治权。很快,三个统治者之间发生了斗争,在这场斗争中,三兄弟中有两兄弟被杀。君士坦丁逝于340年,康斯坦斯逝于十年以后,于是康斯坦提乌斯成为帝国唯一的主宰,其统治一直延续到361年。他没有子嗣,在其兄弟们相继去世后,他煞费苦心地考虑皇位的继承问题。此前他对自己所有的亲族成员曾实行了捕杀政策,只有他的两个堂兄弟伽卢斯(Gallus)和朱利安(Julian)幸免于难,但他们被逐出了首都。为了保住自己家族的皇位,康斯坦提乌斯还是指定伽卢斯为恺撒。后来伽卢斯引起皇帝的怀疑,于354年被暗杀。

在此情况下,伽卢斯的兄弟朱利安被召进康斯坦提乌斯宫廷,355年,被指定为恺撒,并与康斯坦提乌斯之妹成婚。朱利安的去世,结束了君士坦丁王朝。在他的短暂统治(361—363年)之后,是他的继承人、原宫廷侍卫长约维安(Jovian)同样短时期的统治(363—364年),他是由军队拥立为奥古斯都的。在约维安去世后,皇位的新人选是瓦伦提尼安一世(Valentinian I,364—375年在位),他登基后,立即被士兵们胁迫指定他的兄弟瓦伦斯(Valens)为奥古斯都和"共治者"(364—378年)。瓦伦提尼安管辖帝国的西部,帝国的东半部则由瓦伦斯治理。瓦伦提尼安在西方的继承人是他的儿子格拉提安(Gratian,375—383年在位),而与此同时,军队拥立了格拉提安的异母兄弟、4岁的瓦伦提尼安二世为奥古斯都(375—392年在位)。瓦伦斯去世后,格拉提安指定狄奥多西(Theodosius)登上奥古斯都的尊位,责成他统治帝国的西半部和伊利里亚的大部。狄奥多西原出身于帝国的西端(西班牙),是狄奥多西家族的第一个皇帝,该家族直到450年幼者狄奥多西去世前,一直占据皇位。

狄奥多西去世后,他的儿子阿卡第(Arcadius)和霍诺留(Honorius)分治帝国;阿卡第居东,霍诺留居西。依其前人的惯例,4世纪,当瓦伦斯与瓦伦提尼安一世共治、狄奥多西和格拉提安及瓦伦提尼安二世共治时,权力的分割并没有破坏帝国的统一;同样,在阿卡第与霍诺留共治时,国家的统一仍一如既往,只是在一个国家内有两名统治者。当时的人们正确地认识到这一问题。5世纪的历史学家、《反异教史》(*History Against the Pagans*)一书的作者奥罗修斯(Orosius)写道:"阿卡第和霍诺留开始治理共同的帝国,只是分配了他们的座席。"[63]

在395—518年期间,统治帝国东方的诸帝中,前二位是狄奥多西大帝的后人:其子阿卡第(395—408年在位),与一个日耳曼(法兰克人)的首领之女欧多克西娅(Eudoxia)成婚;阿卡第的儿子幼者狄奥多西(408—450年在位),他的妻子阿特奈斯(Athenais)是一位雅典哲学家之女,受洗后取教名为欧多西娅(Eudo-

---

[63] 奥罗修斯:《反异教史》,VII,36,1。

cia)。狄奥多西二世去世后,其姐招色雷斯的马西安为婿,马西安遂承继帝位(450—457年)。于是,在450年,西班牙的狄奥多西王朝的男性血统继承结束。马西安去世后,生于色雷斯或"伊利里亚的达契亚",即生于伊利里亚大政区的一个军团将校利奥一世(457—747年在位),被选为皇帝。利奥一世之女阿里阿德涅(Ariadne)与伊苏里亚的芝诺(Zeno)成婚,生子利奥,利奥则在其外祖父去世后,成为皇帝(474年),时年六岁。但他在几个月后死去,即在他已指定了自己的父亲,出身于小亚陶鲁斯山区的山民伊苏里亚蛮族部落的芝诺为"共治帝"之后。这个利奥即历史上所称的小皇帝利奥二世。他的父亲芝诺于474—491年在位。芝诺死后,其妻阿里阿德涅又召纳年迈的宫廷侍卫官(silentiary[54])、伊利里亚(今阿尔巴尼亚)都拉基乌姆(今都拉索)人阿那斯塔修斯(Anastasius)为婿。491年,阿那斯塔修斯宣布即帝位,即阿那斯塔修斯一世,在位至518年。

上述皇帝年表说明,自君士坦丁大帝逝后至518年,君士坦丁堡的皇位首先属于君士坦丁的达达尼亚王朝*,或更确切地说是君士坦丁之父的王朝,他父亲可能来自巴尔干半岛某罗马化的蛮族部落;其后,是一些罗马人——约维安和瓦伦提尼安一世的家族;随后,是西班牙的狄奥多西王朝的三个成员,再次,则是偶然出现的属于许多不同种族的皇帝,其中有:色雷斯人、一个伊苏里亚

---

[54] silentiarii 是皇帝宫廷的守门者,有引见来访者之责。

* 此提法出于古希腊与罗马的神话传统。在神话中,达达尼亚人是宙斯之子达尔芝诺斯的后裔,亦为特洛伊人的祖先。特洛伊战后,埃涅阿斯西行建罗马城,成为罗马人的祖先。——译者

人和一个伊利里亚(也许是一个阿尔巴尼亚)人。在这整个时期,皇位从未被一个希腊人所占据。

康斯坦提乌斯(337—361年在位)

君士坦丁大帝的诸子在其父去世后共同治理帝国。分享了帝国统治权的三兄弟之间的敌对情绪由于当时帝国必须同波斯人和日耳曼人进行艰苦斗争而进一步复杂化。三兄弟不仅政治观点不尽一致,宗教观点也不相同。君士坦丁和康斯坦斯是尼西亚信经的强硬派,而康斯坦提乌斯则继续发展了其父在晚年的宗教政策,公开支持阿利乌斯派。在持续的内战中,君士坦丁被杀,几年后,康斯坦斯也被杀。康斯坦提乌斯遂成为帝国的唯一统治者。

作为阿利乌斯派的坚定信徒,康斯坦提乌斯一直实行阿利乌斯派的政策,反对异教。在康斯坦提乌斯的一则敕令中宣布:要"令所有异教不复存在,令不洁的祭祀牺牲得以根除"[65]。但在当时,君士坦丁堡城外的异教寺庙仍然存在。数年后,皇帝颁布的一道敕令命令关闭所有神庙,禁止人们入内,禁止所有城乡居民供奉牺牲,并以死刑和籍没财产相威胁。另一敕令指出,任何供奉牺牲或尊崇异教诸神的人,均将被处以死刑。[66] 在康斯坦提乌斯希望庆祝他登基20周年时,第一次到达罗马,他视察了那些被信奉异教的元老们保护下来的无数古迹,下令将被异教视为罗马旧时所有伟业之化身的胜利女神祭坛(Altar of Victory)迁出元老院。

---

[65] 《狄奥多西法典》(*Codex Theodosianus*),XVI,10,2。
[66] 《狄奥多西法典》,XVI,10,3—6。

这一行为对异教徒产生了深刻的影响,因为他们预感其末日即将来临。在康斯坦提乌斯时期,教士们的豁免权得以扩大;主教们被免于接受世俗审判。

尽管针对异教的一些政策十分苛刻,但异教不仅仍与基督教共存,有时甚至能从政府当局得到某些庇护。因此,康斯坦提乌斯在罗马并没有解散男女祭师们,在一项法令中,他甚至下令为非洲选一位祭师(sacerdos)。直到其去世时,康斯坦提乌斯依然保留着"大祭师"的称号。然而,总的来说,异教在他的统治时期经历了许多挫折,与此同时,基督教的阿利乌斯派却有所发展。

康斯坦提乌斯执行的顽固的阿利乌斯派政策导致他同尼西亚派,特别是同著名的尼西亚派首领亚历山大的亚大纳西发生了严重冲突。康斯坦提乌斯逝于361年,尼西亚派和异教徒都不可能诚挚地哀悼他们的皇帝之去世。由于皇位将由一位公开的坚定异教徒朱利安继承,异教徒们欢欣鼓舞。基督教方面对于康斯坦提乌斯之死所持态度则通过圣·哲罗姆(St. Jerome)[*]之口表达出来,他说:"我主苏醒了,控制了风暴,野兽死了,和平恢复了。"[57]康斯坦提乌斯在征伐波斯途中逝于乞里奇亚(Cilicia)[**],但他的遗体

---

[*] 圣·哲罗姆(347—419/420年),拉丁文名尤西比乌斯·希罗尼姆斯(Euscbius Hicronymus)。早期西方教会四大拉丁教父之一。曾以拉丁文翻译和注释《圣经》。——译者

[57] 哲罗姆:《一个鲁西法追随者与正教奉行者的论辩》(Altercatio Luciferiani et Orthodoxi),19,J. P. 米涅(Migne)编:《拉丁教父文献全集》(Patrologia Latina),XX-VIII,181。

[**] 古地名,为安纳托利亚至叙利亚的必经之地。其西、北两面临陶鲁斯山,南濒地中海。公元前1世纪划为罗马行省。10世纪中期以后,其东部为阿拉伯人所占。——译者

被送回君士坦丁堡，新皇帝朱利安出席了在使徒教堂[20]为他举行的盛大葬礼，该教堂据称是君士坦丁大帝所建。元老院把这位已故皇帝列于众神榜中。

背教者朱利安（361—363 年在位）

康斯坦提乌斯的继承者朱利安的名字，是同在帝国内复兴异教的最后努力紧密相连的。朱利安是一个相当重要的人物。长期以来，他吸引了许多学者和作家的注意力，围绕他的文学作品数不胜数。保留至今的朱利安本人的作品也为后人评价他的哲学思想和行为提供了丰富的资料。此领域内的研究者的主要目的，曾经是要理解和阐释这个如此坚定地相信他的行为正确和成功的狂热的"希腊人"（Hellen），这个在 4 世纪后半期开始复兴异教并使它成为帝国宗教生活基础的人。

朱利安很早失去双亲，他的母亲在他出生后几个月就去世了，他的父亲去世时他只有六岁。他接受了很好的教育。对他最有影响的导师和生活中的向导是马尔多尼奥斯（Mardonius），此人是希腊文学家和哲学家，曾给朱利安的母亲教授荷马和赫西俄德的著作。而在马尔多尼奥斯向朱利安教授古典文学巨匠的作品时，一位基督教教士，可能是尤西比乌斯，引导他学习了《圣经》。尤西比乌斯曾先后任尼科米底和君士坦丁堡的大主教，是虔诚的阿利

---

[20] 对于此教堂的创建者，有些资料把它归于君士坦丁大帝，但另一些资料将它归于康斯坦提乌斯。见 G. 道尼（G. Downey）"君士坦丁堡原圣使徒教堂之初建者"（"The Builder of the Original Church of the Apostles of Constantinople"），《顿巴登橡树园论文集》（*DumBarton Oaks Papers*），Ⅵ(1951),51—80。

乌斯派信徒。因此,一位历史学家说⑱,朱利安同时接受了两种不同的教育,它们虽伴随他的左右,但互不干扰。朱利安在青年早期接受了基督教洗礼。后来,他回忆此事时,称之为一场试图忘却的噩梦。

朱利安的早年生活是在莫大的恐惧和忧虑中度过的。康斯坦提乌斯视他为潜在的王位觊觎者并怀疑他图谋篡位,因此,时而把他放逐至远离首都的行省,时而召他回都城置于自己的监视之下。朱利安了解他的家族成员被谋杀的所有真相,即他们都是在康斯坦提乌斯命令下被杀,因此他时常担心死亡。康斯坦提乌斯曾令他在卡帕多细亚居住许多年,在此地,他在陪伴着他的老马尔多尼奥斯的指导下,继续学习古典作品,同时,他也在此地熟知了圣经和福音书。后来,康斯坦提乌斯先是把朱利安转移至君士坦丁堡,后来又把他转移至尼科米底,在这个时期,朱利安继续学习并首次展现了他对异教思想的强烈偏好。

当时最伟大的修辞学家利巴尼奥斯(Libanius)在尼科米底任教。他是希腊化文化的真正领导者,他拒绝学习拉丁语,对之不屑一顾。他贬斥基督教,致力于解决希腊化的所有问题。他对异教的热情是无止境的。他的文学作品在尼科米底特别普及。当康斯坦提乌斯决定派朱利安去尼科米底时,他预料到利巴尼奥斯热情的作品可能会在朱利安这个青年学生思想意识中产生强烈的影响。因此,他禁止朱利安去听这位著名修辞学家的课。表面上,朱利安并没有违背这则圣旨,但他学习了利巴尼奥斯的作品。与曾

---

⑱ P. 阿拉德(P. Allard):《背教者朱利安》(*Julien l'Apostat*),I,269。

经听过这位鼓舞人心的教师讲课的人讨论他的讲义,并模仿他的文风和语气,以至于后来人们称他为利巴尼奥斯的学生。在尼科米底时,朱利安也热情地学习了玄妙的新柏拉图主义。这一理论目的在于通过符咒召集死人和鬼神(theurgy)来预测将来。著名哲学家、以弗所的马克西姆斯(Maximus of Ephesus)在这方面对朱利安影响甚大。

当朱利安从其兄长伽卢斯之死(由于康斯坦提乌斯之命,伽卢斯被杀)的恐怖时期幸存下来后,他被召至米兰行宫,受到赦免,后被流放至雅典。雅典这座因其伟大历史而著称的城市,当时只不过是一个宁静的行省小镇;作为其光辉历史的遗物,还保留着一座异教学院。朱利安居留雅典,对他是至关重要的。在他晚年的一封信中,"以极为欢愉的心情回忆了阿提卡的演讲……雅典的园林和城郊。它的香桃木,以及苏格拉底居住过的简陋房舍"[69]。许多史学家认为,在朱利安留居雅典期间,曾被一位埃琉西斯教派*的祭师带入了祭奠埃琉西斯的古典仪式中,布瓦西埃认为,这是一种接受新的皈依者的洗礼[70]。然而有些学者对于朱利安皈依埃琉西

---

[69] 朱利安:《作品全集》(*Quae Supersunt omnia*),F.C.赫特林(F.C.Hertlein)编,I,328、335;《皇帝朱利安的著作集》(*The Works of the Emperor Julian*),W.C.瑞特(W.C.Wright)编,II,217。

* 源于古希腊神话的秘密宗教形式,以希腊埃琉西斯为中心,表现为对谷神德墨忒耳和她的女儿帕耳塞福涅进行秘密崇拜。——译者

[70] 《异教的末日》,I,98,见 J.格夫肯(J.Geffecken)《皇帝朱利安》(*Kaiser Julianus*),21—22;作者认为朱利安皈依了多神教。见 G.内格里(G.Negri)《背教者朱利安》(*Julian the Apostate*),杜凯斯·利塔-维斯孔蒂-阿雷塞(Duchess Litta-Visconti-Arese)英译,I,47。

斯派表示怀疑。[71]

355年,康斯坦提乌斯指定朱利安为恺撒,把自己的妹妹海伦嫁给他,并派他统领军队去高卢,增援那里的远征军。这支军队与节节进逼的日耳曼人进行着长期而艰难的斗争,这些日耳曼人正在蹂躏罗马土地、劫掠城市、屠杀人民。朱利安非常成功地完成了解救高卢的使命,并在阿根托拉杜姆(Argentoratum,今斯特拉斯堡)附近打败了日耳曼人。朱利安在高卢的主要行宫位于卢特提亚-巴黎希奥卢姆(Lutetia Parisiorum,后称巴黎)。当时,它是位于塞纳河一个岛上的小城市,一直被称为La Cité(城,拉丁语 civitas),以数架木桥与塞纳河两岸衔接。在塞纳河左侧,已经有许多房舍和园林,可能是在康斯坦提乌斯·克洛卢斯时期建立的宫殿;其遗址至今仍可在巴黎的克吕尼博物馆附近见到。朱利安选择了这处宫室作为其驻地。他热爱卢特提亚,在他的一部后期作品中,回忆了他的"可爱的卢特提亚"的冬天。[72]

朱利安成功地把日耳曼人赶过莱茵河,他写道:"当我还是恺撒时,三次渡过莱茵河;我把被扣在莱茵河彼岸作为俘虏的两万多人索要回来……现在,承蒙众神的护佑,我收复了所有的城镇,而当那时,我已光复了近40个。"[73]朱利安在他的士兵中间受到极大的尊敬和爱戴。

---

[71] 阿拉德:《朱利安》,I,330。关于朱利安之早年生活,见 N.H.贝恩斯"背教者朱利安的早年生活"("The Early life of Julian the Apostate"),《希腊研究杂志》,LXV(1925),251—254。

[72] 朱利安:《作品集》(*Opera*),II,438;瑞特编,II,429。

[73] 同上书,I,361;瑞特编,II,273。

第二章 自君士坦丁大帝至查士丁尼时代的帝国

康斯坦提乌斯以怀疑和嫉妒的心情关注朱利安的胜利,当他进行对波斯的远征时,要求朱利安从高卢给他派一支援军。高卢士兵起义反抗这一命令。他们把朱利安用盾牌举起来,拥戴他为奥古斯都。新的奥古斯都要求康斯坦提乌斯承认这一既成事实(*fait accompli*),但遭到拒绝。一场内战似乎不可避免。恰在此时,康斯坦提乌斯去世。361年,朱利安被承认是全帝国的皇帝。康斯坦提乌斯的追随者和宠臣被处以极刑,新皇帝对他们进行了迫害。

朱利安早已是一个热情的异教追随者,但他在康斯坦提乌斯去世之前,一直被迫隐匿自己的宗教信仰,直到他成为帝国的主宰后,才开始实现他复兴其热爱的宗教之神圣梦想。在即位之后的几星期内,朱利安就颁布了与他所珍爱的这一计划有关的敕令。历史学家阿米亚努斯·马尔切利努斯描述了这一时期:

> 尽管在很早的童年时期,朱利安就倾向于对众神的崇拜,而且随着他的成长,逐渐变得依恋于众神,然而由于许多方面的忧虑,使他在参与同这一问题有关的活动时,尽可能保密。但是,一旦他的恐惧结束后,他发现自己有了随心所欲的权力,于是,他表现出了他的秘密思想倾向,并以公开的积极的敕令,命令开放异教神庙,并为崇拜众神而在神庙内供献牺牲。[74]

---

[74] 阿米亚努斯·马尔切利努斯:《罗马史》(*Res Gestae*),XII,5,1—2。

这一敕令并不出乎人们意料，因为每个人都知道朱利安对异教的态度。异教徒欢悦无比；对于他们来说，异教的恢复不仅意味着他们有了宗教信仰的自由，同时也是宗教上的胜利。

朱利安即位时，君士坦丁堡城中没有一座异教神庙，而且，鉴于短期内不可能在此建立诸多神庙，朱利安极有可能在主会堂实行他的供奉仪式，该主会堂原是为人们散步和举行会议所用，自君士坦丁大帝之后，这里被饰以胜利女神像。据教会史家索佐门记载，在此会堂中曾发生这样一件事，一位盲老人由一孩童引路走到这位皇帝面前，当众称他是渎神者、不信者和背教者，朱利安回答说："你是个瞎子，而你的神，一个加利利人*，不会治好你的眼睛。"但这个老人回答说："感谢上帝使我成为瞎子，使我不必看到你对神的不敬。"朱利安对此大胆的议论不予理会，而继续供奉牺牲。(75)

72 朱利安清楚意识到，欲恢复异教原有的纯物物形式已不可能；为了创造一个足可以同基督教会竞争的组织结构，有必要在许多方面改变罗马异教的表现形式。于是，皇帝决定借用基督教组织的一些因素，而对于这些东西，他堪称行家里手。他按照基督教会教阶制的原则组织了异教的祭师队伍；异教神庙内部也依照基督教教堂的模式来安排；异教徒们必须讨论和阅读古希腊哲人们的玄义（类似基督教会的布道）；唱诗也被用于异教仪式中；对于异教的祭师们，也要求他们遵守生活的戒律；他还以开除教籍和进行惩

---

* 加利利人是古罗马异教时期对耶稣的蔑称。——译者

(75) 索佐门：《基督教会史》，V，4；索克拉特斯（Socratis）：《基督教会史》（*Historia ecclesiastica*），III，2。

罚的手段要求人们服从清规戒律。换句话说，朱利安为了复兴和改造已恢复的异教，竟然到他所深恶痛绝的宗教中寻找依据。

在万神庙中供奉的牲畜数量之大，甚至导致异教徒对此举的怀疑，且出现了不少笑柄。皇帝亲自参加供奉牺牲的活动，甚至不嫌弃与此行为有关的最卑下的劳动。据利巴尼奥斯记载，皇帝围着神坛转来转去，点火、操刀、宰杀飞禽，他甚至对于禽鸟的内脏构造了如指掌。(76) 由于大量禽兽用于牺牲祭奠，一首曾用来讽刺另一位皇帝、哲学家马可·奥勒留（Marcus Aurelius）* 的小诗又开始流传："小白牛向马可恺撒问候！如果你取胜，那将是我们的末日。"(77)

异教的这一胜利必然强烈地动摇基督教的地位。但起初，似乎对基督教没有什么严重的威胁。朱利安邀请了各个宗教派别的领袖及其教众进宫，向他们宣布，内部纷争已结束，每个人都可以追随他们已选择的宗教而不受任何阻扰和恫吓。因此，朱利安独立统治的第一个举动，就是宣布实行宗教宽容政策。有时候，基督徒可以在朱利安面前进行他们的争论。随后，朱利安则以马可·奥勒留的口气说道："听我说，阿勒曼尼人和法兰克人也曾听命于我。"(78)朱利安即位后不久，即颁布敕令召回了在康斯坦提乌斯时期被罚以流放的大主教们，而不问其宗教倾向如何；同时，还归还

(76) 《演说集》(*Oratio*)，"致至尊的皇帝朱利安"("*Eἰς 'Ιουλιανὸν αὐτοκράτορα ὕπατον*")，XII，82；F. 弗尔斯特(F. Förster)编，II，38。

* 罗马皇帝(161—180 年在位)。——译者

(77) 阿米亚努斯·马尔切利努斯：《罗马史》，XXV.4，17。

(78) 同上书，XXV，5，3—4。

了他们被没收的财产。

这些从流放处回来的宗教领袖分属于不同的宗教派别,其观点是不可调和的,他们也不可能和平共处相安无事,而是立刻被卷进严肃的宗教斗争。朱利安显然估计到了这一发展趋势。尽管他似乎给了所有的人以宗教自由,但朱利安十分了解基督徒的心理,并感觉到随后势必发生争执;一个分裂的基督教会不会成为异教的严重威胁。与此同时,朱利安给予那些必将放弃基督教的人以极大的特权。因此这类背教事件频频发生。圣·哲罗姆称朱利安的这一政策是"温柔的镇压,他吸引群众,而不是迫使群众加入供奉牺牲者的行列"[79]。

与此同时,基督徒开始逐渐地被解除了行政和军事职务,其位置被异教徒所取代。君士坦丁大帝的著名旗帜拉巴鲁,即军队所使用的军旗被取缔了,士兵们盾牌上的闪光十字架被异教的象征符号所取代。

但是,对基督教最沉重的打击还是朱利安对学校的改革。他的第一道敕令是关于帝国大城市内教授的任职,教授的候选者必须由城市提出,每一当选者均须由皇帝批准。这样,皇帝就可以拒绝批准任何一位他不喜欢的人。此前,教授的任命是属于城市的司法权限。而更重要的是他的第二道敕令,此敕令保留在朱利安的书信集中。该敕令指出:"所有那些从事教学的人,无论如何必然是品行端正的人,而且,在其灵魂深处,不得隐藏与国家精神不

---

[79] 哲罗姆:《编年史,自奥林匹亚赛会》(*Chronicon, ad olympiad*),285;米涅编:《拉丁教父文献全集》,XXVII,691—692。

一致的东西。"⑳这一敕令以"国家精神"这一措辞来表示皇帝本人的异教倾向。在此敕令中,朱利安宣称,那些讲解荷马、赫西俄德、德摩斯提尼、希罗多德及其他经典作家作品的人,居然不信仰这些作家所信仰的多神教,是荒唐可笑的:

> 我给予他们这种选择,或是不再讲授那些他们不认为是令人称羡的作品;或者,如果他们希望去教,则首先要真正使他们的学生相信,他们所曾讲解并指责的任何一位如荷马、赫西俄德这样的作者并非犯有不信神、愚昧之罪及崇拜众神的错误。因为,既然他们因讲授这些作者的作品而得到报酬,维持生计,那么,他们就等于承认,他们是最无耻的贪恋钱财者,而且,为了几个德拉(drachmae),*他们可以忍受一切。的确,迄今为止,有许多人被指控不去众神庙朝拜,而且,来自各方面的威胁恐吓是人们隐瞒其对众神的真正信仰的原因。但是,既然众神已赐予我们自由,那么在我看来,那些欲教授其不认之为真理的东西则是荒唐至极了。但是,如果他们相信,他们是讲授那些智者思想的人,而且正是由于这些智者他们才能坐在先知的位置上,那么,首先应确定他们对待众神是虔诚的。然而,如果他们认为这些作者在敬仰最崇高的众神方面是错误的,那么,让他们去基督教的教堂中去解释《马太福音》和《路加福音》吧……这就是关于宗教和世俗教师的法

---

⑳ 朱利安:《作品集》,II,544ff.,《书信集》,42;瑞特编,III,117—123。

* 古希腊银币名。——译者

令……然而,这可能是医治这些人(甚至如同治病一样)违反其本人意愿的恰当的治疗手段,尽管,我们对于所有犯这种病的人以宽容和恩惠。因为我认为,我们应该教育,而不是惩罚那些狂人。㉛

朱利安的朋友和其军中的战友阿米亚努斯·马尔切利努斯简要地解释了这一敕令:"[朱利安]禁止信奉基督教的修辞学者教书,除非他们转而崇拜众神。"㉜换言之,即除非他们成为异教徒。根据当时一些基督教作者的作品,有些人认为朱利安还颁布了第二道敕令,不仅禁止基督徒在公共学校中教书,甚至禁止他们在此类学校就学。圣奥古斯丁写道:"朱利安禁止基督徒教授和学习文艺(*liberales litteras*),难道不是迫害教会吗?"㉝但第二道敕令的原文没有保留下来,有可能这则敕令从未颁行过,尤其是在第一道敕令禁止基督徒教课,也就间接地禁止了基督徒接受教育之后。自上述有关教育的法令颁布后,基督徒只能把他们的子女送到由异教徒任教的语法和修辞学校学习,然而,大多数基督徒避免这样做,因为他们担心在接受异教徒之教育一二代后,基督徒的青年一代又将变成异教徒。另外,如果基督徒不接受普通教育,他们在文化上势必居于异教徒之下。因此,朱利安的敕令,尽管只有一个,对基督徒却特别重要,因为它极大地威胁着基督徒的未来。吉本相当确切地评价道:"基督徒被直接地禁止教书,也间接地被禁止

㉛ 朱利安:《作品集》,II,544ff.,《书信集》,42;瑞特编,III,117—123。

㉜ 《罗马史》,XXV,4,20。

㉝ 《上帝之城》(*De civitate Dei*),XVII,52。

学习,因为在道义上他们不可能进入异教学校。"⑭

绝大多数基督徒语法学家和修辞学家宁可放弃其教学生涯也不皈依异教。而且,即使在异教徒中,对朱利安的敕令也有不同态度。异教作家阿米亚努斯·马尔切利努斯在论及此事时写道:"但是,朱利安之禁止修辞和语法学家教育基督徒,这是残酷的行为,而且它应该被埋葬在永久的沉默中。"⑮

值得注意的是基督徒对这一敕令做何反应。其中一些人只是天真地因皇帝使那些虔诚者难于学习异教作家的作品而庆幸。为了取代异教文学的地位,当时的基督教作家,尤其是阿波里纳利乌斯(Apollinarius)父子,即大小阿波里纳利乌斯,建议为学校创作出他们自己的新文学教材。为此目标,他们把《诗篇》译成类似品达(Pindar)*的颂歌体诗文的形式;摩西《五经》译为六韵诗;《福音书》被改写为类似柏拉图式的对话形式。这些仓促创作的文学作品,不可能拥有任何真正的艺术价值,无一件能保存下来。朱利安死后,他的敕令即无足轻重了,这些应景之作迅速地消亡了。

362年夏,朱利安巡视东方诸省,在安条克停留。那里的群众,用朱利安的话讲,"都选择了无神论",即都选择了基督教⑯。由于基督徒占绝大多数,因此,为迎接皇帝到达安条克而举行的官方欢迎仪式,使人感觉到(有时则表现出)相当冷淡,甚至是仇恨。

---

⑭ 《罗马帝国衰亡史》,J.B.柏里编,chap.13。亦见内格里《背教者朱利安》,译本,II,411—414。

⑮ 《罗马史》,XXII,10,7。

* 公元前5世纪希腊竖琴歌手,其四卷本的胜利颂歌对西方世界有很大影响。——译者

⑯ 朱利安:《作品集》,II.461;瑞特编,II,475。

朱利安在安条克的巡视是十分重要的，因为这使他相信恢复异教是困难的，甚至是不可能的。在叙利亚的这个首府城市中，人们丝毫不为来访皇帝的宗教宽容政策所感动。朱利安在其讽刺性的作品《大胡子皇帝的仇视者》[57]中讲述了他视察安条克的经历。在一个重要的异教节日里，朱利安期望在安条克郊区达佛涅的阿波罗神庙中，会看见一大群百姓、用于牺牲的畜群、用于祭奠的酒、袅袅的香烟及其他异教节日中的供奉物。但是，当他进入神庙时，却惊讶地看到，那里只有一个祭师，抱着一只供献祭的鹅。在朱利安的记载中，他讲道：

> 在你所推算的第十个月（罗尔斯，我想你是这样称谓它），有一个由你的祖先为纪念这位神明［阳光、太阳神、阿波罗］而确立的节日，而且，满怀热情地拜谒达佛涅是你的职责。于是，我匆匆离开宙斯·卡西奥斯神庙，想象着只有在达佛涅，我可以看到你的财富和公众的精神状态。而且，我恰像一个人在梦中看到幻象一样，在自己的头脑中想象着应该出现的仪程，有用作牺牲的牲畜、奠酒、颂神的唱诗团、香烟和围绕着神庙殿堂的年轻人，他们带着神圣的情感，穿着白色衣服。但是，当我抵达神庙时，我看到那儿没有香烟缭绕，根本不如想象中那样，亦没有一头牲畜用于牺牲。我一度惶惑不解，还以为我们在神庙外面，而你在那儿等待我的信息，对我表示崇

---

[57] 朱利安蓄有长胡子，这在皇帝中来说是极少见的，人们时常为此嘲笑他。关于该书（Misopogon，或 Beardhater——译者），见内格里《背教者朱利安》译本，II，430—470（该作品之大部在该书中译出）。

敬,因为我是最高祭师。* 但是,当我开始询问该城市欲以什么东西在一年一度的节日中用作奉献太阳神的牺牲时,祭师回答:"我从我自己家中带来了一只鹅用以奉献神明,但这座城市并未为这一节日做任何准备。"⑱

安条克就是这样,没有庆祝这个异教节日。同样的情况亦有发生,这引起了朱利安对基督徒的仇恨。在达佛涅神庙突然失火时,他的仇恨更强烈了。自然,基督徒被怀疑是神庙纵火者。朱利安被这次火灾激怒,遂下令关闭安条克的主教堂以示对基督徒的惩罚。教堂内的财物立即被抢走,圣殿被亵渎。许多其他城市也仿而效之。形势发展极为严重。反过来,基督徒也破坏异教众神像。一些基督徒首领殉难。完全的无政府状态威胁着帝国。

363年春,朱利安离开安条克,开始对波斯的征伐,其间,他被一长矛刺中,受了致命伤。他被抬回营帐之后,很快就去世了。谁也不知道是什么人给了他致命的一击,后来,关于这一事故的各种传说流传开来。虽然,其中有一则传闻说,皇帝是被基督徒刺杀的;然而,基督教的历史学家记载了下述传说:"皇帝从(自己的伤口)上接了一捧血抛向空中,惊呼:'啊!加利利人(基督徒),你们赢了!'。"⑲

---

* 源自古罗马时期传说,罗马帝国时期及拜占庭帝国早期的皇帝均取最高"大祭师"(*supreme pontiff*)之称谓。——译者

⑱ 朱利安:《作品集》,II,467;瑞特编,II,487—489。

⑲ 狄奥多莱蒂(Theodoreti):《基督教会史》(*Historia ecclesiastica*),III,7;L. 帕芒蒂耶(L. Parmentier)编,204—205,及其他资料。

他的将领和密友在皇帝营帐中,围绕在垂危的皇帝身边,朱利安留下了自己的遗言。这段遗言保留于阿米亚努斯·马尔切利努斯的作品中(XXV,3,15—20)。当皇帝带着哲学家的平静走向死神时,他为自己的生活和行为做了辩解,他感到自己的力量正在衰竭,表示希望有一位有道明君取代他的位置。然而,他没有指定身后的继承者。他注意到自己周围的人正在哭泣,他则仍以尚未泯灭的权威指责他们,说,为一位即将与天空和群星合为一体的皇帝悲泣是一种耻辱。363 年 6 月 26 日午夜,他辞世了,享年 32 岁。著名的修辞学家利巴尼奥斯认为,朱利安之死可与苏格拉底之死相提并论。⑩

军队拥戴宫廷侍卫长约维安(Jovian),一个尼西亚派基督徒继承皇位。迫于波斯王的压力,约维安签署了和约,波斯取得了底格里斯河东岸数省。朱利安之死得到了基督徒的欢呼。基督教作家称这位皇帝为"龙""尼布甲尼撒""希律"和怪兽(monster)。*但他仍被葬于圣使徒教堂中的一口紫红色石棺中。

朱利安遗留下来许多著作,这使后人有机会更细致地了解他。朱利安宗教信仰的核心是太阳崇拜,这是在对光明之神密特拉**的崇拜及没落的柏拉图主义影响下而创立的。早在其幼年时代,

---

⑩ 《演说集》:"朱利安之死"('Επιτάφιος ἐπὶ 'Ιουλιανῷ),XVIII,272;弗尔斯特(Förster)编,II,355;见 N. 贝恩斯"基督教传说中所记背教者朱利安之死"("The Death of Julian the Apostate in a Christian Lgend"),《罗马研究杂志》,XXVII(1937)22—29。

* 在西方传统中,"龙"是可怖可惧的动物,绝不是如中国传统中的吉祥物。以上比喻皆出自《圣经》,为基督徒所深恶痛绝之人和物。——译者

** 古代近东盛行崇拜太阳神密特拉的宗教,罗马时代这种影响还很强,基督教的早期也受到这种宗教传统的影响。——译者

朱利安就热爱自然,特别是天空。在他那篇主要反映他的宗教哲学观点的论文"太阳之王"[91]中,他写道,从孩提时代,就特别期望这一神圣星体的光芒深入他的灵魂。他不仅渴望在白天凝视太阳,而且在晴朗的夜晚,他也会放下一切,仰望美丽的夜空。在他陷入沉思时,他会听不到别人对自己说话,有时还意识不到自己究竟在做什么。据朱利安自己写得相当晦涩难懂的有关他的宗教理论的文章看,他的宗教哲学思想可简化为一种信仰,即相信以三个太阳的形式出现的三个世界。第一个太阳为至尊的太阳,是万物的思想,是精神理性的整体;它是绝对真理的实体,最高原则的王国和第一本原。可见世界及可见的太阳,即物质世界,仅仅是第一世界的反映,但却不是直接的反映。在这两个世界之间,即精神上的及物质上的世界之间,有一知识的世界,亦有着它自己的太阳。于是,三个太阳就这样组成精神的(或可感知的),知识的和物质的世界。知识世界是精神的或理性世界的反映,同时又是物质世界所效法的榜样,因此物质世界仅仅是反映物的影像,是绝对模式的次一级的产物。至尊的太阳是人类所不可及的。物质的世界则是绝对物质,是不能神化的。因此,朱利安把他所有的注意力集中于居中的知识的太阳上。他称之为"太阳之王"并崇拜它。

尽管朱利安怀有恢复异教的热情,但是,他也明白恢复异教有很大的困难。他在一封信中写道:"我需要很多人帮助我复兴那些在邪恶时代衰落的东西。"[92]但是,朱利安不理解,衰落的异教不可

---

[91] 朱利安:《作品集》,I,168—169;《演说集》,IV,瑞特编,I,353—355。
[92] 朱利安:《作品集》,II,520;《书信集》,21,瑞特编,III,17。

能再一次兴起。因为它已死亡了。他的行为势必要失败。布瓦西埃说:"他的计划只能遭到毁灭,而世界不会从它的毁灭中失去什么。"㉝格夫肯(Geffcken)写道:"这一热情的亲希腊者,一半是东方的,一半是'前拜占庭的'。"㉞另一传记作家写道:"朱利安皇帝似乎是地平线上闪烁的幽灵,那颗希腊之星已消失在地平线下,但对他来说,希腊仍是文明的圣地和母亲,他以赤子的热诚,称希腊为他的唯一的真正故乡。"㉟

4 世纪末期的教会和国家

狄奥多西大帝和基督教的胜利。——在朱利安的继承者、虔诚的尼西亚信经追随者约维安统治时期(363—364年),基督教恢复了其往日的地位。然而,这并不意味着对异教的新的镇压。当约维安继位时,异教徒的这种恐惧被事实证明是没有理由的。约维安意在建立朱利安以前帝国已有的社会秩序。他宣布实行完全的宗教宽容政策。他允许异教徒重新开放其神庙,并继续供奉祭品,尽管他坚持尼西亚信经。他并没有对其他宗教派别实行强制性的禁令。被驱逐的不同基督教派别均被免于惩罚而回到家乡。君士坦丁大帝设计的军旗(拉巴鲁)在军队中又出现了。约维安只在位几个月,但他在宗教领域中的活动在其同代人当中留下了深

㉝ 《异教的衰落》,I,142。

㉞ 《朱利安皇帝》,126。

㉟ 内格里:《背叛者朱利安》,II,632。关于朱利安的理财政策,可见 E. 孔迪拉奇 (E. Condurachi)的重要研究"朱利安皇帝的理财政策"("La financière de l'Empereur Julien"),《罗马科学院历史通报》(*Bulletin de la section historique de l'Académie roumaine*),XXII,2(1941),1—59。

刻的印象。5世纪的基督教史学家,一位阿利乌斯派基督徒菲利斯托尔吉乌斯(Philistorgius)评价道:"约维安皇帝使教堂恢复了其原来的用途,把他们从背教者朱利安强加于他们的受迫害的炮烙中解救出来。"㊻

364年2月,约维安突然去世。他的两个兄弟瓦伦提尼安一世(364—375年在位)和瓦伦斯(364—378年在位)成为继承者,分别统治帝国:瓦伦提尼安成为帝国西半部的统治者,瓦伦斯则受权治理帝国东半部。两兄弟在宗教观点上有很大分歧。瓦伦提尼安信奉尼西亚信经,瓦伦斯则是一个阿利乌斯派基督徒。但是,瓦伦提尼安的尼西亚派主张并没有导致他对其他信条的不容忍,在他统治期间,宗教自由更有保障,而且比过去更彻底。在其统治初期,瓦伦提尼安颁布了一则敕令,允许每一个人,"有崇拜他自己想崇拜的任何神明的自由"㊼。异教受到完全的宽容。然而,瓦伦提尼安以一系列措施表现出他是一个信奉基督教的皇帝;其中之一,是他恢复了君士坦丁大帝赐予基督教教士的一切特权。瓦伦斯则执行完全不同的政策。当他宣布自己是一个阿利乌斯派基督徒之时,他就对所有其他基督教派的教义采取排斥态度,然而,尽管他的镇压措施并不严厉,亦不系统,帝国东部的人民却在其统治时期经历了巨大的恐惧和忧虑。

在外交事务方面,两兄弟被迫同日耳曼人进行严峻的斗争。瓦伦斯在其征伐哥特人期间过早去世。西方的瓦伦提尼安的皇位

㊻ 《基督教会史》,VIII,5;比德编,106—107。
㊼ 《狄奥多西法典》,IX,16,9。

则由其子格拉提安(375—383年在位)和幼子瓦伦提尼安二世(375—395年在位)继承。在瓦伦斯去世(378年)后,格拉提安指定狄奥多西为东方的和伊利里亚地区的奥古斯都。

尽管年幼懦弱的瓦伦提尼安二世是阿利乌斯派教义追随者,但他在帝国内政方面没起过重要作用,而格拉提安和狄奥多西的统治则相当坚决地放弃了宗教宽容政策,而表现出对尼西亚信经的绝对尊奉倾向。在这方面最为重要者是东方的统治者、号称"大帝"的狄奥多西(379—395年在位)的政策,他的名字正是同基督教的胜利相联系的。他对他所选定的教义之坚定不移的倾向,使他对异教传统不留任何容忍余地。

狄奥多西家族之兴起是在4世纪的后半期,是他的父亲(也叫狄奥多西)奋斗的结果,他在瓦伦提尼安一世统治时期曾是西方最杰出的军事统帅。当狄奥多西皇帝被指定为享有至尊地位的奥古斯都之前,他对基督教思想不甚有兴趣;但当他即位之后第二年,他就在萨洛尼卡接受了该城市的尼西亚派主教阿斯科利乌斯(Ascholius)的洗礼。

狄奥多西必须面对两个难题:(1)在一个被不同的宗教派别搞得支离破碎的帝国内建立统一;(2)保护帝国抵抗日耳曼蛮族,即在狄奥多西时期威胁着帝国生存的哥特人的不断进攻。

在瓦伦斯统治时期,阿利乌斯派占有优势地位。自瓦伦斯去世后,特别在狄奥多西当选前帝位空缺的短暂时期,宗教争端又一次激化,有时还带有极为原始的形式。这些扰乱人心的运动在君士坦丁堡表现得特别明显。对于教义的争论已超出了教职人士的范围,被社会的所有阶层所关注,甚至为街头巷尾的群众所讨论。

自4世纪中期以后,关于圣子之"性"的问题在各处教堂、礼拜堂、皇宫、修士的草棚中或广场上、市场内,都引起了热烈的争论。尼斯主教格列高利不无讽刺地描写了4世纪后半期盛极一时的辩论情景,"街头巷尾、市场、广场、十字路口到处都挤满了那些正在谈论这一难以理解的事物的人群。当我问我该付多少奥布里(oboli)*时,他们却用哲学化的'受生'或'不被生'来回答我;当我想知道面包的价格时,一个人回答曰:'父比子大';当我询问,我的浴池是否已经备好,一人说:'圣子不是任何东西所造'。"⑧

到狄奥多西继位之时,情况有了变化。狄奥多西一到君士坦丁堡,就要求阿利乌斯派大主教放弃阿利乌斯教派信念,接受尼西亚信经。然而,大主教拒绝这样做,而且情愿离开首都,迁至城外。在城外,他继续主持阿利乌斯派的集会,但君士坦丁堡内的所有教会则都皈依了尼西亚派。

狄奥多西亦得面对如何确立他与异端和异教的关系问题。甚至在君士坦丁时期,大公教(即普世的)教会(*ecclesia catholica*)已面临异端问题。狄奥多西统治时期,大公教信徒与异端的区别通过立法而严格界定:大公教信徒是一个严格奉行尼西亚信经者,而那些追承其他宗教信条的人,则是异端(*haeretici*)。但异教(*pagani*)则被认为是另一范畴的问题。

自狄奥多西公开宣布他是尼西亚派之后,就开始了与异教和异端的长期顽强的斗争,随着时间的推移,对他们的惩罚也越来越

---

* 奥布里,古希腊货币。——译者

⑧ "关于圣子及圣灵的辩论"("Oratio de Deitate Filii et Spiritus Sancti")米涅编:《希腊教父文献全集》,XLVI,557。

重。他于380年的法令中规定,只有那些相信《福音书》和《使徒书信》中所宣传的圣父、圣子、圣灵三位一体的信众,可称其为大公教信徒;而其他那些坚持"臭名昭著的异端教义"的"疯狂的人们"无权称他们的集会场所为教堂,而且应受严厉惩罚。⑨ 据一位历史学家讲,狄奥多西的这一法令清楚地表明,狄奥多西"是第一个由于他自己的原因而不是由于教会的原因为他的臣民强行规定基督教信仰原则的皇帝"⑩。狄奥多西还颁布了一系列其他法令,绝对禁止异端举行任何形式的集会,不管是公开的还是私下的,只有尼西亚信条的追随者有权举行集会。而这一派将接管首都及帝国全境的所有教堂。异端信徒的世俗权利也大大被剥夺了,特别在有关馈赠及遗产问题上。

由于狄奥多西带有那样的宗教偏见,他急于在基督教会内建立和平和一致。为此,他于381年在君士坦丁堡召开了一次宗教会议,只有东方教会的教职人员参加了。这次会议以第二次基督教主教全会著称。在所有的普世基督教会议中,这次会议的资料是最为欠缺的,会议的议程尚属未知。它在一段时期内不被承认是一次普世基督教会议;只是在451年,即此次会议之后的一次普世基督教会议上,它才被正式承认为普世的会议。在第二次普世基督教会议上,讨论的主要宗教问题是马基顿尼(Macedonius)的异端问题,他是一个"温和的阿利乌斯派"(Semi-Arians)*,企图证

---

⑨ 《狄奥多西法典》,XVI,1,2。
⑩ N.切尔尼阿夫斯基(N.Tcherniavsky):《狄奥多西皇帝和他的宗教政策》(*The Emperor Theodosius and His Religious Policy*),188—189。
* 为马基顿尼所创,有时他说圣子或道与圣父的神性"本质同一",有时又说他与圣父的神话"完全相似"。——译者

明圣灵（道）为被造。会议摒弃了马基顿尼异端，也批驳了许多以阿利乌斯派思想为基础的其他异端；重申了尼西亚信经中关于圣父和圣子的信条，并加入关于圣父来自圣灵（道）的内容；并且采纳了圣灵与圣父和圣子同性的说教。由于这次会议的资料欠缺，一些西欧学者质疑于这次君士坦丁堡会议的信条。除了基督教对教义理解的分歧外，这一信条对于所有基督教派来说，不仅是居统治地位的信条而且是正式的信条。有些学者亦认为这一新的信条不是，也不可能是第二次普世会议的成果，它是伪造的；另一些学者亦试图证明这一信条或是在这次会议之前，或是在这次会议之后产生的。然而，大多数学者，特别是俄罗斯教会史学家们，同意这一君士坦丁堡信条的确是由参加第二次普世会议的教父们起草的。然而它只是在卡尔西顿会议上正统教义取得胜利后才广为普及。

第二次普世会议也规定了君士坦丁堡牧首（patriarch）与罗马主教（bishop）的地位的排序。* 该会议的第三条法规宣布："君士坦丁堡主教应位于罗马主教之次，因为君士坦丁堡是新罗马。"

---

* 原文如此，在君士坦丁堡宗教会议之前，帝国基督教会五个资深教区主教比较有影响力，此即罗马、君士坦丁堡、安条克、耶路撒冷和亚历山大，其主教都称为教父（希腊文παπάς，约等同于英文 patriarch[族长、大教长]）。此次宗教会议提出了各教区教长之间的位分差别，突出了罗马和君士坦丁堡大教长的领袖地位，特别是强调了君士坦丁堡大教长与号称圣使徒彼得建立的罗马教会平等的原则，此事引起了拜占庭基督教会各资深首脑之间的矛盾和后来无休止的斗争。（见下文有关部分）在查士丁尼时代，罗马主教被皇帝尊为"罗马之父"（pope），于是 pope 被罗马主教专享，可译为"教皇""教宗"。后来，随着东西方教会的分离，罗马教宗在西欧世界取到了至高无上的地位，以基督教世界的领袖自居。而东方各教区的大教长（Partriarch）仍保持原来的称呼，中文译为牧首。见本书第3章，原书第149—150页。——译者

这是归于君士坦丁堡是帝国的首都这一政治上的领先地位。古老的东方各大教区牧首则反对君士坦丁堡牧首地位的上升。

君士坦丁堡大教区当时由神学家、纳西昂的格列高利(Gregory of Nazianzus)主持工作。在狄奥多西统治前期,他在首都发挥了极为重要的作用。由于他不能使出席宗教会议的众多意见分歧的教派取得一致,遂退位离席,离开君士坦丁堡。他的位置被奈克塔利乌斯(Nectarius)所取代。此人庸俗至极,神学造诣极差,但知道如何取悦于皇帝。奈克塔利乌斯成为会议的主持者。会议于381年夏闭幕。

狄奥多西对于大多数教职人士,即大公教派(尼西亚派)教士的态度相当慷慨。他保留并扩大了他的前任皇帝赐予主教和教士们的一些特权,即有关个人责任、法庭责任及类似方面的特权。然而,他注意到不使这些特权与政府的利益相冲突。于是,狄奥多西颁布了一则向教会征收附加税(*extraordinaria munera*)[⑩]的法令,而且教堂可以作为受当局迫害的罪犯的避难所这一特权亦由于常被滥用而受到极大限制。特别是,那些对政府负有债务者不得在教堂中寻求庇护以逃避索债者,教士也不得藏匿他们。[⑪]

狄奥多西的目标是成为帝国教会的唯一仲裁人。总的来讲,他实现了这一目标。然而,有一次,他与西方教著名领袖米兰主教安布罗斯(Ambrose)发生了严重的冲突。在教会和国家的关系问题上,狄奥多西和安布罗斯有着针锋相对的观点:狄奥多西主张国

[⑩] 《狄奥多西法典》,IX,16,18。
[⑪] 《狄奥多西法典》,IX,45,1。

家的权力居于教会之上,安布罗斯则主张教会不能服从世俗权力。

他们的冲突由于在萨洛尼卡发生的大屠杀而爆发。在这个富裕而人口众多的大城市中,驻扎着大批日耳曼人士兵,其首领既无知又无能,从不阻止士兵的暴虐行为。市民们被日耳曼人的暴行所激怒,终于揭竿而起,杀了一些日耳曼人指挥官和一些士兵。盛怒之下的狄奥多西偏袒那些在其宫廷居于高位的日耳曼人,以血腥的屠杀责罚萨洛尼卡市民,妇孺皆不予赦免。皇帝的命令由日耳曼人执行了。这一劣迹绝不能任之不受处罚。安布罗斯遂把狄奥多西逐出教会。狄奥多西虽拥有权力,却被迫公开承认他的罪孽,并卑屈地接受了安布罗斯对他的责罚,安布罗斯禁止他在悔罪期间穿皇袍。

狄奥多西在同异端的无情斗争中,对异教亦采取了决定性的步骤。他公布了一系列法令禁止供奉牺牲祭神,禁止用动物内脏占卜,禁止参观神庙。事实上,这导致许多异教神庙被关闭,其中一些当时已为政府所征用,另一些也几乎完全被毁坏,神庙中的所有那些丰富的艺术珍宝被狂热的基督教徒抢劫一空。仍然作为亚历山大城之异教崇拜中心的、供奉塞拉庇斯神(Serapis)* 的著名神庙塞拉帕姆遭到的破坏尤为显著。狄奥多西的最后一则反异教法颁布于 392 年。它完全禁止供奉牺牲、燃烧香烛、悬挂花圈、使用美酒及占卜等活动。它也宣布,所有那些不服从者,将被判欺君

---

* 希腊化时代埃及的最重要神祇之一,是埃及和希腊宗教观念和宗教崇拜形象合流的结果,它综合了埃及死而复生之神奥西里斯(农业神、地狱神)和希腊神话中诸神哈得斯(地狱之神)、阿斯克勒庇俄斯(医神)和阿波罗神的神性,成为后来的希腊-罗马世界最重要的异教神之一。——译者

渎神，因而将受严厉的惩罚。这一法令称古老的宗教为"异教迷信"（gentilicia superstitio）[⑬]

有一位历史学家称392年的法令为"异教的挽歌"[⑭]。这是狄奥多西在东方反异教的最后一个步骤。

在帝国西部，在格拉提安、瓦伦提尼安二世和狄奥多西反异教斗争中一个相当著名的事件，是由一件从罗马元老院中移走胜利女神祭坛的事件而发生的*。在君士坦丁统治时期，这一祭坛已被移出，但被背教者朱利安恢复。元老们（其半数为异教徒）认为这一强制性的将祭坛移走意味着昔日伟大的罗马之最后衰落。著名的异教演说家西马库斯（Symmachus）被派往皇帝处请愿，请求恢复元老院中的这一雕像。Th. I. 乌斯宾斯基称此请愿为"垂死的异教之最后的哀歌，它胆怯而悲切地哀求小皇帝（瓦伦提尼安二世）对这一信仰大发慈悲，他的祖先由于这一信仰而得到荣誉，罗马由于这一信仰而伟大"[⑮]。但是西马库斯此行没有成功。393年，举行了最后一次奥林匹克竞技活动，而古典文化的其他遗产，如菲迪亚斯**的雕塑作品宙斯像则从奥林匹亚迁至君士坦丁堡。

因此，狄奥多西的宗教政策与其前任皇帝有很大的区别，那些皇帝（如朱利安）虽然偏爱某一派基督教或异教，却仍对其他教派

[⑬]《狄奥多西法典》，XVI，10，12。

[⑭] G. 劳琛（G. Rauschen）：《狄奥多西大帝统治时期的基督教会年鉴》（Jahrbücher der christlichen Kirche unter dem Kaiser Theodosius dem Grossen），376。

* 本章前文提出将胜利女神祭坛移出元老院的是君士坦丁的儿子康斯坦提乌斯。——译者

[⑮]《拜占庭帝国史》，I，140。

** 菲迪亚斯（Phidias），古希腊雕塑家。——译者

团体实行一种相当程度的宽容政策;从法律上讲(de jure),仍维持着宗教信仰的平等。但是,狄奥多西则视尼西亚信经为唯一合法的信条,他对基督教会的所有其他教派实行了绝对的禁止,对于异教亦是如此。狄奥多西是相信其权威应高于教会和臣民的宗教生活的皇帝之一。他一生的目标就是创造一个唯一的尼西亚派教会;但是,尽管他付出了努力,却并未成功。宗教争端问题远没有停止,而是迅速发展、升级,使5世纪的宗教生活更为动荡、斗争更激烈。对于异教,狄奥多西则取得了完全的胜利。由于异教徒被剥夺了公开承认其信仰的机会,异教作为一个有组织的团体已不复存在。当然,帝国仍有异教徒;但只有个别家庭或个别人秘密地怀念其垂死的宗教信仰值得留恋的过去。然而,位于雅典的异教学院,尚未受到狄奥多西任何法令的影响;它继续从事在学生中传播古典文学知识的事业。

4世纪的日耳曼人(哥特人)问题。——4世纪末期,哥特人问题成为帝国最尖锐的问题。哥特人于基督教时代之初即占据了波罗的海南岸,可能是于2世纪后半期,向南迁徙至今日南俄罗斯地区,原因尚属未知。他们一直抵达黑海沿岸,定居于顿河和多瑙河下游之间的地区。德涅斯特河(Dniester)将哥特人分为两个部族:东哥特人(亦被称为 Ostrogoths 或 Ostgoths)和西哥特人(Visigoths)。与当时所有其他日耳曼人部族一样,哥特人处于野蛮时代。在他们的新领地上,他们发现自己所在的文化环境极为优越。在黑海北岸,早于基督教时代以前很久就布满了无数富裕的希腊人殖民地。他们的文化水平甚高。如考古发掘所证实,这些影响远抵北方很远之处。而且,甚至直到基督教时代之早期世纪,仍可感觉到他们的影响。当哥特人迁移至黑海北岸时,克里米亚正处于富裕而文明的博斯普鲁斯王国统治之下。通过与这些古老的希腊人殖民地和博斯普鲁斯王国的联系,哥特人开始熟悉并了解了古典时期的文化;同时,由于在巴尔干半岛上不断接近罗马帝国,他们逐渐接触了更先进的文明。由于这些文明的影响,当这些哥特人后来出现在西欧时,在文化上已优于其他所有日耳曼部族,而后者在西方开始其历史时还仍然处于完全的蒙昧状态。

在3世纪,继哥特人向南抵黑海附近定居以后,即沿着两条路线进行迁徙:一方面,他们向海洋发展,以便有可能利用海洋进攻沿海城市;另一方面,在西南方向,哥特人抵达了罗马帝国的多瑙河边境,并开始与帝国发生接触。

哥特人先是占领了黑海北岸,然后于3世纪侵入克里米亚和博斯普鲁斯王国之大部。在3世纪后半期,他们使用博斯普鲁斯王国的舰队从事一些海盗袭击,多次掠夺高加索和小亚细亚的富庶海岸。他们沿着黑海海峡,进入马尔马拉海(普罗蓬蒂斯),并穿过赫勒斯滂(达达尼尔)海峡进入爱琴海(Arehipelago)。在进行这些侵袭时,他们掠夺了拜占庭、赫里索波利斯(面对拜占庭的小亚一岸城市,今土耳其斯库台[Scutari])、西齐库斯(Cyzicus)、尼科米底和爱琴海诸岛。哥特人海盗甚至到达更远处:他们进攻以弗所和萨洛尼卡,而当他们抵达希腊沿海时,他们蹂躏了阿尔戈斯、科林斯,甚至可能抵达雅典。然而,幸运的是,雅典古典艺术之无价宝藏得以幸免于难,未遭毁坏。克里特、罗得岛,甚至遥远的塞浦路斯岛都多次体验哥特人袭击之苦。然而,在所有这些海上远征活动中,哥持人只满足于掠夺。随后,哥特人舰队回到他们自己处于黑海北岸的家乡。有些海盗团伙在外国海岸受到惩处或被罗马军队所截获。

更严重的问题是哥特人与帝国在陆地上的关系。他们利用帝国在3世纪的危机和无政府状态,于该世纪前半期开始渡过多瑙河,进入帝国领土。皇帝戈尔狄安(Gordian)被迫向哥特人缴纳岁贡。但这样并不能使哥特人满足,不久以后,哥特人又进入罗马领土并抢劫马其顿和色雷斯地区。皇帝德西阿斯(Decius)进军讨伐之,但于251年在与哥特人战争中败北。269年,克劳狄(Claudius)在纳伊苏斯(尼什)附近击败哥特人,所俘获的大批战俘,有些人被安置于军队,而另一些人则被迁至人烟罕至的罗马诸行省中作为隶农(coloni)定居。由于这次对哥特人的胜利,克劳狄被冠以"哥特库斯"*(Gothicus)的称号。但是曾一度复兴帝国的奥勒良(Aurelian,270—275年在位),却被迫把达契亚让给了蛮族,而把该地的居民移至莫西亚**。4世纪,史料中经常出现罗马军中服役的哥特人的记载。据历史学家约达尼斯(Jordanes)记载,在马克西米安统治时期,有一支哥特人部队曾忠实地为罗马人服役。⑩ 众所周知,君士坦丁大帝军中的哥特人在他与利基尼乌斯的斗争中帮助了君士坦丁大帝。在君士坦丁时期,西哥特人曾允诺为皇帝装备40 000名士兵。在朱利安的军队中,也有一支哥特

---

* 即克劳狄二世哥特库斯(268—270年在位)。"哥特库斯"即"打败哥特人"之意。——译者

** 古罗马行省,位于今南斯拉夫和保加利亚北部,北界多瑙河,西临德里纳河,东濒黑海,南抵黑马斯山脉。——译者

⑩ 约达尼斯:《哥特史》(Getica),XXI,110;T.蒙森编,86。

人军团。

3世纪,基督教开始在哥特人中间传播。很可能是在哥特人的无数次海上侵袭活动中于小亚捕获的基督教战俘把基督教传到哥特人中间。哥特人基督徒甚至派出代表,即他们的主教塞奥菲卢斯(Theophilus)出席了第一次普世基督教全会,他还是尼西亚信经的签名者之一。4世纪,多瑙河哥特人真正的启蒙者是乌尔斐拉(Vulfila),有些人认为他是希腊人后裔,但出生于哥特人的土地上。他曾在君士坦丁堡居住若干年,后来在此地接受了一位阿利乌斯派主教授予的主教圣职。当他回到哥特人中间时,曾按照阿利乌斯派教义传播了几年基督教。为了在他的人民中间传播《福音书》,他仿照一些希腊字母发明了哥特字母,并把《福音书》译成哥特语。阿利乌斯派基督教在哥特人中间的传播对于哥特人后来的历史有重大意义,因为当他们在罗马帝国领土上定居时,是这一宗教信仰上的差别阻碍了他们与崇尚尼西亚信经的当地人民实现融合。而克里米亚的哥特人则一直是希腊正教徒。

376年,由于匈奴人自亚洲入侵,结束了哥特人与罗马帝国间的和平关系。匈奴人是蒙古人种的野蛮部落。[120] 在西行途中,他们击败了东哥特人,随着不断西行,他们抵达了西哥特人占领的地

---

[120] 关于匈奴民族的起源问题有三种主要论点:蒙古人种、突厥人种和芬兰人种。见 K.伊诺斯特兰采夫(K. Inostrantzev):《匈奴和匈奴人》(Hunnu and Huns,第 2 版,1926 年),103—109。这是十分重要的研究。俄罗斯历史学家伊洛瓦伊斯基(Ilovaisky,死于 1920 年)在其全部学术生涯中都在与难以理喻的匈奴人起源于斯拉夫人的顽固理论进行争论。约一百年前的俄罗斯学者维尔特曼(Weltman),于 1858 年甚至称阿提拉是"全俄罗斯的独裁君主!"(Huns 一词在中国亦被译为"匈人",似受上列争论影响,本书从中国多数学者早年译法,仍作"匈奴人"。——译者)

区。匈奴人对西哥特人这个边境国家全力进攻,野蛮屠杀,甚至祸及妇女和儿童。哥特人无力抵抗,遂被迫越过边境进入罗马帝国领土。史料记载,哥特人站在多瑙河北岸,大声悲号,苦苦哀求罗马当局允许他们过河。这些蛮族民众要求定居于色雷斯和莫西亚地区,耕种这里的土地,并向帝国承诺将为军队提供士兵,同罗马皇帝的臣民一样奉守皇帝的所有法令。地方官派出使者到皇帝那里申述哥特人的情况。罗马大多数高级官员和将军倾向于接受哥特人,因为他们看到了政府这样做会大有益处。首先,他们认为,这是复兴农耕区和军队的良策。其次,这些新的臣民将保护帝国,而各行省的本地居民可以付货币税以免除军役,这将增加政府的收入。接受哥特人入境的这派人取胜了。这些蛮族被正式允许渡过多瑙河。正如菲斯泰尔·德·库朗热(Fustel de Coulanges)所说:"就这样,四五十万蛮族,其中有一半可能从军,被允准进入帝国领土。"⑩即使上述数字是一种夸张提法,事实上,迁居于莫西亚的哥特人数量的确很大。开始,这些蛮族过着和平的生活,但是,由于将军们和文官们挪用贪污了一部分用于这些居民安家之需的资金,哥特人逐渐不满和愤怒起来。这些高级官员不仅克扣给予哥特人的食品,而且虐待哥特男人,欺侮其妻儿。许多哥特人被迫乘船渡海到小亚定居。哥特人的抱怨和不满没有引起政府的关注,最后,这些蛮人终于起而暴动。他们得到了匈奴人和阿兰人的

---

⑩ 《古代法国政治制度史》(*Histoire des institutions politiques de l'ancienne France*)(第 2 版,1904 年),408。

帮助,一路攻击进入色雷斯,并进军君士坦丁堡。当时,瓦伦斯皇帝正在同波斯交战。当哥特人造反的消息传来时,他立刻离开安条克迅速回到君士坦丁堡。双方军队在378年于亚得里亚堡附近进行了一场决战,瓦伦斯在战斗中被杀,罗马军队彻底失败。

通向首都的道路显然向哥特人开放了,哥特人穿越巴尔干半岛直抵君士坦丁堡城下,但是,他们显然没有一项进攻帝国的全面计划。瓦伦斯的继承者狄奥多西,在他自己的哥特人军队帮助下打败了哥特人,阻止了他们在帝国内的侵袭。当一群哥特人与帝国进行斗争时,另一些哥特人却乐于在帝国军中服役,与他们本部族的人民作战。5世纪的异教历史学家佐西姆斯在狄奥多西取胜之后,记载道:"由于曾驻在色雷斯的蛮族被消灭,色雷斯恢复了和平。"[18]哥特人在亚得里亚堡的胜利并未帮助他们在帝国的任一行省中定居。

此后,哥特人开始以一种和平的方式影响帝国的生活。狄奥多西完全理解,他不可能在帝国内以暴力来控制蛮人,于是他决定实行与哥特人保持和平关系的政策,即在哥特人中间传播罗马文化的一些因素,吸收他们进入罗马军队。这一期间,其职责在于保护帝国,逐渐地,就其大部分来讲,变为日耳曼人军队,他们为了保卫帝国常常必须与其本民族同胞进行斗争。哥特人不仅影响到高级军官,而且波及帝国行政管辖之地。许多十分重要的官职掌握于日耳曼人手中。狄奥多西在实行其宠信日耳曼人的政策时,没

---

[18] 《新历史》(*Historia nova*),IV,25,4;L.门德尔松(L. Mendelssohn)编,181。

有认识到，日耳曼化的自由发展可能威胁帝国的生存。他在把帝国防卫任务交给日耳曼人方面表现出特别的不明智：在这一时期，哥特人吸收了帝国的战争艺术、罗马的战术和作战方法，迅速成为一支强大的军队，随时可以同帝国相抗衡。地方上的希腊-罗马居民被迫退向后方，不安地目睹着日耳曼人势力的增长。一个反日耳曼人运动逐渐兴起，导致帝国生活出现了的严重危机。

狄奥多西于395年逝于米兰；他的遗体经过防腐处理运至君士坦丁堡，葬于使徒教堂大殿内。由于他在对异教斗争中于基督教的伟大贡献，狄奥多西被尊为"大帝"。他的两个过于年轻懦弱的儿子阿卡第和霍诺留被拥立为帝国皇帝，阿卡第成为帝国东部的皇帝，而霍诺留治理西半部。

狄奥多西并没有成功地解决他那个时代的主要问题。第二届基督教大公会议由于宣布了尼西亚信经为基督教的主要形式，没有能实现教会统一。阿利乌斯派以多种表现方式继续存在，而且在它的进一步发展中导致了新的宗教运动，这一新的运动在5世纪时不仅影响到帝国的宗教利益，而且，影响到与之有关的帝国的社会生活。在帝国的东方行省叙利亚和埃及尤其如此，在这两个省内，新的宗教运动导致的后果尤其引人注目。事实上，狄奥多西在他的晚年也从其原来强硬的尼西亚派立场后退了。他被迫向当时在军队中占绝对优势的阿利乌斯派日耳曼人让步。于是，哥特人不仅在行政和军事领域，而且在宗教领域日渐有极大的影响。日耳曼人的主要中心是首都君士坦丁堡、巴尔干半岛和小亚细亚。东方各省，即叙利亚、巴勒斯坦和埃及并没有强烈地感受到哥特人势力的影响。于是，由于宗教和民族的原因，罗马地方居民的不满越来越强。简言之,狄奥多西没有能解决他统治时期的两个主要问题:创造一个统一正统的教会和建立同蛮族的和平关系。这两个极为复杂的问题留给了他的继承者。

5世纪的民族和宗教问题。——这一时期因遇到的主要民族和宗教问题相交集的方式而具有特别的重要性。民族问题既涉及帝国内的不同民族间的冲突也涉及帝国与外来入侵的野蛮部族所进行的斗争。

希腊文化似乎一直应该是联系帝国东部各民族的主要力量,但事实并非如此。早在马其顿的亚历山大及其后继者时期,希腊文化的影响就远抵幼发拉底河和埃及。亚历山大本人认为殖民方式是传播希腊文化的最好方式,据说,他自己就在东方建立了不止70个城市。他的继承者继续实行他的殖民化政策。希腊文化的传播在某种程度上发展到北起亚美尼亚、南达红海、东至波斯和美索不达米亚的地区。但希腊文化并没有达到这些行省之外。希腊文化的主要中心是埃及的亚历山大。而且所有地中海沿岸地区,即小亚细亚、叙利亚和埃及等地,希腊文化皆占主导地位;而在这三个地区中,小亚细亚可能是希腊化程度最高的;它的海岸曾在相当一个时期布满了希腊人的殖民地,它们的影响逐渐地,虽然并不那么容易地深入小亚腹地。

在叙利亚,希腊文化只达到上层受过教育的阶层,其希腊化影响很弱。这里的广大群众,并不通晓希腊语,还在讲他们自己的民族语言,即叙利亚语和阿拉伯语。一位著名的东方学者写道:"即使在安条克这样的世界性城市中,普通百姓仍在讲亚拉姆语(即叙利亚语),因此,人们可以不受置疑地设想,在叙利亚行省内,希腊语并不是有教养阶层的语言,而只是那些从事特殊研究者的语言。"⑩5世纪的《叙利亚罗马法学手册》是一明显的证据,它证明了叙利亚语在东方的广泛应用。⑪ 现存的这本手册的最古老的叙利亚文手抄本是6世纪早期,即查士丁尼以前的抄本。这本叙利亚文所写的书,可能是在北部叙利亚写成,是从希腊文翻译的。希腊原文版本尚未发现,但从现存资料分析,它可能写于5世纪的70年代。无论如何,叙利亚文译本几乎是在希腊原本问世后紧接着出现的。除了这个叙利亚语文本外,还有该法学手册的阿拉伯语和亚美尼亚语文本,这表明,该手册很可能源出于教会,因为它相当详尽地分析了关于婚姻和继承法的条款,并且大胆地提出了教职人士的特权问题。它非常广泛地多方面论及东方(即自亚美尼亚到埃及诸省)生活中的问题,而且,该法律手册版本众多,以及13、14世纪许多叙利亚阿拉伯文著作都引用该手册的内容,这一事实表明,在东方,此种叙利亚民族语言一直居主导地位。后来,当查士丁尼的立法正式颁行于整个帝国时,由于他的法典对于东方诸省来说太过庞大,太难于理解,所以在实际使用这部法典时,东方人仍使用《叙利亚罗马法学手册》代替《查士丁尼法典》。7世纪,随着阿拉伯人征服东方各省,这本《叙利亚罗马法学手册》甚至在阿拉伯统治区也被广泛使用。这本叙利亚法学手册早在5世纪前半期

---

⑩ Th.内尔德克(Th. Nöldeke):"评蒙森关于罗马对东方统治政策的叙述"("Ueber Mommsen's Darstellung der römischen Herrschaft und römischen Politik im Orient"),《东方研究杂志》(*Zeitschrift der morgenländischen Cesellschaft*),XXXIX (1885),334。

⑪ K.G.布伦(K.G. Bruns)和E.萨考(E.Sachau):《5世纪以前的叙利亚罗马法手册》(*Syrisch-Römisches Rechtsbuch aus dem fünften Jahrhundert*)。

就被译成叙利亚文这一事实清楚地表明,此地广大群众显然不熟悉希腊语和拉丁语,而是强烈地依赖于他们本地的叙利亚语言。

在埃及也是如此。除了距离最近的世界文化中心亚历山大以外,希腊文化只是在上层中、在该行省的社会宗教生活之名流人物中间传播。广大群众继续说他们的埃及民族语言(柯普特语)。

中央统治机构发现很难处理东方各省的事务,不仅是因为这里混杂的民族成分,而且由于叙利亚和埃及以及小亚细亚相当一些行省的大多数人顽固地坚持阿利乌斯派信仰,而且有次一级的各个支派。5世纪,由于这些行省宗教生活的重要新发展,原来复杂的民族问题变得更为复杂。

在东方帝国的西部诸省,即巴尔干半岛、首都、小亚细亚西部,这一时期的重要问题是哥特人的势力已威胁帝国的生存。而当5世纪中期,政府对此问题做了有利于政府的解决之后,似乎有一段时期凶残的伊苏里亚人在首都占据了同哥特人一样的地位。在东方,与波斯的战争仍在继续,同时,在巴尔干半岛北部,保加利亚人——其民族源于匈奴人(突厥人)[13]——和斯拉夫人开始了他们的破坏性的进攻。

阿卡第(395—408年在位)

阿卡第继位时只有17岁。他既没有经验,也没有与他的至

---

[13] 关于早期保加利亚人的起源问题,见 V. 兹拉塔尔斯基(V. Zlatarsky)《中世纪保加利亚国家史》(*A History of the State of Bulgaria in the Middle Ages*),I,23 以下。L. 尼德勒(L. Niederle):《古代斯拉夫人手册》(*Manuel de l'antiquité slave*),I,100。J. 莫拉弗斯齐克(J. Moravcsik):"关于匈牙利人的历史"("Zur Geschichte der Onoguren"),《匈牙利年鉴》(*Ungarische Jahrbücher*),X(1930),68—69。

尊地位相应的意志力,而且,他很快发现自己完全被一些宠臣所控制,他们总是从他们自己的利益和他们所代表的派系的利益出发处理国家大事。最有影响的一个宠臣是鲁菲努斯(Rufinus)。奥多西在位期间被指定为阿卡第的导师。鲁菲努斯不久被暗杀,两年之后,阉臣欧特罗庇厄斯(Eutropius)对皇帝施加了最大的影响。这一新宠之飞黄腾达主要是由于他安排了阿卡第与欧多克希娅的婚事,她是在罗马军中服役的一个法兰克人军官的女儿。阿卡第的弟弟霍诺留曾由他父亲安排在天才的统帅斯提利科(Stilicho)辅佐之下,他是一标准的罗马化的日耳曼蛮人,在他同他自己的人民进行的斗争中,为帝国做出了重大贡献。

哥特人问题的解决。——阿卡第时代政府的要患是哥特人问题。早先定居于巴尔干半岛北部的西哥特人,此时是在一位新的野心勃勃的首领阿拉里克·巴尔达(Alaric Balta)的统治下。在阿卡第统治早期,阿拉里克率部众向莫西亚、色雷斯、马其顿出发,甚至威胁到首都。鲁菲努斯的外交排解改变了阿拉里克进攻君士坦丁堡的原定计划。哥特人的注意力开始转向希腊。阿拉里克穿过色萨利,取道温泉关进入中希腊。

这一时期,希腊的居民几乎纯粹是希腊人,总的来说,这与波桑尼亚斯(Pausanias)和普鲁塔克所了解的差不多。据格雷戈罗维乌斯记载,希腊先祖的古代语言、宗教、习俗和法典在城镇和乡村几乎保持不变。除了基督教正式被宣布为占主导地位的宗教,对众神的崇拜已为国家所诅咒和禁止并必将灭亡外,古典的希腊仍然带有异教的精神和艺术的烙印,其主要原因是古典遗迹的存留。[113]

哥特人大军席卷希腊之时,抢劫和毁灭了维奥蒂亚和阿提卡。雅典的海港比雷埃夫斯港落入哥特人之手;值得庆幸的是,他们放过了雅典。5世纪的异教历史学家佐西姆斯叙述了关于阿拉里克进攻雅典的传说:当阿拉里克以他的军队包围了雅典城墙时,看到身穿胄甲的女神雅典娜·普洛玛科斯*和特洛伊英雄阿喀琉斯站在城墙前。阿拉里克为这一神迹所震惊,遂放弃了进攻雅典的打算。[114] 伯罗奔尼撒半岛在哥特人进攻中受害最大,因为西哥特人掠夺了科林斯、阿尔戈斯、斯巴达及其他一些城市。斯提利科承担了保卫希腊的任务,带着他的军队进入了科林斯地峡上的科林斯湾,从而切断了阿拉里克由中希腊退兵的后路。于是,阿拉里克费尽心机,克服重重困难进军北方,进入伊庇鲁斯。皇帝阿卡第竟恬不知耻地赐予这个蹂躏了帝国希腊诸省的人以"伊利里亚军事长官"(*Magister militum per Illyricum*)的荣誉头衔。此后,阿拉里克不再威胁东部,而把他的主要注意力转向意大利。

除了在巴尔干半岛和希腊的威胁外,自狄奥多西大帝以来,哥特人的主要影响在首都表现得特别明显,在这里,最重要的军事职位和许多重要的行政职务皆在日耳曼人之手。

当阿卡第登上皇位时,首都最有影响的集团是日耳曼人集团,

---

[113] 格雷戈罗维乌斯:《中世纪雅典城史》,I,35。

* 普洛马科斯,希腊语意为保卫者,此处强调雅典娜是雅典城的保护神。——译者

[114] 佐西姆斯:《新历史》,V,6;门德尔松编,222—223。

其首脑人物是帝国军队中一位著名的将军、哥特人盖伊纳斯（Gaïnas）。在他周围，聚集着哥特民族出身的士兵和地方上亲日耳曼人运动的代表。这一集团的弱点是，大多数哥特人都是阿利乌斯派信徒。在阿卡第统治早期，第二大势力是强大的阉人宠臣欧特罗庇厄斯的党徒。他得到各类阿谀奉承者的支持。而他们对他的兴趣仅仅是由于他能帮助他们实现个人的贪欲。盖伊纳斯和欧特罗庇厄斯不能友好相处，因为他们都在争权夺利。除了这两派之外，史学家们还提到了第三派，他们既恨日耳曼人，也恨欧特罗庇厄斯，其成员有元老、廷臣及大部分修士。这一派代表着民族的和宗教的观念，反对日益增长的外来蛮族的影响。自然，这一派拒绝支持粗俗的掌权者欧特罗庇厄斯。该派别的主要领导者是首都市长奥勒良。[15]

当时的许多人意识到日耳曼人掌权的威胁，最后，政府也意识到这点。保留下来的一份文件，生动地描述了某些社会集团对日耳曼人问题的反应。此文件即希奈修斯（Synesius）所写的"论皇权"（"The Emperor's Power"），有时被译为"王者的职权"（["Concering the office of King"]）的奏章，该奏章是向阿卡第呈递，甚至是向他宣读的。希奈修斯是北非昔兰尼加人，一位皈依基督教的有教养的新柏拉图主义者。399年，他由北非出发赴君士坦丁堡请求皇帝减免昔兰尼加城的赋税。后来，当他回归故里后，被选为北非托勒密城的主教。在他居留君士坦丁堡的三年内，逐渐清楚地看到日耳曼人对帝国的威胁，并撰写了上述奏章。据

---

[15] 柏里：《晚期罗马帝国史》，I，127。

一位历史学家讲,该奏章应被称为以奥勒良为首的民族派的反日耳曼人宣言。⑯ 希奈修斯这样提醒皇帝:

> 没有任何理由使武装的(蛮人)掌权并成为公民的统治者。于是,手无寸铁的人不得不在军事冲突中同富有战斗经验的人作战。当务之急,是把那些(外族人)调离指挥岗位,并剥夺其元老资格;因为,古代罗马人所视之为最高荣誉的元老称号,由于外族人的影响而变得声誉扫地。在这件事情上,同在其他许多事情上一样,我为我们的愚蠢而震惊。在每个多少殷实的家庭中,我们皆可看到斯基泰(哥特)人奴隶;他们是厨师、侍仆;同样,那些背着小椅子在街头徘徊、为那些乐于在露天就坐休息的人准备座席的人,也是斯基泰人。但是,那些同样长着浅色头发的人却梳着优卑亚(Euboic)发型;那在私人生活中只当奴仆角色的人竟是我们政治生活中的统治者,这难道不令人惊诧无比吗?皇帝应该清理我们的军队,恰似我们把谷壳和其他杂质从一公升小麦中清除掉一样,否则,若是杂种发芽势必危及良种。您的父王由于特别的慈悲,曾仁厚地接纳了他们(蛮人),赐予他们同盟者的地位,授予他们政治权利和荣誉,并慷慨地赏赐他们土地。但是,这些蛮人并不认为这些高尚的举动是先帝的仁厚;却把它们理解为我们软弱的表现,这使他们更为傲慢不可一世。您必须增加我们民族的后备军数量,从而强化我们的军队,增强我们的勇气,完

---

⑯ 柏里:《晚期罗马帝国》,I,129;(1889),83。

成在帝国内尚需完成的事业。在对待这些蛮人的问题上必须强硬。或是使他们像古代的美塞尼亚人一样去耕种土地——这些美塞尼亚人曾放下武器成为拉凯戴蒙人*的奴隶而耕作——或是让他们原路回去,向住在(多瑙)河对岸的那些人声明,罗马人不再对他们施仁政,他们是在一位高贵的年轻人统治之下。⑪

因此,面对日耳曼人对政府的威胁,希奈修斯的主张是,把哥特人逐出军队,建立一支罗马国民组成的军队,并安置哥特人去耕种土地。如果哥特人不愿意接受这一安排,希奈修斯建议,罗马人应把哥特人从罗马领土上清除出去,让他们回到他们原来所居住的多瑙河彼岸。

在帝国军队中最有影响的将领,即哥特人盖伊纳斯不能容忍宠臣欧特罗庇厄斯的绝对影响,而此恰好就出现了一个付诸行动的机会。当时,弗里吉亚的哥特人——他们是由狄奥多西大帝安置在这个小亚的行省的——发动了起义,在其首领特里比吉尔德(Tribigild)领导下蹂躏了这一地区。盖伊纳斯被派去镇压这一危险的起义,该起义后来被证实是他的秘密盟友发动的。盖伊纳斯

---

* 拉凯戴蒙人,即希腊的斯巴达城邦的居民,他们对美塞尼亚人的征服和奴役是其历史上的重要事件。——译者

⑪ "论皇权"(Περὶ Βασιλείας),《演说集》,Par,14—15;米涅编:《希腊教父文献全集》,LXVII,1092—1097。柏里:《晚期罗马帝国史》,I,129—130。A. 菲茨杰拉德(A. Fitzgerald):《昔兰尼的希奈修斯书信集》(*The Letters of Synesius of Cyrene*),23—24。菲茨杰拉德:《昔兰尼的希奈修斯之论文和圣歌集》(*The Essays and Hymns of Synesius of Cyrene*),含有致阿卡第皇帝的奏章和一些政治演说,已译为英文(1930年),见该书 I,134—139;关于"论皇权"的注释,见该书 206—209。

与特里比吉尔德相勾结,故意使派往镇压起义的帝国军队失利,然后,这两个哥特人控制了局势。随后,他们向皇帝提出,必须把欧特罗庇厄斯罢官,交由他们处理。阿卡第的妻子欧克多西娅和奥勒良派对于欧特罗庇厄斯也十分不满。于是,在日耳曼人的压力下,阿卡第被迫屈服,把欧特罗庇厄斯判了流刑(399年)。但这并没有令胜利的哥特人满意。他们强迫皇帝把欧特罗庇厄斯押解回首都审判,并处以极刑。如愿后,盖伊纳斯又要求皇帝允许信奉阿利乌斯派基督教的哥特人使用首都内的一个教堂做礼拜,但遭到君士坦丁堡牧首、("金口"[the Golden-Mouthed])约翰·赫里索斯顿(John Chrysostom)的强烈反对。当盖伊纳斯了解到不仅整个首都,而且帝国的绝大多数人皆与主教取同一立场时,就没有坚持这一要求。

哥特人在首都得到强有力的落脚点之后,开始成为帝国命运的主宰。阿卡第和首都居民亦完全意识到这一局势的危险性。但是,盖伊纳斯虽然取得了成功,却无力保持他在君士坦丁堡的支配地位。当他离开首都时,城市立即爆发了起义。许多哥特人被杀。他已不再能回到首都。这使阿卡第受到鼓舞,遂派出忠于自己的异教哥特人弗拉维塔(Fravitta)在盖伊纳斯试图由海上进入小亚细亚时击败了他。盖伊纳斯企图在色雷斯寻找藏身之处,但却落入匈奴人手中。匈奴王杀了他,把他的首级作为礼物送给阿卡第。于是,哥特人的威胁亦由于另一个日耳曼人弗拉维塔之力而被摆脱了,弗拉维塔则由于为帝国立此大功而被指定为帝国执政官。5世纪初,哥特人的问题以有利于帝国的方式解决了。后来,哥特人努力恢复他们原有的势力,但已无关紧要。

第二章　自君士坦丁大帝至查士丁尼时代的帝国

约翰·赫里索斯顿。——在复杂的日耳曼人问题背景下,促生了一位重要的人物,君士坦丁堡牧首约翰·赫里索斯顿(John Chrysostom)。[110] 他生于安条克,师从著名的修辞学家利巴尼奥斯,意欲选择世俗职业。后来他抛弃了这一想法,接受了基督教洗礼,此后,完全献身于安条克的传教事业,在此地,他担任了11年教会监督。自君士坦丁堡牧首奈克塔利乌斯(Nectarius)去世后,欧特罗庇厄斯选定了这位名扬四海的安条克传教士作为牧首。约翰害怕安条克人民因热爱他们的传教者而阻止其离任,遂秘密地离开了安条克,前往首都。尽管亚历山大主教塞奥菲卢斯(Theophilus)费尽心机,约翰还是于396年被授予主教职并任职于首都教区。于是,牧首的宝座就由这个具有非凡演说才能、理论与实际行为一贯相符的理想主义者和严格道德准则的倡导者所据

---

[110] 1926年,N.贝恩斯写道:"的确令人惊讶的是,竟没有一部有价值的赫里索斯顿的传记。"见"亚历山大和君士坦丁堡:基督教外交史研究"("Alexandria and Constantinople: A Study in Ecclesiastical Diplomacy"),《埃及研究杂志》,XII(1926),150。现在我们已有了一部详尽而引用文献准确的两卷本传记,是由一位本笃派修士 P.赫里索斯托穆斯·保尔(Chrysostomus Baur)撰写,书名为《圣徒约翰·赫里索斯顿及其时代》(*Der heilige Johannes Chrysostomus und seine Zeit*)。笔者发现此书中提到了一部十分详尽的赫里索斯顿的传记,其中有着大量依据原始资料的注释,该传记见于《圣约翰·赫里索斯顿全集》(*Oeuvres complètes de saint Jean Chrysostome*)中,由 M.热南(M.Jeannin)英译。也见 N.突尔基(N.Turchi)《拜占庭文明》(*La Civiltà bizantina*),225—267,此文未见于保尔所著的传记中。亦见 L·梅耶(Myer)《圣约翰·赫里索斯顿,完善基督教的大师》(*S. Jean Chrysostome, maître de perfection chrètienne*)。A.科里罗·德·阿尔博诺兹(A Crillo de Albornoz):《约翰·赫里索斯顿及其对拜占庭社会的影响》(*Juan Crisostomo y su influencia social en el imperio bizantino*),187。S.阿特瓦特(S.Attwater):《圣约翰·赫里索斯顿》(*St. John Chrysostome*),113。见《基督教会史——自基督教之初至今》(*Histoire de l'église depuis les origines jusq'a nos jours*),A.弗里希(A.Fliche)和 V.马丁(V.Martin)编,IV,129—148。

有。由于约翰无情地反对过度奢侈,且坚定捍卫尼西亚信经,故而树敌甚多。他的一个最危险的敌人是皇后欧克多西娅,她爱奢华,图享受。约翰在其演说中公开抨击了她。他在布道时,⑬竟把皇后比作耶洗别(Jezebel)和希罗底(Herodias)。* 他强烈地反对把首都的一个大教堂让给哥特人作为他们的礼拜堂,他对阿利乌斯派基督教的这一敌视态度也使他面临许多敌人。当然,后来哥特人服从了皇帝的拒绝令,继续使用设在首都城门外的教堂。约翰对信奉正教的哥特人十分重视。他在君士坦丁堡城外划给他们一座教堂,时常前去视察,并经常通过翻译与他们举行会谈。

约翰执着的宗教思想、不肯与任何人妥协的态度和他对奢糜之风的尖锐批评,使他的敌对者越来越多。皇帝本人也很快受到那些反对这位主教的人的影响,公开地表示反对约翰。这一公开对抗致使约翰退隐小亚细亚,但首都在其热爱的主教离任后起了骚动,迫使皇帝把约翰从流放地召回。然而,国家与牧首的和平并没有维持多久,为皇后雕像举行的落成典礼又使约翰有了新的机会发表激烈的演说,并在演说中责备了皇后的堕落。于是,他又一次被贬,他的追随者"约翰派"也受到严酷迫害。最后,404 年,约翰被流放至卡帕多细亚的城市库库苏斯(Cucusus),他经过漫长而

---

⑬ 对于这些布道词中某些篇章的可信程度曾有过疑问。见希克《古典世界衰亡史》,V,365、583。保尔:《圣徒约翰·赫里索斯顿及其时代》,II,144—145、196、257;柏里:《晚期罗马帝国史》,I,155。

* 耶洗别(公元前 846—?),以色列王妃名,以残忍放荡闻名;希罗底(公元前 14—公元 40 年),《圣经·新约》中的人物,大希律王之孙女,参与杀害施洗者约翰。——译者

第二章 自君士坦丁大帝至查士丁尼时代的帝国

艰难的旅程,才到达这个被他称为"世间最荒凉的地方"。[19] 三年以后,他在被送往黑海东岸遥远的流放地时,在旅途中辞世,从此结束了中世纪早期东方教会最卓越的一个领袖的一生。罗马教宗和西方皇帝霍诺留都努力干预和阻止对约翰和"约翰党"的迫害,但没有成功。

约翰留下了丰富的文学遗产,包括他对时代社会和宗教生活的生动描写。作为个人,他是极少数敢于公开地反对握有重权的盖伊纳斯之流的阿利乌斯派主张的人,而且,他的忠贞不渝的信念捍卫了使徒教会的理想。他曾被称为人类社会曾有过的具有最美好道德情操的典型之一。"他对罪孽毫不留情而对犯罪者又充满仁爱。"[20]

阿卡第 408 年去世,当时,他的妻子欧克多西娅已离世,他的儿子和王位继承人狄奥多西仅仅七岁。

---

[19] 约翰·赫里索斯顿:《书信集》(*Epistola*),234;米涅编:《希腊教父文献全集》,LII,739。

[20] 有一部引人入胜的作品,描写了赫里索斯顿与皇后(欧克多西娅)的关系及阿卡第时期的宫廷生活,即助祭马可为他的同事和朋友加沙主教波菲利乌斯撰写的《波菲利乌斯生平》(*Vita Porphyrii*),其可靠性有时被人们所怀疑。但毫无疑问,这一文献有相当可信的历史根据。见 H. 格雷古瓦和 M.A. 库热内(M. A. Kugener)"《加沙主教波菲利乌斯之生平》是否可靠?"(La vie de Porphyre, évêque de Gaza, est-elle authentique),《布鲁塞尔大学学报》,XXXV(1929—1930),53—60。亦见对上述两位学者编译的波菲利乌斯生平的著作《助祭马可著〈加沙主教波菲利乌斯之生平(IX—CIX)〉》(*Marc le Diacre, Vie de Porphyre évêque de Gaza*)所作的著名前言。柏里的《晚期罗马帝国史》(I,142—148)亦大段引用上书的内容。保尔认为《生平》一书是十分可靠的资料(I,XVI,并见 II,157—160)。此问题值得进一步探讨。

幼者狄奥多西二世(408—450年在位)

据一些史料记载,阿卡第留下了遗嘱,指定波斯王耶兹迪格德一世(Yezdegerd I)*作为他的幼年继承者的监护人,因为他担心君士坦丁堡的宠臣会篡夺狄奥多西的王位。波斯王忠实地完成了这一重任,并通过他自己的一名亲信保护狄奥多西,反对廷臣的阴谋。许多学者否定这一故事的可靠性,但没有多少实质性的理由;因为同样的事件在其他历史时期亦有发生,似乎没有足够的理由否定它。[12]

两大帝国间的友好关系,是基督教在耶兹迪格德一世统治时期的波斯受到不寻常的厚待之根源。波斯的历史记载中,称耶兹迪格德一世为"背教者""坏人",罗马和基督徒的朋友,袄教祭司(Magi)的迫害者,这反映了袄教徒和贵族的观点。但是,在基督教资料中,则赞扬他的仁慈、温和、慷慨,有时还说他甚至准备皈依基督教。无论如何,事实上,耶兹迪格德一世与君士坦丁大帝同样意识到了他的帝国内的基督徒对于他的政治目标是多么重要。409年,他曾允许基督教公开举行其礼拜仪式,并恢复了他们的教堂。一些史学家称他的法令是亚述基督教会的《米兰敕令》。[13]

---

* 原文为 Yezdegerd,与通用英译法(Yazdegerd)不同。其在位年代为399—420年,其间与罗马保持了友好关系。——译者

[12] 柏里:《晚期罗马帝国史》,II,2页注1。

[13] 见 J. 拉布尔(J. Labourt)《萨珊波斯时期的基督教徒》(*Le Christianisme dans l'Empire Perse sous la dynastie Sassanide*)(第2版,1904年),93;W. A. 威格朗(W. A. Wigram):《亚述教会史导言》(*An Introduction to the History of the Assyrian Church*),89。

410年,在塞琉西亚召开了一次会议,在会上组建了波斯的基督教会。塞琉西亚(泰西封)主教被选为教会首脑。他被赐予"卡托利科斯"(Catholicos)*的称号,并将驻于波斯帝国的首都。与会者发表了以下声明:"我们完全一致地向我们仁慈的主祈求,使战无不胜的英明的王中之王耶兹迪格德福寿绵长,万岁,万万岁!"[⑭]但是基督徒并没有长期享有完全的自由。在耶兹迪格德统治晚年,对基督徒的迫害重新开始了。

狄奥多西二世不是一个天才的政治家,他也没有特别的兴趣处理国家大事。在漫长的统治时期,他一直怠于处理政务,过着孤独的隐居生活。他用大多数时间从事书法活动,以其美轮美奂的手书抄写许多古代手稿。[⑮]但是,在狄奥多西身边有着许多精明强干的人,他们对这一时期帝国内部生活中许多重大事件贡献卓著,使狄奥多西时期因此而享有盛誉,以至于史学家们不再将狄奥多西视为一个软弱、不走运的皇帝。在狄奥多西统治时期最有影响力的人是他的姐姐普尔喀丽娅(Pulcheria)。就是她安排了狄奥多西同雅典哲学家之女,一个有很高文化修养和文学天才的女子雅典娜(受洗后取名欧多西娅)结婚。欧多西娅写了一些作品,主要论及宗教问题,但也反映了一些当代政治事件。

---

* Catholicos,与牧首(Partriach)同义,专指亚美尼亚教会、聂斯脱利派教会(亚述教会)和天主教加勒底教会的首脑。——译者

⑭ J.B.夏博(J.B.Chabot):《东方教务会议,或聂斯脱利派教务会议》(*Synodicon Orientale, ou Recueil de Synodes Nestoriens*),见《国家图书馆手稿笔记和摘编》(*Notices et extraits des Manuscrits de la Biliothèque Nationale*),XXXVII(1902),258。

⑮ 见 L.布莱耶尔:"拜占庭诸帝的私生活"("Les empereurs byzantins dans leur vie privée"),《历史杂志》,CLXXXVIII(1940),203—204。

在狄奥多西二世时期,帝国东半部的外部斗争远比帝国西半部顺利。在东方和边境,没有必要进行连续不断的征伐,而在西方,则由于日耳曼人的迁徙经历了十分严重的危机。对于罗马人来说,最可怕的震动是西哥特人首领阿拉里克进入原异教罗马的首都罗马城。此后不久,在西欧和北非的罗马领土上建立了他们最早的一批王国。帝国的东半部曾一度受到匈奴人的威胁,他们进攻拜占庭领土并几乎进军至君士坦丁堡城墙下,皇帝被迫付给他们大笔金钱,割让多瑙河以南的土地,此后方建立起友好的关系。后来君士坦丁堡派出了以马克西敏(Maximin)为首的使团去潘诺尼亚。他的朋友普利斯库斯(Priscus)随行,曾为这一使团的活动写了特别重要而全面的记录,描述了阿提拉的宫廷和匈奴人的许多风俗习惯。这一记载因其不但描写了匈奴人,而且描写了被匈奴人征服的多瑙河中游地区的斯拉夫人的情况而具有特别重要的意义。[126]

神学争端和第三次基督教全会。——前两次基督教全会明确地解决了耶稣基督既是神也是人的问题。但是,对于那些苦苦思考耶稣基督之神性和人性的结合如何发生这一问题的、喜欢追根究底的神学家来说,这一决议并不令人满意。4世纪末,安条克即产生了基督的两性没有完全结合的理论。后来,这一理论试图证实基督在与神性结合之前和之后,均有完全独立的人性。当这一

---

[126] 关于普利斯库斯之记载的英文大意,见柏里《晚期罗马帝国史》,I,279—288;也见 W. 恩斯林(W. Ennslin)"马克西敏和他的同行者,历史学家普利斯库斯"("Maximinus und sein Begleiter, der Historiker Priskos"),《拜占庭与当代希腊年鉴》,V (1926),1—9。

理论还只局限于寥寥数人的小范围之内时,它并未引起教会内部的任何骚动。但是,当君士坦丁堡牧首的职位传于这派理论的顽固追随者,安条克的教会长老聂斯脱利(Nestorius)时,由于他把安条克派的这种理论强加于整个教会,而使局势发生了决定性的变化。在聂斯脱利就位伊始致皇帝的著名演说中说:"我的陛下,请赐予我一片清除了异端的土地,我将还报您以天国。帮助我消灭异端吧,我将帮助您打败波斯人。"[122]这里的"异端",指的是所有那些不同意聂斯脱利关于耶稣基督的独立人性之观点的人。聂斯脱利称圣母不是"神的母亲",而是"基督的母亲"、"一个人的母亲"。

聂斯脱利对于他的反对者所施的迫害在教会引起了轩然大波。亚历山大牧首西里尔(Cyril)特别强烈地反对他,罗马教宗塞莱斯廷(Celestine)则在罗马召集的宗教会议上摒弃了这一新的异端教义。狄奥多西为了结束教会的这些争端,于431年在以弗所召集了第三次基督教全会,这次会议摒弃了聂斯脱利派教义。聂斯脱利被流放至埃及,在此地结束了他的余生。

对聂斯脱利派理论的摒弃并没有能完全消灭它,在叙利亚和美索不达米亚还有许多追随者。于是皇帝命令这些行省统治者对聂斯脱利派追随者采取强硬措施。聂斯脱利派教义的主要中心是埃德萨,这里是传播安条克教派思想的著名学校所在地。489年,即在芝诺统治时期,这一学校被毁,其中的教师和学生被逐出埃德萨。他们到了波斯,在尼西比斯建立了新的学校。波斯王欣然接

---

[122] 索克拉蒂斯:《基督教会史》,VII,29;见《尼西亚及后尼西亚的教父》,II,169。

纳并对他们提供庇护。他认为他们是拜占庭帝国的敌人,他打算在适当的时机利用他们为自己的利益服务。波斯的聂斯脱利派或叙利亚—迦勒底派基督教会的首领被称为卡托利科斯。基督教的聂斯脱利派教义,通过波斯广泛地传播至中亚并在印度找到了相当多的追随者。

以弗所会议之后,在拜占庭教会内,特别是在亚历山大,出现了反对聂斯脱利派教会的新的运动。由于亚历山大西里尔的后人相信耶稣基督身上的神性高于人性,于是,他们的结论是,基督身上的人性已完全被神性所吸收;因此,耶稣基督只有一个神性。这一新的理论称"一性"(monophysites)或"一性派教义",其追随者则为"一性教徒"。* 由于狂热的一性教徒、亚历山大的主教狄奥斯库鲁(Dioscorus)和君士坦丁堡修道院院长优迪克斯(Eutyches)这两个强硬的一性派成员的推动,一性派发展迅速。皇帝站在狄奥斯库鲁一边,认为此人是亚历山大西里尔思想的拥护者。这派新的教义受到君士坦丁堡牧首和罗马教宗"伟大"的利奥的反对。于是,狄奥斯库鲁敦促皇帝于449年在以弗所召集了宗教会议,此即著名的"强盗会议"。以会议主持人狄奥斯库鲁为首的亚历山大一性派信徒迫使那些不同意他们意见的与会者承认优迪克斯的教义(一性教派)为正统,并谴责这一新教义的反对者。皇帝批准了此次会议的决议,正式承认这次会议为普世的基督教会议。自然,这一会议未能建立教会内部的和谐。随之而来的是剧烈的动荡时期。此间,狄奥多西二世辞世,给他的继承人留下了悬而未

---

* monophysitism,源于希腊语,μόνος 即"唯一"Φύσις 即"性"。——译者

决的一性派问题,这个问题在拜占庭历史上占相当重要的地位。

除了激烈而重要的宗教事件外,在狄奥多西时代还有一些涉及帝国内部生活的事件,成为这一时代具有重要性的历史标志。

君士坦丁堡的高等学府*。——君士坦丁堡高等学府的组建和《狄奥多西法典》的制定是狄奥多西统治时期发生的两个重大事件。

5世纪以前,著名的哲学学园的故乡雅典,一直是罗马帝国"异教"教育的中心。许多希腊的修辞学和哲学教授,即以辩论家著称者,从帝国的各个地区来到雅典,有的是来展示他们的知识和口才,有的则希望在教学领域谋求一个好的职位。这些教师的工资一部分来自帝国财务部门,一部分来自各个城市财库。在雅典做指导教师或讲课的收入均高于其他城市。4世纪末年基督教的胜利给予雅典学园以沉重打击,而且,哥特人于4世纪末的劫掠性入侵也极大地影响了那里的文化生活。甚至在阿拉里克和西哥特人离开这里以后,雅典学园也未能恢复原有状况;哲学家的数量在极大地减少。而对雅典异教学园最为沉重的打击则是由于君士坦丁堡高等学府,或君士坦丁堡大学的建立。

当君士坦丁堡成为帝国首都之后,许多修辞学家和哲学家来到这所新城。因此,早在狄奥多西二世以前,这里已有一座高等学府。教师和学者们从非洲、叙利亚及其他地方被请到君士坦丁堡。圣希罗尼姆斯(Hieronymus)**在其《编年史》(360—362年)中写

---

* 原文为 Higherschool,似乎不能使用中世纪"大学"(University)的概念,故译为"高等学府"。——译者

** 即哲罗姆。——译者

道:"最有学问的语法学家埃万修斯(Euanthius)逝于君士坦丁堡,于是卡利修斯(Carisius)从非洲被请来接替他的位置。"⑫据一位研究中世纪君士坦丁堡高等学府的近代学者说:"在狄奥多西二世时期,该学府不是初建,而是重新组建。"⑬425年,狄奥多西颁布了有关组建一所高等学府的敕令。⑭ 学府将设31位教授职位,讲授语法、修辞、法学和哲学。其中将有3位修辞学家(oratores)和10位语法学家用拉丁语授课。而由另外5位修辞学家或辩证法学家(sofistae)及10位语法学家用希腊语授课。此外,该法令还为哲学家提供一个席位,为法学家提供两个席位。在拉丁语仍是帝国的官方语之时,在学府里设置希腊语教授席位表明,皇帝已开始看到,在帝国的新都君士坦丁堡,希腊语作为帝国东方多数人使用并了解的语言,有其不可忽视的权利。希腊语的修辞学家也比拉丁语的修辞学家多两名。新的学府有着独立的校舍和教室、讲演堂。教授不允许在家里私下辅导任何人,他们必须全力以赴地在学府内授课。他们从帝国财政部门得到固定薪金,而且可以升至很高的级别。君士坦丁堡的这一教育中心成为雅典异教学园的危险竞争者,而雅典学园则日渐衰落下去。在拜占庭后来的历史中,狄奥多西二世所建的高等学府一直是帝国最优秀的文化势力聚合的中心。

---

⑫ 《编年史》(Chronicon);米涅编:《拉丁教父文献全集》,XXVII,689—690。见H. 乌泽纳(H. Usener)"四位拉丁语法学者"("Vier Lateinisch Grammatiker"),《莱茵文学博物馆》(Rheinisches Museum für Philologie)第23卷(1868),492。

⑬ 见F. 福克斯(F. Fuchs):《中世纪君士坦丁堡的大学》(Die Höheren Schulen von Konstantinopel im Mittelalter),2。

⑭ 《狄奥多西法典》,XIV,9,3。

第二章 自君士坦丁大帝至查士丁尼时代的帝国

《狄奥多西法典》。——自狄奥多西二世统治时期开始,有了保存至今的最古老的罗马皇帝们的法令汇编。长期以来,帝国一直需要这样一部法令汇编,因为无数分散的法令易于被人遗忘或丢失,因而,引起当时司法执行中的混乱,给法官们造成了许多困难。当时有两部较早的敕令集:《格雷格利亚努斯法典》(*Codex Gregorianus*)和《赫尔墨吉尼乌斯法典》(*Codex Hermogenianus*),可能是据其作者格雷格利亚努斯及赫尔墨吉尼乌斯而得名。但关于这两位作者,人们所知甚少。其中第一部敕令集可回溯到戴克里先时期,可能包括了自哈德良至戴克里先时期的敕令。第二部敕令全集则包括了4世纪后期到4世纪60年代的敕令。这两部法典均已失传,只能通过尚存的残卷得知它们的存在。

狄奥多西的计划是,以前两部早期法典为模式颁布一个法令汇编。它将包括自君士坦丁大帝至狄奥多西二世时期的基督教皇帝们的敕令。由皇帝指派的编委会经过八年的工作,用拉丁文编出了所谓《狄奥多西法典》。它于438年在帝国东部颁布,此后不久,即被引入帝国西部。狄奥多西的法典分为16卷,每卷分为若干条款(*tituli*)。各卷分别论述政府统治的某些方面,如官制、军事、宗教生活等。在每一条款下的敕令依其颁布的年代顺序排列。在此法典颁布之后发布的敕令被称为"新律"(*leges novellae*)。[13]

狄奥多西的法典有伟大的历史意义。首先,它是有关4—5世纪帝国内政史的最有价值的资料。由于它也包括了基督教成为国

---

[13] O.希克:"《狄奥多西法典》的颁布"("Die Quellen des Codex Tehodosianus"),《311—476年皇帝和教宗的统治》(*Regesten der Kaiser und Päpste fur die Jahre 311 bis 476n. Chr.*),1—18。

教时期的敕令,因而可以认为,这部法令集在某种意义上概括了基督教这一新教在司法领域贯彻了何种目标和它为司法实践带来的变化。其次,这一法典同前两部早期法典一起,构成了查士丁尼后来的立法活动的坚实基础。最后,狄奥多西的法典在日耳曼人迁徙期间被引入西部帝国,与两部早期法令集、后来的新律和帝国时期罗马的少数其他法律文献(如盖尤斯的《法学阶梯》)一起,对蛮族的立法发生了直接或间接的巨大影响。著名的、为西哥特人统治下的罗马臣民所定的《西哥特罗马法》(*Lex Romana Visigothorum*)只不过是《狄奥多西法典》和上述其他资料的删节本。所以《西哥特罗马法》也被称为《阿拉里克节选本》(*Breviarium Alaricianum*),此即由西哥特王阿拉里克二世在 6 世纪初颁布的节选本。这是《狄奥多西法典》对蛮族立法的直接影响的例证。但是更常见的是通过这部西哥特法典而产生的间接影响。在中世纪早期,包括查理曼时代,西欧立法亦受到这一《节选本》的影响,成为罗马法在西欧的主要资料。这清楚地表明,罗马法在蛮族迁徙时期就已经影响了西欧而不是通过《查士丁尼法典》,《查士丁尼法典》在西欧之传播要晚得多,约在 12 世纪前后。这一事实有时被学者们所忽视,甚至像菲斯泰尔·德·库朗热这样著名的历史学家也说:"科学证明,查士丁尼的法律集在高卢的影响后来持续到中世纪。"[13]《狄奥多西法典》的影响更为深远,因为《阿拉里克节选本》显然在保加利亚的历史中发挥了某种作用。至少,这是克罗地亚学者博吉希奇(Bogišič)的意见,他的论点后来被保加利亚学者

---

[13] 《古代法国政治制度史》(第 2 版,1904 年),513。

鲍布切夫（Bobtchev）所发展和证实，他认为，《阿拉里克节选本》是被教皇尼古拉一世送给保加利亚王鲍里斯的，是在鲍里斯866年请求教皇赐予保加利亚《宇宙法典》（leges Mundanae）之后。为答复这一要求，教皇在其"致保加利亚执政官的回信"（Responsa papae Nicolai ad consulta Bulgarorum）中声称，他将送给保加利亚人一部"罗马人的不朽法典"（venerandae Romanorum leges）。博吉希奇和鲍布切夫认为，此即《阿拉里克节选本》。[133] 即使如此，这一法典在古代保加利亚人中的价值也不能过于夸大。因为，几年之后，鲍里斯即与罗马教廷决裂，并向君士坦丁堡靠拢。但是，仅就教皇送《节选本》这一事实本身，即可说明在9世纪该节本在欧洲生活中的重要性。所有上述例证显然说明了《狄奥多西法典》的伟大深远的影响。[134]

君士坦丁堡的城墙。——君士坦丁堡城墙的建筑亦是狄奥多西时期的重要事件。君士坦丁大帝曾在新都周围建筑了城墙。到狄奥多西二世时期，该城市的扩展已远远超出了城墙的范围。因此有必要采取新的手段来防护城市，抵抗敌人的进攻。罗马城于410年被阿拉里克攻克的命运，对于君士坦丁堡是一个严重警告，

---

[133] V.博吉希奇：《成文法在斯洛文尼亚南部。萨格勒布》（Pisani Zakoni na slovenskom jugu. U Zagrebu），11—13；S.鲍布切夫：《古代保加利亚法制史》（History of the Ancient Bulgarian Law），117—120。

[134] 有一部由克利德·法尔（Clyde Pharr）翻译的该法典英译本，同译者有T.S.戴维森（T.S.Davidson）和M.B.法尔（M.B.Pharr），普林斯顿大学出版社出版，1951年。也见阿道夫·贝格尔（Adolph Berger）和A.阿瑟·席勒（A. Arthur Schiller）：《英美对罗马、希腊及希腊-埃及法典及有关学科研究目录》（Bibliography of Anglo-American Studies in Roman, Greek And Greco-Egyptian Law and Related Sciences），75—94；此乃非常有用的作品，其中有多处论及拜占庭时期的问题。

君士坦丁堡于5世纪上半期也受到匈奴人侵扰的威胁。

这一极其困难的问题由狄奥多西宫廷中一些有才干的人着手解决了。城墙修筑分两期完成。在狄奥多西幼年时期,当时的摄政、禁卫长官安提米乌斯(Anthemius)于413年修了一道筑有数座塔楼的城墙。该城墙自马尔马拉海延伸至金角湾,屹立于当年君士坦丁大帝的城墙以西。这堵曾经保护了首都免遭匈奴人进攻的安提米乌斯新城墙,至今仍残存于马尔马拉海以北至拜占庭皇宫的废墟之间,该皇宫即众所周知的泰克福尔·塞雷宫(Tekfour Serai)。一次强烈的地震摧毁了该城墙,于是,大政区长君士坦丁重修了城墙,并在其外围筑了另一道城墙及许多塔楼,墙外环以很深的护城壕,并注满了水。于是,在陆地上,君士坦丁堡有了三道防线:两道由台地隔离开的城墙和外墙周围的深沟。在君士坦丁堡市长居鲁士(Cyrus)任期内,又在沿海修筑了新的城墙。在这些城墙上的两篇铭文(一篇希腊文,一篇拉丁文)中谈到了狄奥多西的建筑活动,该铭文被断定是修筑城墙时的铭文,至今仍清晰可见。此外,居鲁士时期,在首都街道实行了夜间照明。[13]

---

[13] 见《复活节编年史》(*Chronicon Pasehale*),I,588。关于居鲁士和君士坦丁的建筑活动,见柏里《晚期罗马帝国史》,I,70,72和72页注2。并见A.范米林根(A. Van Millingen)《拜占庭的君士坦丁堡,城墙及相关历史遗迹》(*Byzantine Constantinople, the Walls of the City and Adjoining Historical Sites*),48;B.梅耶-普拉特(B. Meyer-Plath)和A. M.施内德(A. M. Schneider):《拜占庭的陆上城墙》(*Die Landmauer von Konstantinopel*)。柏里没有使用的关于居鲁士传记的一些新的材料,见于"圣丹尼尔-斯蒂利特之一生"("Life of St. Daniel the Stylite"),刊于H.德莱哈耶(H. Delehaye)编《博兰会文集》(*Analecta Bollandiana*),XXXII(1913),150。德莱哈耶:《斯蒂利特的圣徒们》(*Les Saints Stylites*),30—31。也见N.贝恩斯"圣丹尼尔的一生"("The Vita S. Danielis"),《英国历史评论》,XV(1925),397。(博兰会是续编圣使徒传的组织。——译者)

拜占庭世界

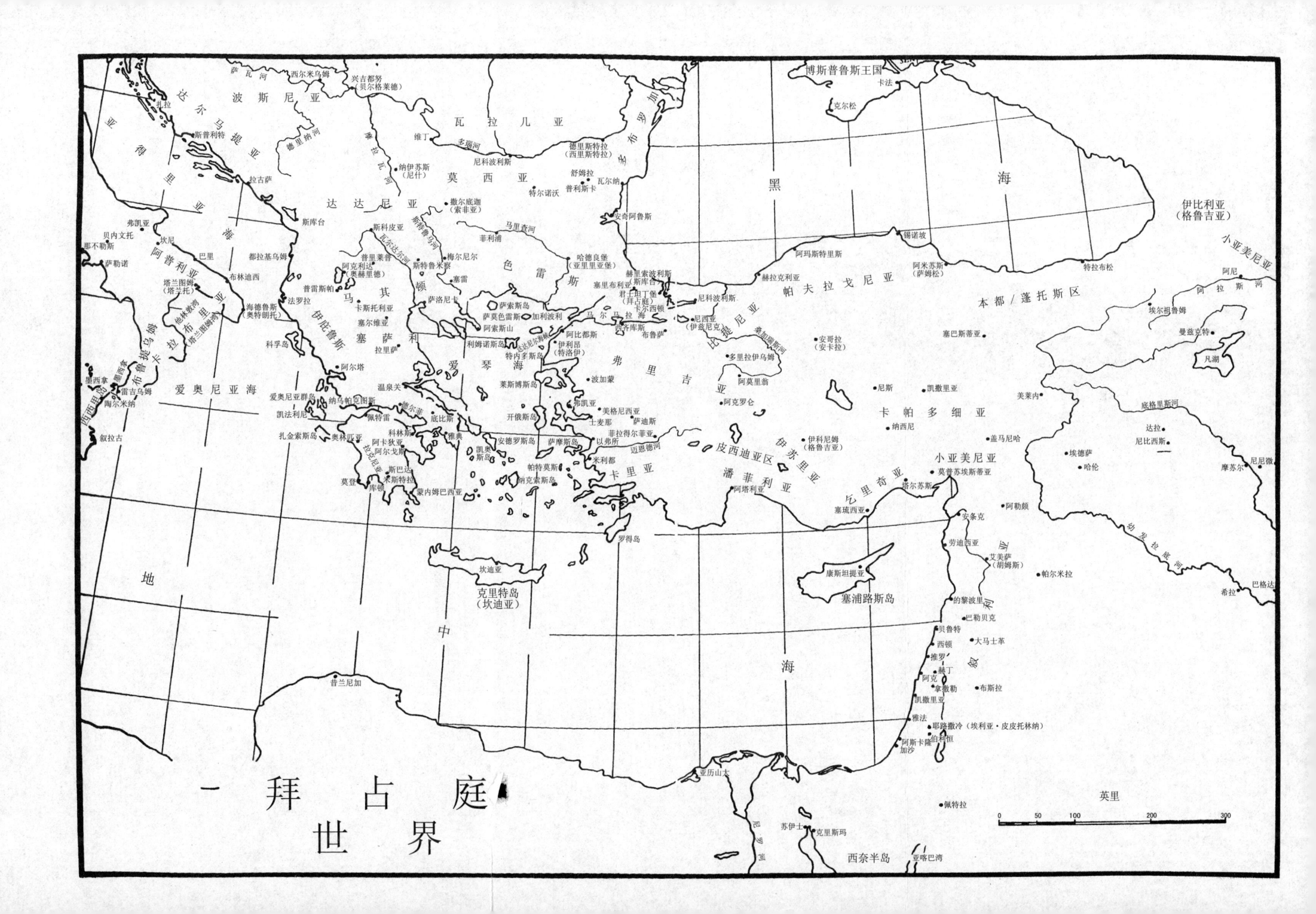

(地图：拜占庭世界)

主要区域标注：
- 博斯普鲁斯王国
- 达尔马提亚
- 波斯尼亚
- 瓦拉几亚
- 多布罗加
- 黑海
- 伊比利亚（格鲁吉亚）
- 莫西亚
- 达达尼亚
- 色雷斯
- 小亚美尼亚
- 马其顿
- 帕夫拉戈尼亚
- 本都/蓬托斯区
- 伊庇鲁斯
- 塞萨利
- 比提尼亚
- 弗里吉亚
- 卡帕多细亚
- 爱奥尼亚海
- 爱琴海
- 皮西迪亚区
- 伊苏里亚
- 小亚美尼亚
- 卡里亚
- 潘菲利亚
- 乞里奇亚
- 叙利亚
- 地中海
- 克里特岛（坎迪亚）
- 塞浦路斯岛
- 西奈半岛

主要城市和地名：
萨瓦河、西尔米乌姆、兴吉都努（贝尔格莱德）、扎拉、斯普利特、拉古萨、德里纳河、德拉瓦河、维丁、多瑙河、纳伊苏斯（尼什）、尼科波利斯、德里斯特拉（西里斯特拉）、卡法、克尔松、舒姆拉、尔布纳、普雷斯拉夫、特尔诺沃、安奇阿鲁斯、撒尔底迦（索非亚）、特尔诺沃、阿尔尼萨、斯库台、斯库皮亚、马里查河、菲利浦、哈德良堡（亚德里亚堡）、阿玛斯特里斯、阿米苏斯（萨姆松）、特拉布松、尼科波利斯、贝内文托、那不勒斯、坎尼、萨勒诺、巴里、都拉基乌姆、阿克利达（奥赫里德）、斯特鲁米察、梅里尼克、塞雷、塞萨洛尼基、赫拉克利亚、塞里布利亚、君士坦丁堡（拜占庭）、尼科美底亚、尼西亚（伊兹尼克）、布鲁萨、埃尔祖鲁姆、曼兹克特、塔兰图姆（塔兰托）、布林迪西、奥特朗托、法罗斯、海德鲁姆、科孚岛、普雷斯帕、塞尔维亚、萨洛尼卡、阿索斯山、萨莫色雷斯、加里波利、马尔马拉、卡尔西顿、尼西亚、伊兹尼克、布鲁萨、安哥拉（安卡拉）、凯撒里亚、塞巴斯蒂亚、美莱内、底格里斯河、阿尔塔、温泉关、莱斯博斯岛、波加蒙、阿莫里翁、达拉、尼比西斯、摩苏尔、哈伦、埃德萨、盖马哈、叙拉古、陶尔米纳、雷吉乌姆、墨西拿、爱奥尼亚群岛、爱尔马帕克图、纳夫帕克图、特尔斐、底比斯、开俄斯岛、弗凯亚、美格尼西亚、士麦那、马格尼西亚、萨迪斯、特拉勒尔亚、以弗所、伊科尼姆（格鲁吉亚）、纳西尼、凡湖、扎金索斯岛、奥林匹亚、科林斯、拉凯狄亚、拉戈尼亚、雅典、凯奥斯岛、安德罗斯岛、萨摩斯岛、帕特莫斯岛、米利都、迈恩德河、阿克罗仑、阿塔利亚、塞琉西亚、莫普苏埃斯蒂亚、塔尔苏斯、安条克、阿勒颇、莫登、库顿、斯巴达、米斯特拉、蒙内姆巴西亚、纳克索斯岛、罗得岛、芳迪西亚、艾美萨（胡姆斯）、帕尔米拉、巴格达、坎迪亚、康斯坦提亚、的黎波里、巴勒贝克、贝鲁特、西顿、大马士革、推罗、赫丁、阿克、拿撒勒、布斯拉、凯撒里亚、雅法、耶路撒冷（埃利亚·皮皮托林纳）、阿斯卡隆、伯利恒、加沙、昔兰尼加、亚历山太、佩特拉、苏伊士、克里斯玛、亚喀巴湾、尼罗河、幼发拉底河

比例尺：英里 0 50 100 200 300

狄奥多西二世逝于450年。尽管他软弱,缺乏一个政治家的能力,但他的长期统治对此后的历史却有相当重要的意义,尤其从文化角度来看。狄奥多西由于幸运地选择了可信的官员,因而成就了伟大的业绩。君士坦丁堡的高等学府和《狄奥多西法典》一直是5世纪早期文化运动的杰出成就。在这一时期修筑的城墙,使得君士坦丁堡在许多世纪内难以被拜占庭的敌人攻破。N.H.贝恩斯评价道:"从某种意义上讲,君士坦丁堡的城墙对于东部帝国,就意味着枪和炮,由于缺乏这些,西方的帝国才毁灭了。"[63]

马西安(450—457年在位),利奥一世(457—474年在位)和阿斯帕尔

狄奥多西死后没有留下继承人。他的上了年纪的姐姐普尔喀丽娅同意做马西安(一个色雷斯人)名义上的妻子,随后,马西安称帝。马西安是个很有能力的谦和的士兵,他之所以能继承皇位只是由于当时颇有影响的将军、阿兰人阿斯帕尔的恳求。

在4世纪末和5世纪初成为国家真正威胁的哥特人问题在阿卡第时期已获得有利于政府的解决。然而,拜占庭军队中的哥特人在帝国内部仍是一股势力,尽管其影响力已大大减弱,而且在5世纪中期,蛮族人阿斯帕尔在哥特人支持下,试图再次恢复哥特人以往之势力。他也曾一度成功,两个皇帝马西安和利奥一世,都是由于阿斯帕尔的努力而被拥立为帝的,而阿斯帕尔的阿利乌斯派信仰是他自己未能登上皇位的唯一障碍。于是,首都再次公开表

---

[63] 《拜占庭帝国》,27。

示了对阿斯帕尔、他的家庭和蛮族在军队中影响的普遍不满,有两个事件加深了哥特人与首都市民的对立。利奥所发动的对汪达尔人的出海征伐,耗费了大量钱财和精力,却遭到了完全的失败。人们指责阿斯帕尔是叛徒,因为他曾反对这次远征——这是很自然的,因为这次战争的目的是要击溃汪达尔人,即日耳曼人。当时,阿斯帕尔已经从利奥那里为自己的儿子谋取了恺撒的爵位,即帝国的最高爵位。皇帝决定摆脱日耳曼人的控制,于是,他在驻扎于首都的好战的伊苏里亚人帮助下处死了阿斯帕尔和他的一些家人,给日耳曼人在君士坦丁堡宫廷中的势力以致命打击。由于这些屠杀行为,利奥一世从他的同时代人那里得到"刽子手"(*Makelles*)的称号,但是历史学家 Th. I. 乌斯宾斯基却肯定,仅依此事件而给予利奥一世"伟人"称谓是可以的,因为这件事是使军队实现民族化,动摇蛮族军队优势地位的重要步骤。[13]

经常构成帝国最大威胁的匈奴人在马西安时期从多瑙河中游进入帝国西部各省,后来他们在那里进行了著名的卡塔劳温战役(Catalaunian battle)。此后不久,阿提拉去世。他的巨大帝国瓦解了,匈奴人对拜占庭帝国的威胁在马西安时期消除了。

第四次基督教全体主教公会议。——马西安即位时,面临着他的前任皇帝未能解决的教会内部事务极为复杂的局面。这时,一性派已成为胜利者。马西安因倾向于前两次基督教全会的立场,不能容忍这一胜利;于是,他于451年在卡尔西顿召集了第四次基督教全体会议。事实证明,这次会议对于以后的历史都具有

---

[13] 《拜占庭帝国》,I,330。

重大影响。出席这次会议的使节甚多,且有罗马教宗派来的代表。

这次会议谴责了以弗所"强盗会议"的决议,罢免了狄奥斯库鲁,拟定了一个完全否定一性派教义且与罗马教宗观点完全一致的宗教信条。会议认为"唯一的、同一基督兼有人神两性。两性不可混淆,不可改变,不可离散"。肯定了前几次基督教全体会议的主要教义,成为正统教会宗教教义的基础。

卡尔西顿宗教会议的决议在拜占庭历史上也有巨大的政治意义。拜占庭统治者由于在5世纪公开反对一性派,使东方行省,即叙利亚与埃及疏远了帝国,因这里的大部分人都是一性派信徒。即使在451年的宗教会议谴责了一性派之后,一性派仍坚持他们的宗教信条是正宗,不愿意做任何妥协。埃及教会还取消了在宗教仪式中使用希腊语的传统,开始使用埃及的民族语(柯普特语)做礼拜。在耶路撒冷、亚历山大和安条克,由于被帝国强制推行此次宗教会议的决议而引起的宗教骚乱,则带有严重的民族起义的性质。这些骚乱由于军政当局的血腥屠杀才被镇压下去。然而,镇压并没有解决这一时期的根本问题。在复杂的、越来越尖锐的宗教争端的背景下,清晰可辨的是明显的民族矛盾,在叙利亚和埃及尤其如此。埃及和叙利亚的地方居民渐渐地确信他们渴望脱离拜占庭帝国。东方各行省的宗教骚乱及这些地区民族成分的混杂,为7世纪波斯人和阿拉伯人先后征服这些富庶、文明发达地区提供了便利。

卡尔西顿宗教会议的法规第28条引起的皇帝与罗马教宗之间的争执,也是十分重要的。虽然该条款没有被罗马教宗所承认,但它在东方帝国却被普遍接受。它提出了君士坦丁堡牧首和罗马教宗的位次关系问题,该问题早在第二次基督教全会的第 3 条款中已有决议,根据上述决议,卡尔西顿宗教会议第 28 条给予"新罗马最神圣的宗座与其所驻城市相应的特权,这座城市由于教宗和元老院而享有殊荣且与旧都罗马城同样受到尊重,因而,在宗教事务上也应与罗马同等重要,但位于罗马教宗之次。"[13]此外,该条款亦给予君士坦丁堡大主教为本都、亚细亚、色雷斯等几个多民族混居的行省授主教职的权力。Th.I.乌斯宾斯基说:"这一决议足以使人想到,这三个名称包含了所有在东方、在南俄罗斯和巴尔干半岛上基督教传播的地区,以及所有那些东方传教士事实上已在相应地区获得的教区。至少,这就是后来捍卫君士坦丁堡牧首之权益的希腊圣典学者们的意见。总之,这就是法规第 28 条的世界性意义。"[19]因此,马西安和利奥一世都是严格的信奉正统教义的皇帝。

芝诺(474—491 年在位),奥多阿克和东哥特人狄奥多里克

利奥一世去世(474 年)后,皇位传给了他六岁的外孙利奥,小利奥在同年把皇位交于他的父亲芝诺后去世。* 芝诺在他的儿子死后,成为唯一的皇帝(474—491 年在位)。他的继位标志着一支新的蛮族势力在宫廷中排挤了日耳曼人势力,此即伊苏里亚人的

---

[13] J.D.曼西:《新编圣公会议文集》(1762 年),VII,445。
[19] 《拜占庭帝国》,I,276。
* 此以皇帝的亲人为"共治"帝之习俗,始自戴克里先时期"四头政治",在整个拜占庭时期均可见。——译者

势力,芝诺是这一极其野蛮的民族之一员。当时,伊苏里亚人在首都占有了最好的地位和最重要的官职。芝诺很快意识到即使在他自己人中间,有人也在阴谋反对他,于是他在平息山区伊苏里亚人的叛乱时表现得十分果断。他命令这里的居民拆除他们的大部分防砦。然而,在芝诺一生中,帝国内部伊苏里亚人的优势地位却一直存在。

芝诺统治时期,意大利还发生了极其重要的事件。5世纪后半期,日耳曼人的军队首领之势力有了极大的发展,他们的意愿几乎可以决定西方罗马皇帝的废立。476年,这些蛮族人首领之一奥多阿克(Odovacar)废黜了最后一个皇帝、年轻的罗慕洛·奥古斯都,他自己成为意大利的统治者。为了使自己在意大利的统治更加稳固,奥多阿克从罗马元老院派出了使团,向芝诺承诺意大利不需要另一个皇帝,芝诺可以成为整个帝国的皇帝。同时,奥多阿克请求芝诺赐予他罗马贵族的爵位,并责成他来管理意大利。这一要求得到批准。奥多阿克成为皇帝合法指派的意大利统治者。过去,人们认为476年是西方罗马帝国灭亡的年份。但这是不正确的。因为在5世纪时,并不存在一个独立的西罗马帝国。如同过去一样,这个时期只有一个罗马帝国,由两个皇帝治理,一个在西部,另一个在东部。在476年,帝国只有一个皇帝,即东部帝国的统治者芝诺。

成为意大利的统治者之后,奥多阿克采取了明显的独立态度。芝诺也完全意识到这一点。鉴于他不能公开地反对奥多阿克,他决定利用东哥特人。自从阿提拉的匈奴帝国瓦解后,东哥特部族一直留在潘诺尼亚。在其国王狄奥多里克的领导下,频繁地侵扰巴尔干半岛,甚至威胁到帝国的首都。芝诺成功地诱使狄奥多里克把注意力转向意大利那些富庶的行省,从而达到了一箭双雕的目的:一方面,他摆脱了北方邻国的威胁,同时,又利用外部势力解决了他与讨厌的意大利统治者之间的矛盾。无论如何,对于芝诺来说,狄奥多里克留在意大利总要比他留在巴尔干半岛少一些威胁。

狄奥多里克转向意大利后,打败了奥多阿克,控制了其首府拉文纳。在芝诺死后,狄奥多里克在意大利建立了东哥特王国,定都拉文纳。于是,巴尔干半岛完全摆脱了东哥特人的威胁。

合一通谕。——芝诺统治时期的主要问题是宗教问题,经常引发诸多骚乱。在埃及和叙利亚,以及巴勒斯坦和小亚细亚的某些地区,人们顽固地坚持一性派信条。芝诺的两位前任皇帝所实行的正统宗教政策在东方很不得人心。教会领袖也完全意识到这一严峻形势。后来,倾向于卡尔西顿决议的君士坦丁堡牧首阿卡第和亚历山大牧首彼得·孟古斯(Peter Mongus)特别急切想找到使教会濒临分裂的各派相互妥协的途径。他们向芝诺提出建议,也欲尝试以某种双方都能接受的妥协方案达到相互谅解。芝诺接受了这一建议,并于482年颁布了《合一通谕》(*Henoticon*)*,致亚历山大牧首管区的那些教会。在这一法令中,他在涉及耶稣基督的两性,即其人性和神性的结合问题时,极力避免谈及任何对正教教义或一性派教义的不敬。《合一通谕》充分肯定了在第一次和第二次基督教全体主教公会议上提出的、而在第三次基督教全体

---

* Henoticon 为希腊文 ἑνωτικόν(即联系、联合之意)的音译。——译者

主教公会议上得到承认的宗教基础：宣布将聂斯脱利和优迪克斯及其从人逐出教会，并指出："耶稣基督按神性而言与天父有相同的本质，按人性而言与我们有相同的本质。"然而，《合一通谕》显然避免使用"一性"或"两性"的措辞，也不提卡尔西顿宗教会议关于基督的两性结合的说法。在《合一通谕》中只有一处提到卡尔西顿宗教会议，是用这样的措辞："于是，朕在此诅咒所有那些曾经坚持、正在坚持或在任何时候，无论它是卡尔西顿会议或任何其他宗教会议上坚持任何其他不同信条的人。"⑭

起初，《合一通谕》似乎改善了亚历山大城的局势，但终究没有能使正教派或一性派都满足。正教派不甘心向一性派让步；一性派则考虑到《合一通谕》措辞混乱，认为让步不够。于是在拜占庭帝国的宗教生活中产生了新的矛盾。教派的数量也增加了。有一部分教士拥护和解的想法因而支持《合一通谕》，而正教派和一性派运动的极端分子不愿意做任何妥协。那些坚定的正教徒被称为"不眠者"（Akoimetoi）＊，因为在这些人的修道院中，宗教仪式昼夜不停地进行，因此，他们须把其成员分为三班；一性派的极端派称为"无首脑派"（Akephaloi），因为他们不承认已接受《合一通谕》的亚历山大教会牧首是他们的首领。罗马教宗也反对《合一通谕》，他分析了对《合一通谕》不满的东方教士的抱怨，然后研究了

---

⑭ 埃瓦格留斯（Evagrii）：《基督教会史》（Historia Ecclesiastica），III，14；J. 比德和 L. 帕芒蒂耶编，113。《叙利亚编年史》（The Syriac Chronicle），即《米蒂利尼的扎哈利编年史》（Chronicle of Zachariah of Mitylene），III，8；F.J. 哈米尔顿（F.J. Hamilton）和 E.W. 布鲁克斯（E.W. Brooks）译，123。

＊ 此处的教派名称皆出自希腊语。——译者

《合一通谕》,决定在罗马举行的一次宗教会议上谴责君士坦丁堡牧首阿卡修斯(Acacius),并将他破门。阿卡修斯则在其祈祷时不再提教宗的名字以示报复。这实际上是东西方教会间第一次真正的分歧;这一状态持续到518年查士丁一世继位之时。[109] 于是,以5世纪日耳曼人诸王国在西方的建立为标志的帝国东、西两部分的政治裂痕。在芝诺统治时期又因宗教上的纠纷而扩大了。

阿那斯塔修斯一世(491—518年在位)

伊苏里亚人问题的解决,波斯战争。保加利亚和斯拉夫人的侵袭,长城,与西方的关系。——芝诺死后,其寡妻阿里阿德涅选择了年迈的阿那斯塔修斯为她的丈夫。阿那斯塔修斯出生于都拉基乌姆,在宫廷中担任一极小的官职——宫廷侍卫官(*silentiarius*)[110],只是在他签署了一份不采取任何宗教改革政策的书面保证后才得以加冕为帝,这一提议是由坚定的卡尔西顿派、君士坦丁堡牧首提出的。

阿那斯塔修斯遇到的第一个问题,是解决伊苏里亚人问题,因为他们在芝诺统治期间已取得了相当的权利。他们享有特殊地位,激怒了首都人民。当阿那斯塔修斯得悉他们自芝诺死后一直在阴谋反对新任皇帝时,遂采取了紧急行动。一些重要岗位撤换

---

[109] 见 S. 萨拉维尔(S. Salaville)"《合一通谕》事件和5世纪拜占庭分裂的开端"("L'Affaire de l'Hénotique ou le premier schisme byzantin au Ve siècle"),《东方之声》(*Échos d'Orient*),XVIII(1916)225—265、389—397;XIX(1920)49—68、415—433. 文中也包括有关于阿那斯塔修斯统治的讨论。

[110] 宫廷侍卫官,即皇帝上殿召集会议及料理朝政时守卫宫廷大门的卫士。

了伊苏里亚人,没收他们的财产,把他们逐出首都,之后经过长达六年艰苦的斗争,伊苏里亚人才在他们的故乡伊苏里亚被制伏。许多人迁徙到色雷斯。阿那斯塔修斯的伟大贡献就在于他彻底地解决了伊苏里亚人问题。

在对外事务上,除了同波斯进行的旷日持久而又毫无益处的战争外,多瑙河前线的局势对此后的历史有很大的影响。自东哥特人离开此地迁往意大利后,在阿那斯塔修斯统治时期,保加利亚人、盖塔人、斯基泰人在帝国北方边境经常进行侵扰。5世纪侵袭拜占庭领土边境地区的保加利亚人,是匈奴人(突厥人)的一支。芝诺统治时期的史料,在涉及拜占庭帝国北方东哥特人的迁徙时,第一次提到巴尔干半岛上的保加利亚人。

至于盖塔人和斯基泰人这两个含混不清的称呼的提出,是由于当时的编年史家还不太了解帝国北方民族的大致构成,因此,这两个称呼很可能是概括的称呼。历史学家们认为他们可能包括一些斯拉夫部族。7世纪早期的拜占庭历史学家塞奥菲拉克特(Theophylact),则直接指出盖塔人即斯拉夫人。⑬ 那么,就在阿那斯塔修斯统治时期,斯拉夫人和保加利亚人开始了对巴尔干半岛的侵扰。据一则史料,"一支盖塔人的骑兵"蹂躏了马其顿、塞萨利、伊庇鲁斯,甚至远抵温泉关。⑭ 有些学者甚至提出斯拉夫人在更早时期已进入巴尔干半岛。例如俄罗斯学者德里诺夫(Dri-

---

⑬ 《历史》(*Historiae*),III,4,7;C.德博尔编,116。见柏里:《晚期罗马帝国史》,I,434—436。

⑭ 科米蒂斯·马尔切利努斯:《编年史,至517年》(*Chronicon, ad annum 517*);T.蒙森编,II,100。

nov)即以其对巴尔干半岛上的人名和地理名称的研究为根据,把斯拉夫人移居巴尔干半岛的开端定于2世纪后期。⑮

阿那斯塔修斯时期,保加利亚人和斯拉夫人的侵扰在当时没有造成巨大影响,因为这些蛮族匪帮在抢劫了拜占庭民众后,即回到他们的出发地。然而,这些侵扰是6世纪查士丁尼时期斯拉夫人大规模侵入巴尔干半岛的前奏。

为保卫首都免遭北方民族的侵扰,阿那斯塔修斯在色雷斯地区君士坦丁堡西方约40英里处修筑了所谓"长城"。该城墙自马尔马拉海伸展到黑海,"使这座城市,"据一则史料说,"不再是一个半岛而成为事实上的岛屿。"⑯然而,这一长城并没有达到初建时所定的目标。由于施工仓促,加之地震造成的裂缝,使它不能成为阻止敌人接近君士坦丁堡的真正屏障。现在土耳其人几乎在同一地点修筑的防卫系统卡塔尔雅防线,十分接近阿那斯塔修斯城墙旧址。其残迹现今仍可见到。

在阿那斯塔修斯时期,西欧发生了更重大的变化。狄奥多里克成了意大利国王;而在更远的西北方,克洛维早在阿那斯塔修斯即位之前已建立强盛的法兰克王国。这些王国均屹立于原来属于罗马皇帝,即当时的拜占庭皇帝的疆土上。自然,遥远的法兰克王国不可能独立于君士坦丁堡的权力之外;况且,在被征服民族的眼

---

⑮ 《斯拉夫人之占据巴尔干半岛》(*The Slavic Occupation of the Balkan Peninsula*)。目前,在苏维埃俄国(指20世纪50年代的苏联。——译者),人们对于斯拉夫人入侵巴尔干半岛问题表现出极大的兴趣。在这一论题上发表了许多篇论文,德里诺夫的理论颇受欢迎。德里诺夫的著作已被收入他的一部新版著作集中,由 V. 兹拉塔尔斯基编辑,I,139—364。

⑯ 埃瓦格留斯:《基督教会史》,III,38;比德和帕芒蒂耶编,136。

第二章 自君士坦丁大帝至查士丁尼时代的帝国

中,新来者只有得到来自博斯普鲁斯海岸的正式认可才有真正的权威。因此,当哥特人拥立狄奥多里克为意大利国王时,据一位当代编史家称,虽然"没有等到帝国新任君主(阿那斯塔修斯)的指定"[⑰],狄奥多里克还是请求阿那斯塔修斯赐予他后来由奥多阿克还给芝诺的帝国权力的标志。经过长期的谈判,并数次向君士坦丁派遣使团的活动,阿那斯塔修斯承认了狄奥多里克是意大利的统治者,于是狄奥多里克的统治在意大利人民眼中合法化。[⑱] 然而,哥特人的阿利乌斯派信仰,成为哥特人和意大利居民之间建立进一步友好联系的障碍。

至于法兰克王克洛维,阿那斯塔修斯送给他一张令状,授予他执政官头衔,克洛维感激涕零地接受了。[⑲] 当然,这仅仅是名誉执政官头衔,并不包括在这一地位所行使的责权。然而,这对于克洛维却是至关重要的。高卢地区的罗马人只认可东方的皇帝是最高权力的持有者,只有他才能将所有其他权力恩赐于人。阿那斯塔修斯授以克洛维执政官的证书,向高卢民众证实了克洛维统治的合法性,使克洛维具有了理论上仍是罗马帝国之一部分的行省总督身份。

拜占庭皇帝与日耳曼王国的这些关系清楚地表明,在5世纪

---

⑰ 阿诺尼姆斯·瓦勒希亚努斯(Anonymous Valesianus),Par.57;V.格尔德豪森(V. Gardhausen)编,295;T.蒙森编:《编年史》(Chronica Minora),I,322。

⑱ 见 J. 桑德威尔(J. Sundwell)《论罗马帝国的衰落》(Abhandlungen zur Geschichte des ausgehenden Römertums),190—229。

⑲ 都尔主教格雷高利(Gregorii Turonensis Episcopi):《法兰克人史》(Historia Francorum),II,38(XXVIII);H.奥蒙(H. Omont)和G.科伦(G. Collon)编,72。(见《法兰克人史》中文版[商务印书馆],97—98。——译者)

晚期和6世纪早期,关于一个帝国的观念仍然很强。

阿那斯塔修斯的宗教政策、维塔利安叛乱和内政改革。——阿那斯塔修斯虽然向君士坦丁堡牧首保证不实施任何宗教上的变革。但是,他的宗教政策仍是有利于一性派的;不久以后,他又公开站在一性派方面。这一举动在埃及和叙利亚这些一性派广泛传播的地区受到热烈欢迎。但在首都,皇帝的一性派思想却引起了极大混乱。而且当阿那斯塔修斯仿效安条克教会的做法下令在歌颂"三圣"的祈祷文(神圣·神圣·神圣的我主上帝)中加上"为吾等牺牲"的颂词(即神圣的上帝,神圣的强有力的上帝,神圣的不朽的上帝,为吾等牺牲,受吾等尊崇)时,在君士坦丁堡发生了巨大的骚乱,几乎导致皇帝退位。

阿那斯塔修斯的宗教政策引起了维塔利安(Vitalian)在色雷斯的起义。维塔利安率领着一支由匈奴人、保加利亚人(也许还有斯拉夫人)组成的大军,在一支舰队的掩护下,向首都进发;他的目标是政治性的,即他希望废黜皇帝。但是他却对世人说,他的起兵是为了捍卫受压制的正统教会。经过长期而艰苦的战斗,起义最后被镇压。但这次起义仍具有重要的历史意义。Th.I.乌斯宾斯基曾评论道:"维塔利安通过三次率领他的成分混杂的军队接近君士坦丁堡,又从政府那里攫取了巨量钱财的举动,向蛮族揭示了帝国的弱点和君士坦丁堡的富裕,并教给了他们有关水陆联合作战的战术。"⑲

阿那斯塔修斯的内政尚没有得到充分的研究和相应的评价,

---

⑲ 《拜占庭帝国史》,I,352。

但无疑是激进的,并且对帝国重要的经济和财政问题产生了很大影响。

阿那斯塔修斯的一项十分重要的财政改革就是取消了人们憎恶的"金银税"(chrysargyron),这是一种用金银完税的项目(拉丁文称之为 lustralis collatio,或用其全称 lustralis auri argentive collatio)*,这种税远溯于4世纪早期,征税对象是帝国所有手工业和专门职业者,甚至于奴仆、乞丐和妓女。农民的工具和牲畜,如马、骡、驴和犬等可能也得交这种税。贫困阶层尤其因"金银税"的负担而叫苦不迭。原则上,该税应该每五年只征一次,而实际上,该税的征税日期却由当局随意决定,而且是突如其来的,而且这种税的频繁征收经常逼得百姓走投无路。[⑩] 尽管此税的征收使国库拥有巨额收入,阿那斯塔修斯仍决定取缔它,并公开焚烧了一切有关该税收的文件。民众欣然于这项税收的废除;一个6世纪的历史学家说:"人们需要修昔底德那样善于辞令的人和更为高雅的东西来描述人对皇帝的感激之情。"[⑪] 一则6世纪的叙利亚文资料描述了埃德萨人在迎接废除金银税的敕令到来时的欢悦:

---

* 拉丁文原意为"五年洁净祭"或"五年洁净祭金银税"。系古罗马举行"五年洁净祭"时工商人员所纳的捐税。——译者

[⑩] O. 希克:"五年洁净祭税"("Collatio lustralis"),《古典学实用百科全书》(Real-Encyclopädie der Classischen Altertumswissenschaft),A. F. 保利(A. F. Pauly)和 G. 威索瓦(G. Wissowa)等编,IV,370—376。

[⑪] 埃瓦格留斯:《基督教会史》,III,39;比德和帕芒蒂耶编,137。E. W. 布鲁克斯(E. W. Brooks):《剑桥中世纪史》(Cambridge Medieval History),I,484,称"金银税"为"一种对所有牲畜、庄稼或行业所征的税;柏里:《晚期罗马帝国史》,I,441,"所得税"。

整个城市沸腾了,城中老少民众皆身穿白袍,手持燃烧的长烛和满盛燃香的香炉,唱着赞美上帝和歌颂皇帝的圣歌和颂词,来到圣塞尔吉乌斯和圣西门教堂,在此进行感恩圣餐。然后,他们回到城市,举行了整整一星期的节日喜庆活动,并决定他们将年年庆祝这一节日。城里所有的工匠沉浸在喜悦之中,到大教堂的庭院和所有的城市门廊中举行露天宴会。

以"金银税"名义在埃德萨征集的黄金数是每四年 140 磅。[63] 这一税项的取消使教会特别满意,因为它包含了妓女的收入,这无疑是承认了这一社会弊病的合法性。[64]

自然,"金银税"的废除使国库失去了一笔可观的岁入,但这一损失很快就因采用新税而得到补偿。此即"黄金税"(chrysoteleia),或"以黄金完税",即以现金完税而不是实物税。这显然是阿那斯塔修斯用于维持军队开支的土地税。这对于贫困阶层来说仍是沉重的负担,因此,看起来,整个财政改革是一种更经常的税务摊派而不是真正地减免税收。[65] 也许,在阿那斯塔修斯时期最重要的财政改革,是在他所信赖的大政区长、叙利亚的马里努斯(Marinus)建议下所采取的、取消由城市共和体(库里亚)负责征

---

[63] 《斯提利科的约书亚编年史》(*The Chronicle of Joshua the Stylite*),W. 瑞特编,Chap. XXXI,22。

[64] 柏里:《晚期罗马帝国史》,I,422 页注。

[65] E. W. 布鲁克斯:"从阿卡第到阿那斯塔修斯的东方行省"("The Eastern Provinces from Arcadius to Anastasius"),《剑桥中世纪史》,I,484;E. 施泰因:《拜占庭帝国史研究》(*Studien zur Geschichte des byzantinischen Reiches*),146。

集市政税的体制；阿那斯塔修斯指定一些称为 vindices 的税官来征收市政税。这些管理者可能由大政区长任命。尽管这项新的征税体制相当可观地增加了国库岁入，但在后来的统治时期还是发生了变化。在阿那斯塔修斯统治下，土地贫瘠状况变得比以往更为严重。额外的税收负担施于那些无力的纳税人和贫瘠土地。丰产地的所有者于是有责任向政府纳全税。这一附加税，希腊语称为 epibole（ἐπιβολή），即"增加"、"附加"的意思。这是可回溯至托勒密朝埃及的十分古老的制度。这种制度在查士丁尼大帝统治时期以相当肯定的形式确立下来。⑮ 阿那斯塔修斯也颁行敕令强调，任何一个在同一地方居住满三十年的自由租地农，都得成为"科洛尼"（colonus）*，即附属于土地的人，但他不失去自己的自由人身份和拥有财产的权利。

阿那斯塔修斯一世时期还以大规模的货币改革著称。在498年，他开始发行大铜币弗里斯（follis）及它的小附币。新的币制很受欢迎，在较穷的市民中尤其如此。因为一直处于流通领域的铜币质地甚差，且没有标明币值。新的货币由君士坦丁堡、尼科米底

---

⑮ 关于"epibole"，除了 H. 莫尼耶（H. Monnier）的"拜占庭法制史研究"（"Études du droit byzantin"），《新法制史杂志》（Nouvelle Revue historique de droit），XVI (1892), 497—542, 637—672；还可见 F. 多尔格《论拜占庭财政管理史（尤其在 10—11 世纪）》（Beiträge zur Geschichte der byzantinischen Finanzverwaltung besonders des 10 und 11Jahrhunderts）, 128—133；G. 奥斯特洛戈尔斯基："论拜占庭税制"（"A Byzantine Treatise on Taxation"），《纪念 N. P. 康达可夫学术论文集》（Recueil d'études dédiées à N. P. Kondakov）, 114—115；奥斯特洛戈尔斯基："10 世纪拜占庭帝国的农村公社土地"（"Die ländiliche Steuergemeinde des byzantinischen Reiches im X. Jahrhudert"），《社会经济大季刊》（Vierteljahrschrift für sozial-und Wirtschaftsgeschichte），XX (1927), 25—27。这三篇文章提供了很好的书目索引。

＊ 即"隶农"。——译者

和安条克的三个制币厂锻制,由阿那斯塔修斯管理。阿那斯塔修斯采用的大铜币直到大约 7 世纪后半期一直是帝国的标准流通货币。⑩

在他的人性化改革中,阿那斯塔修斯颁布了禁止在竞技场举行人兽搏斗表演的敕令。

尽管阿那斯塔修斯时常恩准对一些行省和城市,特别是在帝国东部由于对波斯战争而遭破坏的行省城市减免税收,尽管他进行了包括长城、引水渠和亚历山大城的灯塔及其他一些建筑工程的兴建,但到他的统治末年,政府仍有相当雄厚的黄金贮备。据史学家普罗柯比估计(或许有些夸张),这笔财富有 32 万磅黄金,约相当于今 6 500 万到 7 000 万美元。⑬ 阿那斯塔修斯时期的经济状况对于他的第二个继承者查士丁尼的大规模活动有着极其重要的意义。阿那斯塔修斯时代是查士丁尼时代辉煌的序幕。

---

⑩ 见 W.罗思(W.Wroth)《不列颠博物馆中的拜占庭帝国货币目录》(*Catalogue of the Imperial Byzantine Coins in the British Museum*),I,XIII—XIV,LXXVII;柏里《晚期罗马帝国史》,I,440—447。R.P.布莱克(R.P.Blake)的最近的研究成果:"阿那斯塔修斯一世的货币改革及其经济意义"("The Monetary Reform of Anastasius I and Its Economic Implications"),《文化史研究》(*Studies in the History of Culture*),84—97。布莱克写道:"4 世纪早期的物价暴涨现象消除了,实现了合理而稳定的价格标准;至于阿那斯塔修斯的改革事实上对这一事件起多大作用,则由于缺乏更详尽的数据而难以确定。"(97)。

⑬ 《秘史》(*Historia quae dicitur Arcana*),19,7—8;J.豪里(Haury)编,21。德莱哈耶(Delehaye):"斯蒂利特的圣丹尼尔之生平"("Life of Daniel the Stylite"),《博兰会文集》,XXXII(1913),206;法文版,86。亦见贝恩斯"圣丹尼尔生平",《英国历史评论》,XL(1925),402。

小结

自阿卡第至阿那斯塔修斯时期（395—518年）的主要问题是民族和宗教问题，以及那些总是与宗教运动密切相关的政治事件。4世纪晚期，日耳曼人（更确切地说是哥特人）的强权，在首都变得越来越强，以至于威胁到整个国家。这一问题由于哥特人的阿利乌斯派信仰而更进一步复杂化，它所带来的威胁在5世纪初阿卡第统治时期减弱了，而到5世纪中期，当它极为无力地爆发时，被利奥一世完全扫除了。在5世纪末，出现了来自北方的东哥特人的新威胁，芝诺把这种威胁成功地引向意大利。于是帝国东半部的日耳曼人问题得到了有利于政府的处理。

5世纪后半期，帝国的东部也成功地解决了不那么尖锐和典型的民族问题，即伊苏里亚人的权势问题。保加利亚人和斯拉夫人在这一时期仅仅开始骚扰帝国的边界，还不可能预见这些北方人将注定在拜占庭帝国的历史中充当重要角色。阿那斯塔修斯时期仅仅可以被视为巴尔干半岛上的斯拉夫人时代的开始。

这一时期的宗教问题分为两个阶段，至芝诺时期以前为"正教"时期，在芝诺和阿那斯塔修斯时期为一性派时期。芝诺对一性派的偏爱态度和阿那斯塔修斯对一性派的明显同情不仅从教义观点上，而且从政治观点上看都是很重要的。到5世纪末，帝国的西半部尽管在原则上还承认帝国的统一，但在事实上已脱离君士坦丁堡。在高卢、在西班牙、在北非，新的蛮族王国已经建立；意大利实际上是由蛮族首领统治，而且在5世纪末，东哥特王国在意大利已经建立。这种局面说明了东方各行省——埃及、巴勒斯坦及叙利亚——为什么对于罗马帝国的东半部*变得特别重要。芝诺和阿那斯塔修斯的伟大功绩恰在于他们了解到帝国的重心已经转移,并且意识到东方各省的重要性,因而使用一切可能的手段寻找使东方各省与首都紧密联系的途径。鉴于这些东方行省,特别是埃及和叙利亚,普遍地尊崇一性派教义,因此对于帝国来说,唯一的途径是不惜一切代价与一性派妥协。芝诺颁布那道回避主要问题,着意混淆视听的《合一通谕》,即源于此。这是同一性派达成谅解的最初步骤之一。当这一企图未能达到预期效果时,阿那斯塔修斯就决定采用明确的一性派政策。这两位皇帝与他们的前任诸帝相比,都是有政治远见的统治者。他们的一性派政策受到了首都、巴尔干半岛、小亚细亚的多数行省、海上诸岛和巴勒斯坦一些地区有着广泛群众基础的正教运动的对抗。正教也受到罗马教宗的支持,由于《合一通谕》的颁布,罗马教宗与君士坦丁堡断绝了一切关系。政治和宗教之间不可避免的冲突是阿那斯塔修斯统治时期国内宗教骚乱的根源。他未能在生前使帝国实现预期的和平与统一。他的继承者则把帝国引向另一条截然不同的道路,而且,东方诸行省的分离在这一时期之后期已初露端倪。

总之,这一时期充斥了被完全不同的目标和愿望激励着的各个不同民族的相互斗争:日耳曼人和伊苏里亚人企望获得政治上的优势,而埃及的柯普特人和叙利亚人则关心他们宗教教义的胜利。

---

* 本书作者一向强调罗马帝国没有分为两个帝国,而只是由不同皇帝统治的两个部分,因此,此处提到"帝国的东半部"实际上就是指我们通常所称谓的"拜占庭帝国"的有效统治区域。——译者

文学、学术、教育和艺术

从4世纪到6世纪初,文学、学术和教育的发展与基督教和古代异教世界及其伟大文化之间建立密切联系相关。3世纪和4世纪的基督教护教者针对一个基督徒是否允许使用异教资料的争论,没有得出明确的结论。一方面,一些护教者在希腊文化中找到了有价值的东西,认为它与基督教是一致的;另一些人则否认异教古典文化对于基督徒有任何意义,并摒弃它。而在热烈的宗教和哲学争论的中心亚历山大,占优势的是一种完全不同的态度,在那里,关于古典异教文化与基督教的相容性的讨论似乎要把这两种看来互不相容的因素融合到一起。例如,2世纪晚期的作者亚历山大的克雷芒(Clement of Alexandria)就说过:"哲学,作为一个向导,准备了那些被基督称为完美的东西。"⑲然而,在基督教时代前三个世纪内的争论,并没有解决异教文化和基督教的关系。

但是,世界在发展,异教的社会逐渐皈依了基督教,4世纪,基督教受到了特别强大的推动。这一方面是由于政府的保护,另一方面,则是大量的被称为"异端"的人。他们唤醒了知识界的争论,掀起了热烈的讨论,并提出了一系列新的重要问题。与此同时,基督教逐渐吸收了许多异教文化的因素,因此,如克伦巴赫所说:"基

---

⑲ 《教理基础》(*Stromata*),I,5;米涅编:《希腊教父文献全集》,VIII,717—720。

督教的论题不知不觉地披上了异教的外衣。"⁶⁰由于教义和诗歌领域内的伟大作家的作品,4 世纪和 5 世纪的基督教文学更加丰富了,与此同时,异教思想的代表人物继续发展着异教的传统。

在罗马帝国的广阔疆域内,即在 7 世纪的波斯人和阿拉伯人征服之前保持着的帝国疆界内,四五世纪的基督教东方地区有几个风格各异的著名学术中心,其有代表性的学者的巨大影响远远越出其本土城市和行省的界限之外。在小亚细亚的卡帕多细亚,4 世纪有三位著名的"卡帕多细亚人":大瓦西里(Basil the Great),他的朋友、神学家格列高利及瓦西里的兄弟、尼斯的格列高利(Gregory of Nyssa)。叙利亚的重要文化中心是沿海的安条克城和贝鲁特城;贝鲁特城因其在法学领域的研究而特别驰名,其光辉时期大约自公元 200 年起至 551 年。⁶¹在巴勒斯坦,当时的耶路撒冷尚未从提图斯统治时期的破坏中完全恢复。*因此,它在 4—5 世纪的文化生活中没有充当重要角色。但是,恺撒里亚和 4 世纪末以前的巴勒斯坦南部城市加沙与其著名的修辞学家和诗人学派的繁荣,为这一时期贡献了文学和思想的宝库。但是,最重要的还是埃及的城市亚历山大,它始终是在整个亚洲东方**有着广泛而深刻

---

⑥⁰ 《中世纪希腊文学。当代的文学,其发展和目标》(*Die griechische Literature des Mittelalters. Die Kultur des Gegenwart ; Ihre Entewicklung und ihre Ziele*)(第 3 版,1912 年),337。

⑥¹ P.科林内(P. Collinet):《贝鲁特法律学校的历史》(*Histoire de l' École de droit de Beyrouth*),305。

* 此处指罗马皇帝提图斯(79—81 年)指挥下的对犹太人战争造成的破坏。——译者

** 指罗马帝国统治下的东方亚洲行省。——译者

影响的文化中心。注定要在查士丁尼时代有着辉煌前途的新城君士坦丁堡,此时则仅仅开始出现文学活动的痕迹。在君士坦丁堡,官方对拉丁语(在某种意义上是脱离了社会实际生活的语言)的保护特别明显。这一时期对于整个文化和文学运动具有某种重要性的是东方帝国位于其西部的另两个中心:萨洛尼卡和雅典,而雅典和它的异教学园,后来因其胜利的竞争者君士坦丁堡高等学府的兴起而失去了光辉。

通过拜占庭帝国东部和西部各行省文化发展的比较,可揭示出一个有趣的现象:在欧洲的希腊,虽有其古老的人民,但其精神活动和创造性与亚洲及非洲各省的发展相比却是微不足道的,尽管事实上这些行省的大部分,如克伦巴赫所说,只在亚历山大大帝之后才被"发现"和殖民化。克伦巴赫还凭借"我们多数人喜爱的现代数字表达方式"断言,拜占庭的欧洲诸省在这一时期的文化活动中只占全部文化创作活动的十分之一。⑩ 事实上,这一时期的大多数作者来自亚洲和非洲,而在这些地方,自君士坦丁堡奠基以后,所有的历史学家都是希腊人。教父文学在4世纪和5世纪早期进入其发展的光辉时代。

卡帕多细亚的大瓦西里和纳齐昂的格列高利在雅典和亚历山大最好的修辞学校中接受过令人羡慕的教育。但遗憾的是,关于瓦西里的兄弟、三人之中最伟大的思想家、尼斯的格列高利的早期受教育情况已没有确切的资料存在。他们都精通古典文学,并代表了所谓的"新亚历山大运动"。这一运动虽然使用着哲学思想的成果,在研究宗教教义时坚持理性的立场,并拒绝采纳所谓的"亚

---

⑩ 《中世纪希腊文学。当代的文学,其发展和目标》,330。

历山大"学派的极端的神秘主义-寓言性的运动,但他们一直没有放弃教会的传统。这3位作者除了留下那些丰富的神学著作(他们顽强地反对阿利乌斯派,捍卫正教教义)外,还留下了大量演说稿和书信。这些演说稿和书信是这一时期最丰富的文化资料之一部分,但人们还没有从历史的观点对它们加以透彻的研究。纳齐昂的格列高利也留下了一些诗,它们主要涉及神学方面、教义方面和喻世方面,但也有某种历史意义。他的长诗《关于他自己的生活》(About His Own Life)在形式和内容上都可在整个文学领域占有很高的地位。凭借他们的才华,这三位作者成为其城市的唯一代表。"当这三位著名的天才人物逝去时,卡帕多细亚黯然无光了,正是这三个人使它名扬四海。"[65]

叙利亚的文化中心安条克产生了与亚历山大学派相对立的运动。这一运动坚持《圣经》文字上的原意,而不加以任何人为的诠释。这一运动是诸如利巴尼奥斯的学生、安条克的宠儿约翰·赫里索斯顿("金口约翰")这样一批活动家领导的。约翰受过完整的古典教育,兼备非凡的文法和修辞能力,他的大量著作构成了世界伟大文学宝库中的一部分。后代人为他的天才的魅力和高尚情操所倾倒,后来,历代的文学运动都借鉴他的著作中的思想、想象和表达方式,以作为取之不尽的源泉。他的名气如此之大,以至于随着时间的流逝,人们把许多匿名作者的作品归于他名下。但是,确实属于他的那些著作、布道词和演说词以及200余封书信,主要是在他流放期间写成的,它们为我们提供了了解帝国内部生活的特

---

[65] E.菲亚隆(E. Fialon):《关于圣瓦西里的历史和文学研究》(*Étude historique et littéraire sur Saint Basile*)(第2版,1869年),284。

别宝贵的资料。⑭ 后人对他的态度以 14 世纪的拜占庭作者尼斯福鲁斯·卡利斯图斯(Nicephorus Callistus)最为典型,他写道:"我曾读过他写的上千首布道词,它们流溢出无以言表的馨香。从青年时代起,我就热爱他,倾听他的声音就如那声音来自于上帝。而且,我所知,我所为,都是属于他的。"⑮

巴勒斯坦城市恺撒里亚,产生了"基督教会史之父"尤西比乌斯,他生活于 3 世纪后半期到 4 世纪早期,大约于 340 年去世。前文曾提到他是记载了君士坦丁大帝生平的主要作者。尤西比乌斯生活于两个重大历史时期的过渡期:一方面,他目睹了戴克里先及其继承者对基督徒的严酷迫害,并由于他的基督教信仰而身受其害;另一方面,自迦勒里乌斯的敕令之后,他经历了基督教在君士坦丁统治下逐渐胜利的时期,并参与了阿利乌斯派争端,有时还倾向于阿利乌斯派。后来,他成为君士坦丁皇帝最忠实、最亲密的朋友之一。尤西比乌斯写了许多神学和历史著作。在《福音之准备》(Εὐαγγελικὴ προπαρασκευή, Praeparatio evangelica)这部巨著中,他针对异教徒对基督教的宗教攻击进行反驳,为基督徒辩护。在《福音之实证》(Εὐαγγελικὴ ἀπόδειξις, Demonstration evangelica)一书中,他论述了《摩西法典》仅具有世俗方面的意义,《旧约》中之预言已由耶稣实现了。他在《圣经》评注方面的著

---

⑭ J.M.万斯(J.M. Vance):《自约翰·赫里索斯顿开始的 4 世纪晚期拜占庭文学史》(Beiträge zur byzantinische Kulturgeschichte am Ausgange des IV. Jahrhunderts aus den Schriften des Johannes Chrysostomos)。

⑮ 《基督教会史》(Historia ecclesiastica), XIII, 2;见米涅编《希腊教父文献全集》,CXLVI,933。P.保尔以这段精彩的文字,作为他所著的赫里索斯顿传记的开篇。见该传记 I, vii。

作及其他一些著作都在同时代的神学领域中占有重要地位。这些著作也含有一些后来散佚的古代作品之摘要。

对于本章涉及的内容,尤西比乌斯的历史著作更为重要。《编年史》(*Chronicle*)一书显然写于戴克里先的迫害以前,其中有对迦勒底人、亚述人、希伯来人、埃及人、希腊人和罗马人之历史的简要叙述,其主要部分列出了最重要的历史事件发生的年表。遗憾的是,迄今为止,此书只存留了一部亚美尼亚文译本和圣哲罗姆著作中的拉丁文节录,其原本的形式和内容的准确结构没有能保留至今。而且现存的两个译本均不是译自希腊文原本,而是译自尤西比乌斯逝后不久出现的《编年史》的节本。

尤西比乌斯的杰出的历史著作是《基督教会史》,共计 10 卷,包括了自基督时代至君士坦丁战胜利基尼乌斯时期。根据他自己的说明,他写此书的目的不是叙述战争和纪念将军们的胜利,而是要"以不朽的文字记载为了灵魂的和平而进行的最平和的战争,并弘扬那些为真理而不是为国家、为敬神而不是为最亲爱的朋友而从事勇敢业绩的人"⑯。在尤西比乌斯笔下,教会的历史成为殉道者和屠杀者的历史,并伴有许多恐怖和罪孽。由于该书的丰富文献基础,这部历史可以被确认为基督教时代前 3 个世纪中最重要的资料。此外,尤西比乌斯的重要性也在于他是第一个写出一部基督教会史、并从所有可能的方面论述了这一论题的人。他的这部成名作品《基督教会史》成为后来许多教会历史学家写作的依

---

⑯ 尤西比乌斯:《基督教会史》(*Historia ecclesastica*),前言,V;《尼西亚与后尼西亚的教父》,I,211。

据,并时常被仿而效之。早在4世纪初,鲁菲努斯(Rufinus)的拉丁文译本就使它传遍西方。[60]

《君士坦丁传》是尤西比乌斯晚年的作品(如果此书确为他所写的话),该书曾在学术界引起各种不同的解释和评价。人们并不把此书列入历史著作类,而是将它列入颂词之类。书中的君士坦丁被视为神命皇帝,有先见之明,是注定要引导人民走向自由的新摩西。按照尤西比乌斯的解释,君士坦丁的三个儿子就象征着圣三位一体,而君士坦丁本人就是基督徒的真正保护人,这些基督徒实现了他们过去梦寐以求的最高理想。为了保持其著作内容的一致性,尤西比乌斯没有触及这一时代的阴暗面,没有提示他那个时代的邪恶现象,只是一味地歌颂和炫耀他的英雄。然而,只要恰当地使用这一作品,人们还是可以相当透彻地了解君士坦丁时期。而且,此书的写作特别采用了官方文件,这些文件很可能是在该书初稿问世以后插入的。[68]尽管尤西比乌斯不具备非凡的文学才能,但他还是应该被视为中世纪早期最伟大的基督教学者,一个极大地影响了中世纪基督教文学的作者。

许多历史学家承续了尤西比乌斯开创的事业:君士坦丁堡的索克拉底斯(Socrates)将其《基督教会史》续写至439年;出生于巴勒斯坦城市加沙附近的索佐门是另一部《基督教会史》的作者,

---

[60] 关于那些以尤西比乌斯的《基督教会史》为基础史料所写的作品,见 R. 拉克(R. Laqeur)《尤西比乌斯,他那个时代的历史学家》(*Eusebius als Historiker seiner Zeit*),作者指出了尤西比乌斯作品的后三卷,即8—10卷在历史上的重要性。

[68] 1938年格雷古瓦令人信服地证实(我确信如此),尤西比乌斯并不是以目前形式流传下来的这部《君士坦丁传》的作者,《拜占庭》(布鲁塞尔),XIII(1938),568—583;XVI(1939),318—319。

该书下限也到 439 年；基鲁斯主教狄奥多莱（Theodoret of Cyrus），一个安条克人，写了一部同样性质的历史，包括自尼西亚会议至 428 年期间的事件；最后，阿利乌斯派的菲洛斯托尔吉乌斯（Philostororgius）从其阿利乌斯派观点出发，记载了 425 年以前的历史。

这一时期的埃及有着最为活跃并丰富多彩的文化生活，尤其在其发达的文化中心亚历山大城。

4 世纪末期和 5 世纪早期文学生活中一个非常重要的人物是昔兰尼加的希奈修斯（Synesius）。他是一个相当古老的异教家族的后代，在亚历山大受过教育，后来受到了新柏拉图主义哲学的神秘主义影响，由柏拉图主义者转变为基督徒，他娶了一位基督徒女子，晚年成为托勒密的主教。尽管如此，希奈修斯可能总被人们认为是一个异教徒而不像基督徒。他赴君士坦丁堡的使命及他的"论王权"演说，表明他对政治的关心。他原不是一位历史学家，但他在 156 封书信中留下了特别重要的历史资料，这些信件也反映了他在哲学和修辞学方面的出色才能，成为拜占庭中世纪的一种典型风格。他那些以古典诗歌的风格和韵律写成的颂词看来是哲学和基督教观点的独特的混合体。这位主教-哲学家觉得对于他来说如此宝贵的古典文化已逐渐走向末日。[169]

---

[169] 菲茨杰拉德（Fitzgerald）:《希奈修斯的书信》（*Letters of Synesius*），11—69。菲茨杰拉德:《希奈修斯的文章和赞美诗》（*Essays and Hymns of Synesius*），1—102（一个内容丰富的前言）；103—107（极好的参考书目）。也见 C. H. 科斯特（Coster）:"希奈修斯，阿卡第皇帝时代的元老"（"Synesius, a Curialis of the Time of the Emperor Arcadius"），《拜占庭》（布鲁塞尔），XV（1940—1941），10—38，很好的文献综述。

第二章　自君士坦丁大帝至查士丁尼时代的帝国

在同阿利乌斯派的尖锐而长期的斗争中,出现了一位杰出的人物,即坚定的尼西亚派信徒亚历山大主教亚大纳西,他留下了大量著作,专门论述4世纪的神学争端。他还写了一部《圣安东尼传》,此人为东方修道主义的创建者之一,在书中,他描绘了禁欲生活的典型画面。埃及修道主义最伟大的历史学家、海伦那城的帕拉第乌斯(Palladius of Helenopolis),也是5世纪的人。他生于小亚细亚,但由于他在埃及修道院世界中旅居大约十年而十分熟悉埃及修道院生活。在亚历山大的亚大纳西影响下,帕拉第乌斯再一次展示了修道生活的理想,并在其历史著作中采用了传说中的资料。亚历山大主教、聂斯脱利派的无情敌人西里尔也生活于这一时期。他在颠沛流离而又勤奋的一生中,写了大量的书信及训诫词。这些训诫词是后来的希腊主教们时常铭记于心的。他也留下了许多教义争论和《圣经》注释方面的论文,它们是5世纪基督教会史的主要资料之一。他自己承认,他在修辞学方面所受的教育很不够,因此他不能以自己文风的古雅纯正而自豪。

这一时期另一位特别重要的人物是女性哲学家伊帕蒂娅(Hypatia),她在5世纪早期被亚历山大城狂热的基督教暴民杀害。她是一个美貌绝伦、才华出众的女子,从她的父亲——著名的亚历山大数学家——那里,她熟悉了数学和古典哲学。作为一位教师,她的杰出表现赢得了广泛的尊敬。在她的学生中,有昔兰尼加的希奈修斯这样伟大的文学家,希奈修斯曾在他的许多书信中提到伊帕蒂娅的名字。还有一则史料,讲述了她是怎样"身穿长袍,时常在城内巡行,向那些热情的听众解说柏拉图、亚里士多德或其他哲学家的思想"[17]。

希腊文学在埃及一直繁荣到451年,即卡尔西顿会议摒弃一性派教义之时。由于该派教义属于埃及的正式宗教,因此,卡尔西顿会议之后,埃及教会取缔了希腊语,代之以柯普特语。此后发展起来的柯普特文学甚至比希腊文学更为重要,因为那些已失传的希腊语原版著作目前仅以其柯普特语的翻译本流传至今。

这一时期的宗教颂词文学十分发达。颂词作者们逐渐放弃了他们原来模仿古典诗韵的做法,发展了自己的格律形式。这些格律十分原始并一度被认为仅仅是散文,在相当近的时期,这些格律甚至还受到不公正的非议。它们是以各种形式的藏头韵和尾韵为标志的。令人遗憾的是,人们对4—5世纪的宗教颂歌所知甚少,因而对于它们逐渐发展的历史也很模糊不清。然而,它们显然是充满活力的。当神学家格列高利在他的多数诗歌颂词中仿效古韵律时,颂歌作者罗曼努斯(Romanus,他的作品出现在6世纪早期阿那斯塔修斯一世时期)却使用了新的格律,并使用了藏头韵和尾韵。

学者们长期以来曾就罗曼努斯是生活于6世纪还是8世纪争论不休。他的简略"生平"则提到,他是在皇帝阿那斯塔修斯统治时期到达君士坦丁堡的,但长期以来无法判断这位阿那斯塔修斯是阿那斯塔修斯一世(491—518年在位)还是阿那斯塔修斯二世(713—716年在位)。然而,学术界通过对罗曼努斯作品的长期研

---

[17] 《苏伊达斯辞典》(Suidae Lexicon),伊帕蒂娅条。查尔斯·金斯利(Charles Kingsley)的著名小说《伊帕蒂娅,长着旧面孔的新敌手》(Hypatia, or New Foes with an Old Face)是十分有趣,颇有教益的作品。

究,确定他指的是前者。⑪ 颂歌作者罗曼努斯有时候被称为拜占庭时期最伟大的诗人,是"韵律的品达"⑫"最伟大的宗教天才""现代希腊的但丁"。⑬ 他写了大量华丽的赞美诗,其中就有著名的基督教赞美诗"圣母今日带来了超验的实体"(*Supersubstantial*)。⑭ 罗曼努斯生于叙利亚,他写作的盛期极有可能是在查士丁尼统治时期。因为,据他的《生平》一书中说,当他在阿那斯塔修斯统治时期从叙利亚来到君士坦丁堡时,他仅是个年轻的助祭,在君士坦丁堡,他奇迹般地从上天获得了写作赞美诗的才能。6世纪出现的罗曼努斯的精美作品似乎表现出,5世纪的宗教诗歌已达到发展的较高阶段;遗憾的是,可证实这一点的资料尚不充分。但是,若没有教会诗歌在早些时候的发展为基础,像罗曼努斯这样一

---

⑪ 见 A.A.瓦西列夫:"颂歌作者罗曼努斯的生活年代"("The Lifetime of Romanus the Melode"),《拜占庭年鉴》,VIII(1901),435—478。P.马斯(P. Maas):"颂歌作者罗曼努斯的生平年表"("Die Chronologie der Hymnen des Romanos"),《拜占庭杂志》(德文),XV(1906),1—44。更近期的研究文章有:M.卡尔朋特(M. Carpenter)"罗曼努斯吞下的那张纸"("The Paper that Romanos Swallowed"),《史鉴》,VII (1932),3—22;"罗曼努斯和东方的神秘戏剧"("Romanos and the Mystery Play of the East"),《密苏里大学学报》(*The University of Missouri Studies*),XI,3(1936);E.米奥尼(Mioni):《颂歌作者罗曼努斯评10首未出版的颂歌》(*Romano il Melode-Saggio critico e dieci inni inediti*),VI,230(从中可看出他并不了解瓦西列夫的研究);G.卡梅利(G. Cammelli)《颂歌作者罗曼努斯》(*Romano il Melode*)。

⑫ 克伦巴赫:《拜占庭文献史》,663。

⑬ H.格尔泽(H. Gelzer):《拜占庭主题创作的起源》(*Die Genesis der byzantinischen Themenverfassung*),76,格尔译认为罗曼努斯生活于8世纪。参见 E.施泰因:《守护神》(*Gnomon*),IV(1928),413。"在我看来,教会诗人罗曼努斯是无聊至极(*langweilig*)。"

⑭ 见 G.卡梅利"颂歌作者罗曼努斯的圣诞赞美诗"("L'inno per la natività de Romano il Melode"),《拜占庭研究》(1925年),45—48。卡梅利:《颂歌作者罗曼努斯》,88。

位非凡的诗人在 6 世纪出现,的确是难以想象的;同样遗憾的是,由于罗曼努斯的多数赞美诗仍未出版,⑮也难以对他进行恰当的评价。

以拉丁文写作的拉克坦提乌斯(Lactantius)是 4 世纪早期的北非基督教作家。由于他是《基督教迫害者之覆灭》(*De mortibus persecturum*)一书的作者而具有特殊的重要性。此书记录了所谓《米兰敕令》⑯发布之前戴克里先和君士坦丁时代的历史。

这一时期有许多著名的基督教文化作者,但异教文学也并不落后。在异教文学的代表人物中,有许多重要的天才人物,其中之一就是帕夫拉戈尼亚的迪米斯提乌斯(Themistius of Paphlagonia),他是 4 世纪后半期的人。他在君士坦丁堡的学校做过哲学教育的指导,宫廷发言人,也是一位受到基督徒和异教徒同等尊敬的元老。他写了一部大型的《亚里士多德著作节选集》,他试图在此书中解析这位希腊哲学家的复杂思想。他也写了大约 40 篇演说词,这些演说词提供了这一时期的重要事件和他的私生活的丰

---

⑮ P. 马斯已完成了对罗曼努斯作品的评论版,见《拜占庭杂志》(德文),XXIV(1924),284。

⑯ 见 M. 尚茨(M. Schanz)《罗马文学史》(*Geschichte der römischen Litteratur*)(第 3 版,1922 年),3,413—437;关于《基督教迫害者之覆灭》,462—467(第 3 版),427 以下。关于拉克坦提乌斯其人的最好作品是 R. 皮孔(Pichon)的《拉克坦提乌斯·君士坦丁时期的哲学和宗教运动研究》(*Lactance. Étude sue le movement philosophique et religieux sous le règne de Constantin*)。关于拉克坦提斯乌斯的最近期的传记收在 K. 罗勒(K. Roller)《在拉克坦提乌斯的〈基督教迫害者之覆灭〉一书中的帝国历史》(*Die Kaisergeschichte in Laktanz De mortibus persecutorum*),41。W. 弗莱彻尔(W. Fletcher)《反尼西亚派基督教文献》(*Ante-Nicene Christian Library*)英译本,XXI—XXII。

富资料。4世纪异教教师中最伟大的是安条克的利巴尼奥斯,他对其同代人的影响超过了当时任何人。在他的学生中,有约翰·赫里索斯顿、瓦西里和纳西昂的格列高利,年轻的朱利安皇帝在其即位之前曾以极大的热情修过他的课程。利巴尼奥斯的65篇公开演讲词具有特别重要的意义,它们提供了当时帝国内部生活的丰富资料。他的信件集也相当重要,这些信件内容之丰富、气质之非凡,堪与昔兰尼加的希奈修斯的信件相媲美。

朱利安皇帝是4世纪文化生活中一个相当出色的人物,尽管他的生命很短暂,但他明显表现出了在文学各个领域的才能。他的演说,如他"致太阳神"的申诉,反映了他对哲学和宗教的朦胧思考;他的书信;他的"斥基督徒"(目前仅保留了其片断);他的讽刺作品《大胡子皇帝的仇视者》(*Misopogon*)⑰是针对安条克人写的,作为传记资料非常重要。所有这些都说明,朱利安是一个天才的作家、历史学家、思想家、讽刺作家和伦理学家。他的作品所反映的现实生活之深度是必须加以强调的。然而,这位年轻皇帝的英年早逝,使他的非凡天赋没有得到充分发展的机会。

4—5世纪的异教文学在纯历史领域也有许多代表者。其中最为重要的是4世纪用拉丁文写了著名的罗马诸帝传记集的作者,其书名为《奥古斯都列传》(*Scriptores Historiae Augustae*)。对于该书作者身份的认定,以及对于此书的历史价值的认定曾引

---

⑰ 安条克人蔑称朱利安是"大胡子"。

起了各种争论,并产生了许多文学作品。[127] 但是,在 1923 年,一位英国作者写道:"写作《奥古斯都列传》所投入的时间和工作……是巨大的,而论其对历史研究进程的实际作用,却是毫无意义的。"[129] N.贝恩斯最近做了一个十分有意思的努力,企图证实这部《奥古斯都列传》的写作是朱利安皇帝的授意,其目的很明显,即宣传朱利安,宣传他的全部统治和宗教政策。[130] 这一观点并没有被学者们所接受。[131]

色雷斯的普利斯库斯(Priscus)是 5 世纪的历史学家,也是帝国赴匈奴使团的成员,是另一个有杰出贡献的人。他的《拜占庭史》(现只存有残卷)及他关于匈奴人生活习俗的记载都相当有趣且颇有价值。事实上,普利斯库斯的作品也是 6 世纪的拉丁文历史学家卡西奥多鲁斯(Cassiodorus)和约达尼斯记载阿提拉和匈奴人历史所依据的主要资料。生活于 5 世纪和 6 世纪早期的佐西姆斯写了《新历史》(*The New History*),记载了 410 年阿拉里克包围罗马之前的历史。作为一个热忱的旧教教徒,他解释道,罗马帝

---

[127] 例如尚茨:《罗马文献史》(第 2 版,1905 年),III,83—90。A.格尔克(A. Gercke)与 E.诺登(E. Norden):《古典学导言》(*Einleitung in die Altertumswissenschaft*)(第 2 版,1914 年),III,255—256。A.罗森伯格(A. Rosenberg):《罗马史研究的入门及史料来源》(*Einleitung und Quellenkunds zur römischen Geschichte*),231—241。

[129] B.亨德森(B. Henderson):《哈德良皇帝的生平和他的元首生涯》(*The Life and Principate of the Emperor Hadrian*),275。

[130] 《〈奥古斯都列传〉:其写作年代和目的》(*The Historia Augusta: Its Date and Purpose*),57—58;该书有一个极好的书目,7—16。作者在该书的卷首引用了亨德森的话。

[131] N.贝恩斯:"《〈奥古斯都列传〉:其写作年代和目的》。对于批评的回答",《古典学季刊》(*The Classical Quarterly*),XXII(1928),166。作者本人强调他的假说总的来说受到了"极坏的压制"。

国的衰落是因为诸神被罗马人摒弃而愤怒,他还特别谴责了君士坦丁大帝。他对朱利安的评价非常之高,据一位近代作者讲:"佐西姆斯不仅是罗马衰落时期的历史学家,而且是他所捍卫和赞美的共和国的理论家;他是5世纪唯一的'共和派'。"[18]

阿米亚努斯·马尔切利努斯(Ammianus Marcellinus),是出生于安条克的叙利亚人,于4世纪末写了他的《罗马史》(Res Gestae),这是一部用拉丁文写就的罗马帝国史。他意欲将此书写成塔西佗《历史》的续编。该书记载了自涅尔瓦(Nerva)即位到瓦伦斯去世时期(96—378年)的历史。该书只有最后18卷保留下来,涵盖353—378年的历史,作者由他随同朱利安远征波斯的艰苦的军事生活之体验中受益匪浅,留下了关于当时历史的第一手资料。尽管他直到去世前都不是基督教徒,但他对基督教表现出了极大的容忍力。他的历史作品是研究朱利安和瓦伦斯时期的重要资料,也是研究哥特人和早期匈奴人历史的重要资料。他的文学天赋受到近代学者的高度评价。施泰因称他是塔西佗和但丁之间最伟大的文学天才,[19]贝恩斯称他是罗马最后一位伟大历史学家。[20]

雅典这座衰落中的古典思想的城市,是5世纪新柏拉图主义的杰出代表、君士坦丁堡的普罗克洛斯(Proclus)的家乡,他有很长一段时间在雅典教书和写作。此地也是狄奥多西二世的皇后欧多西娅·雅典娜的出生地,欧多西娅也颇有文学天赋,并写过几部

---

[18] E.孔迪拉奇(Condurachi):"佐西姆斯的共和思想"("Les Idées politiques de Zozime"),《古典学评论》(Revista Clasică),XIII—XIV(1941—1942),125、127。

[19] 《晚期罗马帝国史》,I,331。

[20] 《罗马研究杂志》,XXVIII,2(1928),224。

作品。

这一时期的西欧文化,是以圣奥古斯丁的重要著作为其杰出代表的,还有其他一些天才的诗歌和散文作家的作品,在此处暂且不予讨论。

首都迁至君士坦丁堡后,在4—5世纪,拉丁文仍然是官方语言。在狄奥多西法典中收入的所有皇帝敕谕及后来5世纪和6世纪早期公布的敕令都使用拉丁语。但在狄奥多西二世时期,君士坦丁堡高等学校的全部课程中,拉丁语的优势地位则处于衰落之中,人们显然更乐于使用希腊语,首先因为,这是在帝国东部广泛使用的口语。在雅典的异教学校中,希腊传统也占统治地位。

4—6世纪是各种因素逐渐融合发展出一种被称作拜占庭的或东方基督教的新艺术的时期。随着历史科学更深入地探究了这一艺术的根源,可以看出东方艺术及其传统在拜占庭艺术发展中的优势地位越来越明显了。到了19世纪末,德国学者提出了"罗马帝国的艺术"的理论,认为,罗马帝国的艺术在帝国的前两个世纪中于西方发展,取代了处于衰落中的东方希腊化文化的地位,因此,它为4—5世纪的基督教艺术奠定了基础。目前,这一理论已被摒弃。自从1900年,D. V. 阿伊那洛夫(Aïnalov)的著名作品《拜占庭艺术的希腊化源泉》(*Hellenistic Origin of Byzantine Art*)问世,及1901年奥地利学者J. 斯特拉齐格夫斯基(Strzygowski)的杰出著作《东方还是罗马》(*Orient or Rome*)一书出版之后,拜占庭艺术的起源问题已经以一种全新的方式出现;人们认为在东方基督教艺术发展中的主要角色当然是归于东方,问题在于须确定如何理解"东方"一词及东方的影响。不倦的学者斯特拉

第二章　自君士坦丁大帝至查士丁尼时代的帝国

齐格夫斯基在其大量的同类作品中强调了古代东方对拜占庭艺术的巨大影响。起初,他在君士坦丁堡寻找这一影响的中心;后来他转向埃及、小亚细亚和叙利亚,竟至远及东方和北方,越过两河地区,进入伊朗高原和阿尔泰-伊朗的群山之中及亚美尼亚,寻找这些主要影响的根源。他认为:"希腊是属于古典艺术的,而伊朗是属于新的基督教世界。"[185]他也援引印度和中国的新疆地区对此问题做进一步的说明。现代历史科学虽然承认他在探索拜占庭艺术起源问题上的伟大贡献,但对于他最现代的假说仍持很大的保留意见。[186]

4世纪是拜占庭艺术史上最重要的时期。在罗马帝国境内,基督教信仰的新地位,即先是被承认为合法宗教,后来成为国家宗教,促进了基督教的迅速发展。基督教的、希腊化的和东方的三种因素在4世纪汇合,从中产生了所谓的东方基督教艺术。

由于君士坦丁堡被定为帝国的政治中心,它也逐渐成了文化和艺术的中心。但这并不是立即发生的。"君士坦丁堡并不曾存在过现成的文化来抵制或控制外来力量的影响;她首先要平衡和同化新的影响,而这是至少要有一百年时间才会完成的使命。"[187]

叙利亚、安条克、埃及(以亚历山大为首)及小亚细亚的艺术生活显示出更多的古典传统的痕迹,在东方基督教艺术的形成中,产

---

[185] 《基督教会艺术的起源》(*Ursprung der christlichen Kirchenkunst*),英文版,18;O. 多尔顿(O. Dalton)和H. 布劳恩赫茨(H. Braunholtz):《基督教会艺术的起源》(*Origin of Christian Church Art*),21;斯特拉齐格夫斯基作品的目录,253—259。

[186] 例如,C. 迪尔(C. Diehl):《拜占庭艺术手册》(第2版,1925—1926年),I,16—21;O. 多尔顿:《东方基督教艺术》,10—23,特别是在366—376。

[187] O. 多尔顿:《拜占庭艺术和考古》,10。

生了极为强大有益的影响。叙利亚的建筑艺术在 4—6 世纪一直繁荣。耶路撒冷、伯利恒及拿撒勒的庄严华丽的教堂,早在君士坦丁大帝时期就建立起来了。安条克和叙利亚的教堂尤为壮丽辉煌。"安条克,作为一种灿烂文化的中心,自然在叙利亚的基督教艺术中居于主导地位。"[18]遗憾的是,长期以来,关于安条克艺术的资料甚为欠缺,只是在近期,人们对这一艺术之美及其重要意义才有了较深的了解。[19] M. 德沃格(M. de Vogue)于 1860 年和 1861 年挖掘了位于叙利亚中部的那些"死城"的遗址,为人们揭示了 4—6 世纪基督教建筑样式的概念。5 世纪末期一座最典型的建筑物是坐落于安条克和阿勒颇之间的著名的圣西门·斯蒂利特(Kalat Seman)*修道院,它那庄严的遗址至今仍给人留下深刻印象。[19] 约旦河东侧姆沙塔的著名石柱中楣,现存于柏林弗里德里希皇家博物馆,显然也是 4、5 或 6 世纪的作品。[20] 5 世纪初期的代表性建筑是埃及的一处华美教堂,它是阿卡第皇帝在一个著名的埃及圣徒梅纳斯(Menas)墓上所建。只是近期 C. M. 考夫曼(C.

---

⑱ 迪尔:《拜占庭艺术手册》,I,26。

⑲ C. R. 莫里(C. R. Morey):《安条克的镶嵌画》(*The Mosaics of Antioch*)及三卷本的精美著作《奥伦特的安条克》(*Antioch-on the-Orontes*)。

* 斯蒂利特(Stylite)即柱头修士,因其始祖西门(5 世纪)长期在柱头苦修而得名。见《不列颠百科全书》中文版,第 9 卷,第 538 页。——译者

⑲ 见迪尔《拜占庭艺术手册》的平面图和照片,I,36—37、45—47。J. 马泰恩(J. Mattern):"上叙利亚的死城旅行"("A travers le villes mortes de Haute-Syrie"),《圣约瑟夫大学文集》(*Mélanges de l'Université Saint-Joseph*),XVII,1(1933),175。关于圣西门的教堂,见 87—104;内有许多插图,该书的新版《叙利亚的死城》(*Villes mortes de Haute-Syrie*)(1944),115—138。

⑳ 关于年代鉴别上的不同说法,见迪尔《拜占庭艺术手册》,I,53;多尔顿:《东方基督教艺术》,108 页注 1。

M. Kaufmann)才挖掘和考察了它的遗址。[12] 在镶嵌画、画像及丝织画(早期基督教时代的丝织画像)及相应领域,同样存在一些拜占庭早期的重要作品。

5世纪修建的君士坦丁堡的城墙至今仍存。金门(Porta Aurea)是皇帝正式进入君士坦丁堡的城门,建于4世纪末或5世纪初;它以建筑的壮丽而驰名于世,至今尚存。

君士坦丁时期修建的教堂有君士坦丁堡的圣伊琳娜教堂和使徒教堂。圣索菲亚教堂可能是君士坦丁时期奠基而落成于其子康斯坦提乌斯时期。这些教堂于6世纪为查士丁尼所重建。5世纪建于首都君士坦丁堡的另一座教堂斯图迪恩的圣约翰教堂,如今是米尔-阿克尔清真寺。

早期拜占庭艺术的遗产也在帝国西部地区被保存下来。其中有萨洛尼卡的一些教堂,戴克里先在达尔马提亚的斯帕拉托的行宫(4世纪早期);罗马的圣玛利亚古教堂中的一些绘画(显然是5世纪末以来的作品);[13]拉文纳的加拉·普拉奇迪陵和正教洗礼堂(5世纪);还有北非的一些遗址。

4、5世纪的艺术史,应视为查士丁尼大帝时代的准备阶段,在查士丁尼时代,"君士坦丁堡的自我意识已充分觉醒,并赋予自身发展的动力",这一时期已被公正地誉为拜占庭艺术的第一个黄金时代。[14]

---

[12] 《梅纳斯遗址》,I。
[13] 多尔顿:《东方基督教艺术》,249及以下。迪尔:《拜占庭艺术手册》,I,352。
[14] 多尔顿:《拜占庭艺术和考古》,10。

第三章 查士丁尼大帝及其直接继承者(518—610年)

芝诺和阿那斯塔修斯的继承者之对外政策和宗教政策是与他们的前任直接对立的,他们把关注的目光自东方转向了西方。

518—578年,拜占庭帝国的皇位一直由下述人物占据:长者查士丁(Justin the Elder,518—527年在位),原为宫廷侍卫长(Count of the Excubitors①),在阿那斯塔修斯死后,一次偶然机会被选为皇帝;他的著名外甥查士丁尼大帝(Justinian the Great,527—565年在位);查士丁尼的外甥查士丁二世,即幼者查士丁(Justin the Younger,565—578年在位)。查士丁和查士丁尼的名字与他们的斯拉夫血统紧密相关,常被许多学者视为历史遗案,其斯拉夫出身的说法源自修道院长塞奥菲鲁斯(Theophilus)所写的皇帝查士丁尼的生平。据称塞奥菲鲁斯是查士丁尼的一位老师。这部生平记录是17世纪由梵蒂冈图书馆的馆员尼古拉斯·阿莱曼努斯出版的。"生平"提到了查士丁尼及其亲属的特别的名字,

---

① Excubitors 是拉丁文,拜占庭早期的御林军团。

这些名字是他们在其家乡所用的。据斯拉夫学高级权威的观点，这些名字是斯拉夫人的名字。例如：查士丁尼的名字"尤普拉夫达"(Upravda)是斯拉夫语中"真理""正义"之义。英国学者布赖斯(Bryce)在19世纪末(1883年)发现并研究了阿莱曼努斯所使用的手稿。他证明，该手稿写于17世纪早期，其中提法纯系传说，没有任何历史价值。现在，关于查士丁尼是斯拉夫民族出身这一提法必须摒弃。② 查士丁和查士丁尼可能是伊利里亚人或阿尔巴尼亚人。查士丁尼出生于上马其顿，距阿尔巴尼亚边界上今日之乌斯库布不远处的一个村庄里。一些学者认为查士丁尼的家族可上溯到达达尼亚（即上马其顿）的罗马移民后裔。③ 据此，查士丁尼王朝的前三位皇帝是伊利里亚人或阿尔巴尼亚人，不过显然，他们都已经罗马化了。他们的民族语言是拉丁语。

懦弱而无子嗣的查士丁二世选定了一个军队指挥官、色雷斯人提庇留(Tiberius)为嗣子，封他为恺撒。当时，查士丁二世发表了一篇重要的演说，该演说因它的诚挚和忏悔的语气在当代人的

---

② J.布赖斯："关于塞奥菲鲁斯所撰查士丁尼生平"("Life of Justinian by Theophilus")，《罗马皇家学会国家历史档案》(Archivio della Reale Società Romana di Storia Patria)，X(1887)，137—171；亦见《英国历史评论》，II(1887)，657—684。

③ C.吉莱切克(C.Jireček)：《塞尔维亚史》(Geschichte der Serben)，I，36。J.B.柏里：《晚期罗马帝国史》，II，18页注3。关于查士丁尼的出身，见A.A.瓦西列夫"查士丁尼的斯拉夫出身问题"("The Problem of Justinian's Slavic Origin")，《拜占庭年鉴》(俄文)，I(1894)，469—492。近期亦有许多关于查士丁尼出身问题的文章问世。

心目中留下了深刻的印象。④ 由于该演说词被书记员速记下来,至今仍保留了它的最初形式。查士丁二世死后,提庇留继位,称提庇留二世(578—582年在位)。提庇留二世死后,查士丁尼王朝即告结束,因为提庇留的继承者是他的女婿莫里斯(Maurice,582—602年)。关于莫里斯的民族出身问题,史料众说不一;有些史料说,他的家乡及他的家族所在地是卡帕多细亚的城市阿拉比苏斯(Arabissus)⑤,而另一些人虽然也称他为"卡帕多细亚人",但认为他是位居拜占庭皇位的第一个希腊人。⑥ 这种说法事实上并不自相矛盾,因为他很可能是出生于卡帕多细亚的希腊人后裔。⑦ 另一种说法认为他是个罗马人。⑧ J.A.库拉科夫斯基认为他可能是亚美尼亚血统,因卡帕多细亚地方的居民多是亚美尼亚人。⑨ 莫

---

④ 该演说词的文稿载于塞奥菲拉克特·西莫加特的《历史》(*Historia*)一书中(III,2);C.德博尔编,132—133。亦见埃瓦格留斯《基督教会史》,V,13;比德和L.帕芒蒂耶编,208—209。以弗所的约翰(John of Ephesus):《基督教会史》(*Ecclesiastical History*),III,5;R.帕涅-史密斯(Payne-Smith)译本,172—176;E.W.布鲁克斯(E.W. Brooks)译本,93—94。俄国学者V.瓦尔登伯格(V.Valdenberg)在一篇论及此演说的重要文章中,认为上述三位作者引用的文字出自同一演说词的三种不同抄本,见"查士丁二世致提庇留的演说"("An Oration of Justin II to Tiberius"),《苏联科学院年鉴》(*Bulletin de l' Académie des sciences de l' Union des Republiques socialistes souietiques*),II(1928),129。英译本见柏里《晚期罗马帝国史》,II,77—78。

⑤ 埃瓦格留斯:《基督教会史》,V,19。以弗所的约翰:《基督教会史》,V,21;帕涅-史密斯译本,361。

⑥ "助祭保罗"("Pauli Diaconti"),《伦巴德人史》(*Historia Langobardorum*),III,15。

⑦ E.施泰因:《关于拜占庭帝国历史的研究——查士丁二世和提庇留·康斯坦提努斯统治时期》(*Studies aus Geschicte des byzantinischen Reiches vornehmlich unter den Kaisern Justinus II und Tiberius Constantinus*),100页及注2。

⑧ 埃瓦格留斯:《基督教会史》,V,19。

⑨ 库拉科夫斯基:《拜占庭史》,II,419。

里斯是被色雷斯暴动者福卡斯（Phocas，602—610年在位）推翻的。福卡斯是这一时期的最后一个皇帝。

查士丁一世

查士丁继位后，背离了两位前任的宗教政策，立即明确地站到卡尔西顿会议的支持者一边，开始严酷镇压一性教派。他重新了同罗马的和平关系建立起来，从而，自芝诺的《合一通谕》以来，东西方教会之间的不和就此结束。这一时期几位皇帝的宗教政策是以正统教义为基础的，于是，再度使拜占庭东方的各行省与帝国相分离，而在520年，查士丁的外甥查士丁尼——在他舅父执政的第一年，人们就感觉他非同一般——在其致教宗霍尔米斯达斯（Hormisdas）的信中，表达了一种有趣的温和的暗示。他机智地向教宗建议，应对持不同宗教观点的人取温和态度："您应该用耐心，而不是用镇压和血腥手段去劝导人们服从上帝，否则，将事与愿违，我们赢得了人们的灵魂，却失掉了许多人的肉体和他们的灵魂。因此，明智之举是以温和与宽厚的态度去纠正长期以来形成的谬误。那种不遗余力地为人们医治旧疾而不使新的伤痛由此发生的医生，才能真正受到赞扬。"[⑩]最有趣的是，这一建议出自查士丁尼口中，因为后来，他本人并没有时常奉行这一政策。

首先，在查士丁与遥远的阿比西尼亚的阿克苏姆王国的关系中，出现了与上述观念相悖的情况。阿比西尼亚国王在他对犹太

---

⑩ 《榛实集》(Collectio Avellana), no. 196,《拉丁教父文献全集》,XXXV (1895),655—656。

人的保护者也门国王的战争中,得到了查士丁和查士丁尼的有力支持,于是,他在阿拉比亚半岛南端与曼德海峡相望的也门得到了一个立足点,并在此地复兴了基督教。起初,人们惊讶于这位顽固坚持卡尔西顿信条、并在国内积极反对一性教派的、信奉正统基督教的查士丁尼,居然会支持一位一性教派的阿比西尼亚国王。但是,在帝国的法定边界之外,拜占庭皇帝是保护一切基督教的,而不问他是否与自己崇尚相同的教义。从对外政策的观点看,拜占庭皇帝认为,基督教会取得的每一项成就,都是符合国家的基本政治或经济利益的。

查士丁和阿比西尼亚王之间的和睦相处(*rapprochement*)对于后世产生了相当意外的影响。在14世纪的阿比西尼亚出现了一部最重要的阿比西尼亚文学作品《王者的荣耀》(*Kebra Nagast*),其中搜集了相当有趣的一些传说。该书声称,阿比西尼亚的统治家族可上溯到所罗门和示巴女王*时期;至今阿比西尼亚仍声称,统治他们的王朝是世界上最古老的王朝。据《王者的荣耀》一书作者说,阿比西尼亚人是上帝的选民,是新的以色列;他们的王国比罗马帝国还要高一层次。罗马王查士丁与阿比西尼亚王卡勒布(Kaleb)应该在耶路撒冷会面,并在他们之间平分世界。这一极其有趣的传说清楚地表明,查士丁时期在阿比西尼亚历史编纂传统中留下了深刻的烙印。[11]

---

* 所罗门王和示巴女王都是《圣经·旧约》中的人物。关于他们的传说,见《列王记》(上),chap.10。——译者

[11] A.A.瓦西列夫:"查士丁一世(512—527年)和阿比西尼亚"("Justin I [518—527] and Abyssinia"),《拜占庭杂志》(德文),XXXIII(1933),67—77。亦见瓦西列夫《查士丁一世》(*Justin the First*),299—302。

查士丁尼与狄奥多拉的统治

　　查士丁的继承者,他的外甥查士丁尼(527—565在位)是整个查士丁尼王朝统治时期的中心人物。他的名字与他的皇后狄奥多拉紧密相联。她是拜占庭时期一个重要的天才女人。查士丁尼时期的历史学家普罗柯比所写的《秘史》以夸张手法描绘了狄奥多拉年轻时的堕落生活。当时,作为一个竞技场饲熊人的女儿,狄奥多拉生活于道德败坏的演艺环境中,成为随意向许多男人献媚邀宠的女人。造物主赐予她天生丽质,优雅、聪明、智慧。据一位历史学家(迪尔)讲:"她使得君士坦丁堡喜悦,神迷,并使之蒙受耻辱。"[12]普罗柯比说,在街上遇到狄奥多拉的人都不敢接近她,担心一接触即玷污了自己的长袍。[13] 但我们对于所有那些涉及未来皇后的贬抑之词都应该持怀疑的眼光,因为它们都出自普罗柯比之手。他的《秘史》之宗旨即是诬蔑查士丁尼夫妇。经历了早年的动荡生活后,狄奥多拉在首都销声匿迹了,在非洲居住了一些年。当她再度回到君士坦丁堡后,已经不再是早年的轻浮戏子了。当查士丁尼第一次见到狄奥多拉时,她已经离开了舞台,过着隐居生活。她的大部分时间从事毛纺手工,并热衷于宗教问题的讨论。她的美丽打动了查士丁尼,遂被查士丁尼带回皇宫,授予她贵族头衔,并很快与她成婚。查士丁尼登上皇位,她即成为皇后。狄奥多

---

　　[12] 夏尔·迪尔:《拜占庭人物传》(*Figures byzantines*),I,56;H.贝尔(H. Bell)英译本《拜占庭人物传》(*Byzantine Portraits*),54。

　　[13] 普罗柯比:《秘史》,9,25;J.豪里(J. Haury)编,60—61。

拉无愧于她的新的高贵地位。她一直是忠实的妻子,而且对于国事有相当的兴趣。她有着相当敏锐的洞察力,曾对查士丁尼的所有决策产生深刻的影响。在532年的暴动中(这一事件将在下文探讨),狄奥多拉扮演了最为重要的角色。由于她的冷静和非凡的活力,防止了帝国陷入更进一步的混乱。从她的宗教信仰来说,她公开倾向于一性教派,因此成为她的游移不定的丈夫的直接反对者。查士丁尼在他的长期统治中一直坚持信奉正统教派,但他也对一性教派做了一些让步。狄奥多拉比查士丁尼更理解信奉一性教派的各东方行省的重要性,这些省的确是帝国最有活力的部分。因此,她决意要同它们建立和平关系。狄奥多拉于548年因患癌症而先于她丈夫多年去世。⑭ 可上溯至6世纪,在拉文纳圣维塔利教堂的著名镶嵌画中,出现了在侍妇们簇拥下的身披长袍的狄奥多拉像。与狄奥多拉同时代的、及其以后的教会史学家们十分挑剔地论及她的性格。尽管如此,东正教年历的11月14日仍标明是正教国王查士丁尼及王后狄奥多拉的圣纪念日。⑮ 她被葬于君士坦丁堡圣使徒教堂。

查士丁尼的对外政策及其理想

查士丁尼的大量战争活动分为进攻和防御两大部分。对西欧

---

⑭ 维克托利斯·托能西斯(Victoris Tonnensis):《编年史》(*Chronica*),(年代不详),549:"Theodora Augusta Chalcedonsis synodi inimica canceris plaga corpore toto perfusa vitam prodigiose finivit"(皇后狄奥多拉,卡尔西顿信经的反对者,因癌症扩散,结束了她奇迹般的生命);见 T. 蒙森编《编年史》,2,202。

⑮ 大主教塞尔吉乌斯(Arch. Sergius):《东正教教仪全历》(*The Complete Liturgical Calendar*[*Menelogion*]*of the Orient*)(第2版,1901年),II,1,354。

的日耳曼人蛮族,他取攻势;对东方的波斯人和北方的斯拉夫人他取守势。

他把主要兵力用于西方,在那里拜占庭的军事行动获得圆满成功,汪达尔人、东哥特人,乃至一些西哥特人被迫臣服于拜占庭皇帝,地中海几乎成为拜占庭的内湖。查士丁尼亦在其敕令中自称:"阿勒曼尼人、哥特人、汪达尔人、非洲人的皇帝弗拉维乌斯·查士丁尼(Flavius Justinian)。"但是,这种表面上的荣耀还有消极方面。拜占庭帝国取得成功的代价太过沉重,导致了拜占庭国家经济上的全面崩溃。总之,由于全力用兵西方,东方和北方则暴露在波斯人、斯拉夫人和匈奴人的进攻之下。

查士丁尼认为,帝国的主要敌人是日耳曼人。因此,在6世纪,日耳曼人问题又在拜占庭帝国出现。只是与以前相反,5世纪是日耳曼人进攻帝国;到了6世纪,则是拜占庭帝国向日耳曼人施压。

查士丁尼带着他作为罗马人和基督徒的皇帝的理想登上拜占庭皇位。基于自己是罗马皇帝继承者的信念,他梦想着恢复一个唯一的帝国,使它的疆域扩展到1—2世纪时期的罗马疆界范围。作为基督教统治者,他不能允许信奉阿利乌斯派的日耳曼人压迫正教的人民大众。作为罗马皇帝的合法继承人,君士坦丁堡的皇帝对于当时被蛮族人占领的西部欧洲有历史的权利。日耳曼人诸王只不过是拜占庭皇帝的臣属,是皇帝委托他们统治西方。法兰克王克洛维已经从阿那斯塔修斯处接受了执政官头衔,阿那斯塔修斯也曾正式承认了东哥特国王狄奥多里克。当他决心发起反哥特战争时,查士丁尼写道:"哥特人以暴力攫取了朕属意大利,并拒绝将它们归还。"⑯他一直认为自己是罗马帝国疆界内的所有统治者的当然领主。作为基督教的皇帝,查士丁尼有责任在"不信者"(包括异教徒和异端)中间传播真的信仰。在4世纪时由尤西比乌斯表达出的思想,在6世纪仍保持着活力。这就是查士丁尼之信念的基础,他相信他的责任就是重建一个统一的罗马帝国,"这个帝国",用他在一则《新律》中的话来讲:"原来曾伸展到两个大洋的沿岸,罗马人因不慎而失去了它。"⑰从这一古老的原则出发,查士丁尼相信他的责任是在恢复了的帝国内、在分裂者和异端之间,建立唯一的基督教信仰。这一理想信念使得查士丁尼这个充满野心的政治家和十字军人*梦想光复整个已知世界。

然而,必须记住,查士丁尼皇帝对于罗马帝国的古老领土的要求,也不完全是他个人的信念。在那些被蛮族侵占的行省中生活的人民大众眼里,这一要求是无可非议的。那些沦于阿利乌斯派统治下的各省居民把查士丁尼视为他们唯一的保护者。在汪达尔统治下的北非,情况尤其糟糕,因为这些汪达尔蛮人对当地的基督教正教居民进行了严酷的迫害,他们把许多市民及教士代表投入囚牢,并没收了他们的许多财产。逃离非洲的避难者和流放者(其中包括许多正教的大主教)来到了君士坦丁堡,要求皇帝出兵进攻汪达尔人,并向他保证,民众的大起义将随之爆发。

---

⑯ 普罗柯比:《哥特战争》(De bello Gothico),I,5—8;J.豪里编,II,26。

⑰ 查士丁尼《新律汇编》(Novellae Constitutiones) NO.30(44),II;K.E.扎哈利亚·冯·林根塔尔(Zacharia von Lingenthal)编,I,276。

* 此处是指查士丁尼以传播基督教信仰为己任,与10—13世纪西欧封建主进攻东方穆斯林统治区的十字军毫无联系。——译者同样的情况亦在意大利发生。在那里,尽管狄奥多里克长期实行宗教保护政策,十分重视罗马文化,意大利当地居民仍然是敢怒而不敢言,并把他们的目光转向君士坦丁堡,希望从君士坦丁堡得到帮助,把他们从新来者手中解放出来,并恢复正统的基督教信仰。

更重要的是,那些蛮族国王自己也支持皇帝的野心。他们一直表现出对帝国的深切敬意,以多种方式表白他们对皇帝的臣属地位,并以种种手段渴望获得罗马贵族身份。他们还把拜占庭皇帝的头像锻压在他们发行的货币上。法国学者迪尔说[18]:"他们竟自愿地重复西哥特首领的话,他说:'皇帝无疑是地上的神,任何人起而反对他都应该以自己的血来抵罪'[19]。"

然而,尽管非洲和意大利的状况有利于查士丁尼,对汪达尔人和东哥特人的进攻仍然是十分困难的持久战争。

与汪达尔人、东哥特人和西哥特人的战争。这些战争的结局。波斯人,斯拉夫人。——对汪达尔人的远征并不是一件容易的事。它意味着要由海路向北非输送一支大军,而且,这支军队不得不对抗拥有一支强有力的舰队的民族,他们早在5世纪中期就成功地袭击了罗马。此外,把主力军转运到西方必将在东方引起严重后果。帝国最危险的敌人波斯人,在东方一直不停地对君士坦丁堡发动战争。普罗柯比记录了第一次讨论进攻非洲问题的重要会

---

[18] 《查士丁尼与6世纪的拜占庭文明》,137。
[19] 约达尼斯:《哥特史》,XXVIII;T.蒙森编,95。

议。[20] 大多数最忠实于皇帝的大臣,对这一行动能否成功表示怀疑,认为此举很唐突。查士丁尼自己也开始动摇;最后,他克服了一时的软弱,坚持原拟计划。这一远征计划即最后确定。此时,波斯统治家族内部发生了一次变动,因此,532 年,查士丁尼与波斯的新统治者签订了"永久和平"协议,其条件是甚为屈辱的:拜占庭皇帝必须向波斯王付一大笔年贡。但是这一和议却使查士丁尼有可能在东方和南方的行动更为自由。查士丁尼于是任命天才的将军贝利撒留(Berisarius)统率这支远征埃及的大军和舰队,贝利撒留是查士丁尼在实施其军事计划时的最可靠助手。而且,在接受此次使命之前,他曾成功地镇压了国内危险的"尼卡"(Nika)起义,关于这一节,下文将加以介绍。

此时,汪达尔人和东哥特人已经不再像以前那样是危险的敌人。他们不适应南方的温暖气候,受到罗马文明的影响,已经迅速失去了过去的活力和能量。这些日耳曼人信奉阿利乌斯派基督教,使他们与当地的罗马民众的关系甚为紧张。柏柏尔人的不断起义也削弱了汪达尔人的力量。查士丁尼敏锐地观察到这些,他以灵活的外交手段加深了汪达尔人内部的不和,同时,他十分肯定地认为,日耳曼人诸王国不会联手反对他,因为,东哥特人与汪达尔人势如水火,信奉正统基督教的法兰克人也在不断与东哥特人斗争,而远在西班牙的西哥特人也不能成为战争的主要对手。所有这些都使查士丁尼觉得有希望各个击破敌人。

---

[20] 《汪达尔战争》(De bello vandalico),I,10;豪里编,I,355—360;H. B. 杜因(Dewing)英译本,II,90—101。

第三章 查士丁尼大帝及其直接继承者(518—610年)

对汪达尔人的战争从533年延续到548年[21]，其间有过数度平静。贝利撒留以数次辉煌的胜利迅速降伏了整个汪达尔王国，因而，查士丁尼能够胜利地宣告："由于上帝的仁慈，他不仅给予我们非洲及他的全部行省，而且把汪达尔人占领罗马时一度夺走的帝国权柄归还给了我们。"[22]皇帝认为战争结束了，遂把贝利撒留和大部分军队撤回君士坦丁堡。当地的原住民柏柏尔人立即掀起剧烈的暴动，留守部队被迫卷入一场严峻的斗争。贝利撒留的继承者所罗门(Solomon)被彻底击败，本人被杀。这场长期战争持续到548年，这时，由于外交家和天才将军约翰·特罗格利塔(John Troglita)取得的一场决定性的胜利，使帝国的权力又得以恢复。他是帝国重新征服非洲的第三位英雄，他使非洲完全平静达十四年之久。他的业绩由当时的非洲诗人科利普斯(Corippus)在其历史著作《约翰》(Iohannis)一书中记载下来。[23]

这些征服战争的成功并没有使查士丁尼的期望得到完全满足，因为除了海勒立斯石柱*附近的坚强堡垒塞普图姆(Septum, 今西班牙的休达城)外，北非的西部，即直达大西洋岸的地区，尚未归属帝国。然而，北非的大部分，以及科西嘉、撒丁尼亚和巴利阿

---

[21] 关于这次战争，见夏尔·迪尔《拜占庭的非洲》(*L'Afrique byzantine*)，3—33、333—381。迪尔：《查士丁尼》，173—180。W.霍姆斯(W. Holmes)：《查士丁尼和狄奥多拉时代》(*The Age of Justinian and Theodora*)(第2版，1912年)，II，489—526。柏里：《晚期罗马帝国史》，II，124—148。

[22] 《查士丁尼法典》，I，27，1，7。

[23] 柏里：《晚期罗马帝国史》，II，147。

* 即直布罗陀海峡。——译者

利群岛,皆成为拜占庭帝国的领土。查士丁尼花费了相当的精力致力于恢复这些征服岛屿上的秩序。即使在今天,大量的拜占庭防砦和堡垒的废墟仍是这位皇帝为保卫他的领土而付出巨大努力的见证。

对东哥特人的战争更是耗费精力,从535年延续到554年,中间亦有些许和平。这场战争的前十三年与汪达尔战争同时进行。查士丁尼以干预东哥特人的内部斗争的方式,开始了战争行动。一支军队首先征服达尔马提亚——当时,这一地区是东哥特王国的一部分;另一支军队则由贝利撒留率领由海路行军,轻松地攻取了西西里岛。后来,这支军队渡海至意大利,占领了那不勒斯和罗马。此后不久,即540年,东哥特首都拉文纳向贝利撒留打开了城门。不久,贝利撒留就带着被俘的东哥特王离开意大利回到君士坦丁堡。查士丁尼则在自己的王衔"非洲的和汪达尔人的皇帝"之上,又加上了"哥特人的"修饰词。意大利似乎已经完全被拜占庭帝国征服了。

然而,此时,哥特人中间出现了一个精明强干的国王托提拉(Totila),他是最后一个捍卫东哥特人之独立的英雄。他迅速而果断地扭转了局面,他的军队进展十分迅速,乃至于贝利撒留被立即从波斯召回,派往意大利担任最高指挥官以对付东哥特人的反攻。但是,贝利撒留也不能控制这一局面。拜占庭在意大利和海上诸岛的征服地被东哥特人迅速夺回。不幸的罗马城在罗马人和东哥特人之间屡次易手,变成了一堆废墟。当贝利撒留由于他

第三章 查士丁尼大帝及其直接继承者(518—610年)

的失败而应召离开意大利后,他的后继者、另一名优秀的拜占庭将军纳尔泽斯(Narses)数次展示出其伟大战略天赋,一举战胜哥特人。托提拉的军队于552年在翁布里亚的高卢人基地(Busta Gallorum)被击败,托提拉逃离战场,但未能逃生。㉔"他的血染战袍和宝石头盔被交给纳尔泽斯,纳尔泽斯则把这些东西送至君士坦丁堡,置于皇帝脚下,以此证明,一直蔑视皇帝权力的人已经不复存在了。"㉕到554年,经过二十年的毁灭性战争,意大利、达尔马提亚和西西里与帝国重归统一。同年,查士丁尼颁布的《国事诏书》(*Pragmatic Sanction*)把东哥特人夺去的土地归还给意大利的土地贵族和教会,并恢复了他们以前的特权;诏书中也列出了一些意在使已经破产的民众减轻负担的措施。但是,对东哥特人的长期战争阻碍了意大利工商业的发展,而且,由于缺少劳动力,意大利的许多土地无人耕种,罗马也一度成为毫无政治意义的第二等废墟城市。然而,教宗仍然选择它作为自己的驻节地。

查士丁尼的最后一次军事行动是针对比利牛斯半岛上的西哥特人。他利用西哥特人内部发生篡权内战之机,于550年向西班牙派出了海军。尽管这支军队数量不大,但它却取得了显著成功。许多航海城市及堡砦被攻克,最后,查士丁尼从西哥特人手中夺得

㉔ 关于此战的最详细记载,见柏里《晚期罗马帝国史》,II,261—269、288—291。

㉕ 《约翰·马拉拉斯编年史》(*Chronicle of John Malalas*),486。狄奥凡尼:《编年史》(*Chronographia*),年代不详,6044;C. 德博尔编,228。亦见柏里《晚期罗马帝国史》,II,268。

了半岛的南端及迦太基、马拉加及科尔多瓦等城市。因而,这块领土事实上囊括了西至圣维森特角,东至迦太基的地区。㉖ 在西班牙建立的这个帝国行省经过了一些变革,处于君士坦丁堡治下达七十年。但这个行省究竟是独立省还是附属于非洲总督,却并不十分明确。㉗ 近期在西班牙已经发现了一些教堂和其他拜占庭建筑艺术的遗址,但价值不大。㉘

所有这些进攻性战争使帝国的领土扩大了一倍。达尔马提亚、意大利、北非的东部(今日阿尔及利亚和突尼斯的一部分),西班牙的东南部、西西里、撒丁尼亚、科西嘉和巴利阿利群岛成为帝国领土的一部分,地中海又一次成为事实上的罗马内湖。帝国的边界自海勒立斯石柱(即加德斯海峡)直达幼发拉底河。但是,即使取得了这一巨大的成功,查士丁尼的成就仍与他的期望相距甚远。他并没有能征服整个西部帝国。北非的西部、比利牛斯半岛、

㉖ 迪尔:《查士丁尼》,204—206。柏里:《晚期罗马帝国史》,II,287。塞浦路斯的乔治(Georgii Cyprii):《罗马帝国版图描述》(*Descriptio Orbis Romani*);H.格尔泽编,xxxii—xxxv;F.格雷斯(Görres):"位于西班牙西哥特王国沿海的拜占庭领地(554—624年)"("Die byzantinischen Besitzungen an den Kusten des spanischwestgothischen Reiches"),《拜占庭杂志》(德文),XVI(1907),516。E.布奇尔(E.Bouchier):《罗马帝国治下的西班牙》(*Spain under the Roman Emperor*),54—55。R.阿尔塔米拉(R.Altamira):《剑桥中世纪史》,II,163—164。P.古贝尔(P.Goubert):"拜占庭与西哥特的西班牙(554—711年)"("Byzance et l'Espagne wisigothique,554—711"),《拜占庭研究》,II(1945),5—78。

㉗ 柏里:《晚期罗马帝国史》,II,287。古贝尔:"拜占庭与西哥特的西班牙",《拜占庭研究》,II(1945),76—77(至624年)。

㉘ J.普伊吉·伊·卡达法尔(J.Puigi I Cadafalch):"拜占庭西班牙领土上的宗教建筑"("L'Archtecture religieruse dans le domaine byzantin en Espagne"),《拜占庭》(布鲁塞尔),I(1924),530。

东哥特王国的北部、阿尔卑斯山以北(原雷蒂亚省和诺里克省)*仍在他的势力范围之外。整个高卢省不仅完全独立于拜占庭势力之外,甚至在某种程度上战胜了他,因为查士丁尼被迫把该省割让给法兰克王。而且,必须记住,皇帝的权力在广阔的新征服区也并不稳固。帝国政府既没有权威也没有其他办法使自己的地位更加巩固,只能通过武力征服。因此,查士丁尼对外征服战争的辉煌胜利只是以后一系列严重政治经济问题的开始。

查士丁尼的防御性战争,却远远不成功,而且有时候甚至是十分屈辱的。这些防御性战争,指的是在东方与波斯的战争和在北方与斯拉夫人及匈奴人的战争。

6世纪的两大强国拜占庭与波斯在东方边界已经进行了数个世纪的流血战争。自"永久"和平协议之后,波斯国王、天才而精明的统治者库斯鲁·努什尔万(Chosroes Nushirvan)看清了查士丁尼对西方的野心而充分利用了这一局面。[29] 库斯鲁充分意识到波斯帝国西部边界诸省的重要利益,遂抓住了东哥特人求援时机,撕毁了"永久"和平协议,公开与拜占庭帝国对抗。[30] 一场血战开始

---

* 雷蒂亚山及诺里克山分别为阿尔卑斯山脉的两个支脉。——译者

[29] E.施泰因对库斯鲁的评价甚高,而且认为他的父亲喀瓦德是一个天才人物。他把喀瓦德与马其顿的腓力浦和普鲁士的弗里德里希·威廉一世相比,认为这些人的儿子以其自己的成就埋没了他们的父亲那不大光辉的、但可能是付出更艰难代价的成就,因为他们是在父辈基业上成功的人。见施泰因"波斯和拜占庭国家的一个重要时期"("Ein Kapitel vom persischen und vom byzantinischen Staate"),《拜占庭与当代希腊年鉴》,I(1920),64。

[30] 关于查士丁尼时期的波斯战争,见迪尔《查士丁尼》,208—217。霍姆斯《查士丁尼和狄奥多拉》,II,365—419、584—604。柏里:《晚期罗马帝国史》,II,79—123。J.库拉科夫斯基:《拜占庭史》,II,188—208。

了。波斯人取得了明显的胜利。贝利撒留从意大利被召回,但却不能阻止库斯鲁的进兵。库斯鲁进入了叙利亚,抢劫和摧毁了安条克"这个既古老又重要的城市,罗马人在东方占有的所有城市中最大、最富裕、人口最多、最美丽,而且各方面都最为繁荣的城市"[31]。在其进军期间,库斯鲁抵达了地中海沿岸。在北方,波斯人企图强行挺进黑海,但在高加索拉齐卡省(今拉齐斯坦)的拉齐斯坦人那里遇到了抵抗。当时,拉齐卡仍附属于拜占庭。经历了重重困难之后,查士丁尼才成功地购买了五年的和平,为此,他必须付大笔金钱。当时,库斯鲁也厌烦了无休止的对抗,于是,在561或562年,拜占庭帝国与波斯达成停战五十年的协议。历史学家米南德(Menander)[32]准确而详尽地记载了这次谈判及和约签订的细节。这项协议规定,皇帝必须付波斯人一大笔年金,同时,波斯王许诺,在波斯境内对基督徒实行宗教宽容政策,但有个苛刻的条件,即基督徒不得吸收新的皈依者。罗马和波斯商人不管贩卖什么商品,只能在设有海关的一些指定地点通过。这一协议,对于拜占庭来说,最重要的一点是波斯人同意撤离黑海东南岸的拉齐卡地区,并把它归还给罗马人。换言之,波斯人未能在黑海沿岸取得可靠的据点;黑海仍由拜占庭帝国完全占有,这是一个具

---

[31] 见普罗柯比《波斯战争》,II,8,23;豪里编,I,188;杜因编,I,330—331。

[32] 米南德:《文摘》(*Excerpta*);B.G.尼布尔(B.G. Niebuhr)编:《拜占庭历史资料大全》(*Corpus Scriptorum Historiae Byzantinae*)(波恩,1829年),346及以下。在本书的以下部分,涉及该文献集的部分,将引用波恩版的《君士坦丁·波菲罗杰尼图斯皇帝的历史摘录》(C.德博尔编),I,175页及以下。

有重要政治经济意义的事件。③

在帝国北部巴尔干半岛上,防卫战争的性质大不相同。北方的蛮族保加利亚人和斯拉夫人早在阿那斯塔修斯时期就曾蹂躏了半岛上的那些行省;在查士丁尼时代,在普罗柯比笔下,斯拉夫人第一次有了自己的名字"Sclavenes"。普罗柯比称之为匈奴人的大批斯拉夫人和保加利亚人游牧民族,几乎年年越过多瑙河,深入拜占庭行省,以火和剑毁灭一切。一方面,他们抵达首都君士坦丁堡近郊,并深入赫勒斯滂海;另一方面,他们穿越希腊半岛,直抵科林斯地峡并向西直抵亚得里亚海沿岸。在查士丁尼统治时期,斯拉夫人开始明显地向爱琴海沿岸移动。在他们极力进抵爱琴海沿岸的过程中,抵达了帝国最重要的城市之一萨洛尼卡,这座城市及它周围地区很快成为斯拉夫人在巴尔干半岛上的主要聚居地。帝国的军队对斯拉夫人的入侵进行了拼死的斗争,并时常把斯拉夫人驱赶到多瑙河北岸。但不是所有的斯拉夫人都能退回多瑙河北岸。查士丁尼的军队因忙于应付其他重要的战争,不可能对斯拉夫人在巴尔干半岛上每年一度的骚扰采取决定性行动。一些斯拉夫人于是留了下来。这一时期,巴尔干半岛上的斯拉夫人问题的出现应该予以重视,因为它在6世纪晚期和7世纪初势必成为帝国最重要的问题之一。

---

③ 关于此协议的细节,可见 K.居特博克(K.Güterbock)《查士丁尼时代的拜占庭-波斯外交》(*Byzanz und Persien in ihren diplomatisch-völkerectlichen Beziehungen im Zeitalter Justinians*),57—105。柏里:《晚期罗马帝国史》,II,120—123;他认为该协议是在562年签署的。施泰因:《查士丁二世和提庇留》,5—6;施泰因认为该协议签于561年(2、28页注3)

除了斯拉夫人以外，日耳曼人的一支格庇德人（Gepids）*和匈奴人的一支戈特里古尔人（Kotrigurs）也由北方侵入巴尔干半岛。在 558—559 年冬天，戈特里古尔人在其首领查波尔汗（Zabergan）率领下进入色雷斯。由这里，他们派一支部队前去骚扰希腊，另一支侵入了色雷斯的刻尔松尼斯（Chersonese），第三支，包括骑兵，则在查波尔汗亲自率领下向君士坦丁堡进军。拜占庭的国土遭到蹂躏。君士坦丁堡陷入恐慌之中。遭到入侵的各行省教会把其财宝送至首都君士坦丁堡，或用船运至博斯普鲁斯海峡的小亚细亚一岸。查士丁尼召来了贝利撒留，要他在这一危机时刻拯救巴尔干半岛。戈特里古尔人虽然在所有三路军进攻中都遭到失败，但色雷斯、马其顿和色萨利地区，却由于这次入侵而在经济上受到惨重打击。㉞

匈奴人的威胁不仅在巴尔干半岛上，而且在克里米亚偏僻的塔夫里斯半岛面临同样的威胁。该半岛位于黑海沿岸，构成帝国的一部分。这里的两个城市克尔松和博斯普鲁斯以其在数个世纪的蛮族包围中保留希腊文明而著称。它们也在帝国和现今俄罗斯领土之间的贸易方面起到了重要作用。到了 5 世纪末，匈奴人已经占领了该半岛的平原，并开始威胁那里的拜占庭领地和在拜占庭保护下的、以多里（Dory）为中心的一小片哥特人聚居地。在匈奴人威胁的压力下，查士丁尼建立并恢复了一些堡垒，并修建了长

---

* 格庇德人是一支斯拉夫人部落，1 世纪在波罗的海南岸居住，后不断南迁，在 3 世纪时进入中欧特兰西瓦尼亚北部山区。6 世纪前半期，常与伦巴德人发生冲突，567 年以后，被纳入阿瓦尔人管辖范围。——译者

㉞ 柏里：《晚期罗马帝国史》，II, 298—308。

城,该长城的残迹至今仍可见到,㉟这是一种塔夫里斯防线(limes Tauricus),起到了有效的保护作用。㊱

查士丁尼和狄奥多拉向外传播基督教的热情极高,甚至对于居住在埃及和阿比西尼亚(Abyssinia,即埃塞俄比亚)之间的上尼罗河地区的非洲居民也不忽视,这些居民即远在第一瀑布以远的布来米人(Blemyes)和他们的南方邻居诺贝达人(Nobadae,即努比亚人)。由于狄奥多拉的聪明才智及其活动能力,诺贝达人和他们的国王西尔克(Silko)皈依了一性教派,而且,这位皈服基督教的国王与拜占庭联手迫使布来米人接受了同一信仰。为了庆祝自己的胜利,西尔克在布来米人的一个圣殿里建立了一块碑铭,柏里评价该铭文说:"这个小国之君说的大话似乎应出自阿提拉或帖木儿之口。"㊲该铭文上写:"我,西尔克,诺贝达和所有埃塞俄比亚人的国王($βασιλίσκος$)。"㊳

查士丁尼外交政策的意义。——纵观查士丁尼的整个对外政策,我们必须说,他的无休止的、并没有实现其全部计划和愿望的长期战争,对帝国的影响总的来说是灾难性的。首先,这些大规模

㉟ W.托马切克(W. Tomaschek):《塔夫里斯的哥特人》(Die Goten im Taurica),15—16。A.A.瓦西列夫:《克里米亚的哥特人》(The Goths in the Crimea),70—73。查士丁尼城墙的遗址迹可在其原址见到。

㊱ 瓦西列夫:《克里米亚的哥特人》,75。J.库拉科夫斯基:《塔夫里斯的过去》(The Past of the Tauris),(II,1914),60—62。塔夫里斯是克里米亚的古名称,见柏里:《晚期罗马帝国史》,II,310—312。

㊲ 柏里:《晚期罗马帝国史》,II,330。

㊳ 《希腊文碑铭大全》(Corpus Inscriptionum Graecarum),III,5072(P. 486)。G.勒费弗尔(G. Lefebvre):《埃及的基督教希腊文碑铭全集》(Recueil des inscriptions grecques chrétiennes d'Egypte),628。

的军事行动消耗了巨额金钱。普罗柯比在他的《秘史》中估计(可能有些夸张),阿那斯塔修斯留下的积蓄,在当时看来是相当巨大的财富,即价值32万磅的黄金(相当6500万或7000万美元*),却由查士丁尼在极短的时期内(即他舅父查士丁当政时期)全部花光。㊴据6世纪另一则史料,即叙利亚人以弗所的约翰披露:阿那斯塔修斯时期帝国的国库积蓄在查士丁尼死后,直到查士丁二世时期才用完;㊵然而,这一结论是不正确的。阿那斯塔修斯留下的资金肯定比普罗柯比欲使我们相信的数目要小,这笔钱在查士丁尼的事业中一定有极其重大的意义。但仅凭此项资金是远远不够的。新的税收比疲惫不堪的居民能够承受而且付出的数目要大。皇帝以节约军费来削减国家开支的企图导致军士数量的减少,这自然使得西部征服地十分不安全。

从查士丁尼作为罗马人的观点来看,他的西征是可以理解的,也是自然的。但从帝国的实际利益来看,应该承认,这些西征活动是不必要的、有害的。6世纪东西方之间的鸿沟已经如此巨大,欲使两者统一的愿望本身就是时代的错误。真正的统一是不可能实现的。已经征服的诸省只能靠武力来维持,而帝国既无军力,也无财力。查士丁尼沉湎于他的美好梦想中,没有认识到东方边境及东方诸省的重要性,而后者才是拜占庭帝国的根本利害所系。仅仅出于皇帝本人之愿望的西征活动,不可能带来长久性的结果;而且,恢复罗马帝国的计划也随着查士丁尼之死而废弃了,尽管它并

---

* 此处是本书原作者瓦西列夫在20世纪40—50年代的基本估计。——译者
㊴ 普罗柯比:《秘史》,19,7—8;豪里编,121。
㊵ 约翰:《基督教会史》(*Ecclesiastical History*),V,20;佩涅-史密斯(Payne-Smith)译本,358;布鲁克斯译本,205。

没有永远被废弃。与此同时,查士丁尼的整个对外政策在帝国内引起了特别严重的经济危机。

查士丁尼和特里波尼安的立法工作

查士丁尼由于他的立法活动的彻底性,已经成为举世瞩目的历史人物。查士丁尼认为,一个皇帝"不仅必须以军事武装使自己荣耀,而且必须以法律来装备自己,由此,他才能在战争时代及和平时代都立于不败之地;他不仅应该是克敌制胜的强者,而且应该是坚强的护法者。"[41]此外,他相信,是上帝赐予帝王以制定和解释法律的权力,因此,一位皇帝必须是立法者,他的权力来自上天。但是,很自然地,除了所有这些理论根据外,查士丁尼还有实际上的考虑,因为他十分清楚,他那个时代的罗马法处于十分混乱的状态。

在前基督教时期的罗马帝国,帝国的立法权完全集中于皇帝手中,立法的唯一形式是皇帝的敕令,被称为"法"和"法令"(*leges*),与之相对的所有创制于早期立法时的法令和由古典时期法学家所阐释的律令被称为"旧法"(*jus vetus*)或"古法"(*jus autiquum*)。自3世纪以后,法学迅速衰落。法律的颁布仅限于纯粹的编纂,目的是为那些不能研究全部法学著作的法官提供一部由皇帝敕令和举世闻名的古代法学家著作的摘编。但是,这类汇编都属于个人行为,没有得到官方认可,所以在实际执法时,法官必须参照所有的皇帝敕令和所有的古典法学作品,这是远非任何

---

[41] 查士丁尼:《法学阶梯》(*Institutiones*),前言;J.T.阿布迪(J.T.Abdy)和 B.沃尔克(B.Walker)译本,xxi。

一个人的能力所能胜任的。帝国当时没有出版有关皇帝敕令的核心刊物。这些敕令散在于各种档案中,在数量上年年增加,很难在实际生活中运用,尤其当新的敕令不断取代旧的敕令时,更为困难。所有这些都说明编纂一部帝国敕令汇编是十分必要的。早在查士丁尼以前,人们就在这个方面做了许多工作。在查士丁尼的立法著作中,他极大地受益于早年的《格雷格利亚努斯法典》《赫尔墨吉尼乌斯法典》和《狄奥多西法典》。为了便于引用古典法规(*jus vetus*),狄奥多西二世时期曾与他的西方同代皇帝瓦伦提尼安三世一起颁布了一则敕令,该敕令只承认五位最著名的法学家的著作具有最高权威,其他法学作者则可以被忽略。当然,这只是该问题的暂时解决方法,尤其是在这五位选定的法学家著作中根本不易找到对某个特定案例的解决办法,因为这些法学家的说法时常互相矛盾。而且,这些古代法学家的决断在生活条件已经发生变化之时已经太过陈旧而无法执行。因而,制定一部涉及整个法律体制的官方修订法典和对数世纪来法学发展进行总结极为必要。

早期的法典只收集了一定时期内皇帝们的敕令,并没有涉及法学作品。查士丁尼不仅开始着手编纂在他的时代以前的帝国敕令集,而且开始修订古代法学作品。他的主要助手和实施整体方案的核心人物是特里波尼安(Tribonian)。

这项工作之进展速度是惊人的。528年2月,皇帝召集了一个由10位专家组成的编委会,其中有"皇帝立法工作的膀臂,而且在某种程度上是这些专家的组织者"特里波尼安,以及君士坦丁堡

第三章 查士丁尼大帝及其直接继承者(518—610年)

的法学教授塞奥菲卢斯(Theophilus)。[42] 该编委会的任务是,修订三部较早的法典,从中删除陈腐过时的东西,并把《狄奥多西法典》颁布之后出现的敕令进行系统整理。所有这些工作的成果汇合于一部法典集成中。早在529年4月,《查士丁尼法典》(*Codex Justinianus*)就正式颁布了,它被分为10卷,收集了自哈德良皇帝以来至查士丁尼时期的敕令;它成为帝国的唯一权威性法典,从而取代了以前的三部法典。尽管查士丁尼的法典编纂工作从旧法典中受益甚大,但修订"旧法"工作却是他的首创。530年,特里波尼安受命组织一个委员会,修订所有古典法学家的作品,从中摘录,淘汰所有过时的东西,剔除一切互相矛盾之处,最后,按一定顺序把所搜集的资料整理排列。编委会阅读和研究了大约2000册书,计300万行以上。这是一部巨著,用查士丁尼自己的话来说:"在他下令编书之前,'没有任何人曾经期待或者想象过,这竟是人力所及之事'。"[43] 而且,编委会"删除了所有'旧法'中之重复和多余的内容"[44],三年内即告完成。这部于533年问世的巨著分为50卷,称为《法学汇纂》,*Digestum*),或 Pandects, *Pandectae**。这一著作立即成为帝国司法活动中可以直接采用的依据。[45]

尽管查士丁尼的这部《法学汇纂》十分重要,但由于仓促编就,

---

[42] 柏里:《晚期罗马帝国史》,II,396。

[43] 《大法典》(*Constitutio Tanta*),前言;P. 克吕格尔编,13;C. H. 蒙罗译本,I, xxv。

[44] 《查士丁尼法典(修订本)》(*Codex Justiniani*, *de emendatione Codicis*),克吕格尔编,4。

* Pandectae 是希腊文 Πανδεκτες 的拉丁文拼法,意同 Digest。——译者

[45] 瓦西列夫:"查士丁尼的《法学汇纂》,纪念《法学汇纂》颁布1400周年(533—1933年)"("Justinian's Digest. In commemoration of the 1400th anniversary of the publication of the Digest"),《拜占庭和当代希腊研究杂志》,V(1939),711—734。

不可避免地在某些方面有疏漏。其中有许多重复、互相矛盾和一些相当过时之处。此外,由于编委会被授权删节、解释和压缩古代的文献原本,最终成书有相当的专断性,有时甚至肢解了古代文献。该著作的致命缺陷是缺乏统一性。对于这一缺陷的质疑,发端于19世纪的一些著名法学家,他们对罗马的古典法律评价过高,因而对查士丁尼《法学汇纂》的评价十分苛刻。然而,即使《法学汇纂》有上述缺陷,它仍有很大的实用价值。它也为后代保留了迄今为止已经失传的一些古代罗马法学著作中摘编的丰富资料。

在编纂《法学汇纂》期间,特里波尼安和他的两个著名助手,君士坦丁堡法学教授塞奥菲卢斯和贝鲁特(在叙利亚)的教授多罗西斯(Dorotheus)受命解决另一个问题。据查士丁尼说,"没有人能承担所有这些艰深知识的重负",此处的"艰深知识",即指《民法典》和《法学汇纂》。譬如,那些"站在法律的入口处,迫切想进入其神秘境界"的年轻人[46],不可能掌握这两部巨著的所有内容,因此,有必要为他们编一种方便可用的手册。这部原准备供学生使用的《民法手册》于533年公布。它分为四册,称为《法学阶梯》*(*Institutions*,或 *Institutiones*)。用查士丁尼的话来说,这部概要是要把"所有'旧法'的混浊水源导入一个清澈的湖泊中"。[47] 皇帝核准《法学阶梯》的敕令就是致"迫切想要学习法学的年轻人(*cupidae legum juventuti*)"的。[48]

---

[46] 《大法典》,II;克吕格尔编,18;蒙罗译本,XXX。
  * 亦译为《法理概要》。——译者
[47] 《大众法典》(*Constitutio Omnem*),2;克吕格尔编,10;蒙罗译本,XX。
[48] 《法学阶梯》,克吕格尔编,xix;阿布迪译本,xxi。

第三章 查士丁尼大帝及其直接继承者(518—610年)

在编纂《法学汇纂》和《法学阶梯》期间,常规的立法活动并没有停止。一方面颁布了许多新的法令,另一方面对许多事情重新审定。简言之,529年出版的《民法典》看来在许多方面过时了,因此,534年着手进行新的修订增补工作。这部修订增补的12卷本法典问世,被称为《法典修订本》(Codex repetitae praelectionis)。该版本取缔了529年的旧版,搜集了自哈德良至534年的法令。这部著作的问世,宣布了《法典》编纂工作的结束。而该法典的第一个版本后来则绝版。

534年以后颁布的敕令被称为《新律》(Novellae Leges)。虽然《查士丁尼法典》《法学汇纂》《法学阶梯》均以拉丁文写成,但《新律》的大部分是以希腊文拟就的。这一事实表明查士丁尼这位紧随罗马传统的皇帝对现实生活的需要做了一个重大让步。在一则"新律"中,查士丁尼写道:"朕写这部敕令时没有用拉丁母语,而是用了希腊口语,以便使它能易于为公众理解。"[49] 查士丁尼企图把所有的"新律"编辑成集,但他没有成功,然而,在他统治时期,出现了一些非官方的"新律"汇集本。《新律》被视为查士丁尼立法工作的最后一部分,并成为他那个时代帝国内政史的重要资料。

查士丁尼认识到,《法典》《法学汇纂》《法理概要》和《新律》这四部法典应形成一部法学集丛。但在他统治时期,未能形成这样的全集。只是在相当晚的时期,即在中世纪,自12世纪初开始,当罗马法的研究在欧洲复兴时,查士丁尼的所有立法著作才以《民法大全》(Corpus juris civilis)而著称于世。至今,它们仍被称为《民

---

[49] 《新律》,7(15)a;K.E.扎哈利亚·冯·林根塔尔编,I,80。

法大全》。

查士丁尼法学著作庞大的体系及使用大多数民众所不理解的拉丁文字,使得一些以希腊文解释《法典》的注释本和某些部分的摘要,以及从字面上对于《法学阶梯》和《法学汇纂》加以解释的作品大量出现。这些小册子形式的希腊文法学集纂,是适应当时的需要,并出于应用上的考虑而编的,与其拉丁原文相对照,有许多错误和疏漏;即使如此,它们还是把原本抛到了幕后,并几乎完全取代了它的地位。[50]

为了与这部新的法律著作相协调,法学教育活动也发生了相应的改革,采用了新的学习课程设置。法学课程的学习期限定为五年。第一年的主要学习科目为《法学阶梯》;第二、三、四年学习《法学汇纂》,最后,即第五年学习《法典》。关于这一新的课程设置,查士丁尼写道:"当所有的法学秘密被揭示出来时,学生们就不会为任何东西所欺瞒,而且当学生们通读了特里波尼安和其他人为我们编辑成集的著作以后,他们会成为杰出的律师和法官,成为最能干的,无论在何时何地都有所作为的人。"[51]在致法学教授们的敕令中,查士丁尼写道:"从现在起,在上帝的监护下,你们要教授学生法学知识,开辟我们所为之奠基的道路,这样,他们将沿这条道路成为杰出的司法官员和政治家。而且你们将在所有时代都

---

[50] 扎哈利亚·冯·林根塔尔:《希腊-罗马法制史》(1892),5—7。亦见 P. 科林内(P. Collinet)"查士丁尼(565)以后至 1453 年的拜占庭立法"("Byzantine Legislation from Justinian(565) to 1453"),《剑桥中世纪史》,IV,707。科林内:《贝鲁特法学院史》(Histoire de l'ecole de droit de Beyrouth),186—188、303。

[51] 《大众法典》,6;克吕格尔编,II;蒙罗译本,xxxiii。

得到最高的荣耀。"㉜在致学生的敕令中,皇帝写道:"要以勤奋、刻苦的精神学习我们的这些律法,并对它们很好地融会贯通,这样的良好愿望将激发你们的能力,当你们的全部法律学习课程结束时,你们将有能力治理我们的帝国,我们帝国的疆域将取决于你们的责任。"㉝但学校的教学本身仅限于单纯地掌握所教授的教材,并在这些教材的基础上进行解释,而不得引用古典作家的原著来核实或重新解释法学教材,只允许学生们对法典做文字上的翻译和撰写摘要及选段。

尽管该法典在死刑判决方面有明显欠缺,在执法上也有许多弱点,但这部 6 世纪的巨型立法著作仍具有广泛的、不朽的意义。查士丁尼的法典保存了罗马法,而罗马法为指导大多数现代社会的立法提供了基本的原则。迪尔曾说过:"查士丁尼的理想成就了人类进步最有价值的伟业。"㉞12 世纪,当西欧开始研究罗马法,或者在通常情况下,如人们所说,当西欧开始承认罗马法时,查士丁尼的民法典在许多地方成为真正的法律。I. A. 波可洛夫斯基(I. A. Pokrovsky)教授曾说:"罗马法得到了新生,并且第二次把世界联系起来。西欧的所有立法活动的发展,甚至那些现代的立法活动,都一直受到罗马法的影响……罗马立法的最有价值的内容被成段成章地引入当代法典中,并以这些当代法典的名义在发挥着

㉜ 《大众法典》,II;克吕格尔编,12;蒙罗译本,xxiv。

㉝ 《皇帝敕令集》,7;克吕格尔编,xix;阿布迪(Abdy)译本,xxiv。这是一则论及《法学阶梯》的敕令。

㉞ 迪尔:《查士丁尼和晚期罗马帝国》,248。

作用。”[55]

最近，在研究查士丁尼的立法著作方面，人们的观点有了一个重要转变。迄今为止，查士丁尼的法典，除了《新律》之外，它们都被认为最初是作为进一步理解罗马法的辅助手段，也就是说，它们只具有辅助性的，而不具备第一位的重要性。人们并没有研究这部《法典》本身，它也从来没有被视为“独立的”研究主题。从这一观点出发，人们对查士丁尼，尤其是特里波尼安产生了疑义，认为他们采用删节或扩充原法典内容的方式歪曲了古典法的原意。然而，现在人们所关注的，是查士丁尼的法典是否适应了他那个时代的需要，而且在多大程度上适应了这一需要。于是，人们公正地不再把古典法律条文的更改归于编纂者的主观意志，而是归于他们欲使罗马法适应6世纪罗马帝国东部的实际生活条件的愿望。这部法典在完成这一目标上的成就，必须结合当时的总的社会条件，希腊化思想和基督教对于法典编纂者无疑是有影响的，而且东方的生活习俗也必然反映在对古典罗马法的更改中。因此，一些学者谈到了查士丁尼立法著作的东方特点。当代法制史学科的问题是应该充分肯定和评价查士丁尼《民法典》、《法学汇纂》和《法理概要》中的拜占庭因素。[56] 查士丁尼的新法，作为通行立法的产物，自然是反映了当代生活状况的变化和它的需要。

查士丁尼时代有三座法律学校十分繁荣。一座在君士坦丁堡，一座在罗马，一座在贝鲁特。其他学校都被取缔了，因为皇帝

---

[55] 波可洛夫：《罗马法制史》(第2版，1915年)，4。

[56] P.科林内：《查士丁尼的立法史研究》(*Études historiques sur le droit de justinien*)，I，7—44。

担心它们会成为异教繁衍的基地。551 年,贝鲁特城被一场可怕的地震、海啸和大火摧毁,贝鲁特的学校则迁至西顿,但此后不再那么重要了。

在俄罗斯,当沙皇费多尔·阿列克赛耶维奇(Fedor Alekseievich,1676—1682)统治时期,确定了把查士丁尼《民法大全》译为俄文的计划。一位德国学者对此做了及时报道,称此举是"海勒立斯式的壮举"(*hoc opus Hercule dignum*),但遗憾的是,这项计划并没有进行。(57)

查士丁尼的宗教政策 148

作为罗马皇帝的继承者,查士丁尼认为,恢复罗马帝国是他的职责;同时,他希望在帝国内确立唯一的法典和唯一的信仰。"一个国家、一部法典、一个教会"——这就是查士丁尼全部政治生涯中的简明信条。他笃信绝对王权,强调在一个秩序完好的国家中,一切皆附属于皇帝的权威。教会应该成为政府机构手中的有力武器,因此尽一切努力使教会服从自己。历史学家们曾试图分析查士丁尼教会政策的动机,有些人得出结论说,对于查士丁尼来说:"政治是第一位的,宗教只是国家的奴仆";(58)另一些人则认为,这

(57) 奥斯特洛戈尔斯基:"沙皇费多尔·阿历克赛耶维奇时代的一项宏伟计划"("Das Projekt einer Rangtabelle aus der Zeit des Caren Fedor Alekseevič"),《斯拉大历史和文化年鉴》(*Jahrbuch für Kultur und Geschichte der Slaven*,),IX(1933),133 页注 131。参见 L.罗埃万森(Loewnson)《东欧历史杂志》(*Zeitschrift für Osteuropäische Geschichte*),N.S.II,part 2,234ff.。

(58) 见 A.克内希特:《查士丁尼皇帝的宗教政策》(*Die Religions-Politik Kaiser Justinians*),53、147。J.勒朋:《塞维鲁的一性派思想》(*La monophysisne sévérien*),73—83,库拉科夫斯基:《拜占庭》,II,233—262。柏里:《晚期罗马帝国史》,II,360—394。

个"君士坦丁大帝第二只要涉及教会问题就会忘记他的直接的政治责任"。[59] 在查士丁尼成为教会主宰的欲望中,他不仅要亲自控制教会的内部组织和教士的命运,甚至那些高级教士的命运;同时,他也确信,他的责任是为其臣民决定特别的教规。无论皇帝采取什么宗教信仰,他的臣民都必须遵从。拜占庭皇帝有权力规范教士的生活,根据自己的判断来决定高级教职阶层的人选,并在教士的诉讼案中充当调节人和法律仲裁人。他保护修士、促进新教堂和修道院的兴建,赐予教会和修道院种种特权,以表示他对教会的恩宠。他也花费了许多精力以图在自己的臣民中建立统一的宗教信仰。他经常参加教义争论,对有争议的教义问题进行最后裁决。这种以皇帝的权力干预宗教和教会事务,乃至深入到个人宗教信仰的内心世界的深层领域的政策在历史上被称为"皇帝-教权主义"(Caesaropapism)。而查士丁尼就是这样的皇帝-教权主义者的典型代表。[60] 在查士丁尼的观念中,国家的统治者既是皇帝也是教宗;他把所有世俗的和教会的权力集于一身。而那些强调查士丁尼一切活动的政治意义的历史学家强调,在查士丁尼的皇帝-教权主义中,其主要动机是希望保障自己的政治权力,加强统治力量,并为他因偶然机会而取得的王位寻找宗教上的支持。

---

[59] 列别德夫:《第六、七、八次全基督教主教公会议》(第 3 版,1904 年),16。

[60] 关于拜占庭的皇帝-教权主义,见 G. 奥斯特洛戈尔斯基"拜占庭教会和国家关系",《库达柯夫研究院年鉴》,IV(1931),121—123。也见比翁多·比翁迪(Biondo Biondi),《查士丁尼在基督教公教会立法中的第一原则》(*Giustiniano Prino Principe è Lequslatore Gattolico*),11—13。

第三章 查士丁尼大帝及其直接继承者(518—610年)

查士丁尼受过很好的宗教教育。他精通《圣经》,热衷于参加宗教讨论,并写了许多宗教赞美诗。宗教争端在他看来是十分危险的,从政治观点上看尤其如此,因为它们威胁着帝国的统一。

尽管查士丁和查士丁尼之前的两个皇帝芝诺和阿那斯塔修斯曾经遵循了与东方一性教派教徒保持和平的政策,并因此与罗马教会决裂,但查士丁和查士丁尼却毫不动摇地偏爱罗马教会,并同它恢复了友好关系。这势必导致东方各行省与帝国的分离,这是同查士丁尼的计划不相容的,因为查士丁尼极其迫切地想在他的庞大帝国内建立统一的信仰。但是,要在东方和西方的教会,即在亚历山大、安条克和罗马教会间实现教会统一是不可能的。一位历史学家讲过:"查士丁尼的统治在其教会政策上是双面的雅努斯神*,它一面转向西方,要求罗马予以指导,另一面则转向东方,在埃及和叙利亚修士中间寻找真理。[51]"

查士丁尼的教会政策的基本目标在其统治初期是建立同罗马的密切联系;因此,他曾以卡尔西顿会议的护卫者身份出现,该会议的决议曾受到东方各行省的强烈反对。在查士丁尼统治期间,罗马教区享有最高教会的权威。在查士丁尼致罗马主教的信中,就称他为"教父""罗马之父""使徒之父""教父和牧首"等,于是,教父(pope)的头衔,就被用来特指罗马主教。在一封敕令中,这位皇帝称罗马主教为"所有神圣教会之首"(*caput omnium*

---

* 雅努斯(Janus),罗马神话中的兽性精灵,门神。除了以门为其象征外,它有时以两面人的形象出现,一面回顾过去,另一面朝向将来。——译者

[51] A.迪亚科诺夫(A. Dyakonov):《以弗所的约翰和他的教会史著作》(*John of Ephesus an His Ecclesiastical-Historical Works*),52—53。

sanctarum ecclesiarum)⑫,而在他的一则"新律"中,特别提到"最受恩宠的君士坦丁堡大主教的教区,即新罗马,应位于最神圣的使徒教区旧罗马之次"。⑬

查士丁尼开始同犹太人、异教徒和异端决裂。在异端派中包括摩尼教派、聂斯脱利派、一性教派、阿利乌斯派和其他不大重要的宗教教义理论的派别。阿利乌斯派当时在西方日耳曼人诸部族中传播。在帝国各地残存的异教残余势力和异教徒们仍视雅典学园为他们的主要中心。犹太人和小股异端教派追随者则主要集中于近东各行省。当然,得到最广泛追随者的是一性教派。在西方,与阿利乌斯派的斗争采取了军事征服的形式,这种军事征服以日耳曼诸王国完全地或部分地臣服于拜占庭而告结束。查士丁尼坚信,在帝国内部,有必要建立统一的信仰,因此,不可能对其他信仰和异端教派的领导取容忍态度,这些人在查士丁尼统治时期,遭到军队和行政权威的严酷镇压。

雅典学园的关闭。——为了彻底根除异教残余,查士丁尼于529年关闭了位于雅典的著名哲学学园,认为它是衰朽的异教思想的最后堡垒。在5世纪狄奥多西二世时期君士坦丁堡学府的创建,已经预告了该学园的衰亡,学园的许多教授被流放,学园的财产被没收。一位历史学家写道:"当圣本尼狄克(St. Benedict)摧毁了意大利的最后一处国家圣殿、位于卡西诺山圣林中的阿波罗神殿的同一年,人们也见证了位于希腊的古典异教堡垒的毁

---

⑫ 克内希特:《查士丁尼皇帝的宗教政策》,62—63。
⑬ 《新律》,131,B;扎哈利亚·冯·林根塔尔编,II,267。

第三章　查士丁尼大帝及其直接继承者(518—610年)

灭。"⁶⁴从这一时期起,雅典完全丧失了其原来作为文化中心的重要地位,降为不显眼的二流城市。该校的一些哲学家欲迁居波斯,他们听说,波斯王库斯鲁对哲学很感兴趣。他们在波斯受到极好的礼遇,但是,异邦的生活对于这些希腊人来说甚难适应。在库斯鲁先同查士丁尼达成协议,使查士丁尼在协议中承诺他将不迫害这些哲学家,也不强迫他们改宗基督教信仰之后,决定让他们回归祖国。查士丁尼履行了诺言,这些异教哲学家在拜占庭帝国境内完全和平、安全的环境中度过了余生。但查士丁尼未能彻底根除异教,异教仍在偏僻的地区继续秘密地存在着。

犹太人和他们的宗教亲族,即巴勒斯坦的撒马利亚人*,不能屈从于政府的迫害政策,发动了起义,但迅速被残酷镇压。许多犹太会堂遭到毁灭,而在那些尚存的未被毁灭的会堂中,也禁止诵读希伯来文的《旧约》,而需代之以70位学者译的希腊文本(所谓七十子译本)《圣经》。人们的政治权利被剥夺。聂斯脱利派也受到严酷镇压。

宗教问题及第五次全基督教主教会议。——当然,最为主要的是查士丁尼对一性教派的态度。首先,他与一性教派的关系有极大的政治意义,而特别涉及埃及、叙利亚和巴勒斯坦等东方各行省的重要问题。其次,一性教派受到查士丁尼的妻子狄奥

---

⁶⁴　克内希特:《查士丁尼皇帝的宗教政策》,62—65。
*　犹太人一支。公元前8世纪,位于巴勒斯坦北部的以色列国被亚述帝国所灭,亚述王萨尔贡二世采取了移民政策,将一部分本地犹太人迁往外地,另外又从外地迁来不少异族居民,安置在原以色列首都撒马利亚城,这些外族移民同犹太人融合的后代被称为"撒马利亚人",他们因其"血统不纯"而受到犹太人鄙视。——译者

多拉的支持,而她对查士丁尼有强大的影响。一个当时的一性教派作者(以弗所的约翰)称她为"满腔热情地爱基督的女子",是"最具基督教精神的皇后,她受上帝派遣在困难时期保护受迫害者"⑥。

由于她的劝说,查士丁尼在其统治初期试图同一性教派和平共处。他允许那些在查士丁统治时期及他自己统治早年遭到流放的主教回归故里。他邀请许多一性教派教徒到首都,参加宗教和解会谈。据一位目击者讲,在这个会议上,查士丁尼要求他们同其对手"为了正统基督教和虔诚人民的利益,完全心平气和地"⑥讨论所有未决的问题。他把首都一处宫殿内的一些房间赐给500名一性教派修道士,说成是"给予隐修者的最大的绝好的奖赏"⑥。535年,"一性教派的真正立法者"及其首领塞维鲁(Severus)到达君士坦丁堡,并在那里住了一年。⑥ "535年年初,帝国的首都在某种程度上出现了阿那斯塔修斯统治时期发生的那种情况。"⑥君士

---

⑥ 《东方福音诠释》(*Commentarii de Beatis Orientalibus*),W.J.范杜温(W.J. Van Douwen)及 J.P.N.兰德(J.P.N. Land)编,114、247;E.W.布鲁克斯编:《东方教父著作全集》,XVIII(1924),634(432)、677(475)、679(477)。亦见迪亚科诺夫:《以弗所的约翰和他的教会史著作》,63。

⑥ J.D.曼西:《新编圣公会议文集》(*Sacrorum Conciliorum nova et amplissima collectio*),VIII(1762),817。凯撒里·巴罗尼(Caesari Baronii):《基督教编年史》(*Annales ecclesiastici*),A.泰奈尔(A. Theiner)编,IX,32(532年?),419。

⑥ 以弗所的约翰:《笔记》(*Commentarii*),155;布鲁克斯编,II,677(475)。见迪亚科诺夫《以弗所的约翰和他的教会史著作》,58。

⑥ J.马斯佩罗(J. Maspero):《亚历山大教会主教史》(*Histoire des patriarches d'Alexandrie*),3、100、110。勒朋:《塞维鲁的一性派思想》(*Le Monophysisme sévérien*),74—77。

⑥ 马斯佩罗:《亚历山大教会主教史》,110。

坦丁堡牧首区已经交给了特拉布松主教安希姆斯(Athimus),他因其对一性教派的调和政策而著名。一性教派似乎已经取得了胜利。

然而,事态很快发生了变化,教宗阿伽佩图斯(Agapetus)和一伙"不眠者"(极端正教派)*到达君士坦丁堡后,即挑起了反对安希姆斯牧首的宗教调和政策的喧嚣,查士丁尼不无遗憾地被迫改变了他的和解政策。安希姆斯被撤职,一位正统派的牧师梅纳斯(Menas)接续了他的职位。有一则资料记载了此事发生之后皇帝与教宗之间的对话,查士丁尼对教宗说:"我可以迫使你接受我的意见,否则我会把你流放。"而阿伽佩图斯回答:"我曾希望见到一位最好的基督徒皇帝查士丁尼,但我现在看到了一位戴克里先;无论如何,我不怕您的威胁。"⑦皇帝之所以对教宗让步,很可能是由于当时对东哥特人的战争在意大利刚刚开始,他需要得到西方人士的支持。

即使如此,查士丁尼并没有放弃他同一性教派和解的进一步努力。这时,他提出了著名的"三章案"(*The Three Chapters*)问题。此案涉及三位5世纪的教会作家,即莫普苏埃斯蒂亚的狄奥多勒(Theodore of Mopsuestia)、居鲁士的狄奥多莱(Theodoret of Cyrus)和埃德萨的依巴斯(Ibas of Edessa)。一性教派对卡尔西顿会议的指责,是因为上述三位作家有聂斯脱利派信仰倾向,却

---

* 见前章关于阿列乌斯派争论的部分,原书第108页。——译者

⑦ 《教宗阿伽佩图斯生平》(*Vita Agapeti papae.*),见 L.D.杜切斯内(L.D. Duchesne)编《大主教传》(*Liber Pontificalis*),I,287。曼西:《新编圣公会议文集》,VIII,843。

未在该次会议上受绝罚。罗马主教和"不眠者"遇到了极为强大的对手。查士丁尼义愤填膺地宣称,在上述问题上,一性教派是正确的,正教派必须赞同他们。他在 6 世纪 40 年代早期发了一则敕令,谴责了上述三位作者的作品,并威胁道:"任何企图保护或赞同此三者的人都将受到绝罚。"[71]

查士丁尼希望所有的教会人士对此敕令都承担义务,要求所有的牧首和主教在该敕令上签字。但这并不容易实现。西方教会担心若自愿签署该协议,可能意味着侵犯了卡尔西顿会议的权威。一位著名的迦太基助祭写道:"如果卡尔西顿会议的决议也要讨论,那么,尼西亚会议不是也可能受到同样的威胁吗?"[72]除了上述疑问外,人们还提出,是否应该诅咒死人,因为这三位作者早在前一世纪都已经谢世。最后,一些西方教会的首脑达成这样的意见,即,皇帝以该敕令侵犯了教职人士的良心。但是,在东方教会,人们并不赞成这种观点,这里的历朝皇帝参与裁决宗教争端问题已经在长期的实践中得到认可。东方教会也引用《旧约·圣经》中约书亚王的故事,他不仅镇压了活着的奉偶像崇拜的教士,而且打开了在他统治时期之前已经去世的那些人的坟墓。在圣坛上焚烧了他们的遗骨(《列王记》下,23:16)。于是,东方教会乐于接受该敕令,并谴责"三章"的作者们,西方教会则不然。总之,查士丁尼的

---

[71] 《关于"三章"的敕令》之所以如是称呼,是由于其敕令中包括由上述三位作者写的文章或段落,但是,此名称原来的意义很快被人忘记了。"三章"后来专指狄奥多勒、狄奥多莱和依巴斯三个人(因在希腊文中,κεφάλαια 与英文 chapter 同义,可解释为"章、节",也可解释为"头",因此,国内也有译为"三头案"者。——译者)。

[72] 弗尔金蒂·费尔南迪(Fulgentii Ferrandi):《书信集》,VI,7;J. P. 米涅编:《拉丁教父文献全集》,LVII,926。

敕令没有得到教会的普遍承认。

要劝说西方教会支持他,查士丁尼首先要取得罗马教宗的允许。因此,当时的罗马主教维吉利乌斯(Vigilius)被召至君士坦丁堡,在那里滞留了七年之久。当他到达君士坦丁堡时,立即公开声明他本人反对皇帝的敕令,并宣布将君士坦丁堡牧首除籍。但是,他渐渐屈服于查士丁尼和狄奥多拉的威压。458年,维吉利乌斯发表了摒斥"三章"的声明,即所谓的"宣判书"(Judicatum),从而与四位东方教会的牧首取得一致。这是狄奥多拉的最后胜利。她相信一性教派的最后胜利是不可抗拒的。她也于该年去世。在维吉利乌斯被邀请到君士坦丁堡之时,西欧的修士们不得不为"最英明的君主查士丁尼和狄奥多拉"不停地祈祷。⑦

然而,西方教会并不赞成维吉利乌斯实行的妥协。非洲的大主教们在召集了一个主教会议后,竟至将维吉利乌斯处以绝罚。由于这些事件的影响,教宗的立场动摇了,他取缔了已经公布的"宣判书"。查士丁尼决定求助于基督教主教公会议。这一会议于553年在君士坦丁堡召开。

第五次全基督教主教公会议所讨论的问题比前几次宗教会议更为简单。它不必处理新的异端问题,而只须对第三、四次全基督教主教公会议提出的一些问题进行修正,其中一部分是涉及聂斯脱利教派思想的,而主要的则涉及一性教派信仰问题。皇帝极其渴望当时滞留在君士坦丁堡的教宗维吉利乌斯出席会议。但是,

---

⑦ 《日耳曼人历史文献,书信集》(*Monumenta Germaniae Historica*, *Epistolarum*),III,62页注41。

维吉利乌斯以种种理由予以回避,而且,所有决议都是在他缺席的情况下达成的。会议讨论了三位有争议的作者的著作,并赞成皇帝的意见。会议的决议谴责并绝罚:"渎神的前莫普苏埃斯蒂亚主教狄奥多勒*及他的那些渎神的著作,以及狄奥多莱以渎神的态度所写的所有作品,及伊巴斯的那些渎神的书信,和那些已经写了,或正在写东西为他们辩护的人(*ad defensionem eorum*)。"⑭该会议的决议是被强制通过的,查士丁尼还制定了镇压及流放那些不同意摒斥"三章"作者的大主教的政策。教宗维吉利乌斯被流放至马尔马拉海上的一个小岛上。最后,他同意签署该会通过的诅咒性的决议,才被允许回到罗马,途中于叙拉古去世。直到6世纪末,西方教会仍没有接受553年基督教会议的决议,只是在大格列高利一世(590—604年在位)时期,才宣布,"在有关'三章'讨论的会议上,没有任何东西违犯或以任何方式改变宗教问题",⑮于是,553年的宗教会议在整个西方被认可,与前4次基督教全体主教公会议具有同等地位。

查士丁尼想利用这场激烈的宗教斗争来调和一性教派与正统派的关系,但却没有出现他预想中的结局。一性教派并不满足于对他们的让步。在查士丁尼晚年,他显然倾向于一性教派,反对他

---

* 此处原文为 Theodoret(与原书152页 Theodore,不符)。——译者

⑭ 曼西:《新编圣公会议文集》,IX,376。

⑮ 《大格列高利书信集》(*Epistolae Gregorii Magni*),II,36;曼西:《新编圣公会议文集》,IX,1105。《教宗格列高利一世书信集》(*Gregorii I papae Registrum epistolarum*),L.M.哈特曼(L.M. Hartmann)编,II,49,载《日耳曼历史文献,书信集》,I,151。

的主教均遭到流放。这时,一性教派竟然可能成为迫使所有人接受的国教。而这将带来新的更为严峻的矛盾。但在此时,年迈的皇帝辞世了,帝国的宗教政策随之又一次发生了变化。

在总结查士丁尼的宗教政策和教会政策时,人们要问,他是否成功地在帝国建立了一个统一的教会。当然,回答是否定的。正统教派与一性教派并没有重归统一。聂斯脱利派、摩尼教派和犹太教及异教在某种程度上依然存在。帝国并不存在宗教的统一。查士丁尼试图实现宗教统一的目标应该说是失败了。

但是,谈及查士丁尼的宗教政策,我们也不应忽视他的传教活动。作为一名基督教帝国的皇帝,他认为自己的责任是在自己的帝国范围以外传播基督教。多瑙河畔的赫鲁利人(Heruli)*和一些高加索人部族,以及北非和尼罗河中游地区的土著民族都是在查士丁尼时期皈依基督教的。[76]

查士丁尼的内政

尼卡起义。——查士丁尼即位之时,帝国的内部生活处于无秩序和动乱之中。土地荒芜,民有饥色,特别是在帝国首都以外的诸行省中。税收也无常规。竞技场诸党派、大地主、被剥夺皇位继承权的阿那斯塔修斯的亲属,以及分散的宗教团体,使帝国内部矛

---

* 日耳曼人之一支,源于斯堪的纳维亚半岛,3世纪进入多瑙河流域,受罗马帝国军队打击而渐趋衰落。——译者

[76] 见马斯佩罗《亚历山大诸牧首》(*Patriarches d' Alexandrie*),65。他对查士丁尼时代的一性派问题做了很好的描述,见102—165。亦见迪亚科诺夫《以弗所的约翰和他的教会史著作》,51—87。

盾更加激化，造成极为严峻的局面。

查士丁尼登基之时，他非常清楚，帝国的内政需要进行广泛的改革。他没有退缩。关于这方面的材料，主要来源于他的《新律》和吕底亚的约翰所写的论文《论罗马国家的政治》以及查士丁尼的同时代人普罗柯比所著《秘史》等。近期，人们从草纸文献中亦发现了更有价值的资料。

在查士丁尼统治之初，他目睹了首都一次可怕的起义，这次起义几乎剥夺了他的皇位。在君士坦丁堡市中心的大竞技场（Hippodrome），是热衷于赛车竞技活动的首都居民最喜爱的聚会地点。每个新登基的皇帝在加冕后，通常都应出现在竞技场的皇帝包厢，即希腊语称之为"座席"（Kathisma）的地方，接受民众的第一次欢呼拥戴。竞技驭手们身着绿、蓝、白、红四色驭服。自早年基督教会禁止角斗活动以来，赛车一直是竞技场的热门项目。组织良好的竞技党是以不同颜色的赛车手为核心而形成的。这些群体用自己的钱财来资助赛车手、马匹和赛车，并时常与其他颜色的党派竞争和相斗。他们很快即以绿党、蓝党、白党、红党的名字相称呼。竞技场、赛马和竞技场各党派是拜占庭帝国从罗马帝国继承而来的传统，后来的文学传说则把它们的起源归于罗慕路斯和雷穆斯的神话时代。四个党派所取的不同颜色名称，其原来意义并不十分清楚。查士丁尼时期，即6世纪的资料认为，这些名称与四种元素相对应，即地（绿）、水（蓝）、风（白）和火（红）。竞技场的节日活动特别壮观，观众的数量有时可达50 000人。

竞技场各党派在拜占庭时期被称为吉莫（demes），它后来发展为代表一定政治、社会或宗教倾向的政治党派。竞技场民众的呼声成为一种公众舆论和民族诉求。Th.I.乌斯宾斯基曾说过："由于当时没有印刷术,竞技场成为自由表达民众舆论的唯一场所,这种舆论有时可把他们的意志强加于当局。"⑦皇帝有时也被迫出现在竞技场上,向民众解释他的行为。

6世纪时君士坦丁堡最有影响的竞技党是蓝党(Venetoi),它赞成基督教正统教义,故也被称为"卡尔西顿党",或称之为卡尔西顿会议的拥护者。另一党是绿党(Prasinoi),它支持一性教派。在阿那斯塔修斯时期,曾出现过一次反对这位一性教派皇帝所支持的绿党的暴动。在一次可怕的冲击和破坏后,正统教派的党徒拥立了一个新皇帝,并冲向竞技场。皇帝阿那斯塔修斯诚惶诚恐地出现在竞技场,没有戴皇冠,并让传令官向群众宣布他随时准备退位。民众看到皇帝如此可怜,心生怜悯。于是他们安静下来,一场起义平息了。但是,这一场面却生动描述了竞技场和首都民众对帝国乃至于对皇帝本人的影响。由于查士丁和查士丁尼的继位,正教派占了优势,蓝党胜利了。然而狄奥多拉喜欢绿党,因此,即使在皇室内部,也有分歧。

吉莫不仅代表政治和宗教倾向,也代表不同阶级的利益,这一点似乎是肯定的。蓝党可以视为上层阶级的代表,绿党则代表下层阶级。如果这一点确凿无疑的话,那么,拜占庭的竞技党作为一

---

⑦ Th.I乌斯宾斯基:《拜占庭帝国史》,I,506。

个社会因素,有它的新的和极为重要的意义。⑱

竞技党斗争的极为有趣的翻版也出现在6世纪东哥特王狄奥多里克统治下的罗马城,这里也有两个对立的党派,蓝党和绿党在持续斗争,其中蓝党代表上层统治阶级,绿党代表下层民众。⑲

关于此问题的一个重要的新的提法最近得到了强调和讨论。一位俄罗斯学者,已故的A.迪亚科诺夫指出,兰鲍德(Rambaud)、马诺也罗维奇及其他人犯有"方法上的错误",他们没有能辨别出吉莫和竞技党的不同,它们显然是风马牛不相及的事物,必须区别对待。但是,迪亚科诺夫研究的目标不是解决这一问题而是重新提出问题,因此,该提法应在将来更专业化的著

---

⑱ 见 M.马诺也罗维奇(M. Manojlović)的极其重要的文章,它最初于1904年以塞尔维亚-克罗地亚文字发表,几乎无人能引用。H.格雷古古瓦把它译为法文,标题是:"君士坦丁堡的民众"("Le people de Constantinople"),《拜占庭》(布鲁塞尔),XI(1936),617—716。马诺也罗维奇的论文尚未被广泛接受。F.多尔格(F. Dölger)接受了这一观点,《拜占庭杂志》(德文),XXXVII(1937),542;奥斯特洛戈尔斯基批驳了它(《拜占庭国家史》,41页注1)。E.施泰因于1920年批驳了此观点(他没有亲自读马诺也罗维奇的塞尔维亚-克罗地亚原文论述),但于1930年接受了这一观点,《拜占庭杂志》(德文),XXX(1930),378。本书作者相信,马诺也罗维奇令人信服地论述了他的观点。

⑲ E.孔迪拉奇(Condirachi):"6世纪初罗马的竞技党和竞技场娱乐活动",《东南欧历史杂志》(*Revue historique du sud-est européen*),XVII(1941),95—102,特别是96—98的部分。关于这一重要结论的资料是卡西奥多鲁斯的同时代作品《杂录》(*Variae*,该《杂录》记录了狄奥多里克及其继承人的敕令和律令。——译者)。亦见马诺也罗维奇的未经任何资料验证而得出的不甚慎重的断语:"这种(阶级的)具体化源出于早期罗马的竞技场。"《拜占庭》(布鲁塞尔),II(1936),642、711—712。

作中加以考虑。⑩

532年君士坦丁堡起义的原因是多方面的。直接反对查士丁尼的有三重势力:王朝的、民众的和宗教的。阿那斯塔修斯尚存的众侄子认为,由于查士丁和随后的查士丁尼的即位,使他们掌握皇权的权利受到了冒犯,在信奉一性教派信仰的绿党支持下,他们欲废黜查士丁尼。由于普遍的苦难而激起的反抗是针对高级官员的,特别是反对著名的法学家特里波尼安和大政区长卡帕多细亚的约翰(John of Cappadocia),他们因亵渎法律和无耻的勒索及残酷行为,在民间引起了普遍的不满。最后,宗教的反抗势力是来自一性教派信众。他们在查士丁尼统治初年受到了极大的限制。所有这些一起引起了首都人民的暴动。而且,值得重视的是,蓝党和绿党一度放弃了两党之间宗教上的对立,齐心协力地反对可憎

---

⑩ K.迪亚科诺夫:"5—7世纪拜占庭的吉莫和竞技党"("The Byzantine Demes and Factions [τὰ μέρη] in the Fifth to the Seventh Centuries"),《拜占庭年鉴》(1945年),M.V.列夫臣柯编,144—227;前言,144—149。这是一篇相当优秀的作品,对于进一步研究上述问题提供了不可缺少的基础。关于吉莫和竞技党后来的情况,特别是竞技党的作用在7世纪逐渐衰弱的历史,见G.布拉提亚努(G. Brǎtianu)"7世纪排犹主义的危机与拜占庭党派政治的结束"("La fin du regime des parties à Byzance et la crise antisemite du VIIe siècle"),《东南欧历史杂志》,XVII(1941),49—57;迪亚科诺夫:"5—7世纪拜占庭的吉莫和竞技党",《拜占庭年鉴》(1945),226—227。格雷古瓦在这方面的评价可能不太准确,他说:"事实上,自641年以后,人们再也找不到竞技场各党派之政治作用的痕迹。",见"碑铭学的注释"("Notules epigraphique"),《拜占庭》(布鲁塞尔),XIII(1938),175。亦见F.德沃尔尼克(F. Dvornik)"拜占庭的竞技党"("The Circus Parties in Byzantium"),《拜占庭、后拜占庭杂志》(*Byzantina Metabyzantine*),I(1946),119—133。

的政府。皇帝派出了传令官到竞技场,同民众进行谈判,但没有达成任何协议。[31] 起义迅速波及整个城市,最好的建筑和艺术遗产遭到破坏或焚烧。大火也烧到了圣索菲亚教堂,即后来的圣索菲亚教堂的原址。起义者用以激励自己的口号是"尼卡",希腊语意为"胜利"、"克敌制胜",这次起义因此被称为"尼卡起义"。查士丁尼被迫同意罢免特里波尼安和卡帕多细亚的约翰,并亲自到竞技场面对群情激昂的民众,宣布这一决定,但是仍不能平息众怒。阿那斯塔修斯的一个侄子被宣布为皇帝。当查士丁尼及其廷臣谋士躲在宫中,已经准备逃跑时,狄奥多拉出现了。她所说的话被普罗柯比记录下来:"一个人来到这个世界上,就不可能逃避死亡;但是对于一个曾经君临天下的人,流亡是最不可忍受的——噢,陛下,如果您希望解救你自己,这并没有困难;我们有足够的金钱;那边就是海,海上有船。但是,想一想,一旦你逃到一个安全的地点,你是否就不会求死而去求生了呢?我赞成一句老话:皇家的紫衣是最好的葬袍。"[32]皇帝于是振作起来,任命贝利撒留去镇压这次已经持续了六天的叛乱。贝利撒留把起义者驱赶到竞技场,把他们包围起来,处死了三四万人。起义被镇压了,阿那斯塔修斯的侄子

---

[31] 见狄奥凡尼《编年史》中所记皇帝查士丁尼通过一位传令官(mandator)与绿党的激烈对话,德博尔编,181—184;亦见《复活节编年史》(*Chronicon Paschal*),620—621。参见 P. 马斯(P. Maas)"Metrische Akklamationen der Byzantiner",《拜占庭杂志》(德文),XXI(1912),31—33、46—51。柏里认为,这里所指可能是查士丁尼统治的其他时期;见《晚期罗马帝国史》,II,40页及注 3、72。柏里在第 72—74 页转引了该对话的英文译文。

[32] 见普罗柯比《波斯战争》,I,24、35—37;豪里编,I,130;杜因编,I,230—233。

被杀,查士丁尼再一次坐稳了宝座。⑬

税收和财政问题。——查士丁尼对内政策的最典型特点是他与大土地所有者之间的顽强斗争,目前这一点尚未得到完全的解释。这一对立在《新律》和草纸文书中,以及普罗柯比的《秘史》中有所评介。普罗柯比虽然倾向于保护贵族,且在《秘史》中充斥着许多对于查士丁尼的荒谬指责——在他的眼中,查士丁尼是居于帝国宝座上的暴发户——但是,他描述了一幅6世纪社会斗争的特别有趣的图画。帝国当局认为,它最危险的竞争者和敌人就是大土地所有者,他们在处理其庞大地产上的事务时完全无视中央的权力。查士丁尼有一则"新律"谴责了各行省中国家和私人土地所有权的分离情况,将其归罪于地方巨头的放纵无度,随后,他向卡帕多细亚省的总督指示道:"朕得悉在各行省中竟有如此之大的弊端,乃至上级政府中几乎无一人可以促其改正。朕甚至羞于谈及大地主产业上的管理者多么不合体统地被保镖们簇拥着到处招摇过市,他们拥有那么多的一群属民,而且多么无耻地掠夺一切……国家的财富,包括所有的马匹,几乎全部成为个人的私有,它们被盗取、被掠夺,但没有一个人能直言谏阻,因为人们的嘴都被黄金塞住了。"⑭ 显然,卡帕多细亚的巨头们在他们的行省中有着完全的权威,他们甚至豢养自己的军队、武士和保镖,同时掠夺私人的乃至国家的土地。同样值得注意的是,该"新律"签发于尼卡起义四年以后。查士丁尼时期关于埃及的类似资料也见于草

---

⑬ 关于尼卡起义,见迪亚科诺夫"5—7世纪拜占庭的吉莫和竞技党"一文中的论述,《拜占庭年鉴》(1945),209—212。

⑭ 《新律》,30(44),5;扎哈利亚·冯·林根塔尔编,I,268。

纸文书中。一位著名的埃及大地主家庭的成员阿庇翁（Apions）在6世纪于埃及许多地区拥有庞大地产。几乎全部农村都是属于他的产业。他的家法几乎就是法律。他有自己的秘书和管家，大群工人，他自己的估税员和收税使及司库，警察，甚至他自己的邮政系统。这类巨头均有他们自己的监狱，养着自己的军队。⑧ 大地产也同样集中于教会和修道院中。

查士丁尼针对这些大地产主进行了无情的斗争。他干涉遗产继承问题，强制性地、有时是不择手段地要求他们向皇帝馈赠，或以某些假证为根据抄没其财产，或煽动宗教方面的讼案剥夺教会地产，以种种手段有意识地、坚持不懈地摧毁大地产。特别大规模的剥夺大地产的活动发生于532年的起义之后。然而，查士丁尼没有能完全摧毁大地主制，大地主势力在以后的各个时期仍是帝国生活中久盛不衰的现象。

查士丁尼看到并认识到，是贪污、盗窃、巧取豪夺等行政统治的种种弊端，导致如此严重的贫穷和破坏，并且势必引起帝国内部的动乱。他十分清楚，帝国内部此种状况对于社会稳定、城市财政、农业等有着极坏的影响，而且，这种财政上的混乱势必导致帝国生活中的混乱。他急切想纠正这一现状。他还相信进行新的重

---

⑧ H. 贝尔：" 拜占庭时期埃及的奴隶制地产"（"The Byzantine Servile State in Egypt"），《埃及考古杂志》（*Journal of Egyptian Archaeology*），IV（1917），101—102。贝尔：" 埃及农业历史的一个新时期"（"An Epoch in the Agrarian History of Egypt"），《埃及学研究文集——纪念让・弗朗索瓦・尚普利昂》（*Études égyptologiques dédiées à Jean-François Champolion*），263。M. 格尔泽：《拜占庭统治下的埃及研究》（*Studien zur byzantinischen Verwaltung Aegyptens*），32、83—90。A. E. R. 博克："拜占庭在埃及的帝国主义统治"（"Byantine Imperialism in Egypt"），《美国历史评论》，XXXIV（1928），6。

大改革是皇帝的责任和义务,也是对上帝感恩的行为,因为上帝赐予了皇帝所有的恩宠。但是,作为绝对皇权理论的坚定不移的代表,查士丁尼认为拥有一个经过改造且完全服从皇权的官僚集团和实现中央集权的统治是改革帝国现状的唯一手段。

查士丁尼首先将他的注意力转向帝国的财政方面,此时帝国的财政正受着特别严重的威胁。诸多军事行动需要巨额资金,但是,捐税进入国库却遇到越来越多的困难。这一事实使皇帝警醒,因此,他在一则"新律"中写道:"考虑到大量的战争支出",他的臣民们"必须向政府自愿地、全部地缴纳税款。"⑯因此,一方面,他向私有财产的神圣不可侵犯挑战,另一方面,他声称自己是纳税人抵制官吏们巧取豪夺的保护人。

535年的两则重要的"新律"对于研究查士丁尼改革至关重要。它们包含了行政改革的原则基础和对于行政官员新职责的规定。其中一则"新律"命令统治者:"要以父辈的感情对待所有的忠实臣民,保护臣民去抵制压迫;他们应该拒绝受贿,在实行司法审判和行政决策时公平合理;他们应该镇压犯罪,保护无辜者,依法惩治犯罪等。总之,对待臣民要似父亲对待自己的孩子那样。"⑰官员们要"在保证自己的手处处干净(不受贿)"的同时,特别关注政府的收入,"增加国家的财富,且尽一切努力保证国家利益"⑱。考虑到对非洲和对汪达尔人的战争,以及即将进行的新的军事行

---

⑯ 《新律》,8(16),10;扎哈利亚·冯·林根塔尔编,I,104。
⑰ 《新律》,8(16),8;扎哈利亚·冯·林根塔尔编,I,102。
⑱ 《新律》,28(31),5;扎哈利亚·冯·林根塔尔编,I,197。

动,"新律"说:"应该上交政府的捐税必须完全地、自愿地在规定的日期内交齐。因此,如果你们能通情达理地面对这些官员,帮助他们顺利地为朕征税并及时上交,那么,朕将赞扬这些官员的热情和你们的睿智;从而在治者和被治者之间处处保持美好的和平的协调一致。"⑱ 行政官员们必须发重誓,忠于职守,与此同时,他们必须保证在其管辖的行省内完成税收任务。大主教们则应该监视官员们的行为表现。那些被揭发犯罪者将从严惩处,而那些忠于职守者则将得到升迁的机会。在查士丁尼的观念中,行政官员和行政纳税人的职责是如此单纯:前者必须忠诚,后者必须自愿地、全部地、定期地完税。在以后的敕令中,查士丁尼时常提到他用以推行行政改革的这些原则。

但是,帝国的诸行省统治情况并不完全相类似。有些行省,尤其是那些国界沿线的行省,居住着不安分的民族,需要更强有力的统治。戴克里先和君士坦丁的改革过分强调了行省的分割,建立了一支庞大的官僚队伍,实行了严格的军政分权制。而查士丁尼时期,在某种程度上说,已经结束了上述体制,回到了戴克里先改革之前的行政体制上去。查士丁尼采用了(尤其在东方)把若干小的行省合并为大省的方法,而在小亚细亚的一些行省中,由于军、政官员间时常不和,竟至发生冲突,查士丁尼下令将军政权力集中于一位官长之手,称其为统领(*praetor*)。皇帝查士丁尼对埃及,尤其是负责向君士坦丁堡供应谷物的亚历山大地区格外关注。据一则"新律"披露,埃及的贸易组织和向首都运粮的活动处于极度

---

⑱ 《新律》,8(16),10;扎哈利亚·冯·林根塔尔编,I,106。

的混乱中。⑨ 为了重新规范这一帝国政治生活中极为重要的活动,查士丁尼授权一位行政官员奥古斯塔利斯(*vir spectabilis Augustalis*)对于埃及两省⑨,尤其是亚历山大这个人口众多、不安定的城市实行军事管制。但是,在各行省集中领地和权力的企图,在查士丁尼时期并没有制度化。

查士丁尼在东方一些行省贯彻其军政合权思想同时,在西方则继续实行军政分权的旧制,尤其在后征服的意大利和北非两大政区。

查士丁尼希望他的大量应急法令能够纠正政体内的一切缺欠,并"以其英明的举措给帝国带来一个新的繁荣时期"⑨。但是,结果非他所愿。他的所有那些敕令都不可能改变人的本性。从他后期的"新律"中可以清楚地看到,叛乱、侵夺和毁灭的事件持续不断。因而必须不断地反复重申皇帝的敕令以使民众意识到这些法令的存在,而在另一些省,有时则有必要实行军法管制。

有时,当急需资金时,查士丁尼也使用他在法令中禁止使用的措施。他以高价出卖官职,违背自己的承诺加征新税,尽管他在"新律"中清楚地说明民众对此新税是无力负担的。由于财政困难的压力,他使用了货币贬值的方法,发行劣质货币;但是,人民的态

---

⑨ 《敕谕》(*Edictum*),13(96),前言;扎哈利亚编,I,529—530。
⑨ 格尔泽:《关于拜占庭治下之埃及的研究》,21—36。柏里:《晚期罗马帝国史》,II,342—343。G.茹亚尔:《拜占庭埃及的行政统治》(*L' Administration civile de l' Egypte Byzantine*)(第 2 版,1928 年),30。
⑨ 《新律》,33(54),前言;扎哈利亚·冯·林根塔尔编,I,360。

度变得令人恐惧,他几乎立即被迫废弃了这种政策。[63] 他使用一切可能的手段来充实国库。正如6世纪一位诗人科利普斯所说:"国库如同人体的胃供应着人体的所有器官。"[64] 征课捐税的手段之严酷达到了极限,在疲惫的民众中产生了灾难性的后果。一位当时的作家评价道:"对于纳税人来说,外国侵略的到来也比国库官员的到来好对付一些。"[65] 由于农村居民不堪政府的压迫纷纷逃离,村庄变得穷困不堪,人烟稀少。土地颗粒无收,许多地区发生了暴动。

查士丁尼意识到帝国日渐衰落,恢复经济是拯救它的唯一途径,于是,他使用了最危险的手段恢复经济。他削减了军队的数量,并时常停发军饷。但是,主要由雇佣兵组成的军队常掀起暴动反对这一措施,并向手无寸铁的平民百姓实施报复。军队的减少还伴随着其他严重的后果:边境处于无人保护的境地,蛮族可自由出入拜占庭国界进行破坏性骚扰。查士丁尼修建的边防设施也无力维护。由于政府无力武装抵抗蛮族,查士丁尼不得不对蛮族贿赂,这些贿赂构成新的大宗支出。据法国学者迪尔的意见,这形成了恶性循环。货币的短缺迫使军队削减,军人的缺乏则需要有更

---

[63] 《约翰·马拉拉斯编年史》,486。如果笔者没有搞错的话,柏里的著作中没有提及此段文字。

[64] 《查士丁尼颂》(*De laudibus Justini*),II,249—250。

[65] 约安尼斯·利迪(Joannis Lydi):《论行政制度》(*De Magistratibus*),III,70;I. 贝克编,波恩版,264。R. 温斯克(R. Wuesch)编:《特伊布纳希腊罗马文献集成》(*Bibliotheca scriptorum graecorum et romanorum Teubneriana*),162。

第三章 查士丁尼大帝及其直接继承者(518—610年)

多的钱去同敌人媾和。⑯

除了这一切灾难外,又有经常的饥荒、瘟疫和地震——这些灾难减少了人口,增加了对政府救济的需求——查士丁尼统治末期的帝国的确悲惨至极了。在所有天灾中,542年的毁灭性瘟疫尤其应该予以关注。它起源于埃及边境上的佩鲁西亚。关于人们提到它发生于埃塞俄比亚之说难以确定,因为有一种古代的传统疑惑,认为瘟疫通常发生于埃塞俄比亚。如同修昔底德在写作"伯罗奔尼撒战争"开头时,先考察了雅典的瘟疫一样,在君士坦丁堡目睹了这场瘟疫之发生的历史学家普罗柯比也详尽描述了这种致命疾病的症状及其后果。这场瘟疫自埃及传至巴勒斯坦和叙利亚,次年到达君士坦丁堡,然后传遍小亚细亚并穿越美索不达米亚进入波斯。它还渡海进入意大利和西西里。瘟疫在君士坦丁堡持续了4个月,死亡率相当高;城市和乡村都被废弃,农业中止了,到处是饥饿、恐慌,加之大批人逃出感染区,使帝国陷于一片混乱。所有的宫廷活动都停止了。皇帝本人也感染了瘟疫,但未危及生命。⑰ 唯一有助于了解这种悲惨史实的是查士丁二世的第一则"新律",他说,"国库负债累累,达到极端贫穷",而且,"军队极端缺乏给养,帝国很容易遭到蛮族的进攻和骚扰"⑱。

因此,查士丁尼在行政改革方面的尝试完全失败了。在财政

---

⑯ 迪尔:《查士丁尼》,311。

⑰ 普罗柯比对这场瘟疫的记载是最完全、原则上是最权威的。在瘟疫流行期间,他正在君士坦丁堡。《波斯战争》,II,22—23。亦见柏里《晚期罗马帝国史》,62—66;普罗柯比的描述,见63—64。H.津塞尔(H. Zinsser):《鼠、虱和历史》(*Rates, lice and History*),144—149;其中译自普罗柯比的记载部分,见145—147。

⑱ 扎哈利亚·冯·林根塔尔编:《希腊罗马法制史》,III,3。

上，帝国处于崩溃的边缘。皇帝的内外政策之间有着密切的联系；他在西方进行的大规模军事行动，需要大量金钱支出，使得东方崩溃，留给他的后人诸多困难。如同他在早期"新律"中所强调的，他一心想在帝国建立秩序，提高行政机构的道德水准，但是，这些良好的愿望却由于他作为罗马皇帝继承人的责任感而进行的军事行动而毁灭了。

查士丁尼统治时期的商业

查士丁尼的统治在拜占庭商贸史上留下了清晰痕迹。在基督教时期，同异教时期的罗马帝国一样，主要是同东方国家进行贸易。最稀有的珍贵商品来自遥远的国度——中国和印度。早期中世纪的西欧，正处于新的日耳曼国家的形成过程中——其中有些国家被查士丁尼的将军所征服——其经济发展处于极其不利的境地。东罗马帝国则由于它的首都有着优越的地理位置，因其特殊的地理环境所使然，成为东西方交通的中介地，并一直保持着这种地位，直到十字军时期。

但是，拜占庭帝国与远东诸民族的商业关系并不是直接的；这里的中介使者是萨珊朝的波斯帝国，它在同拜占庭商人的中转贸易活动中获得巨额利润。当时，近东有两条主要的商路，一条是陆路，一条是海路。陆路的商队路线自中国西境出发，途经苏格迪亚纳（Sogdiana，今布哈拉）抵波斯边境，在这里由中国商人把货物转给波斯人，波斯人则把它们运至拜占庭边境的海关。海路运输有以下几种方式：中国商人用船只把他们的货物运至位于印度半岛南端的塔普罗班内岛（Taprobane，即锡兰，今斯里兰卡）。在此地,中国商品卸船后,主要转上波斯货船,经印度洋、波斯湾、底格里斯河与幼发拉底河口,然后沿幼发拉底河上行将这些货物运达拜占庭设于河上的海关。因此,拜占庭与东方的贸易在很大程度上取决于帝国同波斯的关系,而且,由于拜占庭时常发生与波斯的战争和冲突,帝国与东方的贸易关系亦经常中断,损失甚大。东方贸易的主要物品是中国生丝,其生产过程中国人严格保密。鉴于生丝的生产过程中有许多困难,因此,生丝的价格以及在拜占庭市场上急需的丝织品价格时常涨至惊人的程度。除了中国生丝之外,中国和印度还向西方出口芳香剂、香料、棉花、珠宝及其他拜占庭帝国特别需要的物品。查士丁尼对于拜占庭对波斯经济上的依赖关系十分不满,遂决心寻找直接通往中国和印度的商路,从而摆脱波斯人势力的影响。

印度洋航海者科斯马。——在查士丁尼时期,有一部重要的著作问世,此即6世纪中期印度洋航海者科斯马(Cosmas Indicopleustes[29])撰写的:《基督教地志》(*Christian Topography*)或《世界地志》(*Cosmography*)。

---

[29] Indicopleusters 意为"航行至印度的"或"印度洋航海者"。此书由 J. 麦克林德尔(J. MacCrindle)译为英文,书名是《一位埃及修士科斯马的基督教地志》(*The Christian Topography of Cosmas, an Egyptian Monk*)。见 C. 比兹雷(C. Beazley)《近代地理学的黎明》(*The Dawn of Modern Geography*),I,190—196,273—303。对科斯马著作最全面、最形象的概括介绍,见 E. 温斯泰德(E. Winstedt)《印度洋航行者科斯马的〈基督教地志〉》(*The Christian Topography of Cosmas Indicopleustes*),vi。M. V. 阿那斯托斯(M. V. Anastos);"印度洋航行者科斯马的〈基督教地志〉写于亚历山大城"("The Alexandrian Origin of the Christian Topography of Cosmas Indicopleustes"),《顿巴登橡树园文献集》,III(1946),75—80。

565年的拜占庭帝国

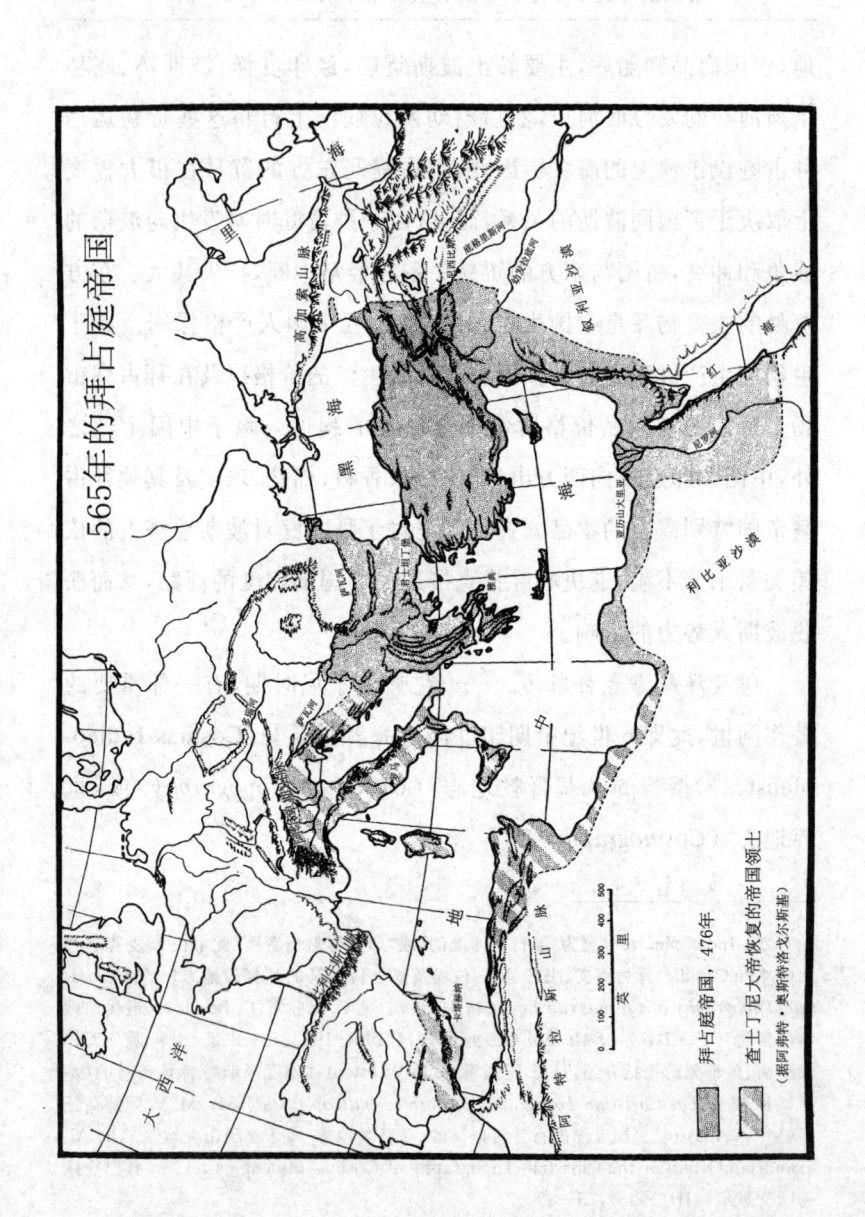

■ 拜占庭帝国，476年

▨ 查士丁尼大帝恢复的帝国领土

（据阿弗特·奥斯特戈尔斯基）

这部著作因其囊括了红海地区和印度洋的地理状况及拜占庭与中、印的贸易关系等资料而颇有价值。

科斯马生于埃及,很可能是在亚历山大城。他从青年时期即开始从商,但他对家乡的商业条件极不满意,遂进行了数次远程航行。其间,他到过红海沿岸、西奈半岛、埃塞俄比亚(阿比西尼亚),并很可能远抵锡兰。他是信奉聂斯脱利教派的基督徒,晚年成为一名修士,他的希腊语绰号"印度洋航海者"在他的著作的很早的版本中就已经出现。

《基督教地志》的基本目标,是向基督徒证明大地不是球形的,而是如同摩西圣殿的约柜那样是一个矩形盒子,整个宇宙形同一般常见的犹太教圣殿,从而否定了托勒密的体系。但是,这部著作的巨大历史意义在于所揭示的有关地理及商贸的信息。作者有意识地向他的读者提供了他所使用的资料,并给予了透彻的评估。他把自己作为目击者所做的观察同那些从其他目击者处获得的资料及道听途说的"事实"相区分。根据亲身经历,他描述了阿克苏姆城(在所谓阿克苏姆王国内)的阿比西尼亚国王的宫廷,并准确地记载了努比亚和红海沿岸的数个重要碑铭。他也谈到了印度和非洲的动物,而且,最重要的是,他记载了有关塔普罗班内(锡兰)岛的极有价值的资料,说明了该岛在早期中世纪商业中的重要地位。据此,6世纪时的锡兰是世界性的贸易中心,它一方面联系中国,另一方面联系东非、波斯,并通过波斯联系拜占庭。用科斯马的话来说:"这个岛,由于它地处中心位置,经常有来自印度各地及波斯、埃塞俄比亚的船只。"[110]在该岛上常住的波斯基督教徒是信

---

[110] 印度洋航海者科斯马:《基督教地志》,XI;米涅编:《希腊教父著作全集》,LXXXIII,445;温斯泰德编,322;麦克林德尔编,365。

奉聂斯脱利派基督教的,并有他们自己的教会和修士。

值得注意的是,尽管拜占庭与印度之间几乎完全没有直接贸易关系,但自君士坦丁大帝时期以降,拜占庭货币就出现在印度市场上,这显然不是由拜占庭商人,而是由中介者波斯商人和阿比西尼亚人(阿克苏姆人)带去的。印制着4、5、6世纪拜占庭皇帝的名字(包括阿卡第、狄奥多西、马西安、利奥一世、芝诺、阿那斯塔修斯一世、查士丁一世)的货币,在南北印度都可见到[101]。在6世纪的国际经济生活中,拜占庭帝国充当了十分重要的角色,乃至于如科斯马所说:"从大地的这一端至那一端,所有的国家都以罗马货币(即拜占庭金币诺米斯马[nomisma]或索里达[sdidus]*)从事贸易和交换。这种货币受到了各个国家人民的重视,没有任何其他国家拥有类似货币。"[102]

科斯马讲了一个特别有趣的故事,表明拜占庭金币(诺米斯马)在印度受到特别的重视:

锡兰国王曾经在一次会见仪式上,接见了一位拜占庭商人索帕特鲁斯(Sopatrus)和一些波斯商人,接受了他们的朝拜,赐座后,与之会谈。他询问他们:"你们的国家国势如何? 诸事遂顺

---

[101] 见 R. 塞维尔(R. Sewell):"印度发现的罗马货币"("Roman Coins in India"),《皇家亚细亚学会杂志》(*Journal of the Royal Asiatic Society*),XXXVI(1904),620—621。M. 克沃斯托夫(M. Khvostoc):《希腊-罗马时期埃及对东方的商业活动史》(*History of Oriental Commerce in Greco-Roman Egypt*)230。E. 沃明顿(E. Warmington):《罗马帝国和印度间的商业贸易关系》(*The Commerce Between the Roman Empire and India*),140。

* 拜占庭货币名。——译者

[102] 《基督教地志》,II;米涅编,《希腊教父文献全集》,XXXVIII,116;温斯泰德编,81;麦克林德尔编,73。

第三章　查士丁尼大帝及其直接继承者（518—610年）

否？"他们回答说："一切遂顺。"然后，在谈话中，国王问道："你们两国的国王哪个更伟大、更有权力？"一个年长的波斯人抢过话头，答道："我国的国王更有权力、更伟大而且更富有，而且他是名副其实的王中之王，无论他想要做什么，都能办得到。"但是，索帕特鲁斯却保持了沉默。于是，锡兰王问他："罗马人，难道你没有什么可说的吗？""既然他已经讲了这样的话，我还能说什么呢？"索帕特鲁斯回答，"但是，如果您愿意探其究竟，您这里已经有两个国王了，只要您考察一下，您自然知道他们两个何者更伟大、更有权力。"国王闻此言后颇为困惑，说："你怎么能说我这里有两个国王呢？""当然有，"索帕特鲁斯回答，"两个国王的货币——一个是诺米斯马，罗马人的货币，另一个是德拉克马，即另一个国王的货币。陛下只须检验一下钱币上的头像，自然知道真情……"国王察看了一下两枚货币，说："罗马人当然是富裕、有力、聪明的人民。"于是，他下令给予索帕特鲁斯以极大的荣耀，让他骑着大象在城市街道上巡游，以鼓声伴行，十分隆重。这一故事是索帕特鲁斯本人及其随从向我们讲述的，这些随从是由阿杜尔（Adule）随同他来到锡兰的；而且，当他们讲述此事时，波斯人也为这件事的发生而深感懊悔。⑩

科斯马的著作除了历史地理方面的价值外，亦有极大的艺术价值，他的文字间饰有大量的图片（微型画），其中一些图片有可能出自他的手笔。6世纪的原稿抄本今已无存，但后来的《基督教地

---

⑩ 《基督教地志》，XXI；米涅编，448—449；麦克林德尔编，368—370。这个故事似乎是一个传说，很像普林尼所记载的，在克劳狄皇帝统治时期来自锡兰的使者的故事。普林尼（Pliny）：《博物志》（*Naturalis Historia*），VI，85。见 J.E.腾南特（J.E.Tennent）：《锡兰》（第5版，1860年），I，566。

志》手抄本包含了其原有的微型图的仿制品。因此,成为早期拜占庭,特别是亚历山大艺术史上的珍贵资料。如 N.P.康达可夫所说:"除了拉文纳的镶嵌壁画外,科斯马著作中的微型画比当时任何其他的艺术遗产更具有查士丁尼时代的拜占庭艺术的特点,或者说,是他统治时期最辉煌的艺术成果。"[⑭]

科斯马的著作后来被译为斯拉夫文字,在斯拉夫民族中间广泛传布。科斯马的《基督教地志》有多种俄文译本,上面还附有印度洋航海者科斯马的画像及许多图片和微型画,它们在古代俄罗斯艺术史上有着极其重要的价值。[⑮]

拜占庭的商业保护政策。——查士丁尼确立了使拜占庭商业摆脱对波斯的依赖这一目标,包括了通过红海建立起同印度的直接联系。红海的东北角(位于阿卡巴湾内)是由拜占庭港口艾拉(Ayla)所控制的,在这里,印度商品可从陆路通过巴勒斯坦和叙利亚到达地中海。另一个港口克利斯马(Clysma,靠近现苏伊士运河)则位于红海的西北岸。在阿卡巴湾入口处的一个小岛,尤塔巴(Iotabe,今蒂朗)岛上,接近西奈半岛南端处,于查士丁尼统治期间建立了一处海关以接纳过往船只。[⑯] 但是,拜占庭在红海上

[⑭] 《拜占庭艺术史,微型画研究特辑》(*Histoire de l'art byzantin considéré principalement dans les miniatures*),I,138;俄文版(1876),88。

[⑮] E.雷汀(E. Redin):《由希腊文及俄文版编译的印度洋航海者科斯马的〈基督教地志〉》(*The Christian Topography of Cosmas Indicopleustes, from Greek and Russian Versions*),D.V.阿伊那洛夫(D.V.Aïnalov)编。

[⑯] W.海德(W. Heyd):《中世纪利凡特贸易史》(*Histoire du commerce du Levant au moyen âge*),I,10。迪尔:《查士丁尼》,390。R.P.F.M.阿贝尔(R.P.F.M.Abel):"尤塔巴岛"("L'Isle Jotabe"),《圣经杂志》(*Revue biblique*),XLVII(1938),520—524。

第三章　查士丁尼大帝及其直接继承者(518—610年)　　261

的船只数量太少,不足以维持正常贸易。这迫使查士丁尼与阿克苏姆王国的基督教国家埃塞俄比亚建立密切联系,劝告他们在印度购买生丝,然后把它转卖给拜占庭帝国。他显然希望他们充当拜占庭帝国与印度之间的贸易中介人,像波斯人在当时所做的那样。但是,皇帝的这些一厢情愿的企图没有成功,因为阿比西尼亚商人不能与印度的波斯人势力相竞争,购买丝绸的垄断权仍在波斯商人手中。最终,查士丁尼未能开辟与东方进行直接贸易的新途径。在和平时期,波斯仍是这项最重要贸易的中介人,并一直获得巨大利益。

这时,一个机遇帮助查士丁尼解决了帝国丝绸贸易中的极其重要的难题。有某人或某几个人[60]成功地避开了中国检查者的监视,从塞林达(Serinda)偷了一些蚕籽到拜占庭,这成为希腊人开创一个新产业的基础。蚕种迅速繁殖,大片的桑树种植也出现了,许多丝绸织造坊*迅速建立起来。其中最重要的丝织工坊位于君

---

[60]　关于这一点,资料记载并不一致,普罗柯比(《哥特战争》,IV,17;豪里编,II,576)把这次冒险事件归于几个修士。在《狄奥凡尼历史摘抄》(*Excerpta e Theophanis Historia*),波恩版,484。L.丁道尔夫[L. Dindorf]编:《希腊简史》(*Historici Graci minores*),I,447 中提到,此盗蚕者是一个波斯人。在 F.李希霍芬(F. Rchithofen)的,《中国,亲身旅行的成果和以之为根据的研究》(后简称《中国》)(*China, Ergebnisse eigener Reisen und darauf gegründeter studien*)一书,II,528—529、550 中,对史实和人名的记载甚为混乱,普罗柯比提到的"塞林达"有时被认为是中国的和田。见李希霍芬《中国》,550—551。海德:《中世纪利凡特贸易史》,II,12。柏里:《晚期罗马帝国史》,II,332 页及注 1。关于拜占庭丝绸工业历史的一般状况,见 R.S.洛佩斯(R.S. Lopez)的极其重要的文章"拜占庭帝国的丝绸工业"("On the history of the silk industry in the Byzantine Empire"),《史鉴》,XX(1945),1—431,还配有若干幅插图。

*　这里的工坊,原文为 factory。显然,拜占庭时期不可能有现代意义上的工厂,但它显然也不同于中世纪的手工业作坊,此处用"工坊",只是遵从国内处理译名问题的传统理念。——译者

士坦丁堡；其他则见于叙利亚城市贝鲁特、蒂雷和安条克,后来在希腊,主要在是底比斯出现。在埃及的亚历山大也有一处丝织工坊,因为埃及的服装亦在君士坦丁堡出售。[⑩] 丝绸产业成为国家垄断的产业,并使政府获得大笔收入,然而,这并不足以改善帝国处于危机中的财政状况。拜占庭丝织品被运往西欧各地,装饰着西方君主的宫廷和富商的宅邸。这导致了查士丁尼时期商贸活动的巨大变化,并使他的继承者查士丁二世能向一位访问拜占庭宫廷的突厥使者展示这项正处于全面发展中的产业。[⑩]

查士丁尼修建了许多防砦和防护严密的边防设施,实施其保护帝国免遭敌人袭击的庞大计划。在几年之内,他在北非、多瑙河和幼发拉底河岸、亚美尼亚山区及遥远的克里米亚半岛上的帝国边界建立了几乎连绵不断的堡垒(castella),恢复并扩充了罗马帝国早期创立的庞大防卫系统。用普罗柯比的话来说,查士丁尼以这项建筑活动"拯救了帝国"。[⑪] 普罗柯比在《论建筑》一书中写道:"如果我们将查士丁尼皇帝在这里建立的防砦之数量向那些住在遥远国度的人描述,而他们却没有机会亲自验证我的记载,我相信,这些防砦数量之多,在他们来看,一定是荒唐无稽,完全不可信的。"[⑪] 甚至在今天,沿着原拜占庭边境线上保留的大量防砦的废墟仍使当代旅游者吃惊。查士丁尼不仅建筑了边界防砦,作为基

[⑩] J.埃伯索尔特(J. Ebersolt):《拜占庭奢侈品艺术》(*Les Arts somptuaries de Byzance*),12—13。G:茹亚尔:《拜占庭埃及的行政统治》(第2版,1928年),83。

[⑩] 《狄奥凡尼历史摘抄》,波恩版,484;《希腊罗马世界逸事》(*Fragmenta Historicorum Gracorum*),IV,270。

[⑪] 《论建筑》,II,1,3;波恩版,209;豪里编,III,2,46。

[⑪] 《论建筑》,IX,4,1;波恩版,277;豪里编,III,2,116。

督教皇帝，他还建立了许多教堂建筑，其中，无与伦比的君士坦丁堡圣索菲亚大教堂成为拜占庭艺术中划时代的标志。关于圣索菲亚大教堂，将在本节的下一部分介绍。查士丁尼很可能将他的建筑活动范围伸展到遥远的克里米亚山区，在这里的哥特人主要集聚中心多里建立了一个大教堂。曾经有一片刻有查士丁尼名字的铭文残片在那里出土。⑫

查士丁尼的直接继承者

当强大的查士丁尼的形象在历史舞台上消失之时，他精心制造的、一度使帝国保持平衡的统治体系亦土崩瓦解了。柏里说道："他去世后，各种传闻被释放出来，分裂的因素开始全力发挥作用；人为制造的体系崩溃了；帝国的性质发生了迅速的、明显的变化；虽然在查士丁尼忙乱的统治时期之重要事件中人们倾向于忽视这些变化，但它肯定经历了长时间的发展演变过程。"⑬565 年至 610年是拜占庭历史上最为灰暗无华的时期，混乱、贫穷和瘟疫席卷了整个帝国。查士丁二世时期的一位史学家、以弗所的约翰甚至认为，世界末日即将来临。⑭ 芬利则认为："历史上也许没有任何一个时期，其社会竟处于如此全面的道德衰败中。"⑮然而，这一时期

---

⑫　瓦西列夫：《克里米亚的哥特人》，71。
⑬　柏里：《晚期罗马帝国史》，II,67。
⑭　《基督教会史》，I,3；佩涅-史密斯(Payne-Smith)编，3；布鲁克斯编，1—2。
⑮　《希腊史》，H.F.托泽编，I,298。K.阿曼托斯认为，这种说法多少有些夸张，见《拜占庭国家史》('Ιστορία τῦ Βυζαντινοῦ κράτνς),I,260。

的事件,则表明这一悲观的描述多少有些言过其实,因此,应予以纠正。

查士丁尼的继承者依次是:小查士丁(Justin the Younger,565—578年在位)、提庇留二世(Tiberius II,578—582年在位)、莫里斯(Maurice,582—602年在位)和福卡斯(Phocas,602—610年在位)。在这四位统治者中,最杰出的是精力充沛的战士和能干的领袖莫里斯。查士丁二世的意志坚强的妻子索菲亚(Sophia)极像查士丁尼的皇后狄奥多拉,对帝国事务发挥了很大的影响。这一时期,帝国对外事务中最重要的事件是对波斯战争,与巴尔干半岛上的斯拉夫人和阿瓦尔人以及征服意大利的伦巴德人的斗争。在帝国内政方面,皇帝们的顽固正教宗教政策及两个总督区的建立有极其重要的意义。

波斯战争

查士丁尼于562年同波斯人签订的五十年和平协议被查士丁二世撕毁了,因为他拒绝继续付规定的年贡。对波斯的共同敌意使拜占庭帝国和突厥人之间发展起了重要的关系,突厥人是在此前不久出现于西亚和黑海沿岸的。他们占据了波斯和中国之间的土地,并把波斯视为自己的主要敌人。突厥使者越过了高加索山脉,长途跋涉到达君士坦丁堡,在那里,他们受到了友好的接待。拜占庭和突厥人开始制定一项建立反波斯的攻守同盟的试探性计划。突厥使者向拜占庭提出了能使拜占庭摆脱波斯人的制约,由他们在同中国的丝绸贸易中充当中介的重要建议——这正是查士丁尼曾经迫切想得到的,只不过查士丁尼试图在阿比西尼亚人帮

第三章　查士丁尼大帝及其直接继承者(518—610年)　265

助下通过南部海路达此目的,而突厥人则考虑到了北方的陆路。然而,这次谈判没有达成反波斯共同行动的真正联盟,因为在6世纪60年代末,拜占庭帝国更关心西方的发展,特别关心的是处于伦巴德人进攻下的意大利。此外,查士丁也认为突厥人的军事力量并不那么充足。

罗马人突厥人之间的短暂的交谊导致拜占庭和波斯的关系紧张化。[116] 在查士丁、提庇留及莫里斯时期,对波斯战争几乎连续不断。在查士丁二世时期,拜占庭对波斯战争的形势十分不利,不得不放弃包围尼西比斯堡垒的军事行动;来自多瑙河彼岸的阿瓦尔人侵入了拜占庭属巴尔干,而达拉城,一个重要的设防边境重镇,经过六个月的包围后也沦入波斯人之手。这一损失是如此深刻地刺激了意志薄弱的查士丁二世,他开始精神错乱。这时,皇后索菲亚以支付45 000金币的代价取得了休战一年的和约(574年)。[117] 12世纪的一部叙利亚编年史,自然是根据早期的资料所编,它评价道:"当听到达拉沦陷的消息时……皇帝绝望了,他下令关闭商店,停止商贸活动。"[118]

提庇留和莫里斯时期的波斯战争对于拜占庭帝国是较为成功的,这一方面是由于莫里斯较为英明能干,同时,由于波斯发生了

---

[116] 柏里:《晚期罗马帝国史》,II,97。库拉科夫斯基:《拜占庭》,II,359。施泰因:《查士丁二世和提庇留》,21。S. 瓦耶(S. Vaihé):"6世纪突厥人与拜占庭的结盟计划"("Projet d'alliance turco-byzantine au VIe siécle"),《东方之声》,XII(1909),206—214。

[117] 对于这次战争的记载,见柏里《晚期罗马帝国史》,II,95—101;库拉科夫斯基:《拜占庭》,II,360—369;施泰因:《查士丁二世与提庇留》,38—55。

[118] 《叙利亚米凯尔的编年史》(Chronique de Michel le Syrien),J. B. 夏博(J. B. Chabot)译本,II,312。

争夺王位的斗争,也有助于莫里斯在对波斯战争中据有优势。[19] 莫里斯达成的和约具有极大的重要性:在这个协议中,波斯属亚美尼亚和美索不达米亚东部的地区,以及达拉城,都被移交给拜占庭;拜占庭每年必纳的屈辱的年贡也就此取消了;最后,帝国摆脱了波斯人的威胁,能够将其注意力集中于西方事务中,特别是可能对付斯拉夫人和阿瓦尔人在巴尔干半岛上的不断攻击。[20] 对波斯的另一场战争是在福卡斯时期开始的,但是,对于这次战争的讨论则应另当别论了,因为尽管它对于拜占庭帝国来说至关重要,但是直到希拉克略统治时期,这场战争才告结束。

斯拉夫人和阿瓦尔人

查士丁尼去世后,巴尔干半岛发生了极其重要的事件,但令人遗憾的是,目前对于这些事件的认识,均因资料记载的琐碎受到限制而难以深入。在查士丁尼统治时期,斯拉夫人时常攻击巴尔干

---

[19] 关于这次战争,见施泰因《查士丁二世和提庇留》,58—86(此时提庇留还只是恺撒),87—102(此间,提庇留已经当了皇帝-奥古斯都)。

[20] 关于提庇留时期和莫里斯时期的波斯战争,见库拉科夫斯基《拜占庭》,II,383—394、426—446;M.J.海金斯(M.J.Higins):《莫里斯皇帝时期的对波斯战争,I,年表,附有波斯日历的简史》(*The Persian War of the Emperor Maurice . I , The Chronology, with a Brief History of the Persian Calendar*);海金斯:"6 世纪末期的国际关系"("International Relations at the Close of the Sixth Century"),《天主教会历史评论》(*The Catholic Historical Review*),XXVII(1941),279—315。海金斯心目中的英雄是提庇留,"一个可以在帝国的长期历史中耸立于诸伟人之中的高大形象"(315);V. 米诺斯基(V.Minorsky):"罗马和拜占庭在阿特罗帕特内的战争"("Roman and Byzantine Canpaigns in Atropatene"),《东方与非洲研究学院通报》(*Bulletin of the Scholl of Oriental and African Studies*),XI(1944),244—248(591 年的战争);P. 古伯特(P. Goubert):《前伊斯兰时期的拜占庭》(*Byzance avant l'Islam*),80—117。

半岛诸行省,曾深入到半岛南部很远处,而且经常对北方的萨洛尼卡构成威胁。查士丁尼去世后,这些骚扰仍在继续。因此,有许多斯拉夫人开始定居于拜占庭各省中,并逐渐占据了半岛。这些斯拉夫人在入侵时得到了阿瓦尔人的帮助。阿瓦尔人是一支源出于突厥人的民族,当时居住在潘诺尼亚地区。斯拉夫人和阿瓦尔人威胁着首都和马尔马拉海沿岸以及爱琴海,并深入到希腊半岛,远至伯罗奔尼撒。关于这些入侵的消息传到了埃及,那里的尼基乌(Nikiu)主教约翰曾在7世纪福卡斯皇帝统治时期写道:"据说,这一时期的蛮族诸王依靠野蛮人、外族人及伊利里亚人毁灭了基督教城市,把城中的居民掳为俘虏,没有哪个城市可以逃脱,只有萨洛尼卡例外;因为该城的城墙坚固,而且由于有上帝的帮助,这些民族不能占领它。"[120]有一位19世纪的德国学者曾经提出一个理论(下文详加阐述),认为在6世纪末,希腊人已经被斯拉夫人全部消灭。关于斯拉夫人定居于巴尔干半岛的问题研究,主要根据殉道者底米特里(Demetrius)的著作,他是半岛上主要的斯拉夫居住中心萨洛尼卡市的保护圣使徒。[121]

到了6世纪末7世纪初,拜占庭军队已经不能阻止斯拉夫人和阿瓦尔人的持续南下,这导致巴尔干半岛的民族成分发生了深刻变化。巴尔干半岛已经逐渐被斯拉夫移民所占领。总的来说,

---

[120]《尼基乌主教约翰编年史》(Chronicle of John, bishop of Nikiu)(英译本)。M.佐登伯格(M. Zotenberg)编:《国家图书馆手稿摘要及札记》(Notices et extraits des manuscripts de la Bibliothàque Nationale),XXIV(1883),109,430;R. H.查尔斯英译本,175—176。

[121] 塔夫拉里:《萨洛尼卡于14世纪的起源》(Thessalonique des origins au XIVe siécle),101—108。

这一时期的作家们对北方诸部族的情况知之甚少,他们分不清何者为斯拉夫人,何者为阿瓦尔人,因为他们是联合进攻帝国的。

查士丁尼去世后,意大利已经无力抵抗敌人的进攻,日渐被一支新的日耳曼蛮族所征服,即在查士丁尼摧毁了哥特人王国后仅数年光景就出现于意大利半岛上的伦巴德人。6世纪中期,伦巴德人与阿瓦尔人结盟,摧毁了多瑙河中游的野蛮部族格庇德人的王国。后来,可能是害怕他们自己的同盟者,他们在其国王阿尔博因(Alboin)率领下,带着妻子儿女离开潘诺尼亚进入意大利。伦巴德人中有多个不同部族,其中萨克森人的数量特别大。流行的传统观点指责查士丁尼军中的前将军及意大利的年迈统治者纳尔泽斯(Narses)曾邀请伦巴德人进入他的统治区。但这一指责应该被认为是没有根据的。自查士丁二世继位后,纳尔泽斯就因年迈退休,而且不久后死于罗马。

568年,伦巴德人进入了北意大利。这是一支蛮族部族,信奉阿利乌斯派基督教。他们所经之处,均被夷为平地。他们迅速地征服了北意大利,这一地区则开始被称为伦巴底。拜占庭统治者没有相应的手段抵抗他们,躲在拉文纳城墙内,伦巴德人未加理会,径直南下。大群伦巴德人几乎散布于整个意大利半岛,轻而易举地占领了那些不设防的城市。他们到达了南意大利后,迅速占领了贝内文托。虽然他们没有能攻占罗马,但他们却从北、东、南三个方向包围了罗马行省。他们切断了拉文纳与罗马之间的一切联系。这样,罗马不可能指望从拉文纳获得援军,更不可能从更远的君士坦丁堡统治者那里获得援军,君士坦丁堡的皇帝们当时正在经历东罗马历史上最困难、最混乱的时期。伦巴德人迅速在意

第三章 查士丁尼大帝及其直接继承者(518—610年)

大利建立了一个庞大的日耳曼人王国。提庇留,乃至莫里斯更热心于试图与法兰克王希尔德贝尔特二世(570—595年在位)结盟,以劝诱他们与意大利的伦巴德人为敌。但这一努力最终失败了。他们互换过一些使团,希尔德贝尔特也曾数次派军队到意大利,但只是为了收复法兰克王国古时的占领地,而不是为了帮助莫里斯。一个半世纪之后,法兰克诸王在教宗而不是拜占庭皇帝的召唤下,最后摧毁了意大利的伦巴德王国。[23] 经受了伦巴德人不止一次围困的罗马城,顺从其命运的安排,在罗马教宗那里找到了保护者,罗马教宗在形势逼迫下,不仅关注着罗马人民的精神生活,而且组织了这一城市对伦巴德人的抵抗。就在这同一时期,即6世纪末,罗马教会产生了它最杰出的领袖人物、伟大的教宗格列高利一世。他早年曾是驻君士坦丁堡的教宗使者(apocrisiarius),在那里居住了六年,居然没有掌握最基本的希腊语。[24] 但是,尽管有语言上的不足,他仍十分了解君士坦丁堡的生活和政治。

伦巴德人对意大利的征服清楚地表明了查士丁尼对西方外交政策的软弱无力。在西方,帝国没有掌握足够的军队来保护已经被征服的东哥特王国。它也为意大利逐渐脱离拜占庭帝国并削弱帝国在意大利的政治权威准备了条件。

---

[23] 柏里:《晚期罗马帝国史》,II,160—166。G. 勒韦迪(G. Reverdy):"希尔德贝尔特二世与拜占庭的关系"("Le Relations de Childbert II et de Byzance"),《历史杂志》(Revue historique),CXIV(1913),61—85。

[24] 关于格列高利在君士坦丁堡的侨居生活,见 F. 杜登《伟大的格列高利:他在历史和思想史上的地位》(Gregory the Great: His Place in History and Thought),I,135—157。格列高利可能于586年被召回罗马(156—157)。

宗教问题

查士丁尼的继承者偏爱正教,如在查士丁二世时期那样,一性教派曾一度受到相当残酷的镇压。在莫里斯和福卡斯统治期间,拜占庭帝国与罗马教会间的关系是值得研究的重要问题。格列高利反对君士坦丁堡牧首采用"普世教会"的称呼。而且,在一封致莫里斯的信中,格列高利指责君士坦丁堡牧首、"迅捷者"约翰太骄傲自大,他说:

> 我被迫大声疾呼,并说:噢!圣殿!噢!人品!而今,当整个欧洲沦于蛮族势力之下,当城镇被破坏、军营被摧毁、各行省人烟灭绝,当农民不再种地,当偶像崇拜者猖獗,满足于屠杀那些真信者的时代——那些本应该躺在地上和尘埃中痛哭流涕的教士,却企图以新的亵渎神圣的头衔来为他们自己的名字增加虚荣。我最虔诚的主啊,面对此情此景,难道我是在保护我自己的权利吗?难道我是在发泄我自己独有的愤怒吗?不,我是在捍卫全能的上帝和普世教会的利益。但他*却应该受到谴责,他的作为是有渎于神圣的普世教会的,他自高自大、他贪图取得独树一帜的称号,他还想以这种特殊的称呼凌驾于您的帝国的尊荣之上。[⑮]

---

* 此处的"他"即指君士坦丁堡牧首,"迅捷者"约翰。——译者

⑮ 《书信集》(*Epistolae*),V,20;米涅编:《拉丁教父文献全集》,LXXII,746—747栏;《日耳曼历史文献·书信集》,I,322(V,37);英译本:《尼西亚及尼西亚后的教父们》,XII,170—171。

第三章 查士丁尼大帝及其直接继承者(518—610年)

这位罗马主教没有得到期待中的让步,他曾一度停止向君士坦丁堡派驻使节。当602年君士坦丁堡发生了反对莫里斯的起义时,教宗格列高利给新皇帝福卡斯写了一封信,使用了一些这个占据拜占庭皇帝宝座的愚蠢暴君根本不配的语言:

> 光荣属于最高的神……愿天欢喜,愿地快乐(《圣诗旧约·诗篇》,96:11)。* 让迄今为止极端苦恼的公众呜呼您的壮举吧!……让每一个在虔诚的皇帝治下的人最大限度地恢复其自由吧!因为罗马皇帝不同于其他民族的君王,那些君王是奴隶们的领主,而罗马国家的皇帝们却是自由人的领主。[16]

福卡斯显然十分高兴,因为随后他就禁止君士坦丁堡牧首领有"普世的"头衔,并宣布:"接受圣使徒彼得圣位的主教是所有教会的领袖。"[17]

于是,一方面,福卡斯在处理外交内政的全部政策中遭到惨败,引起其臣民的抱怨和愤怒;另一方面,他与罗马的关系却以他对罗马教宗的服从为前提,在他统治的整个时期都维持着和平、友好。为了纪念这些友好关系,拉文纳总督在罗马议会广场竖立了一个石柱,上有颂扬福卡斯的铭文,这一遗迹至今仍在。

---

* 原文作95:11,但此段经文确是在《诗篇》的96:11,全文为:"愿天欢喜,愿地快乐,愿海和其中所有的都欢乐",故做此修改。——译者

[16] 《书信集》XIII, 31;米涅《拉丁教父文献全集》, LXXVII, 1281—1282;《日耳曼历史文献,书信集》, II, 397(XIII, 34);《尼西亚和后尼西亚的教父们》, XIII, 99。

[17] 《大主教传》(*Liber Pontificalis*), L. 杜切斯内编:I, 316。

总督区的形成和 610 年革命

与伦巴德人的征服相关,意大利的行政管理方面发生了改变,与此同时,在北非的行政统治方面也发生了相应的变化,这种变化奠定了帝国的新的行省统治模式,即所谓"军区"(Themes)制的基础。

拜占庭在意大利的政权没能对伦巴德人进行相应的抵抗,致使伦巴德人轻而易举地占领了意大利半岛的三分之二。因此,面对巨大的危险,拜占庭政府决定把对意大利的行政管理权置于军事首领之手。拜占庭在意大利的统治是以军事总指挥——总督(exarch)为核心,由他从其首府拉文纳指导所有行政官员的活动。拉文纳总督区的形成可上溯到 6 世纪末莫里斯皇帝时期,但这种行政司法权与军事权的合并并不意味着直接取缔行政官员。行政官员仍与军事管理者同时存在,只是在军事总督监督下工作。后来,行政官员才似乎完全被军事官员所取代。总督作为皇帝权力的代表,在他的辖区行使皇帝所钟爱的皇帝教权主义原则。这一政策表现在诸如作为最高权威对总督区内的宗教事务进行干预或仲裁这类法令中。总督的权力是无限的,他被赐予皇家的荣耀。建于拉文纳的总督宫殿被视为是神圣的,并称作"圣宫"(Sacrum Palatium),这一称呼通常只用于皇帝的居处。而且,总督在任何时候进入罗马城,都受到恭迎圣驾的礼仪:元老院、修士和市民在城外隆重地迎接他。军事事务、整个行政统治、司法和财政事

第三章 查士丁尼大帝及其直接继承者(518—610年)

务——所有这些都处于总督的全面控制下。[⑫]

拉文纳总督区的兴起是由于伦巴德人在意大利的入侵,与此相类似的情况也发生在北非,由于非洲摩尔人(这些摩尔人在资料中有时被称为毛鲁西人-柏柏尔人)经常发动抵抗拜占庭占领军的大规模起义,构成了对拜占庭统治的威胁,促使拜占庭在前汪达尔人王国所在地建立了非洲总督区。非洲总督区(也时常被称为迦太基总督区)的开端,也可上溯到6世纪末莫里斯皇帝统治时期。非洲总督区的建立原则与它在拉文纳的先行者相同,也得到了拉文纳总督那样的无限权力。[⑫]

自然,只是由于特别需要,才迫使皇帝不得不委任像总督这样拥有无限权力的官员。尽管它的出现适应了一定的客观需要,但它很可能成为皇帝最危险的竞争者。北非总督的确举起了讨伐福卡斯的旗帜,总督之子将于610年成为皇帝。在非洲,总督们是由莫里斯慎重地选任的,他们在治理这块土地时表现得相当老到和充满活力,他们成功地抵抗了当地土著的进攻,保护了这片土地。而另一方面,拉文纳的总督却没能克服伦巴德人的威胁。

按照法国学者迪尔[⑬]的说法,这两个总督区可视为军区(行省或区域)组织的起源,而这种行省制度的改革开始于7世纪,逐渐被推广于帝国全境。它的显著特点是使军区逐渐凌驾于行政权力

[⑫] 关于拉文纳总督区的形成,见夏尔·迪尔《拜占庭在拉文纳总督区的行政统治(568—751年)》(*Études sur l'administration Byzantine dans l'exarchat de Ravenne, 568—751*),3—31。

[⑫] 迪尔:《拜占庭统治下的非洲》(*L'Afrique byzantine*),453—502。

[⑬] 《拜占庭研究》(*Études Byzantines*),277(军区制的起源[*L'Origine du régime des thèmes*])。

之上。伦巴德人和摩尔人的进攻在6世纪末导致帝国西部和南部的重要变化,而波斯和阿拉伯人的进攻后来导致帝国在东方采用相同的措施,斯拉夫人和保加尔人(Bulgars)*的侵袭则导致巴尔干半岛上的同样的改革。

福卡斯对阿瓦尔人和波斯人外交政策的失败,以及他用来维持自己的地位而采取的唯一的血腥恐怖的极端手段,最终导致非洲总督希拉克略(Heraclius)的起义。埃及迅速地投入这一起义中,在非洲总督之子(也叫希拉克略)的指挥下,非洲舰队向首都航行,首都人民推翻了福卡斯,站到希拉克略一方。福卡斯被捕后遭到杀害。希拉克略(那个非洲总督的儿子)登上了拜占庭皇帝宝座,从此开始了一个新的王朝。

希腊的斯拉夫人问题

19世纪早期的学者们对于6世纪下半期斯拉夫人侵入巴尔干半岛的资料进行研究后,提出了一个结论性意见,即6世纪的希腊已经完全斯拉夫化了,这一意见引起了学者们的热烈争论。

19世纪20年代,当希腊人举起革命旗帜反对土耳其人统治时,整个欧洲弥漫着一种对希腊人深刻同情的情绪。当这些自由战士以其英勇的抗争,成功地维护了民族的独立,并在欧洲各强国帮助下创立了一个独立的希腊王国时,当热情的欧洲社会把这些英雄视为古希腊人的子孙,并承认他们继承了列奥尼达(Leoni-

---

* 古保加利亚人。——译者

das)、埃帕米农达（Epaminondas）及菲洛皮门（Philopoemen）*的品质时——从一个德意志小镇上发出了震惊欧洲的呼声，它宣称，在新建立的希腊王国的居民们的血管中流动的血液，没有一滴来自真正的古希腊人；全欧洲援助神圣的希腊人子孙的事业的高尚动力基于一个错误的认识；古代希腊人的因素很久以前就消失了，并早已被一种新的、完全不同的种族因素，主要是来自斯拉夫人和阿尔巴尼亚人的因素所取代。这个敢于公开地、大胆地提出这一理论，彻底动摇了当时欧洲人信念的人物，就是法尔梅赖耶（Fallmerayer），当时，他是德国一所大学里通史讲座教授。

法尔梅赖耶在他的《中世纪莫里亚半岛史》（1830年）的第一卷中，写道：

> 欧洲的希腊民族已经完全灭绝了。其自然的美丽、崇高的精神、传统习俗的朴素无华、艺术上的创造力，它的种族、城市、乡村，它的石柱和神殿的辉煌，乃至这个民族的名称本身，都已经从希腊大陆上消失了。两重废墟和两个新的不同人种的沉积层，掩埋了古希腊人的坟墓。** 希腊精神的不朽杰作和一些在希腊本土的古典遗址，现在只能证实很久以前这里曾有一个被称为"希腊人"的民族。而且，倘若不是为了这些废墟、坟丘和坟墓，倘若不是因为这些遗址、不是由于这里居

---

* 列奥尼达、埃帕米农达和菲洛皮门均为古希腊政治家。——译者

** 此处根据瓦西列夫的英文本译出，在孙秉莹与谢德风翻译的汤普逊先生的《历史著作史》中，对这段引文有不同的译法。见《历史著作史》（商务版）第四分册，第709页。——译者

民的悲惨命运——在此时,被激发出人类同情心的欧洲人对于这些居民倾注了他们的全部同情、倾慕、眼泪和辩才——我们就会说,只是一种空幻的梦想,一种无生命力的想象,一种纯系非本质的表面现象产生了他们灵魂深处的东西。因为,在现代希腊的基督教人群的血管中,没有一滴血来自真正的古希腊人,一股可怕的飓风曾经使希腊半岛自伊斯特拉到伯罗奔尼撒半岛的最远角落布满了属于伟大的斯拉夫民族的新部族。西徐亚的斯拉夫人、伊利里亚阿尔诺特人,北方土地的子民,塞尔维亚人和保加尔人的血亲、达尔马提亚人和莫斯科人——所有这些人,我们现在称之为希腊人,而且令他们惊讶的是,我们把他们的宗系上溯到伯里克利和菲洛皮门时期……这些有着斯拉夫人的面部特征、弯弯的眼睫毛及阿尔巴尼亚山区牧民那种鲜明特征的人民,当然不是那喀索斯(Narcissus)、亚西比德(Alcibiades)及安提诺乌斯(Antinous)的血统后代;只有那些浪漫主义的热情想象者才仍然梦想着古希腊人与他们的索福克勒斯和柏拉图会在今天复生。[13]

法尔梅赖耶的理论主要是根据6世纪晚期的教会历史学家埃瓦格留斯的作品中所提供的资料。埃瓦格留斯写道:"阿瓦尔人两次入侵至'长城'边,攻克了兴吉都努(贝尔格莱德)、安奇阿卢斯和

---

[13] 《中世纪莫里亚半岛历史》(*Geschichte der Halbinsel Morea während des Mittelaters*)(德文版),I,iii—xiv。

第三章 查士丁尼大帝及其直接继承者(518—610年)

整个希腊,以及其他城镇和防砦,以火和剑毁灭了一切,与此同时,其军队的大部则在东方作战。"⑫由于埃瓦格留斯在其著作中提到了"整个希腊",成为法尔梅赖耶称在伯罗奔尼撒半岛希腊民族已经灭绝的根据。此处埃瓦格留斯所提的"阿瓦尔人"并没有使法尔梅赖耶感到困惑,因为在那个时期,阿瓦尔人是同斯拉夫人联合起来攻击拜占庭帝国的。这次被法尔梅赖耶认定是589年发生的入侵其实并没有彻底灭绝希腊人。对希腊人的最后打击如法尔梅赖耶所想象的那样,是746年来自意大利的瘟疫传入希腊。关于这一点,可见10世纪皇帝作家君士坦丁·波菲罗杰尼图斯的著名引文,他在叙述了这场可怕的瘟疫后评价道:"整个地区斯拉夫化,成为蛮人的土地。"⑬法尔梅赖耶估计,皇帝君士坦丁·科普洛尼姆斯(Constantine Copronymus)去世的那一年(775年),可以认为是希腊这片土地再次陷于荒无人烟境地的最后年代,在这一时期,希腊的土地逐渐被斯拉夫人和他们建立的新城镇、新村庄所充斥。⑭

在后来的著作中,法尔梅赖耶没有任何根据地把自己的理论使用于整个阿提卡半岛。在《莫里亚半岛史》第二卷中,他提出了一个新的阿尔巴尼亚化的理论,按照这一说法,居住在希腊的希腊-斯拉夫人在约1325—1360年已经被阿尔巴尼亚移民消灭并

---

⑫ 《基督教会史》,VI,10;比德和帕芒蒂埃编,228。

⑬ 《论军区制》(De Thematibus),II,53。有时,我们可发现另一种译法:"整个土地沦于奴隶之手,成为蛮族的土地",因为君士坦丁·波菲罗杰尼图斯在这里使用了一个不平常的动词"$\dot{\varepsilon}\sigma\theta\lambda\alpha\beta\dot{\omega}\theta\eta$",它可以被译为"斯拉夫化",也可译为"沦为奴隶"。本书作者倾向于前者。

⑭ 《中世纪莫里亚半岛史》,I,208—210。

取代,因此,19 世纪的希腊人革命,事实上是阿尔巴尼亚人的事业。

法尔梅赖耶的第一个激烈的反对者就是德意志历史学家卡·霍普夫。他全面地研究了希腊的斯拉夫人问题,于 1867 年出版了《自中世纪初至当代的希腊史》(*History of Greece from the Beginning of the Middle Ages to our own Times*)。但是,由于霍普夫不惜一切代价地企图贬低希腊历史中斯拉夫因素的重要意义,从而使自己走入了另一个极端。以他的观点看,斯拉夫人移居希腊的情况只发生于 750 年到 807 年之间;而在 750 年之前根本没有斯拉夫移民。霍普夫还指出,法尔梅赖耶关于阿提卡的斯拉夫化的意见是以错误的文献资料为根据的。[13]

然而,关于这一题目的大量的、常常相互矛盾、缺乏连续性的文献,毕竟提供了足够的根据,使我们能推断出,自 6 世纪末以来,在希腊有相当大规模的斯拉夫人移民运动,但它并没有导致希腊半岛的完全斯拉夫化,也没有导致希腊人的完全灭绝。此外,在整个中世纪至 15 世纪的各种史料中,都提到斯拉夫人出现在希腊、主要是出现在伯罗奔尼撒半岛的情况[14]。关于斯拉夫人深入巴尔干半岛的最重要资料是上文提到的圣底米特里的《编年史》(*Acta*)。法尔梅赖耶和霍普夫都没有使用这一资料,事实上,直到如

---

[13] 《自中世纪初至当代的希腊历史》(*Geschichte Griechenlands vom Beginn des Mittelalters bis auf die neuere Zeit*),I,103—109。

[14] A. A. 瓦西列夫:"希腊的斯拉夫人"("The Slavs in Greece"),《拜占庭年鉴》,V(1898),416—438。自 1898 年以后,出现了关于这一争论问题的大量作品;至于这些出版物的详细目录,可见 A. 本(A. Bon)所写《拜占庭时期的伯罗奔尼撒半岛》(*Le Péloponnèse Byzantin*)(巴黎,1951 年),30—31。

今,该作品仍没有得到充分的研究。[131]

学者们时常讨论法尔梅赖耶理论的起源。他的观点并不新颖。关于希腊的斯拉夫人影响问题,早在法尔梅赖耶之前就已经有人提到,然而他是第一个公开地、决断性地表达这一判断的人。1913 年,一位俄罗斯学者以充分的论据证明,法尔梅赖耶理论的真正创始人是科皮塔尔(Kopitar),他是 19 世纪维也纳的斯拉夫学研究者。他在其作品中提到了自己关于斯拉夫因素在新希腊民族形成中之重要作用的想法。当然,他没有详细地阐述这一思想,而且他也没有以非科学的自相矛盾的东西引起轰动。[132] 彼得洛夫斯基说道:"法尔梅赖耶的理论之极端性,在当前,经过人们对有关问题的透彻研究之后,已经被证明是不成立的,但这一理论本身,由于作者生动地自圆其说地阐述,还是应该引起那些完全地,或不完全地反对这一理论的历史学者们的注意。"[133] 毫无疑问,这一理论虽然有一些十分明显的夸大事实,但它在历史科学领域的确起到了相当重要的作用,它把学术研究的注意力引向了一个最重要的,同时又是最模糊不清的问题,即斯拉夫人于中世纪进入希腊的问题。当我们注意到,这一著作出自一个首先把其注意力放在中

---

[131] 关于《圣底米特里编年史》(Acta sancti Demetrii)的意义,有一个非常重要的评述,见格尔泽《拜占庭军区制的起源问题》(Die Genesis der byzantinischen Themenverfassung),42—64。亦见塔弗拉里《14 世纪萨洛尼卡的兴起》(Thessalonique des origines au XIVe siede),101。

[132] N.彼得洛夫斯基(Petrovsky):"论法尔梅赖耶理论的起源"("On the Problem of the Genesis of Fallmerayer's Theory"),《公众教育部杂志》(1913),143,149。

[133] N.彼得洛夫斯基:"论法尔梅赖耶理论的起源",《公众教育部杂志》(1913),164。

世纪整个巴尔干半岛和希腊的种族成分变化这一问题上的作者时,法尔梅赖耶的作品就有了更普遍的历史意义。目前,在苏维埃俄国,关于斯拉夫人在巴尔干半岛的早期入侵和定居的观点得到了强有力的支持。在当代俄国杂志,如《历史杂志》《古代历史通讯》中,出现了一些论述上述题目的文章。法尔梅赖耶深为俄罗斯历史学者们所欢迎,他们认为,法尔梅赖耶的工作还没有得到应有的评价。在苏维埃俄国,现代大斯拉夫运动看来比一百年前的类似运动,即在本书第一章提及的那次运动更强有力。

文献、学术和艺术

518年至610年,帝国在学术和文学的多个方面留下了丰富的遗产,反映了查士丁尼多方面的活动,这些活动甚至令他的同代人震惊。查士丁尼皇帝本人就致力于在教义和赞美诗作品方面的文学创作活动。莫里斯也表现出在文学上的鉴赏力,他不仅赞助并鼓励文学活动,而且经常在夜晚用很多时间讨论或考虑诗歌或历史方面的问题。[⑭] 这一时期产生了许多历史学家,查士丁尼的事业为他们提供了丰富的资料。

查士丁尼时期的杰出历史学家是凯撒里亚的普罗柯比,他留下了有关这一时期历史的完整充实的画面。普罗柯比因受过法学

---

⑭ 米南德(Menander):《著作摘编》(*Excerpta*),波恩编,43;《希腊历史残篇》(*Fragmenta Historicorum Graecorum*),IV,202。塞奥菲拉克斯·西莫加特(Theophylact Simocatta):《历史》(*Historia*),VIII,13,16;德博尔编,311。柏里:《晚期罗马帝国史》,II,182。

教育，被任命为著名将军贝利撒留的顾问和秘书，他随同贝利撒留参与了对汪达尔人、哥特人及波斯人的战争。他不仅是杰出的历史家，而且是杰出的作家。作为历史学家，他占据着获取各种文献和第一手资料的相当优越的地位。他与贝利撒留的亲密关系，使他能看到在办公室和档案库中保存的所有档案资料；而他因积极参与历次征战，对国家的极端熟悉，使他能够通过个人的观察和来自同代人的资料获得相当有价值的鲜活的资料。

在写作风格和表达方式上，普罗柯比经常模仿古典的历史学家，特别是希罗多德和修昔底德的写作手法。然而，尽管他一向依赖于古代历史学家的老派希腊语言，尽管他的表达方式有某些矫揉造作，普罗柯比的写作风格还是严谨、流畅、生动的。他写了三部主要著作。其中最长的一部是《历史八卷》，描述了查士丁尼与波斯人、汪达尔人和哥特人的战争，同时记载了帝国政治生活中的许多其他方面。作者以略带褒扬的口气谈论皇帝，但以大量的事例表达了他对这位皇帝的憎恶情感。这本书可以视为查士丁尼时代的通史。普罗柯比的第二部著作《论建筑》，是对皇帝的十足的赞词，很可能是在皇帝的命令下写的，其主要目的是记载并描述查士丁尼在他的巨大帝国内建立的无数建筑。尽管此书中有些华而不实的夸张和过分的赞美之词，它却含有丰富的地理、地志和财政方面的资料，因此，是关于帝国社会经济史研究方面的有价值的资料。普罗柯比的第三部作品《秘史》（Anecdota）则与其他两部完全不同。它是对查士丁尼及其妻子专制统治的恶意诽谤，其中，作者不仅对皇帝夫妇予以恶言攻击，而且攻击贝利撒留和他的妻子。在此书中，查士丁尼被说成是在当时的帝国内发生的一切不幸事件的始作俑者。这一著作与其他两部作品的相互矛盾之处如此引人注目,乃至一些学者开始怀疑《秘史》的真实性,人们认为,这三部著作完全出自同一位作者之手几乎是不大可能的。只是通过对《秘史》与属于查士丁尼时代的其他资料的仔细比较研究,才确定这部著作确是普罗柯比的真正作品。只要恰如其分地使用,此著作可作为6世纪拜占庭帝国内政史的特别有价值的资料。因此,普罗柯比的所有这些著作,尽管夸大了查士丁尼行为的美和丑,还是为人们进一步了解这一时代的生活提供了极其重要的当代记载。不仅如此,斯拉夫历史学者和斯拉夫古典学者在普罗柯比的著作中还找到了有关斯拉夫人生活和信仰的重要资料。同时,德国学者也从此书的许多事件中搜集到了有关德意志早期的历史资料。

历史学家、大主教彼得是查士丁尼和普罗柯比的同时代人。彼得是一位杰出的律师和外交家,曾经多次作为使节被派往波斯帝国和东哥特宫廷进行外交活动。在东哥特宫廷,他曾被囚禁三年整,他的作品有《历史》(或《罗马帝国史》),如果人们可以通过现存的大量残篇判断的话,该书叙述了自"后三头"时期到背教者朱利安时期的事件。还有一篇论文,题为《论国家政体》(Katastasis,即《礼仪手册》),其中一部分收于10世纪君士坦丁·波菲罗杰尼图斯时期的著名作品《宫廷礼仪手册》中。

自普罗柯比以后,至7世纪早期,一系列历史著作先后问世,每一个历史学家都去续写他们前人的著作。

普罗柯比的续作者是受过良好教育的著名律师、小亚细亚的阿加西阿斯(Agathias),他曾写了一些短诗和警句,还有一部多少有些仿写痕迹的《论查士丁尼的统治》,它包含了自552年到558

年的历史事件。阿加西阿斯之后,所谓"保护者"米南德在莫里斯皇帝统治时期写了一部《历史》。该书是阿加西阿斯著作的续篇,记述了558—582年(即莫里斯皇帝即位这一年)发生的历史事件。此书只有一些片断至今犹存,但根据这些片断(特别是从历史学和人种学的角度来看),足以证实此书中资料的重要性;这些片断提供了足够的证据,能够说明米南德是一位比阿加西阿斯更优秀的历史学家。米南德著作的续写者,是塞奥菲拉克特·西莫加特(Theophylact Simocatta)。此人是埃及人,生活于希拉克略时代,并据有帝国秘书的位置。他写了一部关于自然科学的著作和一封书信集,还有一部关于莫里斯时期(582—602年在位)的历史。塞奥菲拉克特的写作风格在其采用讽喻的手法和矫揉造作的语言方面远远超过了他的直接前辈们。克伦巴赫曾说过:"与普罗柯比和阿加西阿斯相比,塞奥菲拉克特是一个螺旋式上升的顶点。贝利撒留时期的历史学者尽管很夸张,但还是朴实自然的;诗人阿加西阿斯则在表达其思想方面使用了大量诗一样的华丽辞藻;但是他们两人在感染力方面却都不能与塞奥菲拉克特相比,塞奥菲拉克特在每一个转折时期,都以新的、牵强附会的想象、讽喻、格言和神话传说使读者惊诧不已。"[40]尽管如此,塞奥菲拉克特的作品还是记载了莫里斯时期历史的特别重要的资料,而且,作者也提供了关于6世纪末巴尔干半岛上的波斯人和斯拉夫人情况的特别重要的史料。

查士丁尼派往萨拉森人和阿比西尼亚人处的使者诺诺苏斯

---

[40] 克伦巴赫(K.Krumbacher):《拜占庭文献史》,249。

（Nonnosus）写了他这次远行的笔记。由于时间的流逝，该笔记只留下了一些残篇，被收在大主教佛提乌（Photius）的著作中；但即使是这样一个片断，也提供了他所访问的那些国家的自然状况和民族风情的极好资料。佛提乌也保存了拜占庭的狄奥凡尼*所写的历史著作的片断。狄奥凡尼是 6 世纪末期的作者，在他的作品中可能包括了自查士丁尼到莫里斯统治早期这一时期的历史。这一片断十分重要，因为它包含有关于蚕丝业被引进拜占庭的证据，也包括有关突厥人的一些最早的资料。另一部对于 5—6 世纪教会史特别有价值的是叙利亚的埃瓦格留斯的作品，他逝于 6 世纪末。他的六卷本的《基督教会史》是为索克拉特斯、索佐门和狄奥多莱的历史作品所写的续篇。它记载了自 431 年以弗所宗教会议之后至 593 年的历史事件。该书除了记载宗教事件外，还含有当时其他世俗事务的一些重要资料。

吕底亚的约翰（John the Lydian）曾以其受过优良的教育而驰名，查士丁尼曾对他十分重视，竟然命他写一篇赞美皇帝的颂词。除了其他作品外，约翰留下了一篇论文《论罗马国家的统治》，此文还没有得到足够的研究和评价。它包含有关于帝国内部结构的许多重要事实，可以成为普罗柯比《秘史》的重要补充资料。⑭

我们已经讨论过了"印度洋航行者"科斯马所写的《基督教地志学》的重要意义，他航行所至的区域之广大是与查士丁尼的扩张

---

* Theophanes，旧译狄奥方。——译者

⑭ 关于吕底亚的约翰的著作和它的重要性，可见于 E. 施泰因《关于戴克里先以来"大政区长"一衔的探讨》（*Untersuchungen über das Officium der Prätorianenprafektur seit Diokletian*）。

计划有密切关系的。地理学方面的著作还有一部关于查士丁尼时代东罗马帝国的统计勘测资料,它出自语法学家希罗克利斯(Hierocles)的笔下,题为《希罗克利斯旅游指南》(*A Fellow-Traveler of Hierocles*)。作者并没有把他的考察范围仅限于宗教方面,而是考察了帝国的政治地理,包括64个省和912个城市。我们不能确定此番考察只是希罗克利斯本人自发的行为还是受到了某个上级权力机构的指派。但无论如何,在希罗克利斯的枯燥的考察中,含有极好的资料,它可用来确定查士丁尼统治初期帝国的政治地位。⑭ 希罗克利斯的记载是后来的君士坦丁·波菲罗杰尼图斯研究地理问题的主要资料。

除了上述历史学家和地理学家之外,6世纪也有它的编年史家。查士丁尼时代与古典文学仍有密切联系,因此,枯燥乏味的编年史在这一时期还只是极少的例外,但它们在晚期拜占庭时期有极大的发展。

处于历史学家和编年史家之间的是米利都的赫西基乌斯(Hesychius of Miletus),从各方面的可能来看,他生活于查士丁尼时代。他的著作仅有若干片断保留于佛提乌和10世纪的辞书作者苏伊达斯(Suidas)的作品中。根据这些片断来看,赫西基乌斯以一种编年体写了一部包含自古亚述时期到阿那斯塔修斯去世(518年)这个期间的世界史。此书现存大部分残篇,其中涉及拜占庭的早期历史,甚至上溯到君士坦丁大帝之前。赫西基乌斯也

---

⑭ 希罗克利斯的作品写于535年之前,见克伦巴赫《拜占庭文献史》,417;蒙特拉蒂奇(Montelatici):《拜占庭文献史,354—1453年》,76。

是记载查士丁和查士丁尼早期统治的一部历史书的作者。此书在写作风格和构思上与上述著作大不相同,包含有对作者同时代的许多事件的描述。赫西基乌斯的第三部著作是含有许多学科领域的著名希腊语作者的人物词典。由于他的书没有收入基督教作者的情况,一些学者肯定,赫西基乌斯很可能是异教徒;然而,此种意见没有被普遍接受。⑭

6世纪的真正编年史家是没有受过教育的安条克的叙利亚人约翰·马拉拉斯(John Malalas)。他写了一部记载整个世界历史的希腊文编年史,根据仅存的手稿判断,这部书记载了自埃及历史的神话时代到查士丁尼统治末年的事件。但很可能也记载了后来一个时期的历史。⑮ 该编年史是基督教徒所写,其写作目的是为基督教辩护,非常明显地暴露了作者的君主政治倾向。该编年史内容混杂,既有传说也有事实;既有重要史实,也有微不足道的小事。它显然不是为受过教育的读者所写,而是为教俗民众所写,为了他们,作者记载了许多各种各样的奇闻逸事。"该著作对于民众来说是完整意义上的历史读物。"⑯该书的风格值得特别注意,因为这是第一部以希腊口语写作的重要著作,这种通俗的希腊民间口语,把希腊语与拉丁语及东方的口语相混合,在东方甚为流行。由于该编年史适合于民众的口味和心理状态,因而对拜占庭、东方及斯拉夫编年史产生了巨大的影响。马拉拉斯作品的大量斯拉夫

---

⑭ 蒙特拉蒂奇:《拜占庭文献史》,63—64。

⑮ 约翰·马拉拉斯的编年史很可能写至查士丁尼统治初年,而在一个新的版本中则增加了由作者本人或其他人所写的续篇。见柏里《晚期罗马帝国史》,II,435。

⑯ 克伦巴赫:《拜占庭文献史》,326。

文片段和它们的译本对于恢复其编年史的希腊文本的原貌有着重要的意义。[⑩]

除了大量的以希腊文撰写的著作外,这一时期(518—610年)还有以弗所的约翰(John of Ephesus)所写的叙利亚语著作。此人于6世纪后期(可能是586年)去世。[⑱] 约翰出生于上美索不达米亚,是坚定的一性教派信徒。他曾在君士坦丁堡和小亚细亚度过他一生中的许多岁月,在小亚时,他曾主持以弗所教区;他还同查士丁尼及狄奥多拉有过个别交往。他是《东方圣徒传》(或者是《关于东方圣徒的生活方式》)一书的作者,也写了一部《基督教会史》(叙利亚文),该书记载了自朱利乌斯·恺撒至585年的历史。这部《基督教会史》只有最重要的和最原始的那个部分,即记载521年到585年历史的部分,得以存续下来。这作品保存了这一历史时期的特别重要的资料。叙利亚的约翰所写的这本《基督教会史》是以一位一性教派信徒的眼光所写,因此它不仅揭示了许多有关一性教派教义基础的教义基础,还揭示了它的民族和文化背景。据一位专门研究叙利亚的约翰作品的作者评价:约翰的《基督教会史》,"通过揭示一性教派斗争的文化基础而揭示了基督教与异教斗争的最后状况"。它"对于研究拜占庭帝国6世纪的政治和

---

⑩ 马拉拉斯编年史的第8—18卷的斯拉夫语译本被 M. 斯宾卡(M. Spinka)和 G. 道尼(G. Downey)合作译成英文。A. T. 奥姆斯蒂德(Olmstead)在其书评中写道:"约翰·马拉拉斯毫无疑问是世界上最差的编年史作者。历史学家可以责骂他的愚蠢,但又必须使用他的作品,因为马拉拉斯保存了大量最重要的史实记载,否则它们将会失传。"《芝加哥神学院丛书》(*The Chicago Theological Seminary Register*), XXXI, 4 (1942), 22。

⑱ E. W. 布鲁克斯(E. W. Brookes):《东方教父著作集》(*Patrologia Orientalis*), XVII(1923), vi。

文化基础,特别在确定东方因素对这种政治文化影响的程度方面,具有极其重要的价值。在他的记载中,作者深入到帝国生活的所有详情细节中,从而为深入了解这一时期的生活方式、习俗及考古工作提供了丰富的资料⑭"。

持续发生于整个6世纪的一性教派争论问题在教义学及辩论学领域导致了重要的文学活动。即使是查士丁尼也不能置身于这些文学争论之外。在一性教派方面,以希腊语写的作品并没有保留下来。我们可以从其反对派的作品中发现一些引文或在叙利亚及阿拉伯的文学作品中保留下来的译文。正统宗教方面的作者,有查士丁和查士丁尼时代的拜占庭人莱昂提乌斯(Leontius)。他留下了一些反对聂斯脱利派、一性教派及其他异端派的著作。关于这位教义学家及辩论家的生活情况,资料奇缺。⑮ 他是查士丁时代一个重要的新思潮的典型代表,此即,柏拉图思想对于教父们的影响已经让位于亚里士多德的思想。⑯

6世纪东方修道主义和隐修主义的发展在禁欲主义、神秘主义及圣徒文学著作方面留下了痕迹。约翰·克里马库斯(John Climacus)长期隐居于西奈山上,写了一部著名的作品《天梯》(*Scala Paradisi*)⑰。该书共30章,或30个阶梯,其中,作者描述

---

⑭ 迪亚科诺夫:《以弗所的约翰和他的教会史著作》,359。

⑮ 见 F. 洛夫斯(F. Loofs)《拜占庭的莱昂提乌斯》(*Leontius von Byzanz*),297—303。W. 吕加默(W. Rügamer)《拜占庭的莱昂提乌斯》(*Leontius von Byzanz*),49—72。

⑯ 吕加默:《拜占庭的莱昂提乌斯》,72。

⑰ 此处借用了《圣经·创世记》(28:12)中雅各梦见天梯的典故。书名用的是希腊文的属格 ὁ τῆς κλίμακος,后被拉丁化为 Climacus,于是,Johnnes Climacus 就成为西方对这位作者名字的传统拼法。

了由精神上的禁欲到道德上的完善需经过的诸阶段。此书在拜占庭修士们中间成为最流行的读物,指导着他们达到禁欲和完美。但是,《天梯》一书不仅流行于东方帝国,它还有叙利亚文、现代希腊文、拉丁文、意大利文、西班牙文、法文和斯拉夫文等多种文字的译本。其中一些手稿中包含许多有趣的插图(微型画),描述了教会和修道院的生活。[13]

在谈到6世纪的圣徒传记作品时,必须把斯奇索城的西里尔(Cyril of Scythopolis)置于首位。他是一个巴勒斯坦人,曾在著名的巴勒斯坦圣萨瓦斯修道院度过其晚年。西里尔打算编辑一部系统描写修道院中的圣徒"生平"的全集,但没能完成这一计划。很可能是由于他英年早逝。但他的一些作品已经保留下来,其中有优西米乌斯(Euthymius)的生平和圣萨瓦斯(St. Sabas)的生平,此外还有一些较短的圣徒传记。由于他记叙事件的准确,以及作者对修道生活的深刻理解,加之其文风的朴实无华,因此,西里尔的全部现存作品都可作为早期拜占庭文献史上的重要资料。[15] 约翰·莫斯库斯(John Moschus)也是一个巴勒斯坦人,他生活于6世纪末和7世纪初,出版了著名希腊文著作《精神的牧场》(*Pratum Spirituale*),该著作是以他对巴勒斯坦、埃及、西奈山、叙利亚、小亚细亚及地中海、爱琴海诸岛上的许多修道院的游历中取得

---

[13] 关于《天梯》一书中许多微型画的再版,见于G.R.莫里(G.R. Morey)《佛里尔收藏本中的东方基督教绘画》(*East Christian paintings in the Freer Clection*),1—30。也见O.M.多尔顿(O.M. Dalton)《东方基督教艺术》(*East Christian Art*),316。

[15] 见埃德华·施瓦茨(Eduard Schwartz)《斯奇索城的西里尔》(*Kyrillos von Skythopolis*)。

的切身体验为基础而写的。该著作包括了作者游历各处的感受,并涉及关于修道院和修道士们生活的多方面资料。在某些方面,《精神的牧场》一书对于研究文明史有极重要的意义。此书后来在拜占庭帝国和其他地方,包括俄罗斯,成为人们喜爱阅读的一本书。

这一历史时期在诗歌文学方面也有许多代表人物。十分肯定的是,以教会歌曲著称的颂歌作者罗曼努斯(Romanus the Melode)创作活动的顶峰是在查士丁尼时代。同一时期的宫廷侍卫长保罗完成了他的两部诗作,(用希腊语韵律)描述了圣索菲亚教堂和它的美丽的圣坛。他的这两部作品在艺术史上极其重要[15],也受到前面提到过的同时代历史学家阿加西阿斯[16]的赞扬。最后,北非的科利普斯(Corippus of North Africa,他后来定居于君士坦丁堡),一个不大有诗才的人,以拉丁韵律诗体写了两部著作。其中之一《约翰尼斯》(Johannese)是纪念和颂扬拜占庭将军约翰·特罗戈利塔(John Troglita)的著作,他镇压了北非土著反抗帝国统治的起义,其中记载了北非地理和人种学,以及非洲战争的重要资料。科利普斯所叙述的史实有时比普罗柯比的记载更为可靠。科利普斯的第二部著作《赞歌》(或《查士丁颂》)以夸张的笔调描述了幼者查士丁二世之登基以及他统治时期的最早事件;他也记载了许多有关6世纪拜占庭宫廷礼仪方面的重要史实。

---

⑮ 见此两部书的新版,P.弗里德朗德(Friedländer):《加沙的约翰尼斯和宫廷侍卫长保罗》(Johannes von Gaza und Paulus Silentiarius),227—265;评述:267—305。

⑯ 《历史》,V,9;波恩版,296—297;L.A.丁多夫(L.A.Dindorf)编:《希腊简史》,II,362。

草纸文书中提到了一个叫狄奥斯库鲁(Dioscorus)的人,他于6世纪生活于上埃及的一个小村庄阿芙罗狄托。他是科普特人,似乎接受过很好的普通教育,而且在法学方面受过深入训练;他也乐于实现其文学方面的抱负。尽管他搜集了大量的契约文件和其他草纸文书,构成社会和行政史方面十分珍贵的资料,但他的诗对希腊化诗歌文学的发展却毫无贡献;这些诗只能是非专业性的习作,其中"满是明显的错误,在语法和韵律方面也是如此"。据 H. 贝尔讲,他至少读了足够多的希腊文学作品,但却写出了令人诅咒的韵诗。[15] J. 马斯佩罗(J. Maspero)称狄奥斯库鲁是埃及的最后一个诗人,也是尼罗河流域最后一个希腊化文学的代表人物。[16]

查士丁尼统治时期雅典异教学园的关闭可能对这一时期的文学和教育活动没有产生很严重的损害,因为这个学园早已经失去了它存在的意义。它在一个基督教帝国中已经不再重要。古典文学的财富已经逐渐地,常常是在表面上渗入基督教文学的作品中。狄奥多西二世组建的君士坦丁堡大学在查士丁尼时代仍然活跃。法学方面的新作品表明在这一时期法学研究的重要性。但是,这种研究,只局限于正规地掌握法学文献的翻译技巧以及写出简明的短文和摘要。关于查士丁尼去世后法学制度的发展情况,我们

---

⑮ "拜占庭的附属国"("Byzantine Servile State"),《埃及考古杂志》,Ⅳ(1917),104—105;贝尔:"大英博物馆内的希腊纸草文书"("Greek papyri in the British Museum"),《埃及考古杂志》,V(1917),iii—iv。亦见 W. 舒巴特(W. Schubart)《草纸学导言》(Einführung in die Papyruskunde),145—147、495。

⑯ "埃及的最后一位希腊诗人:狄奥斯库鲁,阿波罗之子"("Un Dernier poète grec d'Egypte:Dioscore, fils d'Apollôs"),《希腊研究杂志》,XXIV(1911),426、456、469。

没有准确的资料信息。虽然莫里斯皇帝表现出在学术上的极大兴趣,他的继承者福卡斯却显然停止了君士坦丁堡高等学府的学术活动。[15]

在艺术领域,查士丁尼时代堪称是拜占庭艺术的"第一个黄金时代",在建筑活动方面创建了卓越非凡的丰碑——圣索菲亚大教堂。[16]

圣索菲亚,整个东方都称之为大教堂,是在查士丁尼的指令下,于圣索菲亚(圣智)小教堂的原址上所建,该小教堂在尼卡起义期间(532年)被焚毁。据后来的记载说,为了使这座圣殿成为辉煌无比的建筑,查士丁尼命令各省的省督们以当地最好的古代遗物来装饰首都。大量的色彩缤纷、花纹迥异的大理石从最富矿产地运至首都。金银珠宝和象牙也被运来装点圣殿,使之更辉煌壮观。

皇帝挑选了两位最天才的建筑师安提米乌斯(Anthemius)和伊西多尔(Isidore)来实施这一雄伟的计划。他们两人都是小亚细亚人,安提米乌斯是特拉勒斯人,伊西多尔是米利都人。他们热情地着手从事其伟业,并熟练地指导着10,000名工人从事建筑。皇帝亲自视察这项工程,以浓厚的兴趣关注着它的进程,并提出建议,鼓舞工人的劳动热情。在五年之内,这一建筑完工了。537年

---

[15] F. 福克斯(F. Fuchs):《君士坦丁堡的高等学府》(*Die höheren Schulen von Konstantinopel*),7—8。

[16] 关于圣索菲亚教堂的最新作品是 E. H. 斯维福特(Swift)《圣菲亚》(*Hiagia Sophia*)。亦见托马斯·怀特莫尔(Thomas Whittemore)所著的《关于伊斯坦布尔的圣索菲亚大教堂中镶嵌画的早期报导》(*Preliminary Reports on the Mosaics of St. Sophia at Istanbul*),始于1933年。

的圣诞节,皇帝亲自出席了圣索菲亚大教堂的竣工典礼。后来的资料记载,皇帝为他自己的成就而倾倒,在进入这座圣殿时说:"光荣属于上帝,他相信我能成就这番壮举!所罗门啊,我战胜了你。"⑯在竣工仪式上,群众得到了皇帝赐与的诸多恩典,首都也举行了盛大的庆祝活动。

从外观看,圣索菲亚大教堂很是简朴,因为它完全是砖墙,无法做任何修饰。甚至那著名的穹顶,从外部看也有些笨重。在现代,圣索菲亚已经被其周围的土耳其式房屋所埋没。为了要完整地评价这一圣殿之壮丽辉煌,人们必须从其内部观察。

在早年,这一圣殿有一个宽大的庭院,即正院(atrium),被柱廊所环绕,正中是一个美丽的大理石喷泉。正方形院落与圣殿相连的第一道入口,是一条环形游廊(大回廊),游廊内有五座门与圣殿的内廊相通。由内廊进入圣殿有九座大铜门;中间一座最宽大最高的皇门是供皇帝出入的大门。圣殿本身的建筑是依照"穹顶式教堂"的模式而建的,其平面是一极大的长方形,中央部分有一宏伟的中殿,中殿顶部筑了一个巨大的穹顶,穹顶周长为31米,其顶端拔地而起50米。它的建成是非常不容易的。在穹顶的基部有40扇高大的窗户,以使充分的光线洒遍整个殿堂。中殿两侧建立了两层拱顶,饰之以华丽的石柱。地板与石柱都是由彩色大理石筑成,在墙壁的许多部分也使用了这种大理石。精美的镶嵌画(土耳其人统治时期曾被覆盖)曾经使参观者眼花缭乱。在朝

---

⑯ 见《君士坦丁堡原始手稿》(*Scriptores originum Constantinopolitanarum*),T. 普莱格尔(T. Preger)编,I,105。

拜者眼中,留下最深刻印象的是穹窿内的巨大十字架在众星烘托下闪着耀眼的光。甚至在今天,人们仍可透过土耳其人在穹窿下部的涂盖层*,看到生有双翼的高大天使。

对于圣索菲亚教堂的建筑者来讲,最大的困难是建立一个巨型的透光良好的穹顶,即使现代建筑家们也未能超越这一成就。建筑者虽然完成了这一使命,但是,这个著名的穹顶并没有能维持很久;甚至在查士丁尼时期,它就坍塌了,并且在查士丁尼统治末期以不甚大胆的方针重新修筑。查士丁尼的同时代人以一种不亚于其后代的,甚至现代人的激情谈论圣索菲亚大教堂。14世纪的俄罗斯朝圣者诺夫哥罗德的斯蒂芬在其《君士坦丁堡游记》(*Travels to Tsargrad*)**中说:"至于圣索菲亚大教堂,即'圣智教堂'是远非人类的头脑可以想象,可以描述的。"⑯尽管这座教堂经历了多次反复的强烈地震,却仍然坚固地屹立至今。1453年,它被改为清真寺。斯特拉齐格夫斯基(Strzygowski)曾经讲过:"在构思上,这座教堂(圣索菲亚)纯粹是亚美尼亚风格的。"⑯

---

* 在当代,圣索菲亚大教堂已经作为博物馆正式开放,接待来自世界各地的游客,内部一些拜占庭时期的绘画也经过整修而重见天日了。——译者

** 此处用"Tsagrad"一词(即帝都)称呼君士坦丁堡,因此,该书亦可译为《帝都游记》。古罗斯人称拜占庭皇帝为"沙"(Tsa),其发音来自于恺撒(Caesa),后来我国学者将此词译为"沙皇",专指伊凡三世以后的俄罗斯专制统治者。——译者

⑯ "诺夫哥罗德的朝圣者斯蒂芬"("The Pilgrimage of Stephan of Novgorod"),《俄罗斯民间故事》(*Tale of the Russian People*),T.萨哈洛夫(T. Sakharov)编,II,52。M.N.斯佩兰斯基(M.N.Speransky):《从14世纪的诺夫哥罗德古典文学中所见到的》(*From the Ancient Novegorod Literature of the Fourteenth Century*),50—76;引文见53。

⑯ 《基督教堂的兴建》(*Ursprung der christlichen Kirchenkunst*),O.多尔顿和H.布劳恩赫茨译,46;见多尔顿《东方基督教艺术》,93。

第三章　查士丁尼大帝及其直接继承者(518—610年)　　295

随着时间的流逝,关于圣索菲亚之建立的真实故事变成了一种带有大量神迹细节的传奇式故事文学。这些传奇故事由拜占庭帝国传入南斯拉夫和俄罗斯的,乃至传入伊斯兰教和阿拉伯的及土耳其的文学作品中。斯拉夫的和阿拉伯的传奇文本对于人们研究各民族之间文学方面的相互影响的历史[68]有着重要意义。

查士丁尼在首都建立的第二所著名教堂是圣使徒教堂。该教堂原是君士坦丁皇帝或者是康斯坦提乌斯时期所建。但是到了6世纪,它已经完全破败不堪了。查士丁尼推倒了该教堂,以更大、更壮丽的规模给予重建。这是一座十字形平面的教堂,有四个相同的殿室,四个穹顶簇拥着一个中心穹顶。这座教堂的建筑师也是特拉勒斯的安提米乌斯和幼者伊西多尔。1453年,土耳其人攻占了君士坦丁堡后,此教堂被摧毁。在此教堂的原址为征服者穆罕默德二世建立了清真寺。从威尼斯的圣马可教堂那里,可以较清楚地看到当年君士坦丁堡这座圣使徒教堂的形象,圣马可教堂就是按照它的模式建立的。它的模式也为以弗所的圣约翰教堂和法国佩利格的圣弗隆教堂(St. Front)所模仿。以弗所的主教尼古拉·梅萨利特(Nicholas Mesarites)曾在13世纪初对圣使徒教堂已经丧失的美丽镶嵌画进行过描述,并且 A. 海森柏格(A. Heis-

---

[68] 见 M. N. 斯佩兰斯基(M. N. Speransky)"南斯拉夫和俄罗斯文学中关于帝都圣索菲亚大教堂之建筑的传说"("The South-Slavonic and Russian Texts of the Tale of the Construction of the Church of St. Sophia of Tzarigrad"),《纪念 V. N. 兹拉塔尔斯基文集》(*Memorial Volume in Honor of V. N. Zlatarsky*),13—422。V. D. 斯米尔诺夫(V. D. Smirnov):《关于圣索菲亚的土耳其传说》(*Turkish Legends on Saint Sophia*)。

enberg)也对这些艺术品进行了透彻的研究。[15] 圣使徒教堂是人所共知的自君士坦丁大帝以来至11世纪止的历代拜占庭皇帝的墓葬地。

在东方的叙利亚,在西方的帕伦佐、伊斯特里亚,特别是在拉文纳,都可见到君士坦丁堡之建筑风格的影响。

现在,圣索菲亚教堂可以因其穹顶,因其石柱上的雕饰,因其墙面和地面的彩色大理石,而且尤其因其建筑技术的精湛而令人神往;但不久以前,人们却看不到这一著名圣殿内的精美镶嵌画,因为它们在土耳其时期被涂盖了。然而,后来,由于穆斯塔法·凯末尔·阿塔图克领导下的近代土耳其共和国的开放政策,圣索菲亚大教堂的历史新时期开始了。最重要的是该建筑开始向外国建筑家和学者们开放。1931年,土耳其政府颁布了一项法令,授权美国的拜占庭研究所揭去圣索菲亚教堂内壁画的覆盖物并保存这些艺术品。该研究所所长托马斯·怀特莫尔教授被允准使这些镶嵌画重现天日,1933年,这项工程自前廊开始启动。1934年12月,穆斯塔法·凯末尔宣布,该教堂已经不再是清真寺,它将作为拜占庭艺术的遗迹和博物馆而受到保护。而且,由于怀特莫尔的不倦的、计划周密的工作,圣索菲亚教堂的奇妙镶嵌画逐渐重现了它们往日的光艳华丽。怀特莫尔于1950年去世后,这项工作由保尔·A.安德伍德(Paul A. Underwood)教授接续。

在西欧的北意大利城市拉文纳,保存着拜占庭镶嵌画的优秀

---

[15] 《君士坦丁堡的圣使徒教堂》(*Die Apostelkirche in Konstantinopel*),10页及以下。

第三章 查士丁尼大帝及其直接继承者(518—610年)

作品。1500年以前的拉文纳是亚得里亚海岸的一个富饶的城市。在整个5世纪,它是最后几代西罗马皇帝的避难处;6世纪时,它成为东哥特王国的首都;最后,自6世纪中期到8世纪中期,它是查士丁尼自东哥特人手中夺取的拜占庭属意大利的中心。它是拜占庭的总督(viceroy或exarch)驻节地。这最后一个时期,是拉文纳的光辉时期,此时,政治的、经济的、文化的和艺术的活动都得到了迅速发展,形成滚滚激流。

拉文纳的艺术遗产与三位历史人物有密切关系:其一,是狄奥多西大帝之女儿,西帝瓦伦提尼安的母亲加拉·普拉西狄亚(Galla Placidia);其二是东哥特国王狄奥多里克;其三是查士丁尼。在此,我们且不谈加拉·普拉西狄亚和狄奥多里克时期的早期遗址,而只简要地讲述一下查士丁尼时期拉文纳的艺术遗址。

查士丁尼在其长期统治中,始终对在庞大帝国各处修建民用和宗教建筑的不朽丰碑十分感兴趣。在征服拉文纳后,查士丁尼完成了那些在东哥特时期已经开始建筑的教堂。从艺术角度看这些教堂,有两座具有特别重大的意义,即圣维塔利教堂(St. Vitale)和克拉斯(Classis,拉文纳的港口)的圣阿波里纳利教堂(St. Apollinare)。这些教堂的主要艺术价值在于它们的镶嵌画。

距拉文纳城约三英里处,荒凉的沼泽地,即中世纪该城的富饶贸易港口所在地,耸立着外观简陋的克拉斯的圣阿波里纳利教堂,其外形是典型的古代基督教教堂。在该教堂的一侧,是一个后来建造的圆形钟楼。教堂内有三个殿堂。教堂四壁,镶着一些饰以浮雕的石棺,里面埋葬着拉文纳最著名的一些大主教的遗骨。在穹顶的下部,可见到6世纪的镶嵌画。画上是拉文纳的圣保护使徒圣阿波里纳利高举双手的立像,他的周围,在一片和平宁静的风景画面上,环绕着一群羊羔;在阿波里纳利的上方,在巨大的缀满星斗的蓝天圆形浮雕上,一个宝石十字架闪着光。这所教堂里的其他镶嵌画则是晚些时候的作品。⑯

拉文纳的圣维塔利教堂是研究查士丁尼时期艺术成就的最有价值的资料。在这座教堂里,6世纪的镶嵌画几乎全都被保存下来了。穹形教堂圣维塔利教堂的内部墙壁上,自上至下都覆盖着美妙的浮雕和镶嵌装饰。该教堂后殿的半圆形殿堂因其两侧的镶嵌画而特别著名。其中一幅是在大主教、教士和廷臣环绕下的查士丁尼;另一幅是他的妻子狄奥多拉和她的侍妇们。这两幅画上的人物服饰因其灿烂夺目而令人倾倒。拉文纳,这座有时被称为"意大利-拜占庭的庞培城"或"西拜占庭"⑯的城市为研究5—6世纪的早期拜占庭艺术提供了最有价值的资料。

查士丁尼的建筑活动并不仅仅局限于建筑堡垒和教堂。他还建筑了许多修道院、宫殿、桥梁、蓄水池、引水渠、浴池和医院。在拜占庭的边远行省中,查士丁尼的名字是同西奈山上的圣凯瑟琳修道院的建筑活动相联系的。在该教堂的后殿拱壁上,是一幅耶稣变容的镶嵌画,据推算是6世纪的作品。⑯

---

⑯ 多尔顿:《东方基督教艺术》,77—78。
⑯ 亦见夏尔·迪尔《拉文纳》(*Ravenne*),VIII,132。
⑯ 见 V. 贝内塞维奇(V. Beneševič)"关于西奈山上的耶稣变容图之年代考证"("Sur la date de la mosaïque de la Transfiguration au Mont Sinaï"),《拜占庭》(布鲁塞尔),I(1924),145—172。

查士丁尼时期的一些极其重要的丝织物和纺织品亦保留至今。⑯ 尽管在教会的影响下,雕塑作品总的来说是处于衰落状态,但仍出现了大量的特别精美的象牙雕刻品,尤其见于一些双联记事板和执政官使用的双联板*中,这些记事板多属于5世纪初至541年查士丁尼取缔执政官制这一时期的遗物。

在查士丁尼时代,所有的作家、圣索菲亚教堂及圣使徒教堂的建筑者都是北非人或亚洲人,希腊化的东方仍然继续滋养着拜占庭帝国的文化艺术生活。

概观查士丁尼之长期的、多变而复杂的统治,可以看出,就他所计划的主要方面而言,他没有达到预期的结果。很显然,由查士丁尼的信念,即"罗马皇帝有义务收复帝国失去的土地"所激发的对西方的辉煌的军事征伐事业最后没有成功。这些战争绝对不符合帝国的真正利益,它的真正利益主要是在东方;因此,这些战争在很大程度上导致了国家的衰落。国家资源的贫乏导致军队的削减,使得查士丁尼不可能在其新征服的省区巩固自己的统治。这一结局在他的后继者统治时期变得更为明显。皇帝的宗教政策也是失败的,因为它后来未能带来宗教的统一,而仅仅使东方以一性教派为主体的各行省更加混乱。查士丁尼在其行政改革上遭到最彻底的失败,这些改革始于皇帝真诚的愿望,可由于地方官的巧取豪夺和沉重的税收,却导致农村的凋敝和人口的减少。

然而,查士丁尼有两项成就在人类文明史上留下了深刻的烙

---

⑯ 见迪尔《拜占庭艺术手册》,I,230—277。

* 可折叠的双联记事板,自古罗马时期以来帝国用以表示皇室、权贵和教士的身份。——译者

印，并且完全符合他的"大帝"之称号，此两项成就即他的"民法法典"和圣索菲亚大教堂。

第四章 希拉克略时代
（610—717年）

希拉克略（Heraclius）及其占据拜占庭皇位的直接继位者建立的统治王朝，可能属于亚美尼亚血统。这一点，至少可以从7世纪亚美尼亚历史学家塞贝奥斯（Sebeos）所提供的关于希拉克略时代的价值不菲的原始资料中推断出来。他写道，希拉克略家庭与著名的亚美尼亚家族阿尔萨息斯（Arsacids）家族有亲缘关系。①与这一说法有些矛盾的是，几份史料都提到希拉克略的一头淡色金发。②他于610年至641年在位。他的儿子君士坦丁是他的第一位妻子欧多西娅（Eudocia）所生。希拉克略去世后，君士坦丁只在位统治九个月，于641年去世。历史上通称他为君士坦丁三世（因君士坦丁大帝的一个儿子被称为君士坦丁二世）。君士坦丁三世去世后，希拉克略的第二个妻子马尔蒂娜（Martina）所生的希拉克罗那斯（希拉克利恩）执掌皇权几个月。他于641年秋天被废，

---

① 《希拉克略皇帝的历史》(*The History of the Emperor Heraclius*)，XXXII；1862年俄文版，129；F.马克莱尔（F. Macler）法译本，108。

② 见A.佩尼斯（A. Pernice）《希拉克略皇帝》(*L'Imperatore Elaclio*)，44。H.格雷古瓦：“执掌拜占庭皇权的亚美尼亚王朝”("An Armenian Dynasty on the Byzantine Throne")，《亚美尼亚季刊》(*Amenian Quarterly*)，I(1946)，4—21。他称582年至713年整个时期是拜占庭历史上的第一个亚美尼亚时代(8)。

接着君士坦丁三世的儿子康斯坦斯二世（Constans II）继位（641—668年在位）。他的名字的希腊文词形康斯塔斯（Constas，拉丁文是 Constans）可能是他的正式名字君士坦丁的昵称。在拜占庭的货币上，在这一时期的西方官方文件里，甚至在一些拜占庭史料中，他都被称为君士坦丁。拜占庭的人民显然称他为康斯坦斯。他的继位者是他的精力旺盛的儿子君士坦丁四世（668—685年在位）。君士坦丁四世通常的绰号是"波戈那图斯"（Pogonatus），意思是"有胡须者"。但是现代学者却认为这个绰号是指他的父亲，而不是指他自己。③ 685年，随着君士坦丁四世的去世，希拉克略王朝的盛期宣告结束。该王朝的最后一名统治者是君士坦丁四世的儿子查士丁尼二世（绰号里诺特米图斯[Rhinotmetus]，意思是"被割掉鼻子的"），他两次执政——一次从685年至695年，另一次从705年至711年。查士丁尼二世执政时期，以多行暴政著称，但至今人们对其尚未充分研究。看起来，有理由猜想，查士丁尼二世残酷对待贵族代表们的行为不仅仅归咎于他的专横，而且应归咎于他内心对那些不愿屈从他的意志和极端专制政策并极力要废黜他的贵族成员不满。史料中清楚地显示出他们对查士丁尼二世的一贯敌对倾向。他于685年被废黜，鼻子和舌头被割掉，④被逐到克尔松的克里米亚城。他逃到卡扎尔汗（Khagan of khazars）那里，与其妹妹联姻。后来，在保加利亚人的帮助下，重新登上拜占庭皇帝宝座。返回首都君士坦丁堡之后，他对当年参与推翻其

---

③ 见 E.W.布鲁克斯"谁是君士坦丁·波戈那图斯？"("Who was Constantine Pogonatus"),《拜占庭杂志》（德文），XVII(1908)，460—462。

④ 并没有使他完全丧失说话能力。

统治的人员实行残酷的报复。这一暴政导致了711年的革命,查士丁尼二世和他一家被杀。711年标志希拉克略王朝的结束。查士丁尼两次统治的间隔时期,有两位短暂执政的皇帝:来自于伊苏里亚的军队统帅莱昂提乌斯(Leontius,695—698年在位)和阿普西玛尔(Aposimar),阿普西玛尔获取帝位之后,采用提庇留的名号(提庇留三世,698—705年在位)。一些学者倾向于承认阿普西玛尔-提庇留属于哥特-希腊血统。⑤ 自711年残酷的查士丁尼二世被废黜之后,从711年至717年的六年间,有三人短暂执掌拜占庭的帝位:亚美尼亚人瓦尔丹(Vardan)或菲利彼库斯(Philippicus,711—713年在位)、阿特米乌斯(Artemius,加冕典礼时更名为阿那斯塔修斯,即阿那斯塔修斯二世,713—715年在位)和狄奥多西三世(715—717年在位)。拜占庭帝国从695年起普遍存在的混乱状态,直至717年著名的统治者利奥三世登基才结束。他开创了拜占庭帝国历史上的一个新时代。

对外问题

波斯战争和对阿瓦尔人及斯拉夫人的战役

具有卓越才能和非凡活动能力的希拉克略皇帝,实际上似乎也是残暴的福卡斯死后的一个模范统治者。据他的同代人庇西迪亚诗人乔治记载,希拉克略强调,"权力要显示爱而不是恐怖";诗

---

⑤ 柏里:《晚期罗马帝国史》,II,354。

人乔治以绝佳的诗韵描述了希拉克略与波斯人的战争和与对阿瓦尔人入侵者的战争。⑥"希拉克略是中世纪拜占庭的创造者,"奥斯特洛戈尔斯基说道,"他的国家概念是罗马的,他的语言和文化传统是希腊的;他的信仰是基督教的。"⑦由于在他执政时期帝国的处境非常危险,所以希拉克略的成就更值得注意。波斯人从东方正造成威胁,阿瓦尔人和斯拉夫人从北方威胁帝国。而在国内,福卡斯时运不济的统治之后,国内形势完全陷入混乱状态。新任皇帝希拉克略既无金钱又无足够的军事力量;在他统治早期,严重的动荡震撼着帝国。

611年,波斯人开始进攻叙利亚,占领了拜占庭东方省的主要城市安条克。稍后,他们又占领了大马士革。在完全控制了叙利亚后,他们向巴勒斯坦推进。614年开始对耶路撒冷进行为时20天的围攻。最后波斯人的攻城塔和攻城槌撞破城墙。正如一则史料所记载:"邪恶的敌人猛烈地攻进了城市,像疯狂的野兽和狂怒的龙。"⑧他们抢劫城市,毁掉基督教教堂。君士坦丁大帝和海伦*建立的圣墓教堂的财宝被抢劫,教堂被付之一炬。基督教徒遭受

---

⑥ 《对波斯战争》(*De expeditione persica*),vss.90—91;I.贝克编:《拜占庭历史文献大全》(*Corpus Scriptorum Historiae Byzantinae*),17,该全集在下文中将标明"波恩版"。

⑦ 《拜占庭国家史》,96。

⑧ 安提奥库斯·斯特拉特古斯(Antiochus Strategus):《614年波斯人占领耶路撒冷》(*The Capture of Jerusalem by the Persians in the Year 614*),N.马尔(N.Marr)英译,15;F.C.康尼贝尔(F.C.Conybeare)英译,《英国历史评论》,XXV(1910),506。P.皮特斯(P.Peeters):"波斯人攻克耶路撒冷记"("La Prise de Jerusalem par les Perses"),《圣约瑟夫大学学报》(*Mélanges de l'Université de Saint-Joseph*),IX(1923)。

* 海伦,即圣海伦,君士坦丁之母,见本书第二章。——译者

第四章　希拉克略时代(610—717年)

了残酷的暴力和残杀。耶路撒冷的犹太人站到波斯人一边,疯狂参加了大屠杀,据史料记载,在这次屠杀中,有60,000名基督徒死亡,许多财宝从圣城运回波斯,基督教世界最宝贵的纪念物之一"真十字架"*被运到泰西封。众多的俘虏被送到波斯,其中有耶路撒冷的主教扎哈利亚(Zachrias)。⑨

波斯人对巴勒斯坦的劫掠性征服和对耶路撒冷的抢劫,成为该省历史的转折点。

> 这是自提图斯**时期攻占耶路撒冷以来,前所未闻的一次灾难,而且这次灾难是无法补救的。在历史上,该城再也没有出现过像君士坦丁时期那样的光辉,而且,城内如欧麦尔清真寺那样的巨型建筑,再也不可能在历史上创造一个时代。从此以后,耶路撒冷城和它的建筑物不断地、一点点地走向衰落。至于给欧洲带来了大量掠夺物和许多历史后果的十字军的入侵,在耶路撒冷城的历史上引起的只是麻烦、混乱和衰落。波斯人的侵略在短时间内消除了强行输入巴勒斯坦的古典希腊罗马文明的影响。农业破产,城市人口减少,许多寺院和隐修院***或被暂时关闭或被永久毁坏,所有商业停止发展。

---

*　传说是当年耶稣赴难被钉死于上的十字架。630年(有的学者认为在629年9月4日)重新安置的"真十字架"直到今天还在黎巴嫩。——译者

⑨　见H.樊尚和F.M.阿贝尔《耶路撒冷》,II,Pt.4,926—928。

**　提图斯是古罗马帝国的将军和皇帝(40?—81年),79—81年在位,70年领兵镇压耶路撒冷的起义,攻陷该城后,进行彻底破坏。——译者

***　此处的隐修院即lauras,是修道者实行个人的禁欲生活的隐修处,该处的修士们不过集体生活。——译者

这次入侵使从事抢劫的阿拉伯部落摆脱了曾制约着他们的恐惧和同盟的束缚,开始形成统一体,从而使他们后一时期有可能进行全面性的进攻。从此之后,该地区的文化发展结束了。巴勒斯坦进入了动乱的时期,如果不是因为这种混乱持续到我们所处的时代,这一时期可能很自然地被称为中世纪时期。⑩

波斯人之所以能轻易地征服叙利亚和巴勒斯坦,可以根据这些省的宗教状况做出部分解释。这些地区大部分的居民(尤其是叙利亚人)并没有信奉中央政府支持的正统教派。这些省的聂斯脱利教*和后来的一性教派受到拜占庭中央政权的严格压制,因此,他们很自然地乐于接受崇拜火的波斯人的统治。在波斯人的领土上,聂斯脱利教享有相当的宗教自由。

波斯人的侵略不限于叙利亚和巴勒斯坦。部分波斯军队穿越整个小亚细亚之后,占领了靠近博斯普鲁斯海峡的马尔马拉海岸边的卡尔西顿城,在赫里索波利斯(现在的斯库台)扎营,与君士坦丁堡相对垒。与此同时,另一支波斯军队出发去进攻埃及。可能在 618 年或 619 年,亚历山大城失陷。在埃及,也正像在叙利亚和巴勒斯坦一样,一性教派的居民完全支持波斯人反抗拜占庭的统治。埃及的丧失对拜占庭帝国是一个沉重的打击,因为埃及是君士坦丁堡的谷仓,埃及谷物供应的停止,严重影响了首都君士坦丁

---

⑩ 康达可夫:《穿越叙利亚和巴勒斯坦的考古旅行》(*An Archeological Journey through Syria and Palestine*),173—174。

* 聂斯脱利教,中国史籍称"景教",于 635 年(唐太宗贞观九年)传入中国。——译者

第四章 希拉克略时代(610—717年)

堡的经济形势。

除了波斯战争而导致的拜占庭南部和东部地域的严重损失外,拜占庭帝国北部也出现了另一个巨大的威胁力量。巴尔干半岛的阿瓦尔-斯拉夫游牧部落由阿瓦尔汗率领向南迁移,掠夺和破坏了拜占庭北部各省,兵临君士坦丁堡城下,攻破了城墙。这次远征不是一次战役,而是一系列的抢劫,随之,阿瓦尔汗携带大量的俘虏和掠夺物北归。[11] 希拉克略的西方同代人,塞维利亚主教伊西多尔的著作中,提到了这些侵略者。他写道:"希拉克略在位第十六(五)年的年初,斯拉夫人便从罗马人手里夺取了希腊,波斯人夺取了叙利亚、埃及和许多行省。"[12] 约在这时(620年),拜占庭失去了其在西班牙的最后一块领地,西哥特国王斯温希拉(Swinthila)完全占领了西班牙。但巴利阿利群岛仍在希拉克略手中。[13]

经过一段时间的犹豫之后,希拉克略皇帝决定向波斯人开战。考虑到国库空虚,希拉克略只好求助于首都和各省教会的珍宝圣

---

[11] 这次阿瓦尔人的侵略可能发生在617年。见 N. 贝恩斯"阿瓦尔人突然袭击的日期"("The Date of the Avar Surprise"),《拜占庭杂志》(德文),XXI(1912),110—128。

[12] 伊西多尔的编年史并不准确。西班牙的伊西多尔(Isidori Hispalensis):《大编年史》(Chronica Majora);J. P. 米涅《拉丁教父文献全集》,LXXXIII,1056(统治的第5年);T. 蒙森:《日耳曼历史文献,古典作家》,11;《大编年史》(Chronica Minora),II,479(统治的第16年)。

[13] F. 格雷斯(F. Görres):"西班牙西哥特王国海岸的拜占庭领地(554—624年)"("Die byzantinischen Besitzungen an den Küsten des spanisch-westgothischen Reiches"),《拜占庭杂志》(德文),XV(1907),530—532。E. 布奇尔(E. Bouchier)《罗马帝国统治下的西班牙》(Spain Under the Roman Empire),59—60。P. 古伯特(P. Goubert):"拜占庭与西哥特西班牙(554—711年)"("Byzance et l'Espagne wisigothique,554—711"),《拜占庭研究》,II,(1945),48—49,76—77。

器，他下令将这些圣器打制成大量的金币和银币。他企图给阿瓦尔汗送去显贵身份的人质和大批金钱，消除其在帝国北部形成的威胁。622年春天，希拉克略渡过海峡到小亚细亚，招募了大量的士兵，对他们进行了几个月的训练。以夺回"真十字架"和圣城耶路撒冷这一附带目标的对波斯战争，采用了宗教战争的形式。

现代历史学家认为，从622年至628年，希拉克略可能指挥了三次对波斯战争，每次都取得辉煌胜利。同代诗人庇西迪亚的乔治为这一重大胜利创作了一首胜利的凯歌（epinikion），题名是：《希拉克略》（Heraclias）；而在另一首诗《六日》（Hexaemeron）中，他叙述了上帝创造世界的六天，用以暗喻希拉克略战胜波斯人的六年。20世纪的历史学家Th.I.乌斯宾斯基将希拉克略的战争与亚历山大大帝的辉煌战争相比。[14] 希拉克略获得了高加索部落的支援，并与卡扎尔汗结成联盟。波斯北部与高加索交界的行省成为希拉克略采取军事行动的主要战场。

当皇帝领兵外出在远方打仗时，首都面临着非常严重的危机。阿瓦尔汗撕毁了与希拉克略达成的协议，于626年率领庞大的阿瓦尔人和斯拉夫人的大队人马，直抵君士坦丁堡。他还与波斯人达成协议，后者马上派部分军队到卡尔西顿城。阿瓦尔人和斯拉夫人的军队对君士坦丁堡的包围引起了居民的极大恐慌，但首都卫戍部队成功地击退对方的进攻，敌人溃逃而去。波斯人一听到溃败消息，马上从卡西顿城调走军队，直接开往叙利亚。626年拜占庭人在君士坦丁堡城下打败阿瓦尔人，这是野蛮的阿瓦尔王国

---

[14] 《拜占庭帝国史》，I，684。

衰弱的主要原因之一。⑮

与此同时,希拉克略于627年底在古代尼尼微遗址附近(现底格里斯河边的摩苏尔附近)的战斗中,击溃了波斯人,并进军到波斯中部各省,获得大量战利品。他派人给君士坦丁堡送去一份长长的自鸣得意的声明,描述了对波斯人战争的成功,宣布战争的结束和他取得的辉煌胜利。⑯"629年,希拉克略的荣誉如日中天,他的天才光芒驱散了笼罩在帝国上空的黑暗。现在,一个伟大、和平的光荣时代展现在所有人的眼前。一直令人恐怖的波斯敌人永远屈服,多瑙河边的阿瓦尔人的势力正迅速衰落。有谁能抵御拜占庭的军队?有谁能威胁帝国?"⑰这时,波斯国王库斯鲁被废黜并被杀掉,他的继位者喀瓦德·谢罗尔与希拉克略进行了和平谈判。根据双方订立的协议,波斯归还所占领的拜占庭帝国的叙利亚、巴勒斯坦和埃及省,交还圣物"真十字架"。希拉克略以凯旋式回到首都。630年他偕妻子马尔蒂娜赴耶路撒冷,在那里,"真十字架"被重新安置于原地,整个基督教世界为之振奋。当时的亚美尼亚史学家塞贝奥斯对这一事件做了以下描述:

---

⑮ 佩尼斯:《希拉克略皇帝》,141—148。J.库拉科夫斯基:《拜占庭史》,III,76—87。

⑯ 此声明现保存在《复活节编年史》,724—734;意大利版佩尼斯《希拉克略皇帝》,167—171。

⑰ 佩尼斯:《希拉克略皇帝》,179。见 V.米诺斯基(V. Minorsky):"罗马人和拜占庭人在阿特罗帕特的战争"("Roman and Byzantine Campaigns in Atropatene"),《东方和非洲研究学会公报》(Bulletin of the School of Oriental and African Studies),XI,2(1944),248—251(626—628年希拉克略的战争)。

当他们进入耶路撒冷城时,全城欢天喜地。皇帝、王侯、所有军士和城市居民兴高采烈。人们满怀激情,泪洒如雨,悲叹之声、哭泣之声不绝于耳;因为皇帝和全体人员是如此激动,乃至于谁也唱不出赞颂我主的圣歌。皇帝将它("真十字架")安置在原来的地方,交还该教堂的所有东西,所有物件悉数复归原位;他向城里的所有居民和所有教堂分发了礼物,赠送了香烛金。[18]

有趣的是,希拉克略对波斯人的胜利,在《古兰经》中也有提及:"希腊人曾在近东领土上被波斯人打败,但是在失败后的几年内,他们又反过来把对手打败。"[19]

希拉克略对波斯人战争胜利的意义。——这次波斯战争的胜利,在拜占庭帝国历史上,是一个重要的时代标志。在中世纪早期的这两个主要世界大国拜占庭帝国和波斯之间,后者完全丧失了先前的重要性,变成了一个弱国。不久,因受到阿拉伯人的攻击,波斯失去了它的政治地位。胜利的拜占庭帝国给了它最强硬的敌人以致命的打击,收复了帝国丧失的所有东方行省,"真十字架"回归基督教世界。同时,使首都摆脱了阿瓦尔-斯拉夫游牧部落的可怕威胁。拜占庭帝国似乎处于光辉和势力的顶点。印度国王在希

---

[18] 《希拉克略皇帝》(*Emperor Heraclius*),帕特卡诺夫(Patkanov)译本,111;F.马克莱尔译本,91。两位翻译者在最后的一句中,将"恩赐"(benediction)译成"礼物"(gifts)。见库拉科夫斯基《拜占庭》,III,118 页注 1。

[19] 《古兰经》,XXX,I;这一章的题目是"希腊人",G.塞尔(G.Sale)译,330—331。(本书提到的《古兰经》译文与中文版的《古兰经》译文有较大差别。见马坚《古兰经》,中国社会科学出版社,1981 年版,309。——译者)

拉克略战胜波斯人时,派人向他祝贺并赠予大量的珠宝。[20]法兰克国王达格贝尔特(Dagobert)派去特使,与拜占庭帝国缔结正式和约。[21]在630年,波斯女王博兰(Borane)显然也向希拉克略派去一名特使,签订正式和约。[22]

629年波斯战争胜利结束之后,希拉克略首次正式采用basileus(王)的王衔。在东方,特别是埃及,该王衔用于指代帝王已经用了好几个世纪。4世纪时,该王衔在拜占庭帝国讲希腊语的地方流行,但是并没有把它当成一种正式的头衔。7世纪以前,希腊语词中,与拉丁语名词"皇帝"(imperator)相对应的是"君主"(αὐτοκράτωρ)一词,即独裁者,在词源上并非与"皇帝"(imperator)相符。拜占庭皇帝承认其为basileus的唯一外国统治者是波斯的国王(边远的阿比西尼亚国王除外)。柏里写道:"只要在罗马帝国之外,有一个具有很大独立性的basileus,皇帝们便避免采用将会与另一位君主相同的头衔。但是当那位君主降到封臣的地位时,便不再存在同时使用同一名称的问题。于是皇帝正式采用

---

[20] 狄奥凡尼:《编年史》;C.德博尔编,335。

[21] 《弗雷德加编年史及其续编》(Chronicarum quae dicunter Fredegarii Scholastici),IV,62。《日耳曼历史资料集,墨洛温王室手稿》,II,151。也可见《法兰克王达格贝尔特一世编年》(Gesta Dagoberti I Regis Francorum),24;《日耳曼历史资料集》,409。

[22] 《编年简史》(Chronica Minora),I;吉迪(I. Guidi)译,《东方基督教手稿大全·叙利亚手稿》(Corpus scriptorum christianorum orientalium, Scriptores Syri),ser. III, iv.阿伽比乌斯·德蒙彼杰(Agapius[Mahboub] de Menbidg):《世界史》(Histoire universelle),A.A.瓦西列夫编:《东方教父全集》,VIII(1912),II(2),453(193)。《叙利亚迈克尔编年史》,J.B.夏博译,II,420。见T.内尔德克(T. Nöldeke):《萨珊时期的波斯和阿拉伯历史》(Geschichte der Perser und Araber zur Zeit der Sasaniden),391—392。内尔德克:《波斯历史论文集》(Aufsätze zur persischen Geschichte),129。

这一存在已达几个世纪并早已为他非正式应用的王衔以强调上述事实。"㉓

阿拉伯人

在被希拉克略收复的叙利亚、巴勒斯坦和埃及省,一性教派居民重新占优势,政府对待一性教的态度又成了头等棘手和非常重要的问题。尽管希拉克略与波斯的长期持续性战争以辉煌成果而告终,但是,由于人力损失惨重和极为沉重的财政负担,必然暂时地削弱了拜占庭帝国的军事力量。而且帝国无法获得急需的休整时间,因为在波斯战争结束不久,又出现了令人生畏的、完全在意料之外和起初没有充分意识到的威胁——阿拉伯人。他们对拜占庭帝国和波斯的进攻,开始了世界历史的一个新时代。

吉本对阿拉伯人的进攻做了以下论述:"当希拉克略皇帝在君士坦丁堡或耶路撒冷庆祝胜利时,叙利亚边境的一座不引人注目的城镇受到萨拉森人的抢劫。萨拉森人还歼灭了一些前去救援的军队。如果它不曾是一个强大革命的前兆,它应属于一般的、不大的偶然事件。这些强盗是穆罕默德的追随者,他们的粗野勇敢来源于沙漠。希拉克略统治的最后八年,他原来从波斯人那里光复的省份又落入阿拉伯人手中。"㉔

穆罕默德和伊斯兰教。——在基督教时代之前很久,闪米特

㉓ 《晚期罗马帝国的法律制度》(*The Constitution of the Later Roman Empire*),20;J.B.柏里:《文章精选》(*Selected Essays*),H.坦普利(Temperley)编,109。该观点受到 E.施泰因的反对,见《拜占庭史》(*Byzantinische Zeitschrift*),XXIX(1930),353。

㉔ 《罗马帝国衰亡史》,J.B.柏里编,chap.46。

人种的一支阿拉伯人占据了阿拉伯半岛和位于半岛北部并一直伸展到幼发拉底河畔的叙利亚沙漠。阿拉伯半岛的面积大约相当于欧洲的四分之一。被东面波斯湾、南面印度洋、西面红海所包围；在北面，它渐渐地伸入叙利亚沙漠。历史上，阿拉伯半岛上最著名的省份是：(1)位于中部高原的纳季德*；(2)位于半岛西南部的也门（或称"阿拉伯福地"）；(3)沿着红海边，从半岛北部伸展到也门的狭长地带希贾兹**。干旱的土地并不是处处都适合人类的居住且阿拉伯人是游牧民族，主要占据着中部和北部阿拉伯半岛。贝都因人过着游牧生活，自认为是阿拉伯民族纯血统的真正代表者，真正具有高贵和勇敢的人性。他们非常傲慢，甚至蔑视少数城市和乡村的定居居民。

罗马帝国***不得不因保卫东方叙利亚边境而陷入了与阿拉伯人部落的冲突。为此目的，东罗马皇帝在边界修筑了防御工事，即所谓的"叙利亚防线（limes）"。它类似于那些为防御日耳曼人进攻而沿多瑙河边界建立的著名的罗马防线（limes romanus），****当然，其规模小于罗马防线。沿着叙利亚边界的一些主要的罗马防御工事遗址，现在仍然存在。⑤

---

*　旧译内志。——译者
**　旧译汉志。——译者
***　此处原文如此。本书作者一向认为，罗马帝国并没有分裂，拜占庭就是罗马，只不过后来其语言和核心民族成分发生了变化。因此，历史上没有拜占庭这个帝国，这是后人的称谓。——译者
****　从1世纪初起，罗马帝国为了防御日耳曼人，开始在多瑙河上设置防线。——译者

⑤　关于叙利亚防线，见 R. 杜索德（R. Dussaud）《前伊斯兰时期叙利亚的阿拉伯人》(Les arabes en Syrie avant l' slam)，24—56。

早在公元前2世纪,在叙利亚的阿拉伯人中便形成了独立国家。它们受到阿拉米文明和希腊文明的强大影响,因此它们有时被说成是阿拉伯-阿拉米人建立的希腊化王国。在这些城邦中,佩特拉因其处于大商路过境处的有利地位,变得特别富裕和重要。该城邦的宏大遗址,引起了当今历史学家和考古学家的重视。

就文化和政治概念来看,在罗马帝国时代存在的所有叙利亚-阿拉伯国家中,最重要的是帕尔米拉(Palmyra),该国勇敢的女王,即罗马和希腊作家所称赞的、受过希腊文化教育的齐诺比娅(Zenobia),在3世纪的后半期,占领了埃及和小亚细亚的大部分,形成了一个强大的国家。根据B.A.图雷夫(B.A.Turaev)[26]的说法,这是东方反击的初次表现,也是首次将罗马帝国分裂为两部分:东方和西方。罗马皇帝奥勒良恢复了帝国的统一。273年,被捕的齐诺比娅女王只好随着胜利者的奏凯战车进入罗马。叛乱的帕尔米拉被夷为平地。然而,它的令人难忘的遗址像佩特拉的那些废墟一样,仍吸引着学者和旅行者。帕尔米拉的著名的纪念性铭文,即帕尔米拉的关税表刻在一块巨大碑石上,内容包括有关该城邦的商贸和金融的非常有价值的材料。它曾被运往俄国,保存在列宁格勒的修道院里。

拜占庭时期,有两个阿拉伯王朝非常突出。一个是叙利亚的加萨尼王朝(Ghassanids)依附于拜占庭皇帝,其宗教倾向是一性教派。6世纪查士丁尼统治时期,该王朝变得特别强大,曾援助拜占庭帝国在东方的军事行动。7世纪初,当波斯人占领叙利亚和

---

[26] 《古代东方史》(History of the Ancient East)(第2版,1914年),II,313。

巴勒斯坦时,该王朝可能不复存在。第二个阿拉伯王朝莱赫米朝(Lakhmids),以幼发拉底河边的希拉城为中心。由于它与波斯萨珊王朝有封臣关系,与加萨尼王朝处于敌对状态。7世纪初,该王朝也不复存在。在希拉城中,基督教中的聂斯脱利派有相当多的信徒,甚至莱赫米王朝的一些成员也信奉该教。两个阿拉伯王朝为了保卫各自王国的边境,加萨尼人站在拜占庭一边,莱赫米人站在波斯人一边。显而易见,7世纪初,这两个附庸国皆已灭亡,致使穆罕默德扩张时代,在阿拉伯半岛和叙利亚沙漠,已经不存在任何一个可称为国家的独立政治机构。自公元前2世纪末起,也门还存在着赛白人-希米亚人(Sabaeans-Homerites)王国。但是,约在570年,也门被波斯人占领。㉗

在穆罕默德时代之前,古代阿拉伯人生活在部落组织中。血缘关系是维系其共同利益的唯一基础,这种共同利益几乎完全限于忠诚、保护、援助以及对攻击部落的敌人实施报复,满足部落的产生、延续和部落间血仇斗争的最低需要。在古阿拉伯诗歌与散文传说中,保存了古老时代习俗的有关证据。在古阿拉伯的各个部落间的相互关系中,敌意和傲慢是两个居支配地位的因素。*

古阿拉伯的宗教观念是原始的,各部落都有自己的神和圣物,如石头、树和泉水。他们以这些东西推测命运,在阿拉伯半岛的一

㉗ 《狄奥凡尼历史摘编》(*Excerpta e Theophanis Historia*),波恩版,485;见内尔德克(Nöldeke)《波斯与阿拉伯历史》(*Geschichte der Perser und Araber*),249—250。C.孔蒂·罗希尼(C.Conti Rossini):《埃塞俄比亚史》(*Storia d' Etiopia*),199。

* 本文以下部分对伊斯兰教与穆罕默德的描述,完全忠实于原作者的观念,译者未增减任何个人观点。——译者

些地区,对星星的崇拜是主流。研究阿拉伯古代史的一位专家说,在宗教的实践方面,古阿拉伯人在被崇拜物面前几乎没有超出自然崇拜者的宗教感情。㉘ 他们相信自然界存在着友好的力量,而更经常可见的是恶意的力量,他们称之为精灵。在阿拉伯人的观念中,对于最高的不可见的力量安拉的认识是模糊的。他们显然也不知道作为一种崇拜仪式的祈祷活动。当他们求助于神时,他们的符咒通常是请求帮助以对敌人的某些伤害和侵犯进行报复。戈德齐赫也认为"幸存的前伊斯兰时期的诗文完全没有涉及努力向神靠近,甚至也没提及令人尊崇的灵魂,只是轻描淡写地表示了他们对民族的宗教传统的态度"㉙。

贝都因人过的游牧生活显然不利于形成进行宗教崇拜的永久固定的中心,即使是极其原始的崇拜形式。但是,除了贝都因人之外,还有沿商贸道路一线产生和发展起来的城市及乡村的定居居民,他们主要来自半岛的南部和北部,从也门至巴勒斯坦、叙利亚和西奈半岛的驼队所行之路。这条商道沿线最富裕的城市是麦加(古代著作中的马克拉巴[Macoraba]),在穆罕默德出现很久以前便很闻名。处于第二重要地位的是叶斯里卜(Yathrib)*,即后来的麦地那,位于更北的地方。这两个城市是南来北往的驼队商人合适的歇宿地点。在麦加和叶斯里卜的商人中,以及在半岛其他地方如北部的希贾兹和也门的居民中,都有许多犹太人。在北方,

---

㉘ I.戈德齐赫(I. Goldziher):"论伊斯兰教"("Die Religion des Islams"),收于《当代文化:东方宗教》(*Die Kultur der Gegenwart:Die Religionen des Orients*),P.辛内伯格(P. Hinneberg)编,III,1,part 2,102。

㉙ 同上。

* 亦译为雅特里布。——译者

自罗马-拜占庭的巴勒斯坦和叙利亚省;在南方,自阿比西尼亚经也门,有许多基督徒深入半岛内。麦加成为半岛上混杂的居民们的中心集聚点。在古代,麦加便有圣庙克尔白,它原先显然是非阿拉伯的。它是一座四方形的石头建筑,约有35英尺高,藏有主要的崇拜物黑陨石。传说,这块石头是上天降下来的,以亚伯拉罕的名义参与了圣殿的建造。由于麦加便利的商业位置,来自阿拉伯所有部落的商人常往来于该城。有些传说证实,为了吸引更多来客,克尔白圣殿内放置了许多不同部落所崇拜的偶像,以便各个部落的代表在麦加逗留期间可以崇拜他们敬仰的神。来此的朝拜者不断增加,尤其是在"上帝和平"的圣日期间来客众多。所谓"上帝和平"是阿拉伯人的一则惯例,它多少可以保证那些派代表到麦加朝圣的各个部落的领土不受侵犯。宗教节日期间,麦加同时也是大集市,阿拉伯人与外来商人进行商品交换,这给麦加带来大量的收益。麦加城迅速变得非常富裕。约5世纪时,一个显赫的部族古莱氏部落开始统治麦加。爱财的麦加人从不忽略物质利益,为了增加自己的私利,市民们经常利用神圣的集会。按一位学者的说法:"以其贵族的统治地位,以其对传统仪式的控制,麦加城带有一种实利主义和傲慢的寡头的特征,在那里不可能找到深刻的宗教满足感。"㉚

㉚ 《当代文化:东方宗教》,III,1,part 2,103。又见 P. H. 拉芒(P. H. Lammens) "希吉拉时期的麦加"("La Mecque à la veille de l'hégire"),《圣约瑟夫大学学报》(*Mélanges de l'Université de Saint-Joseph*),IX(1924),439;拉芒:"前伊斯兰时期阿拉伯半岛西部的圣殿",("Les sanctuaries préislamiques dans l'Arabie Occidentale"),《圣约瑟夫大学学报》,XI(1926),173。

在麦加，阿拉伯人有足够的机会了解基督教和犹太教，在它们的影响下，甚至早在穆罕默德之前，麦加已有一些人受到与枯燥乏味的旧的宗教习俗截然不同的宗教思想的鼓舞。对一神教的渴望和禁欲主义生活方式的向往，是这些默默无闻的传道者的崇高理想。他们在个人的体验上找到了满足，但是并没有影响他们周围的人们并改变信仰。使阿拉伯人统一起来和建立一个世界性宗教的是穆罕默德。他首先从一位真诚的忏悔布道者成为一位先知，然后成为一个政治社会的领袖。

穆罕默德约生于570年，属哈希姆(Hashimite)氏族。哈希姆氏族是古莱氏部落中最穷的氏族之一。他很小的时候，父母便去世，为了挣钱过活，他只好在富裕的寡妇赫底澈(Khadidja)的商队中当一名牵骆驼手。当他与赫底澈结婚时，经济状况大为改观。从儿童时代起，他便是一个性格敏感、柔弱的人。与犹太人和基督徒的接触及受到他们的影响，他开始越来越多地思考麦加的宗教组织问题。在他的思想中经常产生的许多疑问，使他时时感到绝望和无休止的痛苦，他变得易于激动、不安。当他在麦加郊区独自徘徊期间，得到安拉的启示，他心中坚信上帝已派他去拯救走上歧途的他的人民。

穆罕默德40岁时，决定公开表达他的主张。他开始先在自己家族的小范围内传道。后来，向下层阶级构成的小团体中传道，稍后又在一些重要市民中传教。然而古莱氏部族的首领们公开反对穆罕默德，使他无法在麦加待下去。622年，他秘密地带领着自己的信徒，离开了他出生的城市，向北方到达叶斯里卜。该城包括犹太人在内的居民经常要求他到那里，答应让他过得更舒适惬意。

第四章 希拉克略时代(610—717年)

他们非常热烈地迎接他和他的信徒。后来把他们的城市更名为麦地那,意思是"先知之城"。

正像人们经常不十分准确的提法那样,迁移的这一年或者是穆罕默德从麦加到麦地那的"逃亡"(阿拉伯语中的 *hidjra* 被欧洲人误读为"*hegira*")之年,标志着穆罕默德时代的开始。[31] 从622年开始,阿拉伯人和所有其他的穆斯林用统一的太阴历来计年。伊斯兰教的太阴年比太阳年稍短些。伊斯兰教徒通常认为622年7月16日星期五是"希吉拉"第一年的开始。无论如何,这个年历只是从622年之后第16年时才被采用。

史料中所提供的有关伊斯兰教的问题,是无法令人满意的。关于穆罕默德早期在麦加的生活,几乎没有权威性的资料。他在这一时期的说教是那样模糊、含混不清、原始,那时还不可能称它为一种新的宗教。

在麦地那,穆罕默德成为一个大公社的首领,开始为一个以宗教为基础的政治国家奠基。他发展了其宗教的主要原则,采用了某些宗教仪式,巩固了自己的政治地位。之后,在630年,他出发去征伐麦加。一进入麦加城,他立刻毁掉圣像和所有多神教的遗物,只崇拜唯一神安拉,以安拉为新宗教的基础。穆罕默德对所有的敌人给予大赦,不准屠杀和抢劫。从此之后,穆罕默德和他的信徒可以自由地到麦加朝圣,举行新的礼拜式。穆罕默德于632年去世。

---

[31] 将"*hidjra*"一词翻译成逃亡不太准确,因为阿拉伯词根"*hadjara*"并不含有"逃亡"的意思。该含义是"脱离关系""离弃自己的部落""迁移";见《伊斯兰教百科全书》(*Encyclopédie d'l'lislam*), II, 320—321。

穆罕默德的逻辑不是很清楚,因此,难以对他的宗教教义进行系统性的介绍。他的教义是在其他宗教——基督教和犹太教,以及一定程度上也在波斯王国萨珊王朝时代的波斯宗教(琐罗亚斯德教)的影响下产生的。近代史学家们已经得出结论:"与以前的看法相反,原始的穆罕默德公社与基督教的关系比它与犹太教的关系更为密切。"㉒穆罕默德年轻时随商队外出期间,以及后来在麦加和叶斯里卜(麦地那)时,就已经接触了其他宗教。他的教义的独有特征,是实现人对安拉的完全依赖和对安拉意志的无条件顺从。这一信仰是严格的一神教,安拉被认为对其创造物有无限威力。穆罕默德的宗教取名为伊斯兰教,意思是"顺从或服从安拉"。伊斯兰教的信仰者称为穆斯林或伊斯兰教徒。奠定这个宗教基础的,是安拉为唯一神的独特思想。"万物非主,唯有安拉,穆罕默德是安拉的使者"的陈述,是伊斯兰教的基本原则之一。摩西和耶稣基督都被视为先知,耶稣是仅次于穆罕默德的一位先知;但是伊斯兰教的教义宣称两者都没有穆罕默德伟大。穆罕默德在麦地那期间,宣布他的宗教教义代表着真正恢复到了纯正的亚伯拉罕宗教,而这一宗教却被基督教和犹太教所亵渎。穆罕默德的首要问题之一,是领导阿拉伯人摆脱野蛮状态(阿拉伯语即查希里叶[*Djahiliyya*]),对他们反复灌输较高的道德规范。他劝诫他的人民用和平、爱和自我克制取代普遍存在的仇杀等残忍习俗。他促

㉒ 见 V. 巴托尔德"第一批伊斯兰清真寺的方位"("The Orientation of the First Muslim Mosques"),《俄国艺术史研究所通讯》,I(1922),116。C. H. 贝克尔:《伊斯兰教世界的发展及其本质:伊斯兰研究》(*Vom Werden und Wesen der Islamischen Welt: Islamstudien*),I,429。

第四章 希拉克略时代(610—717年)

使某些阿拉伯部落废除在那里流行的溺杀新生女婴的习惯。他还力图调整婚姻关系,限制一夫多妻制,把法律上允许的妻子数目减少至四个,允许个人在婚姻关系上更为自由。他提出了包括继承权在内的人权思想,取代旧的氏族观念。穆罕默德提出了有关祈祷和禁食方面的问题。祈祷时必须面朝克尔白的方向;大斋戒期定在9月份,即"莱麦丹月"(Ramadan);每周的假日定在星期五。新教义禁止食用血、酒、猪肉和自然死亡的牲畜或者那些用于异教偶像祭献牲畜的肉。赌博也被禁止。所有穆斯林必须相信天使和魔鬼的存在。天国、地狱、复活和末日审判的观念则完全是功利主义的。这些观念的基本因素可以在犹太-基督教的伪经中找到。穆罕默德的教义中包括了安拉的宽恕、罪人的忏悔和提倡善行。现代的宗教法规和条例大约在穆罕默德去世之后逐渐形成。例如,甚至在倭马亚王朝(Omayyads,Ommiads)时期,也还没有严格规定固定的祈祷时间。㉝ 规定的要求可以归纳为五点:(1)立誓信奉唯一神安拉和他的先知穆罕默德;(2)按规定的时间严格遵守规定的仪式,进行规定的祈祷;(3)献纳一定金钱供应军队和穆斯林社会的慈善费;(4)在莱麦丹月实行斋戒;(5)到麦加的克尔白朝圣(这种朝圣阿拉伯语称为"哈吉"[haji])。所有伊斯兰教信仰的基本原理和法规集中在穆罕默德启示的圣书《古兰经》中,该书分为114章(阿拉伯语称为"启示"[Sura])。传说中的穆罕默德的言行,后来被汇集成不同的书,定名为"逊奈"[Sunna]。

　　穆罕默德时代的早期伊斯兰教历史,由于涉及这一时期的资

㉝　I.戈德齐赫:《伊斯兰教研究》(Muhammedanische Studien),II,20。

料匮乏,尚模糊不清并且存在争议。而对于7世纪时的拜占庭帝国史来说,这尤其是非常重要的问题。因为这一问题的相应解决,必然极大地影响到人们对于阿拉伯人以超乎寻常的速度夺取拜占庭东部及南部省份叙利亚、巴勒斯坦、埃及和北非这些军事胜利的原因的理解。

有三位造诣很深的学者,代表着学者们对于伊斯兰教问题的占主导地位的几种不同意见。戈德齐赫写道:"毫无疑问,穆罕默德考虑到将他的宗教传播到阿拉伯境外,将原来只在最亲近的亲属中传布的教义变成能够控制整个世界的力量。"㉞格里姆(Grimme)谈到,根据《古兰经》的内容,人们会认为伊斯兰教的最后目标是"完全占有阿拉伯半岛"。㉟凯塔尼(Caetani)则写道,先知穆罕默德从来没有想到使整个阿拉伯土地和所有阿拉伯人接受他的宗教。㊱

穆罕默德在世时,并不是整个阿拉伯半岛都追随他。一般可以说,有史以来,阿拉伯半岛从未承认全境内只有一位统治者。实际上,穆罕默德控制的地方也许不到半岛的三分之一。这一地区逐渐地受到伊斯兰教新思想的深刻影响,而阿拉伯半岛的其余地区仍处于与穆罕默德出现之前基本上没有区别的政治和宗教组织的控制之下。在半岛西南部的也门,基督教流行。半岛东北部的

㉞ I.戈德齐赫:"论伊斯兰教",《当代文化:东方宗教》,辛内伯格编,III,1,106。

㉟ 《穆罕默德》(Muhammed),I,123。夏尔·迪尔和G.马尔赛:《395—1018年的东方世界》,176。

㊱ 《东方历史研究》(Studi di storia orientale),III,236、257。

各个部落也信奉基督教,该教很快在美索不达米亚和幼发拉底河沿岸的各阿拉伯行省占支配地位。与此同时,波斯的官方宗教迅速地衰落下去。所以,到穆罕默德去世时,他既不是整个阿拉伯半岛的政治统治者,也不是整个半岛的宗教领袖。

有趣的是,拜占庭帝国最初只把伊斯兰教看成是阿利乌斯派基督教的一派,并将它与其他基督教派同等看待。拜占庭反对伊斯兰教的论辩性文献,其态度如同它反对一性教派、一意教派和其他信奉异端学说者一样。如是,8世纪一位生活在穆斯林宫廷里的萨拉森家族成员约翰·大马士革(John Damascene)并不把伊斯兰教看成是一种新宗教,而认为伊斯兰教在本质上只是类似于早期基督教的其他异端,是从正统的基督教信仰中分离出来的一个教派。拜占庭的历史学家也对穆罕默德的出现和他发动的政治运动显得很不感兴趣。[37] 第一位记录了"萨拉森人(阿拉伯人)的统治者和先知"穆罕默德生平的某些事迹的编年史学家是狄奥凡尼(Theophanes),他的书写成于9世纪早期。[38] 在中世纪西欧的观念中,伊斯兰教并不是另一种宗教,而是基督教的一派,其教义与阿利乌斯教派相似;甚至中世纪晚期的但丁,在他的《神曲》中仍认为穆罕默德是一位持异端者,称他是一位"播种流言蜚语和分裂教会的人"(Seminator di Scandalo e di scisma[《地狱篇》,XXVIII,

---

[37] K.居特伯克(K.Güterbock):《拜占庭关于新生伊斯兰教的论战》(Der Islam im Lichte der byzantinischen Polemik),6、7、11、67—68。

[38] 德博尔尔:《编年史》,333。W.艾克内(W.Eichner):"有关伊斯兰教的拜占庭资料"("Die Nachrighten über den Islam bei den Byzantinern"),《伊斯兰教》(Der Islam),XXIII(1936),133—162、197—244。

31—36])。

7世纪阿拉伯征服胜利的原因。——人们通常认为,7世纪阿拉伯人在同波斯和拜占庭帝国的战争中取得惊人军事胜利的主要原因之一,是穆斯林的宗教热情。这种热情常常产生宗教的狂热和极端的偏执。人们认为阿拉伯人猛烈进攻亚洲和非洲省份,是决心执行先知的旨意,先知已经向他们提出欲使全世界皈服伊斯兰教这一新宗教。阿拉伯人胜利的原因,一般被解释为宗教的狂热使穆斯林视死如归和战无不胜。

这一观点应该被认为是没有事实根据的。在穆罕默德去世时,虔诚的穆斯林并不多,甚至在第一次大规模征服结束之前,这一小群人仍留在麦地那。穆罕默德的信徒很少在叙利亚和波斯作战。绝大部分参战的阿拉伯人由贝都因人构成,伊斯兰教对他们只是传闻。他们关心的只是物质、现世的利益,所渴望的劫掠物和无限制的放纵,在他们当中不存在宗教热情。况且,早期的伊斯兰教在本质上是宽容的。《古兰经》直接谈到"真主将不强加于人"(II,257),早期伊斯兰教对待基督徒和犹太教的宽容态度是众所周知的。《古兰经》谈到安拉对其他信仰的宽容:"如果神愿意,他将使人民形成一个统一的宗教社会。"(XI,120)* 穆斯林的宗教狂热和偏执是后来的现象,与阿拉伯民族格格不入,可以解释为受外族改宗者的影响。阿拉伯人在7世纪的胜利征服,不能归于宗教的热情和狂热。

---

* 此处所引《古兰经》译文章节,与马坚所译中文版《古兰经》完全不同,见中国社会科学出版社,1981年版,第30—31、175页。——译者

第四章　希拉克略时代(610—717 年)

根据最近的一些研究结果(如凯塔尼所做),阿拉伯人势如破竹之进攻的真正原因是功利主义的。阿拉伯的有限的自然资源不再能够满足人口本身的需要,在贫困和饥饿的威胁下,阿拉伯人被迫背水一战,以摆脱"沙漠这一灼热的监狱"。不堪忍受的生活条件是促使阿拉伯人进攻拜占庭帝国和波斯的原因。在这一运动中,不存在宗教的因素。[39]

尽管这一观点在某种程度上是正确的,但是谁也无法仅仅从物质需要方面对于阿拉伯人的军事胜利做出令人满意的解释。诸原因中也包括了拜占庭的东部和南部行省叙利亚、巴勒斯坦以及埃及的内部情况极为有利于阿拉伯人的征服。本书前面已反复指出过这些行省在宗教上的日益不满。顽固的一性教派和部分聂斯脱利教徒总是与专制的中央政权发生经常性的冲突,查士丁尼大帝以后尤其如此。拜占庭皇帝的强硬政策使得叙利亚、巴勒斯坦和埃及这些行省随时愿意脱离拜占庭帝国,变成阿拉伯人的属地。阿拉伯人宗教上的宽容为人所知。他们唯一有兴趣的是在被征服的省内征课例税,被征服地的人民的宗教信仰并没有引起阿拉伯人的关注。

另一方面,由于拜占庭中央政权向一性教派做出了某些让步,西部行省的一部分正教徒也对政府的政策不满,7 世纪时尤为突出。10 世纪的阿拉伯人基督教历史学家优迪奇乌斯(Eutychius)在提到关于希拉克略的"一意教"倾向时说,埃梅萨(希姆斯)的居民称希拉克略皇帝是一位"一意教徒(Monothelete),是我们的信

---

[39]　凯塔尼:《东方历史研究》,I,368。

仰的敌人"。㊵另一位9世纪的阿拉伯历史学家贝拉德索里(Beladsori)说道,埃梅萨的居民当时对阿拉伯人说,"比起我们已经受的专制统治和侮辱来说,我们更乐于接受你们的统治和司法"㊶。当然,这是穆斯林的陈述,但它准确反映了基督正教居民的精神状态。拜占庭的叙利亚和巴勒斯坦省的绝大部分居民是闪米特人种,而且主要是阿拉伯血统。阿拉伯征服者在被臣服的省份里遇到的是讲他们自己的语言的、同一种族的人民。按一位学者的说法,"因此,这不是对外国土地的征服问题,如果征服外国的土地,对它的税收将构成唯一的直接收入;阿拉伯人是在收复他们自己的领土,这片领土在外国人的枷锁下已经衰亡"㊷。除了普遍性的宗教不满和东部行省与阿拉伯人的密切关系之外,拜占庭帝国和它的军队虽然在反对波斯人的长期连续不断的战争中最后取得胜利,但自身亦受到削弱,无法对新兴阿拉伯人的力量进行有效的抗击。

在埃及,对阿拉伯人的抵抗软弱无力是有特殊原因的,其主要原因归于拜占庭军队存在的普遍问题。从军队的数量上看,拜占庭军队可能是足够强大,但军队的普遍组织结构不佳。它被分成

㊵ 《年代纪》(Annales),L.切克霍编(L.Cheikho);《东方教会文献全集,阿拉伯文献》(Corpus Scritorum Christianorum Orientalium, Scriptorum Arabici),II,5,I.4。米涅拉丁文译本:《希腊教父文献全集》(Patrologia Graeca),CIX,1088。

㊶ M.J.德戈杰编(M.J.De Goeje):《沦陷地区的文献》(Liber expugnationum regionum),137;P.希提(P.Hitti)英译本。《伊斯兰国家的起源》(The Origins of the Islamic State),I,211。见巴托尔德文章《东方学院学报》,I(1925),468。

㊷ M.J.德戈杰:《叙利亚征服记》(Mémoire sur la conquête de la Syrie)(第2版,1900年),I;C.贝克尔:"萨拉森人在东方的扩张"("The Expansion of the Saracens—the East"),《剑桥中世纪史》,II,345。

许多部分,由五位权力平等的统帅或行省的督军(*duces*)指挥。这些指挥官没有统一的行动,他们对行省里的一般问题不关心;个人之间互相敌视,对共同的目标缺乏团结协作;加之军事上的无能,抵抗无法奏效。士兵也不比他们的将领好。尽管埃及军队数量庞大,其领导的无能和训练水平的低劣,使部队变得很不可靠,而且叛变的危险性很大。马斯佩罗(Maspero)谈道:"毫无疑问,阿拉伯人取得惊人胜利的原因有很多,但拜占庭在尼罗河流域失败的 210
主要原因是军队的素质差,无法承担它所肩负的保卫埃及的任务。"㊸根据对草纸文献的研究,格尔泽认为,早在阿拉伯人征服时期之前,埃及那些早已经出现的占有大地产的特权阶级,实际上已独立于中央政权之外,虽然它没有建立事实上的本地统治机构,但也是拜占庭统治衰落的一个主要原因。㊹ 阿梅利诺(Amélineau)也根据对草纸抄本的研究,提出另一个有利于阿拉伯人征服的重要因素:埃及的行政功能不健全。㊺ 英国的草纸研究专家 H.I.贝尔(H.I.Bell)称阿拉伯对埃及的征服"并不令人惊奇,它不是神对有罪过的基督教世界实施报复的例子,它只不过是必然倒坍的一座根基败坏的建筑"㊻。所以,若要概括阿拉伯人取胜的基本原

㊸ 《拜占庭埃及的军队组织》(*Organisation militarire de l' Egypte Byzantine*),119—132。A.E.R.博克:"埃及的拜占庭帝国主义"("Byzantine Imperialism in Egypt"),《美国历史评论》,XXXIV(1928),8。.

㊹ 《对拜占庭统治下埃及的研究》(*Studien zur byzantinischen Verwaltung*),2。

㊺ "阿拉伯对埃及的征服"(La Conquête de l' Égypte par les Arabes),《历史杂志》,CXIX(1915),282。G.茹亚尔(G.Rouillard):《拜占庭埃及的行政统治》(第2版,1928年),241—248。

㊻ "作为拜占庭之附属地的埃及"("The Byzantine Servile State in Egypt"),《埃及考古》,IV(1917),106.

因,必然包括叙利亚、巴勒斯坦和埃及的宗教状况;叙利亚和巴勒斯坦两地的居民与阿拉伯人的种族间的亲密关系;拜占庭军事力量的不足;军事组织的无能;不健全的行政机构和埃及的阶级关系的特定状况。

拜占庭和阿拉伯的历史学家都大大地夸张了双方军队的数量,实际上交战双方的军队并不太多。一些学者估计,参加叙利亚和巴勒斯坦战役的阿拉伯士兵为 27 000 人。即使如此,恐怕也夸大了原有数字。[47] 拜占庭的军队甚至可能少于此数,而且,参与军事行动的也不仅仅是半岛的阿拉伯人,他们包括毗邻波斯和拜占庭边境的叙利亚沙漠的阿拉伯人。

通过对早期伊斯兰教的更进一步研究,显然应该把宗教因素放在当时政治事件的背景之中。"伊斯兰教变成了一种政治力量,只有如此,才能战胜它的敌人,如果伊斯兰教永远只是一种简朴的道德和宗教的说教,那么它将在怀疑主义的、重视物质利益的阿拉伯人中间,特别在麦加的敌对气氛中间迅速消亡。[48] 伊斯兰教的得胜者不仅要处理非伊斯兰教的皈依问题,而且要处理他们的臣服问题。"[49]

8 世纪初期以前的阿拉伯人征服。君士坦丁四世和阿拉伯人对君士坦丁堡的包围。查士丁尼二世与阿拉伯人。——穆罕默德去世(630 年)之后,他的亲戚阿卜·伯克尔(阿卜·贝克尔)被选为穆斯林的领袖,享有哈里发(Khalifa)的称号,意思是"代理人"

---

[47] 凯塔尼:《东方历史研究》,I,370—371。
[48] 同上书,III,3。
[49] I.戈德齐赫:《伊斯兰教研究》(*Vorlesungen uber den Islam*),25。

第四章 希拉克略时代(610—717年)

(vicar)*随后的三位哈里发:欧麦尔、奥斯曼和阿里都是通过选举而掌权的,但没有建立王朝。这四位在穆罕默德去世后接连继位的执政者便是为人所知的"正统哈里发"。哈里发欧麦尔时代,阿拉伯人对拜占庭领土的征服最为重要。

关于穆罕默德写信给包括希拉克略在内的其他国家的统治者,要求他们改奉伊斯兰教,希拉克略则乐意地响应这一说法,现在普遍地被认为没有历史根据,而纯属后人的虚构。[50] 然而,直至今日,仍有学者认为它与历史事实相符。[51]

穆罕默德在世时,只有贝都因人的个别先遣队越过拜占庭的边境,但是在第二任哈里发欧麦尔时代,越过拜占庭边境的事件频频发生。7世纪三四十年代的军事行动的先后顺序并不十分清晰。发生事件的次序可能如下:634年,阿拉伯人占领了拜占庭所属约旦河外的要塞布斯拉(Bothra);635年攻陷叙利亚的大马士革城;636年,雅穆克河一战导致阿拉伯人占领整个叙利亚省;637和638年,在经受连续两年的围困之后,耶路撒冷投降。在这次围困中,哈里发欧麦尔为一方,正教的著名捍卫者、耶路撒冷的主教索夫罗纽斯为另一方,各自扮演着领导者的角色。索夫罗纽斯同

---

* "vicar",此处用词不甚确切。哈里发的原意是"先知的继承者"。——译者

[50] 凯塔尼:《伊斯兰教年鉴》(*Annali dell' Islam*),I,731—734。于阿尔(Huart)认为穆罕默德的使节觐见"拜占庭皇帝"一事值得怀疑;参见于阿尔《阿拉伯历史》(*Histoire des Arabes*),I,145—155。J. 马斯佩罗称穆罕默德的要求"也许是一个含有历史内涵的传说";《亚历山大牧首区史》(*Histoire des patriarches d' Alexandrie*),23。迪尔和马塞斯(Marçais):《东方世界》(*Le Monde oriental*),174。

[51] 柏里:《罗马帝国晚期的法律制度》(*Constitution of the Later Roman Empire*),II,261。巴特勒(Butler):《阿拉伯人对埃及的征服》(*The Arab Conquest of Egypt*),139 及以下。

意耶路撒冷向欧麦尔投降的原文已保存下来。文中要求确保该城的基督教居民享有某些宗教和社会保障。不幸的是,文件后来被做了一些篡改。在阿拉伯人进入耶路撒冷之前,基督教徒已成功地将"真十字架"从城内转移到君士坦丁堡。与此同时,阿拉伯人对美索不达米亚和波斯的占领,结束了阿拉伯人对亚洲进行征服的第一个时期。7世纪30年代末,阿拉伯人的大将阿慕尔领兵到达埃及东部边境,开始进行征服。在641年或642年希拉克略死后,阿拉伯人占领了亚历山大,得胜的阿慕尔给在麦地那的欧麦尔送去了这样的消息:"我已经占领了一座城市,对它我将不加以描绘。我这样说就够了,我已经获取了那里的配有4000个浴室的4000座庄园,40 000名缴人头税的犹太人和400处供王室娱乐的场所。"㉒到了40年代末,拜占庭帝国不得不永久地放弃了埃及。征服埃及之后,阿拉伯人接着向北非的西部海滨推进。到了650年,叙利亚、小亚细亚的一部分,上美索不达米亚、巴勒斯坦、埃及和北非拜占庭行省的一部分,已经被控制在阿拉伯人手里。

阿拉伯人通过征服,使自己的势力达到了地中海沿岸,但大海的自然威力成了他们面前的新问题。阿拉伯人没有舰队,无力与庞大的拜占庭舰队对抗,阿拉伯人新占领的地中海海岸行省便很容易受到攻击。阿拉伯人很快认识到这一严峻局面。当时叙利亚的统治者,即后来的哈里发穆阿威叶(Moawiya)开始积极建设庞大的舰队,并首先在擅长于航海的本地希腊-叙利亚居民中征集水手。最近对草纸文献的研究表明,在7世纪末,埃及统治当局处理

㉒ P.K.希提:《阿拉伯史》,164—165。

的重大问题之一是船只的建造和配备有经验的水手。㉝

早在7世纪50年代,即康斯坦斯二世在位时,穆阿威叶统领的阿拉伯舰队便开始进攻拜占庭的属地,占领了重要的海运中心塞浦路斯岛。他们在小亚细亚近岸处击败了由拜占庭皇帝亲自统率的舰队,夺取了罗得岛,毁掉了岛上著名的阿波罗巨像,*其势力伸展到克里特岛和西西里岛,威胁着整个爱琴海,且显然指向拜占庭帝国的首都。阿拉伯人将征服中俘获的俘虏,尤其是西西里岛的俘虏运送到大马士革城。

阿拉伯人在7世纪的征服,夺取了拜占庭帝国的西部和南部各省,使它丧失了作为世界上最强大国家的重要地位。由于领土缩小,拜占庭帝国变成一个希腊居民占优势的国家,但显然并不像一些学者所认为的那样变成完全是希腊人的国家。希腊民族居绝大多数的地区包括小亚细亚及其邻近的爱琴海诸岛屿、君士坦丁堡及其毗邻的行省。总之,这一时期,巴尔干半岛包括伯罗奔尼撒半岛在内,由于出现了大量的斯拉夫移居者,人种构成发生了相当大的变化。在西部,拜占庭帝国仍然占有着伦巴德王国没有囊括进去的部分意大利领土,即包括南意大利、西西里岛和其他几个与之相邻的地中海岛屿、罗马以及拉文纳总督区。7世纪时,意大利成为许多不愿接受阿拉伯征服者统治的埃及和北非居民的避难

㉝ 贝克尔:《剑桥中世纪史》,II,352。贝克尔:《伊斯兰教研究》(*Islamstudien*),I,96。P. 卡尔(P. Kahle):"中世纪亚历山大历史"("Zur Geschichte des mittelalterlichen Alexandria"),《伊斯兰教》(*Der Islam*),XII(1922),32—33、35。

* 即屹立于罗得岛港口的阿波罗太阳神巨像,该像建于公元前280年,是世界七大奇观之一。——译者

所,因此,聚居于拜占庭属南部意大利地区的希腊居民人口数量快速增长。也许可以说,罗马帝国在这一时期才转变为拜占庭帝国,因为此时帝国处理的问题开始限于较小的范围内,不再像当年那样广阔。例如,一些历史学家,像格尔泽便认为,拜占庭帝国领土的严重丧失甚至间接地对帝国有益,因为这使它摆脱了外民族的成分,而且"仍然承认拜占庭皇权的小亚细亚和巴尔干半岛的部分居民,形成了语言和信仰完全同质的和稳固可靠的忠诚民众"。㊴从7世纪中叶起,拜占庭帝国的注意力不得不主要放在君士坦丁堡、小亚细亚和巴尔干半岛。但是,即使是这些有限的领土,也常受到伦巴德人、斯拉夫人、保加利亚人和阿拉伯人的威胁。L.布莱耶尔写道:"这一时期的君士坦丁堡充当了经常性的防御者的历史角色,其疆域的扩展与缩小交替出现,一直持续到15世纪。"㊵

认真考虑迄今仍被疏漏或忽略的一些史料,即拜占庭圣徒传记所提供的史实资料,对于研究阿拉伯人征服的影响是非常重要的。拜占庭的圣徒传记清晰生动地描述了在阿拉伯人海陆进攻的压力之下,大量拜占庭人从帝国的边境迁移到帝国腹地的真实情况。圣徒传记进一步证实、补充并生动描述了历史学家以及编年史家记述得相当简洁的事件。阿拉伯人的威胁引起拜占庭帝国中

㊴ 《拜占庭帝国史概要》,951。
㊵ "希拉克略时期拜占庭的变化"("La Transformation de l'empire byzantine sous les Héaclides"),《学术杂志》(*Journal des Savants*),N.S.XV(1917),402。

心地区人口密集的首要意义,可望因此而得到充分说明。㊶

由于受到柏柏尔人的有力抵抗,阿拉伯人对北非的进一步征服暂时停止了一个时期。阿拉伯人方面的军事行动,也因最后的"正统的哈里发"阿里与叙利亚统治者穆阿威叶之间爆发了内战而停顿。这次流血冲突以661年阿里的被杀和穆阿威叶的胜利而告终。后者继位,开始建立新的倭马亚王朝,新任哈里发确定大马士革作为这个帝国的首都。穆阿威叶加强了自己在国内的权力后,派遣舰队进攻君士坦丁堡并恢复其在北非的西进运动,重新开始了对拜占庭帝国的军事进攻。

在精力旺盛的君士坦丁四世(668—685年在位)统治时,拜占庭帝国处于最艰难的时期。当时,阿拉伯人的军队穿过爱琴海和赫勒斯滂海峡,进入普罗蓬蒂斯海,驻扎在西齐库斯(Cyzicus)城。阿拉伯人以该港口为基地,屡次围攻君士坦丁堡,均未得逞。阿拉伯人通常是在夏季的几个月内发动年度进攻。阿拉伯人没能攻下君士坦丁堡的主要原因,是拜占庭皇帝知道如何组织该城进行有效的抵抗。拜占庭军队成功的防御主要归功于使用"希腊火",或叫"液体火"或"海面火";它是由一名叙利亚-希腊逃亡者、设计师卡利尼库斯(Callinicus)所发明的。这一发明的常用名称曾导致一些误解。"希腊火"是一种爆炸性化合物,*装在特制的管状容器或水瓶中掷出,当它与敌方的船只撞击时,便燃烧起来。拜占庭

㊶ 见 A. P. 鲁达科夫(A. P. Rudakov)《拜占庭文化概要——根据希腊圣徒传记的材料》(*Outlines in Byzantine Culture, based on Data from Greek Hagiography*),65。

* 通常认为是一种用石油等混合而成的高度可燃物,在水面上能充分燃烧起来。——译者

的舰队配备了特殊的"带有管状投掷设施"*的船只,它在阿拉伯人中间引起了极端恐惧。此处,拜占庭还采用了其他方法向敌人猛掷"人造火",这种火的特殊性质是它在水面上可以燃烧。在相当长的时期内,这种火的物质构成被拜占庭政府严格保密,这一新式武器曾使拜占庭获得无数次胜利。[57]

阿拉伯舰队攻占君士坦丁堡的所有企图都归于失败。677年,阿拉伯舰队撤离,驶向叙利亚海岸。归航中,舰队驶经小亚细亚南部海岸时遭受大风暴的破坏。阿拉伯人在小亚细亚陆上采取的军事行动也没有成功,年迈的穆阿威叶只好同意与拜占庭皇帝

---

* 原文此处为"siphonophore",属动物学名词。指一种深海水母类动物,其源自希腊语"siphno"(管子),"phore"(携带),此处借用来说明拜占庭船只投掷"希腊火"的特制船只。——译者

[57] 现存一篇涉及"希腊火"之采用的论文,出自马可·格雷库斯的手笔,该文毫无疑问是迟至9世纪才用希腊文撰写而成。它发表在为《马可·格雷库斯描述"希腊书"之书》(*Liber ignium a Marco Graeco descriptus*)的拉丁文译本里。最好的版本是 M. 贝尔托洛(M. Berthelot)编的《中世纪化学》(*La Chimie au moyen âge*),I,100—135,内有一篇法文译文,和关于此文的准确讨论;参见最近出版的亨利·W. L. 海姆的《大炮的起源》(*The Origin of Artillery*),45—63;克伦巴赫《拜占庭文献史》,636—637,par. 9。吉本:《罗马帝国衰亡史》,柏里编,VI,10页注 22,539—540。由于他们不了解贝尔托洛版的书,遂引用了 F. 霍费尔(F. Höfer)的旧版《化学史》(*Histoire de la chimie*),I,491—497。又见马克斯·雅恩斯(Max Jähns)《从远古时期至文艺复兴的战争艺术历史手册》(*Handbuch einer Geschichte des Kriegswesens von der Urzeit bis zur Renaissance*),512—514。C. 欧曼(C. Oman):《中世纪战争艺术》(*A History of the Art of War in the Middle Ages*)(第 2 版,1924 年),II,206、209—210。C. 曾格哈利斯(C. Zenghelis):"希腊火"("Le feu gregeois"),《拜占庭》(布鲁塞尔),VII(1932),265—286。尼古拉·D. 凯洛尼斯(Nicholas D. Cheronis):"中世纪的化学战争,卡利尼库斯特殊预制的火器"("Chemical Warfare in the Middle Ages, Kalinikos Prepared Fire"),《化学教育》(*Journal of Chemical Education*),XIV,8(1937),360—365。卡利尼库斯发现,将硝石加入可引起燃烧的化合物中能增加其易燃的作用,见该书第 364 页。

第四章 希拉克略时代(610—717年)

缔结和约,条件是拜占庭人每年向阿拉伯人缴付一定数额的年贡。㉘

由于成功地击退了阿拉伯人对君士坦丁堡的进攻并缔结了有利于拜占庭的和约,君士坦丁不仅为他自己的帝国,而且也为整个西欧做出伟大贡献,从而使西欧免受穆斯林的严重威胁。这里特别注意到君士坦丁对西方产生的重大影响是有意义的。根据一位编年史家的记载,当君士坦丁四世取得胜利的消息传至阿瓦尔汗和其他西方统治者那里时,"他们派出使节带着礼物到皇帝那里,恳求他与他们建立和平友好关系……从而给东方和西方带来一个伟大的和平时期"㉙。

君士坦丁四世的继承者查士丁尼二世第一次统治时期(685—695年),在阿拉伯西部边境发生的一次事件,对后来阿拉伯与拜占庭关系的发展产生了很大影响。在叙利亚黎巴嫩山区长期居住着所谓马尔代特人(Mardaites,意为"反叛者""背叛者"或"匪帮")。他们被组织到军队中,在其居住地为拜占庭政府提供防御服务。阿拉伯人控制了叙利亚之后,马尔代特人向北撤退到阿拉伯与拜占庭的边境处。他们对邻近地区经常性的突然袭击,给阿拉伯人带来许多麻烦和忧虑。根据编年史所记,马尔代特人构成

㉘ 见 M.卡纳尔(Canard)"历史和传说中关于阿拉伯人对君士坦丁堡的进攻"("Les Expéditions des Arabes contre Constantinople dans l'histoire et dans la légende"),《亚细亚杂志》(*Journal Asiatique*,CCVIII(1926),63—80。卡尔(Kahle):"中世纪亚历山大的历史"("Zur Geschichte der mittelalterlichen Alexandria"),《伊斯兰教》(*Der Islam*),XII(1922),33。

㉙ 狄奥凡尼:《编年史》,德博尔编,356。

了"一堵铜墙铁壁",⑤⓪保护小亚细亚免受阿拉伯人的入侵。通过查士丁尼二世时议定的和约,查士丁尼二世同意马尔代特人定居于拜占庭帝国的内地行省。对此让步,哈里发同意缴纳一定的贡金。查士丁尼二世采取的这一步骤,毁掉了自己的"铜墙铁壁"。后来,在潘菲利亚(小亚细亚南部)、伯罗奔尼撒半岛、凯法利尼亚岛(Kephallenia)和其他几个地区都发现了成为海员的马尔代特人。马尔代特人从阿拉伯人的边境迁移走,无疑使阿拉伯人在新征服的几个行省内的地位得到巩固,便利于他们随后深入小亚细亚的进攻行动。库拉科夫斯基教授把这一事件看成是"为在异教徒统治下的基督徒着想"⑤⓵,皇帝所采取的行动,是没有充分根据的。马尔代特人的这次迁移纯粹是政治原因。

7世纪60年代,阿拉伯军队在企图从东面攻占君士坦丁堡的同时,在北非也开始向西部移动。7世纪结束时,阿拉伯人占领了非洲总督区的首府迦太基。8世纪初,占领了靠近海勒立斯石柱的塞普特姆(现在西班牙的要塞休达)。约同一时期,阿拉伯人在塔立克(Tarik)将军统率下,从非洲渡海进入西班牙,迅速地从西哥特人手里夺取了半岛的绝大部分。现代"直布罗陀"的阿拉伯名字来源于塔立克的名字,意思是"塔立克的山"(the Mountain of Tarik)。这样,在8世纪早期,穆斯林从另一个方向即从比利牛斯半岛威胁着西欧。

研究阿拉伯语言和文化如何迅速和深入地传遍整个西班牙这

---

⑤⓪ 狄奥凡尼:《编年史》,德博尔编,364。
⑤⓵ 库拉科夫斯基:《拜占庭》,III,255。

一课题,是特别有意义的。大量的城市基督徒采纳了阿拉伯文化,虽然他们并没有接受伊斯兰教。他们足以构成一个社会阶层,被阿拉伯血统的人称为"穆扎赖卜人"(Mozarabs),即"阿拉伯化的人"。9世纪时,科尔多瓦主教阿尔瓦罗(Alvaro)在他的一篇布道词中抱怨道:

> 我的许多教友在读阿拉伯人的诗文和虚构的故事,研究伊斯兰哲学家和神学家的著作,不是为了反驳它们,而是更准确更雅致地学习阿拉伯语言和正确地进行表达。在他们当中,谁来学习《福音书》、《先知书》和《使徒传》呢?天呀!所有天资颇高的年轻的基督徒只懂得阿拉伯语言和文学,刻苦地研习阿拉伯语著作……如果有人谈及基督教的著作,他们便轻蔑地回答说,无论怎样说,它们都不值得重视(*quasi vilissima contemnentes*)。天呀!基督徒已经忘记了他们自己的语言。在1 000人当中,几乎找不到一个人能用拉丁文给朋友写一封像样的祝贺。但是有多得不可胜数的人使用阿拉伯语最优雅地表达自己,他们用阿拉伯文做的诗比阿拉伯人自己作的诗更华丽和更有艺术性。㉒

在埃及可以看到同样的情况。699年,阿拉伯语被强制性地成为

㉒ 《科尔多瓦的阿尔瓦罗演说。启蒙的图书》(*Alvari Cordubensis opera. Indiculus luminosus*),F. H 弗洛里斯(Florez)编:《神圣的西班牙》(*España Sagrada*),I(1753),274。见 J. 克拉奇科夫斯基(Kratchkovsky)《西班牙的阿拉伯文化》(*The Arab Culture in Spain*),11—12。

通用语言,标志着希腊和埃及的文学在埃及领土上之完结。从此之后,埃及开始了把柯普特语著作翻译为阿拉伯语的时代。㊾

阿拉伯人和叙利亚、巴勒斯坦及埃及居民之间的关系,与在北非即现代的黎波里、突尼斯、阿尔及利亚和摩洛哥民众建立的关系非常不同。在叙利亚、巴勒斯坦和埃及,阿拉伯人在当地居民中没有遇到强烈的反抗,而是得到他们很大的支持和同情,阿拉伯人对这些新的臣民则给予了极大的宽容以为回报。除少数例外,他们将教堂留给基督徒,并给予他们举行宗教仪式的权利,只要求基督徒定期缴纳一定额度的税赋并保证在政治上忠于阿拉伯人的统治。耶路撒冷作为最受基督徒崇拜的地方之一,仍然向来自遥远的西欧各地到巴勒斯坦圣地朝拜的人们开放。耶路撒冷仍然为朝圣者提供旅店和医院。我们还必须注意到,在叙利亚、巴勒斯坦和埃及,阿拉伯人接触了拜占庭文明,他们受到的影响很快便变得显而易见。简言之,在叙利亚和巴勒斯坦,征服者和被征服者间建立的和平关系持续了一个相当长的时期。而埃及的形势则不大令人满意。即使如此,对基督徒的态度仍很宽容,至少在阿拉伯统治的早年是这样。

阿拉伯人征服之后,被占领的拜占庭行省中牧首职权落入一性教派手里。尽管如此,穆斯林统治者仍给予叙利亚、巴勒斯坦和埃及的正教居民某些特权。在中止了一段时间后,安条克和亚历山大的正教主教区也恢复了。这些主教区至今仍存在。10 世纪

㊾ N. 贝恩斯:《埃及考古》,XVIII(1932),90。他引用了 L. 勒福尔(L. Lefort)"阿拉伯人入侵前埃及文学的最后时代"" *Le Littérature égyptienne aux derniers siècles avant l'invasion arabe*",《埃及编年史》(*Chronique d'Egypte*),VI(1931),315—323。

的阿拉伯历史学家和地理学家马苏第(Masudi)说,在阿拉伯人统治下的所有四座圣山——西奈山、何烈山*、耶路撒冷附近的橄榄山和约旦山(他泊山[Thabor])仍掌握在正教手中,只是一性教派和其他的"异端教派"(包括伊斯兰教徒)逐渐地从正教那里借用了耶路撒冷的圣殿和圣地。与麦加和麦地那一样,耶路撒冷后来也被认为是伊斯兰教的圣城。对于穆斯林来说,耶路撒冷的神圣意义是由于穆阿威叶在该城宣布为哈里发之时而确立的。[64]

北非的形势则大不一样。这里绝大部分是柏柏尔人部落,尽管他们正式地接受了基督教,但仍然处于原始的野蛮状态。他们对阿拉伯军队进行了顽强抵抗,结果柏柏尔人地区受到严重的劫掠和破坏,数以万计的俘虏被掠往东方,卖为奴隶。迪尔说:"今天在突尼斯的一些死城中,在多数情况下,保持着阿拉伯人入侵时留下来的遗迹,人们可随时看到这些可怕袭击的痕迹。"[65]当阿拉伯最后成功地征服了北非各省之后,许多当地居民迁移到意大利和高卢,曾一度在基督教编年史中很著名的非洲教会遭受了非常严重的打击。迪尔对这个时期发生的事件提出了以下的看法:"拜占庭帝国在两个世纪内,在这些地方艰难地维持了罗马的遗产,在两个世纪里,帝国依靠坚固要塞的防卫,使这些行省有可能获得了巨大而又稳固的进步。在两个世纪内,帝国在北非帝国领地内维持着古典文明的传统,并通过宗教宣传使柏柏尔人皈服于一种更高

---

* 《旧约》中的圣山,位于西奈半岛,据说是上帝颁布律法之地。——译者

[64] J. 韦尔豪森(J. Wellhausen):《阿拉伯帝国及其衰落》(*Das Arabische Reich und sein Sturz*),133。巴托尔德文章,《东方学院学报》,I(1925),468—469。

[65] 《拜占庭统治下的非洲》,590。

端的文化。阿拉伯人的侵略用五十年毁灭了这一切。"⑯尽管伊斯兰教在柏柏尔人中迅速传播,但基督教仍存在于他们中间,甚至在14世纪时,我们还听说北非存在"一些小范围的基督教'孤岛'"。⑰

斯拉夫人在巴尔干半岛及小亚细亚的发展和保加利亚王国的起源

从6世纪下半叶起,斯拉夫人不仅继续进攻和夺取拜占庭帝国在巴尔干的领地,而且深入到赫勒斯滂海、萨洛尼卡、南希腊和亚得里亚海沿岸,并大批定居下来。希拉克略统治时期,阿瓦尔-斯拉夫人于626年发动了对拜占庭首都的进攻,之后,斯拉夫人持续不断地迁入巴尔干半岛,开始密集地定居下来。萨洛尼卡被斯拉夫部落包围,坚固的城墙也难以抵御住他们的进攻。

斯拉夫人的舰队还进入了爱琴海,攻击拜占庭舰队,经常切断对拜占庭首都的粮食供应。康斯坦斯二世不得不进行"反斯克拉文尼亚(Sclavinia)"⑱的战争,从此以后,大量的斯拉夫人移居到小亚细亚和叙利亚。根据V.I.拉曼斯基(Lamansky)的说法,⑲在查士丁尼二世执政时,一群不少于80,000人的斯拉夫族居民被

---

⑯《拜占庭统治下的非洲》,592。E. 默西埃(E. Mercier):《北非历史》(*Histoire de l'Afrique septentrionale*),I,218。

⑰ H. 勒克莱尔(H. Leclercq):《基督教的非洲》(*L'Afrique chrétienne*),II,321—323。R. 巴塞特(R. Basset)说,柏柏尔人当中的本地基督徒12世纪已经被消灭了,见《伊斯兰教百科全书》(*Encyclopédie de l'Islam*),I,721。

⑱ 狄奥凡尼:《编年史》,德博尔编,347。

⑲《小亚细亚、非洲和西班牙的斯拉夫人》(*The Slavs in Asia Minor, Africa and Spain*),3。

迁移到小亚细亚的奥普西奇翁(Opsikion)军区。其中一部分(约30,000人)是被查士丁尼二世调去的,他们后来参加了抵抗阿拉伯人的战争,其间,他们背叛了皇帝查士丁尼二世,站到穆斯林一边。由于发生这一严重的变故,奥普西奇翁剩余的斯拉夫人遭受了可怕的屠杀。属于当年奥普西奇翁军区比提尼亚省斯拉夫人军事移居地的一枚印章被保存至今。它是一件具有重要价值的历史遗物。B.S.潘切恩科(Panchenko)在使这枚印章公之于众并加以解释时强调,它是"斯拉夫部落历史的新的片断",它"在大迁徙的迷雾中透出了一线光明"。[70] 随着7世纪的开始,斯拉夫人在小亚细亚定居的问题有了非常深远的意义。

7世纪下半叶,一件引人注目的事件是在拜占庭帝国北疆、多瑙河下游沿岸建立了新的保加利亚王国。该王国随后的历史对拜占庭帝国的命运影响甚大。这一时期提到的保加利亚人是指古保加尔人,他们属于匈奴(突厥人)血统,与奥纳格(Onogurs)部落有密切的亲缘关系。康斯坦斯二世统治时期,一支保加尔游牧部落在阿斯帕鲁奇(Asparuch,即伊斯佩里奇[Isperich])统领下因受到卡扎尔人的逼迫,从亚速海沿岸的大草原向西迁移,定居在多瑙河口,后来又向更远的南方迁移,进入今天称为多布罗加(Dobrudja)的拜占庭领土。V.N.兹拉塔尔斯基(V.N.Zlatarsky)断言,这些保加尔人以前已经与拜占庭帝国达成协议,作为帝国的同

---

[70] "7世纪比西提亚的斯拉夫人遗物"("The Slavonic Monument in Bithynia of the Seventh Century"),《君士坦丁堡俄罗斯考古研究所通报》(*Transactions of the Russian Archeological Institute in Constantinople*),VIII(1902),1—2,15。

盟者,他们被要求保卫多瑙河边界,以防其他蛮族人的进攻。[71] 至于这一推断是否正确,因为人们对保加尔人的早期历史所知甚少,难以确定。而且即使的确存在这样的协议,它也很难维持长久。保加尔人的游牧部落曾使君士坦丁四世忧心忡忡。因而他于679年发动了对保加尔人的战争。这次军事行动,以拜占庭军队完全失败而告终。君士坦丁四世被迫缔结一项和约,按照该条约规定,他需向保加尔人纳年贡,并割让自多瑙河至巴尔干半岛之间的领土,此即原来的莫西亚(Moesia)和小斯基泰(Smaller Scythia,今多布罗加)。多瑙河口和黑海岸的部分地区则仍然由保加尔人控制。拜占庭皇帝被迫承认的这一新王国,成为危险的邻居。

保加尔人建立政权之后,逐渐扩大他们的领土,与相邻行省中聚居的斯拉夫人发生冲突。保加尔人新来者使斯拉夫人了解了他们的军事组织和军训方法。这成为巴尔干半岛各斯拉夫部落实现统一的一个要素。而在此之前,他们仅是各自独立的群体。保加利亚*逐渐发展成为一个强大的国家,自然而然地对拜占庭帝国构成严重威胁。此后,拜占庭执政者对保加利亚人和斯拉夫人发动了许多次军事进攻。从数量上看,阿斯帕鲁奇统领的保加利亚

---

[71] "保加利亚编年史"("Bulgarian Chronology"),《科学院俄语和文学部通报》(*Izvestia otdeleniya russkago — yazyka i slovesnosti Akademii Nauk*),XVII,2(1912),40。兹拉塔尔斯基:《中世纪保加利亚国家史》,I,19—122、135—136。兹拉塔尔斯基认为伊斯佩里奇带领保加利亚人在7世纪60年代(但是在688年康斯坦斯二世去世之前)定居于今多布罗加的北部(第138页)。J. 莫拉弗斯齐克(J. Moravcsik)关于"奥纳格人的历史"("Zur Geschichte der Onoguren"),《匈牙利年鉴》(*Ungarische Jahrbücher*),X(1930),72—73、80、84、89。

* 保加利亚建国后,其居民不再被称为保加尔人,而称为保加利亚人。因为,保加尔人从此改变了其游牧生活的传统,成为定居居民。——译者

第四章　希拉克略时代(610—717年)

游牧部落人数比斯拉夫人少,他们很快发现自己处于周围斯拉夫人强有力的影响之下,于是,在保加利亚人中间发生了人种方面的巨大变化,他们逐渐地丧失了原有的匈奴(突厥)民族的特性,到9世纪中期,他们几乎完全斯拉夫化,尽管直至今天他们仍然采用保加利亚这一古老的称呼。[72]

1899年和1900年,君士坦丁堡的俄罗斯考古研究所在据称是古保加尔人活动中心(aul)的地区进行了考古发掘,发现了非常有价值的遗物。在保加利亚东北部,在今阿伯巴村(Aboba)附近的保加利亚王国古都(Pliska[普利斯卡]或Pliskova[普利斯科瓦])遗址,即舒姆拉(Shumla)或舒门(Shumen)城东北方向,考古发掘者发现了早期保加利亚诸汗所修建宫殿的地基,以及建有塔楼和城门的部分宫墙,一个大教堂的地基、铭文、许多艺术品和装饰品、金币、铜币和铝制印章。[73]可是,不幸的是,由于涉及这一时期的原始资料非常缺乏,对这些东西无法做出恰如其分的估价和阐释,人们只能进行假设和推断。指挥这次考古发掘的TH.I.乌斯宾斯基认为:"君士坦丁堡的俄罗斯考古研究所在舒姆拉附近遗址上的发掘已经发现了非常重要的资料,足以证明保加尔人游牧部落曾定居巴尔干半岛并由于与拜占庭帝国的接触而受其影响,逐渐地发生了变化。"[74]他还谈到"通过发掘保加利亚古都所发现

---

[72]　L.尼德勒(L.Niederle):《古代斯拉夫人手册》(*Manuel de l'antiqué slave*),I,100—101。

[73]　见"阿伯巴-普利斯卡的保加利亚古迹资料"("Materials of Bulgarian Antiquity Aboba-Pliska"),《君士坦丁堡俄罗斯考古研究所通报》,X(1905)。

[74]　《拜占庭帝国史》,I,777。

的保加利亚人的风俗习惯的最早古物,证明他们很快受到拜占庭文化的影响,统治他们的诸汗在宫廷里逐渐采用了君士坦丁堡宫廷的习惯和礼仪"⑮。发掘期间出土的绝大部分文物属于阿斯帕鲁奇之后的时代,主要是八九世纪之物。这次发掘工作还远没有结束。

拜占庭帝国的迁都计划。——7世纪中期,君士坦丁堡的形势发生了根本性的变化。阿拉伯人占领了拜占庭的东部和东南部各省,并经常进攻小亚细亚各省。阿拉伯人的舰队亦在地中海和爱琴海取得远征的胜利。另一方面,北部边界兴起了保加利亚王国,巴尔干的斯拉夫人也逐渐向拜占庭首都和爱琴海沿岸方向推进并进入希腊。这使君士坦丁堡面临新的特殊局面,首都不再是安全之地。本来首都总是从东方各省获得军队,但现在东方一部分行省已丧失,保留下来的行省也受到各方面的威胁,处于危险之中。仅仅根据这些新的情况,我们完全可以解释康斯坦斯二世为何希望离开君士坦丁堡,将首都迁回到古罗马城或意大利的其他地方。编年史学家将康斯坦斯皇帝离开首都解释为,欲逃避人民对他屠杀同胞兄弟的行为而产生的憎恨。⑯但这种解释很难从历史角度接受。

事实是,康斯坦斯皇帝认为在君士坦丁堡里不再安全。而且,他很可能意识到,意大利和西西里很快便不可避免地会受到北非的阿拉伯人的威胁,决定通过亲临其地加强帝国在地中海西部地

---

⑮ 《拜占庭帝国史》,I,729。

⑯ 乔治·塞得里努斯(George Cedrenus):《历史概要》(*Historiarum compendium*)(波恩版),I,762。

区的力量,以便能够采取各种措施阻止阿拉伯人越出埃及边界继续向外扩张。康斯坦斯皇帝很可能不打算永久性地离开君士坦丁堡,而只是想仿效4世纪的皇帝们那样*为帝国在西部建立第二个中心,希望这一措施有助于制止阿拉伯人的进一步进攻。无论如何,在现代史学作品中,初看令人大惑不解的康斯坦斯二世之西行的渴望,被认为并非出自皇帝个人的敏感,而是出自政治形势的需求。

与此同时,意大利的形势也非如期望中的平稳。由于拉文纳与君士坦丁堡相隔甚远,加之东方的形势非常复杂,当地的总督们已不再感觉到康斯坦斯皇帝的威严,公开表示背叛。而伦巴德人又占据着意大利的大部分领土。然而,拜占庭皇帝的权力在罗马、那不勒斯、西西里和意大利的最南部仍得到承认,而这些地方的居民主要是希腊人。

康斯坦斯二世离开君士坦丁堡之后,立即经雅典前往意大利。在罗马、那不勒斯和南部意大利有过短期逗留,最后在西西里的叙拉古居住下来。他在意大利度过了其在位的最后五年,但没能实现他原定的计划。他与伦巴德人展开的斗争也没有取得成功。西西里仍然经常受到阿拉伯人的威胁。一个反对他的阴谋酝酿而成,他在叙拉古的一个浴室里被悲惨地杀害。他死后,迁都帝国西部的设想随之放弃。他的儿子君士坦丁四世仍然驻于君士坦丁堡。

---

* 指罗马帝国皇帝君士坦丁大帝(306—337年)在希腊旧城拜占庭建立新都一事——译者

希拉克略王朝的宗教政策

一意派*和"信仰告白"

希拉克略反对波斯人的战争为拜占庭帝国收回了一性教派占多数的东方各行省——叙利亚、巴勒斯坦和埃及——于是,重新提出了政府应该如何对待一性教派的问题。甚至在战争期间,希拉克略已经开始与东方各省的一性教派主教协商,试图在教义领域做出某些让步以达到一定程度上的教会统一。如正教会答应承认耶稣基督有两个本性,一个行动(能力,ἐνέργεια)或一个意志(θέλημα)**,这种宗教统一看起来是可能的。从后一个希腊单词"θέλημα"而来,这派被称"为 Monotheletism",即"一意派",这是历史上众所周知的名称。⑰ 安条克和亚历山大,以皇帝希拉克略任命的一性教派牧首们为代表,乐于努力达成协议,君士坦丁堡牧首塞尔吉乌斯(Sergius)也乐于如此。但是,住在亚历山大的巴勒斯坦修士索夫罗纽斯起来反对一意派学说。他为反对这一新教义提出的深刻论证,对于削弱希拉克略之调和政策的基础有很大威胁。罗马教宗霍诺留意识到,围绕着历次全基督教主教会议所有未决

---

* 也称为"基督一志论派"。见《大不列颠百科全书》(中文版),第四卷,第160页。1986年,中国大百科全书出版社。——译者

** "ἐνέργεια"在希腊语中与英语 energy 意义相通;"θέλημα"可理解为 will,即意愿。——译者

⑰ 在《天主教神学辞典》(*Le Dictionnaire de theologie catholique*)中,有一篇论述一意派教义的非常好的文章,瓦康(Vacant)和阿芒(Amann)编,X,2,cols.2307—2323。

教义问题进行辩论是危险的,遂宣布一意派教义是正确的。索夫罗纽斯晋升为耶路撒冷牧首后,这一职位使他有足够的机会取得更广泛的影响。他给君士坦丁堡牧首送去一封辩论性信件,信中运用精辟的神学理论论证一意派教义是非正统的。希拉克略预感到教会大乱即将来临,急忙发布了《信仰告白》(ἔκθεσις 即 Exposition of Faith),承认耶稣基督是两性而一意。该文件的基督论部分便是由塞尔吉乌斯牧首起草。皇帝原来希望《信仰告白》能为调和一性教派和正统教派的关系起重要作用,可是他的愿望落空了。新任教宗没有批准《信仰告白》,而是极力捍卫所谓基督有两种意志和两种作用的学说,宣布一意派教义是一种异端邪说。这一做法导致了教宗和皇帝之间产生意想不到的对立。而且,当《信仰告白》发布时,并没有像希拉克略预计那样产生大的影响。希拉克略的主要目的是想调和东方一性教省份与正教的关系,可是在《信仰告白》于638年发布时,叙利亚、巴勒斯坦和美索不达米亚的拜占庭领土已经不再属于拜占庭帝国,它们已经被阿拉伯人占领。只有埃及行省还归属帝国,但它的日子也不多了。一性教派的问题也已失去它原有的政治意义。希拉克略颁布的政令毫无结果。同样,在这方面,早前试图达成宗教和解的尝试也无法令人满意,从未成功地解决过主要问题,主要原因是争论双方的大多数人都十分顽固。

康斯坦斯二世的《信仰诏示》

希拉克略去世之后,康斯坦斯二世继位,宗教政策有了进一步发展:康斯坦斯二世仍顽固坚持一意派的观点,尽管这一行动已失去政治上的意义,而且有碍于同罗马教宗保持友好的关系。当阿拉伯人于7世纪40年代占领埃及之后,康斯坦斯二世为了与教宗取得和解,做出一系列姿态,表示愿意对一意派的学说做若干方面的改变。为此,他在648年发布了《信仰诏示》τύπος,即(Type of Faith),禁止"所有有着虔诚的基督教信仰并属于天主教会和使徒教会的正教臣民,互相之间为一个意志或一个行为(能力)或两个行为(两种能力)和两个意志而争辩"。[78] 除了禁止争论之外,《信仰诏示》命令撤除涉及该问题的书面辩论文件,此即指希拉克略颁布的、供在圣索菲亚大教堂后殿上的《信仰告白》。但是,康斯坦斯二世的这一措施没能实现其所期望的宗教和平。在罗马拉特兰宗教会议上,教皇马丁当着希腊教士代表的面,遣责"最渎神的《信仰告白》(impiissima Ecthesis)"和"错误的《信仰诏示》(Scelerosus Typus)",并宣布,凡与起草这两个法令文件有关的人员均犯有异端罪。[79] 7世纪杰出的神学家、忏悔者马克西姆斯(Maximus Confessor)总的来说是坚决反对《信仰告白》和一意派教义的。在东方教会内部,对康斯坦斯二世的宗教政策的极端不满也越来越突出。

康斯坦斯被罗马主教在拉特兰宗教会议上的表现所激怒,遂命令拉文纳总督逮捕马丁,将他押送到君士坦丁堡。总督执行了命令。马丁在君士坦丁堡被宣判犯有企图在西部帝国各省煽动暴

---

[78] J.D.曼西:《新编圣公会议文集》,X,1029—1032。K.J.冯·赫弗勒(K.J. von Hefele):《基督教宗教会议史》(A History of the Councils of the Church),V,95—96。

[79] 曼西:《新编圣公会议文集》,X,1157—1158;赫弗勒:《基督教宗教会议史》,112—113。

乱反对皇帝的罪行。他受到严重的侮辱,被关进监狱。稍后,他又被押送往位于克里米亚南岸的边远城市、拜占庭时期通常放逐贬黜者的流放地克尔松,不久便死去。他在克尔松写的信中,抱怨生活条件恶劣,请求他的朋友给他送去食物,特别是"只能听到,但从没有见到"⑧的面包。很可惜,马丁的信中没能提到7世纪时克尔松的文化和经济状况。

康斯坦斯皇帝和君士坦丁堡牧首继续与马丁主教位的继任者协商,最后与马丁之后的第二任继任者维塔利安(Vitalian)缔结和约。教会内部分裂停止了。与罗马的宗教和解在政治上对拜占庭帝国是重要的,因为它巩固了皇帝在意大利的地位。

著名的反一意派人物、忏悔者马克西姆斯被意大利总督逮捕,转交给君士坦丁堡,由一个陪审团判罪,被残酷地断肢。他死于长途流放之中,成为殉教者。

第六次全基督教主教公会议与宗教和解

虽然一意派已失去它的政治意义,但它仍在人民中间起到了分化离间的作用,甚至在《信仰诏示》禁止讨论此类问题之后仍是如此。康斯坦斯二世的继位者君士坦丁四世执政时,迫切希望在帝国建立彻底的宗教和平,他于680年在君士坦丁堡召开了第六次全基督教主教公会议,谴责一意派,认为耶稣的两种本性表现在他的三位一体上,而且"为了拯救人类,两种天生的意志和两种行

---

⑧ 马蒂尼(Martini):《教皇书信集》(*Papae Epistola*),XVI;米涅编:《拉丁教父文献全集》,LXXXVII,202。见 H. K. 曼恩(H. K. Mann)《中世纪早期教皇传记》(*The Lives of the Popes in the Early Middle Ages*)(第2版,1925年),I,pt.1,400。

为(能力)和谐地融合在一起"[31]。

拜占庭与罗马的和平的确重新建立起来。第六次全基督教主教公会议给教宗送去一封信,称他是"站在信仰之磐石上的全世界基督教会的领袖",并宣称他给皇帝的信件阐述了宗教的真正原理。[32]

这样,在君士坦丁四世统治时期,拜占庭政府明确表示反对一性派和一意派。亚历山大、耶路撒冷和安条克三个牧首区虽由于阿拉伯人的征服而脱离拜占庭帝国,但也派出了它们的代表参加了第六次宗教会议。安条克牧首马卡里乌斯(Macarius)显然生活在君士坦丁堡,而管辖范围只是奇里乞亚和伊苏里亚。[33]他在这次宗教会议上为一意派案件争辩,为此被罢免并被开除出教。第六次宗教会议的决定向叙利亚、巴勒斯坦和埃及表明,君士坦丁堡已经放弃了同这些不再属于拜占庭帝国领土的行省寻求宗教和解的努力。拜占庭与罗马的和好,是通过与东部各省的一性派和一意派居民坚决划清界限才取得的。而这实际上非常有利于阿拉伯政权在这些行省进一步得以巩固。叙利亚、巴勒斯坦和埃及名副其实地从拜占庭帝国分离出去了。

在第六次宗教会议上与罗马达成的协议无法维持长久。到君士坦丁四世的继承者查士丁尼二世统治时期,拜占庭与罗马的关系又变得紧张。为了完成第五次和第六次全基督教主教公会议提

---

[31] 曼西:《基督教会议文献补编》(*Amplissima collectio concliorum*),XI,629—640;赫弗勒,《基督教宗教会议史》,V,175。
[32] 曼西:《基督教会议文献补编》,XI,683—688。
[33] E.W.布鲁克斯《英国历史评论》,XXXIV(1919),117。

出的任务,查士丁尼二世于691年在君士坦丁堡穹顶大厅召开宗教会议。这次会议名称取自开会地点,叫"特鲁兰会议"(Trullan)㉞或"五六次会议"(Quinisext*, *Quinisextum*),因为会议完成了前面两次全基督教宗教会议的任务。这次会议也自称为全基督教(普世的)主教公会议。但教宗塞尔吉乌斯拒绝在会议法规上签字,因为他不同意其中规定的禁止周六戒斋和允许传教士结婚等条款。查士丁尼二世仿效康斯坦斯将马丁流放到克里米亚的做法,下令逮捕塞尔吉乌斯,并将他带到君士坦丁堡。但是,意大利的军队与拜占庭帝国的特使作对,保护了教皇。而且,如果不是教皇为特使求情,他必死无疑。㉟

查士丁尼二世第二次执政(705—711年)时,教宗君士坦丁应皇帝的邀请到了君士坦丁堡,他是应召到拜占庭帝国首都的最后一位教宗。查士丁尼以最高的荣耀款待他。教宗的传记作者说:他头戴皇冠,匍匐在教宗的脚下,吻了他的脚。㊱ 查士丁尼二世和教宗达成满意的和解。可是没有确切的资料论及其事。正如德国教会史学家赫弗勒(Hefele)指出的那样,到这一时期,教宗君士坦丁毫无疑问的是接受了中庸之道,而教宗约翰八世(872—882年)步其后尘,继续前进,宣称"他接受所有与真正的信仰、良好道德和罗马教令不相矛盾的那些原则"。㊲ 教宗君士坦丁安全地返回了

㉞ 希腊文 ὁ τροῦλλος 意思是圆形或钟形屋顶。

* Quinisext,意即"五六次基督教全会"。——译者

㉟ 见 F. 格雷斯(F. Görres)"查士丁尼二世与罗马教宗"("Justinian II und das römanische Papsttum"),《拜占庭杂志》(德文),XVII(1908),440—450。

㊱ L. 杜切斯内(L. Duchesne)编:《大主教传》(*Liber Pontificalis*),I,391。

㊲ 赫弗勒:《基督教宗教会议史》,V,240。

罗马,受到人民的热烈欢迎。宗教和解似乎在拜占庭帝国已经严重缩小的版图内最后完成了。

军区制的起源和发展

在拜占庭历史上,军区制通常与希拉克略王朝的统治时代联系在一起。军区制是一种特殊的行省体制。它是时代环境的产物,其显著特征是行省统治者的军事权力发展到最后完全凌驾于行政机构的权力之上。这一过程不是突然出现,而是渐进的。在一个长时间内,希腊语"军区"($τὸ\ θέμα$)意思是指驻扎在某个行省的军队,只是后来,可能在8世纪时,该词的意思才不仅指军事分遣队,也指该分遣队所驻扎的省份。这样,该词开始用于拜占庭帝国的行政区划。

论及拜占庭军区问题的主要的原始资料是《论军区》这部著作。作者是10世纪的拜占庭皇帝君士坦丁·波菲罗杰尼图斯,成书年代因而大大晚于希拉克略王朝,该书有它的不足,即对一些地区的叙述中以五六世纪的地理著作为依据,非常粗浅地或一字不漏地照搬照抄。虽然该书没有提供数量可观的有关7世纪军区体制的资料,但它将该体制的开端与希拉克略的名字联系在一起。作者写道:"自利比亚的(即阿非利加的)希拉克略执政开始,罗马帝国的版图已经缩小,自东部至西部都受到破坏。"[⑧]有趣的是,9世纪上半叶的阿拉伯地理学家伊本·胡尔达巴(Ibn-Khurdadh-

---

[⑧]《论军区》(De thematibus),12。

bah，或称胡尔达兹比［Khordadhbeh］)和10世纪早期库达马(Kudama)的著作中,也发现了与这一问题有关的重要资料,尽管这两位作者并不是希拉克略同时代的人。这些材料也还没有得到充分研究和解释。为了对军区制的早期历史进行研究,历史学家运用了编年史学家偶然性的评述,尤其是查士丁尼二世于687年致教宗的拉丁文信件,该信件与第六次全基督教主教公会议的确认有关。这封信里有一张当时的军区列表,虽然还没有称为军区,但用拉丁文"军队驻地"(exercitus)表示。⑳ 在当时的历史原始资料中,拉丁文 exercitus 和希腊文 στρατός(有时用 στράτενμα)常常用于表示由军队管理的省或地区。

军区制的真正先驱是6世纪末在拉文纳和迦太基(阿非利加)建立的总督区。伦巴德人的进攻引起了意大利行政机构的变化,如同柏柏尔人(摩尔人)在北非的进攻所引起的情况一样。中央政权着眼于建立更有效地应对外来敌人的防御体系,试图以其边境行省的强大军事权力机构保障领土的统一。7世纪时,波斯和后来的阿拉伯人的征服,夺去了拜占庭帝国东部各省。小亚细亚的局势完全变了,原来从不需要认真防卫的领土变成经常受到毗邻的穆斯林严重威胁的地方。拜占庭政府不得不在东部边境采取重大举措。重新组合军事力量,建立新的行政区划,给予军队首领以特殊的权力。这些军队首领的作用在当时是非常重要的。新建的阿拉伯舰队造成的威胁,同样是严重的。早在7世纪时,该舰队几

---

⑳ 曼西:《基督教会议文献补编》,XI,737—738。也见 H. 格尔泽《拜占庭军区制的起源》(*Die Genesis der byzantinischen Themenverfassung*),10—17。

乎控制了地中海,并威胁着小亚细亚海岸,爱琴海诸岛屿,甚至意大利海岸和西西里。在拜占庭帝国的西北部,斯拉夫人占领了巴尔干半岛的相当大部分,并深入到包括伯罗奔尼撒半岛在内的希腊。在北部边境,保加利亚王国于7世纪的下半叶兴起。所有这些形势的改变,迫使拜占庭帝国把最不安全的各行省分成由强有力的军事首领统治的,类似总督区的大政区。帝国被军事化了。⑨

拜占庭的军区并不是凭着一项立法而产生,每个军区都有其本身的历史,有时还是相当长的历史。每一军区的起源问题,只有对每个军区进行专门的研究才能解决。在这方面,库拉科夫斯基的著作很重要。他认为,希拉克略打败波斯人之后采取的军事措施是新的行政制度的出发点。布莱耶尔支持这一观点。亚美尼亚也许是拜占庭帝国在波斯威胁压力下军事化的一个典型。因为当希拉克略改组亚美尼亚政府时,没有任命文职行政官员。掌权者完全是军方人士。因此,当时军区制仅仅是把亚美尼亚形成的政体用于其他行省。⑪ Th.乌斯宾斯基提出,要注意斯拉夫人的问题。他说,于军区形成的时期,巴尔干半岛到处住满了斯拉夫人,斯拉夫人中相当多的志愿者参与了开拓比提尼亚移居地的活动,对小亚细亚军区机构的建立做出了贡献。⑫ 无论如何,对这一论

---

⑨ E.施泰因:"关于波斯和拜占庭的历史"("Ein Kapitel vom persischen und vom byzantinischen Staate"),《拜占庭与当代希腊年鉴》,I(1920),76、84。E.达尔科(E.Darkó):"拜占庭帝国的军事化"("La militarizatione dell' Impero Byzantino"),《拜占庭与当代希腊研究杂志》,V(1939),88—99。

⑪ 见库拉科夫斯基论这一问题的文章,《拜占庭》,III,287—431。见L.布莱耶尔文章,《学术杂志》,N.S.XV(1917),412、505。

⑫ 《拜占庭帝国史》,I,685—686。库拉科夫斯基:《拜占庭史》,III,395。

断应持谨慎态度,因为在7世纪末,查士丁尼二世将80 000名斯拉夫人迁移到奥普西奇翁军区之前,不存在大量斯拉夫移民进入小亚细亚的证据。

人们确切知道的是,为了抗御面临的危机,拜占庭帝国于7世纪在东方建立了以下四个大军事分区,后来称为军区,此即:(1)亚美尼亚军区(Armeniaci 或 Armeniakoi),位于接近亚美尼亚的小亚细亚东北部;(2)安纳托利军区(Anatolici-Anatolikoi),该区名称源自希腊文"安纳托利"($ανατολη$),即"东方的";(3)"帝国神佑的奥普西奇翁军区"(希腊文 ὀψίκιον,拉丁文 obsequium)位于小亚细亚,濒临马尔马拉海;(4)沿海的卡拉维希奥诺鲁姆军区(thema Caravisionorum)。后来在8世纪时,可能称为西比拉伊奥特(Cibyraiot),位于小亚细亚南岸和邻近的岛屿。前两个军区占了小亚细亚的中间部分,东面起自奇里乞亚的边界,西面到爱琴海海岸,作为防御阿拉伯人的屏障。第三个军区起着阻止外来的敌人、保护首都的作用。第四个军区即沿海军区,目的是抗御阿拉伯舰队的进攻。

这种军区组织,同6世纪萨珊波斯国王喀瓦德(Kawadh)和库斯鲁·努尔什万(Chosroes Nushirvan)统治时期的军事化组织有惊人的相似之处。在波斯,帝国的整个领土也在四位军事首领之间划分。两者如此相似和如此密切,以至于施泰因将其解释为是拜占庭皇帝经过深思熟虑后采用了波斯人的改革。他说,有关资料使人们不无理由相信,希拉克略研究过两位波斯君主的改革,也许甚至从波斯的档案中接受了某些东西。"向自己的敌人学习

总是一切真正的政治家的愿望。"㉝

在巴尔干半岛,色雷斯军区则是为了反对斯拉夫人和保加利亚人而建。后来,也许在7世纪结束时,由于反击斯拉夫人入侵希腊,在希腊又建立了希腊或希腊迪科伊(Helladikoi)军区。大约同一时期,为了抵抗已对地中海西部构成威胁的阿拉伯人从海上进攻,建立了西西里军区。这些军区或地区除少数例外,均是由将军(strategoi)进行统治。西比拉伊奥特军区的统治者被称为海军统领(drungarius 即 vice-admiral);奥普西奇翁的军区首领称"统领"(comes)。

如是,军区组建的时间可以追溯到在波斯威胁的压力下,希拉克略试图将拜占庭帝国军事化的时期。无论如何,就目前所知,他仅是成功地完成了亚美尼亚的改组。战胜波斯人的辉煌胜利,使叙利亚、巴勒斯坦和埃及回归拜占庭,这些行省急需整编。可是,由于阿拉伯人很快又从希拉克略的手中夺走这些行省,所以他来不及完成这一任务。波斯人的危害已经消除,可是新的、更危险的阿拉伯人的威胁取而代之。希拉克略的继承者效法前任,创建了军事区划(后来称为军区)抗击阿拉伯人。与此同时,帝国北部受到日益壮大的斯拉夫人和保加利亚人的威胁,终于促使诸位皇帝将这种防卫方法也扩展到巴尔干和希腊。

在这些军区和总督区内,文职官员并没有立即让位给军事统治者。文官行政机构即地方行省(eparchies)在新的制度下,在大多数地区继续存在。当然,由于外来威胁,军方被授予全权,使他

㉝ 施泰因所写论文:《拜占庭与当代希腊年鉴》,I(1920),84—85。

们的势力比官方行政机构的势力越来越强大。施泰因谈道:"希拉克略播下的种子已经惊人地发育成长。"[94]

有迹象表明,希拉克略在拜占庭的法规制定方面也有建树。在他执政期间颁布的《新律》中,以612年至629年发布的、涉及教士中各类问题的四则法令最具代表性。还有一些其他法律的内容与希拉克略有关,虽然这些法律没能完好地保存下来,但仍有迹象可寻。而且有可能证明这些法律的某些方面被西方日耳曼人和东方阿拉伯人所吸收并引用到他们的法规当中。至少在一些涉及伪造货币、制定官方度量标准和发布政府文件等问题的法律中可以证明这一点。[95]

混乱时期(711—717年)

查士丁尼二世之后,有三位短期执政者:瓦尔丹或菲利彼库斯、阿那斯塔修斯二世和狄奥多西三世,他们在登基不久便相继被废黜。整个帝国一片混乱,四处兵变。瓦尔丹因特别喜爱一意派,破坏了同罗马的友好关系。但阿那斯塔修斯二世恢复了以前与教

---

[94] E.施泰因:《查士丁二世与提庇留研究》(*Studien der Justinus und Tiberius*),140。G.奥斯特洛戈尔斯基:"论伊苏里亚王朝的错误的改革政策"("Über die vermeintliche Reformtätigkeit der Issaurier"),《拜占庭杂志》(德文),XXX(1929—1930),397—400。

[95] 见 R.洛佩斯(R.Lopez)"7世纪拜占庭法规和日耳曼人以及阿拉伯人对它的接受"("Byzantine Law in the Seventh Century and its Reception by the Germans and the Arabs"),《拜占庭》(布鲁塞尔),XVI,2(1941),445—461。希拉克略的新法典原文见 K.E.扎哈利亚·冯·林根塔尔《希腊罗马法制史》,III,38—48。J.泽波斯(J.Zepos)与 P.泽波斯:《希腊罗马法》(*Jus graecoromanum*),I,27—29。

皇订立的协议。在对外问题上,拜占庭帝国非常不成功。保加利亚人决定对查士丁尼的被害实施报复,因为后者曾经友好地对待他们。他们向南推进,直抵君士坦丁堡。阿拉伯人经陆路穿过小亚细亚不断地推进,经水路在爱琴海和普罗蓬蒂斯威胁君士坦丁堡。拜占庭正经历着与610年革命发生时相仿的一个危机时期,再一次需要有一位能将拜占庭从无法避免的危难中拯救出来的有魄力、有实力的人物。得到了公众拥护的安纳托利亚军区首领利奥便是这样的人物。软弱的狄奥多西三世认识到自己对迫在眉睫的威胁完全无能为力,于是放弃了帝位。717年,利奥胜利进入君士坦丁堡,由教宗在圣索菲亚大教堂为他加冕称帝。他饶恕了狄奥多西。于是,利奥由一位在军区中享有广泛权力的军事统帅上升至九五之尊的皇帝。

文献、学术和艺术

在拜占庭帝国的整个历史中,从610年至717年是学术和艺术的最黑暗时代。前一世纪取得非常丰富的知识成就之后,智慧的创造似乎完全消亡了。这一时期毫无生机的主要原因,必须从拜占庭帝国的政治局势方面寻找。国家不得不把所有的精力投放在抵御外来的敌人方面。先是波斯、后是阿拉伯人占领了文化发达、知识成果丰富的东方行省和叙利亚、巴勒斯坦、埃及。阿拉伯人还威胁着小亚细亚、地中海各岛屿,甚至拜占庭的首都。阿瓦尔—斯拉夫人在巴尔干半岛构成威胁。所有这些,实际上形成了抑制文化知识和艺术活动的环境。这种恶劣形势不仅体现在东方被夺走的各行省,而且也体现在仍然是拜占庭领土的行省里。

在这整个时期里,拜占庭帝国没有出现一位历史学家。只有圣索菲亚的副主祭、生活在希拉克略时代的小亚细亚庇西迪亚省的乔治,用和谐、正确的韵文描述了希拉克略对波斯人和阿瓦尔人的战争。他留下了三部历史著作:(1)《关于希拉克略皇帝对波斯人的讨伐战争》(*On the Expedition of Emperor Heraclius against the Persians*);(2)《关于626年阿瓦尔人对君士坦丁堡的进攻,以及对圣母玛利亚的祈祷使他们归于失败》(*On the Attack of the Avars on Constantinople in the Year 626, and their Defeat through the Intercession of the Holy Virgin*);和(3)《希拉克略》(*Heraclias*),是在皇帝取得对波斯人最后胜利时,致皇帝的赞词。在其他辩论体、挽歌体及带有宗教性质的著作中,我们应该提到的是《六天》(*Hexaemeron*)。它是叙述创世纪并引喻当时事件的一种哲学-神学说教诗。这部著作因涉及基督教作家特别喜爱的主题而流传到拜占庭帝国境外。例如,14世纪便有一本斯拉夫-俄罗斯语译本。庇西迪亚的乔治的诗才在后世受到很高评价。人们甚至要求11世纪著名的拜占庭学者和哲学家迈克尔·塞勒斯(Michael Psellus)回答这一问题:"欧里庇得斯和庇西迪亚的乔治,何者为最好的诗人?"现代学术界认为乔治是拜占庭时期最好的世俗诗人。[95]

这一时期的编年史家,有安条克的约翰和《复活节编年史》(*Chronicon Paschale*)的佚名作者。安条克的约翰可能生活在希

---

[95] 克伦巴赫:《拜占庭文献史》,709。

拉克略时代。他写了一部从亚当时期到福卡斯皇帝去世(610年)时的世界编年史。由于该书现在幸存下来的多是残篇,所以学者们对该书的真正作者究竟是谁这一争论长期没有解决。有时候,人们还认为他就是约翰·马拉拉斯(他也是叙利亚安条克人)。根据现存的片断材料,可以看得出,安条克的约翰的著作远胜于马拉拉斯的,因为它不是从安条克本地的狭窄范围来考虑世界历史,而具有更广泛的历史目标。该书在运用早期原始资料方面,也显得更为熟练。还是在希拉克略时代,某些佚名的教士编了所谓的《复活节编年史》,虽然该书仅仅是从亚当到629年的历史事件年表,但它毕竟包括一些相当重要的历史评论,这部毫无独创性的作品的主要价值在于它对所用资料的批判和记载作者同时代事件的那一部分。

在神学领域,7世纪的一意派辩论正像早些时候的一性教派辩论一样,产生了相当多的文献,但均没有能保存下来。由于它们受到7世纪宗教会议的谴责,早已被毁掉,其方式如同人们毁灭一性派作品一样。所以,第六次全基督教主教公会议的法令和忏悔者马克西姆斯的著作便几乎成为评价这些文献的唯一根据,它们在反驳对方的过程中引用了这些被毁掉的著作的片段。

忏悔者马克西姆斯是最著名的拜占庭神学家之一。作为希拉克略和康斯坦斯二世的同时代人,他在7世纪一意派辩论期间是正教的坚定的捍卫者。他因信念坚定而被判入狱,受到了无数次严酷折磨之后,他被放逐到远离君士坦丁堡的高加索地区拉齐卡省。他在那里度过了生命的最后岁月。他那些关于辩论术、圣经诠释、禁欲主义、神秘主义和礼拜仪式的著作中,主要反映了三位著名教父(伟人亚大纳西、纳西昂的格列高利和尼斯的格列高利)对他的影响,也有在中世纪广为流传的所谓"伪丢尼修"(Dionysius the Arepagite,或 Pseudo-Arepagite)*的神秘主义观点的影响。在拜占庭神秘主义的发展中,马克西姆斯的著作特别重要。一位研究马克西姆斯的现代学者写道:"将'伪丢尼修'的枯燥乏味的思辨的神秘主义与好沉思的禁欲主义的现实的伦理道德问题结合,蒙神恩的马克西姆斯创立了拜占庭神秘主义的一种生动模式,该模式反复出现在后世的禁欲主义者的许多著作中。因此,他可以被认为是拜占庭神秘主义的名副其实的创造者。"⑰遗憾的是,马克西姆斯没能留下其观点的系统性论述,因此,这些观点必须从他的大量著作中挑选出来。除了神学和神秘主义著作之外,马克西姆斯还留下大量的重要信件。

马克西姆斯著作的影响和重要性并不局限于东方,它们还扩展到西欧。此后,影响到9世纪西欧著名思想家斯科特·埃琉吉那的约翰(Johannes Scotus Eriugena)。他对"伪丢尼修"的著作也非常感兴趣,他承认只是通过马克西姆斯所解释的"奇迹般的方法",他才取得对丢尼修"最朦胧"思想的理解。他称马克西姆斯是"天才的哲学家""全智者""最杰出的教师",等等。马克西姆斯论

---

* 所谓"伪丢尼修",活动时期约在公元500年前后。据说是一位修道士的假名。他写了许多文章和书信,试图将新柏拉图主义的哲学同基督教神学与神秘主义经验相结合。起到了为基督教会(尤其是西方基督教会)教义理论中的神秘主义体系奠基的作用。——译者

⑰ S.埃彼法诺维奇(S. Epifanovich):《神佑的忏悔者马克西姆斯与拜占庭神学》(*The Blessed Maximus Confessor and Byzantine Theology*),137;克伦巴赫:《拜占庭文献史》,63、141。

神学家格列高利的著作由埃琉吉那译为拉丁文。⑱马克西姆斯同时代的一位年轻人西奈山的阿纳斯塔修斯(Anastasius Sinaita)采用了与马克西姆斯类似的方式创作了自己的辩证的和评注性质的文学作品,但其才华远逊于马克西姆斯。

在圣徒传记方面,必须提到耶路撒冷的主教索夫罗纽斯。他经历过阿拉伯人对圣城耶路撒冷的围攻,他的著作详尽地描述了埃及地方的圣徒居鲁士(Cyrus)和约翰尼斯(Johannes)的殉教及其显示的奇迹,还包括了许多有关自然地理和人文风俗习惯史的资料。具有同样重要性的是生活于7世纪塞浦路斯的尼亚波利斯(Neapolis in Cyprus)主教莱昂提乌斯(Leontius)的著作。他是几部"传记"的作者。其中7世纪亚历山大主教的传记《记仁慈的约翰》,对研究当时的社会和经济生活史特别有价值。与大多数圣徒传记作者不同,莱昂提乌斯是为广大民众撰写《圣徒传》,因此他的语言中反映了民间口语的极大影响。⑲

概言之,在希拉克略王朝这一黑暗时代和艰难岁月的文化活动中,屈指可数的几位拜占庭作家大部分出自东方各省,而其中部分行省已处在新的统治者穆斯林的控制之下。

考虑到希拉克略王朝时期的对外事务,毫不奇怪,这个时期没有给今天留下不朽的艺术品是很正常的。无论如何,幸存下来的

---

⑱ A.布里连托夫(A. Brilliantov):《从斯科特·埃琉吉那的约翰的著作中所见东方神学对西方的影响》(*The Influence of Eastern Theology upon Western as Evidenced by the Works of John the Scot Eriugena*),50—52。

⑲ H.格尔泽:《尼亚波利斯的莱昂提乌斯所著〈亚历山大里亚主教、慈善的约翰尼斯的崇高生活〉》(*Leontios' von Neapolis Leben des heiligen Johannes des Barmherzigen Erzbischofs von Alexandrien*),xli。

第四章 希拉克略时代(610—717年)

极少量的7世纪的遗迹清楚地表明,查士丁尼的"黄金时代"为拜占庭的艺术生活打下了坚实基础。虽然自6世纪下半叶起,拜占庭艺术在国内显得微不足道,但到7世纪时,拜占庭艺术在帝国境外的影响则非常明显。许多有日期可查的亚美尼亚教堂便是拜占庭影响的突出典范,其中有在611—628年重建的埃德格米亚钦(Edgmiatsin 或 Etschmiadzin)大教堂和622年建造的阿尼(Ani)城堡的教堂。687—690年建于耶路撒冷的欧麦尔清真寺是纯粹的拜占庭建筑。在罗马,圣玛利亚·安提卡教堂(Santa Maria Antica)中,有一些壁画是属于7世纪或8世纪初的作品。[10]

---

[10] 夏尔·迪尔:《拜占庭艺术手册》,I,329—359。

第五章 破坏圣像时代(717—867年)

伊苏里亚或叙利亚王朝

直到最近,在一些历史著作中,仍把这一拜占庭新王朝的创建者利奥三世皇帝(717—741年在位)称为伊苏里亚人。他和他的继承者建立的政权,通常被称为伊苏里亚王朝。然而,在19世纪末,出现了一种观点,认为利奥三世并非伊苏里亚人,而是叙利亚人。① 目前,这一观点被一些学者所接受,②而另一些学者则持否定态度。③ 对这一问题的争论,可以追溯到9世纪初的编年史学家狄奥凡尼,他是论及利奥血统的主要作者。他写道:"伊苏里亚的利奥是哲尔曼尼西亚(Germanicea)地方的人,实际上出生于伊苏里亚。"④9世纪后半期,罗马教宗的图书管理员阿那斯塔修斯将

---

① K.申克(K.Schenk):"皇帝利奥三世的内政"("Kaiser Leons III Walten im Innern"),《拜占庭杂志》(德文),V(1896),296及以下。
② N.约尔加:"破坏圣像运动的起源"("Les Origines de l'iconoclasme"),《罗马科学院历史部通报》(*Bulletin de la section historique de l'Académie roumaine*),XI(1924),147。
③ J.A.库拉科夫斯基:《拜占庭史》,III,319。
④ 狄奥凡尼:《编年史》,德博尔编,391。

狄奥凡尼的著作译成拉丁文,没提及伊苏里亚,可是谈到利奥是哲尔曼尼西亚人,且生于叙利亚(genere Syrus)⑤。《小斯蒂芬传》也称利奥"由叙利亚人所生"(ὁ συρογενής)⑥,哲尔曼尼西亚位于叙利亚的北部边界,乞里奇亚的东部。一份阿拉伯人的资料提到,利奥是居住于马拉什(Marash)地方的基督教居民。马拉什即哲尔曼尼西亚。因此,他能流利地讲地道的阿拉伯语和罗曼语*。⑦ 我们没有理由假定狄奥凡尼将叙利亚的哲尔曼尼西亚与伊苏里亚省的哲尔曼诺波利斯城相混淆。⑧ 利奥原籍属叙利亚是完全可能的。

利奥三世的儿子即君士坦丁五世科普洛尼姆斯(Constantine V Copronymus,741—775在位)娶了卡扎尔汗的女儿伊琳娜。他们的儿子利奥四世通常被称为卡扎尔人,他于775—780年在位。利奥四世的妻子是出生于雅典的希腊女子,名字也叫伊琳娜。利奥四世死后,因为她的儿子君士坦丁六世(780—797年在位)尚未成人,遂使伊琳娜成为拜占庭帝国的统治者。伊琳娜是一个有野心有魄力的女子,她的儿子成人后,双方进行了一场权力之争。结果她废黜了亲生儿子,弄瞎了他的眼睛,自己成为帝国的真正统治

---

⑤ 狄奥凡尼:《三卷编年史》,德博尔编,251。
⑥ J.P.米涅,《希腊教父文献全集》,C,1084。
* 此处的罗曼语即希腊语。——译者
⑦ E.W.布鲁克:"阿拉伯原始资料中关于716—718年战争的记载"("The Campaign of 716—718 from Arabic Sources"),《希腊研究杂志》,XIX(1899),21—22。
⑧ Th.I.乌斯宾斯基:《拜占庭帝国史》,II(1),5。

者(797—802年在位)。她以行动回答了拜占庭帝国的妇女能否登位掌权,即成为帝国真正意义上的统治者的问题。自拜占庭帝国建立以来,皇后们便享有"奥古斯塔"(Augusta)的称号,在皇子尚未成人时,她们总是以其儿子的名义行使帝国皇帝的职权。5世纪时,狄奥多西二世的姐姐普尔喀利娅(Pulcheria)在其弟尚未成年时,便充当了摄政王。查士丁尼的妻子狄奥多拉,在影响政治事务上占有特别重要的地位。但是,狄奥多拉的政治影响完全取决于她丈夫的意愿,其他妇女也都是以儿子或兄弟的名义享有统治权。在拜占庭帝国历史上,伊琳娜是第一位享有名副其实的最高权威,自主地行使统治权的女性统治者。她代表着对帝国世俗传统的革新。应该特别注意的是,在官方的文件和法令中,她没有被称为"女皇"而是被称为"虔诚的皇帝(*basileus*)伊琳娜"。[9] 按照当时的观念,只有男性皇帝才是正式的立法者,所以有必要假定伊琳娜就是皇帝。伊琳娜于802年在一位最高行政官员尼斯福鲁斯(Nicephorus)领导的政变中被废黜,后来死于流放地。尼斯福鲁斯登上了皇位。随着伊琳娜被废黜,伊苏里亚王朝宣布结束。717—802年,占据拜占庭帝国皇位的是来自小亚细亚或北叙利亚的具有东方血统的家族世系。君士坦丁五世的婚姻,才使最高统治者的东方血统与卡扎尔人的血统相融合。

拜占庭对阿拉伯人、保加利亚人和斯拉夫人的态度

利奥登上皇帝宝座之时,是拜占庭帝国正经历的一个最为关

---

[9] K.E.扎哈利亚·冯·林根诺尔:《希腊罗马法制史》,III,55。J.泽波斯和P.泽波斯:《希腊-罗马法》,I,45。

键的时期。除了利奥皇帝与拜占庭贵族代表者进行的斗争(自查士丁尼二世被第一次废黜之时起,贵族便特别爱寻衅),导致国内非常混乱外,还有东方阿拉伯人的威胁正逐渐逼近拜占庭首都。这个时期与君士坦丁四世在位的7世纪70年代的情况很相似,而且许多方面似乎更为危险。

早在利奥前两任皇帝统治时期,阿拉伯军队已经由陆路穿过整个小亚细亚到达西方,占领了靠近爱琴海岸的萨迪斯(Sardis)和波加蒙(Pergamus)。率领这些阿拉伯军队的是著名的马什拉马(Maslamah)将军。* 717年,利奥入主君士坦丁堡几个月之后,阿拉伯军队从波加蒙出发,向北方推进,到达濒临赫勒斯滂海的阿比都斯(Abydos)。他们由此渡过海峡在欧洲海岸登陆,很快到达君士坦丁堡城下。根据编年史记载,与此同时,一支拥有1800艘各类船只的庞大船队通过赫勒斯滂海峡和普罗蓬蒂斯海峡,从海上包围了君士坦丁堡。首都受到了全面的围攻。然而,利奥以极佳的方法,使首都做好反包围战的准备,显示了他卓越的军事才能。"希腊火"的再一次巧妙使用,重创了阿拉伯的船只。717年和718年冬天的严寒,加之饥荒严重,导致穆斯林军队最后完全失败。保加利亚人迫于同利奥三世原有的协议,同时也为了自我保护,在色雷斯境内参与了同阿拉伯人作战,使阿军损失惨重,阿拉伯人对君士坦丁堡的围困仅一年多一点就被迫撤兵。利奥三世以其智慧和才能解救了拜占庭的首都。与这次围攻有关的是,史籍中第一次提到在黄金角使用了拦阻敌军进港的铁链。

---

* 当时阿拉伯国家苏莱曼哈里发的兄弟(715—717年)。——译者

历史学家们津津乐道于谈论穆斯林这次进攻君士坦丁堡失利的伟大意义。利奥三世抗击阿拉伯人的成功,恰恰证明他不但拯救了拜占庭帝国和东方基督教世界,而且也拯救了西方的欧洲文明。英国学者柏里称718年为"全基督教的节日",希腊历史学家兰普罗斯(Lampros)将这次战争与古希腊的对波斯战争相比较,称利奥三世是中世纪希腊化时期的米泰亚德(Miltiaodes)。* 如果说君士坦丁四世将阿拉伯人阻止在君士坦丁堡城下,那么,利奥三世则逼迫阿拉伯人退却。这是阿拉伯人对这座"神佑"城市进行的最后一次进攻。从这一点来看,利奥的胜利就有了世界性的历史意义。阿拉伯人对君士坦丁堡的征战,连同马什拉马的名字,在以后的伊斯兰教传奇中,有着深远的影响。马什拉马的名字至今仍与一座清真寺联系在一起。据传说,该清真寺是他在君士坦丁堡建立的。⑩

然而在早期哈里发执政史上,这一时期仍是最辉煌的时期之一。强有力的哈里发瓦利德一世当权之时(Walid I,705—715

---

* 雅典将军及政治家(约前540—前489年)。——译者

⑩ J.B.柏里:《晚期罗马帝国史》,II,405;S.兰普罗斯:《希腊史》(Ιστορία 'Ελλάδος),III,729. 亦见 M.卡纳尔(Canard)"阿拉伯人对君士坦丁堡的进攻"("Les expéditions des Arabes contre Constantinople"),《亚细亚杂志》,CCVIII(1926),80—102. 君士坦丁七世波菲罗杰尼图斯也认为君士坦丁堡里的一座清真寺为马什拉马所建。见《帝国行政》(De administrando imperio),J.J.赖斯克(J.J.Reiske)和 I.贝克(I. Bekker)编《拜占庭历史手稿大全》(Corpus Scriptorum Historiae Byzantinae),101—102;莫拉弗斯齐夫·詹金斯(Moravcsik-Jenkins)编,1949,92. P.卡尔:"中世纪亚历山大史"("Zur Geschichte der mittelalterlichen Alexandria"),《伊斯兰教论丛》(Der Islam),XII(1922). 34,X.A.诺米库(X.A.Nomiku):"君士坦丁堡的第一所清真寺"("τὸ πρῶτο τζαμὶ τῆς Κωνστανινοπόλεως"),见《拜占庭研究年鉴》('Επετηρὶς 'Εταιρείας Βυζαντινῶν Σπουδῶν),I(1924),199—201.

年),正值拜占庭帝国的混乱时代。就建筑成就而言,他可以与拜占庭帝国的君主相媲美。当时在大马士革建立了一座清真寺,恰如圣索菲亚教堂之于基督教世界一样,在一个相当长的时期内,成为伊斯兰世界最宏伟壮观的建筑。穆罕默德在麦地那的圣墓同耶路撒冷的耶稣墓一样壮丽辉煌。饶有趣味的是,在穆斯林中间,与这些建筑有关的传说,不仅和穆罕默德有关,而且和耶稣基督联系在一起。据伊斯兰教的传说,当耶稣第一次受召重返人间时,将从大马士革清真寺中的一个尖塔降临,而麦地那穆罕默德坟墓近旁的空地将作为耶稣再临后遁世的墓地。⑪

拜占庭帝国与哈里发之间的战争逐渐带有圣战的性质,其结果,希腊人和阿拉伯人均无法达到自己的目的,因为希腊人无法取得耶路撒冷,阿拉伯人也无法夺取君士坦丁堡。"在这种情况下,"V.巴托尔德写道,"基督徒和穆斯林的胜利变成了悔罪,两者都盼望着世界末日的来临。似乎只有在世界末日到来之前,他们才能达到自己国家的最后目标。在拉丁语世界和希腊语世界中,广泛流行着一种传说,大意是,在世界末日之前,一位基督教统治者(法兰克国王或拜占庭皇帝)将进入耶路撒冷,把他的世俗权力交给救世主。而穆斯林期望的世界末日,则是以君士坦丁堡的陷落为先导,⑫'唯一虔诚的'倭马亚王朝的哈里发欧麦尔二世(717—720年

---

⑪ 巴托尔德文章,《东方学院学报》,I(1925),467—470。

⑫ H.拉芒:《倭马亚朝哈里发穆阿威叶一世统治之研究》(*Études sur le règne du calife Omaiyade Moawia I*),444。

在位)的统治发生在'希吉来'*后的一百年(约 720 年),并非偶然,因为在前任哈里发苏莱曼围攻君士坦丁堡失败后,人们便盼望伊斯兰国家之灭亡与世界末日同时到来。"⑬

732 年,即围攻君士坦丁堡失败后十四年,阿拉伯人从西班牙向西欧的推进被查理·马特——软弱的法兰克国王的宫相——在普瓦提埃成功地阻止了。⑭

阿拉伯人在 718 年失败后,利奥三世在位期间没有再采取针对帝国的激烈军事行动,主要原因是他们明显地受到北方的游牧部族卡扎尔人的威胁。利奥三世当时已安排了他的儿子及皇位继承人君士坦丁与卡扎尔汗之女联姻,卡扎尔汗开始支持这位新亲戚。由此,利奥在同阿拉伯人的斗争中,找到了两个同盟者,开始是保加利亚人,接着是卡扎尔人。然而,阿拉伯人并没有偃旗息鼓,而是继续进攻小亚细亚,还经常深入到小亚西部,甚至到达尼西亚,即普罗蓬蒂斯海的岸边。在统治末期,利奥在弗吉尼亚(即今通往科尼亚的铁路附近的阿菲坞-克拉-希萨[Afiun-Qara-Hisar])的阿克罗伊农(Acroïnon)战役中,击败了阿拉伯人。这次胜利,迫使阿拉伯人从小亚细亚西部退到东部。因阿克罗伊农战役产生了与

---

* 指穆罕默德于 622 年从麦加出走到麦地那。该年为伊斯兰教的纪元元年。——译者

⑬ 巴托尔德文章,《东方学院学报》,I(1925),470—471;A.A.瓦西列夫:"东西方中世纪的世界末日思想"("Medieval Ideas of the End of the World: west and east"),《拜占庭》(布鲁塞尔),XVI,2(1944),472—473。

⑭ 在我的《拜占庭帝国史》(1917年俄文版)和英文版第 1 版(1928 年)中,对普瓦提埃战役的重要意义颇有夸张。亦见 A. 多普斯克(A. Dopsch)《欧洲文化发展的经济社会基础》(*Wirtschaftliche und soziale Grundlagen der europäischen Kulturentwicklung*)(第 2 版),1924,II,298。

穆斯林有关的突厥民族英雄、穆斯林圣战勇士(加齐)赛义德·巴图(Saiyid Battal)的传奇。他的坟墓至今仍在埃斯奇舍尔(Eskishehr)即中世纪的多里拉伊乌姆(Dorylaeum)南部的一个村子里。这一英雄的历史人物原型,是在阿克罗伊农战役中阵亡的穆斯林斗士阿布达拉·艾尔-巴图(Abdallah al-Battal)[15]。因此,同阿拉伯人的战争,在当时已经被利奥三世卓有成效地解决了。

8世纪中叶,当倭马亚王朝被阿拔斯朝取代时,阿拉伯哈里发帝国内因王朝更替引起严重的内乱。阿拔斯王朝首都搬迁,政治中心从大马士革转移到远离拜占庭边境的底格里斯河畔的巴格达。这使利奥三世的继位者君士坦丁五世可以通过许多次成功的远征,将拜占庭帝国的国界沿着小亚细亚的整个边界向东方大大推进。

但是,在伊琳娜掌权时期,阿拉伯人在哈里发阿尔-麦海迪(Al-Mahadi)指挥下,又发动了一次成功的攻势,进入小亚细亚。782—783年,女皇伊琳娜被迫乞和,缔结了耻辱的三年停战协定:女皇同意每年向阿拉伯人缴纳70 000或90 000第纳尔的赔偿金,

---

[15] J.韦尔豪森(J. Wellhausen):《倭马亚时期阿-拜战争》(*Die Kämpfe der Araber mit den Romäern in der Zeit der Umaijiden*),444—445;《伊斯兰百科全书》中有专章记载巴图的事迹(I,698)。也见巴托尔德《东方学院学报》,I(1925),470;D.B.麦克唐纳德(D.B.Macdonald):"阿拉伯黑暗时期的早期历史"("The Earlier History of the Arabian Nights"),《皇家亚洲社会杂志》(*Journal of the Royal Asiatic Society*)(1924),281;卡纳尔(Canard):"阿拉伯人对君士坦丁堡的进攻"("Les expéditions des Arabes contre Constan-tinople"),《亚细亚杂志》,CCVIII(1926),116—118;W.M.拉姆赛(W.M.Ramsay):"641—964年阿拉伯人征服小亚细亚的企图及其失败原因"("The Attempts of the Arabs to Conquer Asia Minor, 641—964 A.D., and the Causes of Its Failure"),《罗马科学院历史部年鉴》,XI(1924),2。在涉及史诗《边界武士迪吉尼斯》(Digenes Akrites)时,我们还会谈及关于艾尔-巴图的故事。

一年分两次结清。在签订协议的同年(783年),伊琳娜可能将军队从东方前线调往马其顿、希腊和伯罗奔尼撒半岛镇压斯拉夫人起义,因此,削弱了拜占庭在小亚的地位。798年,在哈里发哈伦-阿尔-赖世德(Harun-ar-Rashid)时期,阿拉伯军队取得战争胜利之后,同拜占庭帝国缔结了一项新的和平协定,拜占庭缴付的款项与麦海迪时期相同。

伊苏里亚诸皇帝与保加利亚的统治者之间的关系很活跃。保加利亚人不久前在多瑙河下游获得一个要塞后,首先是要保护自己的政治生存,顶住拜占庭对于阿斯帕鲁奇已获得的成就进行破坏的企图。8世纪,保加利亚王国内部的情况错综复杂,首领们为了获得"汗"的最高宝座,你争我夺,引发了许多宫廷纷争。而且,保加利亚人作为新来的统治者又不得不与半岛上被征服的斯拉夫人进行斗争。7世纪晚期和8世纪早期,保加利亚诸汗在对付拜占庭这个最危险的敌人时,表现得极其灵活。保加利亚人支持查士丁尼二世恢复了帝位。他们还积极支持利奥三世用武力将阿拉伯人从君士坦丁堡城下赶走。此后三十多年内,拜占庭的作家没有再对保加利亚人有过什么记载。在利奥三世统治期间,保加利亚王国成功地与拜占庭保持和平关系。

在君士坦丁五世执政时期,保加利亚人与拜占庭的关系变得紧张起来。由于得到叙利亚人和亚美尼亚人(他们已经从东方边境迁移至色雷斯定居)的帮助,拜占庭沿着保加利亚边界构筑了许多防御工事。君士坦丁五世还蔑视保加利亚派到君士坦丁堡的使节。此后,保加利亚人开始采取军事行动加以反击。为了消灭保加利亚王国,君士坦丁指挥了陆上和海上的八九次战役,虽取得许多战果,但君士坦丁的目标最终落空。然而,一些历史学家仍认为他是"屠杀保加利亚人的刽子手(Bulgaroctonus)"。⑯ 他对保加利亚人进行了不懈的战争,构筑了许多对付保加利亚人的堡垒。

到8世纪末,保加利亚王朝内部的纷争已经结束;保加利亚人与斯拉夫人的尖锐对抗也变得不明显了。总之,9世纪开始出现了一个逐渐形成中的保加利亚,一个斯拉夫化的,并以进攻拜占庭为其既定目标的强大国家。保加利亚人的进攻性政策在8世纪后期已经显露无遗。在君士坦丁六世和他母后伊琳娜执政时期,拜占庭在军事上失败以后,被迫同意向保加利亚人纳贡。

在8世纪拜占庭和保加利亚人的军事冲突中,保加利亚人的军队中也包括斯拉夫人,因为他们已经成为保加利亚王国的一部分。8世纪,斯拉夫人占据巴尔干半岛的过程仍在继续。在利奥三世时代,一位去圣地朝圣的西方人参观了伯罗奔尼撒的城市蒙内姆巴西亚(Monembasia),并写道,该城位于斯拉夫人的土地上。⑰ 还有许多资料提到,8世纪时,在都拉基乌姆和雅典均有斯拉夫人。⑱ 在君士坦丁·波菲罗杰尼图斯的著作《论军区》中(在本书前言部分已有引述),明显提到君士坦丁五世时期,"当鼠疫在整个世界蔓延时,整个伯罗奔尼撒半岛变得斯拉夫化和野蛮化

---

⑯ A.伦巴德(A. Lombard):《拜占庭历史研究:罗马皇帝君士坦丁五世》(*Études d'histoire Byzantine*;*Constantine V*,*empereur des Romains*),59。

⑰ 威利巴尔迪(Willibaldi):《传记》(*Vita*);G.H.珀茨(G.H.Pertz)编:《日耳曼历史文献,手稿》(*Monumenta Germaniae Historica*,*Scriptorum*),XV,93。

⑱ A.A.瓦西列夫:"希腊的斯拉夫人"("The Slavs in Greece"),《拜占庭年鉴》,V(1898),416—417。

了"[19]。此处提到的是746—747年的大瘟疫,它发源于意大利,对希腊的南部和君士坦丁堡造成的危害尤其严重。这次瘟疫之后,为了使首都君士坦丁堡复兴,君士坦丁皇帝从许多行省向君士坦丁堡移民。甚至按照广为接受的观点,早在8世纪中叶,伯罗奔尼撒半岛就已经斯拉夫化了。同一时期,还必须注意到,由于瘟疫的袭击和皇帝为复兴君士坦丁堡而向首都移民,一些地区人烟稀少,斯拉夫移民则在此间定居,形成新的定居点。8世纪末,伊琳娜女皇派出一支特遣队到希腊、萨洛尼卡和伯罗奔尼撒去"对付斯拉夫人的部族"[20],后来,这些希腊的斯拉夫人积极地参加了反对伊琳娜的阴谋活动。这一事实清楚地表明,在8世纪时,斯拉夫人在巴尔干半岛,包括整个希腊不仅已经稳固地定居,而且参与了帝国的政治活动。到了9世纪时,保加利亚人和斯拉夫人已经成为拜占庭帝国两个非常危险的敌人。

伊苏里亚或叙利亚王朝诸皇帝的内政

立法。——利奥三世不仅是拜占庭帝国的一位天才领袖和抗击外部敌人的强有力的领导者,而且是一位英明有才能的立法者。早在6世纪查士丁尼时代,各行省的大多数人已经很少能理解或完全无法理解拉丁文本的《查士丁尼法典》、《法学汇纂》和《法理概要》了。在许多地区,尤其是在东方,人们更乐于使用旧的习惯法

---

[19] 《论军区》,53—54。
[20] 狄奥凡尼:《编年史》,德博尔编,456—457。

第五章 破坏圣像时代(717—867年)

而不是官方的成文法,5世纪叙利亚法律书籍的广泛流传则清楚地证明了这一点。用希腊文发布的《新律》只是用来处理常见的法律问题。与此同时,7世纪期间,由于拜占庭帝国逐渐丧失了其东部行省叙利亚、巴勒斯坦、埃及、南部的北非和巴尔干半岛的北部地区,就其民间语言来说,已变得越来越"希腊化"。由于希腊语得到广泛使用,制定一部能够反映自查士丁尼大帝以来的社会生活状况所有变化的希腊文法典,已经成为必要。

利奥三世充分认识到这一需要,将编纂法典的任务交给一个由他亲自挑选的人员组成的委员会。在该委员会的努力之下,一部法典出台了,它定名为《法律选编》(Ecloga),以"全智的和虔诚的利奥和君士坦丁皇帝"的名义公布。但是,法典公布的具体时间难以确定。尽管俄国的拜占庭专家V.G.瓦西列夫斯基倾向于该法典发布于利奥执政初期(约726年),[21]但另一些学者则认为该法典的颁布应在利奥执政的后期(739—740年)。[22] 最近有的学者对于《法律选编》是否属于利奥三世和君士坦丁五世时期产生了一些怀疑。[23] 在当代,绝大多数学者把法典发布的日期确定在726

---

[21] K.E.扎哈利亚·冯·林根塔尔:《希腊-罗马法史》(第3版,1892年),16。P.科林内:"查士丁尼以后至1453年的拜占庭立法",《剑桥中世纪史》,IV,708(740年3月说)。V.格鲁梅尔(Grumel):"论利奥三世《法律选编》公布的日期"("La Date de la promulgation de l'Ecloge de Leon III"),《东方之声》,XXXIV(1935),331。

[22] "破坏圣像时期的法规"("Legislation of the Iconoclasts"),《公众教育部杂志》,CXCIX(1878),279—280;亦见V.G.瓦西列夫斯基的著作,IV,163。

[23] C.N.乌斯宾斯基:《拜占庭史纲要》,I.216—218。

年3月。㉔

"Ecloga"(即《法律选编》)这一名词的意思是"选择"或"精选",便表明了该法典的来源。法典标题是:"由全智和虔诚的利奥和君士坦丁皇帝,从查士丁尼大帝颁布的《法理概要》、《法学汇纂》、《法典》、《新律》中节选,并以更为人道的观点(希腊语:Εἰς τὸ φιλανθρωπότερον)或如其他人所译的"以改进的观点")加以修订的法律简编。"㉕这一引言明确地阐明,以前历代皇帝所发布的法令曾经被写入各种法学著作中,但它们的意义对于一些人来说比较难于理解,而对另一些人而言几乎是完全无法理解,对于那些没有生活在"神佑"的帝国都城里的人尤其如此。㉖上述所谓"各种著作"指的就是对于查士丁尼法律著作所做的希腊语翻译和注释,这些翻译和注释经常被人们用来取代其法典的拉丁文原著。极少数人能够理解这些希腊文的翻译和注释。这些版本众多而纷

㉔ D.金尼斯(D.Ginnis):"关于伊苏里亚朝《法律选编》颁布的日期"("Das promulgationsjahr der Isaurischen Ecloge"),《拜占庭杂志》(德文),XXIV(1924),356—357;《罗马法手册,伊苏里亚的利奥三世和君士坦丁五世于726年在君士坦丁堡发布的〈法律选编〉》(*A Manual of Roman Law, the Ecloga published by the Emperors Leo III and Constantine V of Isauria at Constantinople A. D. 726*),E.H.弗莱什菲尔德(Freshfield)编,2;C.A.斯普尔伯(Spulber):《伊苏里亚朝的〈法律选编〉》(*L' Ecologue des Isauriens*),83。在第81—86页详细论述了《法律选编》的颁布日期。G.奥斯特洛戈尔斯基:"700—800年的狄奥凡尼年表"("Die Chronologie des Theophanes im 7und 8 Jahrhundert"),《拜占庭与当代希腊年鉴》,VII(1930),6页注。又见 E.弗莱什菲尔德《罗马帝国晚期的罗马法。伊苏里亚时期》(*Roman Law in the Later Roman Empire. The Isaurian Period*)。

㉕ K.E.扎哈利亚·冯·林根塔尔:《未刊行的希腊-罗马法典全集。利奥与君士坦丁的〈法律选编〉》(*Collectio librorum juris graeco-romani ineditorum. Ecloga Leonis et Constantini*)。泽波斯:《希腊-罗马法》(*Jus graeco-romanum*),II,11。

㉖ 《法律选编》,par.11。泽波斯主编:《希腊-罗马法》,II,13。

繁混杂、相互矛盾的法学著作给拜占庭帝国的民法造成极大的混乱。利奥三世清楚地看到这一现存问题,决定加以改变。在其引言中,强调了编写此《法律选编》的原则,即引入公正和正义的思想。它们强调,法官们必须"不徇私情,通过清晰的推理论证,做出公正的判决;他们不得轻视穷人,或让触犯法律的实权人物逍遥法外……他们要堂堂正正地拒收贿赂",司法部门的所有官员必须从帝国的"圣库"*中获得规定的薪水,因此,"他们不得从任何可能处于他们管辖之下的人中间牟利,使先知所预言的:'他们为了银子卖了义人'(《圣经·阿摩斯书》,2:6),无法成真。那么,我们将不会因为触犯上帝的戒律而受到天谴。"㉗

《法律选编》的内容分成18个专题,主要论述民法,有关刑法只占很少分量。它们涉及婚礼、订婚、嫁妆,遗嘱和无遗嘱死亡的财产问题,涉及监护、奴隶的释放、作证、各种与买卖、租赁有关的责任义务等。只有一个专题中有一章涉及惩罚的刑律。

《法律选编》在许多方面不同于《查士丁尼法典》,甚至因有时采纳了习惯法的原则和那些与查士丁尼的官方立法著作并存的司法程序而与《查士丁尼法典》相对立。与《查士丁尼法典》相比较,《法律选编》在许多方面代表了进步。例如,其婚姻法引进了更为高尚的基督教观念的内容。当然,在论述刑法一章里,充斥着使罪

---

* 即国库。——译者

㉗ 《法律选编》,par.11、13;俄文译本,瓦西列夫斯基:"破坏圣像时期的法令"("Legislation of the Iconoclasts"),《公众教育部杂志》,CXCIX(1878),283—285;《著作集》(*Works*),IV,168—169。斯普尔伯(Spulber):《法律选编》,5—9。弗莱什菲尔德(Freshfield):《罗马法》(*Roman Law*),68—70,两者都有英文译本;泽波斯:《希腊-罗马法》,II,14,16—17。

犯躯体致残的规定,如断臂、割舌、劓刑及致盲的刑罚等。但是,不能因此而认为《法律选编》是一部野蛮的法律,因为多数场合下这些刑罚是用来替代死刑的。就这种意义而言,伊苏里亚王朝诸皇帝可以公正地宣布,他们所完成的法典比起前任皇帝们的法典要"仁慈得多"。而且,《法律选编》规定,对贵族和平民、富人和穷人的刑罚一律平等。《查士丁尼法典》则常常没有任何坐实的证据便确定不同的刑罚。《法律选编》还以其大量引用圣经来确认不同司法原则而著称。"《罗马法》的精神开始在基督教的宗教气氛中发生变化。"[28] 整个8、9世纪直至马其顿王朝(867年)时期,《法律选编》作为法律教育的指南,取代了查士丁尼的《法理概要》,并不止一次地被修订。例如,有《私法选编》(*Ecloga Privata*)和《私法补编》(*Ecloga Privata Aucta*)等,[29] 马其顿王朝的瓦西里皇帝登基之后,发生了变化,他偏爱《查士丁尼法典》,正式宣布伊苏里亚王朝诸皇帝的法律条文是胡说八道(文学名词为"无稽之谈"),因为它否定了神学教条,破坏了有益的立法。[30] 即使如此,马其顿王朝的皇帝仍从这部被责难的律书中借用了许多章节纳入自己的律书。而且,即使在他们执政时期,《法律选编》仍得到重新

---

[28] 柏里:《晚期罗马帝国的法律制度》,II,414。

[29] 这些法典的问世时期是有争议的,但也许应确定在867年马其顿王朝瓦西里一世就任之前的某个时候。见扎哈利亚·冯·林根塔尔《希腊-罗马法制史》,IV,4;E.H.弗莱什菲尔德:《一部罗马法指南修订本,〈私法补编〉》,2,斯普尔伯《法律选编》,94—95;还见扎哈利亚·冯·林根塔尔《希腊-罗马法制史》(第3版,1892年),36(诺曼人统治下南部意大利的《私法补编》)。

[30] 扎哈利亚·冯·林根塔尔:《未刊行的希腊-罗马法典全集》,62。泽波斯:《希腊-罗马法》,II,237。

修订。

饶有趣味的是,利奥和君士坦丁制定的《法律选编》,后来成为东正教(尤其在俄国)法律集的一部分。刊印的俄文版《统治书》(*Kormchaia Kniga*)或称《行政法规》一书的副标题是:"两位虔诚的皇帝、最英明的利奥和君士坦丁制定的法典。"[31]《法律选编》对古代斯拉夫人立法文献的影响还有其他证据。

几乎不能认为,《法律选编》是一种"非常大胆的改革",这是希腊的拜占庭主义者,伊苏里亚王朝诸帝的热情崇拜者佩帕里哥普洛的看法。他说:"现在,当《法律选编》的编纂者提出的原则为最先进的国家的民法所采纳时,对一位在一千多年前为那些只有在我们这个时代才取得成功的原则而斗争的天才人物给予应有的新尊重的时刻终于到来了。"[32]这是一位热情的希腊爱国主义者的评论。不过,现代世界仍然承认《法律选编》具有重要意义。它开创了希腊-罗马或拜占庭法制史上的一个新时期,一直持续到马其顿王朝的建立,其时,《查士丁尼法典》又恢复了先前的地位,但做了许多基本性的修改。而利奥三世的《法律选编》的实质,首先是符合当时的社会生活的要求。

学者们还探讨了其他三个法律文件:《农业法》或称《农民法》($νόμος\ γεωργικός$),《军事法》($νόμος\ στρατιωτικός$)和《罗得

---

[31] 在10世纪,即俄国信奉基督教之后不久问世的这本书,规定了使徒教会的教规和全基督教宗教会议的规章,以及东正教拜占庭皇帝们的民法。

[32] 《希腊文明史》,205、209。

海洋法》($νόμος\ ροδίων\ ναυτικός$),*它们都与伊苏里亚王朝相关联,尤其是与利奥三世的名字联系在一起。三个法律文件的不同抄本,以大量的手稿形式附于《法律选编》或其他法律书籍之后,但没有署上作者的名字或第一次发布的时间。因此,只能依赖书中的线索,即评估其内容和文字,或将其与别的相类似的文件相比较,以确定其发布的时间。

三部法律著作中,最引人注目的是《农业法》。研究拜占庭法律的最高权威,德国学者扎哈利亚·冯·林根塔尔已经改变了他对该书的看法。他开始时认为,该书出自私人编写者之手,应当出现于 8 世纪或 9 世纪时。他认为,该法典是部分吸收了查士丁尼的法典,部分吸收当地的习惯法而编成。[33] 后来,他倾向于承认《农业法》是利奥和君士坦丁立法活动的一个结果。它的发布,不是与《法律选编》同时,便是在它颁布之后不久。[34] 他同意俄国学者 V.G.瓦西列夫斯基和 Th.I.乌斯宾斯基的看法。他们认为这一文件是处理从事农业劳动的民众中一般性的侵权行为的农村治安法规集。它主要涉及盗窃木材、田地和果园水果的各种行为,牧民非法侵入他人土地,或疏忽失误、虐待牧畜或被牲畜所伤害等事件的处理。俄国学者 B.A.潘切恩科(Pančenko)对《农业法》做了

---

* 上述几部法典于 20 世纪初在我国教育部重大课题资助下,由东北师范大学的学者译成了中文。见"《罗得海洋法》译注"(王小波,《古代文明》,2010 年,第 3 期);"拜占庭《农业法》译注"(王翘、李强,《古代文明》,2011 年,第 4 期);"拜占庭《军事法》译注"(李强、徐家玲,《古代文明》,2013 年,第 2 期)。——译者

[33] 《希腊-罗马法历史手稿》(*Historiae Juris Graeco-Romani Delineatio*),32。

[34] 扎哈利亚·冯·林根塔尔:《希腊-罗马法制史》(第 3 版,1892 年),250。这一观点被瓦西列夫斯基所接受。见"破坏圣像者的法规"("Legislation of the Iconoclasts"),《公众教育部杂志》,CXCIX(1878),97;《著作集》,IV,199。

专门的研究,称它是"一部在农民中间实施的习惯法的补充,它涉及农民迫切需要,但在正式立法中又找不到的法规"。㉟

这部法典没有注明日期。一些学者认为属于利奥三世时期。但必须承认,这一问题还没有真正解决。按照潘切恩科的看法,"也许甚至在7世纪时,便需要这样的法规。该律书的原始的朴素的经验主义的特点是:精神上更接近于文明最严重衰落的时代,而不是《法律选编》的编纂时期"。㊱《农业法》是否发布于8世纪还有待证明,也许人们会发现该书出现于更早的时期。维尔纳茨基(Vernadsky)和奥斯特洛戈尔斯基认为《农业法》是7世纪末查士丁尼二世统治下"精心制作的产物"。㊲ 1945年,苏联历史学家 E. 利普西兹(Lipshitz)对这一问题的看法具有权威性。她在重新考虑了以前的所有的观点之后,赞同《农业法》发布于8世纪后半期的可能性最大。也就是说,她进一步证实了扎哈利亚·冯·林根塔尔和瓦西列夫斯基原来的观点。㊳

㉟ 《拜占庭帝国的农民产业。农业法和修道院文献》(*Peasant Property in the Byzantine Empire. The Rural Code and Monastic Documents*),86。

㊱ 同上书,30。

㊲ G. 维尔纳茨基:"论拜占庭农业法的起源"("Sur les origines de la Loi agraire byzantine"),《拜占庭》(布鲁塞尔),II(1926),173。G. 奥斯特洛戈尔斯基:"拜占庭立法的经济和社会发展基础"("Die wirtschaftlichen und sozialen Entwicklungs-grundlagen des byzantinischen Reiches"),《社会经济史季刊》(*Vierteljahrschrift für Sozial und Wirtschaft Geschichte*),XXII(1929),133。E. 施泰因也倾向于接受这一日期,《拜占庭杂志》(德文),XXIX(1930),355;F. 多尔格反对这一理论,见《历史杂志》(*Historische Zeitschrift*),CXLI(1929),112—113。

㊳ E. 利普西兹:"拜占庭农民和南斯拉夫人的移居地(特别基于〈农业法〉的详细数据)"("The Byzantine Peasantry and Slavonic Colonization[Particularly upon the Data of the Rural Code]"),《拜占庭年鉴》(1945),104—105。

由于《农业法》没有涉及罗马帝国后期居于支配地位的"隶农制"或农奴制问题,也引起了学者们的关注。但是,《农业法》却包括各种新的现象:农民的私人财产、公社土地所有制、强制劳役的废除和允许自由迁移等。学者们通常将这些现象与斯拉夫人在拜占庭帝国广泛的定居联系在一起。这可能带来了他们特有的社会生活方式,尤其是农村公社。潘切恩科在他的著作中所强调指出的,在《农业法》中没有谈到农村公社的看法,已经在现代作品中被否定。然而,Th. I. 乌斯宾斯基则过高地估计了这部法典的重要意义,认为《农业法》对整个拜占庭具有普遍意义,甚至宣称,考虑到自由农民阶级和小土地所有者阶级的出现,《农业法》"一定已经成为东方经济发展史上的新的起点"。[39]

该观点可能会使人们误以为在7—8世纪农奴已经完全被废除,而事实并非如此。[40]迪尔在他的《拜占庭帝国史》中认为,《农业法》是利奥三世和他的儿子的成就,并谈到它的"目的是限制大地产令人担忧的发展,阻止小自由产业的消失,以确保农民有较好的生活条件"[41]。这又走得太远了。

英国学者 W. 阿什布尔内(Ashburner)翻译、编辑了《农业

---

[39] 《拜占庭帝国史》,I,28。也见 A. 沃格特(A. Vogt)《拜占庭皇帝瓦西里一世(867—886年在位)及9世纪末的拜占庭文明》(*Basil Ier empereur de Byzance, 867—886 et La civilisation byzantine à la fin du IXe Siècle*),378。

[40] 任西曼断言,伊苏里亚诸皇帝明确地弃用废除农奴制的政策,从而完成了这些改革。见任西曼《罗曼努斯·雷卡平皇帝和他的统治》(*The Emperor Romanus Lecapenus and His Reign*),225。

[41] 《拜占庭帝国史》,69;G. B. 艾夫斯(G. B. Ives)译本,56。见迪尔关于8世纪《农业法》的重要性的简短评论;夏尔·迪尔和 G. 马塞斯:《395—1018年的东方世界》(*Le Monde Oriental de 395 à 1018*),256页及注23。

法》,并对它进行了全面深入的研究。然而,他不懂俄文,无法获悉俄国人的研究成果。他赞同扎哈利亚·冯·林根塔尔的观点,即人们通行的说法:《农业法》是破坏圣像时期法典的构成部分,在很大程度上是现存习惯法的汇编。与此同时,阿什布尔内有三个重要的地方与扎哈利亚·冯·林根塔尔不同:(1)《农业法》的起源;(2)农民阶级在法律中的地位;(3)法典中提到的两种租佃形式的经济特征。至于《农业法》与《法律选编》的关系,他所持有的看法并不像扎哈利亚·冯·林根塔尔那样认为两者关系密切。他认为在《农业法》所描绘的社会状况中,农民可以从一个地方迁移到另一个地方。但他同意这位德国学者的观点,即《农业法》使用的"命令的口气"表明它不是出于私人法学家而是出自立法机构的文件。[42]

因扎哈利亚·冯·林根塔尔的权威影响并得到研究拜占庭历史领域的著名俄国学者的支持,而使斯拉夫人对拜占庭帝国的国内习惯法产生特殊影响的理论在史学编纂领域占有稳定的位置。除了关于斯拉夫人定居拜占庭帝国的一般叙述,这些学者还以小自由农民和农村公社的观念在罗马法中属于外来因素这一事实,作为支持其理论的主要根据。因此,这些东西一定是由某种新的因素,即斯拉夫因素进入拜占庭生活中所致。V.N.兹拉塔尔斯基(Zlatarsky)新近支持斯拉夫人因素对《农业法》有影响的理论,认为该法规是由利奥三世所编,并以利奥的对保加利亚政策加以

---

[42] 《农业法》,见《拜占庭与当代希腊研究杂志》,XXX(1910),84;XXXII(1912),68—83。C.费里尼编的文本,见《拜占庭杂志》(德文),VII(1898),558—571;重印于《康塔多·费里尼作品集》(*Opera di Contardo Ferrini*),I,375—395。

解释。利奥看到,在他统治下的斯拉夫人很想归附保加利亚人,并与他们结成保加利亚-斯拉夫同盟。所以他将斯拉夫人的习惯法吸收到他的法律之中,希望以此提供更加吸引斯拉夫人的条件。㊸但是,近年来,人们通过对《狄奥多西法典》、《查士丁尼法典》及稍后的《新律》、草纸资料和圣徒传记等文献的仔细和全面的研究,清楚地证明,在罗马帝国的村庄里也曾经居住着自由劳动者,而且在很早时期便存在着公社的土地所有制。因此,无法根据《农业法》做出一般性的结论,它也许只可能提供另一种证据,即在拜占庭帝国内,小自由农民,自由农村公社和农奴同时共存。总之,必须抛弃斯拉夫人对上述法典之影响的观点,应根据尚未充分利用的新旧资料,将注意力转向对罗马帝国早期和后期的小自由农民和农村公社问题的研究方面。㊹

最近时期,出现了将《农业法》与拜占庭草纸文献的原文进行比较的令人振奋的尝试,㊺但仅仅限于对语源学上的相似之处的

㊸ V.N.兹拉塔尔斯基:《中世纪保加利亚国家史》,I,197—200。

㊹ 见两部在欧洲和美国鲜有人知道的俄罗斯人著作中涉及上述问题的章节,C.N.乌斯宾斯基:"所谓'农业法'"("The So-Called 'Rural Code'"),《拜占庭史纲》(Outlines in the History of Byzantium),162—182;A.P.鲁达科夫的《拜占庭文化史纲要——根据希腊圣徒资料所编》(Outlines in the Byzantine Culture Based on Data of Greek Hagiography),176—198。又见 G.维尔纳茨基"关于拜占庭农村公社的笔记"("Notes on the Peasant Community in Byzantium"),《布拉格俄罗斯学术作品集》(Ucheniya Zapiski osnovannya Russkoy Uchebnoy Kollegiey v Prage),I,2(1924),81—97。但维尔纳茨基对前面提到的两部著作并不了解。还可见 N.A.君士坦丁尼斯库(N.A.Constantinescu)"社会改革还是财政改革?"("Réforme Sociale ou réforme fiscale?"),《罗马尼亚科学院历史学院通报》(Bulletin de la section historique de l'Académie roumaine),XI(1924),95—96。

㊺ 维尔纳茨基:"论拜占庭农业法的起源"("Sur les origines de la Loi Agraire byzantine"),《拜占庭》(布鲁塞尔),II(1926),178—179。

研究,这些相似之处虽有时十分明显,但却无法确定它从纸草文献中沿用了哪些内容。阿什布尔内先生断言,这类相似只证明了不需要任何证据的事实,即同一时代的立法者使用同样的语言。㊺

从斯拉夫人研究的角度看,《农业法》亦具有伟大意义。该法规的一个古俄语译本,构成了一部就其内容和历史意义而言都是最有价值的法律汇编的一部分。该法律汇编题名为《所有东正教君王管理各项事务依据的律书》(The Lawbook by Means of Which All Orthodox Princes have to Regulate All Affairs)。著名的俄国宗教法规学者 A. S. 帕夫洛夫(Pavlov)也出版了这部《农业法》的评论本。该本是在古老的塞尔维亚立法著作中发现的。

在各种法律著作的手稿中,《海洋法》和《军事法》常被附在《法律选编》或其他法律文件之后。这两部法规都没有注明日期。但是根据某种推论(无论如何,它没有得到最后的解决),一些学者把它们归于伊苏里亚王朝时期的产物。

《海洋法》在手稿中有时也称为《罗得海洋法》,是一部涉及商业航海的法规。一些学者假定它是摘自《法学汇纂》第 14 卷的第二章,该章几乎是原原本本地采用了所谓的《船弃货物的罗得法》(Lex Rhodia de jactu)这部希腊法的内容,即当船主在航行遇到危险时,为挽救商船免遭不幸而将船上部分货物抛入水中的事件发生时,船主与货主之间应当分摊其损失。目前,《罗得法》源出于《法学汇纂》,并与《法律选编》有关这一点已经被扎哈利亚·冯·

㊺ "农业法",《希腊研究杂志》,XXXII(1924),71。

林根塔尔所认可,可是并没有被学者们普遍接受。[47]

我们目前所看到的这部法典,是由各个时期、各种不同性质的资料汇集而成;大多源出于当地的习惯法。阿什布尔内认为,《海洋法》的第三部分显然计划成为《帝国法典》(*Basilics*)第53卷中的一部分,[48]并推断《海洋法》的第二版是《帝国法典》的编纂者或在他们直接指导下完成的。保留至今的这个文本,是以其第二版为主体的。[49]

《海洋法》的文体是纯官方的,其内容与查士丁尼的《法学汇纂》极为不同,因为它明显地反映了后来的影响。例如,该法律确定了船主、船租商人、乘客各自对船只和货物的安全所负的责任。万一碰上风暴或海盗,他们都有责任赔偿损失。这一条款意在提供一种安全保险,同时附有其他的特别裁决,这是由于自7世纪希拉克略时代起,海上贸易和海上交通受阿拉伯人和斯拉夫人海盗的抢劫,常常处于非常危险的境地。海盗变成惯常现象,以致船主和租船商只能共赴危难,才能继续从事他们的商业活动。

《海洋法》编纂的时间,只能大概确定。它可能在600年至800年之间,非官方汇集而成。总之,没有理由将《海洋法》、《农业法》和《军事法》这三本书归咎于同一个来源。[50]

尽管马其顿王朝恢复了《查士丁尼法典》的准则,但是《海洋

---

[47] W.阿什布尔内(W. Ashburner):《罗得海洋法》(*The Rhodian Sea Law*),lxviii、lxxviii、cxiii。

[48] 关于这一马其顿王朝时代的法典,见原书第342—343页。

[49] 《罗得海洋法》,cxii、cxiii。

[50] 同上书,cxii、cxiv。

第五章 破坏圣像时代(717—867年)

法》实际上在 10 世纪、11 世纪甚至 12 世纪还影响着拜占庭的法官们。这一迹象表明,7、8 世纪之后,拜占庭的海上贸易并没有得到恢复。后来,垄断海上贸易的意大利人拥有了自己的海洋法。随着拜占庭海上贸易的衰落,《海洋法》变得过时了。所以,13、14 世纪的法律文件中便再也没有提及它。[51]

《军事法》或《军人法》或译《士兵法》选录自查士丁尼的《法学汇纂》《查士丁尼法典》中的希腊语释文和《法律选编》,后来,该法规又增补了另外一些资料。《军事法》的主要内容是对服军役者犯了叛变、违令、逃跑和通奸罪的处罚细则,刑罚非常严厉。如果学者们认为《军事法》属于伊苏里亚王朝时期的产物是正确的话,那么它便提供了利奥三世实行严格军纪的一个极好的简要说明。[52]然而,不幸的是,少得可怜的资料无法证实《军事法》属于这一时期的这个断言。事实上,前面所谈关于《农业法》《海洋法》和《军事法》的论述,都说明上述三部小型法典无一可以认定是伊苏里亚诸帝的作品。[53]

军区制。——由芬利始,大多数学者认为,由 7 世纪开始形成

---

[51] 见 H. 克雷勒(H. Kreller)论及《罗得法》的文章:"罗得法,关于罗马海洋法之沿革的探讨"("Lex Rhodia. Untersuchungen zur Quellengeschichte des römischen Seerechtes"),《贸易权与破产法杂志》(*Zeitschrift für das Gesamte Handelsrecht und Konkursrecht*),XXV(1921),257—367。

[52] 扎哈利亚·冯·林根塔尔:《希腊-罗马法法制史》(第 3 版,1852 年),16—17。亦见"6 世纪—10 世纪的军事法和军事科学"("Wissenschaft und Recht für das Heer vom 6. bis zum Anfang des 10. Jahrhunderts"),《拜占庭杂志》(德文),III(1894),448—449。

[53] 迪尔和科林内持这样的观点,即这三部法规是伊苏里亚王朝时期的作品,见《剑桥中世纪史》,IV,4—5,708—710。但是,柏里在导言中(xiii)谈道:按他个人的看法,在阿什布尔内的研究之后,上述观点是站不住脚的,至少前两个法典并非属于伊苏里亚朝。

的各行省的军区制之组织的完善是在8世纪，有时特别提出是在利奥时期。芬利写道："将新的地区划为军区……是由利奥进行改革起，并持续到拜占庭统治的终结。"(54)格尔泽对此尤其明确地断言："利奥坚决地撤除文职官员，将各省文官的权力转到军事代理人手中。"(55)Th.I.乌斯宾斯基写道："只是在伊苏里亚人利奥的统治时期，以牺牲省的文官政府为前提，在加强军区军事统帅（*strategus*）的权力方面，产生了突然的变化。"(56)可是，仍然存在的事实是，我们并没有发现有关利奥在行省组织方面有所建树的资料。现存的一张涉及各军区机构的名录是由9世纪上半叶的阿拉伯地理学家伊本·胡尔达巴（Ibn-Khordadhbeh）(57)所记载的。学
250 者们将他的资料与7世纪各军区的有关资料相比较，已经得出结论，认为8世纪伊苏里亚王朝时期军区的划分已经发生某些变化。资料表明，在小亚细亚，除了7世纪设立的三个军区之外，可能在8世纪利奥时代又建立了两个新军区。(1)色雷斯军区（Thraces-

(54) 《自614年至1057年的拜占庭帝国史》（*History of the Byzantine Empire from DCXIV to MLVII*）（第2版，1856年），13—14；H.F.托泽编，II，29。

(55) 《拜占庭军区制的起源》（*Die Genesis der byzantinischen Themenverfassung*），75。

(56) 《拜占庭帝国史》，I，812；II，55—56。

(57) 伊本·胡尔达巴的阿拉伯文原件已经被译成法文。M.J.德戈杰（M.J.de Goeje）：《阿拉伯地理学藏书》（*Bibliotheca Geographorum Arabicorum*），VI，77及以下。格尔泽：《拜占庭军区的起源》，82及以下；E.M.布鲁克斯："拜占庭各军区的阿拉伯文名录"（"Arabie Lists of Byzantine Themes"），《希腊研究杂志》，XXI（1901），67及以下。也可见10世纪末波斯地理书上的一张拜占庭军区列表。哈杜德·阿尔-阿拉姆（Hudud al-Alam）：《世界各地区。波斯地志。伊斯兰纪元372年，即公元982年》（*The Regions of the World. A Perisian Geography 372 A.H.-982 A.D.*），V.米诺斯基（V.Minorsky）译，156—158、421—422。

ian),位于小亚细亚西部,即从原来安纳托利亚大军区的西部地区划分出来,因驻于该地的军人来自色雷斯而得名;(2)布切拉里安军区(Bucellarians),在大奥普西奇翁军区的东部,该军区的名称取自布切拉里安人(通称受雇于拜占庭帝国或私人的一些罗马人和外国军队)。君士坦丁·波菲罗杰尼图斯提到,布切拉里安人参加了军队行动,并为军队提供给养。[58] 这样,约当9世纪初,小亚细亚便有五个军区。这个时期(例如在803年)的原始资料提到有"五个东方军区"[59]。8世纪末,拜占庭欧洲部分显然只剩下了四个行省:色雷斯、马其顿、希腊和西西里。可是,即使我们基本掌握了9世纪上半叶小亚细亚的军队数目,但是否完全取消了行政官员的权威,并把他们的职权移交给军队这一问题还不能确定。利奥三世对军区制的决定性贡献也不能得到证实,这只是一种猜测而已。[60]

在伊苏里亚王朝统治之下,军区制的形成和扩展是与威胁拜占庭帝国内外的危险紧密联系在一起的。从原来幅员广大的军区中分割出来组成新的军区,是出自政治上的考虑。利奥依据自己的经验,清楚地知道,让一大片领土控制在一个握有全部权力的军事统帅手里,是何等危险。他既有可能造反,也有可能觊觎皇位。

---

[58] 《论军区》,28。

[59] 狄奥凡尼的续写者:《历史》,波恩版,6。

[60] 库拉科夫斯基:《拜占庭》,III,391—392。E.施泰因:"关于波斯与拜占庭国家的一个问题"("Ein Kapitel vom persischen und vom byzantinischen State")《拜占庭与当代希腊研究》,I(1920),75—77。奥斯特洛戈尔斯基:"有关伊苏里亚王朝的改革作用的推测"("Über die vermeintliche Reformtätigkeit der Isaurier"),《拜占庭杂志》(德文),XXX(1929—1930),397。奥斯特洛戈尔斯基:《拜占庭国家史》,105页及注4。迪尔和马尔赛:《395—1016年的东方世界》,256。

而且外部的威胁,同样需要加强中央的军事权力,尤其当各省区受到拜占庭帝国的敌人——阿拉伯人、斯拉夫人和保加利亚人的威胁时,便更为迫切。另外,国内的危险还来自权力过大的军事长官,他们松散地隶属于中央政权,常与中央维持类似诸侯的关系。所以,迫切需要将他们管辖的绵延成片的广大领土予以缩小。

为了增加和控制拜占庭帝国的财政收支,以应付各种事业的需要,利奥三世在西西里和卡拉布里亚增加人头税,其数额比原先高出三分之一。为了使这项措施有效地执行,他下令将所有男孩的出生记录保留下来。对破坏圣像者怀有敌意的编年史学家将这一命令同埃及法老对犹太人的政策相比较[61]。约在利奥三世统治末期,他向帝国所有臣民征收维修君士坦丁堡城墙的税金,该城墙因强烈地震而受到破坏。该项工程在他任期内完成,在君士坦丁堡城墙内的城楼上,许多处铭文上有利奥和他的儿子、共治皇帝君士坦丁的名字,可以证实这一点。[62]

宗教争论和早期破坏圣像运动

破坏圣像运动[63]的历史可以分为两个时期,第一个时期从726年到780年,正式结束于第七次基督教全体主教公会议之时;第二

---

[61] 狄奥凡尼:《编年史》,德博尔编,410。F.多尔格:《东罗马帝国的皇帝敕谕研究》(*Regesten der Kaiserurkunden des ostromischen Reiches*),I,no.300,36。E.施泰因:《拜占庭杂志》(德文),XXIX(1930),355。

[62] A.范米林根:《拜占庭的君士坦丁堡,城墙及相关历史遗迹》,98—99,以及这两页中的图解说明。

[63] Iconoclast,为希腊语词,意为"圣像破坏者";另一个名词 Iconodule 意为"圣像崇拜者"。

个时期从813年到843年,结束于所谓的"正教"的恢复之时。

对破坏圣像时代的研究,因现掌握资料情况而显得困难重重。破坏圣像时期的所有著作:皇帝的敕令,753年、754年和815年的破坏圣像宗教会议的法令以及破坏圣像者的神学论著等,都被取得胜利的圣像崇拜者破坏无遗。我们所知的一些幸存的破坏圣像文献的片断,只是在圣像崇拜者用以批驳圣像破坏者观点的论著中有一些片断的介绍。因而,753年至754年的破坏圣像宗教会议的敕令在第七次基督教全体主教公会议的决议中得以保存,但也许不是完全的原件。815年宗教会议的法令则在正教牧首尼斯福鲁斯发表的一篇论文中发现,而大量的破坏圣像文献的许多只言片语也在反对破坏圣像运动的一篇论争性论文和神学论文中找到。其中特别有价值的是著名的神学家和教会圣歌作者约翰·大马士革(即大马士革的约翰)的三篇著名的《反对蔑视圣像者的论文》。作者与最先下令破坏圣像的两位皇帝(利奥三世和君士坦丁五世)是同时代人。破坏圣像者为了传播自己的思想,有时借助于写作一些鼓动性的著作。但是,残留下来的有关破坏圣像运动的原始资料则由于人们的敌意而产生了误解。因此,后来的学者对破坏圣像时期的评论存在极大的分歧。

学者们首先把他们的注意力转向关于破坏圣像原因的探索上。破坏圣像运动断断续续持续了100多年,给拜占庭带来了非常严重的后果。研究这一时期的一些学者已经注意到诸位破坏圣像皇帝推行这一政策的宗教原因;而另一些学者则认为主要出自于政治上的原因。人们认为,利奥三世决定破坏圣像,是因他希望这一行动能消除基督教徒同犹太教徒及伊斯兰教徒之间建立亲近关系的一个主要障碍。因为后两者都不赞成圣像崇拜。利奥相信,与这两个民族建立亲近的宗教关系将有助于使他们归属于拜占庭帝国。著名的希腊历史学家佩帕里哥普洛已经对破坏圣像时期进入了深入的研究——关于他对《法律选编》的偏见,我们在前面已经提及。他认为,以"破坏圣像"这个词定义这一历史时期是不妥的,因为这个词并没有全面地界定这一时期。他相信,与破坏圣像、禁止崇拜圣物、减少修道院数目的宗教改革运动同时进行的,除了保持基督教教义的完整之外,还有一场社会的和政治的改革。破坏圣像的皇帝们试图剥夺教士手中的对公众教育的权力。这些统治者的行为并非出自个人或皇室的臆想,而是清楚地理解了社会需求和舆论要求,在深思熟虑的基础上,慎重行事。他们受到社会最有知识的阶层、大部分高级教士和军队的支持。破坏圣像改革的最后失败,应归因于仍然有许多人依恋于旧的信仰,而且极端敌视新的改革。这一群体主要包括了普通百姓、妇女和大批的修士。利奥三世显然无法用新的精神来教育这些人。[64] 上述即是佩帕里哥普洛对这一时期的基本认识。毫无疑问,他把8世纪几位皇帝的改革活动看成是一种社会的、政治的和宗教的革命时,便夸大了这一运动的意义。然而,他仍然是第一个指出破坏圣像运动的重要性和复杂性的学者,从而引起了其他学者对这一时期的重视。有些学者认为,皇帝们制定破坏圣像的政策,既基于宗教

---

[64] 佩帕里哥普洛:《希腊文明史》,188—191。他早些时候在《从远古到当代的希腊人民史》第3章中亦阐明了同样的观点。

第五章 破坏圣像时代(717—867年)

上的考虑,也基于政治上的考虑,而政治上的考虑是决定性的。他们强调,利奥三世渴望在生活的各个方面都成为独尊的专制君主,试图通过禁止圣像崇拜把人们从教会的强大影响下解放出来。教会使用圣像崇拜这一强有力的工具来保证平信徒的忠诚。利奥的最终理想是获得至高无上的权力以控制笃信宗教而团结一致的人民。帝国的宗教生活将从此受到皇帝们破坏圣像政策的制约,这些政策将有助于这些统治者实现他们"被改革的热情之光所环绕"的政治理想。[65] 在近些时候,一些学者,如弗兰奇曼·伦巴德(Frenchman Lombard),开始认为破坏圣像运动是一场纯粹的宗教改革,其目的在于阻止以过分崇拜圣像的形式而"复兴异教的进程",并且"恢复基督教的原始纯洁性"。伦巴德认为,这次宗教改革与政治变革平行发展,但有它本身的历史。[66] 法国的拜占庭学者布莱耶尔特别提醒人们注意破坏圣像运动包括两个性质截然不同的问题:(1)关于对圣像崇拜本身的一般性讨论;(2)宗教艺术的合法性问题,即是否允许借助于艺术手段描绘超验世界及圣徒、圣母玛利亚和耶稣基督的形象问题。换句话说,布莱耶尔提出了破坏圣像影响到拜占庭艺术风格这一突出问题。[67] C.N. 乌斯宾斯基把他的研究重点从破坏圣像运动本身转移到拜占庭政府对修道院土地所有权的产生和发展采取的政策问题上。他写道:

---

[65] K.施瓦茨罗斯(K.Schwarzlose):《圣像之争,希腊教会内的一场斗争,其特点及其政策》(*Der Bilderstreit, ein Kampf der Griechischen Kirche um ihre Eigenart und ihre Freiheit*),42、46、48、50。

[66] 《君士坦丁五世》(*Constantine V*),105、124、127、128。

[67] 《破坏圣像之争》(*La Querelle des images*),3—4。

> 利奥的统治政策从一开始就基本上是反对修道院的，到8世纪时，这些修道院在帝国已经处于一种超乎寻常的地位。利奥三世这一政策的基本目标并不是基于任何宗教上的考虑。但是，被镇压的修道院群体和修道院封建主义的辩护士们发现，将这一争端转移到神学领域对他们有利，以便于宣布诸皇帝们的所作所为是不信神的异端者的行为，从而使破坏圣像运动失去民心，并动摇民众对皇帝的信任。破坏圣像运动的实质便这样被巧妙地隐蔽起来，而且只有付出极大的努力才可能使它重新被揭示出来。(68)

从这些不同的见解来看，破坏圣像运动显然是一种非常复杂的现象。可是，原始资料的令人遗憾的欠缺，始终是人们清楚认识这一问题的障碍。(69)

254 首先，所有的破坏圣像的皇帝都是出身于东方行省的人，利奥

(68) 《拜占庭史纲要》，213、237。约尔加："论破坏圣像的起源问题"，《罗马科学院历史部通报》(*Bulletin de la section historique de l'Académie roumaine*)，XII(1924)，147—148。G.奥斯特洛戈尔斯基极力反对乌斯宾斯基的这一观点，见《拜占庭杂志》(德文)，XXX(1929—1930)，399页及注2。

(69) 关于破坏圣像运动的最近的论著，见H.勒克莱尔在《基督教考古辞典》(*Dictionnaire d'archélogie chrétienne*)中的"圣像"条目，VII，180—302；并见Th.I.乌斯宾斯基的《拜占庭帝国史》，II，23—53、89—109、157—174。亦见E.J.马丁《破坏圣象斗争史》(*History of the Iconoclastic Controversy*)；J.马克斯(J.Marx)：《拜占庭皇帝敕令研究》(*Der Bilderstreit der byzantinischen Kaiser*)；G.B.拉德纳(G.B.Ladner)："拜占庭破坏圣像斗争的起源及其意义"("Origin and Significance of the Byzantine Iconoclastic Controversy")，《中世纪研究》(*Medieval Studies*)，II(1940)，127—149。L.布莱耶尔："破坏圣像运动"("Iconoclasme")，《基督教会史》(*Histoire de l'Eglise*)，A.弗里奇(Fliche)和V.马丁编，V，431—470(至754年)。该书十分重要，是一部难得的文献目录集。

三世和他的王朝的其他皇帝是伊苏里亚人,或许是叙利亚人。9世纪时,重新恢复破坏圣像运动的皇帝利奥五世是亚美尼亚人,迈克尔二世(Michael II)和他的儿子狄奥菲卢斯(Theophilos)则出生于小亚细亚中部的弗里吉亚省。圣像崇拜的恢复者却都是妇女(伊琳娜和狄奥多拉)。伊琳娜属于希腊血统,狄奥多拉则生于小亚细亚的帕夫拉戈尼亚省。该省位于黑海岸,与比提尼亚交界,距首都不远,也就是说,她们两个都不是出生于小亚细亚半岛中部的人。不能认为,破坏圣像的皇帝的出生地是无关紧要的因素。他们出生于东方行省这一实际情况也许有助于弄清他们在破坏圣像运动中的角色和运动本身的意义。

在8、9世纪,反对圣像崇拜运动并非是一个全新的突发性的运动,它已经历过一个长时间的渐进过程。长时期以来,采用镶嵌工艺、壁画、雕塑或雕刻等形式表达人物形象的基督教艺术曾引起许多虔诚的宗教人士的不安,因为它与被抛弃的异教崇拜形式很相似。4世纪初,埃尔维拉宗教会议(Council of Elvira,在西班牙举行)已经规定"在教堂内不得有图画,墙壁上不得有供敬仰和崇拜的偶像"(ne quod colitur et adoratur in parietibus depingatur)[70]。

---

[70] J.D.曼西:《新编圣公会议文集》,II,11(原文 Consilium Liberitanum,无解,经查阅曼西原著,此处应是作者笔误,应是 Consillium Eliberitanum,即《埃尔维拉会议文献集》,XXXVI。——译者)关于这段文字的另一个解释,见勒克莱尔《基督教考古学辞典》,VII,215。但是这个文件的存在是很显然的。关于埃尔维拉宗教会议之法令的可靠性,见 A.哈纳克(A. Harnack)《尤西比乌斯之前的古代基督教文献史》(Geschichte der altchristlichen Litteratur bis Eusebis),II。《编年史》(Die Chronologie),II,450 中说:"它的可靠性……尚需证实。"关于此会召集的时间,见 A.皮加尼奥尔《君士坦丁大帝》,81—82。

4世纪,当基督教获得合法地位,后来又成为国教后,教堂中开始以圣像作为装饰物。4、5世纪,圣像崇拜在基督教会内部逐渐兴起和发展起来。对这一行为,人们的看法不一。4世纪的教会史作家,凯撒里亚的尤西比乌斯认为人们对耶稣基督、圣使徒彼得和保罗的偶像崇拜是"一种异教徒的习俗"。[71] 同样在4世纪,塞浦路斯的埃彼法尼乌斯(Epiphanius)在一封信中写道,他将画有耶稣基督圣像或某一种圣徒的教堂窗帘撕成了碎片,认为它"亵渎教会"。[72] 5世纪时,一位叙利亚主教在被委以圣职之前谴责了偶像。在6世纪,安条克发生了一次反对崇拜圣像的严重动乱。在埃德萨,闹事的士兵向基督的圣像扔石头。在7世纪,也出现了一些攻击偶像和破坏圣像的事情。6世纪末,西欧马赛(旧名马西利亚)主教命令将教堂里的所有圣像全部搬走和毁掉。教宗格列高利一世写信给他,赞扬他热情地倡导不应以"任何人工制造之物作为崇拜的对象"(nequid manufactum adorari posset)。但是,

---

[71] 《基督教会史》(Historia ecclesiastica),VII,18,4。

[72] 此事件的希腊文原文,见奥斯特洛戈尔斯基《对拜占庭破坏圣像历史的研究》(Studien zur Geschichte des byzantinischen Bilderstreiter),74。上述文件的拉丁文本亦见于此书第74页。另外,P.马斯:"约翰·埃彼法尼乌斯信札中有关破坏圣像的论述"("Die ikonoclastische Episods in dem Brief des Epiphanios an Johannes"),《拜占庭杂志》(德文),XXX(1929—1930),282;还可见米涅编《希腊教父文献全集》,XLIII,390。D.塞拉依斯(D. Serruys)在其《铭文及书法报告集》(Comptes rendus de l'Academie des inscriptions et belles-letter),I(1904),361—363,反对这一说法,认为此说不可信。同时可见奥斯特洛戈尔斯基《拜占庭国家史》,83—88。但是,H.格雷古瓦在其《拜占庭》(IV(1909),769—770)。F.多尔格在《哥廷根科学通报》(Gotingische gelehrte Anzeigen)发的文章(1929年,357—358)中对奥斯特洛戈尔斯基的观点进行了重要的评析。马斯在《拜占庭杂志》(德文)(30[1929—1930]),279、286,以及施泰因在《拜占庭杂志》,29(1928),356亦提到这一点。

第五章 破坏圣像时代(717—867年)

与此同时,他也批评了这位主教的破坏圣像之举,认为他这样做的结果会剥夺不识字的人接受历史教育的机会,因为这些人"至少能在看到壁上的圣像之时读到他们无法在书中看到的东西"[73]。他在给这位主教的另一封书信中写道:"在你禁止崇拜它们时,我们也全都赞成你;但是我们责备你破坏了它们……崇拜一尊圣像(Picturam adorare)是一回事,但是通过这些圣像所描述的故事而知道什么应该崇拜则是另一回事。"[74]格列高利一世和另外一些人认为,圣像是一种对民众普及教育的手段。

东方各省破坏圣像的倾向,多少有点受犹太人影响。犹太人的信仰中禁止偶像崇拜,有时狂热地攻击任何形式的偶像崇拜。7世纪下半期,类似的影响来自穆斯林,在《古兰经》所说的"偶像是撒旦的一种令人厌恶的作品"(5:92)*在这句话的引导下,穆斯林认为偶像崇拜是一种异教崇拜。历史学家们常常谈到,在利奥发布其破坏圣像的敕令之前三年,阿拉伯的哈里发叶齐德二世在他的国家曾发布一项法令,要求在他统治下的基督教臣民毁掉教堂内的偶像。这一传说的可信程度有时候受到怀疑,但找不到多少根据。[75]无论如何,穆斯林对拜占庭东方各省的影响在研究破坏

---

[73] 《书信集》,IX,105;米涅编:《拉丁教父文献全集》,LXXVII,105;L.M.哈特曼(L. M. Hartmann)编,《日耳曼修道院资料,书信集》(*Mon. Germ. Hist., Epistolarum*),II,195;英译本《尼西亚和后尼西亚教父》,P.沙夫等人编,2nd,ser.,XIII,23.

[74] 《书信集》,XI,13;米涅编《拉丁教父文献全集》,LXXVII,1128;哈特曼编《书信集》,VI.,10;《尼西亚及后尼西亚教父文献集》,XIII,54.

* 《古兰经》(马坚译)中译本此段为:"拜像、求签只是一种秽行,只是恶魔的行为。"中国社会科学出版社,1981年,第89页。——译者

[75] 见C.贝克尔《伊斯兰教世界的发展及其本质:伊斯兰教研究》,I,446(他断定叶齐德发布了该项敕令)。

圣像运动中都必须加以考虑。一位年代史编者把利奥皇帝当成是
256 “具有阿拉伯思想的人”(76)（σαρακηνόφρων），尽管实际上很少有证据宣称他直接受到伊斯兰教的影响。还有一个名气很大的东方中世纪派别，即居住在小亚细亚东部中央地方的保罗派教徒，他们也强烈地反对偶像崇拜。简言之，利奥三世登基之时，在小亚细亚的拜占庭东部各省，一个强大的破坏圣像运动已经发展起来。俄国东正教会史学家 A. P. 列别德夫（A. P. Lebedev）写道：“也许可以明确肯定，在破坏圣像时期（8 世纪）之前，破坏圣像者的人数是很大的，他们是一种令教会有充足理由感到惧怕的力量。”(77)破坏圣像运动的主要中心之一是小亚细亚的一个中部行省弗里吉亚。

在此期间，圣像崇拜已经扩展得非常广泛，而且势力极其强大。耶稣基督、圣母玛利亚、形形色色的圣徒像及根据《旧约圣经》及《新约》的内容绘制的场景，大量地用于装饰基督教教堂。这一时期，安置在各种教堂中的圣像不仅有镶嵌工艺画、壁画，也有象牙雕、木雕和青铜雕像，就是说，它们都是绘制的或雕塑的偶像，还有一些被复制用来装饰手抄圣书的微型袖珍画。对于那些“非凡人之手制作的圣像”，人们更是顶礼膜拜；由于虔诚的信仰，人们相信它们具有超凡的奇迹力量。圣像崇拜也进入家庭，有时，一些圣像被选为孩子们的教父；有时，圣徒的绣像成为拜占庭贵族们的吉服装饰。有一位元老院议员所穿的宽大袍服上就绣有耶稣基督一生经历的图画。

---

(76) 狄奥凡尼：《编年史》，德博尔编，405。约尔加认为这种称呼是“一个恶意诽谤的绰号”，《罗马科学院历史部通报》，XI(1924)，143 页注 3。

(77) 《6、7、8 世纪的基督教全体主教公会议》（*Ecumenical Council of the Sixth, Seventh, and Eighth Centuries*）（第 3 版，1904 年），142。

第五章 破坏圣像时代(717—867年)

有时候,圣像崇拜者把装饰用的圣像看得过于表面化,他们不是崇拜由偶像所代表的人物或理想,而是崇拜偶像本身或制作偶像的材料。因为这种崇拜无生命之物的方式与异教崇拜的形式有亲缘关系,故在真正的信徒中造成迷惑。据 N.P. 康达可夫说:"与此同时,首都的修道院数量有了显著的增长,各种修道团体和女修院也迅速增长,到 8 世纪时(也许更确切地说,是接近 8 世纪末)达到了难以置信的程度。"[78] 而据 I.D. 安德烈夫(I.D. Andreev)的意见,破坏圣像时期,拜占庭修士的数量可能达到 100 000 人,这一估计是毫无夸大的。他说:"请注意,在今天的俄国(即 1907 年)的广阔土地上分散着 1.2 亿人口,却只有大约 40 000 人是修士或修女。不难想象,在其领土相对小于俄国的拜占庭领土上,修道院的数量该有多么密集。"[79]

于是,一方面,对普通的或神奇的偶像和圣物的崇拜使许多在这一时期流行风气影响下成长起来的人感到迷惑茫然;另一方面,修道主义的超常发展和修道院的迅速增加与拜占庭国家的世俗利益发生了冲突。随着大批身体健康精力旺盛的青年人沉溺于修道院的精神生活,拜占庭帝国失去了军队、农业和工业方面所需的人力,修道院和寺院常常为那些企图逃避国家义务的人提供避难所。所以,许多修士并不是出自追求高尚理想的虔诚愿望而果断地脱离世俗事务。在 8 世纪的教会生活中,宗教和世俗两方面因素必须区别开来。

生于拜占庭帝国东部的破坏圣像的皇帝们,非常熟悉在东部

---

[78] 《圣母玛利亚的肖像研究》(*Iconography of the Holy Virgin*),II,3。

[79] 《哲曼努斯和塔拉修斯,君士坦丁堡牧首》(*Germanus and Tarasius, Patriarchs of Constantinople*),79。

各省盛行的那种宗教观点。他们的成长伴随着这些宗教观点并与之产生共鸣。当他们登上拜占庭皇位时,他们的观点则被带到首都,成为制定宗教政策的依据。这些皇帝并非像过去常常强调的那样,是异教徒或理性主义者。相反,他们是有虔诚信仰的,试图清除那些侵蚀宗教并使之偏离原初正道的错误。(80) 在他们看来,偶像崇拜和圣迹崇拜是异教残余,为了恢复原始基督教信仰的纯洁性,必须不惜一切代价取缔它们。利奥三世在写给教宗格列高利二世的信中讲:"我是皇帝,也是教士。"(81)以此原则出发,利奥三世认为,他有权将自己的宗教观强加给他的所有臣民。他的态度
258 不能被认为是一种创举,他只是接受了以前的拜占庭皇帝们尤其是查士丁尼大帝时代流行的皇帝教权主义观点。查士丁尼早已认

(80) 关于亚美尼亚历史学家格翁德(Ghevond)所保存的哈里发欧麦尔二世与利奥三世在教义问题讨论方面的通信集一事特别重要,但也可能是伪造的,见杰弗里的精辟研究:"格翁德所保存的欧麦尔二世与利奥三世通信集"(Ghevond's Text of the Correspondence between Umar II and Leo III),《哈佛神学评论》(*Harvard Theological Review*),XXXVII(1944),269—332。

(81) 格列高利二世:《书信集》,XIII,"来自伊苏里亚皇帝利奥的书信"("ad Leonem Isaurum imperatorem"),米涅编:《拉丁教父文献全集》,LXXXIX,521(原文为imperator sum et sacerdos)。格列高利给利奥三世的信件的真伪问题,见L.格拉德(L. Guérard):"格列高利二世致伊苏里亚朝利奥的信"("Les Lettres de Grégoire II a Léon L'Isaurien"),《考古和历史文集》(*Mélanges d'archéologie et d'histoire*),X(1890),44—60。亦见H.曼恩(Mann)《教宗传》(*The Lives of the Popes*)(第2版,1925年),I,498—502。对我们目前这一议题并不是很重要。无论如何,对于这封信究竟是真迹还是伪造这一问题,各方都有足够的根据加以说明。见J.B.柏里编辑的吉本著作第5卷,附录14;赫弗勒-勒克莱尔:《宗教会议史》(*Histoires des conciles*),III(2),659—664;卡布罗尔(Cabrol):《基督教考古辞典》(*Dictionnaire d'archélogie chrétienne*),VII(1),248。E.卡斯帕尔(E. Caspar)新出版的格列高利二世的书信,见《基督教会史杂志》(*Zeitschrift für Kirchengeschichte*),LII(1933),29—89,特别是第76页。最近的研究,更有助于证实该书信的真实性。

为,他自己无论是在宗教上还是在世俗事务中,都拥有独一无二的权力。利奥三世也是如此,他是皇帝教权主义思想的典型代表。

在利奥统治的前九年里,因致力于抵抗外来的敌人和巩固皇权,没有对圣像崇拜者采取任何措施。这一时期,他的宗教活动只是要求犹太人和东部的孟他努斯教派(Montanists)* 接受基督教洗礼。

根据编年史家狄奥凡尼的说法,只是在利奥统治的第十年,即726年,他才"开始宣布破坏圣物和所有崇拜的偶像"。(82) 现代大多数学者相信,反对圣像的第一个法令颁布于726年或725年。不幸的是,这个法令的原文尚不为人知。(83) 利奥颁布法令后,随即下令将卡尔克门(通向皇宫的庄严入口处)门楣上的基督教雕像毁掉。但这引起一场骚乱,主要参与骚乱者是妇女。派去破坏圣像的帝国官员被杀,皇帝严惩了那些圣像的捍卫者,为被杀的官员报了仇。这些受害者成为圣像崇拜的第一批殉难者。

利奥三世对偶像崇拜采取的敌对行动引起了强烈的反抗,君士坦丁堡的牧首哲曼努斯和罗马教宗格列高利二世坚决反对利奥皇帝的政策。在希腊和爱琴海诸岛爆发了保卫圣像的起义。尽管利奥的军队很快将其镇压下去,但是,来自民众的强烈反抗使利奥

---

* 孟他努斯派为2—9世纪活动于小亚细亚一带的基督教异端派别,其创始人孟他努斯6世纪里遭到查士丁尼镇压,其残余势力活动到9世纪。——译者

(82) 《编年史》,德博尔编,404。

(83) 有关的近期出版物,见夏尔·迪尔"利奥三世和伊苏里亚王朝(717—802年)"("Leo III and the Isaurian Dynasty,717—802"),《剑桥中世纪史》,IV,9。勒克莱尔:《基督教考古辞典》,VII(1),240—241;Th.乌斯宾斯基,《拜占庭帝国史》,II,25及以下。

不可能进一步采取决定性的措施。

最终,在730年,利奥皇帝召开了可称为宗教全会的会议,发布了另一个反对圣像崇拜的法令。该会议很可能没有产生新的法令,而只是恢复了725年或726年的法令[84],哲曼努斯因拒绝签署此法令而被罢免并被迫隐居于自己的庄园里,在那里平静地度过了他的余生。君士坦丁堡牧首的职位,由愿意签署法令的阿那斯塔修斯充任。这样,反对圣像崇拜的法令现在就不仅仅是由皇帝发布,而且也以教会的名义公布于众,因为它由牧首署名批准,就形成了教会法令。这种权威对于利奥来说是有重大意义的。

至于破坏圣像法令颁布后的整个时期,即利奥统治的最后十一年中,关于破坏圣像的原始记载几乎没有。显而易见,这一时期并不存在粗暴对待圣像崇拜的情况。不管怎样,在利奥三世统治时,有组织地破坏圣像的活动并不存在,至多只出现过公开破坏圣像的少数孤立事件。据一位学者的看法:"在利奥三世统治时期,与其说是实际破坏圣像及镇压其崇拜者,倒不如说是该运动的一个预备时期。"[85]

有人认为,8世纪的破坏圣像运动并不是以破坏圣像开始,而是把圣像置于高处,使虔诚的教徒无法对它们实行崇拜,这一说法不能成立。因为,在拜占庭各教堂内的大多数偶像是壁画或镶嵌画,不可能移动,也不可能从教堂的墙壁上移走。

利奥反对偶像的敌视政策已经在大马士革的约翰所写的,"驳

---

[84] 勒克莱尔:"君士坦丁",《基督教考古辞典》,III,248(他认为,第二个法令发布于729年)。

[85] 安德烈夫:《哲曼努斯和塔拉修斯》,71。

蔑视圣像者"的三篇著名论文中得以反映。约翰生活在第一位破坏圣像的皇帝统治时期，居住于阿拉伯哈里发统治区内。其中两篇很可能是写于利奥统治时期，但第三篇论文的写作日期却无法准确确定。

继教宗格列高利二世之后反对利奥三世破坏圣像政策的教宗是格列高利三世。他在罗马召开了宗教会议，宣布将破坏圣像者逐出教会。随之而来的是意大利中部从拜占庭帝国分离出去，成为由教宗和西欧势力所完全控制的地区，但是，南部意大利仍在拜占庭帝国的统治之下。

在利奥三世的继承者君士坦丁五世科普罗尼姆斯统治时期（741—775年），情况就完全不同了。君士坦丁在他的父亲教导之下，奉行一种非常坚决的破坏圣像政策。在他统治的最后几年内，开始迫害修道院和修士。除他之外，再没有第二位破坏圣像时期的君主受到如此之多的诽谤。圣像崇拜者的著作中称他为"多头恶龙"、"修道制度的残忍迫害者"，是"艾哈伯和希律"*。因此，后人若想不带任何偏见地评价君士坦丁五世并不是一件容易的事。但 E. 施泰因称他为罗马历史上最大胆和最无约束的思想家[⑧]，却是言过其实了。

754 年的宗教会议及其后果。——当皇帝君士坦丁五世继位时，欧洲各行省人们仍然在崇拜圣像，而在小亚细亚各行省居民

---

* 艾哈伯是《旧约》中的人物，约当公元前 9 世纪在位，曾下令除掉他祖上所造的一切偶像；希律则是《新约》中的老希律王，他在公元前 37 年到公元前 4 年在位，以残虐而闻名。——译者

[⑧]《拜占庭帝国历史研究》(Studien zur Geschichte des byzantinischen Reiches)，140。

中,却有大量的破坏圣像者。君士坦丁皇帝在其继位的前两年内,一直在同领导着捍卫圣像者起义的妹夫阿塔瓦斯杜斯(Artavasdus)进行着不懈的斗争。阿塔瓦斯杜斯一度成功地迫使君士坦丁退出首都,自己登基称帝。在他统治帝国时期,恢复了圣像崇拜。后来,君士坦丁皇帝成功地推翻了阿塔瓦斯杜斯的统治,恢复了皇权,并严酷地惩罚了煽动造反的那些人。但是,阿塔瓦斯杜斯的举动毕竟向君士坦丁表明,要恢复圣像崇拜并不是十分困难的事,这迫使君士坦丁采取更为决定性的步骤,以在民众的意识中加强破坏圣像观念的地位。

考虑到这一目标,君士坦丁皇帝决定召集一次宗教会议,拟定破坏圣像政策的基本原则,批准其合法性,以使民众确信皇帝之举措是合理的。这次会议在正对着君士坦丁堡的博斯普鲁斯海峡亚洲一岸的耶利亚宫中召开,出席者有 300 多位主教。会议的召开时间是 754 年。[57] 到会者没有一个是牧首级的教会领袖,因为当时君士坦丁堡的牧首职位空缺,安条克、耶路撒冷和亚历山大教会牧首拒绝出席这次会议,教宗的使者也没有能出席这次会议。后来,这些事实被认为是否定这次会议、宣布会议决定无效的充分根据。宗教会议召开几个月后,会场转到君士坦丁堡,并选举产生了新的牧首。

754 年宗教会议的法令保存在第七次全体基督教主教公会议

---

[57] 对于这一日期的确定,见奥斯特洛戈尔斯基《对拜占庭破坏圣像历史的研究》。14 页注 1。《基督教会史》(*Histoire de l'Eglise*),弗里奇和马丁编,V,468。此前,人们一般认为会议是在 753 年召开的。

的法令中(或许是部分或稍有更改),它明确谴责圣像崇拜,宣布了如下的内容:

> 根据圣经,在全体圣父的支持下,我们以三位一体的名义一致宣布,在基督教教堂中,将诅咒、排斥和抛弃由艺术家的邪恶艺术以任何质地的材料所制作的圣像。今后,无论何人胆敢制作或崇拜这类东西,或将它置于教堂里、私人住宅内,或秘密地收藏它,如果他是主教、教士或司祭将被免去圣职,如果他是修士或俗人,将被革除教籍,并作为背叛上帝者和基督教教义的敌人而按照世俗法由教父们论处。

这则法令的意义,一方面在于它是反对圣像崇拜的公开宣言,更重要的方面在于它规定了崇拜圣像的罪人要受到帝国法律的审判,即将那些圣像崇拜者置于世俗权力审判之下。这一事实后来被第七次全体基督教主教公会议的与会者视为某些皇帝极其粗暴地对待教会和修士们的一个证据。该法令规定,下列行为将受到破门律处罚:"敢于用卑俗的颜料描绘道成肉身的耶稣的神像……或用毫无价值的色彩材料在无生命的图像上描绘圣徒们的形象,因为这种意图是错误的,是为魔鬼所提倡的。"结尾是赞词:"愿新帝君士坦丁、最虔诚的皇帝益寿延年!……愿最虔诚的和最正统的(皇后)益寿延年……是你们制定了神圣的第六次全体基督教主教公会议的信条,是你们破坏了所有的偶像。"会议宣布了将原来的君士坦丁堡牧首,"木头的崇拜者"哲曼努斯和"倾向于帝国敌人穆斯林、不信神的导师、曲解圣经的”(88)曼苏尔（即约翰·大马士革）逐出教会。

这次宗教会议一致通过的法令，对于民众产生了非常强大的影响。安德烈夫教授说：“许多过去曾模糊地认为破坏圣像是错误举动的人们现在变得平静了；许多曾在两种思想倾向之间动摇不定的人现在可以根据这次会议的决议所提供的充足理由而形成明确地反对圣像崇拜的观点。”(89)民众被要求发誓，保证摒弃偶像崇拜。

宗教会议之后，对圣像的破坏变得十分无情而且激烈。圣像被砸烂，被烧毁，被涂抹遮盖，并受到诋毁。圣母玛利亚的圣像受到特别激烈的破坏。(90) 许多圣像崇拜者被处死、被严刑拷打或者被投入监狱，并丧失了他们的财产。许多人被放逐，或被流放到遥远的行省。在各处教堂内，人们以树林、禽兽或打猎、竞技场面的图画取代了神圣的偶像。根据《小斯蒂芬传》所说，在君士坦丁堡布莱舍内宫的圣母玛利亚教堂失去了以往的风采，被新的绘画所覆盖，人们将它改造成“水果仓库和鸟舍”(91)。在对这些圣像画（镶嵌画和壁画）和雕像的破坏中，许多价值连城的艺术珍品被毁坏。
262 还有大批绘图手稿也被破坏殆尽。

---

(88) 曼西：《新编圣公会议文集》，XIII，323、346、354、355；赫弗勒：《基督教宗教会议史》，V，313—315；关于对君士坦丁制定的反对圣像崇拜的754年宗教会议的影响的讨论，见奥斯特洛戈尔斯基《对拜占庭破坏圣像历史的研究》，7—29。

(89) 《哲曼努斯和塔拉修斯》，96。

(90) 奥斯特洛戈尔斯基：《对拜占庭破坏圣像历史的研究》，29—40。

(91) 米涅：《希腊教父文献全集》，C，1120。V. G. 瓦西列夫斯基：“小斯蒂芬传”（“The Life of Stephen the Younger”），《著作集》，II，324。

第五章 破坏圣像时代(717—867年)

在破坏圣像的同时,圣物也遭到了破坏。破坏圣像时期的一首讽刺诗保留下来,其中谈及对圣物的过度崇拜。诗作者提到,被毁坏的圣物中有殉道者普罗柯比的十只手,狄奥多勒的15个下骸骨和圣乔治的四个头骨等。㉜

君士坦丁五世对修道院的态度极端偏执。对僧侣们,即那些"邪恶的爱好者和偶像崇拜者"㉝,开始发动十字军式的无情讨伐。他同修道院制度的斗争异常激烈,以至于一些学者发现很难对这一时期的改革下一准确的定义,人们认为,很难确定这场斗争究竟是反对偶像的斗争还是直接反对修道者的斗争。C.N.乌斯宾斯基明确指出,"历史学家们和神学家们提出'破坏圣像'(iconomachia)而不是'破坏修道院(monachomachia)'的概念,是有意识地歪曲事实。"㉞皇帝对僧侣的迫害采用了许多严厉的手段。他们被迫穿上俗人的服装,一些人被逼迫或在当局威胁下结了婚。有一次,他们被迫排成两列纵队在竞技场内穿行,每人手中牵着一个女人,受着场内群众的讥笑和辱骂。编年史家狄奥凡尼提到了小亚细亚的一位省督曾将他辖区内的修士和修女集合在以弗所,对他们说:"每一位愿意服从皇帝和我的人,必须穿上白色礼服,马上娶一位妻子;那些不照此谕办理的人,将被弄瞎眼睛并放逐到塞浦路

㉜ 佩帕里哥普洛:《从远古到当代的希腊人民史》,P.卡罗里兹编,III,703—707。该讽刺诗是11世纪上半期的诗人,米蒂利尼的克里斯托弗(Christopher of Mytilene)所作。见《米蒂利尼的诗人克里斯托弗》(*Die Gedichte des Christo-phoros Mitylenaios*),E.库尔茨(E.Kurtz)编,76—80(no.114);俄文翻译者 D.谢斯塔科夫(D.Shestakov):"拜占庭文化复兴的三位诗人"("The Three Poets of the Byzantine Renaissance"),《喀山大学学报》(*Transactions of the University of Kazan*),LXXII,11—14。

㉝ 瓦西列夫斯基:"小斯蒂芬传",《著作集》,II,322。

㉞ C.N.乌斯宾斯基:《拜占庭史纲要》,I,228。

斯。"他的行为受到了君士坦丁五世的赞扬,后者写信给这位省督说:"我已经看出来,你是完全遵照朕的意愿办事的人。"⑤显然,塞浦路斯是皇帝处罚那些不服从他的修士们的流放地之一。据记载,当时有五位修士逃离了该地,到了穆斯林哈里发统治区,并被带到巴格达。⑥修道院的修士们被赶走,修道院被改造成兵营和武器库,其财产被没收;世俗人士被禁止接受修道院的庇护。所有这些规定,致使大量的修士迁移到不受皇帝的破坏圣像政策影响的地区。根据一些学者的说法,在利奥和君士坦丁时期,仅意大利便接受了约 50 000 名这样的避难者。⑰这一情况,对中世纪南部意大利的命运具有重大意义,它使当地希腊民族和正教的势力加强了。但是,即使是南部意大利,显然也无法完全免受破坏圣像的困扰。至少有一重要的证据表明,在 9 世纪时,德卡波利特(Decapolite)的圣格列高利落到意大利南部城市海德鲁斯(今奥特朗托)的一位力主破坏圣像的主教手中。⑱还有许多修士迁移到黑海北岸、叙利亚和巴勒斯坦的海滨地区。在君士坦丁五世统治时期被害的殉教者当中小斯蒂芬尤其著名。

---

⑤ 狄奥凡尼:《编年史》,德584尔编,445、446。类似的资料亦见于《新殉道者圣罗曼努斯传》(Life of S. Romanus the Néomartyr)。P. 皮特斯:"一篇格鲁吉亚资料所记载的新殉道者圣罗曼努斯(780 年 5 月 1 日殉道)"("S. Romain le Neomartyr[† 1 mai 780]d'aprés un document géorgien"),《博兰会文集》,XXX(1911),413。圣罗曼努斯约 730 年生于加拉提亚,他离开自己的国家到达东方,被阿拉伯人俘房,780 年在幼发拉底河畔殉难。

⑯ 《新殉道者圣罗曼努斯传》,419。

⑰ 安德烈夫:《哲曼努斯和塔拉修斯》,78。

⑱ F. 德沃尔尼克(F. Dvornik):《德卡波利特的圣格列高利之一生及 9 世纪马其顿的斯拉夫人》(La vie de saint Grégoire de Décapolite et les Slaves Macédoniens au IX siécle),41、58。

第五章 破坏圣像时代(717—867年)

在卡扎尔人利奥四世(775—780年在位)统治期间,拜占庭帝国内部的生活要比他的父亲君士坦丁五世执政时期平静。虽然利奥四世也是一位主张破坏圣像的君主,但他对修士们没有表现出明显的敌意,修士们又恢复了一定的影响。他在短暂的统治期间内,没有表现出自己是一位狂热的破坏圣像者,很有可能是他受到了他的妻子伊琳娜的影响。伊琳娜是雅典人,以热衷于崇拜圣像而著称。帝国所有圣像崇拜者对她都寄予厚望,奥斯特洛戈尔斯基说道:"他对圣像纷争采取的温和态度,是从君士坦丁五世的破坏圣像政策到皇后伊琳娜统治下恢复圣像崇拜的相应的过渡。"[99] 780年,随着利奥四世去世,破坏圣像的第一个时期结束。利奥四世的儿子君士坦丁六世较年幼,帝国的统治权委托给皇后伊琳娜,她注定要恢复圣像的崇拜。

尽管伊琳娜确实倾向于圣像崇拜,但是在她统治的最初三年里并没有采取任何正式恢复圣像崇拜的决定性措施。她之所以迟迟不动,原因是帝国的所有军事力量不得不用于对内与觊觎王位者进行斗争,对外同居住在希腊半岛的斯拉夫人进行战斗。另外,恢复圣像崇拜必须相当谨慎,因为军队大部分人赞成破坏圣像。而被君士坦丁宣布为帝国法律的754年的破坏圣像宗教会议的决议在拜占庭帝国的大多数民众那里仍然有一定的影响。无论如何,许多高级教士很有可能是被迫的,而不是信服地接受破坏圣像宗教会议的谕令。因此,根据安德烈夫教授的看法,他们构成了"随时准备屈服于破坏圣像的皇帝推行改革行动的一种因素,但不

---

[99] 《对拜占庭破坏圣像历史的研究》,38。

会真正对抗反对破坏圣像者的措施"[100]。

在伊琳娜统治的第四年,君士坦丁堡牧首座传入塔拉修斯的手中。他提出,为了恢复圣像崇拜,必须召开一次全体基督教主教公会议。罗马教宗哈德里安一世接到了邀请,派出他的使节出席这次会议。786年,宗教会议在圣使徒教堂召开。可是,首都的军队敌视圣像崇拜,手持刀剑冲进教堂,强迫到会者解散。破坏圣像派似乎再一次取得了胜利,但是,这只是一个短暂的时期。伊琳娜巧妙地用忠实于她思想的新军队更换了不顺从的军队。

翌年(787年),宗教会议在比提尼亚的尼西亚城召开。在此曾召开过第一次全体基督教主教公会议。而这一次,在尼西亚举行了七次会议,但皇帝和皇后都未与会。第八次和最后一次会议则是在君士坦丁堡的皇宫进行。到会的主教超过了300名。在东部教会历史上,这是第七次,也是最后一次全基督教主教公会议。

会议决定恢复圣像崇拜。圣像崇拜被认定合法,那些拒绝接受会议决议的人被逐出教门。此外,那些"把圣像称为偶像,且认为基督徒把圣像当作上帝来崇拜,或认为加特力教会接受偶像者"也被开除教籍。参加这次宗教会议的主教们向"新一代君士坦丁和新一代海伦"[101]欢呼。会议规定,所有修复的教堂必须放置圣物,它们是正教教堂必不可少的;将修道院改成普通住宅的做法

---

[100] 《哲曼努斯和塔拉修斯》,98。

[101] 曼西:《新编圣公会议文集》,XIII,735—740。(这里是把君士坦丁五世与他的母亲伊琳娜同4世纪的君士坦丁皇帝和他的母亲海伦相比。由于君士坦丁大帝在其母亲的影响下承认了基督教的合法地位,才有了后来的地中海"基督教世界"大一统局面。——译者)

受到了严厉的谴责,决议要求所有那些被破坏圣像者废除和改作俗用的修道院必须重新恢复。会议谴责出卖教会圣职,非常注重提高教士的品行,等等。会议还禁止男女混居的修道院的存在。

这次尼西亚会议的突出重要性,不仅仅表现在恢复圣像崇拜方面,会议还为圣像崇拜者创立了其先前同反对圣像崇拜者进行斗争所缺乏的组织体系。它收集支持圣像崇拜的所有神学论据,以便让圣像崇拜者在以后同破坏圣像者的争论中派上用场。总之,这次宗教会议为圣像崇拜者提供了一种武器,有利于他们在破坏圣像运动的第二个时期内同对手进行各种斗争。

8世纪时,拜占庭诸皇帝进行的所谓"破坏圣像"的活动,仅仅是该时期的一个方面的问题,也许并非最重要的问题。因为这一时期的绝大多数资料都转引自后来获得胜利的圣像崇拜派单方面的作品。几乎所有的破坏圣像的文件,实际上均被毁掉。但是,根据一些偶然和分散的幸存下来的资料,也许可以做出这样的结论:利奥三世和君士坦丁五世的主要精力是直接针对大量的修道院地产世俗化和限制数量庞大的修士。也就是说,针对那些逃避国家的控制和在管理上几乎完全独立的因素,因为它们正在削弱帝国的生命力和帝国的统一。

查理大帝的加冕及其对拜占庭帝国的意义

"查理的加冕,不仅仅是中世纪的重要事件,而且也是中世纪屈指可数的重大事件之一,如果逐个考察这些大事,可以说,如果它们没有发生,世界的历史将会完全不同。"⑩这一事件由于涉及拜占庭帝国,因此具有特别重大的意义。

在中世纪人们的观念中,罗马帝国是唯一的帝国,因而,以前几个世纪出现两个或两个以上的皇帝时,都被看作是两位皇帝共治一国。"476 年西罗马帝国灭亡"这一说法是错误的。唯一帝国的观念是查士丁尼于 6 世纪采用穷兵黩武政策的背景。800 年,著名的查理大帝在罗马加冕称帝时,这一观念仍然存在。

尽管在理论上,唯一帝国的概念在中世纪思想意识中占主导地位,但在现实中,这一观念是过时了。8 世纪后期,东方的或拜占庭的希腊-斯拉夫人世界和西方的罗马-日耳曼人世界,在语言、人种构成和文化问题上,是两个截然不同、各自独立的世界。以现代观点来看,尽管中世纪存在唯一帝国的观念,但它是与历史时代不合的;而以中世纪观点来看,却并非如此。

破坏圣像运动为公元 800 年的这一著名历史事件起了推波助澜的作用。极力反对拜占庭皇帝的破坏圣像措施,将破坏圣像者开除教籍的教皇转向了西方,希望在法兰克王国逐渐掌握实权的宫相(major-domos)中及后来的加洛林王朝诸王中寻找友谊和保护。8 世纪末,法兰克王国由加洛林王朝的最著名代表查理大帝(或查理曼)统治,查理大帝的宫廷教师和学者阿尔昆(Alcuin)于 799 年 6 月给他写了一封著名的信:

---

⑩ 布赖斯(Bryce):《神圣罗马帝国》(*The Holy Roman Empire*),50。

迄今为止，世界上曾出现过三位伟人。（第一位是）崇高的罗马教宗，他代表传道者的领袖圣彼得治理他的教区。……第二位是尊贵的和世俗的第二罗马帝国的领袖，但据传说，这位皇帝被他自己的臣民、而不是外国人如此邪恶地剥夺了皇位[103]。第三位是陛下，至尊的王位的拥有者，我主耶稣基督按其意旨已经赐予你作为基督教人民的统治者。你比其他伟人有更强大的力量、更卓著的智慧、更显赫的王国。你是罪恶的仇敌，迷路人的向导，不幸者的慰藉；你注定要替天行道。[104]

教宗和法兰克国王的共同利益导致了查理的加冕，这是比较复杂的问题，文献资料中也有多种说法。事件本身是众所周知的，800年的圣诞节，正当圣彼得大教堂举行隆重的庆典时，教皇利奥三世将皇帝的宝冠置于跪在地上的查理国王头上。在教堂内出席庆典的民众欢呼道："上帝为最虔诚的奥古斯都查理加冕，伟大的创立和平的查理延年益寿，永远胜利。"

对于查理大帝的加冕事件，学者们曾经提出过不同的意见。一些人认为，查理只得到了皇帝的头衔，而没有得到什么新的权力，实际上他仍然像以前一样，只是"法兰克和伦巴德的王，一位罗

---

[103] 阿尔昆在此处指的是拜占庭皇帝君士坦丁六世被他的母亲伊琳娜弄瞎了眼睛这件事。

[104] 《德意志历史资料集·书信集》，IV；《加洛林书信集》(*Epistola Carolini Aevi*)，II, 288 (no. 173)。

马的贵族"[105]。也就是说,查理在获得皇冠时,只是接受了一个新的称呼。其他人则认为,由于查理在 800 年的加冕仪式,一个新的西方帝国建立起来,它完全独立于现存的"东方帝国"或拜占庭帝国。对查理加冕的上述两种不同看法,似乎都掺杂进了后人的分析猜测。在 8 世纪末,没有,也不可能有名义上的皇帝,或者形成一个独立的西方帝国。查理的加冕事件必须从当时人的立场上分析,即从当事者查理大帝和教宗利奥三世自己的看法来认识它。

两位当事者并没有打算创建一个与东方罗马帝国相抗衡的西方帝国。毫无疑问,查理相信,他接受了皇帝的称号,便成为唯一的罗马帝国的唯一的统治者和继承者。加冕一事仅仅意味着罗马已经宣布从君士坦丁堡收回皇帝当选权。当时人们心里并没有想到两个帝国同时存在,就其本质来说,帝国是唯一的。"一个唯一帝国的信念是以唯一上帝的教义为基点的,因为,只有具备了上帝暂时代理者的资格,皇帝才能够在地球上行使其权力。"[106]这一时期占主导地位的条件,有利于民众接受这种皇权观念——这是当时唯一可能被人们接受的观念。

查理与拜占庭皇帝之间的交往,早在公元 800 年之前就开始了。787 年,查理的女儿罗特鲁德(Rotrud,希腊人称之为埃鲁思罗[Eruthro])被安排与拜占庭皇帝、约 12 岁的君士坦丁结了婚,

---

[105] W. 塞克尔(W. Sickel):"查理大帝加冕,一次法律史上的讨论"("Die Kaiserwahl Karls der Grossen. Eine rechtsgeschichtlich Erörterung"),《东方帝国史研究通讯》(*Mitteilungen des Instituts für österreichische Geschichts forschung*),XX(1899),1—2,3。

[106] A. 加斯奎特(A. Gasquet):《拜占庭帝国与法兰克王权》(*L'Empire byzantin et la monarchie franque*),284—285。

当时,君士坦丁的母亲伊琳娜是帝国的真正统治者。[107] 当时的一位西方历史学家、副主祭保罗曾写信给查理国王,说:"我高兴地看到你的美丽的女儿将漂洋过海去接受君权,以使她能将法兰克王国的权力施及亚洲。"[108]

797年拜占庭帝国的太后伊琳娜废黜了法定的皇帝、她的儿子君士坦丁,伊琳娜成为帝国的实际统治者,与罗马帝国的传统发生了尖锐的冲突,因为罗马帝国从来未曾出现女性掌握全部皇权的先例。在查理和教宗利奥看来,皇位出现了空缺,查理接受皇冠,是继承了统一的罗马帝国的空悬皇位,成为合法的皇权继承者,但不是罗慕洛·奥古斯都的继承者,而是利奥四世、希拉克略、查士丁尼及狄奥多西和君士坦丁大帝这一东部皇脉的继承者。关于上述观念的重要证据,见于涉及公元800年及其后若干年的西方编年史中,在那些编年史中,人们根据拜占庭皇帝的年代来记叙历史事件,查理的名字恰好列于君士坦丁六世之后。

如果以上就是查理接受帝国皇冠的基本理由,那么,拜占庭帝国对他加冕的态度又是如何呢?拜占庭这个东方帝国对这一问题的看法也同当时普遍流行的观念相一致,在支持伊琳娜当政的同时,拜占庭帝国将800年的加冕事件看成是许多企图反对这位法定统治者的"犯上"行动之一,帝国害怕(并非没有道理)新加冕的皇帝会追随其他造反者的足迹,用武力进攻君士坦丁堡,废黜伊琳

---

[107] 多尔格:《东罗马帝国的敕谕研究》,I,41(no.339);对所用的资料文献做了说明。

[108] "副主祭保罗的诗篇,XII"("Versus Pauli Diaconi,XII"),《加洛林时期拉丁诗歌全集》(*Poetae latini aevi carolini*),I,50。

娜皇帝,夺取皇位。在拜占庭当局的眼里,查理加冕只是一些西方行省反对拜占庭帝国法定皇帝的反叛活动之一。[109]

查理当然完全意识到他的地位并不稳定,他的加冕并不能使他合法地统治罗马帝国的东部,德国史学家 P. 施拉姆(P. Schramm)称查理的加冕是"强烈地侵犯了皇权的行为",还指出,查理并没有自称为"罗马人的皇帝"(这是拜占庭皇帝的正式称号),而是自称为"管辖罗马人的皇帝"(*imperium Romanum gubernans*)[110]。查理认识到,在伊琳娜逊位之后,拜占庭帝国必将要选出另一位皇帝,这位皇帝的权力也将无可置疑地得到东方的承认。由于预见到这一复杂情况,查理开始与伊琳娜谈判,意欲同她结成姻缘,并希望"因此而将东方和西方的各行省统一起来"[111]。换言之,查理明白,如果得不到拜占庭的承认,他的皇帝称号就没有什么意义。伊琳娜乐意接受对方的求婚,但是她很快便被废黜和流放(802 年),致使这一计划落空。

---

[109] 1893 年,J.B.柏里写了一篇论及查理大帝和海伦的很重要的大胆的论文。他在文中试图推测海伦对 800 年查理加冕事件的根本想法。见柏里"查理大帝和海伦"("Charles the Great and Irene"),《赫耳墨雅典娜》(*Hermathena*),8(1893),17—37。许多学者至今未读过这一文章。后来,柏里虽然没有否定自己的看法,但在他所著的《东罗马帝国史》(317—321)中,在探讨查理大帝与拜占庭皇廷之间的谈判时,亦略去了对此的论述。见 N.贝恩斯《J.B.柏里著作书目提要》(*A Bibliography of the Works of J.B. Bury*),7—8,136。贝恩斯评论柏里的沉默时说:"这是憾事,谁都觉得那应该是一个正确的理论。"

[110] 凯泽(Kaiser):《罗马与重建》(*Rom und Renovatio*),I,12—13。

[111] 狄奥凡尼:《编年史》,德博尔编,475。迪尔拒绝承认这一谈判的存在,见《剑桥中世纪史》,IV,24,他提到,在公元 800 年时,伊琳娜 50 岁;但柏里在发于《赫耳墨雅典娜》VIII(1893),24 上的文章"查理大帝和伊琳娜"一文中提到,在 794 年,海伦只有 44 岁。奥斯特洛戈尔斯基也怀疑这一谈判是否发生,见《拜占庭国家史》,128 页注 2。

第五章 破坏圣像时代(717—867年)

伊琳娜失去拜占庭帝国的皇位之后,政权落入尼斯福鲁斯手中,查理与尼斯福鲁斯之间仍然继续进行着谈判,可能涉及使拜占庭皇帝承认查理的皇帝称号的问题。但是,直到812年,拜占庭皇帝迈克尔一世朗伽巴(Michael I Rangabé)派出使团至法兰克首都埃克斯-拉-夏佩勒(亚琛)时,才称查理是皇帝。这就最后承认了800年查理加冕的合法性。很可能也是自812年起,作为对查理之皇帝称号的一种平衡,"罗马人的皇帝"($Βασιλεύς\ τῶν\ ‘ρωμαίων$)这一称号开始正式应用于拜占庭,即专指君士坦丁堡的合法统治者,成为拜占庭皇帝的最高权力的象征。⑪ 自812年以后,基督教世界有两位皇帝,尽管从原则上讲,当时仍然只有一个罗马帝国。柏里说道:"换言之,812年的行为在理论上再现了5世纪的情况,迈克尔和查理,利奥五世和虔诚者路易共同治理这个帝国,如同阿卡第与霍诺留、瓦伦提尼安三世与狄奥多西二世一样,'罗马帝国'的疆域这时自亚美尼亚边界一直延伸到大西洋。"⑫ 自

---

⑪ F.多尔格:"保加利亚汗国和拜占庭帝国"("Bulgarisches Cartun und byzantinisches Kaisertum"),《第四届国际拜占庭研究会议文献》(Actes du IVe Congrès international des études byzantines)(1934,9)。《保加利亚考古学研究所学报》(Bulletin de l'Institut archeologique Bulgare),9(1935),61。G.布拉提亚努(G.Brătianu):《拜占庭经济和社会史研究》(Études Byzantines d'histoire economique et sociale),193。

⑫ 《东罗马帝国史》(Eastern Ro-man Empire),325。亦见L.哈尔芬《蛮族世界:自大规模入侵到11世纪突厥征服》,243—250。印有"罗马人皇帝"这一称号的印鉴见于8世纪。对此,多尔格谈道:"罗马人的皇帝"这一正式称号通常出现于812年的官方文献中,而不会在此之前出现。当然,此前可能偶然使用过。多尔格:《拜占庭杂志》(德文),XXXVII(1937),579。格雷古瓦:《拜占庭》(布鲁塞尔),XI(1936),482。关于这一问题的一般性讨论,见奥斯特洛戈尔斯基《拜占庭国家史》,137页注2。

然,这个"统一的帝国"纯粹是有名无实的。东西方两个帝国都过着完全不同的生活。而且,帝国统一的观念在西方也早已经被遗忘了。

查理为西方取得的帝位是短命的。在查理大帝帝国分裂后的一系列混乱中,皇帝的称号时常易主。在10世纪前半期,这一称号就完全消失了,只是在10世纪后半期再次复生,但是这次则不再是历史上的旧帝国,而是"德意志民族的神圣罗马帝国"。

因此,只是在公元800年之后,才有可能谈及一个东方的罗马帝国,而J.B.柏里在为他所著的《拜占庭帝国史》第三卷命名时表明了他的这一态度,该书被命名为《东罗马帝国史》,包括自802年(即伊琳娜被废黜后)到马其顿王朝统治这一时期的事件,而他的前两部著作被命名为《晚期罗马帝国史》。

伊苏里亚王朝历史概述

历史学家对伊苏里亚家系的最早几位统治者,尤其是对利奥三世的成就,给予了很高评价。的确如此,在一个严重混乱的无政府时期之后,利奥三世登上皇位,成为一位杰出的军事家、天才的统治者和了解时代问题的明智的立法者。我们应该把破坏圣像者的宗教政策与他们的其他行动完全区分开来。在绝大部分的历史著作中,利奥三世受到高度赞扬,例如,希腊人认为他是"东罗马帝国最伟大的统治者之一,人类的保护者"[14]。德国人认

---

[14] 佩帕里哥普洛:《从远古到当代的希腊人民史》,III,467。

第五章 破坏圣像时代(717—867年)

为,他是"据有帝位的最伟大的人物之一"[⑮],他清楚地了解"在上层和下层进行激烈改革的必要",是"用铁血手段恢复帝国的人物,一位伟大的军事天才"[⑯]。一位英国学者认为,利奥的成就是"使罗马帝国复兴"[⑰],而一位法国学者则认为伊苏里亚王朝诸帝"为了提高人民的精神、物质和知识水平,做出了最伟大和最令人钦佩的努力","在组织人民抵抗外来入侵者的威胁中,与查理大帝所采取的措施"[⑱]相比毫无逊色。最近,查尔斯·迪尔论述道:"自伊苏里亚诸皇帝的统治起,产生了一种新的生活原则,永远地丰富了这个世界。"[⑲]俄国的学者们在这方面的研究则不大深入,除了教会史学者之外,他们并没有针对这一时期的统治者做特别的评价,也并没有对破坏圣像的整个历史进行详细的研究。J.A.库拉科夫斯基所著的三卷书只涉及破坏圣像诸皇帝统治时代的一些事件,S.P.谢斯塔可夫(Shestakov)所著的《拜占庭史讲义》一书的第一卷也包括了这一时期,但没有任何评价。在C.N.乌斯宾斯基的《简史》中,可以看到对于反对修道院和修道士运动的很有意义的新评价。最近,Th.I.乌斯宾斯基写道:"伊苏里亚朝的利奥对于这一时期的粗暴行为是有责任的,他使政府将信仰和对上帝崇拜的复杂问题留给军方和治安部门去处理,从而伤害了人民的宗教

---

⑮ K.申克:"皇帝利奥三世的内政",《拜占庭杂志》(德文),V(1896),289、296。
⑯ H.格尔泽:《拜占庭帝国史概要》,960。
⑰ 柏里:《晚期罗马帝国史》,II,410。
⑱ 伦巴德:《拜占庭历史研究:罗马皇帝君士坦丁五世》,II,169。
⑲ 《剑桥中世纪史》,IV,26。

感情,使局部的问题变成国家的重要问题。"⑬

我们必须承认最早的两位破坏圣像皇帝的精力充沛和某些行政天才,而且必须承认利奥三世确实拯救了帝国;与此同时,也应该充分运用一些可用的历史资料,避免对于伊苏里亚王朝过分的赞誉。因为,无论他们是多么虔诚,他们所推行的政策毕竟给帝国的生活带来了极大的混乱。甚至在破坏圣像运动的第一时期,即8世纪时,这一运动就导致了意大利与拜占庭的疏离,使拜占庭与教会的关系极度紧张。教皇开除了破坏圣像者的教籍,并转而向西方寻求政治上的支持和保护。如此导致了教宗与法兰克统治者建立友好关系,开创了中世纪史上的一个新的非常重要的时期。与此同时,亦逐渐奠定了东西方两个教会此后最后分裂的基础。伊苏里亚王朝统治时期的拜占庭帝国丧失了中部意大利,包括拉文纳总督区。8世纪中期,该地区被伦巴德人所控制,后来由矮子丕平将其献给教宗。

无论如何,至今尚未有伊苏里亚王朝的全史面世。这个时期的许多重大问题仍然没有解决,例如,修士和修道院数量减少的问题、修道院土地显然经常用作俗用的问题,都需要进行调查研究。目前,在社会问题方面,对伊苏里亚王朝诸皇帝推行破坏圣像政策做更全面的研究,是拜占庭史研究的基本问题之一。认真探讨这一问题,也许能更好地弄清整个所谓"破坏圣像"时期的历史,揭开它的更深层的意思,这具有更广泛的历史意义。

---

⑬ 《拜占庭帝国史》,II,22。

伊苏里亚王朝的继承者和阿莫里亚或弗里吉亚王朝(820—867年)

802—867年在位的皇帝和他们的血统

历史学家们认为,从9世纪开始至867年马其顿王朝建立统治的这段时期,是在伊苏里亚王朝诸皇帝统治下的帝国复兴时代至马其顿诸帝执政的辉煌时代的转变时期。但是,最近绝大部分的研究表明,该时期并非仅仅是尾声,也不仅仅是一个序曲。它表现出了它本身的重要性,标志着拜占庭文化的一个新时代。[121]

802年的革命废黜了女皇伊琳娜,尼斯福鲁斯一世(802—811年在位)登上了拜占庭皇位。据东方的史料,尼斯福鲁斯是阿拉伯人血统。[122] 必定是他的一位先祖迁居到了小亚细亚的一个行省庇西迪亚(Pisidia),尼斯福鲁斯就出生在该地。在拜占庭的编年史中,802年这样的革命实际上是比较罕见的。在拜占庭帝国时期,绝大多数的政治暴动都是由军队的将军即军人领袖发动和领导的。尼斯福鲁斯的行动却是个例外,他与军队没有任何关联,只是位居财政大臣的高职。这位皇帝于811年在对保加利亚人的战争

---

[121] 柏里:《东罗马帝国史》,viii。
[122] 泰白里(Tabari):《年代纪》(*Annales*),III(2),695;《叙利亚的迈克尔编年史》(*Chronique de Michel le Syrien*),J.B.,夏博译,III(1),15。E.W.布鲁克斯:"阿巴斯朝统治早期的拜占庭人和阿拉伯人"("Byzantines and Arabs in the Time of the Early Abbasids"),《英国历史评论》(1900),743;以及布拉提亚努(Brâtianu):《拜占庭研究》(*Études byzantines*),187,191—195(涉及尼斯福鲁斯的整体政策)。

中战死,几个月后,皇位由他的儿子斯陶拉希乌斯(Stauracius)继承。斯陶拉希乌斯曾在对保加利亚战争中受了重伤,继位当年(811年)就去世,但在他去世之前便被废黜,"圣宫总监"(curopalates)*迈克尔一世有机会继承大统。他出生于朗伽巴的希腊人家族,因迎娶了尼斯福鲁斯一世的女儿、不幸的斯陶拉希乌斯的姐姐普罗科庇娅(Procopia)而进入宫廷。但是迈克尔的统治时间也很短(811—813年),因为他在对保加利亚的战争中失利,被一位军事领袖,出生于亚美尼亚的利奥所废黜,此人后来被称为亚美尼亚的利奥五世(813—820年)。820年,利奥五世被杀,皇帝之位落到他的一个禁卫军首领迈克尔二世手中(820—829年在位)。他的绰号是"口吃者",他来自小亚细亚的一个行省弗里吉亚的阿莫里亚要塞,因此他所建立的、以三个人为主要代表人物的王朝(820—867年),就被称为阿莫里亚王朝或者是弗里吉亚王朝。他是一位粗俗的、愚钝的外省人,"在异端者、希伯来人和半希腊化的"[13]弗里吉亚人当中度过了其青年时代。后来的一份叙利亚史料甚至断言,他是个土生土长的犹太人。[14] 他死后,其王位传于他的儿子塞奥菲卢斯(Theophilous,823—842年),他娶了出生于小亚细亚的帕夫拉戈尼亚的狄奥多拉为妻,即后来著名的恢复正教崇拜的人

---

* curopalates,希腊语 κουροπαλάτης,来自拉丁语 curapalatii,即宫廷总监之意。该头衔始自查士丁尼一世时期,初仅封授于皇室成员或姻亲。如驸马。后来也用于封授外族属国的君主,如高加索地区的格鲁吉亚君主(630—1060年有16位领此称号者)和亚美尼亚君主(635年之后有数位)。因此,在用于拜占庭内部时。可译圣宫总监,用于外族领主时即用音译"科罗帕拉蒂"。——译者

[13] 柏里:《东罗马帝国史》,III,78。
[14] 《叙利亚的迈克尔编年史》,夏博译,III(1),72。

物。这一王朝的最后一位皇帝是塞奥菲卢斯夫妇的儿子、腐败无能的迈克尔三世,他以"醉鬼"这一可鄙的绰号而遗臭万年。

在拜占庭的史学记载和后来的文学作品中,没有任何一位皇帝像这位"醉鬼"迈克尔三世、"拜占庭的卡里古拉"那样受到如此坏的评价。人们反复描述这位皇帝难以置信的肤浅、酗酒如命、令人震惊的背信弃义及讨人嫌的污言秽语。但是,近来,H.格雷古瓦提出了强有力的论据来恢复迈克尔三世的名誉。他提出了迈克尔时代的许多史实,特别是他对东方阿拉伯人进行的积极而有效的战争,以此说明,阿莫里亚朝的这位最后一代君主具有天才的气质,而且他的确促进了拜占庭历史上的一个胜利时期的出现(843—1025年)。[15] 没有人像格雷古瓦那样走得如此之远,竟然称迈克尔三世为"天才";事实上他在28岁时就被暗杀而死,也许迈克尔的确没有足够的时间来发挥他的能力。虽然,他的确有一些讨人嫌的缺点,但是我们需承认他还是有能力及首创精神的,而且——这一点也许是更重要的——他设法在自己身边选择了一些天才的顾问和行政官员。格雷古瓦强调迈克尔对东方的阿拉伯人取得的军事胜利对于民众中流传的故事和诗歌有着深刻影响,是恰当的;迈克尔对北方敌人罗斯人取得的胜利(860—861年)也产生了同样深刻的影响。[16]

---

[15] 见 H.格雷古瓦"牧首福修斯新论"("Du Nouveau sur le Patriarche Photius"),《比利时皇家学会分类文献通报》(*Bulletin de la classe des letters de l' Académie royale de Belgique*),XX(1934),38—39。在其他一些文章和研究报告中,格雷古瓦强调了同一观点。

[16] A.A.瓦西列夫:《860—861年俄国人第一次进攻君士坦丁堡》(*The First Russian Attack on Constantinople in 860—861*)。

在迈克尔三世未达法定年龄期间,他的母亲正式统治拜占庭帝国达十四年之久,她将所有的行政事务都交给了她的宠臣狄奥克提斯图斯(Theoctistus)。迈克尔三世成年后,下令杀死了狄奥克提斯图斯,迫使他的母亲进入修道院,自己登基当了皇帝。这一激烈的政治变动主要是由迈克尔的舅舅、其母亲的弟弟巴尔达斯(Bardas)策动和领导的,于是,他迅速擢升为帝国的最高贵族等级,圣宫总监和恺撒,在政府的所有事务中开始具有特别的影响。一个曾经拜见过迈克尔的阿拉伯使节,记载了关于迈克尔全不在意帝国事务的有趣事实。这位使者写道:"从我走上宫殿后一直到离开那里,只有一位翻译在说话,皇帝听着,或点头或摇头表示赞成或反对。他的舅舅处理了一切事务。"[12]巴尔达斯具有多方面的天才,他成功地与帝国的敌人斗争,并表现出对教会利益的清醒的理解。他竭诚地在他的臣民中间传播更多的知识,发展教育事业。但是他仍然被宫廷中的新宠瓦西里,即后来的马其顿王朝的创立者施以阴谋杀害。巴尔达斯死后,迈克尔将瓦西里收为嗣子,并为他加冕称"共治皇帝"。他们两人的共治只持续了一年多,瓦西里怀疑迈克尔一世在阴谋反对他,故唆使自己的一些朋友在一次宫廷宴会后杀害了他的恩主。从此,瓦西里成为帝国的唯一统治者和拜占庭历史上最著名的马其顿王朝的创立者。

---

[12] 这个故事被阿拉伯人编年史家泰白里保留在其《年代纪》中,德戈杰编,III,1451;俄文译本。亦见 A.A.瓦西列夫《拜占庭与阿拉伯人》,I,188;附录,58。V.R.罗森(V.R.Rosen):《保加利亚人的屠杀者——皇帝瓦西里二世》(*The Emperor Basil Bulgaroctonus*),147。A.A.瓦西列夫:《拜占庭与阿拉伯人》,法文译本,I,321—322。迪尔和马赛:《395—1081年的东方世界》,I,320 页注 135。柏里:《东罗马帝国史》,英文版,280—281。

因此,自802年到867年,拜占庭王位的占据者先是两位阿拉伯人,或者说是闪米特人;后来是一个希腊人迈克尔一世,但他娶了阿拉伯人尼斯福鲁斯的女儿;随后是一位亚美尼亚人;最后是三位弗里吉亚人,或者几乎可以称其为半希腊人。在拜占庭的历史上,王权第一次落入闪米特民族出身的帝王的手中。这表明,在这一时期,东方因素在帝国的统治中发挥了十分重要的作用。

拜占庭帝国的对外关系

阿拉伯人和斯拉夫人以及斯拉夫人托马斯起义。——9世纪时,拜占庭帝国和阿拉伯人之间的敌对关系几乎持续不变。在东方边境线上,双方的这种敌对关系表现为武装冲突的连续不断,几乎每年定期发生,同时伴有战俘的经常性交换。在穆斯林一方,为了抵抗拜占庭人的攻击,自叙利亚到亚美尼亚边境修筑了一系列防御工事。同样的防御性城市在拜占庭一方也建立起来。所有这类防御工事在小亚细亚构筑了一种"防线"。9世纪时,发生在东方边界线上的冲突只有极少数情况下导致深入对方领土范围内的重要战争。由于严重的内部争斗,加之波斯人和后来的突厥人在穆斯林帝国中占据了优势,哈里发国家在9世纪逐渐在政治上趋于衰弱,如同在7、8世纪时那样,穆斯林在东方边境对于拜占庭的持续进攻,已不再能威胁拜占庭帝国的生存。但是,这类进攻却对拜占庭的边界行省造成了极大的破坏:侵犯了居民的财产、削弱了人们缴纳赋税的能力,并杀害了许多边境居民。9世纪的前三十年,穆斯林帝国的统治者是著名的哈里发哈伦-阿尔-赖世德(Harun-ar-Rashid,786—809年在位)和马蒙(Mamun,813—833年在位),在这两位哈里发的统治下,波斯文化的影响几乎占绝对的优势,迫使阿拉伯民族退居幕后。就其政治观点而言,9世纪的哈里发们,特别是哈里发马蒙,与拜占庭皇帝一样,相信他们的权力在国家社会生活的各个方面都是绝对的,无限的。

尽管阿拉伯和拜占庭在东方边界有着冲突,但除了极少数例外,并没有对任何一方产生严重的后果。但是,穆斯林舰队在地中海上的行动则使他们占领了克里特岛、西西里大部和南意大利的数个重要据点,这却是具有特别重大意义的。

在9世纪阿拉伯-拜占庭关系问题上,具有特别重要地位的是阿拉伯人参与了反对迈克尔二世的托马斯(Thomas)起义。这次起义发端于小亚细亚,领导者托马斯具有斯拉夫人血统。该起义导致了规模宏大的内战,持续了两年之久。它是迈克尔二世时期发生的核心事件,从政治、宗教和社会观点来看,都具有深远的意义。在政治上,它的重要性在于,托马斯成功地聚集了整个小亚细亚的军队,只有两个军区的军队不支持他。据一些史料记载,在他的旗帜下,集合了小亚细亚和高加索边境的各个民族。除了他自己的民族——斯拉夫民族(他们自大规模地自欧洲大陆迁徙到小亚细亚后,已经建立了一些巨大的移居地)外,托马斯的军队包括波斯人、亚美尼亚人、伊庇利亚人和高加索地区的其他一些部族的成员。[12] 鉴于托马斯领导着这样一支强有力的庞大队伍,哈里发马蒙立即毫不犹豫地与托马斯结成了紧密的联盟,欲帮助他推翻

---

[12] 迈克尔皇帝给西方皇帝虔诚者路易的一封信,见巴罗尼(Baroni)《基督教会年代纪》(*Annales ecclesias-tici*),泰奈尔(Theiner)编,XVI,63;吉尼西乌斯(Genesius),波恩版,33。

迈克尔二世。为此,阿拉伯人曾得到托马斯的承诺,将得到拜占庭边境地区的一些土地。经过马蒙的同意,或者是在马蒙的建议下,托马斯在安条克接受了大主教乔布(Job)的加冕,称为"罗马人"的皇帝,于是,拜占庭皇帝面临着一个非常危险而且强有力的竞争对手。东方的阿拉伯人显然十分关注这次起义的发展。

从宗教的观点看,这次起义的重要性在于托马斯利用了大多数民众对恢复破坏圣像运动的政策而产生的不满情绪,宣称他自己是坚定的圣像崇拜者,甚至自称是曾在前一时期恢复圣像崇拜的女皇伊琳娜的儿子君士坦丁。这一政策赢得了许多支持者。

这次运动导致了一些社会冲突。小亚细亚的收税人站在了托马斯一边,于是,据一则史料披露,出现了"奴隶反对他们的主人"的斗争。[12] 下层阶级的成员希望为他们自己建立一个更好的更光明的未来社会,而起来反对他们的压迫者——那些地主。据同一则史料披露,随后出现的内战,"就像尼罗河突然泛滥,冲击着大地,但不是用水,而是用血"。[13]

在爱琴海水师的支持下,托马斯指挥他的军队进攻君士坦丁堡。途中,他轻而易举地击败了迈克尔军队的抵抗,然后从海陆两面包围了帝国的首都。当他到达了欧洲一岸时,色雷斯和马其顿的斯拉夫人加入了他的队伍。对君士坦丁堡的包围持续了整整一年。迈克尔受到强大的压力,但是,由于两个事件的发生,他赢得了最后的胜利。一方面,他打败了托马斯的水师;另一方面,他得

---

[12] 狄奥凡尼续作者:《历史》,波恩版,53。
[13] 同上。

到了保加利亚人的支持。这些保加利亚人在其国王奥穆尔塔格（Omurtag）的率领下,出人意料地出现在北方,打败了自陆上包围君士坦丁堡的起义军队。托马斯无法重新集结他的人力,无望地走向失败。他被迫逃跑,后来被逮捕并被处死。他的军队残余也被轻易地消灭了。这次难以对付的革命持续了两年多,在823年被彻底粉碎,迈克尔从此感到能够稳坐龙椅了。[131]

这次起义的结局对于拜占庭帝国来说是相当重要的。起义的失败也是恢复偶像崇拜的失败。托马斯的失败还意味着哈里发马蒙进攻拜占庭帝国的计划失败了。再者,这次起义使小亚细亚产生了非常大的社会性变化。6世纪时,在查士丁尼大帝统治下,由隶农身份的农民耕作的大地产制在拜占庭帝国广泛发展。以后几个世纪的史料记载中,提到了小土地占有者和小农土地占有者。但是,10世纪时,大地产占优势的状况再次出现,而小亚细亚尤为突出。这很可能是托马斯起义带来的一个结果。毫无疑问,这次起义引起了大量的小土地所有者破产。他们不堪政府税收的重负,被迫将自己的财产转移到富裕邻居的名下。然而,不管出于什么原因,10世纪大地产的出现甚至开始威胁皇权,小亚细亚尤其如此。[132]

---

[131] 关于托马斯起义的最详细的批判性记载,可参看瓦西列夫的《拜占庭与阿拉伯人》,21—43;法文版,23—49。柏里：《东罗马帝国史》,84—110。Th. I. 乌斯宾斯基：《拜占庭帝国史》,II(1),279—292。笔者法文版《拜占庭帝国史》的编者曾提及,笔者认为托马斯是亚美尼亚人血统(26)。这种说法不确实。事实上,笔者一直认为托马斯是斯拉夫人。

[132] 芬利：《希腊史》,托泽编,II,133;柏里：《东罗马帝国史》,II,110。

第五章 破坏圣像时代(717—867年)

直到9世纪30年代末期,拜占庭与阿拉伯的冲突仍没有重大的结局。这时的哈里发国家正受到国内严重动乱的困扰,而且由于拜占庭帝国不时加以巧妙地干预而日趋严重。迈克尔二世的儿子塞奥菲卢斯于830年在小亚细亚被打败,但是,翌年(831年)他又在乞里奇亚取得了对阿拉伯人边防军的胜利,在回军君士坦丁堡时受到盛大的凯旋仪式的欢迎。[⑬] 此后的几年,塞奥菲卢斯没有取得重大的胜利。一位阿拉伯历史学家甚至说道,哈里发马蒙期望着使整个拜占庭帝国归服。[⑭] 塞奥菲卢斯曾经向马蒙派出了使节,提出了和平建议。但是,在833年,马蒙去世,他的兄弟穆塔希姆(Mutasim)继哈里发位。在穆塔希姆统治的早年,拜占庭与阿拉伯哈里发国家的敌对行动暂时停止了。837年,塞奥菲卢斯重新发动了攻势,并取得了极大的成功。他占领并焚烧了扎波特拉(Zapetra)要塞,并侵入其他地区。为了庆祝这次胜利,君士坦丁堡臣民为他举行凯旋式,再现了六年前他归城时受到欢迎庆典活动的盛况。[⑮] 但是,838年,穆塔希姆装备了一支大军,深入小亚细亚,并在长期包围之后,占领了弗里吉亚重要的、筑有坚固防御工事的阿莫里亚(Amorion)城,这座城市是当前统治王朝的发源

[⑬] 见瓦西列夫《拜占庭和阿拉伯人》,82—92;法文版,103—104;柏里:《东罗马帝国史》,254,472—477。关于凯旋式的描述,见君士坦丁·波菲罗杰尼图斯《拜占庭礼仪制度》,503—507。

[⑭] 雅库比(Yaqubi):《历史》(*Historiae*),M. Th 霍茨马(Houtsma)编,II,573;瓦西列夫:《拜占庭和阿拉伯人》,附录9;法文版,274。

[⑮] 瓦西列夫:《拜占庭和阿拉伯人》,113—117;法文版,37—43。柏里:《东罗马帝国史》,260—262。关于凯旋式的记载,见《拜占庭礼仪制度》,507—508。

地,用阿拉伯编年史中一句夸张的话来说,这座城市是"基督教的眼睛和基地"。穆塔希姆在成功地占领了阿莫里亚后,企图向君士坦丁堡进军,但当他听到家乡发生了军事政变的紧急消息时,被迫放弃了原计划,返回叙利亚。⑬

在希腊教会的编年史中,包围阿莫里亚的战斗是同42名战俘殉道者的著名传奇故事联系在一起的:他们由于拒绝皈依伊斯兰教而被拖到底格里斯河边斩首,尸体被扔到河里,但却奇迹般地浮在水面上,一些基督徒将尸体打捞上来,为死者举行了隆重的葬礼。⑭

阿莫里亚的失陷给塞奥菲卢斯皇帝造成了极为沉重的压力。他想利用自己的军事力量有效地抗击阿拉伯人进攻的希望完全落空,乃至害怕失去自己的首都,于是转而向西方去寻求援助。他的使者出现在威尼斯,进入了法兰克国王虔诚者路易设于因格尔海姆的行宫中,甚至远至最西方的西班牙,出现在倭马亚埃米尔的宫廷中。西方各统治者都十分友好地接待了他的使者,却没有给予

---

⑬ 泰白里:《年代纪》,III,1236;俄文版,见瓦西列夫《拜占庭与阿拉伯人》,附录,30;法文版,249—295。关于阿莫里亚朝对阿拉伯人进攻的最详细的记载,见泰白里的阿拉伯文版《年代纪》,III,1236—1256;俄文版,30—46;法文版,295—310。至于这次战争的总的情况,见瓦西列夫《拜占庭和阿拉伯人》,俄文版,119—140;法文版,144—177。柏里:《东罗马帝国史》,262—272。柏里:"838年穆塔希姆穿越安纳托利亚的军事远征"("Mutasim's March Thorugh Cappadocia in A.D.838"),《希腊研究杂志》,XXIX(1909),120—129。

⑭ 见《阿莫里亚的42名殉道者记事》(Acta 42 martyrum Amoriensium),V.G.瓦西列夫斯基和P.尼基汀编:《皇家科学院学报》(Transactions of the Imperial Academy of Sciences),VIII ser.,VII,2(1905),35。有希腊文和俄文的详细评注。该"记事"提供了一些重要的历史资料。见柏里《东罗马帝国史》,271—272。亦见《一篇关于阿莫里亚42名殉道者生平的希腊文记载》(A Greek Text of the life of 42 Martyrs of Amorion),根据巴黎国家图书馆手稿第1534号所编,编者A.A.瓦西列夫,《皇家科学院学报》,VIII ser.,III,3(1898),16。

第五章 破坏圣像时代(717—867年)

塞奥菲卢斯任何积极的支持。

在阿莫里亚王朝统治的最后时期,包括塞奥菲卢斯统治的最后几年和迈克尔三世统治时期,东方阿拉伯哈里发国家内部的纷争阻碍了阿拉伯人重新发动对拜占庭帝国的大规模战争。实际上,拜占庭军队有多次机会可以打败阿拉伯人。863年,梅利特尼(Melitene)的埃米尔(总督)欧麦尔攻陷了拜占庭黑海岸的城市阿米苏斯(Amisus,萨姆松[Samusun])。但是,黑海的阻隔使他不能采取进一步行动。他感到愤怒至极。据说他竟像当年希波战争时的薛西斯一样,用鞭子抽打海水。同一年,当他回军之时,遭到了佩特罗纳斯(Petronas)率领的拜占庭军队的阻击和包围,在博森(Poson)发生激战(准确位置至今未能确定),阿拉伯军队几乎全军覆没,欧麦尔本人亦被杀害。[138] 拜占庭军队获得的这一辉煌胜利的消息在君士坦丁堡的竞技场内获得了极大的反响,一首专门庆祝埃米尔在战场上死去的歌曲在史料中被保留下来。[139]

罗斯人第一次进攻君士坦丁堡。——在每年与阿拉伯人作战的同时,史料突然开始提到了"罗斯",即罗斯人对君士坦丁堡的第一次进攻。直到近期,这一事件的发生被大多数历史学家认定是发生于865年或866年,而且这件事经常与罗斯王公阿斯科德(Ascold)和迪尔(Dir)的远征相联系。但是,自1894年以后,当一

---

[138] 瓦西列夫:《拜占庭与阿拉伯人》,II,199—201;柏里:《东罗马帝国史》,III,283—284。

[139] 君士坦丁·波菲罗杰尼图斯:《拜占庭宫廷礼仪》(*The Ceremonial Book of Constantine Porphyrogennetos*),I,69;波恩版,332—333。见 J. B. 柏里"关于君士坦丁·波菲罗杰尼图斯描写宫廷礼仪的著作"("The Ceremonial Book of Constantine Porphyrogennetos"),《英国历史评论》,XXII(1907),434。

部很短的匿名编年史在布鲁塞尔被一位比利时学者弗朗兹·库蒙特(Franz Cumont)公布后,上述意见被认为是错误的了。这一编年史提供了非常准确的资料,罗斯人的 200 艘舰船是在 860 年 6 月 18 日到达君士坦丁堡的,但是他们遭到了惨败,损失了许多船只。[⑭] 在此匿名的编年史出版之前的一个很长时期,许多学者怀疑这一事件发生的日期早于原来估计的年份,而且根据许多编年史的资料估计,都倾向于将此事的发生确定于 860 年是正确的。于是,18 世纪的一位著名的意大利学者阿塞马尼(Assemani)断定,罗斯人对君士坦丁堡的第一次进攻发生在 859 年年底或 860 年年初,但是,后来的学者们完全忘记了他的研究成果。[⑮] 早在布鲁塞尔的手稿发现之前十四年,完全独立于阿塞马尼的研究,俄罗斯教会的历史学家戈鲁宾斯基(Golubinsky)也得出了结论,认为这次进攻发生在 860 年和 861 年年初。[⑯]

与这一事件同时代的教宗佛提乌在一次布道中,曾将罗斯人说成是"粗鲁和野蛮的西徐亚人"把他们的进攻描写为一片"野蛮顽固和可怕的海洋","一场可怖的北方风暴"。[⑰]

与西方的阿拉伯人的斗争。——在东方对阿拉伯人进行军事行动的同时,帝国也与西方的阿拉伯人展开了斗争。7 世纪时,阿

---

⑭ 《布鲁塞尔秘密档案》,《拜占庭编年史手稿 11376 号》(*Anecdota Bruxellensia*, I. *Chronoiques Byzantines du Manuscrit 11376*),F.库蒙特(F. Cumont)编,33。

⑮ 见《世界教会年历》(*Kalendaria Ecclesiae Universae*),I,240—243;IV,9。

⑯ 《俄罗斯教会史》(A History of the Russian Church),I(1),21—22(第 2 版,1901 年),II(1),40。

⑰ 《关于罗斯人入侵的布道词》(*In Roussorum incursionem Homilae*),I—II,《维也纳古典辞书》,A.纳乌克(A. Nauck)主编,201、209、221。

第五章 破坏圣像时代(717—867年)

拉伯人经过艰难的战争所征服的北非,已经迅速地摆脱了东方哈里发们的控制,于是,自800年后,阿拔斯哈里发们已经不再能对埃及以西的领土行使控制权。一个独立、拥有一支强大舰队的阿格拉布王朝于9世纪(800年)在突尼斯兴起。

这一时期,拜占庭帝国在地中海占有的全部领地均受到了阿拉伯人的严重威胁。甚至早在9世纪前半期,即当尼斯福鲁斯一世统治时期,非洲的阿拉伯人就援助了伯罗奔尼撒半岛上的斯拉夫人起义,并参与了对佩特雷的围攻。在迈克尔二世统治时期,拜占庭帝国失去了有着重要战略意义和商业意义的海岛克里特,来自西班牙的阿拉伯移民占领了这座岛屿。这些移民先是在埃及找到了栖身之地,后来进入克里特。阿拉伯人的首领在此岛上建立了一个新城,在其周围挖掘了深深的城壕,阿拉伯语称其为汉达克(handak),由此,这座岛屿有了新的名字:汉达克斯(Chandax),或称坎迪亚(Candia)。⑭ 克里特岛也成为海盗团伙的巢穴,这些海盗时常出没于爱琴海诸岛和沿海地区,袭击和掠夺这些地方,给拜占庭帝国的政治和经济带来极大的干扰。

对于拜占庭帝国来说,更严重的损失还是西西里的丧失。早在7、8世纪间,这个岛就成为阿拉伯人攻击的目标,尽管这些攻击还不算严重。但是,在阿莫里亚王朝统治时期,情况有了变化。在迈克尔二世统治后期,一个叫作欧菲米乌斯(Euphemius)的人组

---

⑭ 很难说清楚,克里特岛被阿拉伯人征服的时间是在823年还是825年,参见瓦西列夫《拜占庭与阿拉伯人》,45—53;关于这一时期,亦见该书49页注1;法文版,49—61。柏里:《东罗马帝国史》,287—291。布鲁克斯的一篇文章在以批判眼光研究史料方面特别有意义,该文认为这一征服是在828年。E. 布鲁克斯:"阿拉伯人占领克里特"("The Arab Occupation of Crete"),《英国历史评论》,XXVIII(1913),432。

织了一场反对皇帝的起义,他后来还自立为帝国的统治者。他很快意识到自己的军力不足以抵抗皇帝的军队,于是向非洲的阿拉伯人请求援助。这些阿拉伯人到了西西里;但是他们却不去帮助欧菲米乌斯,而是开始进攻西西里岛,欧菲米乌斯后来被拥护拜占庭皇帝的人们杀死。⑮ 按照一位意大利历史学家伽伯托的说法,欧菲米乌斯是一位空想家、一位理想主义者、一位为他的国家取得独立地位的勇敢战士,而且是一位在意大利创建一个独立国家"罗马-意大利帝国"(*Impero romano italiano*)这一传统政策的继续者。但是,伽伯托对欧菲米乌斯的评价却没有可资证实的证据。⑯阿拉伯人开始在帕诺莫斯(巴勒莫)定居,并逐渐占领了西西里岛的大部,包括墨西拿。到了阿莫里亚朝末期,西西里岛上的所有城市中,只有叙拉古(Syracuse)仍留在基督徒的手中。对阿拉伯人来说,西西里岛是进攻南意大利拜占庭领土的天然跳板。

从西西里进入亚平宁半岛的南端有两个小的半岛:位于西南部的一个是古代著称的卡拉布里亚(Calabria),另一个是位于西北的布鲁提乌姆(Bruttium)。在拜占庭时期,它们的名字有了变化。自 7 世纪以后,布鲁提乌姆这一名称越来越不被人提起,而是逐渐地被称为卡拉布里亚,于是,这两个小半岛开始使用同一名

---

⑮ 关于欧菲米乌斯的起义,见 F.伽伯托(F. Gabotto)《欧菲米乌斯使意大利脱离拜占庭的分离运动》(*Eufemio il movimento separatista nella Italia byzantina*)。亦见瓦西列夫:《拜占庭和阿拉伯人》,56—75;法文版,61—88。柏里:《东罗马帝国史》,294—302、478—480。当然,阿玛利(Amari)的基础性的著作是不可缺少的资料。

⑯ 伽伯托:《欧菲米乌斯使意大利脱离拜占庭的分离运动》,6—7。瓦西列夫:《拜占庭和阿拉伯人》,73—74。法文版,85。亦见 M.阿玛利《西西里穆斯林的历史》(*Storia der Musulmani di Sicilia*),I,282;(第 2 版,1933 年),412。

称;换言之,当时的卡拉布里亚指的就是拜占庭在南意大利的环绕塔兰图姆(Tarentum)湾的全部领地。[40]

9世纪,意大利的政治局势如下:拜占庭帝国保留着威尼斯和坎帕尼亚的大部分,那不勒斯公爵领地、其他两位公爵的领地再加上南部的两个小半岛。威尼斯和坎帕尼亚只是在政治上松散地隶属于拜占庭,因为它们有自己的自治政府。南意大利则直接归属于拜占庭;意大利的大部分掌握在伦巴德人手中。7世纪时,伦巴德公爵贝尼文托从拜占庭帝国手中夺得了塔兰图姆;于是他的领土就抵达了该海湾,将拜占庭的意大利领土分隔开来,此后,上述两个半岛只能通过海上互相联系。而当查理大帝征服意大利,在罗马举行加冕礼后,整个亚平宁半岛,除了拜占庭的领土之外,就都处于这位西方皇帝的统治之下。但实际上,在南部,他的权力无法达到教宗国和斯波莱托(Spoleto)的疆界之外。贝尼文托公爵领仍然保持着独立国家的地位。

随着西西里岛被逐渐征服,阿拉伯人的舰队也开始劫掠意大利海滨地区。在塞奥菲卢斯统治时期,塔兰图姆被阿拉伯人占领,对拜占庭统治下南意大利各省直接构成一个严重的威胁。前来支援拜占庭皇帝的威尼斯舰队,在塔兰图姆遭受惨败。与此同时,阿拉伯人占领了意大利半岛东部的重要设防城市巴里,从这里,阿拉伯人直接向意大利内陆地区发动进攻。西方皇帝路易二世曾带着其军队来到这里,但是被阿拉伯人打败,被迫撤退。与此同时,

---

[40] J.盖伊(J. Gay):《南部意大利与拜占庭帝国》(*L'Italie Méridionale et l'Empire Byzantin*),5—6。

在9世纪40年代,阿拉伯海盗出现在台伯河口并威胁着罗马,但是,在抢得丰富的战利品之后,他们就撤离了这座古都。位于罗马城墙之外的圣彼得教堂和圣保罗教堂在这次攻击中受到严重破坏。

总之,阿莫里亚王朝时期的阿拉伯-拜占庭冲突导致拜占庭帝国在西方世界的失败。克里特岛和西西里岛丢掉了;但是克里特岛于961年被拜占庭收复,而西西里岛则从此永远脱离了拜占庭的控制。南意大利的许多其他重要据点也落于阿拉伯人手中,但直到9世纪中期以后,这里才形成较大的连成一片的阿拉伯人统治区。而在帝国的东方边界,对阿拉伯人斗争的结果则完全不同。在这里,帝国几乎成功地保持了它的领土未受到侵犯。边境地区的些许变化并没有对历史的一般进程发生决定性的作用。在这方面,阿莫里亚王朝的努力对于帝国是十分重要的。因为在这个王朝的数任皇帝统治的四十七年间,帝国能够抵挡住阿拉伯人在东方入侵的压力,总的来看,基本上维护了拜占庭的小亚细亚的领土完整。

阿莫里亚统治时期的拜占庭和保加利亚人。——9世纪初,保加利亚的国王是克鲁姆(Krum),他是一个能干的勇士和英明的组织者,而且事实证明,他是拜占庭帝国特别危险的敌人。尼斯福鲁斯皇帝意识到克鲁姆是一位强有力的对手,他将有能力将马其顿和色萨利的斯拉夫族居民争取过去与拜占庭为敌,尼斯福鲁斯遂从帝国的其他地区迁移了许多居民到这两个行省定居。尼斯福鲁斯希望以此防止两省内的保加利亚人和斯拉夫人结成同盟,但据一则史料披露,这一措施在移民中引起了很大不满。[⑭]

[⑭] 狄奥凡尼:《编年史》,德博尔编,486。

第五章　破坏圣像时代(717—867年)

811年,在与保加利亚发生多次冲突后,尼斯福鲁斯对克鲁姆发动了一次征伐战争,但他与他的军队陷入埋伏圈,遭到惨败。尼斯福鲁斯死在战场上,他的儿子斯陶拉希乌斯受重伤,几乎全军覆灭。自378年著名的亚得里亚堡战役,瓦伦斯皇帝在与西哥特人作战的战场上被杀以来,尼斯福鲁斯是又一个死在对蛮族斗争的战场上的皇帝。克鲁姆将战死皇帝的头骨制成一个碗,强迫所有的保加利亚贵族("波利阿德"[boliads])用它饮酒。[14]

813年,克鲁姆也打败了迈克尔一世。迈克尔一世率领了一支大军前去征伐克鲁姆,其规模之大是空前的——连小亚细亚的边境军队也被调出来以壮其军威。但是,拜占庭军队数量上的优势并没有起多大作用;他们遭到了决定性的失败,仓皇溃退,直到君士坦丁堡城下。同年,当亚美尼亚的利奥五世登上拜占庭的皇位之后不久,克鲁姆对君士坦丁堡发动了进攻,包围了这座城市,如一则史料所记载,他的目的是"将他的长枪插在金门(即君士坦丁堡城墙)上"。[15] 但是,就在这堵城墙边,他的胜利进攻被阻止了。他很快死去,拜占庭帝国暂时从保加利亚人的威胁下获得了喘息机会。[16]

克鲁姆的继承者奥穆尔塔格(Omurtag),是"保加利亚早期历史中最著名的人物之一",[17] 他在利奥五世时期,与拜占庭帝国签

---

[14] 狄奥凡尼:《编年史》,德博尔编,491。塞德来尼(Cedreni):《简史》(*Historiarum compendium*),波恩版,II,42。

[15] 狄奥凡尼:《编年史》,德博尔编,503。

[16] 柏里:《东罗马帝国史》,339—354。Th.乌斯宾斯基:《拜占庭帝国史》,II(1),250—263。S.任西曼:《第一保加利亚帝国史》(*A History of the First Bulgarian Empire*),51—70。

[17] Th.乌斯宾斯基:《拜占庭帝国史》,II(1),263。

订了一则为期三十年的和平协议。该协议主要是处理了两国在色雷斯行省的边界问题。至今人们仍能看见这些边界线上的泥土界墙残迹。⑬ 利奥五世与保加利亚缔结和约之后,重建了色雷斯和马其顿一些被毁的城市。他还建筑了环绕首都的更为坚固的一堵新城墙,以便有效地预防保加利亚人可能发动的再次进攻。

此后,直到 9 世纪 50 年代初,保加利亚与拜占庭之间相对安宁。此时,保加利亚的王位传给了鲍里斯(Boris,或 Bogoris,852—889 年)。他的名字与保加利亚人皈依基督教的事件紧紧联系在一起。远在鲍里斯执政之前,基督教已经"找到"保加利亚,主要是利用保加利亚人与拜占庭军队作战时被俘的拜占庭军士从事传教活动。异教徒保加利亚汗曾经残酷迫害"堕落者和被堕落者"。Th.I 乌斯宾斯基断言:"毫无疑问,基督教很早便在保加利亚人中开始传播……甚至早在 8 世纪,其诸王公的宫廷里就有许多基督徒。保加利亚历史上的许多麻烦事件以及汗位的经常变更都与基督教与异教之间的斗争有关。"⑭

鲍里斯之皈依基督教是由保加利亚国内的政治形势所促成的,这使他致力于同拜占庭帝国建立更密切的关系。希腊传教士们来到保加利亚去向当地居民传播基督教。大约在 864 年,鲍里斯国王接受了洗礼,并取名为迈克尔,此后不久,他的人民也接受

---

⑬ 见 J. B. 柏里"814 年的保加利亚和约与色雷斯地区的大界墙"("The Bulgarian Treaty of A. D. 814 and the Great Fence of Thrace"),《英国历史评论》,XXV(1910),276—287。

⑭ "保加利亚古典资料阿博巴-普利斯卡"("Materials for Bulgarian Antiquities, Aboba-Plisca"),《君士坦丁堡俄罗斯考古学院学报》,X(1905),197。亦见 Th. 乌斯宾斯基《拜占庭帝国史》,II(1),453。

第五章 破坏圣像时代（717—867年）

了基督教。但是，两位著名的斯拉夫传道者圣西里尔（St. Cyril）和圣美多德（St. Methodius）兄弟直接参与了鲍里斯的洗礼一事却没有足够权威的资料可资证实。保加利亚人接受了拜占庭教士所施行的基督教洗礼这一事实，加强了拜占庭帝国在巴尔半岛上的威望和影响。然而，鲍里斯很快认识到，拜占庭教会不愿意承认保加利亚教会完全独立。他希望保持自己指导保加利亚教会之精神统治的权力，他担心他的王国会成为拜占庭帝国政治上的附庸。鲍里斯决定与罗马教廷形成教会的同盟。他派出了使者去见教宗尼古拉一世，请他派拉丁传教士到保加利亚去。教宗非常乐意满足鲍里斯的请求。于是，拉丁教会的主教们和传教士们迅速来到保加利亚，而希腊教士则被驱逐出去。但是，教宗的胜利是短暂的，因为保加利亚很快再次转向希腊教会，这是在后来，即在马其顿王朝时期[65]才发生的事。

鲍里斯在宗教上动摇不定之时，正是君士坦丁堡与罗马教会的关系十分紧张时期，但是，这一时期基督教会没有发生公开的分裂。鲍里斯向希腊的教士或拉丁教士提出的请求并不标志着他想皈依正教或大公教会。从理论上说，这一时期的教会仍然是一个统一的普世教会。

---

[65] 关于保加利亚皈依基督教的最新论述，见 F. 德沃尔尼克（F. Dvornik）《9世纪的斯拉夫人、拜占庭及罗马》（*Les Slaves, Byzance et Rome au IXe siècle*），184—195；V. 兹拉塔尔斯基：《中世纪保加利亚国家史》，I(2)，31—152。S. 任西曼：《第一保加利亚帝国》，104（在涉及865年9月的事件时，提到了兹拉塔尔斯基的著作）。A. 瓦伊兰特（Vaillant）和 M. 拉斯卡利斯（Lascaris）："关于保加利亚人接受基督教的日期的讨论"（"La Date de la conversion des Bulgares"），《斯拉夫研究杂志》（*Revue des études slaves*），8(1933)，13(864年)。Th. I. 乌斯宾斯基：《拜占庭帝国史》，II，451—479，该书强调，保加利亚人皈依基督教是在865年。

破坏圣像运动的第二阶段及正教的恢复。
9世纪基督教会的分裂

802年到867年,最初统治拜占庭的皇帝们并没有在政治上实行破坏圣像的政策,而且,伊琳娜女皇所恢复的对圣像的崇拜活动,几乎是在逐渐加强,也没有成为新的攻击目标。尼斯福鲁斯实行的是宗教宽容政策,同时加之以世俗权力对教会的控制。尽管他承认尼西亚会议的决议(尼西亚信经)和圣像崇拜者的胜利,但他并不是圣像崇拜者的热情追随者。对于那些狂热的圣像崇拜者来说,尼斯福鲁斯的宗教宽容政策几乎就像异端那样坏。很可能,这时候宗教问题并没有怎么引起皇帝注意。它们只在涉及国家事务时才引起关注。但是在尼斯福鲁斯时期,特别是在德高望重的牧首塔拉修斯被新任牧首尼斯福鲁斯所替代之后,修道院制度经历了一个相当忧虑的阶段,因为新任牧首是皇帝从俗人当中按照自己的意志直接提拔起来的。这一选择受到了著名的斯图迪昂(Studion)的狄奥多勒和他的追随者斯图迪昂派(Studites)的反对,但这些反对者后来被判流刑。

迈克尔一世朗伽巴在位称帝只有一段很短的时间(811—813年)并不断受到大牧首和修士们影响。他是教会的一个顺从的儿子和教会利益的保护者。在其统治时期,狄奥多勒和斯图迪昂派的成员们被从流放地赦召回来。

伊琳娜恢复圣像崇拜之后,已历经了四分之一世纪,破坏圣像运动仍然在小亚的东方各行省和军队各级官兵中间保有其活力。813年,一个出生于亚美尼亚的军事首领利奥承袭了皇位。在其前辈皇帝们统治时期,利奥身为一个天才的将军掌控着极大的权力,而且,他小心地隐藏自己反对崇拜圣像的观点;但是,当他废黜了迈克尔一世朗伽巴,自己坐稳了皇帝的宝座后,就开始公开推行自己的破坏圣像政策。有一份资料提到了这位皇帝说过这样的话:"你们看,所有那些接受圣像崇拜的皇帝不是死于流放地就是死于战场上。只有那些并不崇拜圣像的人能够在他们的皇位上享尽天年。这些皇帝享有很高的荣誉,并安葬在使徒教堂的寝灵内。我要仿效他们的榜样而破坏偶像,如是,在我百年以后及我的儿子死后,我们的家族仍能长治久安,至第四代第五代。"[150]

利奥五世的破坏圣像政策受到了牧首尼斯福鲁斯的强烈反对,他后来被皇帝撤职。君士坦丁堡牧首之职则落于完全同意利奥五世破坏圣像宗教政策的狄奥多图斯(Theodotus)身上。815年,第二次反对偶像崇拜的宗教会议在君士坦丁堡的圣索菲亚大教堂召开。这次会议通过的决议在恢复偶像崇拜之后被毁坏了,但是它的声明却保留在大牧首尼斯福鲁斯的辩护词中,后来公开出版。[151]

这次会议"在确立和肯定了神所认可的圣父们的教诲,并与六次神圣的基督教主教全体会议精神相一致的前提下,摒弃了传统所不认可的制造和装饰崇拜偶像的无益行为,而更注重在精神和真理方面的崇拜"。该决议进一步指出,由于政权由男性转入女性

---

[150] 《莱昂·巴尔达斯之子的匿名作者手稿》("Scriptor incertus de Leone Bardae filio"),波恩版,349。

[151] 关于这次会议,见奥斯特洛戈尔斯基《对拜占庭破坏圣像历史的研究》,46—60。

(伊琳娜)之手,"女性统治者愚蠢地"恢复了对"死人"和"无生命的偶像"的崇拜及燃烛焚香之举。会议禁止未经授权而制作或绘制加特力教会*的签有假名的偶像,否认大主教塔拉希乌斯(Tarasius)所承认的对圣像的崇拜,亦斥责在圣像前点灯燃烛焚香的行为。这一声明从本质上是754年破坏圣像会议的基本思想的重复,754年的决议得到了肯定。这次会议规定要禁止崇拜圣像也没有必要继续生产偶像。由于这次宗教会"避免称圣像为偶像,因为这是有罪的"[⑱],因此人们认为这次会议比第一次破坏圣像会议更温和。但是,最近又有人提出这样的观点,认为第二次破坏圣像运动,尤其在利奥五世和塞奥菲卢斯统治时期的这一运动,并不比利奥三世和君士坦丁五世统治时期更温和、更宽容,"只是在精神上更为贫乏"[⑲]。

破坏圣像第二时期的皇帝们——亚美尼亚人利奥五世,口吃者(斯塔梅尔[Stammerer])迈克尔二世和塞奥菲卢斯施行的宗教政策,与破坏圣像第一时期全然不同。破坏圣像第二时期的斗争只持续了大约三十年(815—843年),从时间上看,与长达五十年的破坏圣像第一时期的斗争相比要短得多。破坏圣像第一时期的斗争是在圣像崇拜者毫无警觉的情况下发生的,因此他们没有充分地组织起来,也没有做好进行斗争的准备。但是,破坏圣像者的

---

* 指西派罗马教会。——译者

[⑱] M.D.塞吕斯(M.D. Serruys):"815年的破坏圣像会议决议"("Les actes du Concile Iconoclaste de l'an 815"),《考古学及历史学文集》(*Mélagnes d'archéologire et d'histoire*),XXIII(1903),348—349。奥斯特洛戈尔斯基的较近期的更好的著作:《对拜占庭破坏圣像历史的研究》,48—51。

[⑲] 奥斯特洛戈尔斯基:《对拜占庭破坏圣像历史的研究》,56。

第五章 破坏圣像时代(717—867年)

极端措施迫使这些圣像崇拜者团结起来,坚定了他们的信仰,改进了斗争方法,集中了他们的教义理论和反驳对方的资料。因此,破坏圣像的第二时期,圣像破坏者受到比他们的前辈们更为强有力的抵抗。斗争对于他们来说更为困难。来自斯图迪恩修道院院长狄奥多勒和他的追随者斯图迪恩派的反抗尤其激烈,他们是坚定的圣像崇拜的维护者,在民众中有极大的影响。此外,狄奥多勒公开写文章发表演说,反对皇权干预教会事务,维护教会独立和信教自由的原则。皇帝为狄奥多勒的行为所激怒,将他流放至偏远之地,并惩治他的追随者。

根据现存的资料(这些资料无一例外地对破坏圣像者抱有敌意),在利奥五世时期,对圣像的破坏和崇拜圣像者的迫害十分严厉。资料中,将这一时期被迫害的人称为殉道者。另一方面,即使是利奥五世的最激烈的反对者也不得不承认,他在保卫帝国方面是卓有成效和工于心计的,在实行政治统治时也是非常英明的。据一位历史学家,被利奥五世罢免职位的牧首尼斯福鲁斯所说:"在利奥五世死后,罗马人的帝国失去了一个非常伟大的统治者,尽管他对上帝并不虔诚。"[16] 其他时代的人称利奥是"令人生畏的蛇",称他的统治时期相当于"严冬和浓雾"。[16]

对于利奥的继承者迈克尔二世持何种宗教观点,学者们意见不一。一些历史学家认为他是中庸和顺其自然的,是一位"遵循宽

---

[16] 吉尼西乌斯(Genesius):《权力》(*Regna*),波恩版,17—18;亦见狄奥凡尼续作者《历史》,波恩版,30。

[16] 见 A. 多布罗克龙斯基(A. Dobroklonsky)《神佑的斯图迪恩修道院院长,忏悔者狄奥多勒》(*Blessed Theodore the Confessor and Abbot of Studion*),I,850。

容道路和宣布信仰自由的伟大原则的"⑯人,另一些人称他为"虔信的破坏圣像者,尽管不那么狂热","他坚定地支持利奥的破坏圣像改革,因为这些政策与他个人的信仰一致,同时他又拒绝进一步迫害圣像崇拜者"⑯。还有一个近期的研究者认为,迈克尔的"政治方案含有试图调和所有的宗教纠纷的意向,甚至也包括了对宗教争议的问题保持强制性的沉默和对争论的双方采取宽容态度"⑯。

然而,尽管迈克尔有着破坏圣像的倾向,但他并没有进一步发动对圣像崇拜者的迫害活动。但是,当后来成为君士坦丁堡牧首的美多德向这位皇帝提交了罗马教宗的信,要求他恢复对圣像的崇拜时,美多德却受到了残酷的惩罚,被监禁在一座坟墓里。与利奥五世在世时相比,同时代的人们这样来形容迈克尔二世的统治,像"烈火已经熄灭,但还有余烬在冒烟","像缓慢爬行的蛇,这些异端者活动的尾巴还没有被斩断,仍然在蠕动","冬天已经过去,但是真正的春天还没有到来"等。⑯ 著名的圣像和正统教义的保护者、斯图迪昂的狄奥多勒,就死于迈克尔统治时期。

迈克尔二世的继承者,即最后一位破坏圣像的皇帝塞奥菲卢斯,是一位十分精通神学理论的人,他特别因其热情崇拜圣母玛利亚和圣徒而闻名,他也是一些教会颂歌的作者。历史上对塞奥菲

---

⑯ 格尔泽:《拜占庭帝国史概要》,967;施瓦尔茨罗斯(Schwarzlose):《温和的斗士》(*Der Bilderstreit*),72;特尔诺夫斯基(Ternovsku):《希腊东方教会》(*The Graeco-Eastern Church*),487。

⑯ N.格罗苏(N. Grossu):《神佑的斯图迪恩的狄奥多勒》(*The Blessed Theodore of Studion*),151。

⑯ 多布罗克龙斯基:《神佑的斯图迪恩修道院院长,忏悔者狄奥多勒》,I,849。

⑯ 多布罗克龙斯基:《神佑的斯图迪恩修道院院长,忏悔者狄奥多勒》,850。

卢斯的评价是十分矛盾的,有人对他苛刻指责,也有人对他讴歌颂扬。对于破坏圣像者来说,塞奥菲卢斯的统治时期是破坏圣像运动第二阶段中最艰苦的时期。在破坏圣像事务方面,塞奥菲卢斯的主要顾问和运动的领导者是"语法学家"约翰(John the Grammarian),后来的君士坦丁堡牧首。他是当时最有学问的人,同中世纪其他有学问的人一样,他被指责为巫师和施妖术者。这一时期,修士们(其中许多人是绘制圣像者)受到了残酷的镇压。例如,一位绘制圣像者、修士拉扎路斯(Lazarus)的手掌被烧红的铁块灼伤;而狂热保护圣像的两兄弟狄奥凡尼和狄奥多勒则受了鞭刑,前额上被烙了侮辱性的希腊诗句,这些诗句是塞奥菲卢斯皇帝自己专为惩治圣像崇拜者所写的,从此这两兄弟就被称为"受烙刑者"(graptoi)。

但是,历史学家们只要以更带批判性的态度研究塞奥菲卢斯时期的史料记载,他们可能就会改变以往的看法,不再将塞奥菲卢斯统治时期视为迫害维护圣像者最严酷的时期。能够说明这一时期迫害活动之残酷的史料极少。柏里认为,塞奥菲卢斯的宗教迫害活动没有超出一定的地域范围,因为皇帝只坚持在首都和其近郊实行破坏圣像的政策。柏里还认为,在整个破坏圣像运动的第二时期,对圣像的崇拜活动在希腊和小亚细亚的诸海岛和沿岸地区仍然十分繁荣。但这一事实还没有被历史学家们所普遍接受。英国学者也相信,皇帝只在极少数的案例中实行了极端严厉的刑罚。⑯ 对于破坏圣像第二时期进行正确的历史评价还有待于学者

---

⑯ 柏里:《东罗马帝国史》,III,140—141。

们做进一步的工作。

塞奥菲卢斯之妻狄奥多拉是一个狂热的圣像崇拜者,而她的丈夫也早已知道她的宗教倾向。当塞奥菲卢斯于 842 年去世后,由于她的儿子迈克尔尚幼,狄奥多拉遂成为帝国的正式统治者,她所面对的首要问题就是恢复对圣像的崇拜。圣像破坏者的对抗并不像在第一个恢复圣像崇拜的皇帝伊琳娜时期那样强烈,因为狄奥多拉仅用了一年多一点的时间就召开了一个宗教会议来宣布她的宗教主张,而伊琳娜则用了七年时间才完成这一使命。君士坦丁堡牧首"语法学家"约翰被免职,君士坦丁堡教区的权力被授予美多德,他在迈克尔当政时曾经饱受迫害。狄奥多拉召集的这次宗教会议决议并没有被保存下来,但是其他一些资料表明,这次会议重申了尼西亚会议的决议,恢复了圣像崇拜。当这个会议结束了其使命后,人们在 843 年 3 月 11 日,即大斋日*的第一个星期天于圣索菲亚大教堂举行了隆重的礼拜仪式。这一节日至今仍是希腊正教的重要节日。而直到最近不久,人们通常仍认为恢复圣像崇拜的确切日期是 842 年。⑯

在近东,破坏圣像运动第二时期的结束是以 9 世纪的三位东方主教,即以亚历山大的克里斯托弗(Christopher)、安条克的乔

---

* 大斋日,即复活节前 40 天的礼拜日,这一天人们举行宗教仪式和狂欢活动,随后即进入斋期。——译者

⑯ 见 C.德博尔:"罗斯人对拜占庭的进攻"("Der Angriff der Rhosauf Byzanz"),《拜占庭杂志》(德文),IV(1895),449—453。瓦西列夫:《拜占庭与阿拉伯人》,附录,142—146;法文版,418—421(关于恢复正统信仰的时间问题)。根据一些较可靠的资料,C.鲁帕勒夫(Loparev)强调,正统信仰的恢复并不是在 843 年 3 月 11 日,而是在这一年的 4 月 11 日:"可视为拜占庭历史资料的 8、9 世纪的圣徒传记"("Hagiography of the Eighth and Ninth Centuries"),《拜占庭杂志》,II(1916),172 页注 1。

布(Job)和耶路撒冷的瓦西里的名义所联合发表的声明为标志的,该声明宣布要保护圣像。

简言之,破坏圣像者主要从宫廷要人和军队(包括军队中的将领们)中间获得支持,这些将领有些人成功地获得了君临天下的高位,如利奥三世、利奥五世和迈克尔二世等。一些学者认为军队中反对崇拜圣像的倾向应归因于大多数士兵都是从东方民族中间征集的,其中主要是亚美尼亚人,他们被政府大量迁移到帝国西方的行省,特别是色雷斯省。因此,大部分军队士兵都是出于信仰破坏圣像者。据一位学者说:"正教的崇拜方式被东方的士兵们视为'异类',他们认为用任何暴力手段来对付他们称之为'偶像崇拜者'的那些人都是正义的。"[18]至于宫廷官员和高级教士,可以说他们并不是在追随自己的信仰,而是被恐惧和野心所驱使。君士坦丁堡的民众和绝大多数教士则热衷于圣像崇拜。破坏圣像派的皇帝们都是天才的勇士、明智的行政管理者及对阿拉伯人和保加利亚人作战的胜利者,其中一些人还被认为是拯救了基督教世界,保护了西方文明的英雄;但是他们破坏圣像并不是出于政治上的目标和野心,而实实在在是为了信仰。推动他们实行破坏圣像的宗教手段的动力在于:他们坚信自己是在从事改革教会和净化基督教的事业。但这些皇帝的宗教改革活动有时甚至阻碍了他们去实现其英明的政治目标。对圣像崇拜者的斗争引起了国内的动乱,削弱了帝国的政治实力。它也导致了与西方教会的不和,使意大利逐渐从帝国分离出去。只是在对待修道士和修道院的政策问题

---

[18] 布莱耶尔:《关于圣像崇拜之争》(*La Querelle des images*),40。

上,可以认为,破坏圣像的皇帝们带有政治目的。在神学上,我们很难对破坏圣像的理论进行细致的评价,因为几乎所有关于论述破坏圣像之理论根据的文件都被圣像崇拜者销毁了。即使在破坏圣像者当中,也有温和派和激进派之区别。圣像画被看作具有两种潜在危险的因素,一是有回到异教崇拜的危险,二是有回到历次宗教会议所批判的某种异端信仰上的危险。在谈及破坏圣像运动第二时期时,有必要强调,虽然8世纪伊苏里亚朝的皇帝们在破坏圣像第一时期受到了东方小亚细亚各行省人民的支持,但在9世纪则不同了。在破坏圣像运动的第二时期,"破坏圣像思想的狂热性显然被削弱了,这个运动在精神上已经枯竭了"[109]。

崇拜圣像派主要包括西部各省(包括意大利和希腊)的普通民众、所有的修道士和大部分教士、君士坦丁堡的大部分居民(虽然有时由于外部压力他们也假装支持圣像破坏活动),最后是帝国其他一些地区,诸如爱琴海诸岛、小亚细亚沿岸各行省的民众。崇拜圣像者的神学理论,是以圣经为基础,由大马士革的约翰和斯图迪恩的狄奥多勒所发展起来的。他们认为,圣像不仅是启蒙民众的手段,而且他们相信,由于圣像保存着它们所代表的圣者(基督、圣母和众圣徒)的神性和美德,因而具有了神奇的力量。

破坏圣像运动在这一时期的艺术生活中留下了深刻的烙印。大量美轮美奂的不朽艺术作品,如镶嵌画、壁画、雕像和袖珍画在反对偶像的斗争中被毁灭。装饰得丰富多彩的教堂墙壁不是被人

---

[109] Th.乌斯宾斯基:《拜占庭帝国史》,II(1),358。奥斯特洛戈尔斯基:《拜占庭国家史》,53、59。

第五章 破坏圣像时代(717—867年)

们用灰泥覆盖,就是被重新装饰。N.P.康达可夫写道:"简言之,首都的教会生活被迫面对着抗议者的艺术荒漠,它们迟早会取代拜占庭的所有艺术生活……大批有教养的、富有的人举家迁徙至意大利;成千上万的修士和苦行者在南意大利、小亚细亚和卡帕多细亚建立了许许多多的洞穴和隐修所,这种情况被希腊画家们用画记载下来。因此,只有到拜占庭帝国的外围,到小亚细亚或南部及中部意大利,才可能找到8、9世纪的希腊绘画艺术和雕像艺术的遗迹。"[120]但是,在破坏那些描绘基督、玛利亚和圣徒的画像的同时,破坏圣像者选择了新的主题来创造一种新的艺术形式。他们采用新的装饰技术,描绘世俗的景象,如狩猎图、竞技场图、树木、飞禽走兽等,一些巧夺天工的象牙、珐琅类艺术品和一些重要的袖珍画都从破坏圣像运动时代保留下来。总之,破坏圣像者的艺术倾向被艺术史学者视为是回到了亚历山大时期的古典传统,而且有非常明显的写实主义及研究自然的倾向。[121] 破坏圣像时期的一个重要后果,是圣者的雕塑艺术品或圣者的神性故事在东方教会消失了。这既不是教会也不是国家正式加以禁止,而是自然而然地消失的。一些历史学家将这种情况看成是破坏圣像者对极端的圣像崇拜者的部分胜利。[122]

破坏圣像运动的影响也见于拜占庭的货币和印章中。一种全新的货币和印章模式在破坏圣像思想的影响下于8世纪出现了。这些新的货币和印章上不再印制耶稣基督、圣母玛利亚及圣徒的

---

[120] 《对圣母玛利亚肖像的研究》(*Iconography of the holy Virgin*),II,5。
[121] 见夏尔·迪尔《拜占庭艺术手册》,340;(第2版,1925年),I,366。
[122] 柏里:《东罗马帝国史》,III,430。

头像,而只有题铭;有的时候则印制十字架形象或十字形交叉的文字。大体上说,硬币上的图案几乎完全印制十字形和皇室家族人物的形象。人物肖像的绘制模式并不比以前的圣像好多少,而是完全因袭旧例。⑬ 后来,当圣像崇拜恢复时,耶稣基督、圣母玛利亚和圣徒的图形又出现在货币和印章上。

　　破坏圣像运动促使意大利和教宗脱离了拜占庭帝国,也构成 9 世纪基督教会最后分裂的主要原因之一。公元 800 年,查理大帝的加冕致使教宗与拜占庭帝国之间形成了更深的鸿沟。基督教会最后的分裂发生于 9 世纪后半期迈克尔三世在位时,即当君士坦丁堡发生著名的佛提乌和伊格纳修斯(Ignatius)事件之后。

　　伊格纳修斯担任君士坦丁堡牧首期间,对圣像崇拜的热情保护是广为人知的。他被废黜后,牧首一职被授予当时的大学者、世俗人士佛提乌。于是,在拜占庭帝国形成了两个对立的派别,一派拥护佛提乌,一派拥护不肯自动放弃牧首头衔的伊格纳修斯。两派不停地相互指责,引发了激烈的争论,最后迫使迈克尔三世召开了一次宗教会议。站在伊格纳修斯一边的罗马教宗尼古拉一世也受到邀请,但他只派出他的一个使者赴会。然而,他派出的使者经不起威胁利诱,遂违背教宗意愿,批准了对伊格纳修斯的罢免并任命佛提乌接任君士坦丁堡牧首。为了抵制这一决定,教宗尼古拉一世在罗马召开了宗教会议,强烈谴责佛提乌,宣布恢复伊格纳修

---

⑬　见 W.罗思(W. Wroth):《不列颠博物馆所藏拜占庭货币目录》,I,xciii;O. M.多尔顿:《东方基督教的艺术》(*East Christian Art*),224。

斯的职务。迈克尔对罗马宗教会议的公告并不在意,而是激烈地对教皇声明,君士坦丁堡的教会不承认罗马教宗所声称对普世基督教会的领导地位。这件事恰恰发生在保加利亚国王鲍里斯皈依基督教的时期。如前所述,在这一事件上,君士坦丁堡教会与罗马教会发生了激烈的争吵。867年(迈克尔去世那一年),君士坦丁堡召集了另一个宗教会议,在这次会议上,主教们批判并强烈谴责了罗马教宗在因循"异端"教义,因为他在基督教信仰告白中加上了"与圣子"*的句子;同时,他们也批评了罗马教宗错误地干预君士坦丁堡教会事务。于是,罗马教宗和君士坦丁堡牧首开始互相革除教籍,教会出现了分裂。随着迈克尔三世死去,事情发生了变化。新任皇帝瓦西里一世在其上台伊始,即废黜了佛提乌的教职,请回伊格纳修斯重新担任君士坦丁堡牧首。⑱

文献、学术和艺术

如破坏圣像运动这样深刻、复杂和激烈的运动,必定导致广泛的文学创作活动。然而,不幸的是,破坏圣像者的文学作品几乎完全被获胜的圣像崇拜者毁掉。今天我们所知道的只是零星地保存

---

* 这是基督教天主教会与东正教会分歧的一个重要问题。在东正教信仰者中,人们严格按照尼西亚信经和卡尔西顿信经的原则,强调圣三位一体中的圣灵"来自圣父",而在天主教中,后来因强调基督耶稣的首生地位,而将此句改为"来自圣父和圣子"。虽然,后来东正教会对这一原则表示了妥协,但它却构成基督教于1054年正式分裂时的一个重要的教义方面的原因。——译者

⑱ 关于佛提乌,见弗朗西斯·德沃尔尼克(Francis Dvornik)的纪念文集《佛提乌分裂,历史和传说》(*The Photian Schism, History and Legend*)(剑桥大学出版社,1948年)。

在反对破坏圣像者的著作中,他们所引证的内容是出于反驳的目的。因此,可以说,所有幸存的破坏圣像时期的文学著作,实际上只代表崇拜圣像者一派的观点。

如之前希拉克略王朝一样,破坏圣像时期虽有编年史家留下的大量著作,但却没有哪位历史学家能够留下有助于后人正确理解这些编年史及其有关资料,并对破坏圣像时期的历史进行研究的具有较高价值的历史著作。死于9世纪早期的乔治·辛塞鲁斯(George Syncellus)[12],曾写了一部上溯至创世时代至戴克里先统治时期(284年)的编年史,这部书是他在修道院中完成的。但这部书并没有留下任何关于破坏圣像时代的事件的记载,因为这位作者并没有描述当代的事件。不过,由于它对一些早期希腊编年史(他以这些编年史为基本史料)中问题的评介,此书仍具有特别的价值。

乔治·辛塞鲁斯的朋友、忏悔者狄奥凡尼仿照乔治·辛塞鲁斯的模式,于9世纪早期续写了乔治的编年史。作为一位编年史学家,狄奥凡尼对后世各时期的文学有着巨大的影响。他在破坏圣像的第二个时期,是破坏圣像者的激烈反对者。因此受到当朝皇帝、亚美尼亚人利奥五世的审讯。被监禁了一个时期之后,他被流放到爱琴海上的一个小岛上,817年逝于此地。狄奥凡尼的编年史始于乔治·辛塞鲁斯编年史的结尾处,即自戴克里先统治时期开始,一直写到迈克尔一世朗伽巴于813年去世为止。尽管狄

---

[12] 辛塞鲁斯(Sycellus)是拜占庭帝国内授予极有名望的修士的尊号,其原意为"与静室为伴者"。

第五章　破坏圣像时代(717—867年)

奥凡尼在分析历史事件和人物方面十分清楚地表达了正教的观点,而且在叙述有关史实方面往往带有偏见;但他的著作仍然有较高的价值,这不仅是由于它收录了更早时期的资料(其中一些资料今已失传),而且,作为破坏圣像运动时期的同时代人,它比其他任何拜占庭的编年史都更多地记载了这一时期的事件。狄奥凡尼的著作成为后来编年史家们最喜欢采用的资料。他的这一著作于9世纪下半期由罗马教皇的图书管理员阿那斯塔修斯翻译成拉丁文,其在西方对于中世纪编年史家的价值,与它在东方对于希腊编年史家的价值是等同的。⑮

这一时期的另一位重要作家是9世纪早期的君士坦丁堡牧首尼斯福鲁斯。他由于在亚美尼亚人利奥五世统治时期大胆地反对破坏圣像,而遭到免职和放逐。尼斯福鲁斯坚定地相信,崇拜圣像者的观点是正确的,因此在他的神学著作(其中有些仍未出版)中,极力为圣像崇拜者辩护。他反驳圣像破坏者的观点主要集中于他的三篇反驳文章"驳渎神的马蒙(这里他指的是君士坦丁五世)反圣灵化体说的无知的反上帝的谬论邪说"中。⑯ 从历史的观点来看,他的《简史》(叙述了自602年莫里斯皇帝去世后至769年期间的历史)是相当有价值的。尽管尼斯福鲁斯在写这部著作时尽量运用通俗的叙述方法,以能适合更广泛的读者群,因而使之不免带有布道词的特点,但它仍不失为一部重要的资料书,因为它叙述了

---

⑮ 关于辛塞鲁斯,见 G. 奥斯特洛戈尔斯基的"狄奥凡尼"一文,见《古代科学文化知识百科全书》(*Real-Encyclopädie der Classischen Altertumswissenschaft*), A. F. 保利,(A. F. Pauly)、G. 威索瓦(G. Wissowa)编, II(1934), 2127—2132。

⑯ 见米涅《希腊教父文献全集》,C, 205以下。

不少关于这一时期政治和宗教史的重要事件。该《简史》与狄奥凡尼著作的惊人雷同之处说明这两位作者都运用了相同的资料。[17]

最后,另一位反对破坏圣像运动的坚定斗士、修士乔治·哈马托鲁斯(George Hamartolus)也留下了一部世界编年史,其记载的时间上溯至亚当时期,下至842年皇帝塞奥菲卢斯之死,即圣像崇拜的最后胜利。这一著作对于这一时期的文化史特别有意义,因为它涉及当时拜占庭修道院中占主导地位的许多问题的争论,包括修道院生活的本质、破坏圣像的异端邪说的传播,以及阿拉伯伊斯兰教信仰的传播等。它也生动地描述了9世纪拜占庭修道院生活所提倡的价值观和追求目标。哈马托鲁斯的编年史成为后来拜占庭世界史的内容排序的依据,对于斯拉夫人,尤其是俄罗斯的早期文献记载产生了巨大的影响。可以说,俄罗斯编年史的产生与哈马托鲁斯的著作有着极其密切的关系。有一部哈马托鲁斯编年史的古斯拉夫-俄罗斯文译本的手稿中有127幅微型画,这些画至今还没有得到深入的研究和评价,但它们无疑对于研究13世纪俄罗斯和拜占庭艺术史有着极其重要的意义。这一手稿是流传至今的哈马托鲁斯编年史的唯一插图抄本。[18] 除了另一位记述了亚美尼亚的利奥五世皇帝统治时期的匿名作者外,乔治·哈马

---

⑰ R.布赖克(R. Blake):"论君士坦丁堡牧首尼斯福鲁斯一世的文学生涯"("Note sur l'activité littéraire de Nicephore Ier, patriarche de Constantinople"),《拜占庭》(布鲁塞尔),XIV(1939),1—15。

⑱ 阿伊那洛夫:"乔治·哈马托鲁斯的编年史"("La Chronique de George Hamartolus"),《第二届国际拜占庭研究会文集》(Compte-rendu du deuxième Congrès international des études byzantines)(1927),127—133。

第五章 破坏圣像时代(717—867年)

托鲁斯是记载了自813年到842年当代事件的唯一编年史作者。[⑰] 他从一个修道士的狭隘观点出发,主要根据同时代人的口头传说和自己的观察来记载这一时期的历史。哈马托鲁斯的手稿原文在后来的几个世纪中多次被修改和补充,因此,传下来的手稿文字十分复杂混乱,乃至于该著作中哪些内容是可靠的原始记载竟成为拜占庭比较语言学研究中最为困难的问题之一。只是到了20世纪早期,才出版了哈马托鲁斯的希腊文著作的点校版。[⑱] 最近,出版了一部哈马托鲁斯著作的古斯拉夫-俄罗斯语译本的点校本,并附之以这部编年史的希腊文手稿续篇,该续篇构成了斯拉夫文译本的基础。[⑲]

破坏圣像者的文献几乎全部被取胜的圣像崇拜者破坏殆尽;但是,关于754年破坏圣像会议的部分详细敕令却被保留在第七次基督教全体主教公会议的决议中。由君士坦丁五世科普罗尼姆斯所写的一部反对圣像崇拜的巨著之残篇也被保留在君士坦丁堡教长尼斯福鲁斯的三篇驳斥文章中。君士坦丁五世还是其他一些文献资料的作者。[⑳] 他曾下令依据《圣经》和早期教父们的著作,

---

[⑰] 关于这方面的一部重要的同时代著作,见 H.格雷古瓦"新发现的亚美尼亚的利奥时期一位匿名作者的手稿"("Un nouveau fragment du Scriptor incertus de leone Armenio")一文,《拜占庭》(布鲁塞尔),XI(1936),417—428。格雷古瓦认为,"拜占庭编年史的新发现手稿的作者;'亚美尼亚的利奥时期的匿名作者'是马拉拉斯著作的最后一个续作者",见《比利时皇家学会分类文献通报》,XXII(1936),420—436。

[⑱] 修道士乔治:《编年史》,C.德博尔编。

[⑲] V. M.伊斯特林(V. M. Istrin):《乔治·哈马托鲁斯编年史的古斯拉夫-罗斯文版本》(*The Chronicle of George Hamartolus in Its Old Slouenο-Russian Version*)。

[⑳] 见奥斯特洛戈尔斯基:《对拜占庭破坏圣像历史的研究》,7—14。

撰写一部有助于圣像破坏者的综合著作,而且在754年的全基督教主教公会议上,也提出了一项同样的任务;但这两部著作都没有能流传下来。一些破坏圣像者的诗作则被收留于斯图迪恩的狄奥多勒的作品中。第七次全基督教主教公会议宣布,所有的破坏圣像者的文学作品都应该销毁,而且其决议的第九款这样说:"所有那些直接反对崇拜圣像的幼稚的剧本、疯狂的讽刺文章及谬误百出的作品,以及所有其他异端的著作,都得上交给君士坦丁堡牧首。任何人如果私藏这类作品,如果他是主教、司祭或助祭,都应被免职;如果他是修士或居士,将被开除教籍。"⑱

关于保护圣像崇拜的文献资料卷帙浩繁,对后来的一位作者的著作产生了深刻的影响,这个人一生都在已经不属于拜占庭的领地上度过,他就是大马士革的约翰(John Damascene)。他是叙利亚人,当时叙利亚处于阿拉伯人的统治下。约翰是大马士革哈里发的廷臣,大约于750年死于著名的巴勒斯坦圣萨瓦斯(St. Sabas)修道院中。约翰在教义学、辩论术、历史、哲学、讲演和诗歌方面都留下了大量著作。他的主要著作是《知识的源泉》(*The Source of Knowledge*),该书第三部分为"正教教义阐释",试图系统阐述基督教信仰和基督教教义学的主要原则。通过这一阐述,约翰为圣像崇拜者提供了与其对手进行斗争的强有力的理论武器,而在破坏圣像运动的早期,这些人却没有能掌握它。后来,在13世纪,这部著作被西方教会的著名教父托马斯·阿奎那用来作

---

⑱ 曼西:《新编圣公会议文集》,XIII,430。

为他写作《神学大全》的范本。在大马士革的约翰所写的辩论文中,我们必须注意他所写的三篇"驳蔑视圣像者"的论文,作者坚定大胆地在这三篇论文中为圣像崇拜行为辩护。在基督教会文学方面,约翰还特别因其创作的圣诗而誉满天下,尽管他的这些赞美诗与前代的赞美诗作者罗曼努斯(Romanus the Hymnwriter)的诗作相比,在形式上更为复杂;但就这些诗的深刻表现力和包含的深刻教义来说,是基督教会最好的圣歌。约翰也写了许多华丽的布道词,用于庆祝基督教的诸多重大节日,如纪念圣父、圣母玛利亚,或纪念先知、使徒及殉道者们的节日。他所写的用于复活节弥撒礼的布道词特别庄严,歌词表达了在基督耶稣战胜了死亡和地狱时,其信徒们无比喜悦的心情。在约翰的笔下,教会圣歌达到了至高至美的顶峰。在他之后,拜占庭的教会诗歌创作领域便再也没有出现过著名人物。[18]

大马士革的约翰的名字也与一部传奇作品《巴尔拉姆和约瑟法特》(*Barlaam and Josaphat*)密切相关,它在整个中世纪都是操各种民族语言的民众所喜爱的作品。毫无疑问,这部传奇故事取材于著名的佛本生故事。它极有可能是东方的基督教徒借来为自己所用的佛陀之生活故事的翻版;其作者本人说,这个故事是他从印度得知的。在整个中世纪,直到近代,人们几乎完全一致地将其归于大马士革的约翰的作品;但是,到1886年,法国东方学家H.

---

[18] M.朱吉(M. Jugie):"大马士革的圣约翰的生活"("La vie de S. Jean Damascène"),《东方之声》,XXIII(1924),137—161。O.巴登维尔(Bardenhewer):《古代教会文献史》(*Geschichte der altkirchlichen Literatur*),V,51—65。

索腾伯格（H. Zotenberg）却举出了一些证据说明约翰并非该书的作者，许多学者也接受了他的结论。⑱但是，近年来，研究这方面问题的学者却对此有所怀疑，有些倾向于旧时的观点。所以，当一位学者在写作1910年版的《大公教会百科全书》中涉及大马士革的约翰的词条时，强调《巴尔拉姆和约瑟法特》毫无疑问应该是约翰所写⑯，最近，一些编译这部著作的作者认为，大马士革的圣约翰的名字仍然有权出现在他们所出版的这部著作的扉页上。⑰

破坏圣像的第二个时期是以著名的圣像崇拜拥护者斯图迪恩的狄奥多勒的活动为标志的。他是著名的君士坦丁堡修道院的住持，该修道院于君士坦丁五世时期衰落，但在狄奥多勒任住持时期复兴。在他的管理下，实行了一部新的、以集体生活（cenoby）为基础的修道院法规；修道院建立的一座学校满足了修士们对于文化生活的需求。这些修士必须受到读、写、誊抄手稿的训练，必须学习圣经和教父们的著作，学习写作赞美诗，并在举行礼拜时吟唱这些赞美诗。

作为生活在破坏圣像这一激烈动荡时期的伟大教父和社会工作者，狄奥多勒在文学的不同分支学科表现了杰出才能。他的教义学著作意在发展关于圣像和圣像崇拜的基本论点。他的大量布道词被编入所谓《小教义问答手册》和《大教义问答手册》（Small

---

⑮　克伦巴赫：《拜占庭文献史》，886—890。

⑯　J. B. 奥克内尔（J. B. O'Conner）："大马士革的约翰"，《大公教会百科全书》，VIII，459—461。

⑰　大马士革的圣约翰：《巴尔拉姆和约瑟法特》，C. R. 伍德沃德（C. R. Woodward）和 H. 马丁利（H. Mattingly）英译本，7。

第五章　破坏圣像时代(717—867年)

and Large Catechisms)中,得到最广泛的传播。他还留下了许多警示格言、藏头诗*和圣歌等,但对于这些东西人们还无法进行深入的分析和研究,因为其中一些东西至今还没有出版,而另一些东西则出现于一些并不科学严谨的版本中(如俄文的礼拜书)。他收藏的大量的论及宗教教规和社会本质问题的书信,对于研究他那个时代的文化史有极其重要的意义。

破坏圣像第二时期的最后两位统治者在位时期文化上的代表是以拜占庭时期唯一的天才女诗人卡西娅(Kasia)的创造性活动为标志的。当塞奥菲卢斯决定结婚时,首都集中了来自各行省的佳丽听凭皇帝选择,卡西娅就在其中。按常规,皇帝应手持金苹果在佳人们的行列前走过,将这个金苹果送给他选定的新娘。他几乎就要把这个苹果送给卡西娅了,因为卡西娅比其他佳丽更能打动他的心,但是她在回答皇帝提问时表现得过于大胆,乃至于皇帝改变了初衷,选择了狄奥多拉,即后来恢复正教崇拜的人。卡西娅后来则建了一所修道院,在此地度过了余生。卡西娅所留给教会的诗歌和赞美诗特别有新意而且特别生动活泼。克伦巴赫在专门研究了她的诗作之后,讲道:"她也是一位极其聪明,但又与众不同的女性,她将深邃的洞察力及对宗教的笃信态度与坦荡磊落的文风和对女性略带轻视态度的倾向融在了一起。"⑱

对圣像崇拜者的迫害行为,后来由于圣像崇拜者的胜利而成为人们引以为荣的事件,这为许多圣者的传记提供了丰富的资料

---

*　即诗行中的头一个词或最后一个词能重新组合成一首诗的文体。——译者
⑱　克伦巴赫:《拜占庭文献史》,716;亦见柏里:《东罗马帝国史》,81—83。

源,从而出现了拜占庭圣徒传记的辉煌时期。

阿莫里亚王朝时期,拜占庭帝国的高等教育领域有了长足的进步,在知识的各个分支学科也有了一些进步。在迈克尔三世统治时期,他的叔父恺撒巴尔达斯组建了君士坦丁堡高等学府。[18]这所高等学府就坐落在宫廷中;它的主修课程是异教时期即被纳入教学设置、后来被拜占庭和西欧的学校所接纳的七门课程。这七门课程通常被称为"七艺"(septem artes liberales),分为两大类:"三科"(trivium),即语法、修辞和逻辑;"四术"(quadrivium),即算术、几何、天文和音乐。这所学校里也学习哲学和古代文学作品。为了使所有的人都有机会接受教育,巴尔达斯宣布该校将实行免费入学;学校的教授由国库付给优厚的待遇。这一时期著名的学者佛提乌,就是巴尔达斯所建立的这所高等学校的教师。

该学校在后来的马其顿王朝统治时期,成为荟萃全帝国最有才智的优秀人才的核心。迈克尔三世时期结束其牧首任期的佛提乌,在9世纪后半期的知识和文学运动中成为中坚人物。他才华横溢,渴求知识并接受过优越的教育,后来则将其全部精力投入教育他人的事业中。他进行的教育是多方面的。他知识广博,不但表现在神学方面,而且包括了文法、哲学、自然科学、法学和医学。

---

[18] 参见 F.福克斯《中世纪君士坦丁堡的高等学府》,18;福克斯认为巴尔达斯建立的学府是一种新型的学园。关于利奥三世烧毁了君士坦丁堡大学及大学图书馆和大学里的教授们的传说,仅仅是后人的杜撰。见布莱耶尔"君士坦丁堡的高等教育历史探索"("Notes sur l'histoire de l'enseignement supérieur à Constantinople"),《拜占庭》(布鲁塞尔),IV(1929),13—28;III(1927),74—75。福克斯:《中世纪君士坦丁堡的高等学府》,9—11(参考书目)。

他将一些渴求丰富自己知识的人集中在自己身边。由于佛提乌特别专注于研究科学知识,因此同中世纪的其他热爱科学者一样,被指责为致力于研究"禁学"占星术和从事占卜。据说,他在少年时代就把自己卖给了犹太术士,[19]因此,柏里说:"这位牧首似乎是浮士德的先驱之一。[20]"作为他那个时代的最有学问的人,他不仅仅从事教育活动,而且用大量时间从事写作,留下了多种多样的丰富的文学遗产。

在佛提乌的作品中,当以《图书集成》(Bibliotheca,人们通常称其为《千卷书集》[Myriobiblon*])最为重要。该书的引子部分描述了特别有趣的场景:在佛提乌的家中,似乎有一个读书俱乐部,在这里,他所选定的一些朋友聚集在一起,阅读各种形式的文学作品,包括世俗的、宗教的、异教时期的及基督教时期的作品。佛提乌的丰富藏书随时供他的朋友们使用。为了满足朋友们的要求,佛提乌开始撰写他们已经读过的一些书的摘要。[21]在《图书集成》中,佛提乌摘录了许多作品中的精华,其中有的比较简短,也有的比较长。同时,佛提乌根据这些摘录的东西写上自己的评注意见。书中记载了许多语言学家、雄辩家、历史学家、自然科学家、医生、宗教会议和圣徒的情况。该书的最大价值,在于它保存了一些已经失传的作品的片断。《图书集成》一书只收集散文作家的作

---

[19] 西梅恩·马吉斯特(廷臣西梅恩):《迈克尔与狄奥多拉》(De Mihaele et Theodora),chap.31,670。

[20] 柏里:《东罗马帝国史》,III,445。

* 此处的希腊文原意是"千卷书集"。——译者

[21] 柏里:《东罗马帝国史》,III,446。

品。在神学、语法学领域,佛提乌也留下了大量著作,同时也有一些布道词和书信等。在他的两篇布道词中,佛提乌提到了860年罗斯人对君士坦丁堡的第一次进攻,他是这一事件的目击者。

佛提乌知识渊博,热衷于研究古典时期的作品。从这方面看,他是拜占庭文学运动的代表。这一文学运动自9世纪中期以来就十分明显,在首都君士坦丁堡尤其如此,而巴尔达斯建立的大学就是这一运动的典型代表。佛提乌的大部分时间就是在此大学中任教。在他生活的时代,由于他的影响,世俗科学和宗教神学的教育之间发展起了一种更为亲密的关系。佛提乌在处理自己与他人的关系中,是如此宽容,乃至于一位克里特岛上的伊斯兰教统治者(埃米尔)都能成为他的朋友。他的一个学生,10世纪的一位君士坦丁堡牧首尼古拉斯·米斯提克斯(Nicolaus Mysticus)在一封写给这位埃米尔之子(也是他的继承者)的信中指出,佛提乌"虽然清楚地知道,宗教上的障碍是无法逾越的,可是,明智、友善以及能使人性高贵和闪光的其他品质却影响着热爱公正和平的人;所以,尽管信仰不同,但他热爱你的父亲,因为他具备了这些高贵品质。"⑬

语法学家、牧首约翰是破坏圣像派的支持者,他以其渊博的知识得到了同代人的敬仰,甚至因此而被诬为"施巫术者"。另一个著名的人物是利奥,他是塞奥菲卢斯时期一个杰出的数学家。由于他师门兴盛,桃李满天下,他的名声广泛传扬,使得阿拉伯哈里发马蒙,一个热衷于发展教育的君主,期盼利奥到他的宫廷中任

---

⑬ 《书信集》,II;米涅编:《希腊教父文献全集》,CXI,37;亦见柏里《东罗马帝国史》,III,439。

第五章 破坏圣像时代(717—867年)

职。当塞奥菲卢斯得知这一邀请后,就付给利奥一份薪俸,指派他做君士坦丁堡一所教堂内的公众教师。马蒙派人送了一封私人信件给塞奥菲卢斯,请他把利奥派往巴格达短期访学,并说明,他将视此举为一种友好的表示,而且为了表达其诚意,按照传统,他将与拜占庭保持永久和平,而且付给拜占庭国家2000磅黄金。但是,皇帝拒绝接受这一条件。在这件事情上,塞奥菲卢斯是将科学"视为一种应该保守的秘密,就像希腊火的制造一样,并认为,用文化去启蒙蛮族人是愚蠢之举"。[19] 后来,利奥被选为萨洛尼卡的主教。但由于他的破坏圣像立场,被狄奥多拉罢免,但他仍在君士坦丁堡任教,并成为巴尔达斯所建立的君士坦丁堡高等学校的校长。需记住的是向斯拉夫人传播基督教的使徒君士坦丁(西里尔),就曾在佛提乌和利奥的指导下学习,而且在他赴卡扎尔人中间传教之前,曾任君士坦丁堡高等学校的哲学教授。

以上简明的介绍已经足可以证明,在破坏圣像时期,拜占庭文化生活繁荣、知识运动兴旺,而且毫无疑问,如果流传至今,人们还能看到,破坏圣像运动的整个时期的各种不同的涉及诸多领域的破坏圣像者们的作品。

塞奥菲卢斯和马蒙之间关于数学家利奥的通信,是有其特别意义的,它有助于人们考察9世纪前半期,哈里发和拜占庭帝国之间存在的文化交流关系。这个时期,在哈伦·赖世德和马蒙统治下的阿拉伯帝国,知识和科学正处于繁荣发展时期。为了能超越巴格达的繁华,塞奥菲卢斯模仿了阿拉伯的建筑模式修建了一座

---

[19] 狄奥凡尼的续作者:《历史》,波恩版,190;柏里:《东罗马帝国史》,436—438。

宫殿。某些证据表明,巴格达对拜占庭的影响是积极的,⑮但是这一困难的问题却超出了本书的讨论范围。

人们经常强调,在艺术领域,破坏圣像时期仅仅留下了消极的后果。事实上,也确有许多具有不朽价值的艺术作品被破坏圣像者毁掉。"他们的极端行为令人感到痛惜;他们破坏文化和艺术的汪达尔人行为*不仅在当时不得人心,就是在今天我们所生活的时代也同样如此。"⑯但是,在另一方面,破坏圣像时代通过再次复兴希腊模式,尤其是亚历山大模式,并借鉴了阿拉伯人的东方装饰艺术模式(阿拉伯人的模式则来自于波斯),从而把一种新的文化源流引进拜占庭艺术生活中。而且,尽管破坏圣像者明显地压制以基督像、圣母像和圣使徒像为代表的宗教艺术,但是在这一时期,他们却能够容忍受到明显希腊化影响、更带有现实主义特点的人像绘制模式。日常生活的风俗传统成为艺术热衷于表现的主题,而且总的来看,世俗艺术完全占据了优势。这一倾向的另一个实例是君士坦丁五世科普罗尼姆斯竟下令将他所喜爱的一幅驭车手的图像作为装饰物,挂在原来描绘第六次基督教主教全体公会议的一幅壁画的位置。

这一时期的艺术作品,无论是宗教性的还是世俗的,都几乎已

---

⑮ 狄奥凡尼的续作者:《历史》,波恩版,438;也可见 F. 福克斯《中世纪君士坦丁堡的高等学府》,18。

* 在蛮族大迁徙时期,由于汪达尔人对罗马城的进攻和对文化的破坏,导致西方语言中一个成语的出现,即称破坏人类文化成果的行为是"汪达尔主义",这里为了叙述的顺畅,笔者改为"汪达尔人行为"。——译者

⑯ O.M.多尔顿:《拜占庭艺术与考古》,14。

经完全被毁。在萨洛尼卡的若干教堂内,一些镶嵌画可能是这一时期被毁掉的。许多象牙制的雕饰品,特别是象牙首饰盒,也可归于9世纪时的作品。破坏圣像时期的插图手稿(这类手稿上的插图一般都是拜占庭僧侣的作品)也能证明这种精神已经深入艺术生活中。从书页四周插图的角度来看,《克鲁多夫诗篇》(*Chludoff Psalter*)有着极其重要的意义。这部最古老的鎏金装饰诗篇现保存在莫斯科[19]。但是,令人甚为遗憾的是,现存的可供人们研究破坏圣像时期艺术的资料极少。许多现存的、被人们认为是破坏圣像时期的东西,只是依据可能的证据,但却无法真正确定。

因此,迪尔称颂破坏圣像时期是之后马其顿时期拜占庭艺术第二个黄金时期的准备阶段:

> 在破坏圣像时期,拜占庭艺术的第二黄金时代已经具备了它的基本特质。从破坏圣像时期起就出现了代表马其顿时期艺术特点的两种对立的倾向。如果说,在马其顿时期存在着受古典传统影响的帝国艺术的繁荣,而且对于肖像画和世俗生活的日益增长的兴趣在宗教艺术中逐渐占主导地位,如果说在官方和世俗艺术的对立面有着一种更为严肃、更带宗教性、更拘泥于传统的修道院艺术,如果说由于此两种倾向的

---

[19] 迪尔:《拜占庭艺术手册》(第2版,1925年),379—381;多尔顿:《东方基督教会艺术》,309;

相互影响而产生了一系列经典之作,那么,正是在破坏圣像时期,播下了这颗丰收的种子。因此,破坏圣像时期在研究拜占庭艺术史方面是一个特别值得注意的时期,这并不仅仅由于它实际产生的成果,而是由于它对未来的影响。⑲

---

⑲ 《拜占庭艺术手册》(第2版,1925年),I,385—386;多尔顿:《拜占庭艺术和建筑》,16;亦见柏里《东罗马帝国史》,429—434。

第六章 马其顿王朝(867—1081 年)

马其顿王朝的历史可分为两个时期,其重要性和持续时间各不相同。第一时期从 867 年到 1025 年,即瓦西里二世(Basil II)去世的那一年。第二时期较短,从 1025 年到 1056 年,即该王朝家族的最后一位成员皇太后狄奥多拉去世的那一年。

第一时期是帝国政治历史的最辉煌时期。拜占庭军队在其东部和北部边界上同阿拉伯人、保加利亚人、罗斯人的斗争在 9 世纪末和 10 世纪初取得了辉煌的胜利。尽管在 10 世纪下半期和 11 世纪早期曾有过数次军事失败,但最后还是取得了胜利。尼基福鲁斯·福卡斯(Nicephorus Phocas)和约翰·齐米西斯(John Tzimisces)统治时期帝国取得了最为伟大的军事胜利,到瓦西里二世时期达到顶峰。这一时期,小亚细亚的分裂主义运动受到镇压;拜占庭对叙利亚的影响得到加强;亚美尼亚部分地区归属于帝国,部分地区则降为帝国的附庸;保加利亚成为帝国的一个行省;罗斯人则在接受基督教后,在宗教、政治、商业和文化上与帝国建立了密切的联系。这一时期是拜占庭帝国最为强盛、最为辉煌的时代。巨型法典《帝国法典》(the Basilics)的公布和那些直接反对大地产制恶性发展的大量新律表现出帝国立法工作的强化与密集,以大主教佛提乌、君士坦丁·波菲罗杰尼图斯为代表的文化生活的发展,更增强了马其顿王朝第一时期的光辉及其重要性。

自1025年强大的皇帝瓦西里二世死后,帝国进入连续不断的宫廷政变和无政府时期,这导致1056—1081年的混乱局面。1081年,随着科穆宁(Comneni)家族的第一个皇帝夺取了帝位,帝国重新获得力量,内部秩序重新稳定,学术及艺术活动再度繁荣。

王朝的起源

关于马其顿王朝的创立者源于何方的问题,主要由于史料来源不同而有许多不同的意见。希腊史料认为瓦西里一世是亚美尼亚人或马其顿人,亚美尼亚史料则确认他为纯正的亚美尼亚血统,而阿拉伯人则认为他是一个斯拉夫人。一方面,人们普遍接受"马其顿"这一王朝称呼;另一方面,一些学者仍然认为瓦西里是亚美尼亚人,还有一些人,特别是19世纪70年代以前的俄国史学家们则认为他是斯拉夫人。大多数学者认为瓦西里是亚美尼亚人,后移居马其顿,因而把他的王朝称为亚美尼亚王朝。但鉴于马其顿地区有过许多亚美尼亚人和斯拉夫人,推断瓦西里出自亚美尼亚-斯拉夫的混血家族①应是比较正确的。据一位专门研究瓦西里时代的史学家说,瓦西里的家庭可能属亚美尼亚世系,后来因为同大

---

① 见 A.瓦西列夫"马其顿的皇帝瓦西里之出身渊源考"("The Origin of Empiror Basil the Macedonian"),《拜占庭年鉴》(俄文),XII(1906),148—165。

第六章 马其顿王朝(867—1081年)

量定居于部分欧洲地区(马其顿)的斯拉夫人通婚而逐渐斯拉夫化了。② 更准确地说,从民族构成这个观点来看,马其顿王朝应属亚美尼亚-斯拉夫成分。近年来学者们已确定瓦西里出生在马其顿的卡里奥波利斯(Charioupolis)城。③

瓦西里称帝前经历不凡。他来君士坦丁堡谋生时,还只是一个无名青年。由于他身材魁梧、体魄健壮、能驯服烈马而引起宫廷的注意。迈克尔三世(Michael III)听说了他的情况后就把他调进宫中作为自己的宠臣,不久又声明与他"共治",让他在圣索菲亚教堂中加冕称帝。然而瓦西里却以暴行来报答这位皇帝的恩宠:当他注意到迈克尔在怀疑他时,便命令手下人杀掉这位大恩人,自己登上了皇位(867—886年)。他去世后,皇位传给了他的儿子,被称为哲学家和智者的利奥六世④(886—912年在位)和亚历山大(886—913年在位)。利奥的儿子君士坦丁七世波菲罗杰尼图斯

---

② A.沃格特:《瓦西里一世与9世纪晚期的拜占庭文明》(*Basile I, et la civilisation Byzantine à la fin du IXe siècle*)(以下简称《瓦西里一世》),21页注3。见N.阿东兹(N. Adonz)"皇帝瓦西里(867—886年在位)的出身及其年龄"("L'âge et l'origine de l'empereur Basile I"),《拜占庭》(布鲁塞尔),IX(1934),223—260(认为他是亚美尼亚人)。西拉尔皮·德内尔塞西亚(Sirarpie der Nersessian):《亚美尼亚与拜占庭帝国》(*Armenia and the Byzantine Empire*),20。目前,关于瓦西里是亚美尼亚血统的观点已经被普遍接受。

③ A.帕帕多布鲁斯-凯拉梅乌斯(A. Papadopoulos-Kerameus):《特拉布松帝国历史起源》(*Fontes historiae Imperii Trapezuntini*),79。见N. A.比斯(Bees)"关于马其顿王朝皇帝瓦西里一世之出身民族的重要问题"("Eine unbeachtete Quelle über die Abstammung des Kaisers Basilios I,des Mazedoniers"),《拜占庭与当代希腊年鉴》,IV (1923),76。

④ A.沃格特:"智者利奥六世的青年时代"("La jeunesse de Leon VI le Sage"),《历史杂志》(*Revue Historique*),CLXXIV(1934),389—428。

(Ⅶ Porphyrogenitus,913—959年)仍然不关心国事,把他的时间都花在阅读同时代著名学者的优秀文学作品上。政权实际上掌握在他的岳父、富有才能且又精力充沛的水军将领罗曼努斯·雷卡平(Romanus Lecapenus,919—944年在位)⑤手中。944年,罗曼努斯·雷卡平的儿子们逼其父放弃权力隐退至修道院中,他们自己掌握了皇权。945年,君士坦丁·波菲罗杰尼图斯废黜了他们,于945—959年独掌朝政。他的儿子罗曼努斯二世只统治了四年(959—963年),留下了寡妻狄奥凡诺(Theophano)和两个年幼的儿子瓦西里和君士坦丁。狄奥凡诺召了能征惯战的将军尼斯福鲁斯二世福卡斯(963—969年在位)为夫,使之承继帝位。尼斯福鲁斯被害以后,皇位传给了约翰·齐米西斯(969—976年在位),他由于娶了罗曼努斯的妹妹、君士坦丁七世的女儿狄奥多拉而能够称帝。直到约翰·齐米西斯死后,罗曼努斯二世的两个儿子,即绰号为保加利亚人屠夫的瓦西里二世(Bulgaroctonus,Bulgar-Slayer,976—1025年在位)和君士坦丁八世(976—1028年在位)才开始成为帝国的统治者。国家统治权主要掌握在瓦西里二世手中,在他统治下,帝国达到强盛辉煌的顶峰。他死后,马其顿王朝开始进入衰落时期。君士坦丁八世死后,年迈的元老院议员罗曼努斯·阿吉鲁斯(Romanus Argyrus)因娶了君士坦丁的女儿佐伊(Zoë)而称帝,从1028—1034年一直统治着帝国。他死后,佐伊在56岁时,又与她的情人帕夫拉戈尼亚人迈克尔(Michael the

---

⑤ St.任西曼:《皇帝罗曼努斯·雷卡平及其统治》(*The Emperor Romanus Lecapenus, and His Reign*),对雷卡平的人品和他的作为给予了极高的评价,238—245。

Paphlagonian)结婚,迈克尔在佐伊的恳求下称帝,人称帕夫拉戈尼亚人迈克尔四世(1034—1041年在位)。在迈克尔四世及其侄子、另一个偶然崛起的无名小辈迈克尔五世卡拉法特斯(Michael V Calaphates)统治期间,帝国内部充斥着混乱和不满情绪,一直持续到迈克尔五世被废黜和被刺瞎。此后两个月,拜占庭帝国由再次孀居的佐伊和她的妹妹狄奥多拉构成十分特别的权力组合,执掌了皇权。同年(1042年),佐伊再次改嫁,她的新丈夫、君士坦丁九世摩诺马赫(Constantine IX Monomachus)称帝,于1042—1055年统治帝国。佐伊先于她的第三个丈夫君士坦丁·摩诺马赫去世,狄奥多拉在君士坦丁·摩诺马赫之后,成为帝国的唯一统治者(1055—1056年)。继8世纪末9世纪初著名的伊琳娜女皇统治之后,佐伊和狄奥多拉的统治成为拜占庭历史上第二个、也是最后一个女人执政的实例。她们都是作为独裁者和最高统治者占据王位的,也就是说她们是"罗马人的"女皇*。狄奥多拉在死前不久,接受宫廷党的要求,选择年迈的政治家迈克尔·斯特拉条提库斯(Michael Stratioticus)作为她的继承人。狄奥多拉死于1056年,迈克尔·斯特拉条提库斯随之登上了王位。狄奥多拉是统治时期长达一百八十九年之久的马其顿王朝的最后一位统治者。

---

* 按照拜占庭人和后世多数拜占庭学者的观点,拜占庭帝国始终没有脱去其罗马帝国的躯壳,其统治者一直以"罗马人"自称。这是地中海一统世界的"幽灵"顽强存在于欧洲的一个具体事例。——译者

马其顿王朝的外交

拜占庭帝国同阿拉伯和亚美尼亚的关系

马其顿王朝的创建者瓦西里一世在外交政策上的主要问题是同穆斯林世界的斗争。由于帝国此时同东方的亚美尼亚、北方的罗斯和保加利亚、西方的威尼斯及西部的皇帝都保持着和平的关系,因而客观环境对于帝国取得胜利极其有利。此外,突厥人的势力在阿拉伯宫廷中的影响不断加强,引起东部哈里发国家的内部纷争;868年,独立的图伦(Tulunids)王朝于埃及独立,背叛了阿拉伯哈里发帝国;北非阿拉伯人内战;陷入当地基督教居民包围之中的西班牙倭马亚王朝的困难——所有这些因素都增强了帝国在斗争中的优势。因此,瓦西里的位置非常有利于他在同东部和西部的阿拉伯人斗争中取得胜利。然而,尽管在瓦西里一世统治时期拜占庭帝国同阿拉伯人的斗争几乎一直没有间断,但它却并没有能充分利用这些有利的外部条件。

9世纪70年代初,瓦西里一世为了与保罗派(Paulicans)进行斗争,派兵进入小亚的东部,占领了保罗派的主要城市台弗瑞斯(Tephrice)。这一征服扩大了拜占庭帝国的领土,而且使得瓦西里直接面对东部阿拉伯人。在几次激战之后,双方的冲突转变成每年必然发生、却又不会产生任何本质性结果的冲突。有时希腊人获胜,有时阿拉伯人获胜,但最终,拜占庭在小亚的边界还是明显地东移了。

第六章 马其顿王朝(867—1081年)

瓦西里同西方阿拉伯人的关系是更为严重的问题。当时西方的阿拉伯人占据着西西里岛的大部分和南意大利的一些重要地方。意大利的困境使得占据着重要城市巴里的西方皇帝*路易二世插手其间。他和瓦西里一世结成联盟,企图把帝国西部的阿拉伯人赶出意大利和西西里岛。但这次联盟并没有成功,它很快就瓦解了。路易死后,巴里城的市民把这座城市献给了拜占庭的官员。

与此同时,阿拉伯人占领了西西里岛以南的战略要地马耳他岛,经过九个月的围困之后,于878年攻克叙拉古城。当时生活于该城的修士狄奥多西目睹了此城被困的情景,留下了重要的描述。在叙拉古被攻陷后,狄奥多西被阿拉伯人囚禁在帕勒莫。他讲道,在围困期间,饥饿困扰着这座城市,居民们不得不吃草、兽皮、骨粉,甚至于尸体,大饥饿导致大瘟疫,许多人因此丧生。⑥ 叙拉古城失陷后,拜占庭帝国在西西里岛的许多要塞中只保留了位于东部海岸的陶罗美米乌城(Tauromemium)或称陶尔米那(Taormina)。这一损失是瓦西里对外政策的一个转折点。他全面进攻阿拉伯人的计划并没有实现。然而在瓦西里统治的后几年,帝国军队在将军尼斯福鲁斯·福卡斯的率领下占领了南部意大利的塔兰图姆城,并进一步向意大利内陆挺进,这可以被视为继叙拉古城失

---

* 法兰克帝国于843年分裂后,领皇帝衔的罗退耳继承了意大利,他死后,其领土在三个儿子之间瓜分,其长子路易二世承陷皇帝位,称路易二世。——译者

⑥ 《修士狄奥多西关于叙拉古之失陷致司祭利奥的书信》(Θεοδοσίου Μοναχοῦ καὶ γραμματικοῦ ἐπιστολὴ πρὸς Λέοντα Διάκονον Περὶ τῆς ἁλώσεως Σνρακούσης),哈斯(Hase)编,180—181;C.祖来提(C. Zuretti)编,167。见 A. A. 瓦西列夫:《拜占庭与阿拉伯人》,II,59—68。

陷之后的一点安慰。

瓦西里不能接受同西方帝国组成的反阿联盟出现的消极后果,遂企图与亚美尼亚国王阿舍特·巴格拉提(Ashot Bagratid)建立另外一个联盟,以击败东部的阿拉伯人。但就在此时,瓦西里去世了。尽管失去了叙拉古城,抵抗阿拉伯的战争也没有获胜,瓦西里在某种程度上仍然扩大了帝国在小亚的占有地,并且恢复了拜占庭帝国在南意大利丧失的统治地位。一位新近研究瓦西里时期的学者说:"年迈的瓦西里能够在和平中死去。他已在东部和西部完成了伟大的军事任务,同时也是文明教化的任务。瓦西里留下的是一个比其接手时更强大、更富有影响力的帝国。"⑦

除与阿拉伯的关系以外,瓦西里和其邻邦所保持的和平往来均被其后继者"智者"利奥六世(886—912年在位)给破坏了。他同保加利亚人进行战争,以后者胜利告终。在战争期间,马扎尔人(匈牙利人)第一次出现在拜占庭的历史记载中。在利奥统治后期,罗斯人逼近君士坦丁堡。亚美尼亚作为帝国的盟国,不断受到阿拉伯人的进犯,却没有从拜占庭帝国那里得到预想的援助。此外,皇帝的第四次婚姻也引起了剧烈的内乱。所有这些内忧外患使帝国同伊斯兰国家的斗争变得更加复杂和困难。

利奥六世时期反对阿拉伯人的斗争大体上并不成功。在帝国东部边界的军事冲突中,阿拉伯人同希腊人互有胜负。彼此都未占到更多的便宜。在西部,穆斯林占领了意大利墨西拿海峡沿岸的城市雷吉乌姆(Rhegium),此后,这一海峡完全处于阿拉伯人的

---

⑦ 沃格特:《瓦西里一世》,337。参见《剑桥中世纪史》,IV,54。

第六章 马其顿王朝(867—1081年)

统治之下。902年,阿拉伯人又占领了拜占庭在西西里岛上最后的、也是最重要的要塞陶尔米那。此城的陷落意味着整个西西里岛归属于阿拉伯人,因为在这一地区那些仍属于希腊人的小城市在帝国后来的历史中并未起到重要作用。在利奥六世统治的后期,皇帝制定东方政策时已不再考虑与西西里岛阿拉伯人的关系。

10世纪初的穆斯林水军表现活跃。早在9世纪末,克里特海盗就不断袭击伯罗奔尼撒沿岸和爱琴海诸岛。后来,叙利亚和克里特的水军联合行动,形成了更大的威胁。穆斯林水军在希腊的伊斯兰教徒特里波利斯的利奥(Leo of Tripolis)率领下,于904年攻克萨洛尼卡城,这是这一时期阿拉伯水军最为声名卓著的行动。阿拉伯人是在长期的艰难围困之后才攻克这座城市的,但他们只在此停留几天,就带着大量俘虏和丰富的战利品启程东行叙利亚。在这场劫难之后不久,拜占庭帝国才开始加强了对萨洛尼卡城的防卫。关于阿拉伯偷袭该城的详尽史料是由一位经历了整个艰难围困时期的教士约翰·卡麦尼阿提斯(John Cameniates)记录下来的。[8]

阿拉伯的海上行动迫使拜占庭统治者加强水军建设。906年,拜占庭水军将领希梅里乌斯(Himerius)在爱琴海大败阿拉伯

---

[8] "萨洛尼卡沦陷纪实"("De excidio Thessalonicensi narratio"),贝克编:《拜占庭历史资料大全》,487—600。见瓦西列夫《拜占庭和阿拉伯人》,2,143—153。A. 斯特拉克(A. Struck):"记904年萨拉森人攻陷萨洛尼卡之战"("Die Eroberung Thessalonikes durch die Sarszenen im Jahre 904"),《拜占庭杂志》(德文),XIV(1905年),535—562。O. 塔弗拉里:《14世纪萨洛尼卡的兴起》,143—156。

人。但在 911 年,利奥六世为了对抗东部阿拉伯人同克里特的阿拉伯人联合而组织的、同样由希梅里乌斯领导的海上远征探险却遭惨败。君士坦丁·波菲罗杰尼图斯精确地记载了这次远征队的组成,其中有 700 名罗斯人。⑨

因此,在利奥六世时期拜占庭帝国同阿拉伯人的斗争是极不成功的:它在西方失去了西西里;在南意大利,继召回尼斯福鲁斯·福卡斯之后,拜占庭军队毫无进展;在海上,拜占庭水军也遭到了几次惨败。

尽管帝国同阿拉伯人在宗教信仰上不同,在军事上也存在着冲突,但当帝国的官方文献涉及阿拉伯人时,却常使用十分友好的词汇。当时的君士坦丁堡牧首尼斯福鲁斯·米斯提克斯(Nicephorus Mysticus)在写给克里特岛上"最英明、最荣耀、最敬爱"的埃米尔的信中提到:"萨拉森人和罗马人作为整个世界的两大帝国,与日月一般永恒共存,同放光辉。仅仅由于此,即使我们有不同的生活习惯、方式和宗教,也必须像兄弟般相处。"⑩

在君士坦丁七世波菲罗杰尼图斯(913—959 年在位)和罗曼努斯一世雷卡平(919—944 年在位)的长期统治期间,直到 10 世纪的最后三十年,拜占庭帝国一直没能有效地打击阿拉伯人,因为帝国的所有力量都投入到对保加利亚的战争之中。幸运的是,这一时期的哈里发国家也正处于分裂之中,建立了若干分立的小王

---

⑨ 《拜占庭宫廷礼仪》,II,44;波恩版,651。

⑩ 《书信集》,I;米涅编:《希腊教父著作全集》,CXI,28。见 J. 赫尔根洛特尔(J. Hergenröther)《佛提乌,君士坦丁堡的大主教》(*Photius, Patriarch von Constantinopel*)(以下简称《佛提乌》),II,600;瓦西列夫:《拜占庭和阿拉伯人》,附录,197。

第六章 马其顿王朝(867—1081年)

朝。然而,这时应注意到拜占庭水军的一次成功的行动:曾于904年夺取了萨洛尼卡城的帝国叛徒、海盗、特里波利斯的利奥的水军于917年在利姆诺斯(Lemnos)[11]被彻底消灭了。

保加利亚战争之后,希腊和阿拉伯的军队中都出现了颇有能力的将军。希腊本土的约翰·库尔库阿斯(John Curcuas)在编年史上被称为是"第二个图拉真或贝利撒留""几乎征服了1000座城池"。曾有人写过关于他的专著,可惜没有流传下来。[12] 他的天才为东方世界带来了新的黎明;也正是因为他,"帝国的对东方政策似乎浸入了一种新的精神,一种自信的进取精神"[13]。阿拉伯方面的优秀将领是赛伊夫-阿迪-道拉(Saif-ad-Daulah),他是统治着阿勒颇的独立的哈姆丹(Hamdanids)王朝*中的一员。他的宫廷成为繁荣的文学活动中心,他的统治时期也被当代人称为"黄金时代"。约10世纪中期,库尔库阿斯在阿拉伯属的亚美尼亚取得许多胜利,并收复了上美索不达米亚的许多城市。933年库尔库阿斯占领了梅利特尼(Melitene);944年,埃德萨城被迫放弃其珍贵的圣物,被称为"圣面"($mandilion$, $\tau\grave{o}\ \mu\alpha\nu\delta\acute{\iota}\lambda\iota o\nu$)的圣迹肖像**被大张旗鼓地运到了君士坦丁堡。这是库尔库阿斯的最后胜利。

---

[11] 瓦西列夫:《拜占庭和阿拉伯人》,附录,219。
[12] 狄奥凡尼的续作者:《历史》,波恩版,427—428。
[13] 任西曼:《皇帝罗曼努斯·雷卡平及其统治》,69、135、241—249。
* 10—11世纪出现于西亚地区,以摩苏尔和阿勒颇为中心的阿拉伯人一支哈姆丹人建立的地方王朝。——译者
** 基督教传说中,在耶稣赴难途中,几位妇女用手帕给耶稣擦脸,却留下了他的头部肖像,此后,这张帕子被称为"圣面",在基督教会内部受到保护和崇拜。——译者

这些胜利使他成为"当代的英雄"。⑭ 但是,由于他拥有广泛的群众基础而令政府感到不安,最后他被免职。此时,也是罗曼努斯·雷卡平倒台之时,一个月之后,他的儿子们也被赶下了王位。君士坦丁·波菲罗杰尼图斯成为唯一的帝王。"一个时代就此结束,新的人物正阔步走上历史舞台。"⑮

罗曼努斯·雷卡平时期也是拜占庭帝国对东方政策的重要时期。经历三个世纪的防御战争后,帝国在罗曼努斯和约翰·库尔库阿斯的领导下开始反击敌人并取得胜利。边境情况在罗曼努斯统治时期也分外不同。边境各省较少受到阿拉伯人的袭击。在罗曼努斯统治的后二十年,穆斯林侵略者只有两次越过了边境。罗曼努斯任命"帝国几代人中最杰出的战士库尔库阿斯"为总司令。"他给帝国军队带来新的精神,并率领他们胜利地进入异教徒国家……约翰·库尔库阿斯是第一位伟大的征服者,并因此而应该受到高度赞扬。这种赞扬部分应归功于罗曼努斯·雷卡平的正确判断,在他的领导下,帝国经历了二十年的辉煌。"⑯

君士坦丁·波菲罗杰尼图斯统治后期主要是与赛伊夫-阿迪-道拉进行殊死的斗争。尽管希腊人在几次冲突中都被击败,但斗争的结果却是帝国在美索不达米亚平原北部击败了阿拉伯人,并且渡过了幼发拉底河。在这一时期的斗争中,未来的皇帝约翰·

---

⑭ 任西曼:《皇帝罗曼努斯·雷卡平及其统治》,145。在 M. 卡纳尔所写的《赛伊夫-阿迪-道拉》一书中有着丰富的阿拉伯史料收藏提及赛伊夫-阿迪-道拉的事迹。

⑮ 任西曼:《皇帝罗曼努斯·雷卡平及其统治》,146。

⑯ 同上书,146—150。

第六章 马其顿王朝(867—1081年)

齐米西斯崭露头角。949年帝国组织的反对克里特阿拉伯人的大规模海上远征队惨遭失败,众多船只受损。在拜占庭军队中,有629名罗斯人参加了这场战役。[17] 但是,希腊人与穆斯林在西方、在意大利和西西里所发生的持续冲突,在整个历史进程中不占重要地位。

约翰·库尔库阿斯和约翰·齐米西斯在东线的征战使帝国的疆界越过幼发拉底河,开创了拜占庭战胜穆斯林的新时代。法国史学家朗博(Rambaud)评价说:"瓦西里一世的所有失败都得到了补偿;通往塔尔苏斯、安条克、塞浦路斯和耶路撒冷的道路被打开……君士坦丁足以为其生前以基督名义所行的伟大事业而感到欣慰。他为东方的希腊人和西方的法兰克人(即为西欧国家)开辟了十字军时代。"[18]

在罗曼努斯二世(959—963年在位)的短暂统治期间,他的才华横溢、精力充沛的将军、未来的皇帝尼斯福鲁斯·福卡斯占领了克里特岛,摧毁了威胁着爱琴海诸岛及其沿岸居民的阿拉伯海盗的老窝。再次征服克里特岛使帝国获得了地中海上重要的战略要地和商业据点。[19] 随后,尼斯福鲁斯·福卡斯在帝国东方同赛伊夫-阿迪-道拉的斗争也取得了同样的胜利。在艰难的围困之后,他又暂时占领了哈姆丹王朝的所在地阿勒颇城。

---

[17] 关于这次远征,见瓦西利夫《拜占庭与阿拉伯人》,II,279—286

[18] 《10世纪的希腊帝国。君士坦丁·波菲罗杰尼图斯》(*L' Empire grec au dixième siècle. Constantin Prophyrogénète*),436。

[19] A.M.谢泼德(A.M.Shepard):《拜占庭收复克里特岛(960年)》(*The Byzantine Reconquest of Crete*(960AD)),1121—1130。

以后的三个皇帝,即尼斯福鲁斯·福卡斯、约翰·齐米西斯和瓦西里二世——保加利亚人屠杀者,对穆斯林战争的胜利构成帝国军事史上最为辉煌的篇章。尼斯福鲁斯·福卡斯在他统治的六年中(963—969年),把主要精力放在东方,有时也关注一下保加利亚的敌对行为,由于罗斯大公斯维雅托斯拉夫(Sviatoslav)的介入,那里的局势变得更为严重。在意大利,帝国的部分军事力量被与德意志国王奥托大帝(Otto the Great)的冲突所牵制。在东方,继塔尔苏斯之后,帝国又攻克了乞里奇亚,同时,帝国水军从阿拉伯手中又夺回了重要的塞浦路斯岛。13世纪的阿拉伯地理学家雅库特(Yaqut)根据塔尔苏斯城陷落后的一些幸存者的叙述,生动地记载了一件与塔尔苏斯城陷落相关的事情。尼斯福鲁斯·福卡斯在塔尔苏斯城墙下竖立了两面旗帜,分别象征罗马土地和伊斯兰土地。他令传令官宣布,站在第一面旗帜下的人可得到一切所希望得到的:正义、公正、财产安全和身家性命、孩子、好的道路、公正的法律以及一切优惠的待遇;而站在第二面旗帜下的则是支持通奸行为、不公正的立法、暴力、敲诈的人们,他们将被没收土地和征用财产。[20]

占领乞里奇亚和塞浦路斯为尼斯福鲁斯打开了通往叙利亚的道路,他开始实现自己的梦想:占领叙利亚的心脏安条克。尼斯福鲁斯侵入叙利亚之后不久就将安条克包围起来,但他看到这一围困显然要持续相当长的一段时间,就留下军队回到了首都。在他

---

[20] 《地理学词典》(*Geographisches Wörterbuch*),韦斯藤菲尔德(Wüstenfeld)编,III,527。见 V. 巴托尔德文章,《东方学院学报》,I(1925),476。

第六章 马其顿王朝(867—1081年)

留居首都期间,即他统治的最后一年(969年),他的士兵们攻克了安条克城,并大肆劫掠,从而实现了他的抱负。"这样,基督徒的军队重新占领了大都市安条克——壮丽的神佑城市(查士丁尼如此称呼该城),该城在古代是拜占庭在东方的竞争对手,也是伟大的主教和圣徒的城市,是宗教会议和异端繁荣之城。"[21]安条克陷落不久,拜占庭军队占领了叙利亚的另一个更为重要的中心城市、哈姆丹王朝的所在地阿勒颇城。[22] 拜占庭将军同阿勒颇首领签订的重要协议迄今犹存,其中明确规定了划归拜占庭皇帝的叙利亚各地区的边界及其名称,它们从此将以皇帝为宗主。在被划归帝国的区域中,安条克城最为重要。阿勒颇城(阿拉伯语称 Haleb)成为帝国的属国。该地区的穆斯林向帝国纳税,而基督徒则免去一切税收。阿勒颇的埃米尔答应参与帝国同那些省中的非穆斯林的战争,并承诺要保护境内拜占庭商队的安全,保证为基督徒修复被毁坏的教堂,允许基督徒改信伊斯兰教,也允许伊斯兰教徒改信基督教。

这一协议签于尼斯福鲁斯·福卡斯于969年被刺身亡之后。穆斯林从未受到过如此的屈辱,乞里奇亚和叙利亚的一部分以及安条克被拜占庭夺回,大部分领土置于帝国宗主权的控制之下。

11世纪阿拉伯历史学家安条克的雅希亚(Yahya)提到:穆斯

---

[21] G.施伦伯格:《10世纪的拜占庭皇帝,尼斯福鲁斯·福卡斯》(*Un empereur byzantin au dixième siècle. Nicèphore Phocas*),723。

[22] 该协议内容保存在13世纪阿拉伯历史学家卡马尔-阿迪-丁(Kamal-ad-Din)的著作中。见 G.弗里塔格(G. Freytag)《萨阿德-阿尔达拉在阿勒颇城的统治》(*Regnum Saahs-Aldaulae in oppido Halebo*),9—14。拉丁译本,波恩版,助祭利奥(Leo the Deacon):《历史》,391—394。

林相信尼斯福鲁斯·福卡斯还能征服整个叙利亚和其他行省。这位编年史家还写道:"尼斯福鲁斯的入侵已成为士兵们喜欢的事,没有人攻击或反对这些入侵。他的军队可以到任何他想去的地方,击败任何企图改变或阻止他实现其意愿的人的反抗……没有人能抵抗他。"㉓当时的希腊史学家助祭利奥写道:"如果尼斯福鲁斯没有被暗杀,他可能将他的帝国(即希腊帝国)的疆界固定在东起印度西至世界尽头(即大西洋)的地域内。"㉔

尼斯福鲁斯·福卡斯的西方政策是失败的。这一时期,帝国在西西里的最后一个据点被阿拉伯人攻取,至此,西西里完全被控制在阿拉伯人手中。福卡斯的继承者约翰·齐米西斯(969—976年在位)的主要任务是保住帝国在乞里奇亚和叙利亚取得的成果。在他统治之初,他不能亲自参与东部边境的军事行动,因为在北方同罗斯和保加利亚人的战争以及国内的巴尔达斯·福卡斯(Bardas Phocas)起义迫使他无力分神。他在北方的斗争中取得了胜利,也成功地镇压了巴尔达斯·福卡斯的叛乱。而拜占庭公主狄奥凡诺嫁给德意志王位的继承者、未来的皇帝奥托二世,使意大利问题得到了解决。只有在这时,约翰·齐米西斯才得以转过身来处理东方问题。

齐米西斯在与东方穆斯林的战斗中获得重大的胜利。关于他进行的最后一场战斗的重要史料,即他写给盟友亚美尼亚国王阿

㉓ 《安条克的雅希亚-伊本-赛义德的年代纪》(*Histoire de Yahya-ibn-Said d'Antioche*),J.克拉奇夫斯基(J. Kratchkovsky)和 A. A. 瓦西列夫编辑和翻译《东方教父文献全集》,XVIII(1924),825—826(127—128);L.切克霍(L. Cheikho)编,135。

㉔ 助祭利奥:《历史》,V,4;波恩版,81。

第六章 马其顿王朝(867—1081年)

舍特三世(Ashot III)的一封信,被收入亚美尼亚历史学家、埃德萨的马休(Matthew)的作品中。[25] 信中表明,皇帝为了达到从穆斯林手中解放耶路撒冷的最后目标,开始了真正的十字军征伐。他的军队从安条克出发,首先进入大马士革,又南下进入巴勒斯坦,在那里,拿撒勒和凯撒里亚城自愿投降,甚至耶路撒冷也开始乞求恩典。在皇帝致阿舍特的信中还提到:"若不是居住在那里的非洲异教徒出于恐惧而躲在海岸城堡中,我们可以在上帝的帮助下进入圣城耶路撒冷,并进入耶路撒冷圣殿祈祷。"[26] 约翰·齐米西斯在到达耶路撒冷之前,还沿着海岸向北进军,占领了沿途许多城市。在同一封信中,他说:"腓尼基、巴勒斯坦和叙利亚都从穆斯林的枷锁下被解放出来,并承认了拜占庭希腊人的权威。"[27] 当然这封信中多有夸张之处。比照那位安条克的基督教徒阿拉伯史学家雅希亚的可靠记载,可以清楚地看到,巴勒斯坦战役的结果并不那么显赫。拜占庭军队可能根本就没有越过叙利亚的边界。[28]

当拜占庭士兵返回安条克城后,皇帝齐米西斯回到君士坦丁堡,976年初去世。一个拜占庭编年史学家写道:"所有的国家都

---

[25] E.都拉里耶(E. Dularier):"埃德萨马休的编年史"("Chronique de Matthieu d'Edesse"),《亚美尼亚历史文献》(*Bibliothèque historique arménienne*),16—24。Chr.库楚克-约内索夫(Kuchuk-Ioannesov):"皇帝约翰·齐米西斯致亚美尼亚王阿舍特三世的信"("The Letter of Emperor John Tzimisces to the Armenian King Ashot III"),《拜占庭年鉴》,X(1903),93—101。

[26] 都拉里耶:"埃德萨马休的编年史",20;库楚克-约内索夫:"皇帝约翰·齐米西斯致亚美尼亚王阿舍特三世的信",上引《拜占庭年鉴》,98。

[27] 都拉里耶:"埃德萨马休的编年史",22;库楚克-约内索夫,"皇帝约翰·齐米西斯致亚美尼亚王阿舍特三世的信",上引《拜占庭年鉴》,100。

[28] 见巴尔托德文章,《东方学院学报》,I(1925),466—467。他说,该书信中关于入侵巴勒斯坦的记载纯系胡言乱语,完全不可信。

因约翰·齐米西斯的猛烈进攻而战栗;他扩大了罗马的领土,萨拉森人和亚美尼亚人纷纷逃窜,波斯人畏惧他;所有的人都向他敬献贺礼,向他讨好以乞求和平;他的军队直抵埃德萨和幼发拉底河畔,到处都是罗马人的军队;叙利亚和腓尼基也处于罗马战骑的铁蹄之下,他获得极大的胜利;基督徒们的刀剑所向披靡。"㉙然而约翰·齐米西斯最后的伟大征服并没有使被征服行省合并起来,他的军队返回安条克,这里成为10世纪晚期拜占庭军队在近东的主要基地。

在约翰·齐米西斯的后继者瓦西里二世统治时期,总体形势不利于向东方进攻政策的实行。小亚地区的巴尔达斯·斯克莱鲁斯(Bardas Sclerus)和巴尔达斯·福卡斯起义的威胁和对保加利亚连年不断的战争迫使瓦西里无力分心。在起义被镇压之后,尽管同保加利亚的战争还未结束,皇帝还是频繁地投入了同穆斯林的斗争。帝国在叙利亚的一切都受到埃及哈里发的巨大威胁,帝国附属城阿勒颇几次被敌军占领。瓦西里二世经常出其不意地出现在叙利亚,以恢复拜占庭在当地的影响,但并未能实现进一步的征服。11世纪初,皇帝同埃及的法蒂玛朝哈里发哈希姆(Hakim)达成和平协议。此后在瓦西里统治的剩余时间内没有再同东部阿拉伯人发生激烈冲突。同时,阿勒颇也摆脱了作为拜占庭附庸的地位。

尽管瓦西里同哈里发哈希姆达成了正式的和平协议,但后者仍然时常实行残酷迫害基督徒的政策,这无疑使作为基督教皇帝

㉙ 乔治·哈马托鲁斯:《续作者》,E.穆拉尔特(E. Muralt)主编,865。

的瓦西里深感懊恼。1009年,哈希姆下令破坏耶路撒冷的圣墓教堂和各各他(Golgotha)*教堂。教堂中的圣物和财物被掠走,教士被驱逐,朝圣者被迫害。当时的阿拉伯历史学家、安条克的雅希亚说,哈希姆的严酷命令的执行者"竭尽全力破坏圣墓教堂,将其夷为平地"[30]。惊恐的基督教徒和犹太教徒聚集于穆斯林官府,承诺放弃自己的宗教信仰,接受伊斯兰教。哈希姆破坏教堂的命令是由他的基督教徒管理者签署的。

显然,瓦西里二世并没对受迫害的基督教徒及其避难所采取什么保护措施。在哈希姆死后(1021年)的一段时间里,穆斯林恢复了对基督徒的宽容政策。1023年,耶路撒冷牧首尼斯福鲁斯被派到君士坦丁堡,宣布圣墓教堂和所有在埃及和叙利亚的教堂都将被重建,圣物业已归还给基督教徒。一般情况下,基督徒在哈里发统治区是安全的。[31] 当然在这样短的时间如此迅速地重建教堂是夸张的说法。

在西方,西西里的阿拉伯人不断侵袭南意大利,而拜占庭政权被其他问题所纠缠也无暇顾及。德皇奥托二世(与拜占庭皇帝有亲戚关系)曾干涉意大利事务,取得了对阿拉伯人斗争的一些胜利之后,仍以惨败结束。瓦西里二世在他统治末期,开始计划对西西里进行大规模的再征服,但他却死于备战期间。

---

* 各各他,即《新约》中所记载的耶稣受难地,亦称骷髅地。——译者

[30] V.罗森(V. Rosen):《保加利亚人屠夫瓦西里皇帝》(*The Emperor Basil Bulgaroctonus*),46;俄文版,48。《安条克的雅希亚-伊本-赛义德的年代纪》,切克霍编,196。

[31] 见巴托尔德文章,《东方学院学报》,I(1925),477。这里最好的资料是来自雅希亚的记载。

瓦西里二世死后,帝国陷入混乱,使得穆斯林敢于发动一系列进攻,并在阿勒颇地区取得特别的成功。帝国年轻而有才华的将军乔治·马尼阿西斯(Maniaces)多少改变了这种情况,他在11世纪前30年代前期占领了埃德萨,拿走了此地的第二圣迹——一封伪造的耶稣基督写给埃德萨国王阿布戈尔(Abgar)的信。㉜ 该城陷落后,皇帝罗曼努斯三世向穆斯林提出了和谈条件。其中前两条关系到圣城耶路撒冷,值得特别注意。其一,基督徒应该有权重建一切被毁坏的教堂,帝国将由国库出资修复圣墓教堂。其二,皇帝有权指派耶路撒冷的主教。由于双方在某些条款上存在异议,谈判进行了很长时间。哈里发似乎也不反对前两项要求。在1036年达成的最后协议中,规定皇帝有权用自己的钱修复圣墓教堂。㉝ 1046年,波斯旅行家拿西尔-伊-库斯劳*参观了被修复的教堂,描述了它的宽敞恢弘,说它可容纳8,000人。他还说,大教堂的建造使用了最精巧的技术、色彩丰富的大理石及高明的装饰及雕刻艺术,教堂内部到处都是装饰画和金色的织锦缎。波斯旅行家这篇传奇性的记载中甚至说,皇帝本人也到过耶路撒冷,他是秘密私访,没人能认出他来。这位波斯旅行家写道:"在哈希姆统治埃及的时候,希腊的皇帝就曾以这种方式到过耶路撒冷。当哈希姆得知他来到的消息后,派人找来一个侍从说:'你在圣城清真

㉜ 见前面涉及埃德萨第一圣迹"圣面"的记载。
㉝ 雅希亚:《历史》,切克霍编,270—271;《伊本-阿尔-阿希尔》,托恩伯格编,IX,313。见巴托尔德文章,《东方学院学报》,I(1925),477—478。
* 本处原文是 Nasiri-Khuseau,但随后的注释中为 Nasir-i-Khusrau;因在文中做此纠正。——译者

寺中可看到一个如此这般长相的人,看到他后你就上前靠近他,对他说:是哈希姆派你去那里的,否则他会以为哈希姆居然不知道他的到来;但是要向他问好,因为我对他没有恶意'"。㉞

尽管乔治·马尼阿西斯在几次战斗中都取得了胜利,但帝国对西西里的收复计划并没有取得任何实质性的结果。值得一提的是,这一时期参加征服西西里行动的有曾为帝国服务的瓦拉几亚-罗斯人兵团。斯堪的纳维亚传说中的著名冒险英雄哈拉尔德·哈德拉德(Harald Haardraade)也参加了这次战斗。到11世纪中期,帝国又开始面对新的敌人塞尔柱突厥人。它是拜占庭帝国后期的主要敌人。

这样,在马其顿王朝时期,尽管瓦西里二世死后曾有一段混乱时期,但由于约翰·库尔库阿斯、尼斯福鲁斯·福卡斯、约翰·齐米西斯和瓦西里二世的努力,帝国东部边境曾远达幼发拉底河和叙利亚。安条克也曾是拜占庭领土的一部分。这是拜占庭同东方穆斯林关系史上最辉煌的一页。

同一时期,拜占庭帝国同亚美尼亚的关系有了重要的向友好方向的发展。几世纪以来,亚美尼亚一直是罗马和波斯争夺的焦点。两大帝国自古以来为之相争不休的结果,终于使亚美尼亚于4世纪末被瓜分。其西部较小的部分和狄奥多西城(现在的埃尔祖鲁姆)归罗马帝国;东部大部分地区则落入萨珊波斯之手,而且在东方,人们称之为波斯属亚美尼亚(Persarmenia)。按照一位历

㉞ 拿西尔-伊-库斯劳:《叙利亚和巴勒斯坦游记》(*A Diary of a Journey Through Syria and Palestine*),居伊·勒斯特朗吉(Guy le Strange)译,55—56。

史学家的观点来看,亚美尼亚在政治上划分为"东、西两部分,导致在拜占庭和伊朗不同统治下的亚美尼亚人的生活在文化上产生分化"。㉟ 查士丁尼大帝在亚美尼亚进行了重要的军事和行政改革,其目的是要破坏一些残留的地方习俗,把亚美尼亚变成帝国的一个普通行省。

7 世纪时,阿拉伯人征服叙利亚并击败波斯后,又占领了亚美尼亚。亚美尼亚人、希腊人和阿拉伯人的史料对此记载不一。亚美尼亚人后来利用哈里发国家内乱,无暇关注亚美尼亚事务之机,多次试图发动起义打碎新的枷锁,但这些起义受到残酷镇压。据马尔(N. Marr)说,在 8 世纪初,亚美尼亚完全被阿拉伯人摧毁了;"封建领主们被残酷地消灭,基督教的一切辉煌建筑均被毁于一旦,总之,几个世纪以来所有的文化成就都化为乌有"㊱。

9 世纪中期,阿拉伯哈里发意识到在同拜占庭帝国的斗争中需要亚美尼亚的帮助,遂给予亚美尼亚的统治者,巴格拉提家族的阿舍特以"王中之王"(Prince of Princes)的称号。阿舍特的英明统治得到普遍认可,9 世纪末哈里发又封他为国王,于是由巴格拉提王朝统治下的亚美尼亚王国正式建立起来。此消息在瓦西里一世死前不久传到拜占庭,他立刻赠给这位新王同等的荣耀,送给他一顶王冠,并且与之签订了友好的联合协议。瓦西里在信中称阿

㉟ N. 阿东兹(N. Adonz):《查士丁尼时代的亚美尼亚》(*Armenia in the Epoch of Justinian*),3—4。

㊱ "高加索文化区和亚美尼亚"("The Caucasian Cultural World and Armenia"),《公众教育部杂志》,LVII(1915),313—314;见巴托尔德文章,《东方学院学报》,I (1925),467。

舍特为亲爱的儿子,并使之相信在所有国家中,亚美尼亚将永远是帝国最亲密的盟友。㊲这清楚地表明,皇帝和哈里发都希望同巴格拉提王朝的阿舍特建立反对另一方的联盟。㊳

阿舍特死后带来的混乱局面迫使穆斯林干涉亚美尼亚内部事务。仅在10世纪早期"铁腕"("the Iron")阿舍特二世的统治时期,㊴亚美尼亚才在拜占庭军队和伊庇利亚(即格鲁吉亚)国王的帮助下,在一定程度上清除了国土上的阿拉伯人。阿舍特二世亲自访问了君士坦丁堡罗曼努斯·雷卡平的宫廷,并受到凯旋式的欢迎。他是第一位获得"沙赫"(Shahinshah,即"王中之王")称号的亚美尼亚国王。他的后继者阿舍特三世在10世纪后半期正式迁都到阿尼,此后又在那里建了许多宏伟的建筑物,后该城发展成为一个繁华的文明中心。直到第一次世界大战以前,俄罗斯的境内还保存着阿尼旧城的废墟,俄罗斯学者马尔在此地进行了大量的考古发掘,并取得了辉煌的成果,它不仅从总的方面有利于对亚美尼亚史和高加索人民的文明进行研究,而且它清楚地表明了拜占庭对基督教东方的影响。

由塞尔柱突厥人入侵所造成的亚美尼亚内部纷争迫使瓦西里

㊲ 让·加特力克斯(Jean Catholicos):《亚美尼亚历史》(*Histoire d'Arménie*),A.J.圣马丁(A.J.Saint-Martin)译,126。

㊳ 瓦西列夫:《拜占庭与阿拉伯人》,83—84;J.劳伦特:《自阿拉伯征服到886年处于拜占庭和穆斯林之间的亚美尼亚》(*L'Arménie entre Byzance et l'Islam depuis la conquête arabe jusqu'en 886*),282—283。格鲁塞(Grousset):《亚美尼亚史》(*Histoire de l'Amenie*)(巴黎,1947年),394—397。

㊴ 关于这一时期的情况,见任西曼《皇帝罗曼努斯·雷卡平及其统治》,125—133、151—174。

二世在结束了对保加利亚战争后转而维护自己的统治地位。于是,亚美尼亚的一部分归属于帝国,另一部分则被置于附庸的地位。帝国东方边境的这一新的扩展,是这位年迈的皇帝在其积极而卓有成就的统治时期取得的最后一次军事胜利,⑩为此,君士坦丁堡为瓦西里举行了盛大的入城凯旋式。11 世纪 40 年代,在君士坦丁九世摩诺马赫统治下,亚美尼亚的新都阿尼被拜占庭帝国接管,从而结束了巴格拉提王朝的统治。该王朝的最后一位统治者被带到君士坦丁堡。在那里,作为他在卡帕多西亚失去的王国的补偿,他得到了一笔养老金和博斯普鲁斯海峡上的一处宫殿。然而拜占庭帝国并不能维持在亚美尼亚的统治,亚美尼亚人对于中央政府的行政统治和宗教政策极度不满。此外,驻亚美尼亚的拜占庭军队大部分被召回到欧洲保卫君士坦丁·摩诺马赫,先是被他用来镇压利奥·托尼基奥斯(Leo Tornikios)的叛乱,后来又被用来抵抗帕齐纳克人(Patzinaks,亦称佩彻涅格人[Pechenegs])的进攻。突厥人借此机会逐渐蚕食吞并了亚美尼亚。

拜占庭帝国同保加利亚和马扎尔人的关系

马其顿王朝统治时期与保加利亚的关系对帝国而言是极其重

---

⑩ J.劳伦特(J. Laurent):《1081 年以前西亚地区的拜占庭与塞尔柱突厥人》(*Byzance et les Turcs Seldjoucides dans l'Asie occidentale jusqu'en 1081*),16—18。关于这次瓦西里征伐亚美尼亚的详细情况及瓦西里与阿拔斯人及伊庇利亚人之间的关系,见 G.施伦伯格(G. Schlumberger)《10 世纪末期拜占庭的辉煌业绩》(*L'Épopée Byzantine a la fin du dixième siècle*),II,498—536。格鲁塞:《亚美尼亚史》,547—580。

要的。尽管在保加利亚王西梅恩统治时期,保加利亚成为拜占庭帝国的劲敌,甚至威胁到帝国的首都和皇帝的权力,但马其顿王朝还是彻底地使这个王国屈服于帝国,并成为拜占庭的一个行省。

瓦西里一世统治时期,帝国同保加利亚国家保持着和平关系。迈克尔三世死后,保加利亚教会和希腊教会之间关于恢复联合的谈判取得了可喜成果。鲍里斯国王甚至送他的儿子西梅恩到君士坦丁堡接受教育。这种友好关系对双方都有利。瓦西里在解除了北方威胁后,便倾其全力在小亚细亚腹地同东方的阿拉伯人和意大利的西方穆斯林进行斗争。鲍里斯则需要和平以致力于国家内部建设,该王国此时接受了基督教不久。

利奥六世继位(886年)以后,由于关税上的争端使保加利亚的贸易受到严重损害,双方的和平关系遭到破坏。当时保加利亚的统治者是鲍里斯的儿子、著名的国王西梅恩。他"对知识的热爱使他反复阅读古人的作品"[41],他为其王国的文化教育事业发展做了许多事情。他要实现其宏伟的政治目标需要拜占庭帝国付出代价。利奥六世意识到他没有能力同西梅恩对抗,因为拜占庭军队正忙于同阿拉伯人交战,故而寻求野蛮的马扎尔人的帮助。后者同意从北部突袭保加利亚以分散西梅恩对拜占庭边境的注意力。

这是欧洲历史上极其重要的时刻。在9世纪末,马扎尔人(Hungarians,Ugrians;拜占庭史料常称其为突厥人,西方史料有

---

[41] 尼古拉斯·米斯提克斯(Nicholas Mystici):《书信集》(*Epistola*),XX;米涅编:《希腊教父文献全集》,CXI,133。

时称其为阿瓦尔人㊷)第一次卷入欧洲国家的国际关系之中。正如格罗特(C.Grot)所指出的:"以最文明的国家拜占庭的一个同盟者身份首次出现在欧洲军事舞台上的,是马扎尔人。"㊸在开始时的几次交战中,西梅恩被马扎尔人击败,但西梅恩显示出其应付紧急情况的才能,他一方面与拜占庭谈判以赢得时间,乘机赢得了帕齐纳克人与之联手。在帕齐纳克人的帮助下,他打败了马扎尔人,并迫使他们向北退至多瑙河中游一带,即后来他们建立了国家的地区。获胜后,西梅恩又向拜占庭进攻。在一次决定性的战斗胜利后,他抵达君士坦丁堡城下。失败了的皇帝与西梅恩议和,保证不再与保加利亚为敌,并且每年送贵重礼品给西梅恩。

在904年阿拉伯人包围、掠夺了萨洛尼卡之后,西梅恩迫切希望将这一城市并入他的王国。利奥六世只是以割让其国土上其他地区领地的方式才使西梅恩的这一愿望没有得逞。保加利亚和拜占庭帝国在904年所立的界碑仍然存在,碑上刻有两国间的协议,㊹对此,保加利亚历史学家兹拉塔尔斯基(Zlatarsky)评论道:

㊷ 关于马扎尔人的起源问题十分复杂,很难确定他们究竟起源于芬-乌格尔人还是突厥人。见J.B.伯里《东罗马帝国史》,III,492;《剑桥中世纪史》,IV,194—195。J.莫拉弗斯齐克(J.Moravcsik):"匈牙利人的起源问题研究"("Zur Geschichte der Onoguren"),《匈牙利年鉴》(*Ungarische Jahrbücher*),X(1930),86,89。C.A.马卡特尼(C.A.Macartney):《9世纪的马扎尔人》(*The Magyars in the Ninth Century*),176—188。我还没有读过J.齐涅(Szinnyei)所著的《匈牙利人的起源问题,其语言和文化》(*Die Herkunft der Ungarn, ihre Sprache und Urkultur*)。

㊸ 《自9世纪到10世纪初的摩拉维亚和马扎尔人》(*Moravia and Magyars from the Ninth Until the Beginning of the Tenth Centuries*),291。

㊹ Th.I.乌斯宾斯基:"财政官西梅恩时期拜占庭与保加利亚边界上的界碑"("The Boundary Stone between Byzantium and Bulgaria under Simeon"),《君士坦丁堡俄罗斯考古学院学报》,III(1898),184—194。

第六章 马其顿王朝(867—1081年)

"根据这一协议,此前一直属于拜占庭帝国的马其顿南部和阿尔巴尼亚南部的所有斯拉夫土地,从此时开始(904年)成为保加利亚王国的一部分,换句话说,由此条约,西梅恩将巴尔干半岛上的斯拉夫人均统一在保加利亚王权之下,这些斯拉夫人奠定了保加利亚国家最根本的形态。"㊺从该条约签署到利奥统治结束,保加利亚和拜占庭帝国再也没有发生冲突。

从利奥六世去世到927年保加利亚国王西梅恩去世,在拜占庭帝国与保加利亚国家之间几乎是连年战争,西梅恩极其渴望攻克君士坦丁堡。牧首尼古拉斯·米斯提克斯曾送给他一封"不是用墨而是用泪水"㊻写成的乞怜信,但仍无济于事。牧首也曾试图威胁西梅恩,告诉他帝国将同罗斯人、帕齐纳克人、阿兰人和西突厥人,即马扎尔人和匈牙利人结盟。㊼但西梅恩非常清楚这种计划中的联合是不可能实现的,因此这些威胁对他不能奏效。保加利亚军队数次击败希腊人,特别是917年的战斗,希腊损失惨重,当时拜占庭军队驻扎在靠近安奇阿鲁斯(Anchialus,在色雷斯)的阿奇鲁斯(Achelous)河边。历史学家助祭利奥在10世纪末期参观了这一战争的遗址,他写道:"直到现在,人们在安奇阿鲁斯还能

㊺ "在修辞学家和廷臣财政官西梅恩编年史中对于保加利亚人的记载"("Accounts of the Bulgarians in the Chronicle of Simeon Metaphrastes and Logothete"),《民间传说、科学教学汇编》(*Sbornik za narodni umotvoreniya, nauka I knizhnina*),XXIV(1908),160。亦见兹拉塔尔斯基《中世纪保加利亚国家史》,I(2),339—342。

㊻ 尼古拉斯·米斯提克斯:《书信集》,V;米涅编,《希腊教父文献全集》,CXI,45。

㊼ 尼古拉斯·米斯提克斯:《书信集》,XXIII,米涅编《希腊教父文献全集》,CXI,149—152。

看到成堆的遗骨,罗马军队在这里企图溃逃,却耻辱地被砍成碎片。"㊽阿奇鲁斯战役之后,通向君士坦丁堡的大门向西梅恩打开了。但918年,保加利亚军队却忙于应付塞尔维亚战事。㊾ 919年,机智而精力充沛的海军将军罗曼努斯·雷卡平称帝。同时,保加利亚军队急速南下抵达达达尼尔海峡㊿,并于922年占领了亚得里亚堡(Odrin)。这样,保加利亚军队一方面意欲出兵希腊中部,另一方面则指向君士坦丁堡城下,并扬言随时可能将其占领。皇帝在郊外的宫殿被烧毁。同时,西梅恩企图同非洲的阿拉伯人结成联盟,共同攻击君士坦丁堡。除君士坦丁堡和萨洛尼卡以外,整个色雷斯和马其顿都处于保加利亚的控制之下。君士坦丁堡的罗斯考古所在保加利亚东北阿帕巴(Aboba)附近的考古发掘中挖掘出几根石柱,它们是用于建造保加利亚王宫附近大教堂的;它们的历史意义在于上面刻有西梅恩征服过的拜占庭城市的名称。由于他在巴尔干半岛上拥有了曾经属于拜占庭的大部分领土,所以西梅恩自称为"保加利亚人和希腊人的皇帝"。

923年或924年,罗曼努斯·雷卡平和西梅恩在君士坦丁堡

㊽ 《历史》,VII,2;波恩版,124。

㊾ 关于10世纪前半期的拜占庭和塞尔维亚,见C.吉莱切克(C. Jireček)《塞尔维亚史》(*Geschichte der Serben*),I,199—202。F.西齐克(F. Šišic):《克罗地亚史》(*Geschichte der Kroaten*),I,127—129、140—143。S.斯坦耶维奇(S. Stanojević):《塞尔维亚人民史》(*History of the Serbian People*)(第3版,1926年),52—53。

㊿ 兹拉塔尔斯基:《中世纪保加利亚国家史》,I(2),412(920年)。任西曼:《皇帝罗曼努斯·雷卡平及其统治》,87(919年)。亦见任西曼《第一保加利亚帝国史》,163(其中没有提到达达尼尔海峡)。

第六章 马其顿王朝(867—1081年)

城下举行了历史上著名的会晤。皇帝乘游艇先到,西梅恩则自陆路来。两位君主彼此问候后,开始会谈,罗曼努斯当时的谈话记录被保留下来。[51] 会谈在某种意义上达成了停战协议,虽然罗曼努斯必须付给西梅恩年贡,但协议条款并不苛刻。考虑到新形成的塞尔维亚王国的威胁,西梅恩也不得不从君士坦丁堡撤军。此时塞尔维亚王国正在同拜占庭谈判。而西梅恩同阿拉伯人的谈判却并没有获得令人满意的结果。后来他又重新组织一次对君士坦丁堡的进攻,却遗憾地死于备战期间(927年)。

保加利亚的领土在西梅恩时代大肆扩张,从黑海沿岸到亚得里亚海沿岸;从多瑙河下游至色雷斯和马其顿中部,远及萨洛尼卡。由于这些成就,西梅恩的名字对于斯拉夫统治者企图取代巴尔干半岛上的希腊人的统治的第一次尝试具有重要意义。

温和的彼得继承了西梅恩的王位,并与帝国联姻建立了联系。帝国与他所签订的和平协议承认了他的王位,也承认了西梅恩所建立的保加利亚主教区。两国的和平大约持续了四十年。在保加利亚人的一系列辉煌胜利之后,此和平条约对拜占庭很有利,"实际上可以认为保加利亚已衰落了"[52]。这一条约体现了罗曼努斯·雷卡平英明政策的真正成功。西梅恩时代的"大保加利亚"在彼得统治下因内部纷争而分裂。随着保加利亚政治势力的衰落,

---

[51] 狄奥凡尼的续作者:《历史》,波恩版,408—409。《廷臣西梅恩》,波恩版,737—738。见兹拉塔尔斯基《中世纪保加利亚国家史》,I,(2),464—469,特别是467页注1,提到了有关资料。任西曼:《皇帝罗曼努斯·雷卡平及其统治》,90—93、246—248(924年)。

[52] 任西曼:《皇帝罗曼努斯·雷卡平及其统治》,100。

马扎尔人和帕齐纳克人于934年侵入色雷斯,并深入到君士坦丁堡。943年,他们再次出现在色雷斯。罗曼努斯·雷卡平同他们缔结了五年和平条约,在他死后,该条约又被重订并持续到君士坦丁·波菲罗杰尼图斯统治时期结束。[53] 到10世纪后半期,马扎尔人对巴尔干半岛又进行了数度入侵。保加利亚的衰落十分有利于拜占庭帝国。尼斯福鲁斯·福卡斯和约翰·齐米西斯与保加利亚人进行了不断的斗争,并由于尼斯福鲁斯·福卡斯的邀请,得到罗斯大公斯维亚托斯拉夫(Sviatoslav)的援助。罗斯军队在保加利亚的胜利把斯维亚托斯拉夫带到帝国边境,这令帝国皇帝深感不安。因为罗斯军队后来已推进到拜占庭的领土上了。一位早期罗斯编年史家说,斯维亚托斯拉夫"几乎到达了帝都(Tzargrad)(君士坦丁堡)城下"[54]。约翰·齐米西斯以保护保加利亚免遭新征服者踩躏为借口率领大军抗击罗斯人。他打败了斯维亚托斯拉夫,征服整个东部保加利亚,并俘获保加利亚全部王室成员。这样,在约翰·齐米西斯时代帝国完成了对东部保加利亚的合并。

约翰·齐米西斯死后,保加利亚人利用帝国内乱举行起义反对拜占庭统治。这一时期的杰出领导人是西部保加利亚的统治者萨穆尔(Samuel),他可能是新王朝的创建者,"也是第一保加利亚

---

[53] J.马尔卡特(J. Marquart):《东欧与东亚的斗争》(*Osteuropäische und ostasiatische Streifzüge*),60—74(谈到934年的入侵)。任西曼:《皇帝罗曼努斯·雷卡平及其统治》,103—108。

[54] 《拉弗连季编年史》(*Laurentian Chronicle*),在971年条目下。

第六章 马其顿王朝(867—1081年)

帝国杰出的统治者之一"⑤。瓦西里二世同萨穆尔的长期斗争对拜占庭帝国不利,因为拜占庭的主要军力都在东方。萨穆尔征服了许多地区并自称保加利亚国王。直到11世纪早期,局势才转而有利于瓦西里。他对待保加利亚人是如此残酷,以至于得到"保加利亚人的屠夫"("Bugaroctonus")的绰号。当萨穆尔看到14,000名保加利亚人被瓦西里二世弄瞎,并送回故土时,这可怕的场景使他受惊而死。萨穆尔于1014年死后,保加利亚人根本无力反抗希腊人,不久就被拜占庭帝国征服。1018年,第一保加利亚王国灭亡,成为拜占庭帝国的一个行省,被帝国官员所统治,但保留了一定程度的内部自治权。

约在11世纪中期,在彼得·德里彦(Peter Delyan)领导下,保加利亚爆发了反对拜占庭帝国的起义,后被镇压,保加利亚的自治权也被取消。在拜占庭统治时期,希腊文化逐渐渗入到保加利亚人居住的地区,但保加利亚人仍是一个独立的民族,到12世纪第二保加利亚王国成立时达到极盛。

据奥地利史学家记载:"1018年保加利亚王国的衰落是11世

---

⑤ 见兹拉塔尔斯基对萨穆尔行动的热情赞扬《中世纪保加利亚国家史》,I(2),742—743。关于萨穆尔,亦见任西曼《第一保加利亚帝国》,241—243。东、西保加利亚的情况在当时是有争议的,而且提出了十分复杂的问题。有一种猜测,认为约翰·齐米西斯征服了整个保加利亚帝国,包括其西部和东部,而且只是在他死后,拜占庭的内部矛盾,萨穆尔在西保加利亚起义,成功地建立了他的斯拉夫-马其顿帝国。见 D. 阿纳斯塔西耶维奇(D. Anastasijević)"关于西保加利亚情况的假说"("A Hypothesis of Western Bulgaria"),《斯科普里社会科学学报》(*Bulletin de la Société Scientifique de Skoplje*),III(1927),1—12;法文著作见梅朗·乌斯宾斯基的作品。亦见 J. 伊凡诺夫(J. Ivanov)"萨穆尔皇帝的家系起源"("The Origin of the Family of the Tsar Samuel"),《纪念 V.N. 兹拉塔尔斯基》(*Volume in Honor of V.N. Zlatarsky*),55。

纪,也是整个中世纪最重要、最具有决定性的事件。罗马帝国(拜占庭)再次崛起,其领土扩展至亚得里亚海与黑海之间、多瑙河至伯罗奔尼撒半岛南端的广大地区。"⑯

拜占庭帝国与罗斯

马其顿王朝时期,罗斯同拜占庭的关系相当活跃。据罗斯编年史家记载,智者利奥六世统治期间,罗斯大公奥列格(Oleg)在907年率水军出现在君士坦丁堡城下,在大肆掠夺该城市郊并杀了许多人之后,奥列格迫使拜占庭皇帝同他谈判并达成协议。尽管在拜占庭、西方、东方的史料中至今仍没有发现有关这次远征的记载和奥列格的名字,但罗斯编年史家的近乎传说的详细记载却是以历史事实为基础的。907年草签的协议很可能在911年的正式协议中得到承认。据这位古时的罗斯史家的记载,该条约给罗斯人提供了重要的商业特权。⑰

---

⑯ K.R.冯霍费勒尔(K.R. von Hüfler):《关于斯拉夫历史领域的论题》(*Abhandlungen aus dem Gebiete der slavischen Geschichte*),I,229。

⑰ G.奥斯特洛戈尔斯基:"奥列格大公对君士坦丁堡的征伐"("L'espédition du prince Oleg contre Constantinople"),《康达可夫研究院年鉴》,XI(1940),47—62。奥斯特洛戈尔斯基全面地再次证实了奥列格的远征是一件历史真实。我特别强调我的观点,是因为,在目前,关于罗斯早期历史的研究再次进入了一个重要时期。在西欧一些著名的学者中,有一股刻意求实之风。他们判断奥列格是一个传说中的人物,对君士坦丁堡的入侵也是"传说中的"。他们假定罗斯的信史只是在941年,罗斯大公伊戈尔进攻君士坦丁堡时才开始;此前的所有资料都被视为带有某种寓言故事性质的传说。见 H.格雷古瓦"关于奥列格的传说及伊戈尔远征"("La légende d'Oleg et l'expédition d'Igor"),《比利时皇家学院古典文献学通报》(*Bulletin de la classe des letters de l' Académie Royale de Belgique*),XXIII(1937),80—94。由于篇幅所限,此处不能一一列举持此类观点的作者的名字。瓦西列夫:"罗斯人第二次攻击君士坦丁堡"("The Second Russian Attack on Constantinople"),《顿巴登橡树园研究文集》,VI(1951),161—225。

第六章 马其顿王朝(867—1081年)

助祭利奥的著名历史是 10 世纪后半期最有价值的资料,其中有一段记述,即使现在也可被视为希腊资料中发现的唯一关于奥列格和议的线索,但却没得到应有的重视。这就是助祭利奥所记述的、约翰·齐米西斯对斯维雅托斯拉夫的威吓:"我希望你不要忘记你父亲伊戈尔的失败;他撕毁了誓约($τάς\ ἐνόρκους\ σπονδάς$),率大军和水军从海上进攻帝国城市。"㊵这里的"誓约"是指伊戈尔即位以前帝国与罗斯所签的和约,必定就是俄罗斯编年史家所记的奥列格的协议。拜占庭史料记载,从 10 世纪早期起就有附属于拜占庭的罗斯军队,911 年协议的相应条款中(如同罗斯编年史家所记载的那样),也规定,如果罗斯人愿意,可以参加拜占庭帝国的军队。㊶将以上两种资料对比起来看,将是很有趣的。

1912 年,一位美国犹太学者舍赫特(Schechter)将 10 世纪有关卡扎尔人-罗斯人-拜占庭人关系的犹太文中世纪零散资料编辑起来并译成英文。这一文献的特别重要之处在于它提到了"罗斯国王 Helgu(即奥列格)"的名字以及有关他的一些新资料,他远征

㊵ 《历史》,Ⅵ,10;波恩版,106。见兰姆波德(Lambaud)《10 世纪的希腊帝国》(*L'Empire grec au dixième siècle*),374。A. 库尼克(A. Kunik):《关于托帕库斯·哥提库斯的报告》(*On the Report of the Toparchus Gothicus*),87;M. 苏祖莫夫(M. Suzumov):"关于助祭利奥和斯齐利特斯的资料"("On the Sources of Leo the Deacon and Scylitzes"),《拜占庭评论》(*Vizantiyskoe Obozrenie*),Ⅱ,1(1916 年),165。

㊶ 瓦西列夫:《拜占庭与阿拉伯人》,Ⅱ,166—167。

君士坦丁堡失败就是其中之一。[60] 此文献中所存在的年代学和地理学上的难点仍处于研究的初期阶段,因而还难以对其过早地做出明确的判断。但无论如何,此文献的公开促使人们对古老的罗斯编年史中奥列格的历史加以重新审视。

在罗曼努斯·雷卡平时期,罗斯大公伊戈尔两次进攻帝都。他的名字不仅被载入罗斯史料之中,而且也被保留在希腊文和拉丁文史料之中。他在941年的首次进攻中,率领庞大的水军驶往黑海的比提尼亚沿岸和博斯普鲁斯海峡。罗斯人在此海岸大肆掠夺,并沿着该海峡的亚洲一岸向赫里索波利斯(Chrysopodis,现在的斯库塔里,面对君士坦丁堡)进军。伊戈尔的这次远征以彻底失败告终,大批罗斯水手被希腊火摧毁,残余的水军则逃回北方,被希腊人俘获的罗斯战俘被处死。

---

[60] S.舍赫特:"一份未知的卡扎尔人文献"("An Unknown Khazar Document"),《犹太季评》(*Jewish Quarterly Review*),N.S. III(1912—1913),181—219;提到 Helgu 一名是在 217—218。见 P.C.科科弗佐夫(Kokovtzov)"关于 10 世纪卡扎尔人和卡扎尔-罗斯-拜占庭关系的犹太新文献"("A New Jewish Document on the Khazard and the Khazaro-Russo-Byzantine Relations in the Tenth Century"),《公众教育部杂志》,XLVIII(1913),150—172。科科弗佐夫:"对于剑桥和牛津所存犹太-卡扎尔手稿的注释"("A Note on the Judeo-Khazar Manuscripts at Cambridge and Oxford"),《苏联社会科学院论坛》(*Comptes-rendus de l'Académie des Sciences de l'Union des Républiques Soviétiques Socialistes*)(1926),121—124。对于此文献的新的解释,见 V.A.莫施因(V.A.Moshin)"再论新发现的卡扎尔文献"("Again on the Newly Discovered Khazar Document"),《塞尔维亚、克罗地亚和斯洛文尼亚王国的俄罗斯考古学会报告》(*Publications of the Russian Archaeological Society in the Kingdom of Serbs, Croats, and Slovenes*),I(1927),41—60;作者在此处否认提到的名字是奥列格,并将该文献揭示的资料归于晚些时候,即 943—945 年发生的历史事件。关于此文献的新的俄文译本是科科弗佐夫所译的《10 世纪的希伯来-卡扎尔文献》(*A Hebrew-Khazar Correspondence of the Tenth Century*),XXVI—XXXVI,113—123。

第六章 马其顿王朝(867—1081年)

944年,伊戈尔开始他的第二次远征,其规模远远超过前一次。罗斯编年史家记载,伊戈尔组织了由"瓦拉几亚人、罗斯人、波良人(Poliane)、斯拉夫人、克里维齐人(Krivichi)、提沃尔齐人(Tivertsy)和帕齐纳克人"组成的大军。[61] 拜占庭皇帝对伊戈尔的备战规模感到恐慌,遂派自己的最好的一些贵族(boyars,波雅尔)担任使节去伊戈尔和帕齐纳克人那里,送给他们贵重礼物,并承诺伊戈尔将给他与奥列格所获的同样数量的年贡。尽管如此,伊戈尔还是向君士坦丁堡挺进。但是当他行进到多瑙河岸时,他与自己的亲兵们(Druzhina)商量后,决定接受帝国提出的条件,返回基辅。第二年,希腊人与罗斯人签订了条约。与奥列格的条款相比,这次罗斯人在该条约中所获较少。这一和平协议据说将"与日月同存,与天地共在"。[62]

该条约所议定的友好关系在君士坦丁七世波菲罗杰尼图斯在位时的957年表现得尤为突出。这一年,俄罗斯女大公奥尔加(Olga,即Elga)来到君士坦丁堡,受到皇帝、皇后及王储的热烈欢

---

[61] 波良人、克里维齐人和提沃尔齐人是东斯拉夫人的东方支系的部族,他们生活在第聂伯河及其支流沿岸和德聂斯特河沿岸。

[62] 见《拉弗连季编年史》,945年的条目下(接近该协议签订的时期)。A.沙赫马托夫(A. Shakhmatov):《往年纪事》(*The Story of the Current Times*),I,60;英文版,S. H.克罗斯(S. H. Cross):《俄罗斯早年编年史》(*The Russian Primary Chronicle*),160—163;关于拜占庭和罗斯之间的协议存在着许多文献,特别是以俄文记录的文献。见瓦西列夫《拜占庭和阿拉伯人》,II,164—167、246—249、255—256。J.库里斯切尔(J. Kulischer):《俄罗斯经济史》(*Russische Wirtschaftsgeschichte*),I,20—30;K.帕尔托娃(K. Bártová):"941年伊戈尔对帝都的远征"("Igor's Expedition on Tsargrad in 941"),《拜占庭斯拉夫杂志》(*Byzantinoslavica*),VIII(1939—1946),87—108。

迎。关于欢迎她的详情记载在 10 世纪名著《拜占庭宫廷礼仪》㊿中。尼斯福鲁斯·福卡斯与约翰·齐米西斯同罗斯大公斯维亚托斯拉夫的关系在前文对保加利亚战争的有关叙述中则已经讨论了。

"保加利亚人的屠夫"瓦西里二世与罗斯大公弗拉基米尔（Vladimir）的关系更为重要，后者的名字与罗斯人接受基督教紧密相联。10 世纪最后十年，皇帝及其王朝都处于危急之中。反对瓦西里的起义领袖巴尔达斯·福卡斯几乎赢得了整个小亚细亚的支持并逼近首都；与此同时，帝国北部行省则处于保加利亚人入侵的威胁之中。瓦西里向北方的弗拉基米尔请求帮助，与他建立了同盟关系，条件是，弗拉基米尔派 6,000 名士兵帮助瓦西里，瓦西里将其妹安娜公主嫁给弗拉基米尔，同时，弗拉基米尔还须接受并向其民众传播基督教。这样，在辅助的罗斯军团即所谓"瓦拉几亚人-罗斯人亲兵团"的帮助下，巴尔达斯·福卡斯的叛乱被镇压，领导者被处死。可是瓦西里显然不愿意履行诺言来安排他妹妹安娜与弗拉基米尔的婚事。于是罗斯大公包围并占领了拜占庭帝国在克里米亚的重镇克尔松（Chersonesus，或 Korsun），强迫瓦西里屈服，以履行他的诺言。弗拉基米尔终于受洗并同拜占庭公主安娜结了婚。至于罗斯人的皈依基督教发生在 988 年还是 989 年，并没有定论。有的学者认为是前者，也有的承认后者。此后在罗斯和拜占庭帝国之间建立了和平、友好的关系，并持续了相当长的时

㊿ 君士坦丁·波菲罗杰尼图斯：《拜占庭宫廷礼仪》，II, 15；波恩版，594—598。亦见克罗斯《俄罗斯早年编年史》，168—169。

第六章 马其顿王朝(867—1081年)

间。在两国之间进行着广泛的自由贸易。

据君士坦丁·摩诺马赫统治时期的史料记载,1043年,君士坦丁堡的"斯基泰(Scythian)商人"(即罗斯人)和希腊人发生了争执,一名罗斯贵族在争执中被杀。[64] 这可能是被罗斯人用来发动对拜占庭帝国战争一个充足理由。罗斯大公智者雅罗斯拉夫派他的长子弗拉基米尔率领大批船只和军队前往拜占庭海岸。罗斯水军几乎被帝国军队用希腊火彻底歼灭,余部仓慌撤退。[65] 这是中世纪史上罗斯人对君士坦丁堡的最后一次进攻。由于突厥部族波罗伏齐人于11世纪中叶以后出现在今俄罗斯南部的大平原上,使这一地域的民族成分发生了变化,俄罗斯与拜占庭不可能再有直接的关系。

帕齐纳克问题

11世纪,希腊史料中的帕齐纳克人,或是罗斯编年史家笔下的佩切涅格人,在相当长的时间内极大地影响着帝国的命运。甚至在第一次十字军东征以前不长的一段时间内,帕齐纳克人的短暂而野蛮的历史还——仅一次——在世界历史中扮演了相当重要的角色。

---

[64] 乔治·塞得里努斯(Georgii Cedreni):《历史概要》(*Historiarum compendium*),波恩版,II,551。

[65] 我们的主要资料来自迈克尔·塞勒斯的《编年史》(*Chronographia*),C.萨塔斯编,《未编辑出版过的中世纪希腊文献目录》(*Documents inedits velatifs à L'histoire de Grèce au moyen âge*)(以下简称《中世纪希腊文献目录》),IV,143—147;E.雷诺德(Renauld)编,II,8—13。乔治·塞德里努斯:《历史概要》,波恩版,II,551—555。见V.G.瓦西列夫斯基《著作集》,I,303—308。施伦伯格:《拜占庭的业绩》,III,462—476。

拜占庭帝国很早就知道了帕齐纳克人。约在9世纪的某一时期,帕齐纳克人就定居在现在的瓦拉几亚地区、多瑙河下游的北部以及罗斯南部平原上。因此,它的领土自多瑙河下游伸展到第聂伯河沿岸之间,有时还能超出这一界限。它在西部与保加利亚王国的边界是确定的,但在东部却没有明确的疆界,因为帕齐纳克人总是不断受到其他野蛮游牧部落,尤其是乌齐人(Uzes)、库曼人(Cumans)或波罗伏齐人的压力而向西退却。帕齐纳克人、乌齐人和库曼人都起源于突厥部族,因而是塞尔柱突厥人的同族,而后者在11世纪就开始威胁拜占庭在小亚的领地。现在残存的库曼语词典清楚地表明库曼人或波罗伏齐人的语言同其他突厥部族的语言极其相近,双方只是在方言上有所不同。在随后的历史发展中,帕齐纳克人与塞尔柱人的亲缘关系是极其重要的。

拜占庭统治者把帕齐纳克人当作自己最重要的北方邻居,因为它是保持帝国同罗斯人、马扎尔人和保加利亚人之间均势的基本因素。君士坦丁·波菲罗杰尼图斯在其写于10世纪的著作《论帝国行政》一书中对帕齐纳克人颇费了一些笔墨。他还把这本书送给他的儿子——王位的继承者罗曼努斯,建议罗曼努斯为了帝国的利益,首先要同帕齐纳克人保持和平、友好的关系。只要帕齐纳克人与帝国保持友好关系,罗斯人、马扎尔人、保加利亚人就不能进攻帝国。君士坦丁在这本书中所记载的许多情况证明帕齐纳克人充当了帝国在克里米亚地区(克尔松军区)同罗斯人、卡扎尔人和其他邻国进行贸易的商业中介。⑥ 所以10世纪的帕齐纳克

---

⑥ 君士坦丁·波菲罗杰尼图斯:《论帝国行政》,67—74;莫拉弗齐克-詹金斯(Moravesik-Jenkins)编,48—56。

人不论在政治上还是在经济上,对帝国都是十分重要的。

10世纪后半期和11世纪早期,情况有了变化。约翰·齐米西斯征服了东保加利亚,瓦西里二世继续征服直到将整个保加利亚纳入帝国统治。以前的保加利亚处于帝国和帕齐纳克人之间,现在,帕齐纳克人则成为帝国的直接邻国。帝国的这些新邻居帕齐纳克人强大势众、富有侵略性,帝国难以抗拒在波罗伏齐人压力下引起的帕齐纳克人的猛攻。11世纪的教会作家、保加利亚的塞奥菲拉克特(Theophylact)谈到了他称之斯基泰人的帕齐纳克人的入侵:"他们的进攻快似闪电;他们的撤退笨重但却同样迅速;沉重的掠夺品并不能影响他们的速度……更可怕的是他们人数众多,远胜于春天的蜂群,没有人能说得清那是几千、几万,他们的数量无以计数。"[57]显然在11世纪中期以前,帝国并没有理由畏惧帕齐纳克人,但到了11世纪中期,当他们越过多瑙河以后,形势就变得危险了。

V.G.瓦西列夫斯基是众多历史学家中清楚地阐明帕齐纳克人重要历史地位的第一人。1872年,他写下了帕齐纳克人对拜占庭领土入侵的情况:"这一事件对人类历史意义重大,但却被现在的史学著作所忽略。其后果几乎同引起民族大迁徙的西哥特人越过多瑙河一样重要。"[58]

君士坦丁·摩诺马赫(1042—1055年在位)把保加利亚的一些地区划给帕齐纳克人居住,并把多瑙河沿岸的三个重要堡垒给

---

[57]《致皇帝阿列克修斯·科穆宁的演说》(*Oratio in Imperatorem Alexium Comnenum*);米涅编,《希腊教父文献全集》,CXXVI,292—293。

[58]"拜占庭和帕齐纳克人"("Byzantium and the Patzinaks"),《著作集》,I,7—8。

了他们,以使他们能保护帝国领土不受居住在对岸的同族人的进攻。抵抗罗斯大公们的进犯成为帕齐纳克人定居者的职责。

但是在多瑙河北岸的帕齐纳克人仍然持续南下。在入侵早期,有大批人渡过多瑙河(一些史料认为有800,000人)[69]来到亚得里亚堡,而少部分人到达君士坦丁堡。但君士坦丁·摩诺马赫的军队能够阻击这群人并且给他们以沉重打击。到君士坦丁统治末期,抵制帕齐纳克人的入侵则更为困难了。拜占庭皇帝组织了一次征讨,但全军覆没。"在这个可怕的屠杀之夜,溃败的拜占庭军团几乎没有任何抵抗就被野蛮人所歼灭;只有少部分人通过某种方法得以逃生,来到亚得里亚堡。以往所有的胜果都丧失殆尽。"[70]

这次彻底失败使帝国无力再组织同帕齐纳克人的新的斗争,皇帝不得不出高价购买和平。他的厚礼诱使帕齐纳克人允诺和平地住在巴尔干半岛北部各省境内。帝国也授予帕齐纳克人王公们以拜占庭宫廷显贵的头衔。这样,在马其顿王朝后期,尤其在君士坦丁·摩诺马赫时期,帕齐纳克人成为帝国北部最危险的敌人。

帝国与意大利及西欧的关系

这一时期意大利发生的主要事件是阿拉伯人在西西里和南意大利获得的成功。在9世纪中期,圣马可共和国(即威尼斯)彻底摆脱了拜占庭帝国的束缚,成为一个独立的国家。帝国与这个新

---

[69] 乔治·塞得里努斯:《历史概要》,波恩版,585。
[70] 瓦西列夫斯基:"拜占庭和帕齐纳克人",《著作集》,I,24。

第六章 马其顿王朝(867—1081年)

国家后来在相互尊重各自独立自主权的前提下进行了一系列谈判,如在瓦西里一世时期所做的。9世纪时,他们在许多方面,如在同入侵的西阿拉伯人和亚得里亚海沿岸的斯拉夫人斗争方面有着共同利益。

从瓦西里一世开始,他与路易二世之间的主要通信被保存下来。从信中可以看出这两个统治者就路易二世所采用的帝号是否合法的问题展开了激烈的讨论。因而,直到9世纪后半期,800年的加冕结果仍然是一个敏感事件。尽管一些史学家断言路易二世给瓦西里的信是伪造的,[71]但近代的史学家并不认可[72]。瓦西里同路易二世结盟的企图失败了。但在他统治末期,拜占庭对巴里和塔兰图姆的占领及尼斯福鲁斯·福卡斯在南意大利对阿拉伯人的胜利都增强了拜占庭在意大利的影响。意大利的小块领地,如那不勒斯公爵领地、贝尼文托、斯波莱托、萨莱诺公爵领地以及其他公国,对待帝国的态度总是视帝国与阿拉伯人战争的进程而定。教宗约翰八世由于充分认识到阿拉伯人对罗马的威胁,所以无视最近同东方教会的分裂,仍积极同瓦西里一世谈判。为了实现与东方帝国结成政治上的同盟,教宗表明他随时准备做出许多让步。有些学者甚至提出秃头查理死后(877年),西方皇位空缺了三年

---

[71] 见 M.阿玛利(M. Amari)《西西里穆斯林的历史》(*Storia dei Musulmani di Sicilia*)(第2版,1933年),I,381,I,522—523。A.克莱恩克劳茨(A. Kleiclausz):《加洛林帝国:它的起源和演变》(*L' Empire Carolingien: ses origines et ses transformations*),443以下。

[72] J.盖伊(J. Gay):《南部意大利与拜占庭帝国》,84、87、88;L. M.哈特曼:(L. M. Hartmann):《中世纪意大利历史》(*Geschichte Italiens im Mittelalter*),III(1),306—307。F.德沃尔尼克(F. Dvornik):《斯拉夫人,9世纪拜占庭与罗马的关系》(*Les Slaves, Byzance et Rome au IXe siècle*),220—221。

半是由于教宗约翰八世有意拖延加冕时间,以避免伤害拜占庭皇帝的感情,罗马人太需要他们帮助了[73]。

利奥六世时期,拜占庭在意大利的领土被划分为两个军区:卡拉布里亚(Calabria)和隆格巴迪亚(Longobardia)。卡拉布里亚军区是大西西里军区的残余部分,因为自叙拉古和陶尔米那陷落后,西西里就完全受阿拉伯人的控制。拜占庭军队在意大利的胜利使利奥六世明确地把隆格巴迪亚从凯法利尼亚岛(Kephallenia)军区,即爱奥尼亚群岛中分离出去,并使它成为一个独立的军区。由于连年战争,而拜占庭军队又经常败北,卡拉布里亚和隆格巴迪亚的边界经常发生变化。随着10世纪拜占庭在南意大利影响的增强,希腊修道院和教会的数量也显著增加,其中有一些成为后来的文化中心。

同一世纪,拜占庭帝国同南意大利还面临着一个新崛起的竞争者,即962年由教宗约翰十二世在罗马加冕的德意志统治者奥托一世。历史上他以德意志民族的"神圣罗马帝国"的创建者而著称。奥托一世得到帝王称号后,又渴望成为整个意大利的统治者。当然,这直接侵犯了拜占庭的利益,尤其是隆格巴迪亚的利益。奥托同东部皇帝尼斯福鲁斯·福卡斯谈判,后者当时还梦想与奥托结成反阿拉伯的联盟,谈判进展缓慢;奥托却突然向意大利南部的拜占庭行省发动进攻,但并未成功。

为了同东部皇帝进一步谈判,德意志统治者派出他的使者、曾

---

[73] A. 加斯奎特(A. Gasquet):《拜占庭与法兰克君主》(*L'Empire byzantin et la monarchie franque*),459—460。

在君士坦丁·波菲罗杰尼图斯统治时期在拜占庭宫廷任过使节的克雷莫诺主教留德普兰德(Liudprand)前往君士坦丁堡。博斯普鲁斯海峡两岸的人们并没有给他以应有的尊重,他受到极大的侮辱。后来他带着恶意诽谤的态度记载了他的第二次君士坦丁堡之行,同第一次的带着敬意的记载恰成对比。从他的第二部著作、通常被称为《君士坦丁堡出使记》的记载中,可以看到拜占庭皇帝还在继续争论西方统治者是否可以称为"帝王"(basileus)的旧问题。留德普兰德指责拜占庭的软弱和消极,并为德意志君主的要求辩护,他写道:"罗马在为谁服务,在为谁的解放而呐喊?罗马城市向谁纳税?这古老的城市不是曾为妓女服务吗?那么,趁所有人都在昏睡,处于无力状态时,我的君主,最神圣的皇帝,将罗马从这种羞辱中解脱出来吧!"[74]当留德普兰德意识到希腊人正有意识地拖延谈判进程以赢得时间组织对意大利的征伐,还阻止他同自己的君主取得任何联系时,他费尽心机逃离了君士坦丁堡。

两个帝国决裂了,奥托一世入侵了阿普利亚行省。但新的拜占庭皇帝约翰·齐米西斯完全改变了帝国对意大利的政策。他不仅与奥托一世签订合约,而且为了加强他们之间的关系,还把拜占庭的公主狄奥凡诺(Theophano)嫁给奥托的儿子,即后来的继承者奥托二世。这样,两大帝国间的联盟最终形成。阿拉伯人进攻南意大利时,拜占庭皇帝约翰·齐米西斯的后继者瓦西里二世因忙于处理内部纷争而无能为力,迫使年轻的奥托二世(973—983年在位)组织反攻。奥托二世在一次战斗中失败,不久死去。此

---

[74] 《君士坦丁堡出使记》(*Relatio de legatione constantinopslitana*),chap.17。

后,德意志人入侵意大利拜占庭军区但行动很长时间内止息了。

10世纪末,拜占庭在所属意大利实行了行政改革。以往隆格巴迪亚军区的将军被一位驻在巴里的意大利长官(catapan)取代。在意大利各王国陷于无尽的争斗之中的时候,拜占庭的这位长官能够处理保卫南意大利海岸的棘手问题,使之免受萨拉森人入侵。

狄奥凡诺公主的儿子奥托三世(983—1002年在位)是在对拜占庭帝国和古典文化热切崇拜的环境中受教育的,他是瓦西里二世时代的人,也是他的亲戚,还是当时的著名学者吉尔伯特(Gerbert)的学生,此人后来成为教宗西尔维斯特二世。奥托三世毫不掩饰他对德意志人的粗俗下流的仇恨,梦想恢复古代的罗马帝国,以罗马城为其首都。詹姆斯·布赖斯(James Bryce)写道:"没有人能压制他把七丘之城再变成首都而把德国、伦巴底和希腊重新降至适合于它们原有地位的附属行省的渴望;没有人能像他这样忘记现实而生活在古代的灵光中;没有任何人像他这样充满着热情的神秘主义和对以往之荣耀的敬仰,中世纪帝国的思想就奠基于这种敬仰之上。"⑦尽管在奥托的想象中,古罗马有特别崇高的地位,但他主要还是被东罗马的宫廷,他母亲曾经居住和成长起来的仙境似的地方所吸引。只有追随拜占庭统治者的脚步,奥托三世才会有希望在罗马恢复帝位。他自称为罗马皇帝,并把未来的专制世界称为"罗马世界"(Orbis romanus)。这位热情奔放的年轻人在11世纪初(1002年),年仅22岁时就突然死去,他的梦幻

---

⑦ 《神圣罗马帝国》,148。

第六章 马其顿王朝(867—1081 年)

般的计划势必给拜占庭帝国的生活带来种种混乱和困难。

11 世纪初,南意大利的拜占庭行省由于威尼斯水军的介入而免遭阿拉伯人的进攻,但很快又遇到新的、更强大的敌人诺曼人的威胁,后来,诺曼人进一步威胁到东方帝国。诺曼人的第一支大规模特遣部队是应反抗拜占庭统治的起义者梅勒斯(Meles)的邀请,于 11 世纪来到意大利的。但是,梅勒斯与诺曼人联军在坎尼附近被击败,该地由于汉尼拔在第二次布匿战争的胜利而享有盛名。瓦西里二世之所以取得胜利,多少应归功于服役于拜占庭军队的罗斯士兵。坎尼的胜利巩固了拜占庭在南意大利的地位,以至于在 11 世纪 40 年代,拜占庭皇帝帕夫拉戈尼亚人迈克尔四世能够组织起一支水军,从阿拉伯手中夺回西西里。这只水军由乔治·马尼阿西斯率领。军队中有斯堪的纳维亚的英雄哈拉尔德·哈德拉德和瓦拉几亚-罗斯亲兵团。尽管这场战役取得了胜利,并在许多方面取得进展,占领了墨西拿,但未能再次征服西西里,这主要是由于乔治·马尼阿切斯被怀疑有野心而被召回。[76]

在拜占庭与罗马教会斗争期间——其结局是 1054 年的东西方教会分裂——诺曼人支持罗马教宗,并开始缓慢而稳步地进入拜占庭属意大利。在这一斗争的最后时期,即 11 世纪中期,意大

---

[76] 关于在乔治·马尼阿切斯军中服役的哈德拉德的情况,见 V. G. 瓦西列夫斯基"瓦拉几亚-罗斯人兵团和瓦拉几亚-英国人兵团(*druzina*)在君士坦丁堡"("The Varangian-Russian and Varangian-English Company〈druzina〉in Constantinople"),《著作集》,I,289—290。R. M. 道金斯(R. M. Dawkins):"希腊人和诺曼人"("Greeks and Northmen"),《习惯是君主:致 R. R. 马列特博士的论文》(*Custom Is King*:*Essays predented to Dr. R. R. Marett*),45—46。

利的诺曼人中间出现了一位精力旺盛、智能超群的领袖罗伯特·吉斯卡尔德(Robert Guiscard),他的主要活动是在马其顿王朝之后的时代开始的。

社会与政治的发展

教会事务

马其顿王朝时期拜占庭帝国教会生活中的主要事件,就是基督教会在持续了将近两个世纪的争执之后,于 11 世纪中期最终分裂为东方正教会和西方大公教会。

瓦西里一世上台后所处理的第一件教会事务就是废除佛提乌的牧首职位,恢复曾于迈克尔三世时期被解职的牧首伊格纳修斯的职位。瓦西里一世希望通过这一措施巩固他非法夺来的帝位。因为恢复伊格纳修斯的职位使他既可同教宗保持和平,又可以获得拜占庭人的支持。他很清楚,他们中的很多人都是被免职的伊格纳修斯的虔诚信徒。在瓦西里和伊格纳修斯写给教宗的信中,都承认教宗的权威和在东方教会中的影响。瓦西里一世写道:"灵魂之父、神圣可敬的大教宗,请加速我们教会的革新,并通过您对不公正行为的干预,而给予我们诸多恩惠,即免于任何争论与阴谋的真正团结和精神联合,尊重基督的统一教会以及听命于一个牧人的臣民。"伊格纳修斯则寄给教宗一封充满了谦卑之词的信,请求罗马主教向君士坦丁堡派教宗代理。他的结束语是:"有了他们(代理),我们就可以非常恰当地安排好我们的教会,这是因上帝的

第六章 马其顿王朝(867—1081年)

深谋远虑,明确地交付于至高的圣彼得加以调理,并在您的指导与介入下拥有的教会。"⑦这些信表明教宗在争夺东方教会权问题上显然取得了一时的胜利。但是教宗尼古拉一世并没有在他生前得知自己的胜利,在他死后,信才被送到他的继承者教宗哈德良二世手中。

在罗马会议和后来于869年在君士坦丁堡举行的有教宗代表出席的宗教会议上,佛提乌被革职,他的同党与他一起被逐出教门。869年的君士坦丁堡会议迄今为止仍然被西方教会视为一次全基督教公会议。

于是,拜占庭帝国的教会生活完全服从于教宗。但皇帝对保加利亚宗教事务所持的态度却迥然不同。在迈克尔三世统治末期,拉丁传教士在那里已经占据了优势。但瓦西里一世不顾教宗及其代表的反对,将拉丁传教士赶出保加利亚,保加利亚国王鲍里斯又同东部教会结成同盟。这一事件对以后保加利亚人的历史命运有深远影响。

被免职后监禁中的佛提乌生活非常贫困,但在伊格纳修斯担任牧首期间,他还是受到弟子们的尊敬与重视。不久,瓦西里认识到他对佛提乌态度的错误,便试图改正,他召回佛提乌并把他带到拜占庭宫廷,委托他教育皇家子女。后来,在年迈的伊格纳修斯死后,瓦西里恢复了佛提乌的牧首职位,这标志着帝国对教宗新政策

---

⑦ 曼西:《新编圣公会议文集》,XI,47、49。见A.列别多夫《9、10和11世纪教会分裂史》(*A History of the Separation of the Churches in the Ninth, Tenth and Eleventh Centuries*)(第12版,1905年),117、120。德沃尔尼克:《佛提乌分裂,历史与传说》,136及以下。

的开始。

879 年,在君士坦丁堡召集了一次会议。与会者的数量和会议本身的重要性超过了一些全基督主教公会议。据一位历史学家,这次会议是"自卡尔西顿会议以来仅见的一次在整体上看都是真正庄严的事件"[78]。教宗约翰八世的使者也出席了这次会议。他们不仅被迫同意赦免佛提乌,恢复他的罗马教籍,而且要没有任何异议地听大会宣读尼西亚-君士坦丁堡信经,而该信经中并不包括西方广泛使用的"与圣子"(filioque)的字样。最后,与会的教宗使者惊呼:"如有人拒绝承认佛提乌为神圣牧首,或拒绝与他接触,他的命运就会同犹大一样被排斥于基督徒之外。"大公教会历史家们在描绘佛提乌时说:"对佛提乌的赞扬是大会的开幕词,而闭幕词还是在夸赞这位牧首。"[79]会议还申明罗马教宗与所有其他主教处于同等地位,无权对整个基督教会指手画脚,因而,君士坦丁堡的牧首也不必由罗马教宗指派。愤怒的教宗派遣一位使节到君士坦丁堡,坚持取消会议上所通过的一切不合教宗意愿的决议。这位使者也肩负着使命去达成关于保加利亚教会的某些让步的协议。但瓦西里和佛提乌不仅拒不让步,甚至扣押了这位使者。以往,人们相信,当这一消息传到教宗约翰八世耳中时,他会在圣彼得大教堂的庄严仪式上,手举《福音书》,在他的信众面前宣布将佛提乌逐出教会,即所谓的"第二次佛提乌分裂"。然而,近来阿曼(Amann)、德沃尔尼克和格吕梅尔的研究表明:"第二次佛提乌分

---

[78] 赫尔根洛特尔(Hergenröther):《佛提乌》(Photius),II,462。
[79] 同上书,II,524。见德沃尔尼克《佛提乌分裂,历史与传说》,187。

裂"并不存在,约翰八世和他的任何一位后继者都没有将佛提乌[30]逐出教门。帝国和罗马的关系没有完全停止,只是变成了偶然的、不明确的联系。佛提乌并没有终生占据牧首一职,886年,他的学生利奥六世继承瓦西里一世的帝位后,佛提乌被迫离职并于五年之后去世。他漫长的一生在拜占庭帝国的宗教和文化生活中发挥了重要作用。

瓦西里一世在其统治期间,还致力于向非基督教人群传播基督教。也许正是在这一时期,帝国努力使罗斯人皈依基督教。但有关这方面的资料极少。有一份资料记载着瓦西里劝说罗斯人"参加有益的洗礼"[31],并接受由伊格纳修斯任命的大主教。但很难确定资料中记载的是哪一部分罗斯人。定居于伯罗奔尼撒半岛上的大部分斯拉夫部落就是在瓦西里一世统治时期皈依基督教的,异教的斯拉夫人还是居住在塔夫盖突斯(Taygetus)山里。现在,人们还知道瓦西里曾强迫帝国的犹太人接受基督教。

利奥六世将佛提乌解职的原因可能是因为利奥担心这位牧首及其教徒在政治上的影响正在不断发展,同时他也想让自己的兄弟斯蒂芬(Stephen)戴上牧首的圣冠,从而使帝王在帝国教会事务上取得无限的权威。佛提乌强烈反对帝王控制宗教事务的企图。利奥的继承人却明显地倾向于通过相互妥协而取得同罗马教会的

---

[30] 见 H.格雷古瓦所做的关于此问题的非常清晰的简述:"关于牧首佛提乌事件的新观点"("Du nouveau sur le Patriarche Photius"),《比利时皇家学院古典文献学通报》,XX(1934),36—53。德沃尔尼克:《佛提乌分裂,历史与传说》,202—236。

[31] 狄奥凡尼的续作者:《历史》,波恩版,342—343。

和解。

10世纪初牧首尼古拉斯·米斯提克斯掌权时,拜占庭帝国的教会问题变得极为复杂。尼古拉斯·米斯提克斯是佛提乌的亲戚和学生,也是他最杰出的继承者。据一位历史学家说:"佛提乌最高尚的品质都在他的学生尼古拉斯·米斯提克斯身上表现出来,后者比任何人都更加努力地效仿佛提乌所体现的理想模式。"[82]这位牧首留下了一部极为重要的书信集,它对于研究历史和教会问题是十分有价值的。

利奥的第四次婚姻导致了利奥皇帝与尼古拉斯之间激烈的冲突,后者强烈反对这次婚姻,认为它违背了所有的教会法规。[83] 但是,利奥还是强迫一位教会长老为他与佐伊(Zoë)举行了婚礼,于是,佐伊成为利奥的第四位妻子(他的前三个妻子之前都很快地相继去世)。在婚礼仪式结束时,由于牧首缺席,利奥亲自为皇后佐伊带上王冠;这一事件,使尼古拉斯·米斯提克斯有了指责皇帝的机会,说皇帝利奥"既是佐伊的新郎,又是她的主教"[84]。当东方教会的牧首们被问及对此事的态度时,都表示赞成利奥的第四次婚姻。[85]但这次婚姻在帝国民众中引起了极大的混乱。这位倔强的牧首尼古拉斯·米斯提克斯被革职、流放。君士坦丁堡会议决定

---

[82] 赫尔根洛特尔:《佛提乌》,III,655。

[83] 见夏尔·迪尔关于智者利奥第四次婚姻的重要记载,《拜占庭人物传》(*Figures byzantines*)(第4版,1909年),I,181—215;英译本,H.贝尔:《拜占庭人物传》(*Byzantine Portraits*),172—205。

[84] 《书信集》,XXXII;米涅编:《希腊教父文献全集》,CXI,197。

[85] 亚历山大牧首尤提克斯(Eutychii Alexandrini patriarchae):《年代纪》(*Annales*);L.切克霍(L.Cheikho)、B.卡拉·德沃(B.Carra de Vaux)、H.扎亚特(H.Zayyat)编,II,74;米涅编:《希腊教父文献全集》,CXI,1145。

为帝王的婚姻免罪,而不拆散他的第四次婚姻。经过长期的深思熟虑后,优西米乌斯(Euthymius)被任命为牧首。

这次会议并没有给帝国带来和谐。拜占庭教士形成两派。支持尼古拉斯·米斯提克斯的一派反对这次会议对皇帝的第四次婚姻的认可,并谴责新的牧首优西米乌斯。另一少数派则承认宗教会议对利奥第四次婚姻的认可,承认优西米乌斯是教会选定的领袖。两派的分歧从首都扩散到行省,尼古拉斯派和优西米乌斯派的顽强对抗随处可见。一些学者将这一斗争视为此前刚刚平息不久的佛提乌和伊格纳修斯之间斗争的继续。⑧ 最后,皇帝看到,只有精力充沛、经验丰富的尼古拉斯·米斯提克斯才能挽救这一局势,在他死前(912年)不久,他将尼古拉斯从流放地召回,免除了优西米乌斯的职位,使尼古拉斯重新坐上牧首的宝座。⑰

为了帝国的宗教和平,尼古拉斯·米斯提克斯努力与罗马教会恢复友好往来,这种友好关系因教宗赞同利奥的第四次婚姻曾受到破坏。当佐伊在她的儿子君士坦丁七世波菲罗杰尼图斯幼年时期摄政时,尼古拉斯·米斯提克斯的权力被剥夺。而当919年,当政权转移到君士坦丁的岳父罗曼努斯一世·雷卡平手中时,佐伊被送进修道院,尼古拉斯·米斯提克斯再次复职。在他出任牧首的最后几年里发生的主要事件,是在920年于君士坦丁堡召集

---

⑧ N.波波夫(N. Popov):《智者利奥六世》(*The Emperor Leo VI the Wise*),160。
⑰ 涉及利奥的第四次婚姻和这一时期的整个历史的非常重要的资料,见《优西米乌斯传记:智者利奥统治时期(886—912年)的秘史》(*Vita Euthymii:Ein Anecdoton zur Geschichte Leo's des Weisen A. D. 886—912*),C.德博尔编;作为对希腊史料的补充,德博尔对于这一传记从历史角度做了非常有价值的研究。

了尼古拉斯派和优西米乌斯派共同参加的宗教会议。他们起草了《联合通告》(ὁ τόμος τῆς ἑνώσεως),并使之在全体大会上通过。该法令强调(基督徒的)第四次婚姻"无疑是违法的、无效的,因为它被教会所禁止,被基督教世界所不容"[⑧]。但《通告》中没有直接涉及智者利奥的婚姻问题。双方对会议的决议都很满意。尼古拉斯派和优西米乌斯派之间的妥协,可能正如德里诺夫(Drinov)所猜测的那样,是由于"保加利亚军队的入侵在拜占庭人中间所引发的恐怖心理"[⑧]。会后,帝国教会与教宗交换了几封信件,教宗同意派两位主教到君士坦丁堡来,谴责由利奥的第四次婚姻而引发的冲突。这样,罗马与君士坦丁堡教会之间的直接联系就此恢复。俄罗斯教会历史学家 A.P.列别多夫在总结这一时期时说:"在君士坦丁堡和罗马的这次新的教会分裂中,牧首尼古拉斯是完全的胜利者。罗马教会不得不屈从于君士坦丁堡教会,并且谴责自己所做的决议。"[⑩]尼古拉斯·米斯提克斯死于925年,此后,罗曼努斯·雷卡平完全控制了教会,如任西曼所说:"皇帝教权主义再次取得胜利。"[⑪]

皇帝尼斯福鲁斯·福卡斯对宗教也很感兴趣。他是最有能力的战士,他的名字与帝国军事史上的辉煌胜利密不可分。他曾把

---

⑧ 波波夫:《智者利奥六世》,184。亦见曼西《新编圣公会议文集》,XXVIII,337—338。

⑨ 《10世纪的南斯拉夫人与拜占庭》(*The Southern Slaves and Byzantium in the Tenth Century*),21;重印于《M.S.德里诺夫著作集》(*Works of M.S.Drinov*)中,V.N.兹拉塔尔斯基编,I,365—520。

⑩ 《教会的分裂》(*Separation of the Churches*)(第2版,1905年),325。

⑪ 任西曼:《皇帝罗曼努斯·雷卡平及其统治》,70、243。

大部分时间和精力花费在修道院上,继位之前尤其如此。他曾穿过苦行修士的粗毛上衣修行,同阿索斯山上的大修道院的创建者、阿索斯的亚大纳西(Athanasius)关系密切。《圣亚大纳西传记》中甚至记载了醉心于宗教的尼斯福鲁斯曾真诚地向亚大纳西表达自己的宗教热情,倾诉了他想抛弃一切世俗的虚荣献身上帝的神圣梦想。㉜ 在拜占庭历史学家助祭利奥笔下,尼斯福鲁斯是一个"坚持不懈地日夜祈祷和奉献于上帝;在唱赞美诗时情绪激昂、不追求任何虚荣之事"㉝的人。尼斯福鲁斯·福卡斯一半是战士,一半是教士。㉞ 当这位具有苦行倾向的皇帝同年轻漂亮的狄奥凡诺结婚时,许多拜占庭人都深感吃惊,因为新娘是罗曼努斯二世的寡妻,且名声不好。人们对于尼斯福鲁斯的这种认识可见于其石棺上的碑铭,碑铭志曰:这位皇帝"征服了一切,但却不能征服女人"㉟。

尼斯福鲁斯的最重要的宗教措施是他在964年颁发的著名《新律》,涉及修道院及与其密切相关的慈善事业机构。马其顿王朝时期,修道院所占大地产的比例超乎寻常,并不断侵害那些受到该王朝几位皇帝保护的小地产者的利益。甚至早在破坏圣像运动之前,即在7世纪末8世纪初,东方教会已占有大量的地产。一些学者曾经把东方教会拥有的地产同这一时期法兰克王国统治下的西方教会的土地财富相比,这些国王们曾经抱怨由于土地转入教

㉜ 《阿索斯山的圣亚大纳西传记》(*Vie de Saint Athanase l'Athonite*),L.波迪编《博兰会文集》(*Analecta Bollandiana*),XXV(1906),21。

㉝ 《历史》,V,8;波恩版,89。

㉞ 施伦伯格:《10世纪的拜占庭皇帝,尼斯福鲁斯·福卡斯》,366。

㉟ 梅利特尼大主教约翰论尼斯福鲁斯的碑铭志。出版于波恩版的助祭利奥《历史》453,亦见塞德里努斯《历史概要》,II,378。见克伦巴赫《拜占庭文献史》,368。

会手中而使国库空虚。8世纪破坏圣像的皇帝曾发起反修道院的攻势,一些修道院被关闭,其财产被收归国有。这一改革类似于同时期西法兰克王国在著名宫相查理·马特(Charles Martel)的倡导下所实行的教会财产世俗化。随着破坏圣像运动的失败和马其顿王朝的兴起,东方修道院的数量又迅速增加,土地财产也在迅速膨胀。罗曼努斯一世雷卡平的《新律》已经表现出某种限制修道院地产增长的倾向。尼斯福鲁斯·福卡斯则在964年对于此问题采取了更具决定意义的一步,他颁布了上述的《新律》。

这则《新律》指出,既然过度贪婪这一"顽症"已漫延于各个修道院和"其他圣地",既然"取得巨额地产和获得对大量果树的管理权"并不能被看作是使徒的戒律或是神父的传统;那么,皇帝希望"根除上帝所痛恨的野心的罪恶",为达此目的,今后禁止建立新的修道院,也不得为维修旧的修道院、医院和旅店而捐款、赠物,不得向大主教和主教们赠礼。[96]

这一苛刻的法令必然在宗教感极强的人们中间引起强烈不满,因而未能强行维持很长时间,而且实施时也并不完善。瓦西里二世废除了尼斯福鲁斯·福卡斯的《新律》,"认为这是一个粗暴的法律,它不仅触犯了教会和医院,而且冒犯了上帝本身"[97]。他恢

---

[96] K.E.扎哈利亚·冯·林根塔尔:《希腊-罗马法制史》,III,292—296。V.G.瓦西列夫斯基:"拜占庭内政史资料;有利于农民土地所有者的措施"("Materials for the Internal History of Byzantium"),《公众教育部杂志》,CCII(1879),224 及以下。J.泽波斯与 P.泽波斯(J. and P. Zepos):《希腊-罗马法》,I,249—252。

[97] 扎哈利亚·冯·林根塔尔:《希腊-罗马法制史》,III,303。瓦西列夫斯基:"拜占庭内政史资料;有利于农民土地所有者的措施",《公众教育部杂志》,CCII,(1879),220;泽波斯:《希腊-罗马法》,I,259。

复了瓦西里一世和智者利奥六世时期的修道院法,即《帝国法典》和君士坦丁·波菲罗杰尼图斯的《新律》。他废除尼斯福鲁斯·福卡斯的《新律》,其中一个原因就是他确信这一法令引起了上帝的愤怒,从而导致当时(10世纪末期)国内外的混乱和复杂局面,几乎导致帝国的崩溃。

尼斯福鲁斯·福卡斯在南意大利的阿普利亚和卡拉布里亚行省采取了加强拜占庭教会组织的重要步骤。在这两个地区,自10世纪后半期起天主教和西方势力的影响日益强大,在德意志皇帝奥托一世加冕和隆格巴迪亚军区的势力在南意大利强化之后尤甚。尼斯福鲁斯·福卡斯通过阿普利亚和卡拉布里亚两地的大主教,禁止两地举行拉丁教会礼仪,规定必须坚持希腊教会的礼仪。这一措施成为促使教宗与拜占庭帝国分裂的众多原因之一。在尼斯福鲁斯皇帝统治后期,教宗开始称他为"希腊人的皇帝",而把拜占庭皇帝的正式头衔"罗马人皇帝"的称呼送给了德意志人奥托。值得一提的是,尼斯福鲁斯·福卡斯曾经试图把所有那些在与异教徒斗争中牺牲的战士奉为圣人,最后却因为牧首和众主教的强烈反对而不得不放弃这一计划。

尼斯福鲁斯·福卡斯和约翰·齐米西斯的名字还与以修道院生活著称的阿索斯山生活新时代的开端有密切联系。早在4世纪初修道生活方式开始确立之时,就有一些隐修者散居在这座山上,约在7世纪时,山上开始出现一些破旧的小修道院。在8世纪破坏圣像时期,人迹罕至的阿索斯山成为许多受迫害的圣像崇拜者的避难所,他们带来了大量的教会用品、圣物和手稿。但阿索斯也并非安全之所,常受到阿拉伯人的来自海上的侵袭,致使许多修士或是被杀,或是被俘,这种情况一直持续到 10 世纪中期,当时阿索斯几乎是满目荒凉。尼斯福鲁斯·福卡斯时期,阿索斯山的修道院组织变得更强大,圣亚大纳西建立起第一座有修道士组织并实行新戒律(typikon,希腊语中经常用这一词代表拜占庭帝国的修道院章程)的修道院,这些戒律决定了修道院未来的生活方式。阿索斯山的隐修士们强烈反对新的修道院制度,他们向尼斯福鲁斯·福卡斯的继承者约翰·齐米西斯抱怨,反对圣亚大纳西,指责圣亚大纳西违反了"圣山"的传统(亚大纳西的"戒律书"中对阿索斯山的称呼)。齐米西斯调查了这一情况,并确认了阿索斯山的古老教规,它允许隐修士和修院修士同时生活于圣山上。在圣亚大纳西倡导下,许多希腊的和其他国家的新修道院建立起来。瓦西里二世时期,已经有了一座伊庇利亚(或格鲁吉亚)修道院。来自意大利的移民则建立了两座修道院:罗马修道院和阿马尔菲修道院。东方教会的一位很有学问的罗斯学者、主教波菲利乌斯·乌斯宾斯基(Porphyrius Uspensky)断言:到亚大纳西年迈而逝时(大约公元 1000 年),在阿索斯山上约有 3 000 多"不同身份"的修士。[38] 早在 11 世纪,山上就有一个罗斯修道院。"圣山"作为阿索斯山的官方称呼首次出现于 11 世纪中期,皇帝君士坦丁九世在颁行第二套修道院规则之时[39]。修道院的管理权归属于院首(Igumens)会议,会议由修道院院首中的首领(希腊文 $\pi\rho\tilde{\omega}\tau o\varsigma$,意即第一号人物)控制,这一院首会议被称为圣山首脑会议(prota-

---

[38] 《阿索斯山历史》(History of Athos),III(1),154。
[39] 《阿索斯山历史》,III(1),93、170—171。P. 梅耶(P. Meyer):《关于圣山阿索斯历史的主要文献》(Die Haupturkunden für die Geschichte der Athosklosters),153。

ton)。因此,在马其顿王朝时期,阿索斯山不仅是拜占庭帝国的文化中心,而且是当时整个世界的一个非常重要的文化中心。

9世纪起日益严重的教会间的分歧到11世纪中期终于出现了最后的结局。这一分裂的主要原因是教义问题,但11世纪中期意大利局势的变化无疑加速了这一分裂。尽管尼斯福鲁斯·福卡斯一再加以禁止,拉丁教会的影响仍不断地渗入到阿普利亚和卡拉布里亚的教会组织中。11世纪中期的教宗是利奥九世,他的兴趣不仅仅局限于宗教事物,还深入到政治领域。在他保护下,西欧修士中所掀起的克吕尼运动得到进一步的发展。该运动的目标是改革教会,提高教会的道德水平,加强已松弛的教规,摧毁教会生活中的世俗传统和习惯(如出售教职、修士结婚、世俗授职等)。无论克吕尼运动的倡导者走到哪一个行省,他们都使所到之处的精神生活直接依附于教宗。克吕尼运动在南意大利的发展使得东部教会大为不满。而利奥九世却还相信他有足够的政治基础干涉南意大利事务。教宗在与君士坦丁堡牧首(迈克尔·塞鲁拉利乌斯[Michael Cerularius])交换信件时,谈到著名的"君士坦丁的赠礼"(*Donatio Constantini*)文件,据说,这一文件曾赋予罗马主教在精神和世俗上的双重权力。然而,尽管东西方教会之间存在着种种分歧,教会分裂的到来还不会那么快,尤其是当拜占庭皇帝君士坦丁九世摩诺马赫一直在希望找到一个和平解决的方法之时。

教宗的使者来到了君士坦丁堡,其中有极其傲慢的红衣主教亨伯特(Humbert)。这些教皇使节,尤其是亨伯特对君士坦丁堡牧首的态度极其傲慢无礼,后者因而拒绝与他们继续谈判,也拒绝向罗马做任何让步。于是,在1054年夏天,这些使节将绝罚文件置于圣索菲亚大教堂的圣坛上,称牧首"迈克尔及其追随者犯了上文所论及的错误且态度恶劣……他们将同一切异端、恶魔及其使者同罪"[⑩]。同时,迈克尔·塞鲁拉利乌斯作为回应也召开了一个会议,驱逐了罗马使者和所有相关的人,"他们来到上帝之城,竟然像狂风暴雨、饥馑灾疫,乃至于豺狼野兽一样,企图摧毁真理"[⑪]。

如此,1054年东、西方教会最终分裂。另外三位东方教区牧首*对待分裂的态度对迈克尔·塞鲁拉利乌斯来说意义重大。迈克尔·塞鲁拉利乌斯通过安条克的牧首向耶路撒冷和亚历山大的牧首通告了分裂的情况并附以适当的解释。尽管缺少具体的资料,但可以肯定这三位牧首都对正教忠心耿耿,并坚决支持君士坦丁堡牧首。[⑫]

对君士坦丁堡牧首来说,1054年的分裂是一个大胜利,这使他完全摆脱了西方教宗的束缚,他的权力在斯拉夫世界和三个东方教区变得格外强大。但对于帝国的政治生活来讲,分裂却是一场灾难,因为这使得帝国与西方从此后不可能出现在教宗统一影响下的政治谅解。这对于拜占庭帝国来说是致命的打击,因为在当时,特别是出现了东部土耳其人的威胁之后,帝国非常需要西方

[⑩] 米涅编:《拉丁教父文献全集》,CXLIII,1004。

[⑪] 列别多夫:《教会的分裂》,347。

* 当时东方地区除了君士坦堡大教区外,还有安条克教区、耶路撒冷教区和埃及教区。这些教区的牧首依基督教最早的传统,应该与君士坦丁堡牧首和罗马主教处于同等地位。但是,由于阿拉伯人的占领,这三个教区在帝国政治生活中几乎不占什么作用,只在宗教上保持着与君士坦丁堡牧首的联系,在名义上服从君士坦丁堡牧首的领导。——译者

[⑫] 见 L. 布莱耶尔《11世纪东方的分裂》(*Le Schisme oriental du XIe siècle*),232—241。

的帮助。布莱耶尔这样评价此次分裂的后果:"正是这次分裂使君士坦丁堡的帝国与西方实现和解的一切努力都化为乌有,分裂为帝国的衰落铺平了道路。"[18]

1054年的分裂只是在教会和帝国的官方阶层有所影响,普通公众对此次分裂的反应相当平静;而且在相当长的一段时间里,人们仍然不了解东西方教义间所存在的差异。罗斯对这次分裂的态度值得重视。11世纪罗斯大主教区的主教基本由君士坦丁堡指派或确认,因而,它也很自然地会接受东部教会的观点,但大多数罗斯人对拉丁教会没有什么抵触情绪,也不可能发现对方的教义有何不妥之处。例如11世纪的罗斯大公还曾要求教宗帮助他镇压篡位者,而这一要求也并未在罗斯民众中引起任何惊讶或抗议。[19]

帝国的立法及社会和经济关系

《法学手册》(Prochiron)和《法学导论》(Epanagoge)。——马其顿王朝的立法活动异常活跃。瓦西里一世希望创立一部包罗万象的希腊罗马或拜占庭法典,按年代顺序将新法和旧法编排起来。也就是说他想恢复查士丁尼时代的法典,并使之适应变化了的形势,同时将后来颁布的法律补充进去。大都以拉丁文写成的

---

[18] "希腊教会",《剑桥中世纪史》,IV,273。亦见J.盖伊《11世纪的教宗与教会》,166—167。M.朱吉(Jugie):"迈克尔·塞鲁拉利乌斯时期的分裂"("Le Schisme de Michel Cérulaire"),《东方之声》,XXXVI(1937),440—473。

[19] 关于这一问题,在B.莱布(B. Leib)的书《11世纪末期的罗马、基辅和拜占庭》(Rome, Kiev, et Byzance a la fin du XIe siècle)中有许多重要的记载,18—19、51、70。

《查士丁尼法典》的四个部分,十分晦涩难懂,人们通常只能学习它以拉丁文为蓝本的希腊文缩写本,或希腊文的说明、选段和注释。这些东西虽广泛传播,但并不准确,有的甚至曲解了原意。瓦西里一世试图将法典中已被新法所废弃的旧法删除,同时增添一些新的法规。新法典中所保留的一些拉丁术语都有希腊文解释,因为希腊文是瓦西里一世时期立法工作所使用的语言。瓦西里一世本人则把他在法学领域进行改革的活动称为"对古法的净化"[⑩]($ἀν ακάθαρσις τῶν παλαιῶν νόμων$)

瓦西里深知,编纂计划中的法典需要较长时间,因此,他先组织出版了以《法学手册》($ὁ πρόχειρος νόμος$,意即《精确法律手册》)为标题的小型著作。这部手册可以引起人们对于帝国用以进行统治的简明法律著作的兴趣。《法学手册》的前言指出,这些法律是建立在帝国公正的基础之上的,"按照所罗门的看法,一个国家只能依靠法律才能够繁荣。"(《法学手册》前言 14:34)[⑩]。《法学手册》分为 40 个条目,包括民法的主要通则和各种侵犯和犯罪刑罚的详细条目。《法学手册》的主要资料,尤其是头 21 条,来源于查士丁尼的《法学阶梯》。《查士丁尼法典》的其他部分则极少被使用。由于人们通常使用查士丁尼这部古老法典的希腊文修订本和删节本,因此,《法学手册》的编译者多使用这类希腊文的资料而不

[⑩] 《皇帝瓦西里、君士坦丁和利奥的〈法学手册〉》(*Imperatorem Basilii Constantini et Leonis Prochiron*),K.E.扎哈利亚·冯·林根塔尔编,par.3,10;E.弗莱什菲尔德(E.Freshfield):《东罗马帝国的〈法学手册〉》(*A Manual of Eastern Roman Law*),51. 泽波斯:《希腊-罗马法》,II,117.

[⑩] 扎哈利亚·冯·林根塔尔:《皇帝瓦西里、君士坦丁和利奥的〈法学手册〉》,par.4.

第六章 马其顿王朝(867—1081年)

是使用拉丁文的资料。《法学手册》认为皇帝利奥和君士坦丁的《法律选编》(*Ecloga*)是"对好的法律的篡改,对帝国没有什么用处",并指出,再保持这种法律的效力是"不明智的"。[107] 尽管新法典对于伊苏里亚时期的立法评论如此刻薄,但由于伊苏里亚皇帝的《法律选编》很实用也很普及,《法学手册》还是引用了它的许多内容,尤其是在第21条以后的部分。根据《法学手册》的介绍,人们若要详细地了解现行法律,就应该学习瓦西里时期所编纂的60卷本大法典。[108]

到瓦西里统治末期,一部题为《法学导论》(*Epanagoge*,希腊文 ή ἐπαναγωγή,意即介绍、导言)的新的法学著作编成问世。一些学者曾错误地认为这一法学著作仅仅是对《法学手册》的修改和补充。[109] 依据其前言,《法学导论》是一部40卷本的、编纂于瓦西里一世时期的"净化的"古法之导论;[110] 该导论也分为40个条目。这两部汇编,一是《法学手册》中提到的60卷本,一是《法学导论》中提到的40卷本,具体包含什么内容还不清楚。上面提到的这两种法典可能在瓦西里一世时期并没有编著完毕并出版,但已

---

[107] 扎哈利亚:上引书,par.9;E.弗莱什菲尔德:《东罗马帝国的〈法学手册〉》,51;泽波斯:《希腊-罗马法》,II,116。

[108] 在12世纪出现了名为《〈法律选编〉与〈法学手册〉合订本》(*Ecloga ad Prochiron mutata*)的法典,用于诺曼王统治下的西西里岛。见K.E.扎哈利亚·冯·林根塔尔《希腊-罗马法制史》(第3版,1892年),36;E.弗莱什菲尔德:《晚期罗马法手册——〈法律选编〉和〈法学手册〉合订本》(*A Manuel of Later Roman Law—the Ecloga ad Prochiron mutata*),I。扎哈利亚·冯·林根塔尔:《希腊-罗马法制史》,IV,53;该法典的作者生活于10和12世纪之间。

[109] 沃格特:《瓦西里一世》,134;《剑桥中世纪史》,IV,712。

[110] 《未刊行的希腊-罗马法全集》,扎哈利亚·冯·林根塔尔编,62。泽波斯:《希腊-罗马法》,II,237。

形成了他的后继者利奥六世的《帝国法典》的基础。一些学者认为《法学导论》未曾正式出版过,而仅仅是一个草稿。[11]另一些学者则认为这是一部正式颁布的法令。[12]

《法学导论》与《法学手册》大不相同。首先,它的第一部分包含了全新的、令人感兴趣的内容,论述了皇权、教权及其他行政和宗教官员的权力,清晰地描绘了帝国的行政和社会结构以及教会与国家的关系。[13]其次,《法学导论》从《法律手册》中借用的资料也按照一种新的方式排列。几乎可以肯定,牧首佛提乌参与了编写《法学导论》的工作,在界定政权同皇权的关系、新罗马牧首同其他教区大主教(他们仅被视为地方主教)的地位问题的条文中,充分反映了他的影响。同《法学手册》一样,《法学导论》的序言也批判破坏圣像皇帝的《法律选编》是"伊苏里亚朝皇帝们的不经之谈,它企图反对神圣的教义、破坏神圣的法律"[14]。《法学导论》的这一部分也谈到要全部废除《法律选编》的规定,但它仍然使用了《法律选编》中的部分资料。

需要指出的是,《法学导论》同拜占庭的许多其他立法著作一

---

[11] 扎哈利亚·冯·林根塔尔:《希腊-罗马法制史》,22。

[12] V.索克尔斯基(V. Sokolsky):"关于《法学导论》的性质和意义"("Concerning the Nature and Meaning of the Epanagoge"),《拜占庭年鉴》,I,(1894),26—27;亦见G.维尔纳茨基(G. Vernadskey)"智者利奥的《战略学》和《法学导论》"("The Tactics of Leo the Wise and the Epanagoge"),《拜占庭》(比利时),VI,(1931),333—335。

[13] 见G.维尔纳茨基"《法学导论》中关于教会政策的论述及其对17世纪俄罗斯生活的影响"("Die kirchlichpolitische Lehre der Epanagoge und ihr Einfluss auf das russische Leben im XVII,Jahrhundert"),《拜占庭与当代希腊年鉴》,VI(1928),121—125。

[14] 扎哈利亚·冯·林根塔尔:《未刊行的希腊-罗马法全集》,LXII。泽波斯:《希腊-罗马法》,II,237。

样,已被译成斯拉夫文,10世纪的斯拉夫法典和罗斯的《法规》(所谓 *Kormchaia Kniga*)或《行政法规》中,都有《法学导论》的选段。《法学导论》中的思想对后来俄罗斯的历史有着巨大的影响,例如有文献记载,在17世纪沙皇阿历克塞·米哈伊洛维奇(Aleksei Mikhailovich)时期,在处理关于大主教尼康(Nikon)的事件中,就直接引用了《法学导论》中有关皇帝权力的条文。⑮

《法学手册》、《法学导论》以及对"古法实行净化"的工作是瓦西里一世统治时期所取得的最主要成就。因此可以说,瓦西里恢复了曾被忽视的罗马法中的要素,再现了查士丁尼的法律,并添加了因社会和经济状况变化而出现的新法,使之与他那个时代的社会生活密切相关。

《帝国法典》(*The Basilics*)和《法典拾遗》(*The Tipucitus*)。——瓦西里在法学领域的主要成就使他的儿子、继承者智者利奥六世有可能出版《帝国法典》($τὰ\ βασιλικά$),这是最完整、最有价值的希腊罗马法和拜占庭法。这部以希腊文写成的法典修订并收入了《查士丁尼法典》的全部内容。帝国为此曾专门组织了一个司法委员会负责编撰。以前人们错误地认为 Basilics 一词源于瓦西里一世的名字,因为法典的大部分是在那一时期完成的。但事实上,该词却源于希腊文 basileus 一词,意思为沙皇、皇帝,所

---

⑮ G..维尔纳茨基:"《法学导论》中关于教会政策的论述及其对17世纪俄罗斯生活的影响"("Die Kirchlich-politische Lehre der Epanagoge"),《拜占庭与当代希腊年鉴》,VI,(1928),127—142。他谈到了《法学导论》中的思想在俄罗斯大主教费拉尔特(1619—1631年)和尼康(1652—1658年)时期的影响。

以这词正式的解释应为"帝国法典"。⑯

利奥六世编纂的法律全书分为 60 卷,它仍然遵循着瓦西里一世既定的目标:努力复兴查士丁尼时期的立法工作,但对那些已经不适应拜占庭生活变化而失去其存在意义的部分则予以删除。因此,《帝国法典》不是对《查士丁尼法典》给予字面的、完整的翻译,而是使其适应已经变化了的新形势。查士丁尼以后所颁布的新律和其他法律文献,包括瓦西里一世和利奥六世时期的新律都被选入《帝国法典》。目前并没有一部手稿完整地保存了《帝国法典》的内容,但把各种残卷加以汇集,内容可达全部内容的三分之二以上。

为了能重新构建起《帝国法典》的遗失部分,11 或 12 世纪的一部法学著作就变得十分重要即《法典拾遗》(*Tipucitus*,希腊语 τιπούκειτος)⑰,这部书由拜占庭的法学家帕齐斯(Patz-

---

⑯ 见《帝国法典》开始部分的编者序(*proemium*),收于《60 卷本帝国法典文献》(*Basilicorum Libri LX*),G. 海姆巴赫(Heimbach)编,I,xxi—xxii;I. D. 泽波斯编,I (1896),3。对《帝国法典》的这一部分还没有能确定其日期(是在 886—892 年间还是在 888、889 或 890 年)。见 G. 海姆巴赫"关于君士坦丁·波菲罗杰尼图斯时期《帝国法典》的最新版本"("Ueber die angebliche neueste Redaction der Basiliken durch Constantinus Porphyrogeneta"),《法学史杂志》(*Zeitschrift für Rechtsgeschichte*),VIII (1869),417。海姆巴赫:《60 卷本帝国法典文献》,chap. 6;《帝国法典的导言和简明教程》(*Prolegomena et Manuale Basilicorum continens*),III。P. 科林内:"自查士丁尼死后(565 年)至 1453 年间的拜占庭立法"("Byzantine Legislation From the Death of Justinian⟨565⟩ to 1453"),《剑桥中世纪史》,IV,713。

⑰ 该标题来自希腊语词:τί ποῦ κεῖται,拉丁语词为:quid ubi invenitur?(此两种语言都用的是疑问句,意为"发生了什么?[曾经是什么?]",译者据其含义译为"法典拾遗"。——译者)

第六章 马其顿王朝(867—1081年)

es)⑱所作,是关于《帝国法典》的目录,而且每一标题下都有小标题和最重要的章节,指明它的相应段落,但该书并未全部出版。⑲

《帝国法典》中重申的古典法律的内容虽然根据现存的社会情况进行了谨慎的调整,但仍然是带有人为性质的,而且并不完整。因此,《法律选编》中的许多条文,即使在《帝国法典》颁布之后,也仍保持其效力,后来还得到多次修订和扩充。但《帝国法典》仍然是拜占庭法学和文化领域的巨著,地位仅次于《查士丁尼民法典》。它仍是一部现代人尚未开辟的研究领域,对于它的科学的彻底的研究无疑将展现出一个新的领域,并扩大人们的视野。⑳

---

⑱ 关于《法典拾遗》的作者,见"'法典拾遗'或60卷本帝国法典摘要的前言"("τιπούκειτος sive Librorum LX Basilicorum Summarium praefatio")一文,刊于《学习与探索》(*Studi e testi*), XXV。G. 费拉里(G. Ferrari):《拜占庭杂志》(德文), XXVII(1927),165—166;P. 科利内说,《法典拾遗》一书出自一位匿名学者(《剑桥中世纪史》,IV,722)。亦见 P. 诺埃耶(P. Noailles)《法典拾遗》,刊于《纪念乔治·科尼尔罗马法研究文集》(*Melangés de Droit Romain dédiés à George Cornil*), II, 175—196。A. 贝格尔(Berger):"《法典拾遗》书名的起源"(Tipoukeitos: The Origin of a Name),《传统》(*Traditio*), III(1945), 394—402。贝格尔写道:"如果我们能回想起近代的参考书'Who's Who',我们就能够将帕齐斯的作品之名称译为'那里是什么?'"(第400页)这一研究结论非常有价值。

⑲ 第1—12卷的简介,由 C. 费里尼(C. Ferini)和 J. 梅尔卡第(J. Mercati)编;第13—23卷的简介,收于《60卷本帝国法典文献摘要》;XIII—XXIII,由 F. 多尔格编,刊于《学习与探索》,51。一些由费里尼写的关于《帝国法典》的手稿和重组的文章见于《康塔多·弗里尼作品集》(*Opere di Contardo Ferrini*), I, 349—363。

⑳ 见劳森(Lawson)在其研究《帝国法典》时所写的文章之开头:《帝国法典》是研究拜占庭法律的核心,而且迄今为止却只有少数专家才知道它的内容。F. H. 劳森:"帝国法典"("The Basilica"),《法学季评》(*The Law Quarterly Review*), XLVI(1930),486。A. A. 瓦西列夫:"查士丁尼的《法学汇纂》"("Justinian Digest"),《拜占庭与当代希腊年鉴》,v,(1939),734。在 A. 阿尔伯托尼(A. Albertoni)所著的《拜占庭法律概貌》(*Per una esposizione del diritto bizantino*)一书中可以发现有关《帝国法典》的十分有用的信息,见该书 43、55—57。

《市政官手册》(The Book of the Eparch)。——这可能是利奥六世时期最引起人们关注的文献,是"反映君士坦丁堡城内历史的无价之宝"[⑫]。19 世纪末期瑞士学者尼克尔(Nicole)[⑫]在日内瓦发现了此书,称其为 Book of the Eparch* 或 Book of the Prefect。有关这部文献出现的确切年代尚未确定,但可能成书于利奥六世时期或 10 世纪末期,或者是在尼斯福鲁斯·福卡斯时期(963 年以后)。[⑫]

君士坦丁堡的市政官是拜占庭时期帝国首都的管理者,几乎拥有无限的权力,换句话说,他处于帝国官僚阶层的最高层次。他

---

⑫ Th.乌斯宾斯基:"君士坦丁堡的市政官手册"("The Eparch of Constantinople"),《君士坦丁堡俄罗斯考古研究所通报》,IV,2(1890),90。

⑫ 《市政官手册,即智者利奥六世对君士坦丁堡行会的敕令》(Le Livre du préfet ou l'édit de l'empereur Léon le Sage sur les corporations de Constantinople),J.尼克尔(J. Nicole)编。欲寻其他版本,请看参考书目。

* Eparch(希腊文),Prefect(拉丁文)都是君士坦丁堡市政官的头衔。——译者

⑫ 1935 年,希腊历史学者 A.P.赫里斯托菲洛布鲁(A.P. Christophilopoulos)显然确定了其成书的具体年代是 911 年 9 月 1 日到 912 年 5 月 11 日之间。《智者利奥六世时期的市政官手册及拜占庭行会》(Τὸ ἐπαρχικὸν βιβλίον Λέοντος Τοῦ Σοφοῦ καὶ αἱ συντεχνίαι ἐν Βυζαντίῳ),13。G.米克威茨(G. Mikwitz)在他论及此书的书评时说明,希腊学者们已经解决了争端,《拜占庭与当代希腊研究年鉴》,XII(1936),369。亦见米克威茨《行会的垄断性》(Die Kartelljunktionen der Zünfte),205。但是,赫里斯托菲洛布鲁将他的结论奠基于帕帕多布鲁斯-凯拉梅乌斯(Papadopppoulos-Kerameus)对于君士坦丁堡保存的一部希腊文手稿的错误描述之上。按照帕帕多布鲁斯-凯拉梅乌斯的说法,这部手稿中含有《市政官手册》的内容,但我们现在知道事实并非如此。它实际上是巴勒斯坦的艺术家朱利安·阿斯卡洛尼特(Julian Ascalonites)写的一些法规。因此,赫里斯托菲洛布鲁的"发现"应该被摒弃。见 D.吉尼斯"市政官手册与朱利安·阿斯卡洛尼特的法规(Τὸ ἐπαρχικὸν βιβλίον καὶ οἱ νόμοι Ἰουλιανοῦ τοῦ Ἀσκαλωνίτου)",《拜占庭研究会年刊》(Ἐπετηρὶς Ἑταιρείας Βυζαντινῶν Σπονδῶν),XIII(1937),183—191;尤其应注意第 183—185 页的内容。相关的希腊文手稿文献,见 187—191。

第六章 马其顿王朝(867—1081年)

的首要职责是维持首都的公共秩序和安全。为此他还有一大批雇员受他支配,称为市政书记员。此外,他还在司法上管辖首都的工匠和行会的商人。《市政官手册》从一个方面反映了在其他早期资料中所罕见的君士坦丁堡的生活状况。书中列举了手工工匠和商人的各个阶层,记录他们行会内部的组织、政府对他们的态度等。这一文件中的行会是以公证人行会($οι\ ταβουλλάριοι$, Tobularii)为首的,在现代概念中,这个公证人行会组织根本不可能被列入普通的手工业和商人行会之中,他们要熟知60卷《帝国法典》。其次是珠宝商行会、抽丝匠行会、纺织工行会、亚麻匠行会,以及制蜡业、肥皂业、皮革业、面包业的行会。《市政官手册》所列举的行业名单中还提到了钱商、丝织品和服装商人、生丝商人、香料商、蜡和肥皂商、杂货商、屠夫、猪贩、鱼贩和马贩、卖面包者、酒店主等。每个行业部门都是垄断的,任何人想经营两个行业,即使这两个行业很相近,都将受到严厉的惩罚。行会内部的生活、它们的组织和工作、市场的许可、价格和利润规则、进出首都城关及其他许多问题都受到政府的严厉控制。在拜占庭帝国,自由贸易和自由生产是不存在的。君士坦丁堡的市政官是唯一有权可以亲自干涉或通过其代表来干涉行会生活及规定生产和贸易的人。[20]

---

[20] 《市政官手册》中有大量的文字记载;奥斯特洛戈尔斯基在其《拜占庭国家史》一书中指明了这一点,见该书177页注3。A.斯托克勒(A. Stöckle)对此手册进行了最好的研究,见《晚期罗马与拜占庭的行会》(*Spätromische und byzantinische Zünfte*),147—148(关于时间的确定)。在俄罗斯,P. V.贝佐布拉佐夫的文章,见《拜占庭年鉴》。XVIII(1911),33—36;亦见此作者的对于G. F.赫兹伯格的《拜占庭人》(*Geschichte der Byzantiner*)一书的俄文译本。

345 在这些资料中发现的拜占庭行会管理规则完全可以作为同西欧中世纪行会做有趣比较的数据。

利奥六世以后的上百个《新律》提供了 9 世纪末和 10 世纪初拜占庭帝国内部的丰富资料,但迄今人们对此还没有进行足够的研究和利用。[125]

"权势者"和"贫弱者"。——9、10 世纪瓦西里一世和利奥六世时期的立法工作促进了拜占庭法学著作的一度繁荣:一方面是出现了大量有关《帝国法典》的注释和解说(这类注释通常被称为 Scholia);另一方面是各种法典的简缩本和手册问世。10 世纪拜占庭皇帝们的立法著作还有一种越来越明显的倾向:皇帝们被迫以大量新律抵制当时帝国社会和经济生活中的最尖锐问题,即大土地所有制的过度发展极大地损害了农民小土地所有者和自由农民公社的发展。

马其顿王朝时期,"权势者"($δυνατοί$,或称豪绅[magnates])阶层的势力再次显著增长。而作为他们对立面的"贫弱者"($πένητες$),则可与中世纪西欧的穷人(pauperes)及罗斯历史中莫斯科公国时期的依附者 siroti 相比。10 世纪拜占庭帝国的这些穷人通常是那些小土地所有者和有组织的村社成员,10 世纪时帝国的重税和各种赋役迫使他们向豪绅们求救,以牺牲自由和独立为代价换得

---

[125] 扎哈利亚·冯·林根塔尔:《希腊-罗马法制史》,III,65—226;泽波斯:《希腊-罗马法》,I,54—191。见 H. 莫尼耶(H. Monnier)《智者利奥六世的新律》(*Les nouvelles de Léon Le Sage*)。C. A. 斯普尔伯(C. A. Spulber):"智者利奥六世的新律"("Les nouvelles de Léon le Sage")。亦见奥斯特洛戈尔斯基在《拜占庭国家史》中的评述,第 172 页。

保护。

"权势者"阶层在10世纪的兴起,表面上似乎很突然,其实部分原因可以归于9世纪30年代的托马斯起义。这一点在小亚细亚表现得尤为明显,那里的大土地所有者的数量在10世纪得到显著的增长。起义的长期性和艰苦性使得大量小土地所有者破产,被迫将财产转移给富裕的邻居。但这仅是拜占庭帝国大地产发展的原因之一。总体来说,9、10世纪拜占庭帝国的大土地所有制问题一直没有获得充分的研究。

马其顿王朝的统治者至少从罗曼努斯·雷卡平(919—944年在位)时期,到瓦西里二世(死于1025年)时期都在积极保护小土地所有者和农村公社社员的利益,使之免遭"权势者"阶层的侵害。其原因应该归于大土地所有制的过度发展。那些权势者由于控制着大量奴隶和土地资产,很容易组织并供养由依附者组成的军队,因而有充足的力量蓄谋对抗中央政府。皇帝保护小土地所有者和公社农民,反对大土地所有者,实际就是保护自己的权力和皇位,他们的权力和皇位在10世纪受到严重威胁,在小亚细亚表现得尤其明显。

皇帝也被迫保护所谓的"军事份地"。早在罗马帝国时期就有一种惯例,把边境地区的田地分给士兵,有时也将帝国内地的土地分给他们,条件则是他们将继续为帝国服军役。这种土地分配制度虽一直实施到10世纪,但已呈衰落状态。9、10世纪,这些军事领地也开始受到"权势者"阶层的威胁,他们购买军事份地,如他们购买小土地所有者的土地一样。因此,这一时期的皇帝们也努力保护这些军事份地。

马其顿王朝皇帝所采取的保护农民和军事份地的措施事实上非常简单。他们禁止大土地所有者购买农民土地或军事份地。922年由罗曼努斯一世雷卡平所颁布的《新律》成为国家对权势者斗争的开始。《新律》规定：(1)对任何不动产如土地、房屋、葡萄园等的购买、暂时或长期租用，其优先权将属于农民和自由公社；(2)"权势者"阶层不得以任何方式，包括捐赠、遗赠、购买、租用、交换等，来获取贫穷者的财产；(3)在此敕令公布前三十年以任何方式转让于大地主的军事份地或那些将要被转让的军事份地将无偿地归还原主。

在帝国颁布《新律》之后不久，帝国内部发生的几场大灾难，使得罗曼努斯所实施的措施处于困难的境地。不时发生的霜冻、饥荒、瘟疫使农民处境十分艰难，大土地所有者借此机会用极低的价格，甚至仅用少量的面包就能购买这些农民的地产。权势者们的这一令人震惊的行为迫使罗曼努斯在934年又颁布了第二则《新律》，他尖锐地责骂富人的残酷、贪婪，说他们对于那些"不幸的村庄而言，就像瘟疫和坏疽一样吞噬村民的生命，使他们濒于死亡的境地"。[20]《新律》规定在饥荒年前后被权势者以非法方式购买土地的农民，可以用当时卖地的价格买回自己的土地；购得土地的人须在农民付钱后立即迁走。《新律》在简单回顾了拜占庭军队的成功之后，做了如下声明："如果我们已获得同外敌作战的胜利，那么我们以正当的对自由的渴望和严厉的法律同国内的天灾人祸及良好

---

[20] 扎哈利亚·冯·林根塔尔：《希腊-罗马法制史》，III, 247。泽波斯：《希腊-罗马法》，I, 210。

社会秩序的斗争又怎会失败呢?"⑰

但是罗曼努斯的法令并未能阻止大土地所有制的发展以及小土地所有者及农民公社的瓦解。随后,在君士坦丁·波菲罗杰尼图斯的一则《新律》中,正式声明罗曼努斯时期的旧法未得到施行。在君士坦丁时期颁布的《新律》中,对富有者的限制超过了罗曼努斯。而后来同罗曼努斯二世的遗孀结婚而取得王位的尼斯福鲁斯·福卡斯本是权势者阶层中的一员,他自然比以往的国王们更理解并倾向于权势者这一阶层的利益。用 V. G. 瓦西列夫斯基的话来说:尼斯福鲁斯·福卡斯的《新律》"无疑反映了这一领域内实行了有利于权势阶层的逆向立法活动,即便皇帝仅仅谈到要以公正的立场来处理双方的利益"⑱。这则《新律》指出:"以往的立法者总认为统治者是正义的代表,声称他们对所有人一视同仁",它强调,在尼斯福鲁斯·福卡斯之前的统治者们实际上却已经偏离了最初的理想。"他们完全忽视了权势者的产权,甚至不允许他们保留已经拥有的领地。"⑲尼斯福鲁斯·福卡斯废除了以往的法令,从而令权势者阶层的势力大增,更加目无法纪。

保加利亚人的屠杀者瓦西里二世是权势者阶层的最冷酷无情的敌人。小亚细亚的两个大家族的首领巴尔达斯·福卡斯和巴尔达斯·斯克莱鲁斯(Bardas Sclerus)曾组织了反对皇帝统治的起

---

⑰ 扎哈利亚·冯·林根塔尔:《希腊-罗马法制史》,III,252。V. G. 瓦西列夫斯基:"拜占庭内政史资料"("Materials for the Internal History of Byzantium"),《公众教育部杂志》,CCII(1879),188;《著作集》,IV,281。泽波斯:《希腊-罗马法》,I,214。

⑱ 瓦西列夫斯基:《著作集》,206;《著作集》,IV,302。

⑲ 扎哈利亚·冯·林根塔尔:《希腊-罗马法制史》,III,297。泽波斯:《希腊-罗马法》,I,253—254。

义,并几乎取得了成功。罗斯大公弗拉基米尔的出兵干涉使帝国免遭覆亡。因此,毫不奇怪,瓦西里二世无疑把大土地所有者当作他最有威胁力的敌人,也必然对他们严酷镇压。一次,瓦西里二世途经卡帕多细亚,他和他的军队在尤斯塔修斯·马雷努斯(Eustathius Maleinus)著名的庄园里受到奢侈款待。他开始担心尤斯塔修斯·马雷努斯会步福卡斯和斯克莱鲁斯的后尘成为他的竞争对手,于是将尤斯塔修斯强行带回首都,直到后者死去。马雷努斯死后,他的大地产被没收。《新律》中也提到另一件类似的事情:皇帝听说小亚农民出身的菲罗卡尔(Philocales)变成巨富且享有很高的声望,还获得了极高的行政职务,并将他居住的村庄变为自己的财产,甚至改了名字。瓦西里就命令把菲罗卡尔的豪华建筑全部夷为平地,将这些土地归还穷人,菲罗卡尔又成为一个普通的农民。[130] 而像福卡斯、斯克莱鲁斯、马雷努斯以及菲罗卡尔这些人无疑只是小亚细亚的众多大土地所有者中的几名代表而已。

996 年的著名《新律》取消了四十年来实行的保护那些曾非法获得农民土地的权势者的权利,以及那些"以赠礼或暴力手段延长合同期,以图将他们用欺骗手段从穷人那里得到的地产最后据为己有"的人的权利。[131] 在罗曼努斯颁布第一则《新律》以前,那些被

---

[130] 扎哈利亚·冯·林根塔尔:《希腊-罗马法制史》,III,310;瓦西列夫斯基:"拜占庭内政史资料",《公众教育部杂志》,CCII(1879),217;《著作集》,IV,314—315。泽波斯:《希腊-罗马法》,265。

[131] 扎哈利亚·冯·林根塔尔:《希腊-罗马法制史》,308;瓦西列夫斯基"拜占庭内政史资料",《公众教育部杂志》,215—216;《著作集》,IV,312—313。泽波斯:《希腊-罗马法》,I,263。

大土地所有者从农村公社成员手中获得的地产,只有当他们能够出具书面证据或足够的证人证明其所有权时,才可能继续保留。《新律》表明国库的需求将不受任何规定的限制;因此国家"可以将它的权利上溯至恺撒·奥古斯都时期"[⑬]。关于军事领地的问题也迫使马其顿王朝的统治者颁发了几则《新律》。

除了996年的《新律》以外,瓦西里二世还颁布了一则有关税收的法令,即"联保制"(Allelengyon,源出于希腊文 $\alpha\lambda\lambda\eta\lambda\acute{\epsilon}\gamma\gamma\nu o\nu$,意思是"相互保证")。早在9世纪初(关于这方面,有关资料已做了简单的说明[⑬]),尼斯福鲁斯一世就提出穷人的富有近邻有义务为穷人纳税。联保制作为一种税收形式并不是什么新奇事物,它代表了后期罗马"联保地税"(epibole)制的继续和另一种形式(见本书中关于阿那斯塔修斯统治时期的讨论*)。"联保制使农民增加了额外的负担,这充分说明了为什么农村公社社员会有如此沉重的负担,为什么农民通常愿意拥有一份依附于他人的产业。"[⑬]尼斯福鲁斯一世的法令引起人们对皇帝的极度怨恨,迫使他的后

---

⑬ 扎哈利亚·冯·林根塔尔:《希腊-罗马法制史》,III,315。瓦西列夫斯基:"拜占庭内政史资料",《公众教育部杂志》,220;《著作集》,IV,317。泽波斯,《希腊-罗马法》269。

⑬ 狄奥凡尼:《编年史》,德博尔编,486。柏里:《东罗马帝国史》,III,214。

* 即本书第二章。——译者

⑬ G.奥斯特洛戈尔斯基:"中世纪拜占庭的农业状况"("Agrarian Conditions in the Byzantine Empire in the Middle Ages"),《剑桥经济史》(Cambridge Economic History),I,202—203。关于联保地税和联保责任制的问题仍然是值得争论的。见 F. 多尔格《关于10—11世纪拜占庭的财政管理问题》(Beiträge zur Geschichte der byzantinischen Finanzverwaltun besonders der 10 und 11. Jahrhunderts),129—130。亦见 G. 布拉提亚努(G. Brătianu)《拜占庭经济社会史研究》(Études Byzantines d'histoire économique et sociale),197—201。

继者放弃了这一税收办法。但是,在瓦西里二世的对保加利亚战争急需大量资金、而他也日益渴望给权势者阶层以沉重的打击时,却恢复了这一法令,以使富人有责任替没有支付能力的穷人支付税金。如果瓦西里二世极力实行的这一措施能够坚持长期有效实施的话,它或许会导致教俗大地产的毁灭。然而,联保制仅仅强制实行了很短的一段时间。在11世纪前半期,当罗曼努斯三世阿吉鲁斯同君士坦丁八世的女儿佐伊结婚,获得了王位后,为了维护权势者阶层的利益,也为了找到一条与高级教士和土地贵族相妥协的方式,宣布取消了联保制。

总之,10世纪马其顿王朝皇帝们所颁布的法令尽管在某种程度上限制了大土地所有者的兼并活动,但成效甚微。11世纪,上述著名的《新律》逐渐为人们所遗弃。同一世纪,拜占庭的皇帝们在对内政策上开始发生了本质性的变化,他们开始越来越公开倾向于对大地主保护和关爱,加速了农奴制的进一步发展。然而自由农民公社和自由小土地所有者并没有从帝国消失。这些组织仍继续存在,在本书涉及晚期历史的部分还将加以讨论。

行省管理

9世纪的帝国和马其顿王朝时期的行省管理仍延续前面已经论及的军区的管理体制。它的发展主要表现在两个方面:一方面是旧军区被不断地分割,因而增加了大量的新军区;另一方面,一些军管区的地位也得到提高,而在以前,它们往往有另一个名字,如兵站(*clisurae**)。

---

* 此是希腊文原文 *κλεισούρα* 的拉丁拼法,原意为山口、关隘,此处用意译,见下文。——译者

第六章 马其顿王朝(867—1081年)

原来被历史学家认为是军区制之前身的两个总督区都已经从帝国中分离出去:迦太基(阿非利加)总督区于7世纪中期被阿拉伯人占领;拉文纳总督区在8世纪初期由伦巴德人占领,不久又被割让给法兰克国王矮子丕平。754年,丕平把它献给教宗,奠定了中世纪教宗领的基础。7世纪的拜占庭帝国除了上述两个总督区外,还有5个军事地方政府,但那时还没有被叫作"军区"。9世纪初,帝国出现了10个军区:5个在亚洲、4个在欧洲、1个在沿海地区。根据9世纪阿拉伯地理学家伊本-库尔达巴(Ibn-Khurdadh-bah)书中的材料及其他资料,历史学家们认为9世纪时期帝国约有25个军事区,但是它们并不都是军区,其中包括两个兵站,一个都督领(ducatus*)和两个领主地(archontatus**)。宫廷礼仪官菲罗塞乌斯(Philotheus)在899年写的关于宫廷礼仪的文献(该文献通常作为君士坦丁·波菲罗杰尼图斯时期的所写的《拜占庭宫廷礼仪》一书的一部分)中,提到出席列班的军区贵族时列了25个军区[⑬];在君士坦丁·波菲罗杰尼图斯于10世纪所写的著作《论军区》中,则列举了29个军区:亚洲17个,包括4个沿海军区;欧洲12个,包括西西里军区,其中一部分在10世纪阿拉伯人征服西西里之后形成了卡拉布里亚军区。12个欧洲军区中也包括克里

---

* Ducatus,官名袭自晚期罗马时期,其词形同中世纪的公爵,但此处沿用中国古官职的名称"都督",以有别于中世纪西方的封建公爵。该官职是集军政权力为一身的地方官,其地位和职责与军区首长相似但不完全相同。——译者

** 该词源于希腊语词 αρχηνταινς,意为有贵族身份的人,此处应指贵族地产。——译者

⑬ J.B.柏里:《9世纪的帝国统治体系,附克列托罗洛吉昂·菲罗塞奥斯文献的修订版》(*The Imperial Administrative System in the Ninth Century, with a revised text of the Kletorologion of Philotheos*),146—147。

米亚的克尔松(Korsun),它可能形成于 9 世纪,经常被人称为"the Klimata"或"Gothic Klimata"(哥特高地)。由 V.贝内塞维奇(V. Beneševič)列举的在 921—927 年以前罗曼努斯·雷卡平所控制的军区共 30 个。[⑬] 11 世纪时增加为 38 个,[⑬]绝大多数由军事长官——将军(strategus)统治。由于军区在数量上经常发生变化,而且缺乏与军区的历史发展相关的史料,人们对拜占庭时期的这一重要方面的了解还相当有限,且不准确。

值得一提的是"兵站"(clisurae)和兵站长官(clisurachs),clisura 在现代希腊语中是"山口"的意思,而拜占庭时期,却是指在兵站长官管理下的前线要塞及其有限的邻近区域,或者更经常的是,"一个较小的行省"。该兵站长官的权力不如将军那样大,也可能不是同时集行政和军事双重权力于一身。有一些兵站,例如塞琉西亚的兵站、小亚细亚的塞巴斯蒂亚兵站以及其他一些地方的兵站,随着转化为军区而日益重要。

居于军区统治者位置上的将军有很多附属权力。至少在智者利奥六世时期,东方的军区,包括海上军区的将军们可以从国库接受固定的薪俸,西方的军区的将军则从自己的领地上收取年俸而不是通过国库。

军区组织的发展在马其顿王朝时期达到最高峰。此后,军区

[⑬] V.贝内塞维奇:"克列托罗洛吉昂·菲罗塞奥斯之前的拜占庭行政官阶表"("Die byzantinischen Ranglisten nach dem 'Kletorologion Philothei'"),《拜占庭与当代希腊研究年鉴》,V,118—122;关于其年代,见 164—165。

[⑬] N.斯卡巴拉诺维奇(N. Skabalanovich):《11 世纪的拜占庭国家与教会》(The Byzantine State and Church in the Eleventh Century),193—230。

制开始逐渐衰落,一方面是由于塞尔柱突厥人在小亚细亚的入侵,另一方面原因则在于十字军时期帝国生活的变化。

混乱时期(1056—1081年)

皇帝们

早在1025年,保加利亚人的屠杀者瓦西里二世死后,帝国便进入一个混乱不堪、帝位更换频仍的时期,逐渐衰落。佐伊女皇助她的三个丈夫相继登上皇位。1056年,随着佐伊的妹妹狄奥多拉女皇死去,马其顿王朝最终结束了。随后是混乱时期,持续了二十五年(1056—1081年),直到著名的科穆宁王朝的创立者阿列克修斯·科穆宁(Alexius Comnenus)登上王位。

这二十五年间的历史从表面看来,是帝国皇位的频繁更替,而且登上皇位者多为平庸之辈,但它却是拜占庭帝国历史上最重要的时期,因为就在这二十五年间,帝国内外环境的变化导致了西方的后来称为"十字军"运动的开端。

这一时期,拜占庭帝国外部的敌人从各个方面对帝国施加压力:诺曼人在西方的活动十分活跃;帕齐纳克人和乌齐人在北方;塞尔柱突厥人在东方活动。最终,拜占庭帝国的领土被大大压缩了。

这一时期的另一个显著特征是军事首领和大土地贵族(尤其是小亚细亚的土地贵族)发动了反抗中央政府的斗争。经过多次反复较量之后,行省与中央的斗争以军人和大土地所有者的胜利而告结束,这是行省对中央的胜利。阿列克修斯·科穆宁成为胜利者的首领。

11世纪混乱时代的所有皇帝都是希腊人。1056年,年迈的女皇狄奥多拉在宫廷党的胁迫下选择了年迈的贵族迈克尔·斯特拉条提库斯(Michael Stratioticus)为继位者,此后不久,她便死去。宫廷派的候选人迈克尔六世斯特拉条提库斯在位时间大概只有1年(1056—1057年)。以小亚细亚军队为首的反对派此时形成,他们拥立了他们的将军、大土地所有者的代表、以抗击突厥人而闻名的伊萨克·科穆宁(Isaac Comnenus)为帝。这是在混乱时期军人派对中央政府的首次胜利。迈克尔·斯特拉条提库斯被迫退位,以平民身份度过了余生。

军人派的胜利只维持了短暂的时间。伊萨克·科穆宁在位时间仅两年(1057—1059年),然后就退位,隐居于修院之中。至于他退位的原因,至今仍是一个谜。也许他是精心策划的反对派之阴谋的牺牲品,他们对于他的独立统治并不满意。据说,伊萨克·科穆宁考虑到国库收入的特殊重要性,为增加国库收入,通常对非法获得土地的大地产者痛下杀手,其中既有世俗大地产者,也有教会的大地产,他还减少了高级官员的薪俸。著名学者和政治家迈克尔·普赛勒斯(Michael Psellus)很可能参与了反对伊萨克·科穆宁的阴谋。

伊萨克退位,君士坦丁十世杜卡斯即位(1059—1067年在位),他是个天才的理财者和正义的维护者,只关心国内行政事务,而对军务一般地毫不过问。他统治时期,中央贵族派对在伊萨克·科穆宁时期获胜的军人派的不断抗争,或者是首都对行省的抗争。这位"官僚、修辞学家和学者统治时期是不幸的时期"[⑬]。来自北方的帕齐纳克人和乌齐人以及东部塞尔柱突厥人的威胁证明非军事性的行政管理并不合理。帝国迫切需要一位能够组织必要的军事力量来抗击敌人的统治者。甚至如11世纪的反军人派代表迈克尔·赛勒斯也说:"军队是罗马帝国的脊梁!"[⑭]因而帝国内部对皇帝的反对情绪很强烈。君士坦丁十世杜卡斯死于1067年,他的妻子欧多西娅·玛克列姆博莉莎(Eudocia Macremboli-tissa)继他之后当政几个月。军人派则迫使她嫁给生于卡帕多细亚的杰出将军罗曼努斯·狄奥吉尼斯(Romanus Diogenes)。罗曼努斯加冕之后称罗曼努斯四世狄奥吉尼斯,统治时间为1067—1071年。

罗曼努斯的继位标志着军人派的第二次胜利。这位士兵出身的皇帝统治帝国四年,以悲剧告终;因为他被塞尔柱突厥人俘房,成为苏丹的阶下囚。当得知皇帝被俘的消息时,首都君士坦丁堡发生了大规模的骚乱。经过犹豫思考,人们选举了欧多西娅·玛克列姆博莉莎与君士坦丁·杜卡斯之子、迈克尔·赛勒斯的学生,绰号为帕拉皮纳克斯(Parapinakes)的迈克尔七世杜卡斯为帝。[⑮]欧多西娅则躲进修道院寻求保护。罗曼努斯被苏丹释放回国时,

---

⑬ 格尔泽:《拜占庭帝国概要》,1006。
⑭ K.萨塔斯:《中世纪希腊文献目录》,IV,58。
⑮ 绰号帕拉皮纳克斯的起因是由于在这位迈克尔统治时期,农业歉收,拜占庭金币诺米斯马贬值,一个诺米斯马的金币以往能买一摩底(*medimnus*,古罗马量度单位)面包,而此时则只能买一个摩底的1/4,即一个 *pinakion*(皮纳基翁)的面包。

发现已是新君在位。尽管他曾得到承诺,新君将保证他个人的人身安全,但他还是被野蛮地刺瞎双眼,不久死去。

迈克尔七世杜卡斯·帕拉皮纳克斯(1071—1078年在位)爱好学习、学术争论及诗歌写作,对军事活动不感兴趣。他恢复了其父君士坦丁十世杜卡斯时期的官僚体制,而这并不适用于帝国的外部形势。突厥人和帕齐纳克人的威胁要求帝国必须有一位受到军队支持的军人皇帝来领导,才可以使帝国免遭毁灭。于是,一位"有希望实现大众诉求的代言人"[⑩],小亚一个军区的将军尼斯福鲁斯·波达尼塔特斯(Nicephorus Botaniates)脱颖而出。他在小亚细亚称帝,迫使帕拉皮纳克斯穿上道袍,进入了修道院。而他则进入首都,由君士坦丁堡牧首为他加冕称帝。从1078—1081年,他一直稳坐皇帝宝座,但由于年老体弱,他难以处理内政外交中的难题。与此同时,各行省的大土地贵族也不承认他作为皇帝的权力,于是,在帝国各处出现了许多帝位觊觎者。阿列克修斯·科穆宁就是其中之一,他是先帝伊萨克·科穆宁的侄子,也与以前的统治家族杜卡斯家族有亲戚关系,而且他表现出有能力利用现存条件达到他的目标,获得君临天下的地位。于是,波达尼塔特斯也被废黜隐退于修道院,后获得圣职。1081年阿列克修·科穆宁加冕为皇帝,结束了拜占庭历史上的混乱时期。科穆宁王朝的第一位统治者在11世纪的登基标志着军人派和行省大土地所有者的又一次胜利。

---

⑩ 斯卡巴拉诺维奇:《11世纪的拜占庭国家与教会》,115。

第六章　马其顿王朝(867—1081年)

显而易见,皇位如此频繁更替和无休止的公开或隐蔽的宫廷斗争,必然使帝国对外政策失利,致使帝国从中世纪历史的巅峰地位上跌落下来。而且,由于来自外部的敌人——东方的塞尔柱突厥人,北方的帕齐纳克人和乌齐人,西方的诺曼人等——成功的军事行动造成的帝国外部复杂而危险的环境加速了帝国衰落的步伐。

塞尔柱突厥人

拜占庭帝国很早以前就知道突厥人。6世纪后半期,曾有过突厥-拜占庭结盟的设想。突厥人也曾在拜占庭的军队中受雇为雇佣军或皇帝卫队。⑭ 在东方帝国边境外的阿拉伯军队中亦有大量的突厥人,这支军队曾于838年积极参与了夺取并掠夺阿莫里亚(Amorion)的活动。但帝国与突厥人的早期关系和斗争直到11世纪以前都没有在帝国历史上产生重要影响。直到11世纪前半期,塞尔柱突厥人出现在帝国的东部边界时,情况才开始发生了变化⑮。

---

⑭ 君士坦丁·波菲罗杰尼图斯:《拜占庭宫廷礼仪》,波恩版,661;哈伦-伊本-雅希亚(9世纪)的作品,收于M.德戈杰(M.de Goeje)《阿拉伯地理学文献目录》(*Bibliotheca geographorum arabicorum*),VII,121,124;哈伦-伊本-雅希亚对君士坦丁堡的描述亦被收于伊本-鲁斯塔(Ibn-Rustah,10世纪人)的阿拉伯地理学著作中。A.A.瓦西列夫:"哈伦-伊本-雅希亚和他对君士坦丁堡的描述"("Harun-ibn-Yahya and his Description of Constantinople"),《康达可夫研究院年鉴》,V(1932),156,158。马尔卡特(Marguart);《东欧与东亚的斗争》(*Osteuropäische und ostasiatische Streifzüge*),216、219、227。

⑮ P.威特克(P.Wittek):"关于拜占庭与突厥人的地名"("Von der byzantinischen zur türkischen Toponymie"),《拜占庭》(布鲁塞尔),I(1935),12—53。威特克:"关于罗姆突厥人国家的两个问题"("Deux chapitres de l'histoire des Turcs de Roum"),《拜占庭》(布鲁塞尔),XI(1936),285—302。

塞尔柱突厥人(Seljuqs 或称 Seljucids)是突厥人首领塞尔柱克(Sejuq)的后代。塞尔柱克曾在公元 1000 年左右于突厥斯坦汗(Turkestan khan)的手下供职。塞尔柱克与他的部族从吉尔吉斯大草原移至布哈拉附近的河中地区,在此接受了伊斯兰教。塞尔柱克部族的势力在短时期内得到极大增长,乃至于塞尔柱克的两个孙子曾率领野蛮的突厥游牧部落袭击过霍拉桑(Khurasan)。

　　塞尔柱人在西亚的发展开创了穆斯林历史上的一个新时代,同时也开始了拜占庭历史上的新时代。在 11 世纪,伊斯兰世界已不再是一个统一的整体。西班牙、非洲和埃及早已在政治上独立于巴格达哈里发的势力之外。叙利亚、美索不达米亚和波斯也分裂为若干个在不同的统治者管理下的独立王朝。11 世纪中期,塞尔柱人征服波斯后,深入美索不达米亚,进入巴格达。从此,巴格达的哈里发处于塞尔柱人的保护之下。但是,塞尔柱人的苏丹并不住在巴格达,而是通过一位将军控制着这个重要的城市。不久以后,又有一些新突厥人部落来到这里,使塞尔柱人的势力大增。他们征服了整个西亚,包括从阿富汗斯坦到拜占庭帝国小亚的边界地区及埃及的法蒂玛哈里发国家。

　　从 11 世纪开始,塞尔柱人成为拜占庭帝国历史上极其重要的因素,他们开始威胁到帝国在小亚和高加索的边界行省。11 世纪 40 年代,君士坦丁九世摩诺马赫吞并了亚美尼亚及其新的首都阿尼。从此,亚美尼亚不再是突厥人与拜占庭帝国之间的中间屏障;只要亚美尼亚的领土受到进攻,帝国领土也就同样受到进攻。而且,在这种进攻中,突厥人总是非常成功。突厥人军队也向小亚发动了攻势。

第六章 马其顿王朝(867—1081年)

在伊萨克·科穆宁既活跃但又十分短暂的统治时期,帝国的东方在反击突厥人进攻时防卫很成功。但在伊萨克倒台后,君士坦丁·杜卡斯不重视军务的政策削弱了小亚细亚的军事力量,有利于突厥人进入拜占庭境内。据一位史学家记载,政府似乎乐于看到那些"固执而傲慢的行省遭遇不幸"。"同意大利一样,帝国的东部行省由于中央政权的错误而付出了极大的代价"[14]。在君士坦丁十世杜卡斯及其妻子欧多西娅·玛克列姆博莉莎继杜卡斯之后的七个月执政期间,塞尔柱人的第二个苏丹阿尔普·阿尔斯兰(Alp Arslan)征服了亚美尼亚,蹂躏了叙利亚、乞里奇亚和卡帕多细亚。在凯撒里亚(卡帕多细亚的首都),突厥人劫掠了这里的主要圣处瓦西里教堂,教堂里保存着圣徒的遗骨。[15] 一位拜占庭编年史家谈到迈克尔·帕拉皮纳克斯(1071—1078年在位)时期时说:"在这位皇帝统治时期,几乎整个世界,无论海上还是陆地,被那些不信神的野蛮人占领的地方都被摧毁,变得荒无人迹,因为所有的基督徒都惨遭杀戮,所有的居民区及其教堂都被他们抢劫一空,东方全部毁灭了,成为不毛之地。"[16]

帝国的军人派为欧多西娅找了一个丈夫,即罗曼努斯·狄奥吉尼斯。这位新皇帝指挥了几次反抗突厥人的战役,并在其早期

---

[14] C.纽曼(C. Neuman):《十字军时期的拜占庭世界》(*Die Weltstellung des byzantinischen Reiches vor den Kreuzzügen*),107;法文版,104。

[15] 迈克尔·阿塔利奥塔(Michaelis Attaliotae):《历史》(*Historia*),94;约翰尼斯·斯奇利查(Joanis Scylitzae),《历史》,661。

[16] 《匿名编年史》(Ἀνωνύμον Σύνοψις Χρονική);萨塔斯:《中世纪希腊文献目录》,VII,169。关于11世纪突厥人在1071年以前的侵掠活动,亦见叙利亚的迈克尔的编年史,夏博译,III,158—165。

战事中取得了一些成功。他的军队由下列不同部族组成：马其顿斯拉夫人、保加利亚人、乌齐人、帕齐纳克人、瓦拉几亚人和法兰克人（西方民族），这些部族缺乏正规的训练和正规的组织，不能有效抵抗突厥骑兵的迅速进攻。拜占庭军队中最不可靠的部分是乌齐人和帕齐纳克人的轻骑兵，他们一旦与突厥人发生冲突，就立即有了"血浓于水"的感受。

罗曼努斯·狄奥吉尼斯的最后一次对突厥人采取攻势以其军队于1071年在亚美尼亚境内凡湖（Van）北部曼兹克特（Manzikert，现在的梅拉兹戈尔德［Melazgherd］）附近对突厥人的失败而告终。战役开始前不久，拜占庭军队中的乌齐人支队及其首领就投靠了突厥人。这在罗曼努斯·狄奥吉尼斯的军队中引起极大的不安。在战斗的紧急关头，一位拜占庭将领又开始散布帝国军队失败的谣言，士兵们惊慌失措，立即溃不成军。尽管罗曼努斯英勇奋战，还是被突厥人俘虏，但当他到达敌军营帐中时，却受到敌军将领阿尔普·阿尔斯兰充满敬意的欢迎和问候。

胜负双方签订了永久和平协议和建立友好关系的盟约，阿拉伯史料中记载了协议的主要条款：（1）罗曼努斯·狄奥吉尼斯必须付出相应数量的金钱赎回人身自由；（2）拜占庭须向阿尔普·阿尔斯兰交付大笔年贡；（3）拜占庭应送还所有的突厥战俘。[40] 但罗

---

[40] G. 威尔（G. Weil）：《卡里芬的历史》（*Geschichte der Chalifen*），III，115—116。J. 劳伦特："拜占庭与小亚细亚的塞尔柱突厥人，阿列克修斯·科穆宁之前的和约"（"Byzance et les Turcs Seldjoucides en Asie Mineure, leurs traités anterieurs à Alexis Comnène"），《拜占庭》（布鲁塞尔），II（1911—1912）、106—126。见 C. 卡亨（C. Cahen）的一篇绝妙文章"从穆斯林资料中所见之曼兹克特战役"（"La campagne de Mantzikert d'apres les sources musulmanes"），《拜占庭》（布鲁塞尔），IX（1934），613—642。

曼努斯回到君士坦丁堡时,发现迈克尔七世杜卡斯已成了皇帝,罗曼努斯被政敌们弄瞎了双眼,不久死去。

曼兹克特战役标志着帝国的最终命运。虽然依据协议,拜占庭帝国似乎没有向阿尔普·阿尔斯兰割让领土,[⑬]但帝国的损失是相当惨重的,因为保卫小亚边境的军队已经被彻底摧毁了,帝国根本无力再抵抗突厥人的进攻。而迈克尔七世杜卡斯所实行的不重视军务的软弱政策进一步加深了帝国的困难处境。曼兹克特战役给拜占庭在小亚细亚的统治以致命一击,而小亚细亚是拜占庭帝国最重要的领地。1071年以后,就再没有能够抵抗突厥人进攻的拜占庭军队了。一位学者甚至过分地强调说这次战役使突厥人掌握了拜占庭帝国的命运。[⑭]另一历史学家则把这次战役称为"拜占庭帝国的死期",并且进一步论述道:"尽管这次战役造成的各种可怕的后果没有马上显现出来,但小亚细亚东部、亚美尼亚、卡帕多细亚等地,这些著名的行省(它们曾是如此多的著名帝王及将士们的家乡以及构成帝国主要军事力量的基地)永远不属于帝国了,突厥人开始在以往曾经辉煌的古罗马的废墟上支起了游牧帐篷。人类文明的摇篮从此落入穆斯林的野蛮而极其残酷的统治之下。"[⑮]

[⑬] J.劳伦特在《1081年以前西亚的拜占庭与塞尔柱突厥人》(*Byzance et les Turcs Seldjoucides dans l'Asie occidentale jusqu'en 1081*)第95页提到,这一协议"也许提出了割让土地的要求";但是,我们并不知道这一协议的详细内容(第95页注1)。亦见卡亨:"从穆斯林资料中所见之曼兹克特战役",《拜占庭》(布鲁塞尔),IX(1934),637—638。

[⑭] A.格夫罗尔(A. Gfrörer):《拜占庭历史》(*Byzantinische Geschichten*),III,791。

[⑮] 格尔泽:《拜占庭帝国史概要》,1010。

从1071年的大灾难到1081年阿列克修斯·科穆宁登基,这十年间帝国边防崩溃,内部的派系斗争激烈,而且这些派系纷纷向外寻求援助,突厥人则利用这一时机渗入到拜占庭帝国的内部。部分突厥人先头部队曾到达小亚细亚西部各行省,而帮助尼斯福鲁斯·波达尼塔特斯获得王位的突厥军队甚至随着这位帝王进入了尼西亚和赫里索波利斯(现在的斯库塔里)。

在罗曼努斯·狄奥吉尼斯和阿尔普·阿尔斯兰死后,突厥人和帝国都认为没有必要再遵从两位前统治者所签订条约中的相关规定。突厥人开始利用一切机会掠夺帝国在小亚细亚的行省,而且,据一位当时的拜占庭编年史学家说,他们进入这些行省,不再是偶然的抢劫,而是要成为这里的永久主人。[151] 但这种说法似乎有些夸张,至少在1081年以前,情形并非如此。如 J.劳伦特所强调的,"在1080年,即突厥人第一次出现在博斯普鲁斯沿海之后的第七年,他们还没有在任何地方定居,也没有建立国家;他们仅仅是冒险者和无秩序的掠夺者。"[152] 阿尔普·阿尔斯兰的后继者将小亚细亚的军事领导权转交给苏莱曼-伊本-库塔尔米什(Suleiman-ibn-Qutalmish),他占领小亚细亚中部后,在此建立了罗姆(Rum)苏丹国或叫作小亚细亚苏丹国。[153] 因其首都位于原拜占庭属小亚细亚的最富有、最美丽的城市伊科尼姆(今科尼亚),所以这个塞尔

---

[151] 约翰尼斯·斯奇利查:《历史》,波恩版,708。

[152] 劳伦特:《1081年以前西亚的拜占庭与塞尔柱突厥人》,13—26、97(特别是注3)、110—111。

[153] Rum(罗姆)一词只是穆斯林作者常用来称呼中世纪拜占庭希腊人及其产业的名词,意即"罗马的";Rum 一词也用于特指小亚细亚。

柱人的国家常常被称为伊科尼姆⑭苏丹国（Sultanate of Iconium）。苏丹国由此为中心地向四周扩张，北部最远达到黑海、南部达地中海海岸，成为帝国最危险的竞争者。突厥人军队继续向西方挺进，而拜占庭军队却毫无抵抗之力。

塞尔柱人的进攻以及北部乌齐人、帕齐纳克人对首都的威胁迫使迈克尔七世杜卡斯·帕拉皮纳克斯在其统治早期向西方求助。他派遣使者去见教宗格列高利七世，允诺他将促使教会的联合以报答教宗的援助。格列高利七世的反应友好，派出大批使者前往西欧各个君主并向"全体基督教徒们"（ad omnes christianos）求助，声称"异教徒正在对基督教帝国施加巨大的压力，以前所未有的残酷毁灭了一切，他们甚至到了君士坦丁堡的城下"⑮。但格列高利的请求并未带来任何实质性的结果，同时，他自己也卷入了与德意志王亨利四世争夺授职权的长期而激烈的斗争。阿列克修斯·科穆宁即位时，塞尔柱人的西进运动已明显成为帝国的致命威胁。

帕齐纳克人

马其顿王朝末期，帕齐纳克人已经成为拜占庭帝国北部最危险的敌人。帝国政府允许他们定居在巴尔干北部地区，并授予几

---

⑭ 在该苏丹国的早期阶段，伊科尼姆在东方资料中被视为首都；但希腊文资料中称尼西亚的苏莱曼行宫为其首都。劳伦特：《1081年以前西亚的拜占庭与塞尔柱突厥人》，8页及注1，11页及注1。劳伦特："拜占庭与罗姆苏丹国的起源"（"Byzance et l'origine du sultanat de Roum"），《夏尔·迪尔文集》（*Mélanges Charles Diehl*），I，177—182。

⑮ 米涅：《拉丁教父文献全集》，CXLVIII，329。

个帕齐纳克人王公以宫廷大臣的职位。但这些措施并没有真正解决帕齐纳克人问题。首先,帕齐纳克人并不能使他们自己习惯于这种定居生活;其次,新的帕齐纳克人部族及其近亲乌齐人部族正不断从多瑙河彼岸而来,并以南向发展为其目标,以便于掠夺拜占庭的领土。伊萨克·科穆宁成功地抵抗了"从其洞穴里爬出来"进犯拜占庭领土的帕齐纳克人。[154] 他恢复了拜占庭在多瑙河岸的权威,也有效地抵抗住了突厥人的进攻。

在君士坦丁·杜卡斯皇帝统治时期,乌齐人出现在多瑙河沿岸。"这是一次真正的迁徙活动;其整个部落,人数达60万,携带其家产和牲畜,齐聚于多瑙河的左岸。一切阻止其过河的努力都失败了。"[155] 萨洛尼卡、马其顿、色雷斯,乃至于希腊半岛等地区都成为可怕的掠夺目标。当时的一位拜占庭史学家评论道:"恐怕整个欧洲的人民(当时)都在关注这一移民问题。"[156] 当这一可怕威胁得到解除后,人们又将之归因于上帝之神迹的帮助。一些乌齐人甚至进入了帝国为皇帝服役,在马其顿接受了一些由他们管理的领地。帕齐纳克人和乌齐人曾在曼兹克特的战役中起到重要作用。

迈克尔七世杜卡斯·帕拉皮纳克斯接受了其总理大臣的建议,实施了新的财经政策,削减了通常送给多瑙河沿岸的赠款,引起该地区帕齐纳克人和乌齐人的骚乱。他们同多瑙河对岸的那些

---

[154] 约翰尼斯·斯奇利查:《历史》,波恩版,645。
[155] 瓦西列夫斯基:"拜占庭与帕齐纳克人"("Byzantium and the Patzinaks"),《著作集》,I,26。
[156] 迈克尔·阿塔利奥塔:《历史》,84。

游牧部落结盟,并同一个反对皇帝的拜占庭将军达成协议,同时联合了其他部族,包括斯拉夫人在内,联合向巴尔干南部进发,掠夺了亚得里亚堡行省,进而包围了君士坦丁堡,致使首都供给短缺。在此紧急关头,迈克尔·帕拉皮纳克斯迫于塞尔柱人和帕齐纳克人的压力而向教宗格列高利七世请求援助。

但是,很显然,拜占庭人成功地使用了其狡诈的外交阴谋,在围困君士坦丁堡的盟军中制造了种种矛盾。盟军开始后撤,带着大量的战利品回到多瑙河沿岸。这一时期末期,帕齐纳克人积极参与了尼斯福鲁斯·波达尼塔特斯和阿列克修斯·科穆宁争夺王位的斗争。

在科穆宁王朝以前的混乱时期,乌齐人和帕齐纳克人问题并未得到解决。北部突厥人对帝国的威胁(在此时已经危及帝国首都)问题也留给了科穆宁王朝。

诺曼人

马其顿王朝末期,诺曼人出现在意大利。他们利用拜占庭帝国的内乱及其与罗马的分裂,开始成功地进入帝国的意大利属地。拜占庭的政府对此威胁无能为力,帝国的军队已全部投入到同塞尔柱突厥人的斗争中,塞尔柱人与北方的帕齐纳克人和乌齐人,似乎成为诺曼人的天然同盟者。用纽曼的话说:"帝国在意大利维护自己权利的斗争中只能使用它的左臂。"[19]在同拜占庭帝国的斗争中,诺曼人最强有力的武器就是它的水军,后来这支水军又为诺曼

---

[19] 纽曼:《十字军时期的拜占庭世界》,103;法文版,100。

陆军提供了极大的援助。在11世纪中期,诺曼也出现了一个十分出色的领袖罗伯特·吉斯卡尔德(Robert Guiscard),"他本是一个强盗头子,后来却成为一个帝国的奠基者"[59]。

罗伯特·吉斯卡尔德的主要目标就是占领拜占庭的南意大利属地。虽然拜占庭帝国面临着许多困难,但它在11世纪五六十年代在意大利和诺曼人的斗争却互有胜负。罗伯特占领了布林迪西、塔兰图姆和雷吉乌姆,但几年后,拜占庭派往巴里的军队又收复了前两个城市,在这支军队中有许多瓦拉几亚人。但在后期的斗争中,诺曼人获得了最后胜利。

罗伯特·吉斯卡尔德包围了巴里,这是帝国在南意大利的中心城市,也是意大利半岛上最坚固的堡垒。9世纪时,阿拉伯人只是以其狡猾的计谋,方能够以较短的时间攻克此城。同一世纪,该城还顽强地抵抗了西方(法兰克)帝国皇帝路易二世的进攻。罗伯特对巴里的围攻是一项十分艰巨的军事行动,诺曼人的水军封锁了巴里的港口,起了重要的配合作用。围困持续了三年之久,直到1071年,巴里才被迫向罗伯特投降。[60]

巴里的失陷标志着拜占庭在南意大利统治的结束。罗伯特从巴里这个阿普利亚的重要据点出发,迅速征服了拜占庭帝国在意大利内陆的零星领地。对南意大利的征服也使罗伯特的军队可以着手从穆斯林手中夺回西西里。

诺曼人征服南意大利并没有完全使拜占庭丧失影响力。在西

---

[59] 纽曼:《十字军时期的拜占庭世界》,102;法文版,99。
[60] 关于这方面的资料,见盖伊《南部意大利与拜占庭帝国》,536页注3。

第六章 马其顿王朝(867—1081年)

欧各地,仍然能强烈地感受到人们对东方帝国的统治、它的传统及其辉煌成就无比倾慕的气氛。查理大帝的西方(法兰克)帝国*,或德意志奥托大帝的帝国,在许多方面都能反映出东方帝国的传统、思想及外部生活条件对他们的影响,这种影响长达几个世纪之久。南意大利的诺曼征服者,以罗伯特·吉斯卡尔德为代表,自然也感受到拜占庭帝国的强大魅力。

阿普利亚公爵罗伯特把自己看作是拜占庭皇帝的合法继承者,因而在其征服地区保存了拜占庭的统治体系。于是我们看到,在诺曼人文献中提到了卡拉布里亚军区,并记载了一些仍由将军(或总督)统治着的城市,而且,诺曼人还努力地试图获得拜占庭贵族的头衔。希腊语仍然是卡拉布里亚的教堂礼拜仪式中使用的语言,同时,在诺曼人占领时期,一些地区仍以希腊语作为官方语言。总之,征服者和被征服者并没有彼此融合,他们仍各自保留各自的语言、习惯和风俗。

罗伯特·吉斯卡尔德的野心不止限于领土有限的南部意大利。当他了解到帝国正处于内忧外患的困境之中时,便急于想得到帝国皇帝的宝冠。

1071年春天巴里的失陷与同年8月曼兹克特战役中帝国的惨败,使这一年成为整个拜占庭历史上最为重要的一年。在西方,帝国完全失去了南意大利,在东方,帝国对小亚细亚的统治也将崩溃。领土的缩小,加之又丢掉了小亚细亚这一重要的兵源,拜占庭

---

* 西方拜占庭学者们一般认为查理大帝建立的帝国与拜占庭之间的关系,承袭了戴克里先以后实行的多头共治体系,因此,他们泛指查理大帝建立的法兰克帝国为西方帝国,而称拜占庭为"东罗马"。见本书的第一章和第二章的有关论述。——译者

帝国从11世纪下半期开始大为衰落。即使在科穆宁统治时期帝国出现了某种程度的复兴,但它仍逐步将其政治、经济上所占有的重要地位让与西欧。

皇帝迈克尔七世杜卡斯·帕拉皮纳克斯清楚地意识到罗伯特对帝国的威胁,企图通过两家王族成员的联姻来解除诺曼人的威胁。皇帝让自己的儿子娶了罗伯特的女儿,但这并不能缓和已有的局势。迈克尔被废后,诺曼人恢复了对帝国的敌对行动。在科穆宁继位之初,他们就已经准备将其军事进攻的目标从意大利半岛转向亚得里亚海的东海岸。在帝国内乱时期,拜占庭的整个边境从亚洲到欧洲都大为后退,而内部则陷入持续不断的王位纷争之中,这一时期留给科穆宁新王朝的是一个非常棘手的政治遗产。

教育、学术、文学和艺术

马其顿王朝既是一个国内外事务纷繁复杂的时代,也是一个文化、教育、艺术高度发展的时代。这一时期最清晰地展示了拜占庭的学术特征,表现为世俗因素与教会因素的进一步融合,或者说是古代异教思想与基督教的新观念在宇宙知识发展和百科知识方面的和解,最后表现为创造性人才的缺乏。君士坦丁堡的高等学府在这一时期再度成为教育、学术、文学发展的中心,聚集了最高层次的文化力量。

智者利奥六世是佛提乌的学生,尽管他还称不上是文学天才,但写了几本布道词、教堂圣歌及其他方面的著作。他的最大贡献在于努力维持佛提乌所创造的学术氛围,因此,正如一位史学家所说:"他在拜占庭教育方面,特别是在教会教育方面占有一席之地。"[16]利奥支持和保护所有从事学术文学活动的人;在他的时代,"帝国的皇宫有时变成了新的学院和讲堂"[18]。

10世纪帝国文化运动的杰出人物是皇帝君士坦丁七世波菲罗杰尼图斯,他对于拜占庭文化的发展做出了很大的贡献,不仅表现在保护教育方面,而且贡献了许多原创性作品。他把国家事务交给罗曼努斯·雷卡平管理,而把自己的大部分时间花在他感兴趣的问题上。由于他的积极参与和他对文化活动的贡献,君士坦丁七世成为当时拜占庭文化和学术活动的中心人物。他写了许多东西并带动其他人从事写作,并努力提高国民的教育水平。他的名字与许多宏伟建筑物的建筑活动联系在一起;他特别热衷于音乐和艺术,并将大量金钱用于编辑古代的文献。

君士坦丁七世时期的10世纪文学作品大部分被保留下来,其中一部分是君士坦丁本人所写,部分是在他的赞助下由其他人完成的,还有一部分是在他的建议下所编的以古代文献选集的形式或以百科全书的形式搜集的涉及许多问题的摘要。他的作品中有一部颂扬其祖父瓦西里一世的传记;另一部书是《论帝国行政》,这部作品是要传给他的儿子和其他后继者的,其中包括关于外国地理、拜占庭帝国同邻国的关系、拜占庭的外交等重要史料。该书开

---

[16] N.波波夫:《智者利奥六世》,232。
[18] 同上。

始的各章记录了当时北方的民族:帕齐纳克人、罗斯人、乌齐人、卡扎尔人、马扎尔人(即突厥人)等,尤其是前两个民族,在拜占庭的政治和经济生活中起到了至关重要的作用。书中也记载了阿拉伯人、亚美尼亚人、保加利亚人、达尔马提亚人、法兰克人、南意大利人及威尼斯人和一些其他民族。书中还用斯拉夫语和罗斯语(即斯堪的纳维亚语)记下了第涅伯河各支流的名字。它是关于罗斯王公起源于斯堪的纳维亚人这一理论的最重要的根据之一。该书编成于948年到952(或951)年年间。其编排顺序不同于现在出版的版本。柏里曾写一篇文章对该书做过专门的研究,认为该书是(由不同文献)拼凑而成。[64] 但书中对10世纪帝国的政治、外交和经济实力做了深刻的阐述。[65] 在他的第三部著作《论军区》中,保存了大量的地理资料,其部分内容依据于五六世纪的地理著作。在君士坦丁七世时期,还编成了另一部伟大著作《拜占庭宫廷礼仪》。该书实际是对帝国既定宫廷生活法规的详尽说明,几乎可以被看作是一本"宫廷法规"。它主要依据不同时期对于宫廷生活的官方记载而编成,其中包括皇帝的洗礼、婚礼、加冕礼、葬礼及各种

---

[64] 柏里:"关于《论帝国行政》一书"("The Treatise *De administrando imperio*"),《拜占庭》(德文),XV(1906),517—577;扎格来布的 G. 马诺也罗维奇(G. Manojlović of Zagreb)在塞尔维亚-克罗地亚出版了四部重要的关于这篇文章的论文集,刊于《扎格来布学术院院刊》(*Publications of the Academy of Zagreb*),CLXXXII—CLXXXVII(1910—1911)。作者在1927年于贝尔格莱德举行的国际拜占庭研究大会上,将这四篇论文的摘要译成法文;见《国际拜占庭大会报告文集》(*Compte-rendu du Congrès*)(1929),45—47。

[65] 目前我们有一部新的关于《论帝国行政》的评注版,由莫拉弗斯齐克(Moravicsik)编辑,其英文翻译版由 R. 詹金斯(R. Jenkins)主编(1949年)。

教会仪式,接待外国使节、组织军事远征、官员的任命,各官阶的称呼及其他生活细节等。不仅涉及帝国的宫廷生活,还涉及了整个帝国的社会生活。拜占庭的宫廷礼仪是从罗马帝国晚期戴克里先和君士坦丁大帝的宫廷礼仪的基础上发展起来的,后来又渗透到西欧及斯拉夫各国(包括俄罗斯)的宫廷之中。甚至于20世纪的土耳其宫廷礼仪也受到它的影响。君士坦丁还用大量的笔墨叙述了944年人们将基督的"圣容"*从埃德萨转至君士坦丁堡时的隆重盛大的场景。在民众传统中认为这一"圣容"最初是由基督送给埃德萨王公的。

在君士坦丁周围集合的文学与学术圈中,出现了历史学家约瑟夫·吉尼西乌斯(Joseph Genesius)和狄奥多勒·达弗诺帕特斯(Theodore Daphnopates)。约瑟夫写了一部从利奥五世至利奥六世时期的历史(813—886年);狄奥多勒写的一部历史著作没有能保留下来,但有一些外交信件,基督教假日布道词及一些传记作品却得以保留。同一时期的罗得岛的君士坦丁(Constantine the Rhodian)还写了一部描述使徒大教堂的诗歌,因为这个著名教堂后来被土耳其人毁坏,这首诗也成为极有价值的东西。

在君士坦丁时期出现的"百科全书"中有著名的《圣徒传记》,是由西梅恩·梅塔弗拉斯特斯(Simeon Metaphrastes)所编。还有10世纪早期的著名作品《帕拉蒂纳手稿集》(*Anthologia Palatina*),由君士坦丁·凯法拉斯(Constantine Kephalas)编纂而成。

---

* 此即天主教传统中,耶稣基督在被钉十字架之前,扛着十字架赴刑场的"苦路"上显示的一次奇迹:一位妇女用手帕给基督擦汗,却把他的面容像相片一样印在手帕上。后人遂将这块手帕供奉起来,称其为"圣容"。——译者

它的名称来自于目前收藏于德国海德堡的唯一的帕拉蒂纳手稿（Codex Palatinus）。一些学者认为君士坦丁·凯法拉斯与罗得岛的君士坦丁是同一人，这种看法是不正确的。帕拉蒂纳手稿集汇集了大量从异教时代到基督教时代的短诗，是10世纪优秀文学作品中的代表作。[⑯]

君士坦丁·波菲罗杰尼图斯时期还出现了一部著名的"苏伊达斯（Suidas）词典"。我们没有得到任何关于这部词典作者的生活和个人情况的介绍资料，只知道该词典是解释各种常用词汇、相应名称和文章的资料最丰富的词典。其中涉及那些迄今已经失传的著作的文学和历史文献尤其具有重要的历史价值。尽管它有许多缺憾，但"苏伊达斯词典仍是欧洲其余地区的学术活动趋向衰落时期的拜占庭学者辛勤编著的结晶。这是拜占庭帝国在其内外交困的时代仍然不遗余力地广泛保留和发展古代文化遗产的又一新的例证"[⑯]。

马其顿王朝统治时期的另一位10世纪早期著名人物是凯撒里亚的主教阿莱萨斯（Arethas）。从他的作品中可以看出他学识渊博，对文学作品，不论是教会文学还是世俗文学，都深有研究。首先，他用希腊语写的关于《启示录》（*Apocalypse*）的评注早已为人所知，他为柏拉图、卢西安、尤西比乌斯等人的作品所做的注释，及他的一位保存在莫斯科的一部手稿中尚未出版的价值可观的书

---

⑯ 克伦巴赫：《拜占庭文献史》，727。蒙特拉蒂奇：《拜占庭文献史》，120—125。
⑯ 克伦巴赫：《拜占庭文献史》，568。其近期研究见书后参考文献目录。

信集,都表明他是10世纪文学运动中的一位杰出人物。⑱

在这一时期教会生活中特别活跃的大主教尼古拉斯·米斯提克斯则留下了150多封有价值的书信。其中包括写给克里特岛上的阿拉伯埃米尔的信,写给保加利亚的西梅恩,给各任教宗,给皇帝罗曼努斯·雷卡平以及给主教们、修士们及各类地方行政官员的信。这些书信提供了10世纪帝国内部生活和政治史的资料。

司祭利奥生活于瓦西里二世时期,见证了对保加利亚战争,留下了一部10卷本的历史著作,涉及959—975年的历史,还记录了帝国与阿拉伯人、保加利亚人和罗斯人所进行的战役。这本史书具有特别重要的历史价值,因为它是唯一以希腊语写成的详尽记述尼斯福鲁斯·福卡斯和约翰·齐米西斯光辉时代的史料。还由于司祭利奥的著作记载了斯维亚托斯拉夫与希腊人战争的详尽资料,对于了解罗斯人的早期历史颇有价值。

约翰·卡麦尼阿提斯(Jonh Cameniates)是萨洛尼卡的教士,他写了一部关于904年阿拉伯人征服萨洛尼卡的专著,前面已经提到,他是这场战争的目击者。

这一时期的编年史学家中有位匿名的狄奥凡尼著作的续作者(Theophanes Continuatus)。他以吉尼西乌斯、君士坦丁·波菲罗杰尼图斯以及乔治·哈马托鲁斯的续作者的著述为依据描写了

---

⑱ 关于阿莱萨斯和他的生活环境的一些重要数据,见 M.A.桑奎因(M.A.Shanguin)"10政治世纪前半期的拜占庭政治人物"("Byzantine Political Personalities of the First Half of the Tenth Century"),《拜占庭年鉴》(1945),228—236。

818—961年的历史。但这位作者究竟是谁至今仍是一个谜[109]。

10世纪的编年史学家以下列四人为代表：语法学家利奥(Leo the Gramarian)、米利特尼的狄奥多西(Theodosius of Melitene)、匿名的乔治·哈马托鲁斯(George Hamartolus)的续作者以及廷臣及财政官西梅恩(Symeon Magister and Logothete)，即所谓的"伪廷臣财政官西梅恩"。但这些人都不是原作者，他们只是对财政官西梅恩的编年史加以抄袭、删节和修改，而该作者的希腊文原版著作从未出版过，共有一部旧的斯拉夫语版本，基本上能够从中发现原希腊文著作中的思想。[110]

约翰·基里奥特斯(John Kyriotes)也是10世纪拜占庭文学史上的一位颇有名望的人，一般，人们都称呼他的绰号"吉尔梅特斯"(Geometres)，他从事文学活动的高峰时期主要是在尼斯福鲁

---

[109] 喀山的S.P.谢斯塔可夫(S.P.Shestakov)相信狄奥凡尼的续作者是狄奥多尔·达弗诺帕特斯(Theodore Daphnopates)。见他的"关于狄奥凡尼的续作者问题"("The Question of the Author of the Continuation of Theophanes")，《第六届国际拜占庭研究大会报告文集》(Compte-rendu du deuxième congrès international des études byzantines)，(1929)，35—45。见H.G.尼克斯(Nickles)"狄奥凡尼续作者"("The Continuatio Theophanis")，《美国文学协会会刊》(Transactions of the American Philological Association)，LXVII(1937)，221—227。

[110] 关于编辑这本著作的问题是由瓦西列夫斯基于1895年提出来的，在近期也进行了详尽研究并由奥斯特洛戈尔斯基进行了细致的讨论。见瓦西列夫斯基的文章"财政官西梅恩的斯拉夫文和希腊文的编年史"("The Chronicle of Logothe in Slavonic and Greek")，《拜占庭年鉴》，II(1895)，78—151。奥斯特洛戈尔斯基："财政官西梅恩之编年史的一部斯拉夫文版本"("A Slavonic Version of the Chronicle of Symeon Logothete")，《康达可夫研究院年鉴》，V(1932)，17—36。亦见奥斯特洛戈尔斯基用法文所写的一部简明的，但非常清楚的关于这一问题的概述："关于907年奥列格大公对君士坦丁堡的进攻"("L'Expédition du Prince Oleg contre Constantinople en 907")，《康达可夫研究院年鉴》，XI(1939)，50。

斯·福卡斯、约翰·齐米西斯和瓦西里二世时期。其中尼斯福鲁斯·福卡斯是他心目中可敬爱的英雄。他写了一部警句和随想诗的诗集，这是一部包括禁欲主义（伊甸园）的韵文和一些赞美圣母的颂歌的文集。他的警句和随想诗与当时重要的政治事件紧密相连，如：尼斯福鲁斯·福卡斯和约翰·齐米西斯之死，在他的《起义》一诗中描写的巴尔达斯·斯克莱鲁斯和巴尔达斯·福卡斯起义，保加利亚战争等。这些诗歌都能引起当时的学者的浓厚兴趣。在他的一首诗中，约翰·基里奥特斯描述了他自己从君士坦丁堡到塞里布利亚（Selybria）旅途中，那些受到战争侵扰地区时的状况，生动而深刻地描绘出一幅当地农民遭受战争和毁灭之苦的悲惨画卷。[⑪]克伦巴赫说："约翰·吉尔梅特斯是拜占庭文学史上最优秀的人物。"[⑫]这无疑是正确的。约翰的许多诗歌值得译成现代语言。他的散文作品，具有修辞、注释、演讲等方面的特点，但不及诗歌作品优秀。

在尼斯福鲁斯·福卡斯统治时期，还有一位据称是伪-卢西安·迪阿洛戈（Pseudo-Lucianic Dialogue）所编写的《爱国者》（*Philopatris*）。人们曾经认为，它代表了"拜占庭式的人文主义"，

[⑪] 米涅：《希腊教父文献全集》，CVI，956—959；俄文版，瓦西列夫斯基：《著作集》，II，121—122。

[⑫] 克伦巴赫：《拜占庭文献史》，734。已故波兰文学家J. 塞达克（J. Saidak）专门整理约翰·吉尔梅特斯作品，特别是他歌颂圣母的诗作品。见其文章"如何认识约翰·吉尔梅特斯作品的重要意义"("Que signifie Κυριώτης Γεωμέτρης?")，《拜占庭》（布鲁塞尔），VI（1931），343—353。见塞达克在其《拜占庭文献史》（*Literatura Bizantyńska*）中写的短文。

因为,在 10 世纪,出现了"希腊精神和古典品位的复兴"⑬。

米蒂利尼的克里斯托弗(Christopher of Mytilene)是拜占庭时期最著名的诗人之一,只是近年来他的名字才为人所知。他曾在 11 世纪前半期曾经非常活跃。他的短篇作品主要采用短长格、三音步的韵律,以讽刺短诗或对包括当时一些皇帝在内的各种人物的致词为形式,这些作品以其风格优美、充满睿智的精神而著称。⑭

10 世纪时,拜占庭文明进入发展的辉煌时期,处于蛮荒时代的西方代表来到博斯普鲁斯海峡之滨接受教育。但在 10 世纪末到 11 世纪初,帝国将其全部注意力都投入到使帝国达到军事顶峰的战争中时,知识和教育活动有所衰落。瓦西里二世甚至轻视知识分子。12 世纪的作家安娜·科穆宁娜评论道:"从保加利亚人的屠杀者瓦西里到君士坦丁·摩诺马赫时期,大多数人都忽视知识,但学术活动并没有完全衰落下去,后来又再度复兴起来。"⑮个

---

⑬ S. 雷纳克(S. Reinach):"拜占庭的基督教与爱国者"("Le Christianisme à Byzance et la question du Philopatris"),收入他的《崇拜、神秘主义和宗教》(Cultes, mythes et religions)(第 2 版,1922 年),I,368,391。

⑭ 克伦巴赫:《拜占庭文献史》,737—738。蒙特拉蒂奇:《拜占庭文献史》,128—130。E. 库尔茨(E. Kurtz)编:《米蒂利尼的克里斯托弗·米蒂利尼的诗集》(Die Gedichte des Christophoros Mytilenaios)。

⑮ 安娜·科穆宁娜:《阿列克修斯传》,V,8;A. 雷弗尔谢德(A. Reifferscheid)编,I,177—178;E. A. S. 达沃斯(E. A. S. Dawes)译本,132。G. 布克勒尔(G. Buckler):《安娜·科穆宁娜研究》(Anna Comnena, A Study),262。亦见迈克尔·塞勒斯(Michael Psellus)《编年史》(Chronography);萨塔斯编:《中世纪希腊文献目录》,IV,19;E. 雷诺德(E. Renauld)编,I,19。

别人仍勤奋写作,在油灯下度过漫漫长夜。⑩ 只是在11世纪中期,在君士坦丁·摩诺马赫统治时期,由政府资助的高等教育才大规模地开展起来。当时以年轻的君士坦丁·普赛勒斯为首的一大批学者使皇帝关注他们的学术规划,并在宫廷内有着重大影响。关于高等学校教学性质的改革引发了激烈的争论,一派希望建立法律学校,而另一派则希望建立哲学学院,即实施普通教育的学院。两派争论极为激烈,以至于采取了上街游行示威的形式。皇帝出面解决了这一问题,他建立了一所哲学学院和一所法律学院。随后在1045年建立了高等学府。有关建立法律学校的《新律》被保留下来。以著名学者和作家塞勒斯为首的哲学学院开设哲学课程,目的在于使学生受到多学科的普通教育。法律学院则是一种司法学堂和研究机构。

拜占庭政府迫切需要受过教育的、富有经验的官员,尤其是司法官员。由于缺少专门的司法学校,年轻人只能从现任法官、公证员、律师那里获得法律知识,但这些人的专业知识也不够深入广泛,君士坦丁·摩诺马赫建立法学院的目的就是要满足这种迫切需要。学院由约翰·克希菲林(John Xiphilin)主持,他是塞勒斯的同代好友。与以前一样,教育是免费的,教授们从帝国得到较高的薪水、丝绸服饰、生活必需品和复活节礼物。想要进入学院的人皆获许可,而无视入学者的身份、地位和经济状况,但他们必须有足够的知识准备。关于建立法学院的《新律》体现了政府对于教育

---

⑩ 福克斯(Fuchs):《中世纪君士坦丁堡的高等学府》(*Die höheren Schulen von Konstantinopel im Mittelalter*),24—25。

和司法知识的态度。11世纪的法学院有明确的实际目标,因为它需要为社会培养出大量懂得帝国法律的官员[17]。

哲学学院院长君士坦丁·塞勒斯(人们通常熟悉他的教名迈克尔),生于11世纪前半期,他受到过良好的教育,具有渊博的知识和卓越的才能,深受同时代人的尊敬,成为帝国最有影响的人物之一。他应邀来到宫廷,被授予高官要职。与此同时,他还给许多学生讲哲学和修辞学。他在一封信中写道:"我们使凯尔特人(即西欧人)和阿拉伯人着迷;甚至这两块大陆的人们都为我们的荣耀而倾倒;尼罗河灌溉着埃及的土地,我的话则滋润着埃及的精神……他们中的一个人把我称为智慧之光;另一个人则称我为导师;第三个人也给我起了最美好的名字赞誉我。"[18]后来,塞勒斯追随他的朋友、后来的法学院院长约翰·克希菲林去修道院隐修,取教名迈克尔。但隐居的修士生活不合乎塞勒斯的性格。所以他离开修道院回到首都,再次担任在宫廷中的要职。到他的晚年,塞勒斯甚至担任了总理大臣。他死于11世纪末,大约在1078年。[19]

塞勒斯时代的拜占庭正处于动荡和衰落的时期,王位更换频仍,政策朝令夕改,但是,塞勒斯在不断调节自己适应实际生活的变化方面表现出了非凡的才能。在他为九个皇帝供职期间,官位不断提高,影响不断扩大。他能果断地利用逸谄、阿谀或贿赂来建

---

[17] F.福克斯:《中世纪君士坦丁堡的高等学府》,详细地描述了这两所高等院校的情况。

[18] K.萨塔斯:《中世纪希腊文献目录》,V,508。

[19] 雷诺德:《编年史家迈克尔·塞勒斯与拜占庭的百年历史(976—1077年)》(*Michel Psellos : Chronographie ou Histoire d'un siècle de Byzance*, 976—1077),I,ix.

第六章 马其顿王朝(867—1081年)

立自己的声望,因此不能说他有较高的道德水准,在这方面他与生活在这个动荡和困难时期的其他大多数人并无区别。

但他所具有的许多特长却使他高于同时代人。他是一个受过高等教育的人,阅读广泛,工作勤奋。他一生中取得了许多成就,留下了宗教哲学(他追随柏拉图的思想)、自然科学、文学、历史、法律等多方面著述;他还写了一些诗歌、若干讲演稿及许多信件。他在其《历史》一书中记述了从约翰·齐米西斯之死到他本人生活的最后几年这一历史时期(976—1077年)的历史,此书是研究11世纪历史的非常有价值的资料,尽管它在论述中略有偏见。塞勒斯的所有文学活动,均显示出他是一位世俗文化的代表,他的作品中充斥了希腊化文化的影响。显然他对自己的评价并不很谦虚,在他的编年史中他写道:"我能肯定,即使在讲最简单的事情时,我也能做到妙语生花,不费任何力气就可以脱口而出。"[18]在其他地方,他还谈到君士坦丁九世"特别羡慕他超凡的辩才,他总是被塞勒斯的语言所吸引";迈克尔六世"极为欣赏他,听到他的话如同品尝甜蜜";君士坦丁十世"为他所说的话所陶醉";尤多西亚"将他视为上帝"[19]。历史学家们对于塞勒斯的为人处事的方式仍然不很赞同,但他无疑在11世纪的拜占庭文化生活中占有较高的位置,如同佛提乌在9世纪,君士坦丁·波菲罗杰尼图斯在10世纪所获得的地

---

[18] 雷诺德:《编年史家迈克尔·塞勒斯与拜占庭的百年历史(976—1077年)》,139;萨塔斯:《中世纪希腊文献目录》,IV,123—124。

[19] E.雷诺德:《迈克尔的语言风格研究》(Études de la langue et du style de Michel Psellos),432—433;雷诺德:《编年史家迈克尔·塞勒斯与拜占庭的百年历史》,I,xiv—xv。

位一样。⑱

马其顿王朝,尤其在 10 世纪时,还是史诗和大众诗歌大发展的时期。其主要英雄人物是瓦西里·狄吉尼斯·阿克里特斯(Basil Digenes Akrites)。帝国东部边境连绵不断的战争和动荡的生活为这些史诗和诗歌的创作提供了富有冒险精神的英雄题材。而瓦西里·狄吉尼斯·阿克里特斯的英雄事迹则在边境各行省人们的记忆中留下了最为深远的烙印。他的原名是瓦西里,狄吉尼斯和阿克里特斯则是他的别号。Digenes 意为"生于两个民族的结合",这源于他父亲是一位阿拉伯穆斯林,而他的母亲是一位希腊基督徒,Digenes 常用于指代不同种族的双亲所生的孩子。Akrites(复数为 Akritai)来源于希腊语 akra($ἄκρα$),意思是"边境",在拜占庭时期,这一名词通常用来称呼最外围的边境保卫者。边境区(Akritai)有时相对于中央而言保持着一定的独立性。它与西欧的 markgraves(意为边境土地的统治者)和罗斯历史上乌克兰(ukraina,意为边境)的哥萨克人处于同等地位。

史诗中的英雄狄吉尼斯·阿克里特斯将其毕生的精力献给了同穆斯林和阿波拉特人(Apelatai)的斗争。Apalatai 最初意为赶

---

⑱ J.赫西:"迈克尔·塞勒斯"("Michael Psellus"),《史鉴》(Speculum),X(1935),81—90。赫西:《拜占庭帝国的教会和学术活动(867—1185 年)》(Church and Learning in the Byzantine Empire, 867—1185),73—88。M.贾吉(M. Jugie):"迈克尔·塞勒斯"("Michael Psellus"),《天主教神学辞典》(Dictionnaire de théologie catholique),XIII(1936),1149—1158。V.瓦尔登堡(V. Valdenberg):"迈克尔·塞勒斯的哲学思想"("The Philosophical Ideas of Michael Psellus"),《拜占庭年鉴》(1945),249—255。

走牲畜的人,后来指强盗,主要指拜占庭帝国东部边境上的山盗。"这些人勇敢而又强壮,半是英雄半是强盗"[183],他们蔑视皇帝和哈里发的权威,在他们的土地上掳掠。和平时期,基督教和穆斯林联合起来与他们作战,而在战争时期,双方又都要争取这些蛮勇人士的帮助。兰姆鲍德说过,在边境地区,"人们常感到他们远离拜占庭帝国,似乎不是在英明的皇帝统治下的一个行省,而是处于西方那样的封建混乱秩序中"[184]。

通过狄吉尼斯·阿克里特斯史诗中所表现出来的一些线索,可以判断,该书中所依据的真实事件背景大约发生于10世纪的卡帕多细亚和幼发拉底河地区。在史诗中,狄吉尼斯为基督教和帝国取得了伟大的胜利,在他看来,正教会和罗马是密不可分的。从对狄吉尼斯之宫殿的描述中,人们几乎可以看到"保加利亚人的屠杀者"瓦西里二世所深恶痛绝的大土地所有者的富有和显赫。据说,狄吉尼斯·阿克里特斯的原型并不是基督徒,而是具有半传奇色彩的穆斯林战士,赛义德·巴塔尔加齐*(Saiyid Battal Ghazi),740年的阿克罗伊农(Acroïnon)战役令这位加齐声名远播。即便是在拜占庭历史的最后几年里,人们也颇为熟悉狄吉尼斯。12世纪的诗人狄奥多勒·普洛德罗姆斯(Theodore Prodromus)在试图赞美皇帝曼纽尔·科穆宁时,竟找不到比"新阿克里特斯"

---

[183] A.N.维切洛夫斯基(A.N. Veselovsky):"狄吉尼斯史诗"("The Poem of Diogenes"),见《欧洲通报》(*Vestnik Europy*)(1875),753。

[184] 《拜占庭历史研究》,73。

* 加齐(Ghazi)是穆斯林对圣战勇士的通称,不是人名。——译者更为合适的赞誉之词了。⑮

按照柏里的说法:"正如荷马史诗反映了早期希腊文明的各个方面,而《尼布龙根之歌》反映了日耳曼在大迁徙时期的文明一样,《狄吉尼斯》也全面地展示了一幅拜占庭帝国小亚及边境生活的综合画面。"⑯拜占庭帝国保存了这部史诗。至今,塞浦路斯和小亚细亚地区的人们仍在歌咏着这位著名的拜占庭英雄。⑰ 旅行家们仍可以在特拉布松附近看到他的坟墓,按传统说法,这座墓可以用来保护新生儿,使其免遭邪恶的诅咒。就这部史诗的内容来看,它同西欧著名史诗,查理曼大帝时期的《罗兰之歌》或《熙德之歌》(The Cid)特别相似。而西方的这两部史诗都取材于基督教与伊斯兰教的斗争。

在现存的几部《狄吉尼斯·阿克里特斯》史诗的手稿中,最早的一本写成于 14 世纪。⑱ 近来对它的研究已进入一个新的富有成果的阶段,H. 格雷古瓦开辟了这个新时代,他的合作者 M. 卡纳尔(M. Canard)和 R. 古森斯(R. Goossens)则成功地继续了他的

---

⑮ 《希腊民间文学》(Bibliotheque grecque vulgaire),E. 莱格兰德(E. Legrand)编,I,83(V,180),96(V,546)。亦见《普洛德罗姆希腊语通俗诗选》(Poèmes Prodromiques en grec vulgaire),D.C. 赫瑟林和 H. 佩尔诺(H. Pernot)编,55(V,164)。E. 让塞姆(E. Jeanselme)和 L. 厄科诺摩(L. Oeconomos):"针对修道院院长的讽喻诗"("La Satire contre les Higoumènes"),《拜占庭》(布鲁塞尔),I(1924),328。

⑯ J.B. 柏里:《希腊大地上的骑士传奇》(Romance of Chivalry on Greek Soil)(以下简称《骑士传奇》),18—19。

⑰ 一些关于阿克里特斯的诗是由 S. 基里亚基迪斯(S. Kyriakides)出版的《狄吉尼斯·阿克里特》('Ο Διγένης Ἀκρίτας)(1926),119—150。

⑱ 见 D.C. 赫瑟林:《狄吉尼斯·阿克里特斯史诗的最早手稿版本》(La plus ancienne redaction du poème épique sur Digenis Akritas),1—22。

研究。几乎可以肯定,狄吉尼斯的原型就是狄奥吉尼斯(Diogenes),他是小亚阿纳托利亚军区的地方长官(turmarchus),他在788年同阿拉伯人的战斗中牺牲。史诗取材于10世纪的一些历史事件,当时拜占庭的军队曾驻于幼发拉底河和靠近萨莫萨塔附近的狄吉尼斯墓地,时间约为940年。人们还发现在拜占庭、土耳其和阿拉伯史诗,甚至包括《一千零一夜》之间,有许多有趣的联系。这一史诗由于它的历史背景及其所具有的东方史诗的特色而成为拜占庭文学研究中最富有魅力的问题。⑱

拜占庭史诗通常是以民谣的形式反映在俄国的传世史诗中,其中《狄吉尼斯·阿克里特斯》也占有一席之地。出现了古俄文写作的《狄吉尼斯·阿克里特斯的生活和事迹》(*The Deeds and Life of Digenes Akrites*);19世纪早期的俄国史学家卡拉姆金(Karamzin)也了解这部文学作品,并在最初把它看成是罗斯的神话传说。这部史诗在古代罗斯文学中占有颇为重要的地位,因为古代罗斯人的生活和语言无论是在宗教方面还是在世俗方面都深受拜占庭帝国的影响。值得注意的是,在俄文版的《狄吉尼斯》史诗中,人们

---

⑱ 1942年,H.格雷古瓦出版了一部特别出色的以现代希腊语文写的关于《狄吉尼斯·阿克里特斯史诗》研究的文集,题目是《拜占庭史诗中的历史和诗歌》(*The Byzantine Epic in History and Poetry*)。由于这部独立的著作是以当代希腊语写的,因此读者数量比较有限,出版其英语或法语的译本是特别需要的。在格雷古瓦对于该史诗的大量研究文章中,我希望指出两种,它们可以成为特别有用的介绍性作品:"狄吉尼斯·阿克里特斯的坟墓及其年代"("Le tombeau de Digenis Akritas"),以及"狄吉尼斯·阿克里特斯其人"("Autour de Digenis Akritas"),它们都分别刊发在《拜占庭》(布鲁塞尔),VI(1931),481—508;VII(1932),287—320。

甚至发现了一些在希腊文史诗中未曾出现过的片断。[130]

混乱时期帝国的文化和艺术生活继续沿着马其顿王朝时代开创的道路发展下去。例如,迈克尔·塞勒斯的活动在此间并没有间断。仅此事实即可以说明帝国的文化生活并没有停止。塞勒斯在这一混乱时期像在马其顿王朝时期一样受到短期在位的那些皇帝们的宠爱。

迈克尔·阿塔利特斯(Michael Attaliates)是这一混乱时期的著名作家之一。他生于小亚细亚,后来移居君士坦丁堡,在那里从事司法和立法工作。他的现存作品主要涉及历史和法理学领域。他依据个人的亲身经历记述了从1034—1079年的历史,生动地展现了马其顿王朝的末代统治及混乱时期的画卷。迈克尔·阿塔利特斯的写作风格表明,在科穆宁王朝时期,古典的艺术复兴已广为发展。迈克尔的法律论文全部以《帝国法典》为依据,颇受大众欢迎,他的目标是编辑一本普及性的简明法律手册,以使所有人都能理解。关于11世纪拜占庭帝国文化生活中许多颇有价值的资料,可见于迈克尔为了保护他所建立的贫民院和修道院所编写的法规。其中包含有贫民院及管理该贫民院的修道院的所拥有的财产清单,捐赠给修道院图书馆的图书目录等。

马其顿王朝时期是拜占庭艺术史上的极其重要的发展时期。

---

[130] 见 M.斯佩兰斯基(M.Speransky)的非常重要的一篇论文:"狄吉尼斯的业迹"("Digenis Deeds"),《俄罗斯语言和文学学部文集》(*Yazika I Slovesnost*),XCIX,7(1922);法文,见 P.帕斯卡尔(P.Pascal)"狄吉尼斯,'奴隶'还是'德沃杰尼耶的事迹'"("Le 'Digenis',slave ou la 'Geste de Devgenij'"),《拜占庭》(布鲁塞尔),X(1935),301—304。

第六章　马其顿王朝(867—1081年)

从9世纪中期到12世纪为止的这段时期,即包括马其顿之后的科穆宁王朝在内,被学者们认为是拜占庭艺术的第二个黄金时代,第一个黄金时代则是在查士丁尼大帝时代。反对偶像崇拜运动使得拜占庭艺术从沉闷的教会和修道院的影响中解放出来,并为其在宗教题材之外找到新的出路。这些道路导致人们回归早期亚历山大艺术模式的传统,也发展了借鉴于阿拉伯装饰艺术,即与伊斯兰装饰艺术密切相关的新的艺术形式,以更为现实主义的态度处理历史的和世俗的主题,以取代宗教的主题。但马其顿王朝时期的艺术创造并没有局限于借用和照搬,而是引进了一些属于他们自己的东西,一些带有原创性的东西。

马其顿王朝和科穆宁王朝时期对希腊风格的复兴使引进一些远胜于4世纪希腊化风格中自然美的东西成为可能;它集中了许多早期时代中的庄严性和力量感。这些特质对于拜占庭中期的表现方式产生了影响,并排除了6世纪的呆板形式,这种呆板形式只能在皇帝势力不能够达到的偏远省份的宗教中心才能得以继续。它们赋予拜占庭艺术的高贵而优雅、严谨而和谐、平和而高雅的风格,并使之成为拜占庭艺术成熟时期的特色。这种特色逐渐与宗教情感相和谐,具有希腊时代所不曾拥有的严肃性。尽管,如果认为在以后几个世纪中拜占庭艺术系统化并且不断希腊化的这种提法可能有些夸张,但可以肯定,绝对地彻底地东方化不再有可能实现了。[30]

---

[30] O.M.多尔顿:《东方基督教艺术》,17—18。

著名的奥地利艺术史学家 J. 斯特拉齐格夫斯基(Strzygowski)试图证明一种同马其顿王朝密切相关的理论。根据他的观点,马其顿王朝的第一个统治者,一个生于亚美尼亚的君王的继位,标志着拜占庭艺术开始了一个新阶段,也就是说开始了一个亚美尼亚艺术开始影响拜占庭艺术创造力的阶段。换句话说,他要证明,传统观念,即认为拜占庭艺术直接影响亚美尼亚的理论是错误的。亚美尼亚的艺术确实对马其顿王朝产生深远的影响,许多亚美尼亚艺术家和建筑师曾在拜占庭帝国工作。瓦西里一世所建造的新教堂可能就是一座亚美尼亚教堂设计的再现;10 世纪时圣索菲亚教堂的圆顶被地震所毁时,修复工作交给了一位亚美尼亚建筑师,亚美尼亚阿尼大教堂的建筑者。但正如查尔斯·迪尔所说,斯特拉齐格夫斯基的理论尽管有许多创造性的东西,但仍不可以被全部接受。⑩

瓦西里一世是一位伟大的建筑者。他主持建造了新教堂(the Nea)。该教堂的建立是瓦西里建筑政策中的一项大事,其重要性和查士丁尼时代修建圣索菲亚一样。他还建造了一个新宫殿凯努尔金(Kenourgion),使用了精美的镶嵌画加以装饰。他还修复和装饰了圣索菲亚大教堂和圣使徒大教堂。圣索菲亚大教堂在 989 年被地震毁坏后在 10、11 世纪皇帝们的关注下得以修复。

在马其顿王朝的统治下,帝国首次出现了圣像绘画学校,这所学校不仅制作了大量圣像,装饰了许多教堂,而且还为许多手稿附

---

⑩ J. 斯特拉齐格夫斯基:《亚美尼亚与欧洲的建筑》(*Die Baukunst der Armenier und Europa*)。见夏尔·迪尔《拜占庭艺术手册》,I,476—478。多尔顿:《东方基督教艺术》,34—35。

第六章 马其顿王朝(867—1081年)

上插图。在瓦西里二世时期写成的著名的《梵蒂冈宗教月历》(*Vatican Menologium*)中,附有漂亮的微型画,这些微型画由8位作者完成,其名字都镶嵌在画的边框里。⑬ 这一时期还出现了许多有趣的、原创的、工艺精细的小画像。

当时主要的艺术发展中心是首都君士坦丁堡,但这一时期拜占庭的各省也保留下来一些艺术珍品,例如在维奥蒂亚的斯克利普教堂(874年);10—11世纪建于圣山阿索斯的教堂群;弗西斯的斯蒂里斯的圣路加教堂(11世纪);开俄斯岛上的新莫尼教堂(11世纪中期);阿提卡半岛上的达芙尼修道院教堂(11世纪末)。在小亚细亚,卡帕多细亚的一些岩洞教堂中保存了大量生动而有趣的壁画,其中有许多属于9、10、11世纪的作品。对于这些"展示了令人惊异的丰富的壁画作品"⑭的卡帕多细亚壁画的发现与研究主要与德热法尼翁有关,他倾其半生投入到卡帕多细亚——"一个拜占庭艺术的新行省"⑮的细致研究之中。

马其顿王朝时期拜占庭艺术的影响绝不仅限于帝国内部。罗马著名的圣玛利亚安提卡教堂中的较晚时期的绘画(成画于9、10

---

⑬ 西拉尔皮·德内尔塞西亚(Sirapie der Nersessian):"论宗教月历和年代和为瓦西里二世写作的诗篇"("Remarkes on the Date of the Menologium and the Psalter Written for Basil II"),《拜占庭》(布鲁塞尔),XV(1940—1941),104—125。

⑭ 多尔顿:《东方基督教艺术》,250。

⑮ 迪尔:《拜占庭艺术手册》,II,567—579。见G.德热法尼翁(G. de Jerphanion)《拜占庭艺术的一个新的行省,卡帕多细亚岩洞教堂研究》(*Une nouvelle province de l'art byzantin. Les églises rupestres de Cappadoce*),I,part 1,附有精美的插图。迪尔的研究(《拜占庭艺术手册》,[第2版,1925—1926年],II,908—909)中所谈,在这本书中还没有使用。

世纪)可能是马其顿复兴时期[138]最优秀的作品。在罗斯,基辅的圣索菲亚教堂(1037年)以及许多其他的俄罗斯教堂也都带有马其顿王朝皇帝统治时期的风格。

从艺术多样性与原创性来看,867—1025年是马其顿王朝最辉煌的时期,也是拜占庭艺术的鼎盛时期。这一时期的绘画作品最具有活力和创造力。在接下来的混乱时期和科穆宁王朝时期,即1081年以后,枯燥、呆板,与以前的风格截然相反的艺术风格又得以复生。

在瓦西里二世时期进入亚美尼亚的拜占庭的旗帜已经撤离;塞尔柱突厥人的旗帜却前进了。这时在拜占庭国内,一成不变的精神据统治地位,在宫廷礼仪的展示中,在阿列克修斯及其宫廷的精神表现中都可以感觉到这种东西。所有这些都反映在西方十字军东征之前的一个世纪的艺术作品之中。前进的动力枯竭了,当时唯一可能的变化是被动地接受外来思想。宗教热情也被吸纳到这种正统观念之中。宗教仪程无创造性的设计,产生了许多指导手册,或者绘画指南。人们开始按照这种僵化的体系行事,文章的写作按照刻板的模式,绘画也要有规定的颜色了。[139]

---

[138] 迪尔:《拜占庭艺术手册》,II,585。
[139] 多尔顿:《东方基督教艺术》,18—19。